中国产业研究报告 · 物流与采购

·中国物流与采购联合会系列报告·

中国物流学术前沿报告

中国物流学会

China Society of Logistics

中国物流与采购联合会

China Federation of Logistics & Purchasing

China Logistics Academy Frontier Report (2015-2016)

中国财富出版社

CHINA FORTUNE PRESS

图书在版编目(CIP)数据

中国物流学术前沿报告.2015—2016 / 中国物流学会,中国物流与采购联合会编.
—北京:中国财富出版社,2015.11
ISBN 978-7-5047-5924-5

Ⅰ.①中… Ⅱ.①中… ②中… Ⅲ.①物流—研究报告—中国—2015～2016
Ⅳ.①F259.22

中国版本图书馆 CIP 数据核字(2015)第 251961 号

策划编辑 葛晓雯　　**责任编辑** 葛晓雯
责任印制 何崇杭　　**责任校对** 杨小静　　**责任发行** 斯　琴

出版发行 中国财富出版社
社　　址 北京市丰台区南四环西路 188 号 5 区 20 楼　　**邮政编码** 100070
电　　话 010-52227568(发行部)　　010-52227588 转 307(总编室)
010-68589540(读者服务部)　　010-52227588 转 305(质检部)
网　　址 http://www.cfpress.com.cn
经　　销 新华书店
印　　刷 中国农业出版社印刷厂
书　　号 ISBN 978-7-5047-5924-5/F·2494
开　　本 787mm×1092mm　1/16　　**版　　次** 2015 年 11 月第 1 版
印　　张 24.5　　**印　　次** 2015 年 11 月第 1 次印刷
字　　数 580 千字　　**定　　价** 160.00 元

《中国物流学术前沿报告》（2015—2016）

编　委　会

《中国物流学术前沿报告》(2015—2016)

编辑人员

主　　编：贺登才

成　　员：黄　萍　周志成　吕　杨

联系方式：
中国物流与采购联合会　学会工作部
电　话：010－58566588 转 137、139、133
传　真：010－58566588 转 128、138
邮　箱：CSL56@ vip. 163. com
网　址：中国物流学会（csl. chinawuliu. com. cn）
　　　　中国物流与采购网（www. chinawuliu. com. cn）

前　言

在第十四次中国物流学术年会暨中国物流学会第六次会员代表大会在重庆召开之际，《中国物流学术前沿报告（2015—2016）》与各位代表见面了。这是本次年会的重要成果，也是学会第五届会员代表大会（即南京会议）以来的第五本《前沿报告》。

征集学会会员一年来的优秀论文，经评审后择优选录，结集成书，在年会召开前出版，是学会的一项重要工作。五年来，学会共收到参评论文4320篇，经评审1644篇获奖，其中166篇入选当年《前沿报告》，总字数超过3000万字约上万人次参与了此项工作。年会之后，我们将全部成果录入“中国物流学会”网页，为学会会员提供专享服务。中国物流学会通过论文征集、课题研究，推动产学研结合，其目的就是要办成培养人才的大学校、交流成果的大平台、国内物流界的“首选智库”。

当前，新一轮科技革命和产业变革正在全球范围内孕育兴起，世界各国纷纷抢占未来产业发展制高点。转变发展方式，建设物流强国，推动我国产业转型升级迫在眉睫。经济下行压力加大，结构调整任务艰巨，国内企业提升改造物流系统、优化供应链的需求更加迫切。随着电子商务、网上销售迅猛发展，碎片化、个性化的消费需求与日俱增，对物流服务提出了新的要求。去年秋天，国务院发布《物流业发展中长期规划（2014—2020年）》，把物流业定位于基础性、战略性产业。今年以来，国务院多次召开会议研究解决物流、快递领域存在的问题，在许多文件中都提出支持物流业发展的政策措施。各部门、各地方对物流业的重视程度空前提高，支持力度持续加大。在“大众创业、万众创新”政策引领下，物流业新观念、新模式、新业态不断涌现，以物流服务为核心的“产业生态圈”显露雏形。互联网、物联网特别是移动互联的快速普及，大数据、云计算等技术广泛运用，自动化、智能化、绿色化新装备进入物流运作及管理领域，我国物流业向现代化大踏步前行。与此同时，来自政府、社会、金融机构和境内外投资商纷纷看好我国物流市场，在提供发展动力的同时，也对传统运作模式带来严峻挑战。

这是一个瞬息万变的时代，也是充满机遇的时代，物流实践的发展正在产生大量的研究课题。不仅需要对新技术、新管理的总结提炼和推广，也需要对物流法律法规和政策，政府治理能力、市场环境营造方面的分析与建议；不仅需要对物流实践、实务的跟踪描述，也需要对物流基础理论及学科体系建设做出新的贡献；不仅需要研究队伍的不断壮大，研究成果规模持续扩大，更需要研究能力的有效提升，研究质量的切实提高和研究成果的转化运用。这就要求培养和造就宏大的物流理论研究队伍和实践操作人才，广泛地团结和组织有志于物流研究的政产学研各界人士，从实际出发，切实提升研究能力和水平。

今年论文征集工作开展以来，共收到参评论文673篇。经组织专家评审，评出获奖论文272篇（获奖率40.4%）。其中：一等奖8篇（获奖率1.2%），二等奖22篇（获奖率3.3%），三等奖116篇（获奖率17.2%），优秀奖126篇（获奖率18.7%）。按照历年惯例，征得作者同意后，我们从获奖论文中遴选出29篇文章收录本书。全书分为物流技术与工程、物流管理、供应链管理、采购与供应管理、物流经济和大学生组六个篇章。在本书附录中，收录了本年度获奖论文名单。本书作为第十四次中国物流学术年会展示和交流的重要成果，意在给企业决策、行业发展和学术研究提供借鉴，也可作为物流类大专院校的教学参考用书。

今年也是《中国物流学术前沿报告》按年度连续出版的第十一个年头。值此学会换届之际，我们向所有提交参评论文的作者以及参与评审的专家表示深深的敬意，向广大学会会员、作者朋友、各位评委以及所有关心、支持和参与本书编辑出版的各方面人士表示衷心的感谢。

十多年来，中国物流学会的研究工作取得重大进展。但是，我们深知，学会的研究能力和水平与日新月异的行业需求变化仍有较大差距。就本书的选编工作来说，由于时间和篇幅所限，还有许多优秀成果未能入编，入选论文也有较大改进空间。对于本书的不足与缺憾，恳请读者朋友们多提宝贵意见，以便我们在今后工作中改进。

二〇一五年十月

目　录

采购与供应管理

物流经济

大学生组

附　录

物流技术与工程

基于非等覆盖半径的生鲜农产品配送中心选址模型研究*

肖建华　王　飞　白焕新　李永开

摘　要：研究非等覆盖半径思想下的生鲜农产品配送中心选址问题。结合生鲜农产品的时效性、响应性等特性，提出了一个基于非等覆盖半径的生鲜农产品配送中心选址优化模型。该模型能定量确定候选配送中心的可建区域、选址位置及配送方案。针对该模型是 NP 难问题，提出了一种基于自适应遗传算法的动态膜进化算法。最后，通过算例验证了模型和算法的有效性。

关键词：生鲜农产品　配送中心选址　动态膜进化算法　非等覆盖半径

一、引言

生鲜农产品是目前世界上增长最快的产业之一，正逐步成为 21 世纪国际食品市场主角。生鲜农产品网络节点的设计是否科学、网络布局是否合理，不仅直接关系到整个生鲜农产品供应链的物流成本，也直接关系到生鲜农产品能否快速、安全地送到消费者手中。因此，探讨和研究生鲜农产品配送中心的选址问题具有重要的理论意义及应用价值。

近年来，国内外许多学者在选址问题上进行了深入探讨，提出了各种选址模型及其求解算法。例如，马云峰等人将时间满意度引入选址模型中，建立了基于时间满意度的最大覆盖选址模型，提出了基于拉格朗日松弛的启发式求解算法[1]。Xu 等人考虑物流系统中的随机模糊因素，构建了多目标随机选址规划模型，并利用生成树遗传算法对其进行求解[2]。蒋建林等人利用单亲遗传模拟退火算法求解顶点 p－中心选址问题[3]。Drezner 等人构建了易腐产品的配送中心选址优化模型，并利用大小三角全局优化技术和 Weiszfeld 算法进行求解[4]。李彤等人利用斯坦纳最小树理论，构建了大型城市地下物流系统网络优化布局模型，并应用模拟植物生长算法求解模型[5]。郑斌等人

* 基金项目：“十一五”国家科技支撑计划（2006BAD30B08），国家自然科学基金（61373066）、中央高校基本科研业务费专项资金资助项目（NKZXB1110）、天津市科技发展战略研究计划项目（13ZLZLZF05900）资助。

作者简介：肖建华（1979—），男，重庆人，博士，副教授，研究方向：物流系统优化与智能计算；王飞（1987—），女，山东滨州人，博士研究生，研究方向：供应链与物流网络规划；白焕新（1976—），女，河北秦皇岛人，硕士，经济师，研究方向：市场营销与物流管理；李永开（1986—），男，山东滨州人，硕士研究生，研究方向：物流系统优化。

针对震后初期应急物资配送的特征，构建了基于双层规划的选址—联运模型，并利用分阶段解码混合遗传算法进行求解[6]。总的说来，目前选址模型的研究多集中在覆盖选址模型和规划选址模型两大类。其中，覆盖选址模型多从满足顾客需求的角度展开探讨，但存在覆盖半径大小确定的困难。同时，在传统的覆盖选址模型中，所有需求点的覆盖半径均相同，较少考虑需求量大小对覆盖半径的影响。而规划选址模型则多从成本最小化的角度展开探讨，但往往需要依赖专家经验提前确定候选配送中心的位置，定量分析不足。

目前，农产品的选址研究多仅考虑生鲜产品的时效性，而较少考虑服务的及时响应性等特征。例如，邱荣祖等人针对生鲜农产品保质期短的特点，构建了基于时间约束的多配送中心选址模型，并利用改进的蚁群算法求解模型[7]。狄卫民等人考虑农产品的易腐特征，构建了有配送能力限制的易腐农产品配送中心规划选址模型，提出了混合遗传算法求解模型[8]。杨华龙等人针对生鲜农产品的时间敏感特征，以物流成本最小为目标，构建了生鲜农产品物流网络布局非线性规划模型[9]。基于此，本文引入非等覆盖半径的思想，结合生鲜农产品的响应性、时效性等特征，构建基于非等覆盖半径的生鲜农产品配送中心选址模型，提出了基于自适应遗传算法的动态膜算法求解模型，并通过算例验证模型及算法的有效性和可行性。

二、基于非等覆盖半径的配送中心选址——配送模型

该模型包括计算各需求点的最大配送选址半径、确定可建候选配送中心的区域和优化候选配送中心点三部分，可由以下四步完成。

（一）根据顾客满意度计算各需求点最大配送选址半径

生鲜农产品具有保质期短、顾客需求弹性低等特征，其产品的时效性和配送服务的及时响应性直接影响生鲜农产品配送中心的顾客满意度。

1. 时效性满意度

与一般工业品相比，生鲜农产品具有保鲜期短、易腐等特征，对时间极其敏感，因而在其物流配送过程中有较强的时效性要求。考虑时效性直接与运输时间有关，时效性满意度可定义为[10]：

$$\alpha_i = \left(\frac{t_{i\alpha}}{T}\right)^r \tag{1}$$

其中，T 为农产品保质期；$t_{i\alpha}$为运输时间，且 $t_{i\alpha} < T$；$r \in (0,1)$ 为时间敏感因子，r 值越小，表示农产品生鲜度对时间越敏感，反之则越不敏感。

2. 响应性满意度

响应性是指企业从顾客提出服务需求到满足需求的服务及时能力。一个顾客能否成为企业的目标顾客，关键在于企业所提供的产品或服务的顾客满意度。因此，响应性满意度是指需求点对配送中心服务响应时间的满意程度，可通过响应时间满意度函数来刻画，其形式为[10]：

$$\beta_i = \left(\frac{T_{\max} - t_{i\beta}}{T_{\max} - T_{\min}}\right)^k \tag{2}$$

其中，T_{max}、T_{min} 分别为需求点所能接受的最大和最小响应时间，$t_{i\beta}$ 为响应时间，且 $T_{min} \leqslant t_{i\beta} \leqslant T_{max}$，$k$ 为时间敏感因子。

3. 需求点最大配送选址半径

在实际配送过程中，需求点的最大配送选址半径与配送运输速度相关，而配送运输速度又与路况系数有关。路况系数越好，各需求点的配送选址半径越大，反之则越小。其中，路况系数跟交通基础设施、路网结构等多个因素有关，可通过实际调查和专家打分法得到。同样，需求点的需求量也影响配送服务半径，需求量大的需求点对配送中心有较强的吸引作用，希望配送中心离需求点更近。因此，本文也将引入需求量影响因子。需求点最大配送选址半径可表示为

$$Ra_i = d_i(w_\alpha t_{i\alpha} + w_\beta t_{i\beta}) r_i v_i \tag{3}$$

其中，r_i 表示路况系数，取值在［0，1］，路况越好，运输服务半径越大；w_α、w_β 分别为取值在［0，1］的时效性满意度因子和响应性满意度因子，且 $w_\alpha + w_\beta = 1$；v_i 为需求点 i 的平均运输速度，d_i 为需求量影响因子。在本文中，$w_\alpha = w_\beta = 0.5$。

（二）利用非等覆盖模型求解可建候选配送中心的区域

利用步骤1求解出的最大配送服务半径和平面圆交集覆盖理论，计算可建候选配送中心的区域。

1. 符号说明

Ra_i：需求点 $i(i = 1,2,3,\cdots,n)$ 的最大配送选址半径；

C_i：表示以需求点 i 为圆心，以 Ra_i 为半径的圆；

(x_i, y_i)：需求点 i 的直角坐标位置；

d_{ij}：需求点 i 到需求点 j 的距离。

2. 问题分析

为满足每个需求点的配送服务，每个需求点所对应服务的配送中心须位于各需求点的最大配送服务半径以内，才能满足需求点的需求。对于两个需求点，基于非等覆盖半径思想的可建候选配送中心的区域可分为三种情况：(a) 包含情况：当 $d_{ij} + R_{ai} \leqslant R_{aj}$，且 $R_{ai} < R_{aj}$ 时，即在区域 C_i 内建立配送中心即可同时满足需求点 i 和需求点 j 的需求；(b) 无交集情况：当 $d_{ij} + R_{ai} \geqslant R_{aj}$ 时，需在区域 C_i 和区域 C_j 分别建立各自的配送中心来满足需求点 i 和需求点 j 的需求；(c) 相交情况：当 $d_{ij} + R_{ai} \leqslant R_{aj}$ 时，只需在区域 C_i 和区域 C_j 的交集区域建立共用配送中心，即可满足需求点 i 和需求点 j 的需求。因此，对于多需求点，最佳的可建候选配送中心区域应位于各需求点最大服务半径覆盖交集区域里面，以便能同时满足多个需求点的需求。

3. 多需求点配送中心候选区域交集判断

假设已知有 n 个需求点，每个需求点的最大配送选址半径和位置坐标已知，则多需求点的配送中心候选区域交集判断问题可以转化为求解多项不等式组是否有解，其表达式为

$$C_1:(x - x_1)^2 + (y - y_1)^2 \leqslant R^2 a_1$$
$$C_2:(x - x_2)^2 + (y - y_2)^2 \leqslant R^2 a_2$$
$$\vdots$$

$$C_n:(x-x_n)^2+(y-y_n)^2\leqslant R^2a_n$$

其中，（x，y）为拟建候选配送中心的位置坐标。若不等式组联立有解，则可在交集区域建立一个配送中心来满足多个需求点的需求，如图 1 所示。反之，则需建立多个配送中心以满足各需求点的需求。

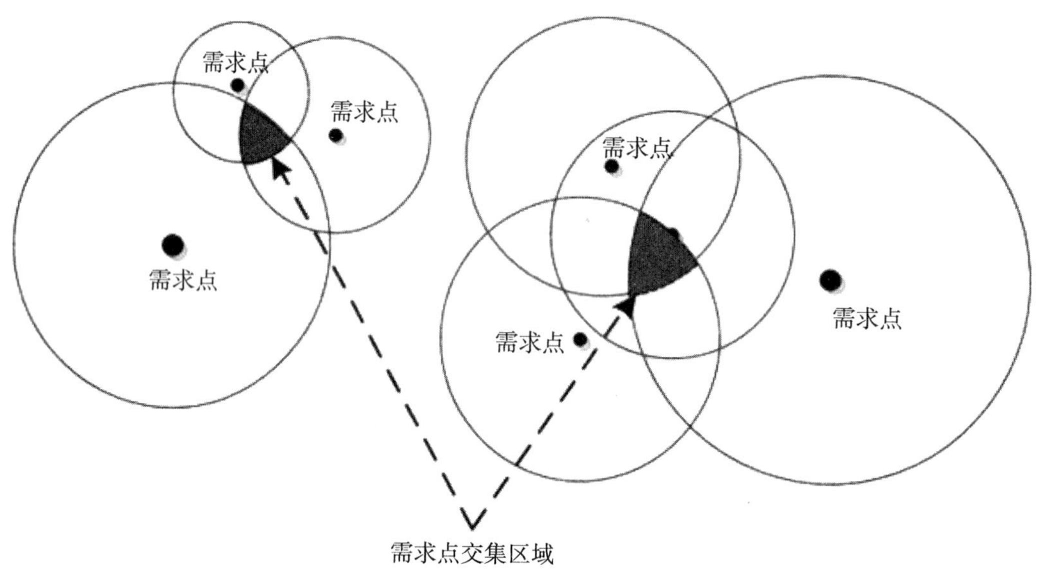

图 1　配送中心候选区域

（三）确定各可建配送中心区域中的候选配送中心数量

在确定出的可建候选配送中心区域上，首先利用专家的经验知识对各区域中的候选配送中心位置进行粗选，然后再利用数据包络分析（DEA）、层次分析法（AHP）等定量方法进行细选，以降低模型规模及求解难度。在实际应用中，每个可建候选配送中心区域通常选取 1 ~2 个即可。

（四）构建基于非等覆盖半径的生鲜农产品配送中心选址优化模型，确定配送中心选址具体位置及配送方案

1. 模型假设

（1）仅在可建候选配送中心区域内进行选址；

（2）每个需求点的需求量已知，且只由一个候选配送中心为其提供配送服务；

（3）配送单位运费已知，且在一定范围内不变；

（4）各候选配送中心的建设费用及运营管理费用已知。

2. 符号说明

I：生鲜农产品需求点集合。

J：候选配送中心集合。

K：生鲜农产品生产基地集合。

I_j：候选配送中心 j 所能覆盖的需求点集合。

I_j^-：候选配送中心 j 不能覆盖的需求点集合。

X_{2ji}：0，1 变量。$X_{2ji}=1$ 时，表示候选配送中心 j 为需求点 i 配送；反之，则表示候选配送中心 j 不为需求点 i 提供配送服务。

Y_j：0，1 变量。当 $Y_j=1$ 时，表示候选配送中心 j 被选中建立；反之，则表示候选配送中心 j 未被选中建立。

q_i：需求点 i 的年需求量。

A_j：候选生鲜农产品配送中心 j 的固定费用，可包括基础设施建设、物流设备购置等费用。

B_j：候选生鲜农产品配送中心 j 的单位运营管理费用，可包括员工薪资、能耗等费用。

λ_{1kj}：从生产基地 k 到候选配送中心 j 的单位运费。

λ_{2ji}：从候选配送中心 j 到需求点 i 的单位运费。

l_{1kj}：候选生鲜农产品配送中心 j 与生产基地 k 的运输距离。

l_{2ji}：需求点 i 与候选生鲜农产品配送中心 j 的运输距离。

w_{1kj}：生产基地 k 与候选配送中心 j 之间的配送量。

w_{2ji}：候选配送中心 j 与需求点 i 之间的配送量。

p：生鲜农产品的市场价格。

α_{1kj}：生产基地 k 到候选配送中心 j 的生鲜度损耗系数，且 $\alpha_{1kj}\in[0,1]$。

α_{2ji}：候选配送中心 j 到需求点 i 的生鲜度损耗系数，且 $\alpha_{2ji}\in[0,1]$。

M：充分大正常数。

3. 模型建立

$$\min Z=\sum_{j\in J}\sum_{i\in I}\lambda_{2ji}w_{2ji}l_{2ji}+\sum_{k\in K}\sum_{j\in J}\lambda_{1kj}w_{1kj}l_{1kj}+\sum_{k\in K}\sum_{j\in J}B_jw_{1kj}+\sum_{j\in J}A_jY_j+\sum_{k\in K}\sum_{j\in J}pw_{1kj}\alpha_{1kj}+\sum_{j\in J}\sum_{i\in I}pw_{2ji}\alpha_{2ji}. \tag{4}$$

s. t.

$$\sum_{j\in J}X_{2ji}=1,\forall i\in I \tag{5}$$

$$x_{2ji}\leqslant Y_j,\forall i\in I_j,\forall j\in J \tag{6}$$

$$MX_{2ji}<Y_j,\forall i\in I_j,\forall j\in J \tag{7}$$

$$\sum_{i\in I}w_{2ji}\leqslant MY_j,\forall j\in J \tag{8}$$

$$\sum_{k\in K}w_{1kj}\leqslant MY_j,\forall j\in J \tag{9}$$

$$w_{2ji}\leqslant MX_{2ji}\quad\forall j\in J,\forall i\in I \tag{10}$$

$$\sum_{k\in K}w_{1kj}=\sum_{i=1}^{I}w_{2ji},\forall j\in J \tag{11}$$

$$\sum_{j\in J}w_{2ji}=q_i,\forall i\in I \tag{12}$$

$$X_{2ji}, Y_j \in \{0,1\}, \forall j \in J, \forall i \in I \tag{13}$$

$$w_{1kj}, w_{2ji} \geqslant 0, \forall i \in I, \forall j \in J, \forall k \in K \tag{14}$$

其中，式（4）表示模型的成本目标函数，由固定建设成本、运营管理成本、生鲜损耗成本和运输成本组成；式（5）保证各需求点只能由一个候选配送中心配送；式（6）表示只有当候选配送中心被选中才能为需求点提供配送服务；式（7）~式（10）表示如果候选配送中心未被选中，则不能为任何需求点提供配送服务，且生产基地也不能向该配送中心供货；式（11）~式（12）表示供求约束；式（13）~式（14）表示决策变量约束。

三、模型求解算法

在上述模型中，确定可建候选配送中心的区域是一个 NP 难问题，当需求点数量较多时，传统的优化方法难以对其快速求解，多应用启发式算法对其进行求解。近年来，生物计算中的膜计算快速发展，已逐渐成为非传统计算中的研究热点和前沿。膜计算是 Paun 从生物活细胞或器官的结构、功能抽象出来的一种分布式、并行性计算模型[11]。由于具有在多项式时间内生成指数计算空间及信息处理的极大并行性等特性，膜计算在计算速度方面往往表现出比经典计算更大的优势，已被证明具有与图灵机同等的计算能力，在解决计算困难问题方面也显示出很强的潜力。

受膜计算启发，Nishida 将膜系统框架与优化算法结合，首次提出了膜优化算法[12]，并成功应用于求解 TSP 问题[13]。Leporati 等提出了求解最小存储问题的多项式时间膜进化算法[14]。Huang 等人借鉴生物膜的嵌套结构，提出了基于遗传算法的多目标膜进化算法[15]，并将其应用于求解控制器设计等优化问题[16]。Zhang 等人提出了求解背包问题的膜进化算法[17]。该算法采用单层膜结构，与传统的嵌套结构膜算法相比，其计算结果更好。随后，Zhang 等人又提出了各种改进的膜进化算法，并成功应用于求解雷达辐射源信号处理[18]、旅行商优化[19]、图像处理[20]、制造参数优化[21]等问题，取得很好的效果。Zhao 等人针对单目标无约束和有约束优化问题，提出了一种可用于处理约束问题的仿生膜优化算法，并将其应用求解汽油调合短期调度工程应用问题[22]。Yang 等人提出了基于自适应变异规则和量子进化规则的膜进化算法，并应用于催化裂化装置反应—发生模型的参数估计[23]。Zhang 等人对量子进化膜算法的动态行为进行了实验分析，结果表明其在算法的探测性和搜索性上具有良好的平衡能力，并以背包问题进行了例证[24]。此外，膜进化算法在 DNA 序列编码[25,26]、函数优化[27,28]、背包问题[29,30]等其他领域也得到了广泛应用。本文提出了基于自适应遗传算法的动态膜算法，以应用于求解非等覆盖半径生鲜农产品选址模型。

（一）膜计算

膜计算又称 P 系统，主要由膜结构、对象多重集和进化规则三部分组成。通常，一个 P 系统能被定义为：

$$\Pi = (O, H, u, w_1, \cdots, w_m, R_i) \tag{15}$$

其中 O 为对象字母表，其元素被称为字符对象；H 为膜标号的有限集合；u 表示膜系统的结构，由 m 个膜组成，分别用1，2，…，m 来标记；m 称为系统 Π 的度；w_1（$1 \leqslant i \leqslant m$）表示膜结构 u 中第 i 个区域中包含的对象多重集；R_i 表示膜 i 拥有的有限规则集，包括结构进化规则和多重对象集规则。

膜结构是由一个表层膜和一系列按层次排列的膜组成。其中，外层膜是膜结构最外层的膜，它将环境与膜内部分开；膜内部则包括非基本膜和基本膜，非基本膜可以嵌套其他非基本膜或基本膜，而基本膜内则不再包含任何膜，如图2所示[11]。

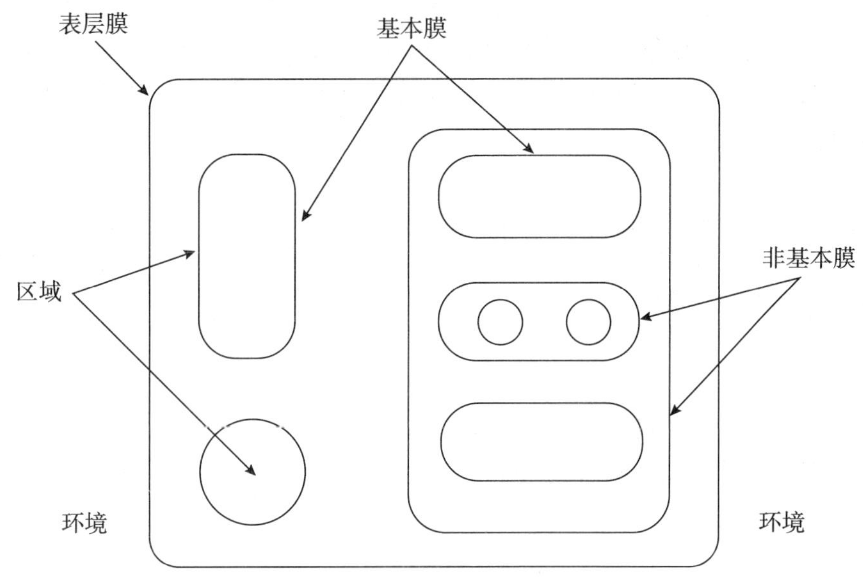

图2　膜计算结构

每一个膜都有其自身的规则，能影响膜中的对象和改变膜结构。本文采用了演化规则、入通信规则、出通信规则、溶解规则和分裂规则。其中：

1. $[_i w_1 \rightarrow w_2]_i$，$i \in H$，$w_1 \in O$，$w_2 \in O^*$

演化规则：即表示膜 i 中的对象 w_1 进化为对象 w_2。

2. $w_1\ [_i\ ]_i \rightarrow [_i w_2]_i$，$i \in H$，$w_1$，$w_2 \in O$

入通信规则：表示膜 i 外的对象 w_1 进入膜 i 中，对象 w_1 变成对象 w_2。

3. $[_i w_1]_i \rightarrow [_i\ ]_i w_2$，$i \in H$，$w_1$，$w_2 \in O$

出通信规则：表示膜 i 中的对象 w_1 输送到其外层区域中，其对象 w_1 变成对象 w_2。

4. $[_i w_1]_i\ [_j w_2]_j \rightarrow [_1 w_1\ w_2]_1$，$i$，$j \in H$，$w_1$，$w_2 \in O$

溶解规则：表示膜 i 和膜 j 被溶解成一个膜。

5. $[_1 w_1\ w_2]_1 \rightarrow [_i w_1]_i\ [_j w_2]_j$，$i$，$j \in H$，$w_1$，$w_2 \in O$

分裂规则：表示膜被分裂成膜 i 和膜 j，其原来膜中的对象分别相应送入各分裂生成的新膜中。

（二）自适应遗传算法

遗传算法由Holland于1975年首次提出，它是模拟达尔文生物进化论的自然选择和遗传学机理的生物进化过程而发展起来的一种优化方法。遗传算法本质是一种高效、并行、全局搜索的方法，已被广泛应用于求解非线性、多目标和多参数等复杂系统的全局优化。但在传统的遗传算法中，其控制参数多为常数，在求解复杂优化问题中存在早熟现象和收敛速度慢等不足，本文将引入自适应遗传算法到动态膜进化算法中，以提高求解效率。

1. 遗传基因编码

二进制编码是遗传算法中最主要的编码方法，具有编解码简单、算子操作便于实现等优点。本文将使用固定长度的二进制编码方法，对于有 n 个需求点的非等覆盖半径问题，染色体可分为 n 段，其中每一段为对应需求点的 0 或 1 编码。例如有 10 个需求点的非等覆盖问题，若可行解的染色体编码为｛1001101010｝，则表示第 1、4、5、7、9 需求点的最大配送选址有公共候选区域。

2. 选择算子

遗传算法模拟生物进化中的优胜劣汰自然规律，利用选择算子来提高计算效率及全局收敛性。本文将采用随机竞争选择，即利用轮盘赌方法选取一对个体，然后通过竞争选其适应度好的个体。

3. 交叉算子

交叉算子是产生新个体的主要方法，以提高算法全局搜索能力。本文将采用单点交叉，即在个体染色体中随机产生一个交叉点后，在交叉点处相互交换一对染色体的后半段染色体。其中，自适应交叉概率为[31]：

$$p_c = p_c^0\left[1 + \alpha\frac{(f_{avg})^{n_c}}{(f_{max} - f_{min})^{n_c} + (f_{avg})^{n_c}}\right] \tag{16}$$

其中，p_c^0 和 p_c 分别为初始交叉概率和自适应交叉概率。f_{min}、f_{avg}、f_{max} 分别为每次迭代过程中的最小、平均及最大适应度值。α 和 n_c 是变异系数。本文中，$\alpha = 0.3$，$n_c = 2$。

4. 变异算子

变异操作改善遗传算法的局部搜索能力，维持种群的多样性。变异算子包括非均匀变异、均匀变异、基本位变异等。本文将采用均匀变异算子，其自适应变异概率为[31]：

$$p_m = p_m^0\left[1 + \beta\frac{(f_{avg})^{n_m}}{(f_{max} - f_{min})^{n_m} + (f_{avg})^{n_m}}\right] \tag{17}$$

其中，p_m^0 和 p_m 分别为初始变异概率和自适应变异概率。β 和 n_m 是变异系数。本文中，$\beta = 0.2$，$n_m = 2$。

（三）基于自适应遗传算法的动态膜进化算法

基于自适应遗传算法的动态膜进化算法（DMEA - AGA）的基本思想是：首先，在各基本膜内同时利用自适应遗传算法进行局部寻优；然后，利用膜计算的溶解规则，将其各基本膜合并成一个膜，并利用膜计算的通信规则，将其最优解送至表层膜中，随后再应用膜计算的分裂规则将其分裂成多个基本膜，最后进行下一轮迭代进化，直至算法结束。DMEA - AGA 算法流程如下：

步骤 1：初始化膜结构 $[_0[_1]_1, [_2]_2, \cdots, [_m]_m]_0$ 由一个表层膜 0 和 m 个基本膜组成。

步骤 2：初始化种群 P 及算法参数，并将种群中的所有染色体随机平均分配到 m 个基本膜内，即每个基本膜中有 $N_s = N/m$ 条染色体，且表层膜中个体为空，其中 N 表示总的染色体数目。

步骤 3：在基本膜 1 至 m 中，同时并行运行自适应遗传算法。

步骤 4：执行溶解规则，将 m 个基本膜融合成一个基本膜 m_{one}。

步骤 5：运用适应函数计算每个染色体的适应度值。

步骤 6：执行通信规则，将合并膜 m_{one} 中当前最优解送至表层膜，更新最优解和最优目标值。

步骤 7：终止条件判断。若为真，则算法停止，输出最优解和最优目标值；反之，则转入步骤 8。

步骤 8：执行分裂规则，将膜 m_{one} 分裂成 m 个基本膜，并通过通信规则，将当前最优染色体和 $N_s - 1$ 个最劣染色体送入基本膜 1 中；随后，将当前剩余中的最优染色体和 $N_s - 1$ 个最劣染色体送入基本膜 2 中，依次类推，直至每个基本膜中均有 N_s 个染色体；最后，转入步骤 3。

四、算例

现有一生鲜农产品生产基地，需为区域内的 10 家大型卖场供应某生鲜农产品，现拟建配送中心以降低物流配送成本。市场调研显示，生鲜农产品的市场均价为 4 元/千克，该地区的平均运输速度为 60km/h。生鲜农产品保质期为 1.5 天，时间敏感因子均为 0.3，时效性满意度和响应性满意度为［0.5，1］之间的随机数。各需求点年需求量、路况系数及需求量影响因子如表 1 所示。

表 1　　各需求点的年需求量、路况系数及需求量影响因子

需求点	I1	I2	I3	I4	I5	I6	I7	I8	I9	I10
年需求	200	400	350	250	150	350	300	100	450	300
路况系数	0.80	0.70	0.83	0.95	0.88	0.80	0.90	0.75	0.90	0.85
需求量影响因子	0.90	0.80	0.82	0.88	0.95	0.82	0.85	1.00	0.75	0.85

各需求点的地理位置如表 2 所示。

表 2　　各需求点地理坐标

需求点	I1	I2	I3	I4	I5
地坐标（km）	[234，165]	[210，170]	[223，194]	[300，216]	[294，170]
需求点	I6	I7	I8	I9	I10
地坐标（km）	[223，294]	[510，270]	[334，295]	[323，214]	[433，294]

首先，利用非等覆盖半径区域选址模型，计算得到各需求点的最大配送选址半径，如表 3 所示。

表 3　各需求的最大配送选址半径

需求点	*I*1	*I*2	*I*3	*I*4	*I*5	*I*6	*I*7	*I*8	*I*9	*I*10
最大配送选址半径（km）	177	85	179	218	90	136	85	178	136	190

其次，利用动态膜进化算法，使用 Matlab 对算法进行编程，并在 Intel Pentium 双核 2.2GH 和 2G 内存的硬件环境下运行，得到两个可建候选配送中心区域，如图 3 所示。其中，算法参数分别为：初始交叉概率 p_c^0 和初始变异概率 p_m^0 分别为 0.7 和 0.01，基本膜数量 *m* 为 10，基本膜种群规模为 20，最大迭代次数为 100。

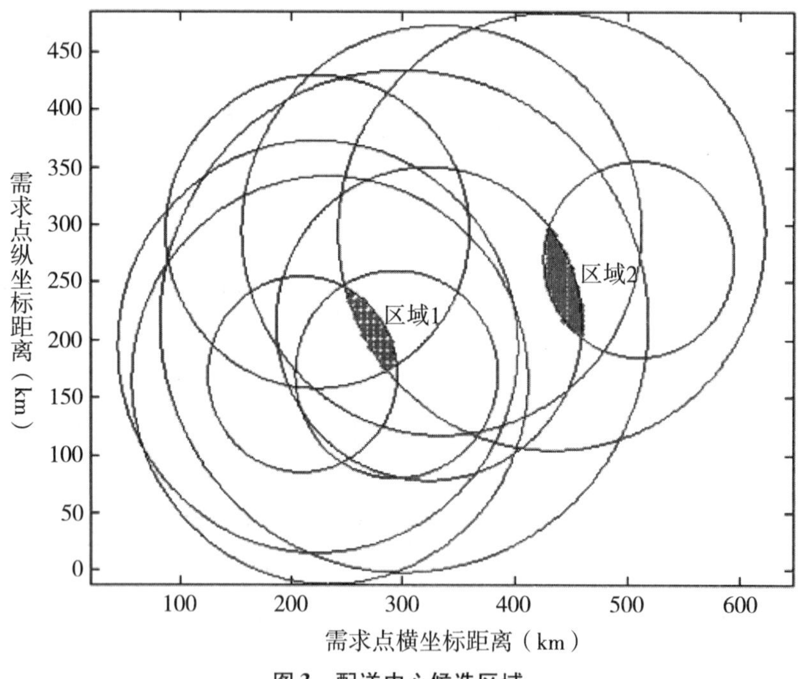

图 3　配送中心候选区域

根据专家打分法或 AHP 方法综合评价影响选址的各种因素，在每个可建候选配送中心区域内选出 2 个候选配送中心点，即在可建候选配送中心区域 1 中选择 J_1 与 J_2 两个候选配送中心点，在可建候选配送中心区域 2 中选择 J_3 与 J_4 两个候选配送中心点，其位置坐标如表 4 所示。

表 4　候选配送中心位置坐标

名称	生产基地	候选区域 1		候选区域 2	
		J_1	J_2	J_3	J_4
位置坐标（km）	[580，80]	[266，213]	[284，208]	[454，229]	[432，273]

其中，候选配送中心与生产基地及各需求点的相关数据如表5～表8所示。

表5　　候选配送中心与需求点之间单位运费　　单位：元/（km·t）

候选配送中心	需求点									
	I1	I2	I3	I4	I5	I6	I7	I8	I9	I10
J1	0.71	0.63	0.67	0.59	0.72	0.64	0.63	0.72	0.74	0.63
J2	0.75	0.62	0.65	0.63	0.68	0.61	0.66	0.75	0.61	0.67
J3	0.65	0.60	0.70	0.73	0.75	0.72	0.65	0.63	0.71	0.64
J4	0.66	0.63	0.64	0.67	0.70	0.65	0.69	0.65	0.65	0.67

表6　　生产基地与候选配送中心之间的单位运费及生鲜损耗系数

候选配送中心	J1	J2	J3	J4
单位运费（元/km·t）	0.51	0.54	0.47	0.49
生鲜度损耗系数	0.20	0.19	0.16	0.18

表7　　候选配送中心与需求点之间的生鲜度损耗系数

候选配送中心	需求点									
	I1	I2	I3	I4	I5	I6	I7	I8	I9	I10
J1	0.19	0.19	0.17	0.13	0.13	0.07	0.04	0.11	0.04	0.10
J2	0.20	0.19	0.17	0.11	0.14	0.08	0.05	0.09	0.03	0.10
J3	0.10	0.06	0.05	0.14	0.06	0.20	0.18	0.23	0.15	0.09
J4	0.08	0.05	0.08	0.15	0.06	0.19	0.17	0.23	0.15	0.10

表8　　候选配送中心建设及运营费用

候选配送中心	J1	J2	J3	J4
建设费用（万元）	112	147	126	150
单位产品运营费用（元/t）	95	124	105	116

最后，利用Lingo软件求解该混合整数规划模型，其配送中心的选址为J_1和J_3。其中，配送中心J_1为需求点I_1、I_2、I_3、I_5、I_6、I_8和I_9提供配送服务，其配送任务量分别为200吨、400吨、350吨、150吨、350吨、100吨和450吨；配送中心J_3为需求点I_4、I_7和I_{10}配送服务，其配送任务量分别为250吨、300吨和300吨，其总成本为662.9万元。

五、结束语

配送中心选址是否科学、物流网络布局是否合理，关系到整个供应链的运作成本及效率。如何准确、简单的建立生鲜农产品配送中心选址优化模型，以及设计快速的求解算法，对丰富选址理论模型及指导企业运营实践均具有重要意义。本文针对传统规划选址模型中其候选配送中心位置多依赖经验确定的不足，首次引入非等覆盖半径的思想，结合生鲜农产品的时效性、响应性等特性，构建了基于非等覆盖半径的生鲜农产品配送中心选址优化数学模型。同时，针对模型中的候选区域确定是NP难问题，传统的优化算法很难对其求解，本文引入动态膜思想，融入自适应遗传算法求解该模型。论文最后通过算例，验证了模型和算法的有效性。

参考文献

[1] 马云峰，杨超，张敏，等．基于时间满意的最大覆盖选址问题［J］．中国管理科学，2006，14（2）：45－51.

[2] XU J P，YAO L M，ZHAO X D. A multi－objective chance－constrained network optimal model with random fuzzy coefficients and its application to logistics distribution center location problem［J］. Fuzzy Optimization and Decision Making，2011，10（3）：255－285.

[3] 蒋建林，徐进澎，文杰．基于单亲遗传模拟退火算法的顶点p－中心问题［J］．系统工程学报，2011，26（3）：414－420.

[4] DREZNER Z，SCOTT C H. Location of a distribution center for a perishable product［J］. Mathematical Methods of Operations Research，2013，78（3）：301－314.

[5] 李彤，王众托．大型城市地下物流网络优化布局的模拟植物生长算法［J］．系统工程理论与实践，2013，33（4）：971－980.

[6] 郑斌，马祖军，李双琳．基于双层规划的震后初期应急物流系统优化［J］．系统工程学报，2014，29（1）：113－125.

[7] 邱荣祖，钟晓燕，钟聪儿，等．基于蚁群算法的生鲜农产品配送中心选址优化［J］．江南大学学报：自然科学版，2010，9（2）：156－161.

[8] 狄卫民，岳耀雪，陈国民．有配送能力限制的易腐农产品配送中心选址方法［J］．计算机应用研究，2013，30（1）：202－205.

[9] 杨华龙，计莹峰，刘菲菲．生鲜农产品物流网络节点布局优化［J］．大连海事大学学报，2010，36（3）：47－49.

[10] 肖建华，熊欢．基于时效性和响应性的生鲜农产品选址模型研究［J］．物流技术，2011，30（1）：32－35.

[11] PAUN G. Computing with membranes［J］. Journal of Computer and System Sciences，2000，61（1）：108－143.

[12] NISHIDA T Y. An application of P－systems：a new algorithm for NP－complete optimization problems［C］// Proceedings of the 8th World Multi－Conference on Systems，Cybernetics and Informatics. Orlando：2004，109－112.

[13] NISHIDA T Y. Membrane algorithm with brownian subalgorithm and genetic subalgorithm［J］. International Journal of Foundations of Computer Science，2007，18（6）：1353－1360.

[14] LEPORATI A，PAGANI D. A membrane algorithm for the min storage problem［J］. Lecture Notes in Computer Science，2006，4361（1）：397－416.

[15] HUANG L，SUN L，WANG N，et al. Multiobjective optimization of simulated moving bed by tissue

P system [J]. Chinese Journal of Chemical Engineering, 2007, 15 (5): 683 -690.

[16] HUANG L, SUH I H. Controller design for a marine diesel engine using membrane computing [J]. International Journal of Innovative Computing Information and Control, 2009, 5 (4): 899 -912.

[17] ZHANG G X, GHEORGHE M, WU C Z. A quantum - inspired evolutionary algorithm based on P systems for knapsack problem [J]. Fundamenta Informaticae, 2008, 87 (1): 93 -116.

[18] ZHANG G X, LIU C X, RONG H N. Analyzing radar emitter signals with membrane algorithms [J]. Mathematical and Computer Modelling, 2010, 52 (11 -12): 1997 -2010.

[19] ZHANG G X, CHENG J X, GHEORGHE M. A membrane - inspired approximate algorithm for traveling salesman problems [J]. Romanian Journal of Information Science and Technology, 2011, 14 (1): 3 -19.

[20] ZHANG G X, GHEORGHE M, LI Y Q. A membrane algorithm with quantum - inspired subalgorithms and its application to image processing [J]. Natural Computing: An International Journal, 2012, 11 (4): 701 -717.

[21] ZHANG G X, CHENG J X, GHEORGHE M, et al. A hybrid approach based on differential evolution and tissue membrane systems for solving constrained manufacturing parameter optimization problems [J]. Applied Soft Computing, 2013, 13 (3): 1528 -1542.

[22] ZHAO J H, WANG N. A bio - inspired algorithm based on membrane computing and its application to gasoline blending scheduling [J]. Computers and Chemical Engineering, 2011, 35 (2): 272 -283.

[23] YANG S P, WANG N. A P systems based hybrid optimization algorithm for parameter estimation of FCCU reactor regenerator model [J]. Journal of Chemical Engineering, 2012, 211 (11): 508 -518.

[24] ZHANG G X, CHENG J X, GHEORGHE M. Dynamic behavior analysis of membrane - inspired evolutionary algorithms [J]. International Journal of Computers, Communications \ & Control, 2014, 9 (2): 235 -250.

[25] XIAO J H, ZHANG X Y, XU J. A membrane evolutionary algorithm for DNA sequences design in DNA computing [J]. Chinese Science Bulletin, 2012, 57 (6): 698 -706.

[26] XIAO J H, JIANG Y, HE J J, et al. A dynamic membrane evolutionary algorithm for solving DNA sequences design with minimum free energy [J]. MATCH Communications in Mathematical and in Computer Chemistry, 2013, 70 (3): 971 -986.

[27] CHENG J X, ZHANG G X, ZENG X X. A novel membrane algorithm based on differential evolution for numerical optimization [J]. International Journal of Unconventional Computing, 2011, 7 (3): 159 -183.

[28] XIAO J H, HUANG Y F, CHENG Z, et al. A hybrid membrane evolutionary algorithm for solving constrained optimization problems [J]. Optik, 2014, 125 (2): 897 -902.

[29] ZHANG G X, GHEORGHE M, WU C Z. A quantum - inspired evolutionary algorithm based on P systems for knapsack problem [J]. Fundamenta Informaticae, 2008, 87 (1): 93 -116.

[30] HE J J, XIAO J H, SHI X L, et al. A membrane - inspired algorithm with a memory mechanism for knapsack problems [J]. Journal of Zhejiang University: Science C, 2013, 14 (8): 612 -622.

[31] WANG L, TANG, D B. An improved adaptive genetic algorithm based on hormone modulation mechanism for job - shop scheduling problem [J]. Expert Systems with Applications, 2011, 38 (6): 7243 -7250.

人工与自动化双分拣区系统品项分配优化*

李　明　吴耀华　吴颖颖　陈宁宁

摘　要： 以A字机为代表的自动化分拣系统因分拣效率快、准确度高、人力成本低，在需要快速处理大量拆零拣选订单的配送中心得到广泛应用。在实际中，对于给定货物品项如何从成本节省角度评定其适用人工分拣或自动化分拣，以及如何在人工和自动化双分拣区中进行合理的品项分配是配送中心设计中的关键问题。首先对配送中心人工分拣区和自动化分拣区的人工成本进行全面分析；以总节省人工成本最大为目标函数建立设备通道配比优化数学模型，设计贪婪算法得出自动化分拣区内设备通道合理配比方案；在此基础上，将该问题推广到人工和自动化双分拣区系统品项分配中，归结为一类特殊的背包问题，并给出启发式算法。通过某医药配送中心实例仿真证明了算法的有效性。

关键词： 自动化分拣　A字机　人工分拣　背包问题

一、前言

随着电子商务和连锁零售业的快速发展，商业企业物流配送中心需要处理的多品种、小批量和高时效性的订单日益增多，订单拣选已成为配送中心的关键业务环节[1]。为提高仓库内的订单拣选效率，通常在仓库设计中将货物存储与货物分拣两种功能分离，将库内划分为仓储区与分拣区。分拣区是库内一个独立功能区域，各种畅销货物以较小的数量存储在集中空间内，作业人员可以在相对仓储区面积小很多的区域内专注订单拣选，大大减少拣选人员的行走距离，有效提高订单拣选效率[2]。拆零分拣区是商业配送中心规划设计的重点，拆零拣选是指小于一箱数量的货物拣选，每个订单包含货物数量较少，但需要从成千上万种品项中快速拣选出货物的最小包装单位。现有拆零分拣区内拣选系统分为人工分拣和自动化分拣两种类型。在人工分拣系统中，拣选人员到分拣区内指定储位进行订单拣选，为保证拣选的准确性与高效性，通常借助电子标签提示、RF手持无线终端或语音提示等设备；自动化分拣系统[3,4]通常使用A字机为代表的自动化分拣设备，通过人工补货、自动分拣，高效准确地完成拆零订单拣选作业。当配送中心需要处理的拆零拣选订单数量大，采用人工分拣系统将大幅增加人工成本时，自动化分拣系统是一类非常适合的方式。

---

* 基金项目：国家自然科学基金资助项目（61403234）、山东大学自主创新基金（31400073614023）。

作者简介：李明（1978—），男，博士研究生，研究方向：自动分拣系统和配送中心规划设计等；吴耀华（1963—，通信作者），男，博士，教授，博士研究生导师，研究方向：自动分拣系统，集成化物流系统规划、设计和仿真与物流技术装备等；吴颖颖（1985—），女，博士，讲师，研究方向：自动拣选系统效率优化；陈宁宁（1979—），女，硕士，讲师，研究方向：供应链管理与自动拣选系统效率优化。

自动化分拣系统的优势在于拣选效率快、准确度高和人力成本低，但并不是所有品项货物都适合自动化分拣。首先，外包装不规则或易碎的品项不适合自动化分拣，因为设备分拣机构无法对其实施有效作业；另外，部分品项采用自动化分拣产生的人工补货成本大于其采用人工分拣产生的人工成本，该类产品也不适合通过自动化系统进行分拣。人工与自动化双分拣区系统是配送中心现场常见的订单拣选作业模式，系统设计人员不仅需要根据货物品项的包装形式区分其适合的分拣区，同时还应分析不同货物品项在不同分拣区内的人工成本，在人工与自动化双分拣区中进行合理品项分配，充分发挥自动化分拣设备节省人工成本的能力。

目前，对于分区拣选策略下品项分配优化的研究集中在人工分拣或自动化分拣单一分拣模式下，如 JANE 等[5]利用品项相关性指标设计一种启发式算法，应用于分区拣选策略下的人工拣选系统品项分配问题；张贻弓等[6]对双拣货区自动分拣系统品项分配优化问题进行研究，建立了以订单最大化提前开始拣选时间为目标的数学模型，并应用最大最小蚂蚁系统算法求解；LE – DUC 等[7]研究了分区拣选策略下的人工拣选系统品项分配和拣选顺序问题，以最小化订单处理总时间为目标建立了混合整数规划模型。对于兼含人工与自动化双分拣区系统的优化问题研究较少，JERNIGAN[8]、BARTHOLDI 等[9]提出一种基于补货与拣选人工成本的人工与自动化分拣区品项分配方法，在分析设备补货人工成本时，忽略自动化设备补货货物数量对补货人工成本的影响，而此因素是设备补货人工成本的主要组成部分；此外，他们假设自动化分拣设备通道空间可连续划分给不同品项货物存储，没有考虑实际应用中同一通道仅允许存放单一品项的存储空间离散性约束，因此该研究结果在实际应用中存在一定误差。

基于此，针对人工和自动化双分拣区系统的人工成本进行全面分析，找出系统总节省人工成本与分拣区货物品项分配关系，在通道存储空间离散性约束条件下，建立数学模型并采用启发式算法求解。最后通过实际订单数据仿真验证其有效性。

二、人工与自动化双分拣区系统介绍

（一）系统布局

如图 1 所示，某配送中心仓库内部划分为收货理货区、存储区、分拣区和发货整

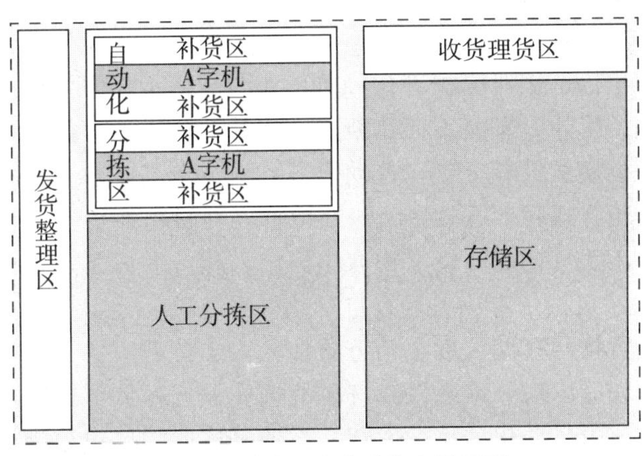

图 1 配送中心仓库功能布局示意

理区四个功能区域。分拣区内根据采用拣选系统的类型不同，划分为自动化分拣区和人工分拣区。人工分拣区内采用人员行走至货架按单手工拣选。自动化分拣区内采用A字机分拣设备进行订单拣选，A字机作业原理如图2所示。

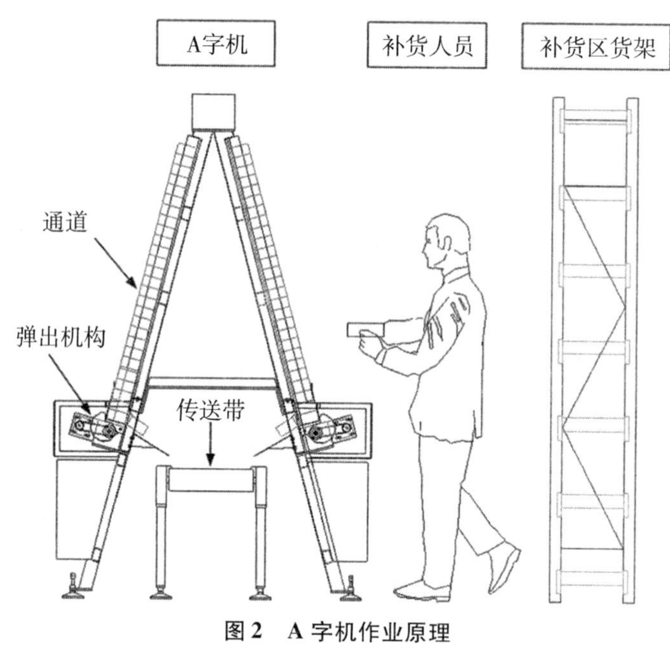

图2　A字机作业原理

在A字机系统中，货物被放置在形如字母“A”的并肩矗立的两列通道中，在两列通道中下方是一条传送带，需要拣选的货物被通道下方的弹出机构自动弹射到传送带上，在传送带前端将完成拣选的订单收集到周转箱内。补货区处于A字机设备两侧，采用货架存储方式，在设备自动分拣的同时，人工及时将货物从补货区货架上取出，补充到设备通道内以保证分拣的连续，且补货作业不会对设备分拣作业产生影响。补货区在存储区和自动化分拣区之间起到桥梁作用，一方面降低自动化分拣区的补货成本，同时保证了补货作业的及时性。

（二）订单拣选作业流程

对分拣区内订单拣选作业流程进行分析，如图3所示，假设仓库内所有品项货物都在存储区内存储，库存充足，不存在断货的情况，且每一种品项仅能通过自动化分拣和人工分拣中一类模式进行分拣。自动化分拣区订单拣选作业流程为：首先人工将货物从存储区以整箱方式存入补货区，该环节称之为整箱补货；然后根据A字机通道提出的补货申请，人工从补货区将货物取出后放入相应的设备通道内，该环节称之为拆零补货；最后A字机按订单任务进行自动化拆零拣选。人工分拣区订单拣选作业流程为：首先人工将货物从存储区以整箱方式存入人工拣选区中，即整箱补货；然后由人工进行拆零拣选作业。双分拣区系统订单拣选作业流程如下：针对包含自动化分拣区拣货任务的订单，由自动化分拣区发起，设备分拣后的订单分为两部分，一部分订单任务完成，由传送带送至发货整理区，另一部分订单任务未完成，需由传送带送至人工分拣区完成剩余拣选作业，再送至发货整理区；针对仅含人工分拣区拣货任务的订单，直接由人工分拣区发起，任务完成后送至发货整理区。

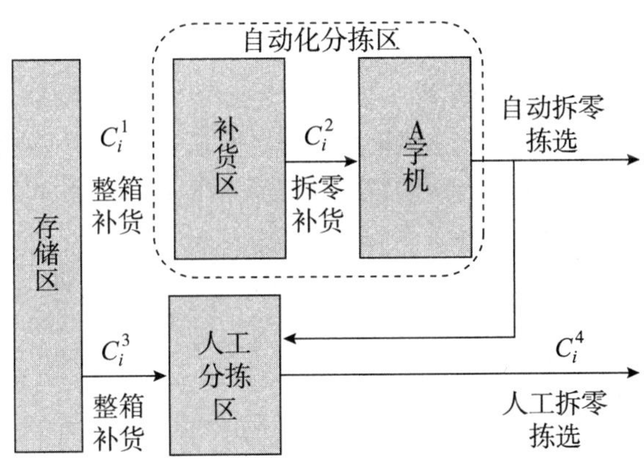

图3　配送中心双分拣区拣选作业流程示意

三、拣选作业人工成本分析

有效降低人工成本是配送中心采用自动化分拣设备的主要目的之一。本文以人工作业时间为单位，对固定时间周期内，货物品项在不同分拣区中产生的人工成本进行分析。假设品项 i 采用自动化分拣，订单拣选过程中消耗的人工成本包括整箱补货成本 C_i^1 和拆零补货成本 C_i^2，自动拆零拣选由设备完成，人工成本为0；假设品项 i 采用人工分拣，订单拣选过程所消耗的人工成本包括整箱补货成本 C_i^3 和人工拆零拣选成本 C_i^4。此外，两分拣区之间及分拣区与发货整理区之间的订单箱输送作业是由传送带完成，人工成本为0。由于两分拣区内整箱补货作业方式相同，假设 $C_i^1 \approx C_i^3$，则自动化分拣与人工分拣相比节省人工成本为 $\Delta C_i = C_i^4 - C_i^2$。

在人工拆零拣选环节中，人员行走距离相对较长，且每种品项拣选数量少，相比行走寻货时间抓取货物时间可忽略不计，因而拣货人员作业时间主要集中于行走寻货时间。通常每种品项在人工分拣区内储位唯一，将订单内每一种品项的拣选任务定义为一个订单行，假设人工拣选单个订单行所花费的行走寻货时间固定，则确定时间周期内品项 i 人工拆零拣选的人工成本为：

$$C_i^4 = b_3 p_i \tag{1}$$

式中，C_i^4 是品项 i 确定时间周期内人工拆零拣选的人工成本；p_i 是品项 i 在确定周期内的拣选次数；b_3 是人工拣选一个订单行所花费的平均行走寻货时间。

在拆零补货环节中，人工成本除包括补货区内行走寻货时间外，还应考虑补货人员将货物以最小包装单元逐件放入设备通道的时间，其大小取决于货物拣选量，例如某品项货物全年拣选量1000件，且全部通过自动化设备完成，补货人员在设备通道内放入一件货物花费时间1.5s，则该货物全年需花费1500s时间完成放货作业。已有文献［8］［9］对于自动化设备拆零补货人工成本分析中，都忽略了人工将货物放入设备通道的时间，仅考虑补货次数和行走寻货时间对于补货成本的影响，因而应用效果受到一定程度影响。为讨论方便，假设当设备上某品项存储数量等于零时，该品项对应的通道申请补货，则确定时间周期内品项 i 拆零补货人工成本为：

$$C_i^2 = b_1 \frac{f_i}{v_i} + b_2 f_i \tag{2}$$

式中，C_i^2 是确定时间周期内品项 i 拆零补货人工成本；b_1 是人工完成一次拆零补货所花费的平均行走寻货时间；b_2 是补货人员在设备通道内放入一件货物所花费平均时间；f_1 是在确定时间周期内品项 i 的拣选数量；v_i 是品项 i 在自动化设备上单次补货数量；f_i/v_i 是确定时间周期内品项 i 的补货次数。

通过以上分析，品项 i 适合采用自动化分拣系统的必要条件为：

$$\Delta C_i = C_i^4 - C_i^2 = b_3 p_i - b_1 \frac{f_i}{v_i} - b_2 f_i > 0 \tag{3}$$

式中，ΔC_i 是品项 i 采用自动化分拣相比采用人工分拣节省的人工成本。由式（3）可知，假设 b_1、b_2 和 b_3 参数已知，品项 i 在确定时间周期内的拣选数量 f_i 和拣选次数 p_i 为常数，若 $b_3 p_i \leqslant b_2 f_i$，则品项 i 在该周期内适合采用人工分拣系统，选用自动化分拣系统并不能节省人工成本；若 $b_3 p_1 > b_2 f_i$，则品项 i 是否选用自动化分拣系统取决于该品项在自动化分拣设备上所分配的通道数量，分配的通道数量越多，单次补货数量越多，周期内补货次数就越少，总补货行走寻货时间就越短，节省人工成本就越多。由于设备通道资源有限，所以如何将有限的通道资源在采用自动化分拣的货物品项之间进行分配，实现总节省人工成本最大，首先要解决设备通道配比优化问题。

四、设备通道配比优化问题

假设 A 字机设备现有通道数量 m 个，符合设备分拣条件的品项集合 $\{S \mid 1, 2, 3, \cdots, n\}$ 全部采用自动化分拣（注：符合设备分拣条件是指货物品项包装材料和尺寸都适合设备分拣，且满足 $b_3 p_i > b_2 f_i$），通道数量大于该集合品项数量，即 $m > n$，自动化分拣设备的通道配比优化问题是求如何将 m 个通道在 n 种品项中进行分配，实现总节省人工成本最大的目标。建立数学模型如下：

$$\max \sum_{i \in S} \left(b_3 p_i - b_1 \frac{f_i}{v_i} - b_2 f_i \right) \tag{4}$$

s. t.

$$v_i = t_i d_i, \forall i \in S \tag{5}$$

$$\sum_{i \in S} d_i \leqslant m \tag{6}$$

$$d_i \in \{1, 2, \cdots, m\}, \forall i \in S \tag{7}$$

$$w_i t_i \leqslant W, \forall i \in S \tag{8}$$

$$l_i t_i \leqslant h, \forall i \in S \tag{9}$$

式中，t_i 是品项 i 在单个设备通道内的存储量；d_i 是分配给品项 i 的通道数量；w_i 是单件品项 i 在通道内载重；W 是单个设备通道正常工作所允许的最大载重；l_i 是单件品项 i 在通道内所占长度；h 是单个设备通道的长度。目标函数式（4）表示总节省人工成本最大。约束条件中，式（5）表示品项 i 在自动化设备上单次补货数量等于品项

i 在所有分配通道上的总存储数量；式（6）表示 S 集合内全部品项分配通道总数不可超出现有总通道数量；式（7）表示每种品项至少分配一个通道且通道个数为正整数；式（8）表示在单个设备通道内每种品项的总载重不能超过通道正常工作所允许的最大载重；式（9）表示在单个设备通道内每种品项所占通道总长度不能超过通道长度。

式（4）可以改写为：

$$\max\Big[\sum_{i\in S}(b_3p_i-b_2f_i)-b\sum_{i\in S}\frac{f_i}{t_id_i}\Big]$$

$$\Leftrightarrow \min L=\sum_{i\in S}\frac{f_i}{t_id_i} \tag{10}$$

如式（10）所示，优化目标由总节省人工成本最大转化为补货次数最小。文献［2］在存储空间连续性假设条件下提出了连续空间最优通道配比法，即存储空间可以任意划分给不同品项的货物存储，约束条件式（7）变为 $d_i>0$，$\forall i\in S$，实现最小补货次数的通道配比方案为

$$d_1=\frac{\sqrt{f_i/t_i}}{\sum_{i\in S}\sqrt{f_i/t_i}}m \tag{11}$$

将式（11）代入式（10）得连续空间最优通道配比法的最小补货次数为

$$\frac{\left(\sum_{i\in S}\sqrt{f_i/t_i}\right)^2}{m} \tag{12}$$

实际应用中，自动化分拣设备每一个分拣通道仅能存储单一品项的货物，因而设备通道配比优化问题是一个离散存储空间条件下的最小补货次数优化问题。文献［10］将连续空间最优通道配比法得到的通道数量结果上取整作为设备通道配比方案，而上取整后的通道总数量会超出实际可分配通道数量，不满足可行性。设备通道配比优化问题是一个非线性整数规划问题，根据最速下降法原理，给出一种启发式贪婪算法（算法 1）。其基本思想是：将每种品项分配一个通道作为初始解，将剩余的通道资源逐个进行迭代分配，每次迭代取目标函数在上一次迭代解处下降最快的方向作为搜索方向，将该方向对应品项的通道数量增加 1 作为本次迭代解，然后进入下一次迭代循环，直至所有通道资源分配完毕。

算法 1：

步骤 1：S 集合内每一种品项仅分配一个通道，令品项 i 初始通道数量 $d_i^0=1$，$\forall i\in S$。

步骤 2：令 $t_i=\min\left\{\left[\frac{W}{w_i}\right],\left[\frac{h}{l_i}\right]\right\}$，$\forall i\in S$，计算各品项在单个设备通道内的存储量。

步骤 3：将 $(m-n)$ 个通道按下列步骤逐个进行分配，直至全部通道分配完毕，for $j=1$ to $(m-n)$：

（1）每一种品项都在当前已分配通道数量上增加一个通道，即品项 i 第 j 次迭代分配通道数量 $d_i^j=d_i^{j-1}+1$，$\forall i\in S$；

（2）计算每一种品项补货次数的减少量，即品项 i 第 j 次迭代补货次数减少量 $D_i^j = \frac{f_i}{t_i d_i^{j-1}} - \frac{f_i}{t_i d_i^j}$，$\forall i \in S$；

（3）在所有品项中，确定补货次数减少量最大的品项 i^*，$D_{i^*}^j = \max_{i \in S} D_i^j$，品项 i^* 通道数量保持不变，其余品项的通道数量减少一个通道，$d_i^j = d_i^j - 1$，$\forall i \in \{S \mid i \neq i^*\}$；

（4）若 $j \neq (m-n)$，则 $j = j+1$，至步骤3（1）；若 $j = (m-n)$，至步骤4。

步骤4：选择 $d_i^{(m-n)}$，$\forall i \in S$ 作为最终通道配比方案，求最小补货次数 L_{best}。

五、双分拣区品项分配优化问题

设备通道配比问题建模求解，解决了在确定的自动化分拣品项集合中，通过通道配比实现补货次数最小，即总节省人工成本最大的问题。在此基础上，将该问题推广到人工和自动化双分拣区系统中，假设现场自动化分拣设备通道数量为固定值，研究通过在人工分拣区和自动化分拣区之间合理分配品项，使自动化分拣设备通道最大化利用，减少人工成本，实现总人工成本最低的目标。

假设A字机设备现有通道数量 m 个，符合设备分拣条件的品项集合为 $\{S \mid 1, 2, 3, \cdots, n\}$，人工与自动化双分拣区品项分配问题的数学模型为

$$\min \sum_{i \in S} \left(b_1 \frac{f_i}{t_i d_i} + b_2 f_i \right) x_i + b_3 p_i (1 - x_i) \tag{13}$$

s. t.

$$x_i \in \{0,1\}, \forall i \in S \tag{14}$$

$$\sum_{i \in S} d_i x_i \leqslant m \tag{15}$$

$$d_i \in \{1,2,\cdots,m\}, \forall i \in \{S \mid x_i = 1\} \tag{16}$$

$$w_i t_i \leqslant W, \forall i \in \{S \mid x_i = 1\} \tag{17}$$

$$l_i t_i \leqslant h, \forall i \in \{S \mid x_i = 1\} \tag{18}$$

目标函数式（13）为自动化分拣区与人工分拣区消耗的总人工成本最小；约束条件式（14）规定 x_i 为0-1变量，x_i 为1，表示品项 i 分配至自动化分拣区拣选，x_i 为0，表示品项 i 分配至人工分拣区拣选；式（15）表示所有自动化分拣品项的总分配通道数量上限为现有总通道数量；式（16）表示每种自动化分拣的品项至少分配一个通道且通道个数为正整数。式（17）表示在单个设备通道内每种自动化分拣品项的总载重不能超过通道正常工作所允许的最大载重；式（18）表示在单个设备通道内每种自动化分拣品项所占通道总长度不能超过通道长度。

式（13）可以转化为：

$$\min \sum_{i \in S} \left[b_3 p_i - \left(b_3 p_i - b_2 f_i - b_1 \frac{f_i}{t_i d_i} \right) x_i \right]$$

$$\Leftrightarrow \max F = \sum_{i \in S} \left(b_3 p_i - b_2 f_i - b_1 \frac{f_i}{t_i d_i} \right) x_i \tag{19}$$

优化目标由求最小自动化分拣区与人工分拣区总人工成本，转化为求最大总节省人工

成本。人工与自动化双分拣区系统拣选的货物品项总数通常大于1000种，故该货物品项分配问题为大规模的变系数背包问题，是典型的NP－hard问题。首先通过分析连续存储空间下品项分配问题，根据品项占用设备单位存储空间资源实现节省人工成本大小的排序特点，定义品项自动化作业效率系数，基于该系数设计离散存储空间下品项分配问题的启发式算法。

（一）连续存储空间下品项分配问题

假设某自动化分拣的品项集合 $S^* \in S$，S集合内其余品项人工分拣，设备通道空间为连续存储空间，即约束条件式（16）变为 $d_i > 0$，$\forall i \in S^*$，则实现最大节省人工成本的存储空间配比方案可根据式（11）求得。将式（11）代入式（19）中，得该双分拣区品项分配方案下的最大节省人工成本为

$$\sum_{i \in S^*}\left(b_3 p_i - b_2 f_i - \frac{b_1}{m}\sqrt{f_i/t_i}\sum_{i \in S^*}\sqrt{f_i/t_i}\right) \tag{20}$$

根据文献［9］，在式（20）中品项 i 占用设备单位存储空间资源实现节省人工成本为

$$\frac{b_3 p_i - b_2 f_i - \frac{b_1}{m}\sqrt{f_i/t_i}\sum_{i \in S^*}\sqrt{f_i/t_i}}{\frac{\sqrt{f_i/t_i}}{\sum_{i \in S^*}\sqrt{f_i/t_i}}m} = \frac{b_3 p_i - b_2 f_i}{\sqrt{f_i/t_i}} \times \frac{\sum_{i \in S^*}\sqrt{f_i/t_i}}{m} - \frac{b_1}{m^2}\Big(\sum_{i \in S^*}\sqrt{f_i/t_i}\Big)^2 \tag{21}$$

由式（21）可见，连续存储空间下品项占用设备单位存储空间资源实现节省人工成本的大小排序独立于集合 S^*。在任何一个确定的集合 S^* 内，每种品项占用设备单位存储空间资源实现节省人工成本的大小排序都依据 $\frac{b_3 p_i - b_2 f_i}{\sqrt{f_i/t_i}}$ 来确定。鉴于该指标的重要性，定义

$$\frac{b_3 p_i - b_2 f_i}{\sqrt{f_i/t_i}} \tag{22}$$

为品项 i 的自动化作业效率系数。该系数值越大，品项 i 通过单位数量的自动化分拣设备进行拣选所能节省的人工成本越多，即品项 i 越适合采用自动化分拣系统。由式（22）可知，固定时间周期内拣选次数多而拣选数量少，且在单个通道内存储数量多的品项，适合通过自动化设备分拣。文献［9］中依据此指标提出的连续存储空间下双分拣区品项分配方法，本文称之为连续空间最优品项分配法。

（二）离散存储空间下品项分配问题

将品项自动化作业效率系数作为品项适合自动化设备进行分拣的排序指标，结合设备存储空间的离散特点，在算法1基础上设计求解离散存储空间下品项分配问题的启发式算法（算法2）。

算法2：

步骤1：由式（22）求S集合内全部品项自动化作业效率系数，按照该系数由大到小的顺序将品项排序。

步骤2：令 $t_i = \min\left\{\left[\frac{W}{w_i}\right], \left[\frac{h}{l_i}\right]\right\}$，$i \in S$，计算各品项在单个设备通道内的存储量。

步骤3：所有品项人工拣选，根据式（19）计算初始总节省人工成本 F_0。

步骤4：依据S集合内品项排序顺序，依次建立如下品项分配方案，for $j=1$ to min $\{n, m\}$：

（1）按照S集合内前 j 种品项自动化分拣、剩余品项人工分拣建立品项分配方案；

（2）根据算法1对设备通道在自动化分拣品项间进行配比；

（3）根据式（19）计算该品项分配方案下的总节省人工成本 F_j。

（4）若 $j \neq \min(n, m)$，则 $j=j+1$，至步骤4（1）；若 $j=\min\{n, m\}$，至步骤5。

步骤5：选最大总节省人工成本 $F_{best}=\max\limits_{1 \leqslant j \leqslant \min(n,m)} F_j$，将 F_{best} 对应的双分拣区品项分配方案作为最终解。

六、实例仿真与分析

为验证算法的有效性，进行实例仿真。本研究采用某医药配送中心一年的订单数据。该配送中心日均处理订单约2120个，日均分拣药品数量约5.4万件，订单行拣货量的分布特征如图4所示，拣货量小于等于10件的订单行占该配送中心全年总订单行数量的95%以上，因而该配送中心订单拣选作业以拆零拣选为主，适合采用自动化分拣设备减少人工订单拣选强度。仓库内共有药品品项8100种，其中符合设备分拣条件的药品2700种，该部分药品的分拣数量约占全年总分拣量的61.2%。自动化分拣区内采用A字机设备，单个设备通道长度 $h=1700$ 毫米，单个设备通道正常工作所允许的最大载重 $W=6.8$ 千克，人工在设备通道内放入药品的平均作业效率为 $b_2=1.5$ 秒/（件·人），设备两侧补货区内设置货架，单次人工补货所花费的平均行走寻货时间为 $b_1=25$ 秒/（次·人）。除自动化分拣的药品外，其他药品通过人工分拣区进行手工按单拣选。手工完成单个订单行的平均效率为 $b_3=47$ 秒/（人·行）。为了便于评价优化效果，将传统配送中心最常用的通道分配方式——等空间配比方法作为比较对象，即将所有自动化分拣的品项分配相同数量的通道。该方法因为计算简单、管理方便，在

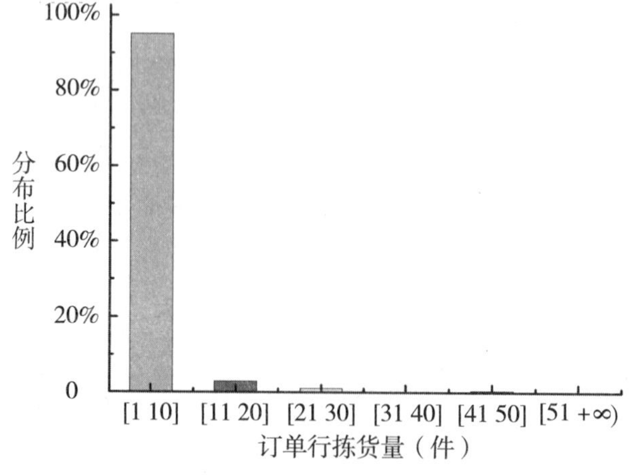

图4　订单行拣货量分布特征

配送中心得到普遍应用[9][11]。

(1) 对设备通道配比算法进行仿真验证。假设自动化分拣区内的通道数量从2700个逐个增加到8100个，分别应用算法1和连续空间最优通道配比法式（12），将全部通道在2700种品项间进行分配，计算相应的最小补货次数，并与应用等空间配比法得到的补货次数进行比较。

如表1所示，当通道数量为2700个，根据算法1得到的通道配比方案与应用等空间配比法得到的通道配比方案相同，即每一种品项分配一个通道，其补货次数是连续空间最优通道配比法补货次数的159%。当通道数量为5400个，算法1比等空间配比法减少34.1%的补货次数，与连续空间最优配比法输出结果相差4.8%；当通道数量为8100个，算法1比等空间配比法减少36.1%的补货次数，与连续空间最优通道配比法输出结果仅相差1.8%。图5给出在设备通道数量变化全过程中，分别应用连续空间最优通道配比法、算法1和等空间配比法输出补货次数的变化情况。随着通道数量的增加，应用算法1得到的补货次数逐渐逼近连续空间最优通道配比法的最优值，且相比传统等空间配比法有显著改进，可节省大量人工补货成本。

表1　　通道配比算法优化结果对比

算法类型	通道数量 m		
	2700	5400	8100
等空间配比法补货次数	290595	145297	96865
算法1补货次数 L_{best}	290595	95751	61886
连续空间最优通道配比法补货次数	182332	91166	60777

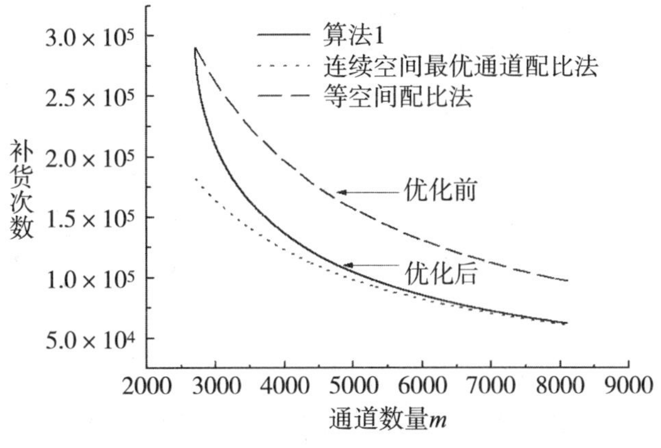

图5　通道配比算法仿真曲线

为进一步验证算法求解速度与质量，利用 Matlab7. 0 编写算法 1 和经典分枝定界算法的程序，通过算例进行性能测试。在 50 种品项、100 个设备通道的算例中，算法 1 和分枝定界法求得问题的最优值和最优解完全相同，但用时差别很大，分枝定界法用时 6499s，算法 1 用时 0. 07s。在 2700 种品项、8100 个设备通道的算例中，分枝定界法计算时间超过 10h 无结果，算法 1 用时 0. 74s。

（2）对人工与自动化双分拣区品项分配优化算法进行仿真验证，假设自动化分拣区内设置设备通道数量从 2700 个逐个增加到 8100 个，分别应用算法 2 和连续空间最优品项分配法，将 2700 种品项拆分为自动化分拣品项子集和人工分拣品项子集，计算总节省人工成本，并与全部品项自动化分拣且每个品项分配相同数量通道的全品项等空间配比法输出的总节省人工成本进行比较。

如表 2 所示，当通道数量为 2700 个，算法 2 相比全品项等空间配比法多节省人工成本 4. 8%，与连续空间最优品项分配法总节省人工成本相差 1. 6%；当通道数量为 5400 个，算法 2 相比全品项等空间配比法多节省人工成本 2. 7%，与连续空间最优品项分配法总节省人工成本相差 0. 2%；当通道数量为 8100 个，算法 2 相比全品项等空间配比法多节省人工成本 1. 9%，与连续空间最优品项分配法总节省人工成本相差 0. 05%。图 6 给出在设备通道数量变化全过程中，分别应用连续空间最优品项分配法、算法 2 和全品项等空间配比法输出总节省人工成本的变化情况。随着通道数量的增加，应用算法 2 得到的总节省人工成本逐渐逼近连续空间最优品项分配法的总节省人工成本值，且相比全品项等空间配比法可大量节省人工作业时间，特别在通道资源数量相对较少时效果尤其明显。

表 2　　品项分配算法优化结果对比表

算法类型		通道数量 m		
		2700	5400	8100
全品项等空间配比法	自动化分拣品项数	2700	2700	2700
	总节省人工成本（s）	44225460	47927472	49161476
算法 2	自动化分拣品项数	2217	2596	2682
	总节省人工成本 F_{best}（s）	46334073	49244332	50080925
连续空间最优品项分配法	自动化分拣品项数	2529	2664	2683
	总节省人工成本（s）	47094966	49346688	50108412

七、结论

（1）本文对目前研究较少的人工与自动化双分拣区系统品项分配优化问题从人工成本的角度进行了分析、建模求解与实例仿真。仿真结果表明，本文提出的离散空间下启发式算法求解结果随通道数量增加逐渐逼近连续空间最优品项分配法求解结果，

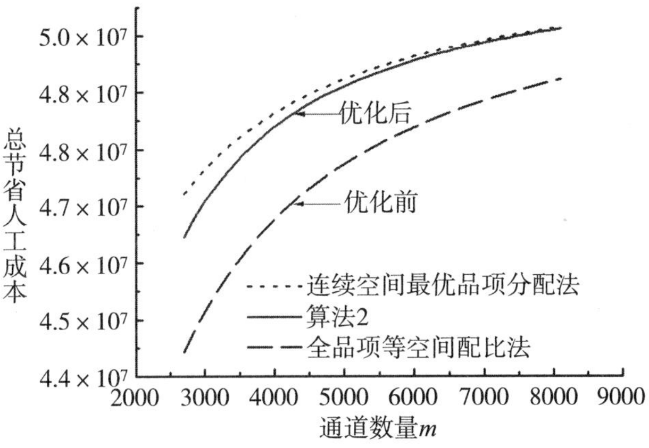

图6　品项分配算法仿真曲线

并且相比传统全品项等空间配比法可节省大量人工成本。在某医药配送中心现场实施效果表明，该方法能够有效降低总人工作业强度约5%。因此，采用该启发式算法求解人工与自动化双分拣区系统品项分配优化问题具有较强的应用价值。

（2）本文基于人工成本分析，研究了人工与自动化双分拣区系统货物品项分配优化问题，如果成本构成更加复杂，如综合考虑场地成本、设备成本和人工成本，相应的双分拣区品项分配问题的模型和求解会更加复杂，须进一步研究。

参 考 文 献

[1] GU J, GOETSCHALCKX M, MCGINNIS L F. Research on warehouse operation: a comprehensive review [J]. European Journal of Operational Research, 2007, 177 (1): 1 – 21.

[2] BARTHOLDI J J, HACKMAN S T. Warehouse & distribution science [EB/OL]. [2011 – 08 – 21]. http://www. warehouse – science. com.

[3] ZHANG YIGONG, WU YAOHUA. Research of efficiency optimization in tobacco automated sorting system [C] //Proceedings of the IEEE International Conference on Automation and Logistics, Shandong University, Jinan, China, August 18 – 21, 2007. New Jersey: IEEE, 2007: 1209 – 1213.

[4] WU YAOHUA, ZHANG YIGONG. Order – picking optimization for automated picking system with parallel dispensers [J]. Chinese Journal of Mechanical Engineering (English Edition), 2008, 21 (6): 25 – 29.

[5] JANE C C, LAIH Y W. A clustering algorithm for item assignment in a synchronized zone order picking system [J]. European Journal of Operational Research, 2005, 166 (2): 489 – 496.

[6] ZHANG YIGONG, WU YAOHUA. Items assignment optimization for automated sortation system with double picking zones [J]. Chinese Journal of Mechanical Engineering, 2009, 45 (11): 152 – 157.

[7] LE – DUC T. Design and control of efficient order picking processes [D]. Rotterdam: RSM Erasmus University, 2005.

[8] JERNIGAN S A. Multi – tier inventory systems with space constraints [D]. Atlanta: Georgia Institute of Technology, 2004.

[9] BARTHOLDI J J, HACKMAN S T. Allocating space in a forward pick area of a distribution center

for small parts [J]. IIE Transactions, 2008, 40 (11): 1046 - 1053.

[10] LIU PENG, ZHOU CHEN, WU YAOHUA, et al. Fluid - based slotting optimization for automated order picking system with multiple dispenser types [J]. Chinese Journal of Mechanical Engineering (English Edition), 2011, 24 (4): 529 - 538.

[11] VANDENBERG J P, SHARP G P, GADEMANN A J R M, et al. Forward - reserve allocation in a warehouse with unit - load replenishments [J]. European Journal of Operational Research, 1998, 111 (1): 98 - 113.

大规模定制服务模式下物流服务供应链能力合作决策研究

王 倩 刘伟华 梁志成

摘 要：在大规模定制服务模式的环境下，物流服务供应链能力合作面临更为复杂的决策，因此需要深入地认识大规模定制服务环境对供应链能力合作决策的影响规律。在构建功能型服务提供商和物流服务集成商的收益函数的基础上，论文建立了Stackelberg博弈模式下能力合作的数量协调模型，利用遗传算法进行了求解并用MATLAB软件进行了数值仿真，探讨了规模效应和定制化程度对两者能力合作数量决策的影响。结果表明，首先，随着规模效应的增加，集成商的订购量逐渐增加，提供商的固定供应能力逐渐增加，集成商的期望收益先增加后减少，提供商的期望收益逐渐增加。其次，随着定制化程度的增加，集成商的订购量逐渐减少，提供商的固定供应能力逐渐减少，集成商的期望收益逐渐减少，提供商的收益将减少。最后，规模效应与定制化程度存在明显的关联关系，随着规模效应的不断增大，定制化程度能达到的极限程度也在不断增大。

关键词：大规模定制 物流服务供应链 能力合作 数量协调

一、引言

作为一种先进的生产运作模式，大规模定制逐步在服务业中得到了应用（Davis，1989；Chen 和 Tang，2009）。以物流行业为例，随着客户对个性化物流服务需求的日益增加，物流企业开始转变物流服务模式，由大规模物流服务转向大规模定制物流服务（Chandra 和 Kamrani，2004）。在大规模定制物流服务环境下，为了满足客户的定制化需求，增加规模化效益，减少服务过程中的不确定性，许多物流企业通过联盟与整合，形成了物流服务供应链（Choy 等，2007；Liu 等，2011）。物流服务供应链的基本结构是功能型物流服务提供商→物流服务集成商→客户（制造、零售企业）（Liu，2008），其中，功能型物流服务提供商是指能够提供功能型服务（如仓储或运输服务）的专业企业，物流服务集成商是物流服务供应链的核心，它集成了服务提供商的功能型服务向客户提供柔性化的服务。

从实践层面来看，物流服务供应链的本质是基于能力合作为基础的供应链，服务

作者简介：王倩，天津大学管理与经济学部研究生，研究方向：物流服务供应链；刘伟华，天津大学管理与经济学部副教授，博士，中国物流学会常务理事，研究方向：服务供应链管理，物流与供应链服务的创新模式设计，物流产业政策，农产品供应链管理；梁志成，天津大学管理与经济学部研究生，研究方向：物流服务供应链。

能力的协调是优化物流服务供应链的核心问题（Liu 等，2012a；Liu 等，2012b）。在物流服务供应链中，能力协调对于合作企业双方来说具有重要意义（Ellram 等，2004）。合理的物流能力数量协调决策不仅能提高供应链的整体运作效率，提高提供商与集成商合作的积极性，更能够增加合作双方的利润（Liu 等，2008）。然而，在大规模定制服务模式的环境下，物流服务能力的合作面临更为复杂的决策。这是因为，一方面大规模服务阶段的规模效应会减少提供商的运作成本，进而减少供应链总成本（Liu 等，2015），另一方面，定制化服务阶段的定制化程度增加又会带来单位运作成本的增加（Coelho 和 Henseler，2012），因此，大规模服务与定制化服务对供应链运作成本将产生截然不同的影响，在此环境下，集成商的订货决策与提供商的能力配置决策将变得更为复杂，迫切需要我们深入地认识大规模定制服务环境对供应链能力合作决策的影响规律，从而更好地指导实际决策。

从理论层面来看，对供应链能力合作协调的研究已经比较广泛，研究的话题涉及了能力的分配（Chauhan，2004）、计划（Dal 等，2010）、定价（Pezeshki 等，2013）、集成化合作（Hsieh 和 Wu，2008）和与其他决策行为（Adida 和 Perakis，2014）。但上述的研究主要是基于产品供应链的，没有考虑大规模定制的环境。虽然已有一些学者对大规模定制环境下的生产供应链协调领域进行了研究（Yeung 和 Choi，2011；Zhang 等，2014），但这些研究大多采用实证的方法探索了大规模定制环境对生产制造企业的供应链协调的影响，缺乏面向服务供应链领域的定量研究。在服务供应链能力合作的协调研究中，一些文献探索了能力合作协调的定量模型，但未置于大规模定制化服务环境。其中，与本文最相关的研究是 Liu 等（2012a）和 Liu 等（2012b）。其中，Liu 等（2012b）探索了多周期环境下的两级物流服务供应链能力合作的协调问题，给出了集成商能力采购的最优决策和提供商数量最优配置决策。在 Liu 等（2012b）基础上，Liu 等（2012a）进一步考虑了在考虑多种物流服务能力之间存在匹配的情况下，物流服务供应链集成商与提供商的能力合作最优决策问题。但是，Liu 等（2012a）和 Liu 等（2012b）的研究都没有考虑到大规模定制服务环境，因此，所得到的研究结论并不适合大规模定制服务下的物流服务供应链协调。因此，迫切需要从理论层面上对此进行深入研究。

本文在 Liu 等（2012a）和 Liu 等（2012b）研究的基础上，将物流服务供应链两级能力合作的数量协调置于大规模定制的环境下进行研究。我们的研究旨在探索三个方面的问题：首先，大规模服务阶段的规模效应对集成商与提供商的能力合作决策会产生怎样的影响？其次，客户的定制化程度对集成商与提供商的能力合作决策会产生怎样的影响？最后，规模效应与定制化程度这两个参数之间存在怎样的关联关系，集成商怎样利用这种关联关系以便更好地进行能力决策？我们的研究也得到了许多有趣的结论。例如，随着规模效应的增加，集成商的期望收益并不保持增长趋势，而是呈现先增加后减少的趋势；随着定制化程度的增加，集成商的收益并不总是保持减少趋势，而是在规模效应增大到一定程度时，会呈现先增加后减少的趋势。此外，规模效应与定制化程度存在明显的关联关系，随着规模效应的不断增大，定制化程度能达到的极限程度也在不断增大。

这篇文章一共包含五个部分，第二部分是文献回顾，将主要分析大规模定制服务模式和供应链能力合作的数量协调的研究现状。第三部分是建模部分，论文将建立基于 Stackelberg 主从决策下的物流服务供应链两级能力的协调模型，计算物流服务集成商和功能型物流服务提供商的利润模型，并探讨模型的优化与求解问题。第四部分将利用 MATLAB 8.0 进行数值仿真，探讨规模效应和定制化程度对两者能力合作数量决策的影响。本文的结论和研究局限以及研究展望将在第五部分给出。

二、文献综述

本文主要研究大规模定制模式下物流服务供应链两级能力合作的数量协调问题，因此文献回顾部分也主要围绕关于大规模定制以及供应链能力合作的数量协调的相关研究展开。

（一）关于大规模定制的研究

面对个性化需求不断发展的市场环境，大规模定制已成为当今企业的主导竞争模式之一。自从 1993 年 Pine 在其专著《Mass Customization：The New Frontier In Business Competition》中，通过案例分析的方式阐述并论证了大规模定制的生产方式后，越来越多的学者就开始投入到了大规模定制模式的研究中。Silveira 等（2001）对大规模定制的文献进行了系统的回顾，认为“大规模定制是指通过较高的柔性或灵活性为客户提供个性化的产品或服务”，也指出目前大规模定制的研究主要集中于制造业，缺乏关于大规模定制服务的研究。基于 Silveira 等（2001）的研究，Fogliatto 等（2012）再次对 2000 年以后关于大规模定制生产的文献进行了详细回顾。总体来看，关于大规模定制的研究主要围绕着制造业中的大规模定制生产方式展开，包括大规模定制方式及其产品开发（Feng 等，2009）、大规模定制生产计划与控制（Welborn，2009）、影响大规模定制的因素和条件（Li 等 2010）、客户订单分离点（customer order decoupling point，即 CODP）的研究（Wang Yu，2008；Philip 和 Amos，2011）等几个方面。

研究大规模定制模式下供应链的协调也是近年来兴起的热潮，在大规模定制环境下研究供应链的协调对于实施大规模定制生产企业更具有指导意义，但目前已有的一些研究主要采用实证研究方法，定量建模研究还比较缺乏。例如，Young K 等（2007）以美国汽车行业为例，研究了在大规模生产的模式下可以通过模块化生产方式实现供应链的协调。Giard 和 Mendy（2008）提出可以通过预先需求信息来安排生产顺序实现供应链生产调度的协调，这一结论已在汽车行业得到了验证。Yeung 和 Choi（2011）利用实证研究分析了在大规模定制模式下香港服装行业是如何对供应链进行管理的。此外，Zhang 等（2014）也通过实证研究，证明了大规模定制能力的协调在生产企业中的重要性。

最近，随着服务行业的发展，大规模定制生产领域的理论和方法逐渐向服务领域发展（Jiao 等，2003；Jiao 等，2004；Moon 等，2007），大规模定制化服务也得到了一些学者的研究。例如，Tien（2008）认为，从大规模生产向大规模定制转变的重点是根据客户的要求，满足其相应的生产或配送的需求。Coelho 和 Henseler（2012）认为，在定制化服务中，定制化的时间（time）和努力（effort）有助于提高客户对公司服务的忠诚度。已有的一些大规模定制服务研究大多针对单个企业，缺乏从供应链角度进行探索，针对大规模定制化服务的供应链能力合作研究更为缺乏，迫切需要开展深入研究。

（二）关于供应链能力合作的数量协调研究

供应链的协调在供应链管理中是非常重要的，从本质上来说，供应链协调就是不同的决策函数的协调（例如，制造商—分销商的函数）（Bhatnagar 等，1993）。近年来，随着生产外包的兴起，供应链能力的数量协调也逐步成为供应链协调的研究方向之一。Swaminathan（2000）也许是最早关注到能力采购决策的，他在需求不确定的情况下，提出了能力外包的处理方法。Kirstin（2002）研究了供应链中具有不确定 JIT 交货的供应链问题，其本质也是对产品供应链上下游之间的能力配置问题进行了研究。Chauhan（2004）和 Chauhan（2004）从不同的角度对产品供应链中的能力配置、外包决策进行了研究，并给出相应的决策结果对供应链整体绩效的影响。Werner 和 Gerald（2007）通过流程模拟的方法，探究了如何协调库存和生产能力才能提高供应链的绩效。Xu 和 Zhai（2010）基于模糊需求理论，研究了两阶段产品供应链的能力协调问题。Pezeshki 等（2013）也研究了两阶段供应链的协调问题，文章指出通过带有惩罚的预定收益共享契约可以有效的实现分散供应链的能力和定价协调。Adida 和 Perakis（2014）讨论了供应商的供应能力对供应链收益的影响。但以上这些研究均是基于产品供应链的能力数量协调的。

由于服务产品不同于制造产品，具有不可触摸性（Intangibility），不可分割性，异质性，易逝性等特征（Winter Nie，1999）。所以，产品供应链能力合作的协调不能直接应用于服务供应链。Edward（2000）也曾指出服务是不能有库存的，只能通过能力协调来管理订单堆积。因此，研究服务供应链的能力协调是非常重要的（Cho 等，2012）。近年来，许多文献开始关注服务供应链能力协调问题。作为服务供应链的分支，物流服务供应链的能力协调问题近年来也开始得到关注。例如，Liu 等（2012b）探索了多周期环境下的两级物流服务供应链能力合作的协调问题，给出了集成商能力采购的最优决策和提供商数量最优配置决策。在 Liu 等（2012b）基础上，Liu 等（2012a）进一步考虑了在多种物流服务能力之间存在匹配的情况下，物流服务供应链集成商与提供商的能力合作最优决策问题。Zhao 等（2014）利用能力共享契约研究了物流服务供应链的协调问题。在这些研究中，与本文最相关的研究是 Liu 等（2012a）和 Liu 等（2012b）。但是，Liu 等（2012a）和 Liu 等（2012b）的研究都没有考虑到大规模定制服务环境，因此，所得到的研究结论并不适合大规模定制服务下的物流服务供应链协调。因此，迫切需要从理论层面上对此进行深入研究。

（三）文献回顾

从上述文献回顾中可以看出，目前分别针对大规模定制生产模式和供应链能力合作的数量协调展开了研究，但对于大规模定制模式下的物流服务供应链的能力数量协调却尚未有报道。因此，本文将重点研究大规模定制模式下物流服务供应链两级能力合作的数量协调研究，在优化模型中引入规模效应系数和定制化程度两个变量，探讨规模效应和定制化程度对两者能力合作的数量决策的影响，为供需双方的能力合作提供有益的决策参考。

三、模型构建

本部分将构建在大规模定制服务模式下物流服务供应链能力合作的数量协调模型。在（一）中，我们对模型涉及的问题和相关假设进行了说明。在（二）中将构建物流服务集成商能力采购的收益模型。在（三）中将给出功能型物流服务提供商能力提供的利润模型。在（四）中将构建 Stackelberg 主从决策下两级能力合作的数量协调模型。

（一）问题描述和基本假设

本文研究由一个功能型服务提供商和一个物流服务集成商构成的两级物流服务供应链，集成商向功能型物流服务提供商采购物流服务能力。功能型物流服务提供商既能够提供大规模阶段的服务，又能够提供定制化阶段的服务，在其他因素相同情况下，单位定制化服务的成本会高于单位大规模服务成本。由于功能型物流服务提供商往往不止服务于一个集成商，所以功能型物流服务提供商提供的服务能力通常可以分为两类，一类是专用能力，另一类是公用能力（Liu 等，2012a，2012b）。专用能力也称固定能力，是功能型服务提供商专门为集成商设立的专用能力，归某一集成商所用。公用能力是所有集成商都可以使用的。不妨设功能型服务提供商的公用能力为 C，供应链通常只是复杂供应网络的一部分，功能型服务提供商可能不只为一个集成商服务。为了克服网络的影响，我们把物流服务提供商满足集成商的供应能力设为 αC，其中 $\alpha\in[0,1]$。当集成商下达订单时，功能型服务提供商并不能确定 α，仅能知道它的概率密度函数 $f(\alpha)$，这就导致了物流服务供应链的不确定性。为了满足集成商的需求，服务提供商会建立固定的供应能力 Δ（也称专用能力），与公用能力相反，固定供应能力是供应商专门为某集成商确立的，所以是确定的。

本文中模型参数和变量的含义如表 1 所示，模型的其他假设如下：

假设 1：物流服务集成商作为服务能力的集成商向提供商只采购一种物流服务能力，集成商不持有服务能力，在接到客户的订单后全部外包给物流服务提供商，不存在服务能力匹配的问题（Liu 等，2012a）。

假设 2：由于大规模运作阶段存在规模效应，假设 τ 表示提供商在大规模运作阶段的规模效应系数，τ 越大表示订单的规模效应越明显，P 表示功能型物流服务提供商的单位服务成本，m 表示大规模阶段的服务能力订购总量。m 和 τ 越大，则单位大规模服务运作成本越低（Liu 等，2015）。因此，提供商大规模运作的单位成本可表示为 $h_M=P-\tau m$。

假设 3：在定制化运作阶段，客户的定制化会给提供商带来额外运作成本，假设 λ 为定制化成本系数，表示定制化服务能力的单位成本与通常情况下单位服务成本的比例，λ 越大，则表示订单的定制化程度越大，定制化的单位成本越高。因此，提供商定制化运作的单位成本为 $h_C=P(1+\lambda)$（Liu 等，2014）。

假设 4：由于客户的需求是不确定的，因此本文假设客户对大规模物流能力的需求量为 D，其概率密度函数为 $g(D)$。借鉴 Liu 等（2014）的匹配比例的概念，由于大规模环节与定制化环节之间的服务能力存在一定的匹配关系，因此，假设客户在定制化服务阶段的能力需求与大规模阶段的能力需求满足 $\varepsilon:1$ 的关系，即客户在定制化阶段

的能力需求为 εD。其中，$\varepsilon \in [0, \infty)$，它是随着 CODP 点变化的，当 CODP 点越靠近初始位置时，ε 越大；当 CODP 点越靠近末端位置时，ε 越小。

依据假设 4，客户在定制化服务阶段的能力需求与大规模阶段的能力需求满足 $\varepsilon:1$ 的关系。集成商根据客户不确定的大规模服务需求 D 和定制化服务需求 εD 从物流服务提供商处采购物流能力，所以当集成商在大规模阶段采购的物流能力为 Q 时，在定制化服务阶段采购的物流能力则为 εQ，两阶段总的能力采购量为 $(1+\varepsilon)Q$。因此，最终功能型物流服务提供商交付的能力值为 $d=\min\{\alpha C+\Delta, Q+\varepsilon Q\}$，即当 $\alpha C+\Delta \geqslant Q+\varepsilon Q$ 时，有 $d=Q+\varepsilon Q$；当 $\alpha C+\Delta < Q+\varepsilon Q$ 时，有 $d=\alpha C+\Delta$。本文还假设 $(1+\varepsilon)D \leqslant C+\Delta$，$(1+\varepsilon)Q \leqslant C+\Delta$，即在 $\alpha=1$ 的情况下，客户的需求 $(1+\varepsilon)D$ 和集成商的订购量 $(1+\varepsilon)Q$ 均能得到满足。

表 1　模型变量含义

符号	含义
h_M	功能型物流服务提供商提供大规模服务的运作成本
h_C	功能型物流服务提供商提供定制化服务的运作成本
P	功能型物流服务提供商的单位服务成本
P_M	功能型物流服务提供商出售给集成商大规模服务能力的单位价格
P_C	功能型物流服务提供商出售给集成商定制化服务能力的单位价格
T_M	客户支付给集成商的大规模服务能力单位价格
T_C	客户支付给集成商的定制化服务能力单位价格
Q	集成商在大规模阶段采购的物流能力
εQ	集成商在定制化阶段采购的物流能力
τ	功能型物流服务提供商在大规模运作阶段的规模效应系数
ε	定制化服务阶段与大规模服务阶段能力需求量的比例
d	功能型物流服务提供商交付的能力值总和
D	客户在大规模阶段的能力需求，其概率密度为 $g(D)$
εD	客户在定制化阶段的能力需求
λ	定制化成本系数
C	功能型服务提供商的可调配能力
α	功能型服务提供商的可调配能力可以分配给集成商的比例，$\alpha \in [0, 1]$，其概率密度为 $f(\alpha)$
k	物流服务提供商不能满足集成商的能力需求时，向集成商支付的单位惩罚成本
π	集成商不能满足客户需求时支付给客户的单位惩罚成本
e	集成商将多余能力返还给集成商，集成商的单位返回收入
t	功能型物流服务提供商剩余能力的单位持有成本

续 表

符号	含义
Δ	功能型物流服务提供商建立的固定供应能力（也称专用能力）
β	集成商能力需求的确定性满足率 $\Delta/3Q$
Π_I^0	集成商的利润下限
Π_S^0	功能型物流服务提供商的利润下限

（二）物流服务集成商能力采购的收益模型

物流服务集成商采购物流能力后，最终会通过将能力出售给其客户来获取最终的利润，其利润为出售给客户的收入减去总成本。

当提供商提供的能力值为 d 时，为了满足定制环节和大规模环节的匹配，需要对能力进行分配，即大规模环节采购的物流量为$\frac{d}{1+\varepsilon}$，定制化环节采购的物流量为$\frac{\varepsilon d}{1+\varepsilon}$。

因此，当服务提供商提供的能力值为 d 时，物流服务集成商的收益模型为：

$$\Pi_I = T_M\min\left\{\frac{d}{1+\varepsilon},D\right\}+T_C\min\left\{\frac{\varepsilon d}{1+\varepsilon},\varepsilon D\right\}-P_M\frac{d}{1+\varepsilon}-P_C\frac{\varepsilon d}{1+\varepsilon}-\pi[(1+\varepsilon)D-d]^+ +k[(1+\varepsilon)Q-d]^+ +e[d-(1+\varepsilon)D]^+ \tag{1}$$

式（1）中，第一项是集成商为客户提供大规模阶段服务能力的收入；第二项是集成商为客户提供定制化阶段服务能力的收入；第三项为集成商支付给提供商大规模阶段服务能力的成本；第四项为集成商支付给提供商定制化阶段服务能力的成本；第五项为当交付能力小于客户的需求时，客户对集成商的惩罚成本；第六项为当提供商的供应能力不能满足集成商的订购需求时，提供商向集成商支付的惩罚成本；第七项为当集成商的能力订购量大于客户的实际需求时，将剩余能力返还给提供商的收入。

根据前文可知 $\alpha\in[0,1]$，根据假设，可以得出 α 的另外两个临界值，令 $u(\Delta)=((1+\varepsilon)D-\Delta)/C$，$v(Q,\Delta)=((1+\varepsilon)Q-\Delta)/C$。将式（1）按照 d 在不同区间的取值情况，计算集成商的期望总收益。期望总收益的计算过程见附录 A 所示。

（三）功能型物流服务提供商能力提供的利润模型

功能型物流服务提供商的利润即为它向集成商提供服务能力所得的收入与各项成本的差。因此，物流服务提供商的收益模型为：

$$\begin{aligned}\Pi_S &= (P_M-h_M)\frac{d}{1+\varepsilon}+(P_C+h_C)\frac{\varepsilon d}{1+\varepsilon}-k[(1+\varepsilon)Q-(\alpha C+\Delta)d]^+ - e[d-(1+\varepsilon)D]^+ -t[(\alpha C+\Delta)-(1+\varepsilon)Q]^+ \\ &= \left[P_M-\left(P-\tau\frac{d}{1+\varepsilon}\right)\right]\frac{d}{1+\varepsilon}+[P_C-P(1+\lambda)]\frac{\varepsilon d}{1+\varepsilon}-k[(1+\varepsilon)Q-(\alpha C+\Delta)]^+ -e[d-(1+\varepsilon)D]^+ -t[(\alpha C+\Delta)-(1+\varepsilon)Q]^+\end{aligned} \tag{2}$$

式（2）中，第一项表示提供商向集成商提供大规模阶段服务能力的运营收入；第二项表示提供商向集成商提供定制化阶段服务能力的运营收入；第三项表示当提供商的供应能力不能满足集成商的订购需求时，提供商向集成商支付的惩罚成本；第四项表示当提供商提供的能力大于客户的需求时，集成商将能力返还，提供商支付给集成商的成本；第五项表示集成商将能力返还后，提供商能力的持有成本。

将式（2）按照 d 在不同区间的取值情况，计算提供商的期望总收益。期望总收益的计算过程见附录 B 所示。

（四）Stackelberg 主从决策下两级能力合作的数量协调

通常情况下，物流服务集成商掌握客户的需求信息，是主导方，功能型服务提供商是跟随方，双方是典型的主从决策关系，因而可建立 Stackelberg 主从合作博弈模型。其主从决策的目标函数如下

$$\max E(\Pi_I)$$

$$\text{s.t.}\begin{cases}\max E(\Pi_S)\\ E(\Pi_I)\geqslant \Pi_I^0\\ E(\Pi_S)\geqslant \Pi_S^0\end{cases}$$

在此函数中，Π_I^0、Π_S^0 分别是集成商和提供商的利润下限，提供商根据集成商给定的采购量（$1+\varepsilon$）Q 来决定最优的额外能力值 Δ。集成商知道功能型物流服务提供商对自己的反应函数，从而选择最优的（$1+\varepsilon$）Q，使得自身收益最高。

（五）利用 GA 算法进行模型求解

遗传算法是一种通过模拟自然选择过程，搜索最佳的解决方案的方法。由于它使用多个起点开始搜索，所以它的全局搜索能力是好的。对于组合优化问题，遗传算法能有效地解决 NP 问题，如生产调度问题（Giovanni. L. 等，2013），背包问题（Yang 和 Wang，2011）和装箱问题（Sarabian 和 Lee，2010）。

在本文中，我们不专注于在不同种类的解决方案中比较或选择最佳的方法，我们只选择一个合适的方法。由于在解决编程问题和调度问题时应用遗传算法具有优势（Mejía 等 2012），本文采用遗传算法来求解该模型。

我们的模型是具有约束的单目标规划模型，决策变量是 Q。遗传算法（GA）是求解单目标规划问题最流行的方法之一（Bandyopadhyay 和 Bhattacharya，2014；Ruiz 等，2006）。在本文中，我们利用 Matlab8.0 软件的遗传算法工具箱来解决单目标规划问题。种群规模为 100，遗传代数为 1000，交叉概率为 0.3，突变率为 0.2。

四、模型的数值仿真

这一部分的数值分析是在 PC 电脑上进行的，电脑是 Windows 7 系统，2.4 GHz 双核处理器，2GB 内存，使用的 MATLAB 为 Matlab8.0 软件。这部分主要探究规模效应和定制化程度对物流服务供应链能力合作的影响．不同于 Liu 等（2012a；2012b），本文重点研究定制化成本系数以及规模效应系数对数量协调的影响，具体研究目标如下所示：

a. 定制化成本系数 λ，规模效应系数 τ 对集成商总订购量（$1+\varepsilon$）Q[①] 的影响；

b. 定制化成本系数 λ，规模效应系数 τ 对服务提供商固定供应能力 Δ 的影响；

① 由于集成商在大规模阶段的能力订购量为 Q，定制化阶段的能力订购为 $2Q$，所以集成商的总的订购量为 $3Q$，在本文中我们主要研究参数变化对集成商总订购量的影响。

c. 定制化成本系数 λ，规模效应系数 τ 对集成商期望收益的影响；

d. 定制化成本系数 λ，规模效应系数 τ 对提供商期望收益的影响；

e. 定制化成本系数 λ，规模效应系数 τ 对集成商能力需求的确定性满足率 $\beta = \frac{\Delta}{(1+\varepsilon)\ Q}$的影响；

f. 双方能实现合作时，λ，τ 能取到的极值点的关系。

参考 Liu 等（2008），Liu 等（2012a）和 Liu 等（2012b）的参数设置，本模型中涉及的参数如下：$P_M=60$，$P_C=70$，$T_M=75$，$T_C=90$，$P=50$，$h_M=50-\frac{\tau d}{3}$，$h_C=50\ (1+\lambda)$，$\varepsilon=2$，$t=35$，$\pi=40$，$e=40$，$k=20$，$C=200$，$\Pi_I^0=1000$，$\Pi_S^0=800$，提供商可分配给集成商的公用能力比例 α 服从［0，1］的均匀分布，概率密度函数 $f\ (\alpha)\ =1$，客户大规模阶段的需求分布服从［95，105］的均匀分布，均值为 $\mu=100$，方差为 $\delta^2=8.33$。

（一）定制化成本系数和规模效应系数对集成商总订购量的影响

在本节中，我们将分别研究定制化成本系数 λ 和规模效应系数 τ 对集成商总订购量 $(1+\varepsilon)\ Q=3Q$ 的影响。首先，通过变动 τ 的取值，分别计算随着 λ 变化，集成商总订购量的变化情况，如图 1 所示。然后，通过变动 λ 的取值，分别计算随着 τ 变化，集成商总订购量的变化情况，如图 2 所示。

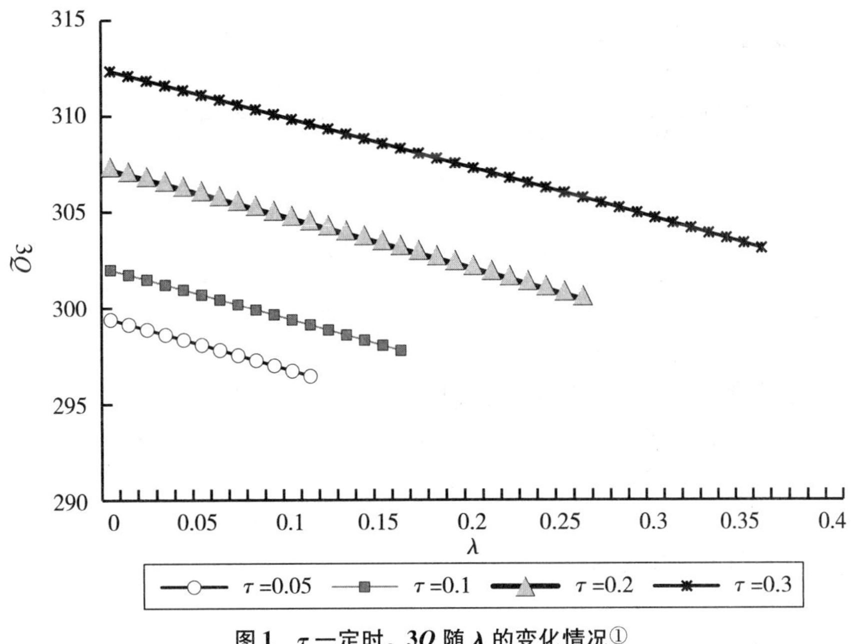

图 1　τ 一定时，3Q 随 λ 的变化情况①

从图 1 可以看出，当 τ 固定时，随着 λ 的逐步增大，集成商总的订购量 $3Q$ 逐渐减

① 如假设 5 所述，本文假设提供商出售给集成商定制化服务能力的价格是固定的，为 $P_C=70$，提供商提供定制化服务的单位运作成本为 $h_C=50\ (1+\lambda)$，所以为保证提供商和集成商实现合作，须保证提供商出售的单位价格大于成本，即 $50\ (1+\lambda)\ \leqslant 70$，即 $\lambda \leqslant 0.4$。因此，在数值分析中，λ 的极限值取为 0.4。

少，这说明随着定制化成本系数的增加，提供商定制化阶段的单位运作成本逐渐增加，使提供商和集成商实现合作的总的订购量需要减少。此外，当 λ 增大到一定程度后，$3Q$ 将不存在，且随着 τ 的不断增大，λ 能取到的极值点不断增大。这是由于，当 λ 继续增大时，提供商定制化阶段的单位运作成本会进一步增加，使得提供商的最终收益不能满足自身能够接受的收益下限，开始拒绝与集成商合作。但随着规模效应系数的增大，提供商大规模阶段的运作成本会逐渐降低，从而使提供商运作的总收益增加，所以提供商拒绝与集成商合作的定制化程度会略微增加。

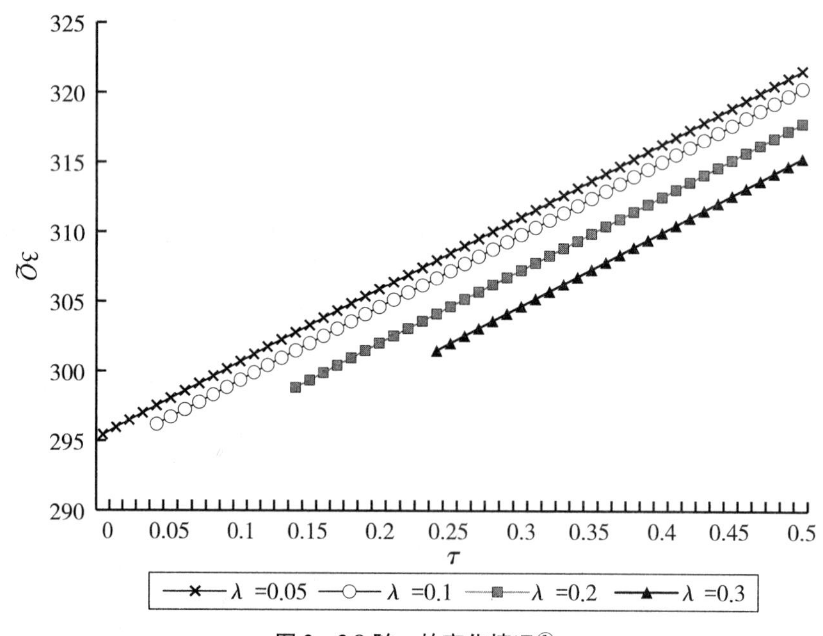

图 2　3Q 随 τ 的变化情况①

从图 2 可以看出，当 λ 固定时，随着 τ 的逐渐增大，集成商总的订购量 $3Q$ 逐渐增加，这说明随着规模效应系数的增加，提供商大规模服务阶段的单位运作成本逐渐降低，因此，集成商的单位采购成本降低，集成商的总的订购量会逐渐增加。此外，当 λ 逐渐增加，$3Q$ 存在的 τ 的极小值点不断增大。这是因为，当定制化成本系数逐渐增大时，提供商定制化阶段的单位运作成本会逐渐增加，当规模效应系数较小时，提供商大规模阶段的运作成本减少量不能弥补定制化阶段运作成本的增加量，提供商的最终收益不能满足自身能够接受的收益下限，所以提供商同意与集成商合作的最小规模效应程度会略微增加。

（二）定制化成本系数和规模效应系数对服务提供商额外供应能力的影响

在本节中，我们将分别研究定制化成本系数 λ 和规模效应系数 τ 对提供商的固定

① 在数值分析中，本文假设提供商提供大规模服务的单位运作成本为 $h_M = 50 - \frac{\tau d}{3}$，$d$ 是根据客户的不确定需求 D 求得的，由于需求 D 的均值为 $\mu = 100$，所以取 $d = 300$。在实际运作中，提供商提供大规模服务的单位运作成本一定会大于 0，因此，在数值分析中，τ 的极限值取为 0.5。

供应能力 Δ 的影响。首先，通过变动 τ 的取值，分别计算随着 λ 变化，提供商的固定供应能力的变化情况，如图 3 所示。然后，再通过变动 λ 的取值，分别计算随着 τ 变化，提供商的固定供应能力的变化情况，如图 4 所示。

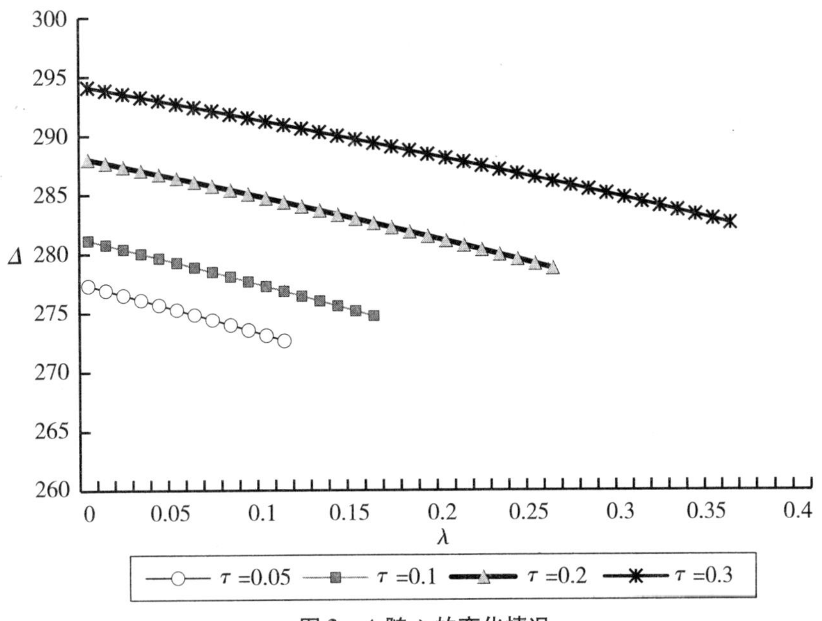

图 3　Δ 随 λ 的变化情况

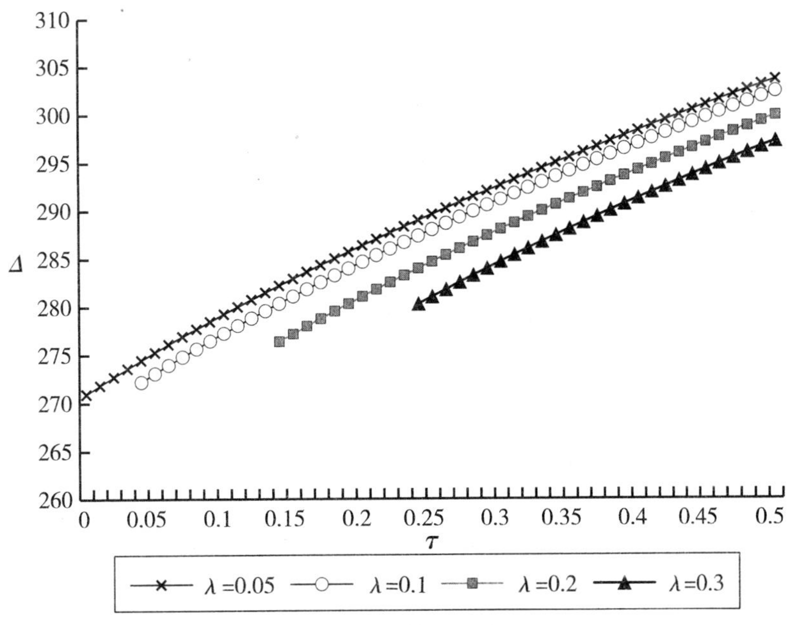

图 4　Δ 随 τ 的变化情况

从图 3 可以看出，当 τ 固定时，随着 λ 的逐步增大，提供商的固定供应能力 Δ 会逐渐减小。这是由于随着定制化成本系数的增加，集成商总的订购量逐渐减少，提供商定制化阶段的单位运作成本逐渐增加，为了保证自身收益能够实现最大，提供商会减少为集成商的能力预留量。与图 1 类似，当 λ 增大到一定程度后，Δ 将不存在，且随着 τ 的不断增大，λ 能取到的极值点不断增大，其原因与图 1 相同，在此不再赘述。

从图 4 可以看出，当 λ 固定时，随着 τ 的逐渐增大，提供商的固定能力供应 Δ 会逐渐增加。这是由于随着规模效应系数的增加，集成商总的订购量逐渐增加，提供商大规模阶段的单位运作成本逐渐降低，为了实现自身收益的最大化，提供商会增加为集成商的能力预留量。与图 2 类似，当 λ 逐渐增加，Δ 存在的 τ 的极小值点不断增大，其原因与图 2 相同，在此不再赘述。

（三）定制化成本系数和规模效应系数对集成商期望收益的影响

在本节中，我们将分别研究定制化成本系数 λ 和规模效应系数 τ 对集成商期望收益的影响。首先，通过变动 τ 的取值，分别计算随着 λ 变化，集成商期望收益的变化情况，如图 5 所示。然后，再通过变动 λ 的取值，分别计算 τ 变化下集成商期望收益的变化情况，如图 6 所示。

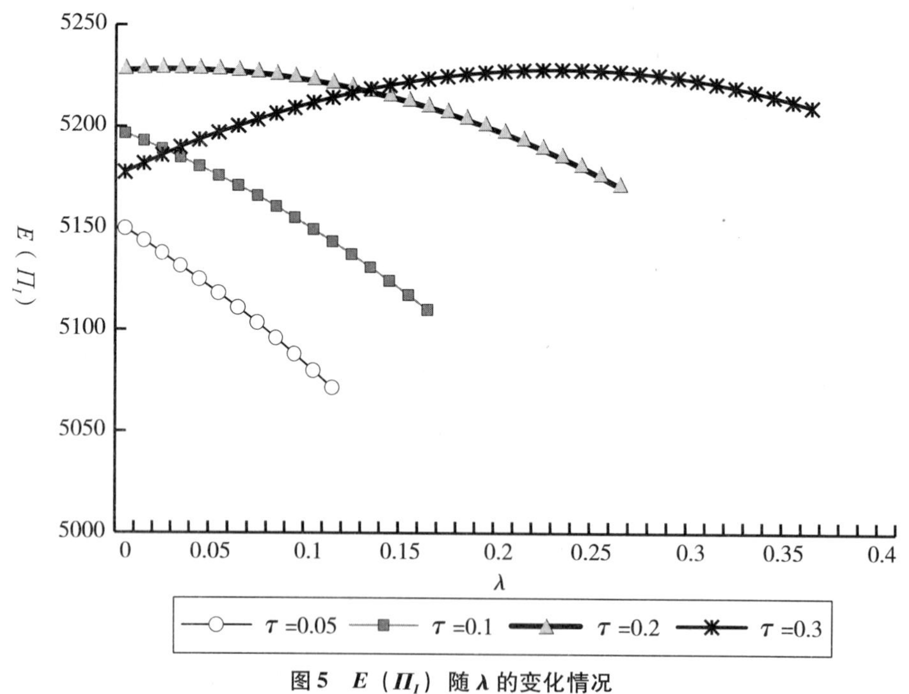

图5　$E(\Pi_I)$ 随 λ 的变化情况

从图 5 可以看出，当 $\tau=0.05$，0.1，0.2 时，随着 λ 的逐渐增大，集成商的期望收益逐渐减小，但当 $\tau=0.3$ 时，随着 λ 的逐渐增大，集成商的期望收益先增大后减小。这是由于当 τ 较小时，随着定制化成本系数的增加，集成商服务能力的订购量和提供商的固定能力供应量都逐渐减小，集成商最终出售给客户的总量也会随之减少，不能满足客户的基本需求，所以集成商的收益会逐渐减少。但当 $\tau=0.3$ 时，虽然随着定制化成本系数的增加，集成商的服务能力订购量会逐渐减少，但仍大于客户的总的平均能力需求量 300，此时的订购量能基本满足客户的需求，且存在一个最优的订购量，使集成商的收益达到最大。此外，与图 1 类似，当 λ 增大到一定程度后，集成商的期望收益将不存在，且随着 τ 的不断增大时，λ 能取到的极值点不断增大，其原因与图 1 相同，在此不再赘述。

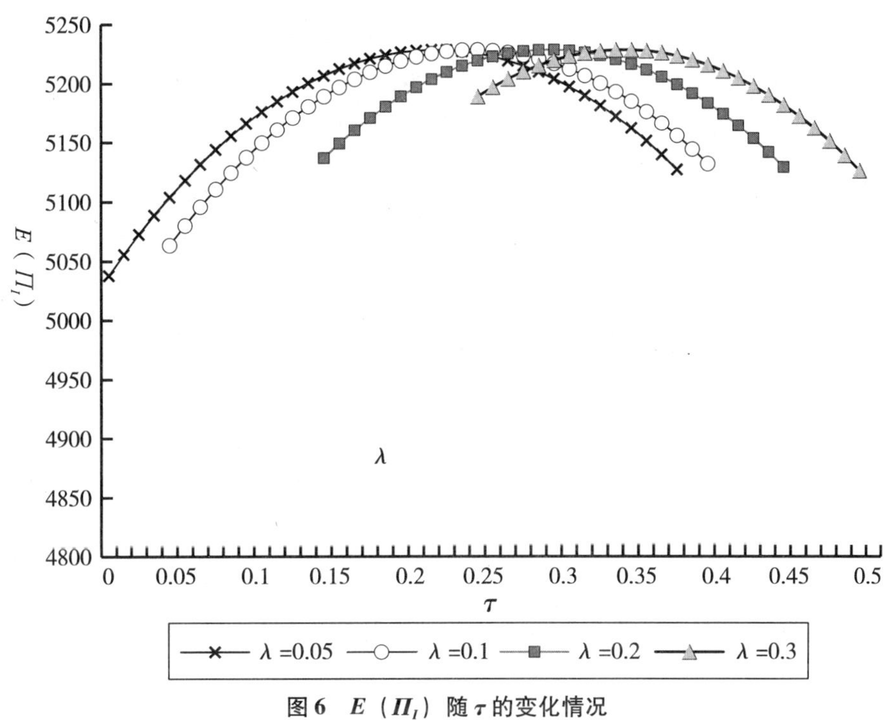

图 6　E（Π_I）随 τ 的变化情况

从图 6 可以看出，当 λ 固定时，随着 τ 的逐渐增大，集成商的期望收益先增大后减小。这是由于随着规模效应系数的增加，集成商总的订购量逐渐增加。当规模效应较小时，集成商的订购量不能满足客户的需求，所以收益较低；但随着规模效应的增大，集成商的订购量对客户的满足率也逐渐增加，期望收益也会随之增加；当规模效应增大到一定程度时，集成商的订购量就会过剩，因此引起期望收益的降低。与图 2 类似，当 λ 逐渐增加，集成商期望收益存在的 τ 的极小值点不断增大，其原因与图 2 相同，在此不再赘述。

（四）定制化成本系数和规模效应系数对提供商期望收益的影响

在本节中，我们将分别研究定制化成本系数 λ 和规模效应系数 τ 对提供商期望收益 E（Π_S）的影响。首先，通过变动 τ 的取值，分别计算随着 λ 变化，提供商期望收益的变化情况，如图 7 所示。然后，再通过变动 λ 的取值，分别计算随着 τ 变化，提供商期望收益的变化情况，如图 8 所示。

从图 7 可以看出，当 τ 固定时，随着 λ 的逐渐增大，提供商的期望收益逐渐减小。这是由于随着定制化成本系数的增加，提供商定制化阶段的单位运作成本逐渐增加，而提供商将服务能力出售给集成商的价格不变，因此提供商在定制化阶段的单位收益

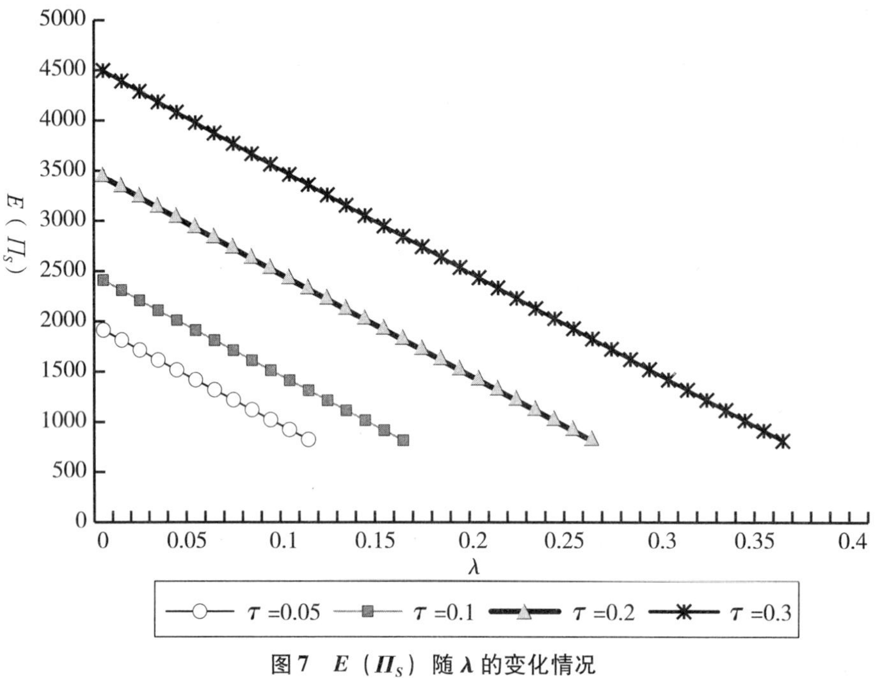

图 7 $E(\Pi_S)$ 随 λ 的变化情况

减少。又由于集成商的订购量减少，所以提供商的收益减少。此外，与图 1 类似，当 λ 增大到一定程度后，集成商的期望收益将不存在，且随着 τ 的不断增大时，λ 能取到的极值点不断增大，其原因与图 1 相同，在此不再赘述。

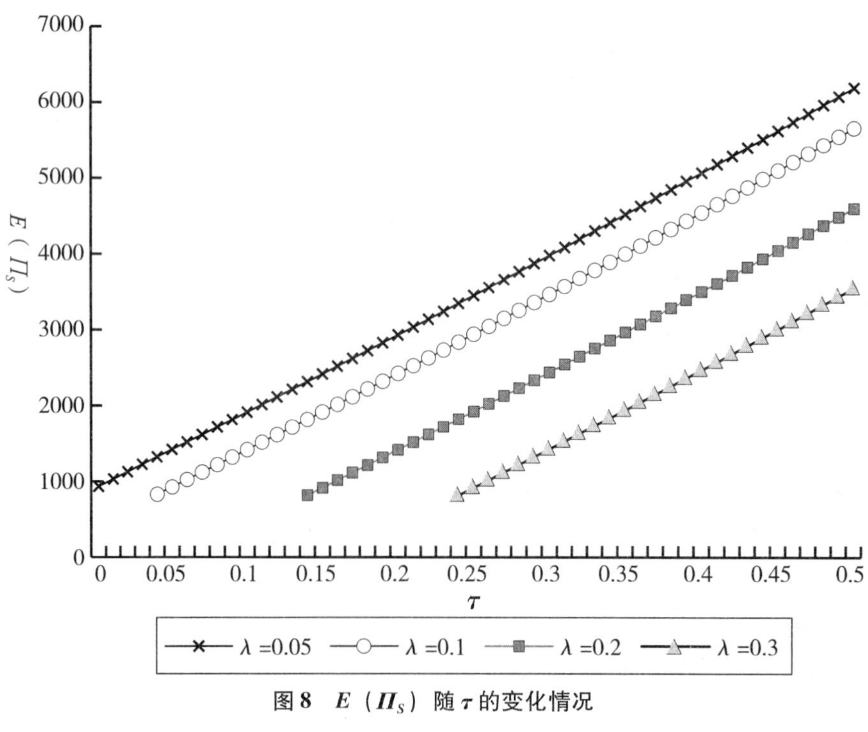

图 8 $E(\Pi_S)$ 随 τ 的变化情况

从图 8 可以看出，当 λ 固定时，随着 τ 的逐渐增大，提供商的期望收益逐渐增加。这是由于随着规模效应系数的增加，提供商大规模服务阶段的单位运作成本逐渐降低，但提供商将大规模阶段服务能力出售给集成商的单位价格不变，因此，提供商在大规模服务阶段的单位收益逐渐增加。又由于集成商的订购量随规模系数的增加而增加，所以提供商的期望收益逐渐增加。与图 2 类似，当 λ 逐渐增加，集成商期望收益存在的 τ 的极小值点不断增大，其原因与图 2 相同，在此不再赘述。

（五）定制化成本系数和规模效应系数对集成商能力需求的确定性满足率的影响

综合比较图 1 和图 3，图 2 和图 4 可以发现，在 τ 和 λ 相同的情况下，提供商的固定供应能力 Δ 始终小于集成商总的能力订购量 $3Q$。这说明提供商为集成商预留的能力不能满足集成商的能力需求。因此，设 $\beta=\dfrac{\Delta}{3Q}$ 为集成商能力需求的确定性满足率。在本节中，将重点研究定制化成本系数 λ 和规模效应系数 τ 对订单确实性满足率的影响，如图 9、图 10 所示。

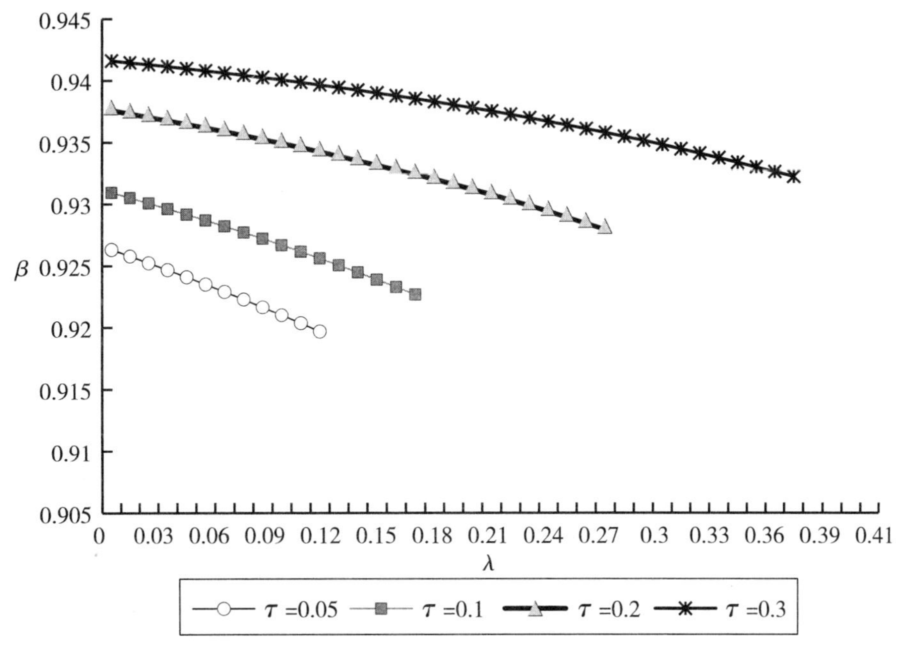

图 9　β 随 λ 的变化情况

从图 9 可以看出，当 τ 固定时，随着 λ 的逐渐增大，集成商能力需求的确定性满足率逐渐减小。这说明随着定制化成本系数的增加，提供商在定制化阶段的单位收益减少，提供商为集成商提供服务能力的积极性降低。

从图 10 可以看出，当 λ 固定时，随着 τ 的逐渐增大，集成商能力需求的确定性满足率逐渐增加。这说明随着规模效应系数的增加，提供商大规模服务阶段的单位收益增加，提供商为集成商提供服务能力的积极性增加。

综合分析图 9 和图 10 可以发现，订单的确定性满足率始终小于 94.5%，这说明随

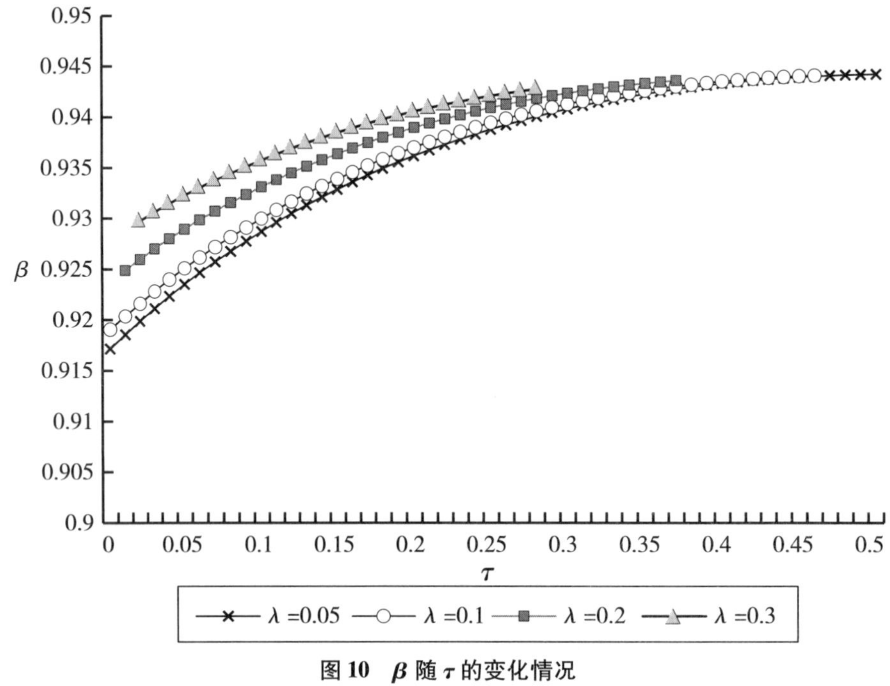

图 10　β 随 τ 的变化情况

着提供商单位收益的增加，提供商为集成商提供服务能力的积极性并不是持续增加的。因此，集成商可以通过提高购买服务能力的单位价格来提高提供商的积极性，但并不是越高越好。

五、结论和研究展望

在这一部分中，本文将给出主要的研究结论以及本文的研究局限和未来的研究方向。

（一）本文主要结论

在大规模定制模式下物流服务供应链两级能力合作的数量协调研究中，大规模阶段的规模效应和定制化阶段的定制化程度对能力合作双方的数量决策有很大影响。因此本文研究了由一个功能型服务提供商和一个物流服务集成商组成的两级服务供应链，构建了考虑客户需求不确定环境下功能型服务提供商和物流服务集成商的收益函数，并建立了 Stackelberg 主从决策模式下能力合作的数量协调模型，最后利用 MATLA8. 0 软件对模型进行了数值仿真，得到了以下结论，根据结论的可见性难易，又分为了直观结论和不可预期结论。其中，直观结论可概括为：

（1）随着规模效应的增加，提供商大规模阶段的单位运作成本逐渐降低，提供商提供给集成商的固定供应能力逐渐增加，提供商的期望收益逐渐增加；

（2）随着定制化程度的增加，提供商定制化阶段的单位运作成本逐渐增加，提供商提供给集成商的固定供应能力逐渐减少，提供商的期望收益逐渐减少。

（3）当定制化程度增大到一定程度后，提供商的期望收益不能满足自身能够接受的收益下限，提供商将拒绝与集成商继续合作，且随着规模效应的不断增大，定制化程度能达到的极限程度不断增大。也就是说，当定制化程度较高，规模效应较低时，提供商会拒绝与集成商合作。

不可预期结论主要包括：

（1）随着规模效应的增加，集成商的订购量逐渐增加，提供商提供给集成商的固定供应能力逐渐增加，集成商的期望收益先增加后减少，提供商的期望收益逐渐增加；

（2）随着定制化程度的增加，集成商的订购量逐渐减少，集成商的期望收益在规模效应较低的情况下逐渐减少；在规模效应达到一定程度时，先增加后减少。

（3）随着规模效应的增加，订单的确定性满足率逐渐增加然后趋于稳定，随着定制化程度的增加，订单的确定性满足率逐渐降低。集成商可以通过适当提高购买服务能力的单位价格来提高提供商的积极性，实现双方更好的合作。

（二）研究局限及未来展望

本文主要研究了大规模定制模式下物流服务供应链两级能力合作的数量协调问题，探讨了规模效应和定制化程度对两者能力合作数量决策的影响。但文中仍然存在一些不足。例如，文中假设物流服务集成商不持有服务能力，在接到客户的订单后全部外包给物流服务提供商，即不存在服务能力匹配的问题，但在实际中有些服务集成商是持有服务能力的，当自身的服务能力不能满足客户需求时，才会外包给物流服务提供商，此时，集成商就需要考虑提供商的服务能力与自身能力的匹配问题。此外，由于物流服务的集成性，当客户同时需要不同类型的物流服务（如运输服务和仓储服务）时，这些不同类型服务之间也存在能力的匹配性问题（Liu et al.，2014）。因此考虑服务能力的匹配问题是未来的研究方向之一。

此外，由于规模效应会为提供商带来单位运作成本的降低，定制化程度又会引起提供商单位运作成本的升高，因此本文假设提供商出售给集成商的单位服务价格不变，集成商出售给客户的单位服务价格也不变。但实际中，随着客户定制化要求的不断增加，集成商出售给客户定制化阶段的单位服务价格也会有所增加，因此，在集成商出售给客户的单位服务价格变动情况下开展相应的能力决策研究也是十分必要的。

参考文献

[1] ADIDA E，PERAKIS G. The effect of supplier capacity on the supply chain profit [J]. Annals of Operations Research，2014，223 (1)：1 -52.

[2] ANDERSON E G，MORRICE D J. A simulation game for teaching service - oriented supply chain management：Does information sharing help managers with service capacity decisions [J]. Production and Operations Management，2000，9 (1)：40 -55.

[3] BANDYOPADHYAY S，BHATTACHARYA R. Solving a tri - objective supply chain problem with modified NSGA - Ⅱ algorithm [J]. Journal of Manufacturing Systems，2014，33 (1)：41 -50.

[4] BHATTACHARJEE S，RAMESH R. A multi - period profit maximizing model for retail supply chain management：An integration of demand and supply - side mechanisms [J]. European Journal of Operational Research，2000，122 (3)：584 -601.

[5] BHATNAGAR R，CHANDRA P，GOYAL S K. Models for multi - plant coordination [J]. Europe-

an Journal of Operational Research, 1993 67 (2): 141 -160.

[6] CHANDRA C, KAMRANI A. Mass customization: a supply chain approach [M]. New York Kluwer Academic Press, 2004.

[7] CHAUHAN S S, NAGI R, PROTH J M. Strategic capacity planning in supply chain design for a new market opportunity [J]. International journal of production research, 2004, 42 (11): 2197 -2206.

[8] CHEN J, TANG D J. Identification of postponement point in service delivery process [J]. Service Science, 2009, 1 (1): 43 -51.

[9] CHO D W, LEE Y H, AHN S H, et al. A framework for measuring the performance of service supply chain management [J]. Computers & Industrial Engineering, 2012, 62 (3): 801 -818.

[10] CHOY KL, CHUNG LUN LI, SO STUART C, et al. Managing uncertainty in logistics service supply chain [J]. International Journal of Risk Assessment and Management, 2007, 7 (1): 19 -22.

[11] COELHO P S, HENSELER J. Creating customer loyalty through service customization [J]. European Journal of Marketing, 2012, 46 (3/4): 331 -356.

[12] DAL MAS, M, GIAROLA, et al. Capacity planning and financial optimization of the bioethanol supply chain under price uncertainty [J]. Computer Aided Chemical Engineering, 2010 (28): 97 -102.

[13] DAVIS S. From future perfect: mass customizing [J]. Planning Review, 1989, 17 (2): 16 -21.

[14] FOGLIATTO F S, DA SILVEIRA G J C, BORENSTEIN D. The mass customization decade: An updated review of the literature [J]. International Journal of Production Economics, 2012, 138 (1): 14 -25.

[15] FENG Y X, B ZHENG, et al. An exploratory study of the general requirement representation model for product configuration in mass customization mode [J]. International Journal of Advanced Manufacture Technology, 2009, 40 (3): 785 -796.

[16] GIOVANI DA SILVEIRA, DENIS BORENSTEIN, FLÁVIO S Fogliatto. Mass customization: literature review and research directions [J]. International Journal of Production Economics, 2001 (72): 1 -13.

[17] GIOVANNI DL, MASSI G, PEZZELLA F. An adaptive genetic algorithm for large - size open stack problems [J]. International Journal of Production Research., 2013, 51 (3), 682 -697.

[18] GIARD V, MENDY G. Scheduling coordination in a supply chain using advance demand information [J]. Production Planning and Control, 2008, 19 (7): 655 -667.

[19] HSIEH CC, WU C H. Capacity allocation, ordering, and pricing decisions in a supply chain with demand and supply uncertainties. European Journal of Operational Research, 2008, 184 (2), 667 -684.

[20] JIAO J, MA Q, TSENG MM. Towards high value - added products and services: mass customization and beyond [J]. Technovation, 2003, 23 (10), 809 -831.

[21] JIAO JX, TSENG M M. Customizability analysis in design for mass customization [J]. Computer Aided Geometric Design, 2004, 36 (8), 745 -757.

[22] JAMMERNEGG W, REINER G. Performance improvement of supply chain processes by coordinated inventory and capacity management [J]. International Journal of Production Economics, 2007, 108 (1): 183 -190.

[23] KIRSTIN Z. Supply chain coordination with uncertain just - in - time delivery [J]. International Journal of Production Economics, 2002, 77 (1): 1 -15.

[24] KOUVELIS P, MILNER J M. Supply chain capacity and outsourcing decisions: The dynamic inter-

play of demand and supply uncertainty [J]. IIE Transactions, 2002, 34 (8): 717 - 728.

[25] ELLRAM L M, TATE W L, BILLINGTON C. Understanding and managing the services supply chain [J]. Journal of Supply Chain Management, 2004, 40 (3), 17 - 32.

[26] LI D C, F M CHANG, S C CHANG. The relationship between affecting factors and mass - customisation level: the case of a pigment company in Taiwan [J]. International Journal of Production Research, 2010, 48 (18): 5385 - 5395.

[27] LIU W H, JI, JH, et al. Research on the Two - echelon Capacity Cooperation Coordination in Logistics Service Supply Chain [J]. Journal of Wuhan University of Technology, 2008, 30 (2): 149 - 153.

[28] LIU W, XU X, REN Z, PENG Y. An emergency order allocation model based on multi - provider in two - echelon logistics service supply chain [J]. Supply Chain Management: An international Journal, 2011, 16 (6): 391 - 400.

[29] LIU W, LIU C, XU X, et al. Quantity coordination of capacity cooperation in logistic service supply chain: A comparison study based on capacity matching constraint [J]. African Journal of Business Management, 2012 6 (5): 1795 - 1807.

[30] LIU W, XU X. Study on the quantity coordination of capability collaboration for multi - period - oriented two - echelon logistics service supply chain [J]. African Journal of Business Management, 2012, 6 (11): 3920 - 3929.

[31] LIU W H, LIU C L, XU X C, et al. An order allocation model in multi - period logistics service supply chain based on cumulative prospect theory and capacity matching constraint [J]. International Journal of Production Research, 2014, 52 (22), 6608 - 6626.

[32] LIU W, LIANG Z YE Z, LIU L. The Optimal Decision of Customer Order Decoupling Point for Order Insertion Scheduling in Logistics Service SupplyChain [J]. International Journal of Production Economics. (In press), 2015.

[33] LIU W, WANG Q, ZHU D. A Determination Method of Optimal Customization Degree of Logistics Service Supply Chain with Mass Customization Service [J]. Discrete Dynamics in Nature and Society (2014) 212574.

[34] PHILIP H, AMOS HCG. Dynamic implications of customer order decoupling point positioning [J]. Journal of Manufacturing Technology Management, 2011, 22 (8), 1032 - 1042.

[35] MEJIA G, MONTOYA, et al. Petri nets and genetic algorithms for complex manufacturing systems scheduling [J]. International Journal of Production Research, 2012, 50 (3), 791 - 803.

[36] MOON S K, SIMPSON T W, et al. A process model and data mining to support designing families of services. Presented of the ASME Design Engineering Technical Conferences & Computers and Information in Engineering Conference [N]. Las Vegas, NV, 4 - 7 September, paper DETC2007/DAC - 34687.

[37] PINE Ⅱ B JOSEPH, DAVIS STAN. Mass customization: the new frontier in business competition [M]. Boston: Harvard Business School Press, 1993.

[38] RUIZ R, MAROTO C, ALCARAZ J. Two new robust genetic algorithms for the flowshop scheduling problem [J]. Omega, 2006, 34 (5), 461 - 476.

[39] RO Y K, LIKER J K, FIXSON S K. Modularity as a strategy for supply chain coordination: The case of US auto [J]. Engineering Management, IEEE Transactions on, 2007, 54 (1): 172 - 189.

[40] PEZESHKI Y, BABOLI A, JOKAR M R A. Simultaneous coordination of capacity building and price decisions in a decentralized supply chain [J]. The International Journal of Advanced Manufacturing Technology, 2013, 64 (5 - 8): 961 - 976.

[41] SARABIAN M, LEE L S. A Modified Partially Mapped MultiCrossover Genetic Algorithm for Two – Dimensional Bin Packing Problem [J]. Journal of Mathematics & Statistics, 2010, 6 (2), 157 – 162.

[42] TIEN J M. Services: A System' sPerspective [J]. IEEE System Journal, 2008, 2 (1): 146 – 157.

[43] SWAMINATHAN, JM. Tool capacity planning for semiconductor fabrication facilities under demand uncertainty [J]. European Journal of Operational Research, 2010, 120 (3): 545 – 558.

[44] WANG Y. Supply Chain System of Mass Dynamic Customization Based on Dynamic CODP [J]. International Conference of Production and Operation Management, 2008 (3): 110 – 113.

[45] WINTER NIE, DEBORAH L KELLOGG. How process of operations management view service operations [J]. Production and Operations Management, 1999, 8 (3): 339 – 355.

[46] WELBORN C. Customization index: evaluating the flexibility of operations in a mass customization environment [J]. The Icfai University Journal of Operations Management, 2009, 8 (2): 6 – 15.

[47] XU R, ZHAI X. Analysis of supply chain coordination under fuzzy demand in a two – stage supply chain [J]. Applied Mathematical Modelling, 2010, 34 (1): 129 – 139.

[48] YANG, HH, WANG S W. Solving the 0/1 knapsack problem using rough sets and genetic algorithms [J]. Journal of the Chinese Institute of Industrial Engineers. , 2011, 28 (5), 360 – 369.

[49] YEUNG H T, CHOI T M. Mass customisation in the Hong Kong apparel industry [J]. Production Planning & Control, 2011, 22 (3): 298 – 307.

[50] ZHANG M, ZHAO X, QI Y. The effects of organizational flatness, coordination, and product modularity on mass customization capability [J]. International Journal of Production Economics, 2014 (158): 145 – 155.

附　录

附录 A　集成商期望总收益的计算

根据式子（1），集成商的总收益包含以下几项：

（1）当 $d \leqslant (1+\varepsilon)D$，即提供商最终的可提供量小于客户的需求时，集成商存在惩罚成本。

①当 $\alpha C+\Delta \leqslant (1+\varepsilon)Q$ 时，$d=\alpha C+\Delta$，此时集成商的惩罚成本为

$$\pi\int_0^{+\infty}\int_0^{\min(u(\Delta),v(Q,\Delta))}[(1+\varepsilon)D-(\alpha C+\Delta)]f(\alpha)g(D)\mathrm{d}\alpha\mathrm{d}D$$

$$=\pi\int_0^{Q}\int_0^{u(\Delta)}[(1+\varepsilon)D-(\alpha C+\Delta)]f(\alpha)g(D)\mathrm{d}\alpha\mathrm{d}D+$$

$$\pi\int_Q^{+\infty}\int_0^{v(Q,\Delta)}[(1+\varepsilon)D-(\alpha C+\Delta)]f(\alpha)g(D)\mathrm{d}\alpha\mathrm{d}D$$

②当 $\alpha C+\Delta > (1+\varepsilon)Q$ 时，$d=(1+\varepsilon)Q$，此时集成商的惩罚成本为

$$\pi\int_Q^{+\infty}[(1+\varepsilon)(D-Q)\int_{v(Q,\Delta)}^{1}f(\alpha)\mathrm{d}\alpha]g(D)\mathrm{d}D$$

（2）当 $d>(1+\varepsilon)D$，即提供商最终的可提供量大于客户的需求，集成商存在部分多余能力返还给提供商的收入。

①当 $\alpha C+\Delta \leqslant (1+\varepsilon)Q$ 时，$d=\alpha C+\Delta$，此时集成商返还所多余能力所得收入为

$$e\int_0^{Q}\int_{u(\Delta)}^{v(Q,\Delta)}[(\alpha C+\Delta)-(1+\varepsilon)D]f(\alpha)g(D)\mathrm{d}\alpha\mathrm{d}D$$

②当 $\alpha C+\Delta>(1+\varepsilon)Q$ 时，$d=(1+\varepsilon)Q$，此时集成商返还多余能力所得收入为

$$e\int_0^Q[(1+\varepsilon)(Q-D)\int_{v(Q,\Delta)}^1 f(\alpha)\mathrm{d}\alpha]g(D)\mathrm{d}D$$

（3）当服务提供商的可供应能力小于集成商的订购量，即 $\alpha C+\Delta\leqslant(1+\varepsilon)Q$ 时，提供商需要向集成商交付一定的惩罚，集成商对其的惩罚收入为

$$k\int_0^{v(Q,\Delta)}[(1+\varepsilon)Q-(\alpha C+\Delta)]f(\alpha)\mathrm{d}\alpha$$

（4）集成商的能力采购成本为

①当 $\alpha C+\Delta\leqslant(1+\varepsilon)Q$，即 $d=\alpha C+\Delta$ 时，集成商的能力采购成本为

$$P_M\int_0^{v(Q,\Delta)}\frac{(\alpha C+\Delta)}{1+\varepsilon}f(\alpha)\mathrm{d}\alpha+P_C\int_0^{v(Q,\Delta)}\frac{\varepsilon(\alpha C+\Delta)}{1+\varepsilon}f(\alpha)\mathrm{d}\alpha$$

②当 $\alpha C+\Delta>(1+\varepsilon)Q$，即 $d=(1+\varepsilon)Q$ 时，集成商的能力采购成本为

$$P_M\int_{v(Q,\Delta)}^1 Qf(\alpha)\mathrm{d}\alpha+P_C\int_{v(Q,\Delta)}^1\varepsilon Qf(\alpha)\mathrm{d}\alpha$$

（5）此外，集成商出售给客户的收入为

当 $d\leqslant(1+\varepsilon)D$，即提供商最终的可提供量小于客户的需求时，最终出售给客户的量为 d。

①当 $\alpha C+\Delta\leqslant(1+\varepsilon)Q$，即 $d=\alpha C+\Delta$ 时，集成商出售给客户的收入为

$$\begin{aligned}&T_M\int_0^{+\infty}\int_0^{\min(u(\Delta),v(Q,\Delta))}\frac{(\alpha C+\Delta)}{1+\varepsilon}f(\alpha)g(D)\mathrm{d}\alpha\mathrm{d}D+\\&T_C\int_0^{+\infty}\int_0^{\min(u(\Delta),v(Q,\Delta))}\frac{\varepsilon(\alpha C+\Delta)}{1+\varepsilon}f(\alpha)g(D)\mathrm{d}\alpha\mathrm{d}D\\=&T_M\int_0^Q\int_0^{u(\Delta)}\frac{(\alpha C+\Delta)}{1+\varepsilon}f(\alpha)g(D)\mathrm{d}\alpha\mathrm{d}D+\\&T_M\int_Q^{+\infty}\int_0^{v(Q,\Delta)}\frac{(\alpha C+\Delta)}{1+\varepsilon}f(\alpha)g(D)\mathrm{d}\alpha\mathrm{d}D+\\&T_C\int_0^Q\int_0^{u(\Delta)}\frac{\varepsilon(\alpha C+\Delta)}{(1+\varepsilon)}f(\alpha)g(D)\mathrm{d}\alpha\mathrm{d}D+\\&T_C\int_Q^{+\infty}\int_0^{v(Q,\Delta)}\frac{\varepsilon(\alpha C+\Delta)}{1+\varepsilon}f(\alpha)g(D)\mathrm{d}\alpha\mathrm{d}D\end{aligned}$$

②当 $\alpha C+\Delta>(1+\varepsilon)Q$，即 $d=(1+\varepsilon)Q$ 时，集成商出售给客户的收入为

$$T_M\int_Q^{+\infty}\left[Q\int_{v(Q,\Delta)}^1 f(\alpha)\mathrm{d}\alpha\right]g(D)\mathrm{d}D+T_C\int_Q^{+\infty}\left[\varepsilon Q\int_{v(Q,\Delta)}^1 f(\alpha)\mathrm{d}\alpha\right]g(D)\mathrm{d}D$$

当 $d>(1+\varepsilon)D$，即提供商最终的可提供量大于客户的需求时，最终出售给客户的量为 $(1+\varepsilon)D$。

①当 $\alpha C+\Delta\leqslant(1+\varepsilon)Q$，即 $d=\alpha C+\Delta$ 时，集成商出售给客户的收入为

$$T_M\int_0^Q\int_{u(\Delta)}^{v(Q,\Delta)}Df(\alpha)g(D)\mathrm{d}\alpha\mathrm{d}D+T_C\int_0^Q\int_{u(\Delta)}^{v(Q,\Delta)}\varepsilon Df(\alpha)g(D)\mathrm{d}\alpha\mathrm{d}D$$

②当 $\alpha C+\Delta>(1+\varepsilon)Q$，即 $d=(1+\varepsilon)Q$ 时，集成商出售给客户的收入为

$$T_M\int_0^Q\int_{v(Q,\Delta)}^1 Df(\alpha)g(D)\mathrm{d}\alpha\mathrm{d}D+T_C\int_0^Q\int_{v(Q,\Delta)}^1\varepsilon Df(\alpha)g(D)\mathrm{d}\alpha\mathrm{d}D$$

所以，物流服务集成商总的期望利润为

$$
\begin{aligned}
E(\Pi_I) = {} & T_M\int_0^Q\int_0^{u(\Delta)}\frac{(\alpha C+\Delta)}{1+\varepsilon}f(\alpha)g(D)\mathrm{d}\alpha\mathrm{d}D + T_M\int_Q^{+\infty}\int_0^{v(Q,\Delta)}\frac{(\alpha C+\Delta)}{1+\varepsilon}f(\alpha)g(D)\mathrm{d}\alpha\mathrm{d}D + \\
& T_C\int_0^Q\int_0^{u(\Delta)}\frac{\varepsilon(\alpha C+\Delta)}{1+\varepsilon}f(\alpha)g(D)\mathrm{d}\alpha\mathrm{d}D + T_C\int_Q^{+\infty}\int_0^{v(Q,\Delta)}\frac{\varepsilon(\alpha C+\Delta)}{1+\varepsilon}f(\alpha)g(D)\mathrm{d}\alpha\mathrm{d}D + \\
& T_M\int_Q^{+\infty}[Q\int_{v(Q,\Delta)}^1 f(\alpha)\mathrm{d}\alpha]g(D)\mathrm{d}D + T_C\int_Q^{+\infty}[\varepsilon Q\int_{v(Q,\Delta)}^1 f(\alpha)\mathrm{d}\alpha]g(D)\mathrm{d}D + \\
& T_M\int_0^Q\int_{u(\Delta)}^{v(Q,\Delta)} Df(\alpha)g(D)\mathrm{d}\alpha\mathrm{d}D + T_C\int_0^Q\int_{u(\Delta)}^{v(Q,\Delta)} \varepsilon Df(\alpha)g(D)\mathrm{d}\alpha\mathrm{d}D + \\
& T_M\int_0^Q\int_{v(Q,\Delta)}^1 Df(\alpha)g(D)\mathrm{d}\alpha\mathrm{d}D + T_C\int_0^Q\int_{v(Q,\Delta)}^1 \varepsilon Df(\alpha)g(D)\mathrm{d}\alpha\mathrm{d}D - \\
& P_M\int_0^{v(Q,\Delta)}\frac{(\alpha C+\Delta)}{1+\varepsilon}f(\alpha)\mathrm{d}\alpha - P_C\int_0^{v(Q,\Delta)}\frac{\varepsilon(\alpha C+\Delta)}{1+\varepsilon}f(\alpha)\mathrm{d}\alpha - \\
& P_M\int_{v(Q,\Delta)}^1 Qf(\alpha)\mathrm{d}\alpha - P_C\int_{v(Q,\Delta)}^1 \varepsilon Qf(\alpha)\mathrm{d}\alpha - \\
& \pi\int_0^Q\int_0^{u(\Delta)}[(1+\varepsilon)D-(\alpha C+\Delta)]f(\alpha)g(D)\mathrm{d}\alpha\mathrm{d}D - \\
& \pi\int_Q^{+\infty}\int_0^{v(Q,\Delta)}[(1+\varepsilon)D-(\alpha C+\Delta)]f(\alpha)g(D)\mathrm{d}\alpha\mathrm{d}D - \\
& \pi\int_Q^{+\infty}[(1+\varepsilon)(D-Q)\int_{v(Q,\Delta)}^1 f(\alpha)\mathrm{d}\alpha]g(D)\mathrm{d}D + \\
& e\int_0^Q\int_{u(\Delta)}^{v(Q,\Delta)}[(\alpha C+\Delta)-(1+\varepsilon)D]f(\alpha)g(D)\mathrm{d}\alpha\mathrm{d}D + \\
& e\int_0^Q[(1+\varepsilon)(Q-D)\int_{v(Q,\Delta)}^1 f(\alpha)\mathrm{d}\alpha]g(D)\mathrm{d}D + \\
& k\int_0^{v(Q,\Delta)}[(1+\varepsilon)Q-(\alpha C+\Delta)]f(\alpha)\mathrm{d}\alpha
\end{aligned}
$$

附录 B　提供商的期望总收益的计算

根据式（2），提供商的收益包含以下几项：

（1）功能型物流服务提供商运营收入为

①当 $\alpha C+\Delta \leqslant (1+\varepsilon)Q$，即 $d=\alpha C+\Delta$ 时，提供商的运营收入为

$$\int_0^{v(Q,\Delta)}\left[P_M-\left(P-\tau\frac{(\alpha C+\Delta)}{1+\varepsilon}\right)\right]\times\frac{(\alpha C+\Delta)}{1+\varepsilon}f(\alpha)\mathrm{d}\alpha + [P_C-P(1+\lambda)]\int_0^{v(Q,\Delta)}\frac{\varepsilon(\alpha C+\Delta)}{1+\varepsilon}f(\alpha)\mathrm{d}\alpha$$

②当 $\alpha C+\Delta > (1+\varepsilon)Q$，即 $d=(1+\varepsilon)Q$ 时，提供商的运营收入为

$$[P_M-(P-\tau Q)]\int_{v(Q,\Delta)}^1 Qf(\alpha)\mathrm{d}\alpha + [P_C-P(1+\lambda)]\int_{v(Q,\Delta)}^1 \varepsilon Qf(\alpha)\mathrm{d}\alpha$$

（2）提供商能力不满足 $(1+\varepsilon)Q$ 时，提供商的缺货损失为

$$k\int_0^{v(Q,\Delta)}[(1+\varepsilon)Q-(\alpha C+\Delta)]f(\alpha)\mathrm{d}\alpha$$

(3) 当 $d > (1+\varepsilon)D$，即提供商最终的可提供量大于客户的需求，集成商将部分多余能力返还给提供商，提供商支付给集成商的成本为

①当 $\alpha C + \Delta \leqslant (1+\varepsilon)Q$ 时，$d = \alpha C + \Delta$，此时提供商返还的成本为

$$e\int_0^Q \int_{u(\Delta)}^{v(Q,\Delta)} [(\alpha C + \Delta) - (1+\varepsilon)D] f(\alpha) g(D) \mathrm{d}\alpha \mathrm{d}D$$

②当 $\alpha C + \Delta > (1+\varepsilon)Q$ 时，$d = (1+\varepsilon)Q$，此时提供商返还的成本为

$$e\int_0^Q \left[(1+\varepsilon)(Q-D)\int_{v(Q,\Delta)}^1 f(\alpha)\mathrm{d}\alpha\right] g(D)\mathrm{d}D$$

(4) 提供商能力超过 $(1+\varepsilon)Q$ 时，提供商的能力持有成本

$$t\int_{v(Q,\Delta)}^1 [(\alpha C + \Delta) - (1+\varepsilon)Q] f(\alpha)\mathrm{d}\alpha$$

因此，物流服务提供商总的期望利润为

$$\begin{aligned}
E(\Pi_S) = &\int_0^{v(Q,\Delta)} [P_M - (P - \tau(\alpha C + \Delta))] \times \frac{(\alpha C + \Delta)}{1+\varepsilon} f(\alpha)\mathrm{d}\alpha + \\
&(P_C - P(1+\lambda))\int_0^{v(Q,\Delta)} \frac{\varepsilon(\alpha C + \Delta)}{1+\varepsilon} f(\alpha)\mathrm{d}\alpha + \\
&[P_M - (P - \tau Q(1+\varepsilon))]\int_{v(Q,\Delta)}^1 Q f(\alpha)\mathrm{d}\alpha + \\
&(P_C - P(1+\lambda))\int_{v(Q,\Delta)}^1 \varepsilon Q f(\alpha)\mathrm{d}\alpha - \\
&k\int_0^{v(Q,\Delta)} [(1+\varepsilon)Q - (\alpha C + \Delta)] f(\alpha)\mathrm{d}\alpha - \\
&e\int_0^Q \int_{u(\Delta)}^{v(Q,\Delta)} [(\alpha C + \Delta) - (1+\varepsilon)D] f(\alpha) g(D)\mathrm{d}\alpha \mathrm{d}D - \\
&e\int_0^Q \left[(1+\varepsilon)(Q-D)\int_{v(Q,\Delta)}^1 f(\alpha)\mathrm{d}\alpha\right] g(D)\mathrm{d}D - \\
&t\int_{v(Q,\Delta)}^1 [(\alpha C + \Delta) - (1+\varepsilon)Q] f(\alpha)\mathrm{d}\alpha
\end{aligned}$$

基于自适应权和小生境遗传算法的 BP 神经网络优化预测法*

——以湖北省城镇冷链食品系统需求规模预测为例

毕 娅

摘 要：我国冷链食品产业的建设已经出现乱象。政府亟须通过掌握该行业未来的发展规模，实现对其建设的合理规划和引导。本文根据湖北省冷链食品统计数据的特点，设计了基于自适应权和小生境遗传算法的 BP 神经网络优化预测方法（Adaptive Weight and Niche Genetic - BP Algorithm，AWNG - BP）。该预测方法：①通过对 BP 神经网络线性梯度下降法中误差函数的修正和引入动态自适应的权，克服了一般 BP 神经网络收敛过慢和容易陷入局部最优的缺点；②通过引入小生境遗传算法，对 BP 神经网络的结构进行了优化；从而解决了一般 BP 神经网络最主要的两个缺陷。通过大量实验和对比分析，证明了 AWNG - BP 预测法在收敛速度、预测精度以及摆脱局部极值的能力上均有大幅度的提高，是一种实用高效的预测方法。最后以湖北省城镇冷链食品系统为实证对象，对其未来几年的需求规模进行了预测。预测数据表明，湖北省当前冷链食品规模的急速扩张是一种假象，其在 2018 年的增速仅有 1%，远低于国民生产总值。因此，湖北省冷链食品系统的建设应该以现阶段的供需缺口为准，不能再继续扩大，否则会导致建设和投资的浪费。

关键词：冷链食品系统　神经网络　动态自适应　小生境遗传算法

一、引言

对冷链食品系统的需求规模进行准确预测是保障冷链食品产业有序稳定发展的重要基础和前提，其作用和目的是揭示冷链食品市场需求变动的趋势、勾画其未来发展的轮廓、有计划和有针对性地引导投资，避免重复建设和资源配置失衡，同时为政府和相关职能部门制定冷链食品产业的发展战略和政策提供有效的数据支持。我国冷链食品产业起步较晚，但发展较快。理论研究和实践应用之间出现了缺口，导致现阶段我国冷链食品产业的发展已经出现规划不合理、资源配置比例失衡、运营成本高等棘手问题。因此，相关职能部门迫切的需要通过掌握冷链食品产业未来的发展规模，制定科学的政策，引导冷链食品产业健康的发展。

目前，预测领域大致有三个研究和应用的方向：第一，传统经典定量预测方法的

* 基金项目：本文受国家社会科学基金（14BJY139）、湖北省科技支撑计划软科学研究项目（2014BDF098）以及湖北物流发展研究中心资助。

作者简介：毕娅，湖北经济学院物流与工程管理学院，博士、副教授。

应用。传统经典定量预测方法已经非常成熟，处于广泛应用阶段[1]。虽然它们在一些大型复杂非线性系统面前显得力不从心，但在处理一些大样本和简单问题时[2]，还是游刃有余，预测精度能够被广泛接受。第二，组合预测方法。组合预测方法是指对多个单项预测方法的预测值进行算术加权平均，从而得到新的组合预测值。已有研究证明：运用组合的思想，对多个不同单项预测方法进行组合，可以形成新的预测方法[3]。与使用单项预测方法相比，这些新的预测方法可以显著提高预测的精度和鲁棒性[4]。第三，非线性预测方法。由于传统的线性预测方法在复杂的非线性系统面前捉襟见肘，于是一系列非线性预测方法开始崭露头角。非线性预测方法无须大量的样本数据和复杂的量化模型，同时具有分布并行处理、自适应学习、非线性映射和鲁棒性容错等特征[5]，且能够大幅提高预测的精度，因此近几年来得到了广泛的应用。常用的非线性预测模型有神经网络模型[6]和支持向量机[7-9]等。

从技术层面上讲，虽然现有的预测方法很多，但在我国现有的统计条件和迅速发展的冷链食品产业面前，这些预测方法显得无法适从。其原因见表 1 所示。

表 1　　冷链食品系统预测方法分析

适应性	原因	
不好	传统线性预测方法	① 冷链食品系统具有随机性、模糊性和灰色性等多种不确定因素，是一个典型的复杂非线性系统； ② 我国冷链食品系统的统计工作刚刚起步，统计口径混乱，统计数据不足和缺失情况严重
不好	线性预测方法（BP 神经网络）	① 一般 BP 神经网络具有天然的收敛性问题； ② 一般 BP 神经网络的模型结构无法确定，实践中只能依据经验

由表 1 可知，现有的预测理论和方法均不能高水平地完成对冷链食品系统的预测工作。基于此，本文根据我国冷链食品系统的特性和可得数据的特点，在对一般 BP 神经网络的线性梯度下降搜索法和结构问题进行改进和优化的基础上，设计了基于自适应权和小生境遗传算法的 BP 神经网络优化预测方法，希望能为冷链食品系统需求规模预测的理论和方法提供一种全新的思路。

二、统计指标与数据处理

（一）统计指标的确定

国内外专家普遍认为一个国家或地区某个行业的发展状况可以用“行业总体规模”来衡量。但“行业总体规模”是一个综合而模糊的概念，可以由多个统计指标描述。简单地说，“行业总体规模”是一个不太容易清晰界定的统计量。由于不同国家和地区的经济背景、地理位置和政策指向都不同，导致大家对这个统计量在认识和执行上形成偏差，很难达成统一的认识。根据相关文献和一些专家学者的建议，结合湖北省冷链食品产业发展的实际情况，我们认为：冷链食品的消耗总量反映了这个地区一段时间内对冷链食品的需求，可以基本反映冷链食品系统的规模；同时，考虑到统计数据的可得性和真实性，我们采用“冷链食品消耗总量”作为表征冷链食品系统规模的统计指标。

（二）数据来源与处理

我们从2004—2013年湖北省统计年鉴中摘取城镇一般化的冷链食品（包括：肉类、鱼类、蛋制品、鲜蔬、干鲜瓜果类、奶制品以及糕点等）的年消耗量，对其进行累计，形成湖北省城镇冷链食品2004—2013年的总消耗量，并用这个统计量代表湖北省城镇冷链食品系统的需求规模。其中，冷链食品的消耗量以重量单位进行统计，相关数据由湖北省统计局提供。对于统计年鉴中某些产品的数据存在突发性缺失的情况，我们视其为统计数据上出现了畸异数据，将采用三次样条插值的方法获取。具体数据见表2所示。

表2　湖北省2004—2013年城镇居民冷链食品消耗总量　单位：万吨

年份	2004	2005	2006	2007	2008	2009	2010	2011	2012	2013
猪肉	4.49	4.70	5.01	6.40	6.51	7.92	8.05	7.40	8.08	8.88
牛羊肉	0.56	0.55	0.58	0.62	0.63	0.88	0.91	0.95	0.89	0.99
其他禽类	0.74	0.89	1.09	1.23	1.2	1.84	1.91	1.97	2.04	2.09
蛋及蛋制品	1.89	1.86	2.00	2.12	2.15	2.29	2.35	2.49	2.60	2.76
鱼	1.60	1.36	2.47	2.68	2.73	3.23	3.35	4.13	5.19	5.95
鲜菜	27.3	26.5	26.7	28.0	28.4	37.9	43.7	49.5	52.3	54.2
干鲜瓜果类	10.4	10.5	11.0	11.4	11.6	12.4	13.0	13.5	14.8	15.2
奶制品	1.12	1.46	2.47	2.82	2.87	2.96	3.38	3.96	4.44	5.07
糕点	0.69	0.74	0.79	0.92	0.94	1.18	1.22	1.53	1.62	1.73
总计	48.79	48.56	52.11	56.19	57.03	70.6	77.87	85.43	91.96	96.87

三、AWNG－BP优化预测算法

（一）人工神经网络

人工神经网络能够在不依靠数学模型的前提下，准确地反映外界环境的各种因素与目标对象之间的复杂的函数映射关系，可以大幅度地降低数学建模和模型求解的难度，因此特别适合对复杂的非线性系统进行预测，是当前系统预测研究领域内最重要的研究方向和内容。但到目前为止，由于人们还没有掌握人工神经网络运行的本质规律，无法提供人工神经网络的理论证明和通用性框架和算法，因此为一个特定的系统设计合理的神经网络模型，并不是一件十分容易的事情，仍然需要人们的经验和不断地摸索尝试。人工神经网络困扰人们的主要难点问题有两个：一个是人工神经网络的搜索算法问题；另外一个是其结构问题。

1. 人工神经网络的搜索算法

人工神经网络中最典型的应用是 BP 神经网络。BP 神经网络采用的是梯度下降搜索法。由于该算法的逻辑是线性寻优，因此很容易错过最优解，且无法修正，往往只能找到局部最优，而且即使找到了局部最优点，也未必能够满足误差要求而结束寻优过程[10]。因此 BP 神经网络必须经历多次选择初始点并重头开始计算的过程，在最坏情况下需要遍历整个搜索空间才能找到解。所以 BP 神经网络最突出的缺陷之一是：收敛慢，甚至不收敛。

针对这一缺陷，不少学者提出了改进的搜索算法，如共轭梯度法、准牛顿法、修正牛顿法、非线性最小二乘法、正交最小二乘法、分层学习算法、自适应法以及各种组合算法等。这些优化搜索算法的总体思路是：在迭代过程中，通过计算目标函数的梯度确定出最速下降方向，然后在此基础上进行一系列的一维优化搜索。这些优化搜索算法充分利用了目标函数的梯度和 Hessian（黑塞）矩阵等局部信息，提高了收敛速度，增加了 BP 神经网络收敛的可能性，但其本质仍属于局部搜索算法，无法保证能够得到全局最优解。另外，这些优化搜索算法均要求目标函数至少一阶连续可微，这在很大程度上限制了这些算法的应用。

2. 人工神经网络的结构

人工神经网络的结构优化问题可以看作是人工神经网络在结构空间求最优解的问题[11]。人工神经网络的结构空间包括：隐含层的层数及隐含层神经元的个数。隐含层的个数及隐含层神经元的个数对人工神经网络的训练速度、测试精度有很大的影响。它们的数量如果过多，会导致人工神经网络收敛速度过慢和“过学习”现象；但是如果过少，则会导致网络不能充分学习，从而不能达到训练的精度要求[12]。

相对于人工神经网络的搜索算法优化而言，人工神经网络的结构优化要困难得多，至今尚无确定的方法和规律可以依循。目前，神经网络结构优化的常用算法有凑试法、删减法、增长法、增长删减法等。这些优化算法大都采用了预先设定的固定准则或贪婪搜索策略，属于静态的优化方法，其普适性较差，易陷入局部最优中。而最新出现的自组织优化算法可以动态地调整人工神经网络的结构，能够获得结构简单，泛化能力强，学习速度快以及性能稳定的人工神经网络结构[13]，从而避免了增长型神经网络可能出现的网络过度冗余以及删减型神经网络初始结构选取困难等问题。虽然当前人工神经网络结构的动态优化方法尚未完善，但较之静态的结构优化方法，动态的结构优化算法能够根据目标对象的实时输出数据同步更改和优化人工神经网络的结构，有效地提高了人工神经网络的性能。

（二）对一般 BP 神经网络的优化

针对上述一般 BP 神经网络的这两个突出问题，我们对其进行修正和优化，希望能同时在这两个问题上取得较大的突破。第一，针对线性的梯度下降搜索算法，①对误差项进行优化，修改其函数形式，让其成为一个单极点函数，从而在根本上解决 BP 神经网络容易陷入局部最优的问题；②引入动态自适应的权值和阈值，让搜索过程能够以最理想的方式寻找最优解，即当远离最优解的时候，加快搜索的步伐；当逼近最优解时，放慢搜索的步伐，以免错过最优解。第二，针对一般 BP 神经网络的结构问题，引入小生境遗传算法，希望能够通过全局寻优的方式确定最优的 BP 神经网络结构，摆脱受主观影响较大的经验公式。

1. 针对梯度下降搜索算法的优化

（1）误差项的优化

通过研究一般 BP 神经网络的误差项 $E=\frac{1}{2}\sum_{K=1}^{P}(O_K-D_K)^2$，可以发现：其表达式是误差平方的一种变形形式。这种表达形式在权空间上无法满足正定条件，不是凸二次型，误差函数存在多个局部极值。由于 BP 神经网络的梯度下降法是线性的，无法较好地处理多极值空间。因此，我们将其误差函数修改成为满足正定条件的凸二次型形式，从根本上避免误差函数出现多个局部极值的情况。修正后的误差函数见公式（1）。

$$E=\frac{1}{2}\sum_{K=1}^{P}\left[O_K(O_K-D_K)+\frac{1}{2}\lambda(D_K^2-O_K^2)+\frac{1}{2}\left(1-\frac{D_K}{O_K}\right)^2\right] \tag{1}$$

其中，$O_K=(O_1,O_2,\cdots,O_p)$ 为目标向量；D_K 为输出层输出；λ 为调整系数。

（2）自适应的权值和阈值

在一般 BP 神经网络算法中，连接权值和阈值是固定的。这意味着 BP 神经网络的每一次迭代都没有反映当前搜索位置与最优值之间的关系，导致搜索一旦错过最优点就会变慢，甚至不收敛[15]。我们对这个问题进行优化：根据 BP 神经网络层间的误差值，自适应的调整相应的连接权值 v_{jk}、w_{ij} 和阈值 δ_k、θ_j，让它们能够根据误差反映出的“位置距离”信息，动态高效地完成搜索的过程。具体的思路是：如果某次迭代的误差值较大，说明搜索进入了误差函数空间中较为陡峭的区域，当前的搜索位置与最优值之间的距离较远，因此此时可以适当增加连接权值和阈值的值，增大下一次迭代的调整力度，提高搜索的速度；反之，则说明搜索进入到误差函数空间相对平坦的区域，搜索位置已经比较靠近最优值，因此可以适当降低连接权值和阈值的值，降低搜索的速度，让搜索在最优值附近反复进行。鉴于此，我们引入动量因子 α 和学习步长 η 两个参数，让它们根据误差的变化动态自适应地调整连接权值和阈值。即在误差函数空间相对平坦的区域内，适当增加 η 和 α 的值，加快 BP 神经网络在这一区域的寻优速度；而在误差函数空间相对陡峭的区域内，适当减小 η 和 α 的值，降低 BP 神经网络在这一区域的寻优速度，避免震荡加剧，以便于更好的寻找全局最优解。

自适应权值和阈值的计算公式为：

$$v_{jk}(N+1)=v_{jk}(N)+\Delta v_{jk}(N+1) \tag{2}$$

$$\Delta v_{jk}(N+1)=\eta(N)\cdot\Delta v_{jk}(N)-\alpha(N)(1-\eta)\frac{\partial E(N)}{\partial v_{jk}(N)} \tag{3}$$

$$\delta_k(N+1)=\delta_k(N)-\alpha(N)\cdot\frac{\partial E}{\partial\delta_{jk}(N)} \tag{4}$$

$$w_{ij}(N+1)=w_{ij}(N)+\Delta w_{ij}(N+1) \tag{5}$$

$$\Delta w_{ij}(N+1)=\eta(N)\cdot\Delta w_{ij}(N+1)-\alpha(N)(1-\eta)\frac{\partial E(N)}{\partial w_{jk}(N)} \tag{6}$$

$$\theta_j(N+1)=\theta_j(N)-\alpha(N)\cdot\frac{\partial E}{\partial\theta_{ij}(N)} \tag{7}$$

$$k = 1,2,\cdots,p;j = 1,2,\cdots,m;i = 1,2,\cdots,n;0 < \alpha < 1,0 < \eta < 1$$

其中，w_{ij}，v_{jk}，分别为输入层到中间层和中间层至输出层的连接权；θ_j，δ_k，分别为中间层和输出层各单元的输出阈值；α 为动量因子，η 为学习步长。

动量因子和学习步长具体的执行方式为：

设 $0<\alpha<1$；在此区域内设有 $\alpha_0=0.6$，$\alpha_{min}=0.1$，$\alpha_{max}=0.9$

若 $k=0$，1 $$\alpha(0)=\alpha(1)=\alpha_0 \tag{8}$$

若 $k\geqslant 2$

$$a(k) = \left[1 - \frac{E(k) - E(k-1)}{E(k-1)}\right]\alpha(k-1)$$

$$\alpha(k) > \alpha_{max},\{\alpha(k) = \alpha_{max}\} \tag{9}$$

$$\alpha(k) < \alpha_{min},\{\alpha(k) = \alpha_{min}\}$$

2. 针对一般 BP 神经网络结构的优化

在一般 BP 神经网络中，输入和输出层的神经元个数一般由具体的问题决定。但如何确定隐含层的神经元个数却没有相应的理论指导，只能依靠主观的经验和判断，这导致 BP 神经网络的结构具有很大的随机性，其预测结论也存在很大的波动性。这个问题亟须改进。

所谓小生境遗传算法是指将遗传算法的每代染色体划分成若干个“簇”，每个“簇”就是一个小的生态环境。在每个簇中选出若干适应度较大的个体作为这个簇的优秀代表，组成一个种群，再在该种群中进行选择、杂交、变异，产生新一代染色体。这种算法的突出优点是：最大可能地保持了染色体的多样性，避免了算法陷入局部最优，同时提高了算法全局搜索的能力和收敛的速度[14]。由于，小生境的遗传算法具有很强全局概率搜索能力，能够和 BP 神经网络形成很好的互补关系[15]，因此我们将其引入到 BP 神经网络中，其目的是利用小生境遗传算法全局搜索能力强、搜索速度快等特性，精确计算 BP 神经网络隐含层的神经元个数，科学确定 BP 神经网络的结构。

小生境遗传算法的步骤和说明：

（1）遗传算法的编码和初始化：以隐含层的神经元个数作为编码对象，以隐含层神经元个数的最大经验值作为染色体的长度，对其进行二进制编码。染色体中某个基因位如果是 0，则说明该神经元无效或不存在网络连接；如果是 1，则说明该神经元存在，其权值和阈值有效，要赋予初值。举例说明：如果隐含层神经元数目的最大经验值为 15，则按照 15 位初始化染色体。假如其中某一个染色体编码为：110100110110111，意思是第 1、3、4、7、8、10、11、13、14 和 15 基因位存在有效的神经元，即隐含层共有 10 个神经元。设种群数为 m，$m=20$。按种群数随机生成染色体。

（2）适应度函数：染色体的适应度为误差的倒数。

（3）选择：锦标赛 + 轮盘赌的策略。首先选择适应度值最高的两个染色体，不做交叉和变异的操作，直接进入子代；然后，其余染色体根据适应度值的大小，按照轮盘赌机制进行选择。选择概率为 0.8。

（4）交叉和变异：单点随机交叉，交叉概率为 0.95；单点随机变异，变异概率为0.05。

（5）小生境淘汰：在每一代群体中，首先两两比较个体之间的海明距离，即码距。海明距离的公式为：

$$d(x_i, x_j) = \|x_i - x_j\| = \sum^{l} \left| x_{ik} - x_{jk} \right| \tag{10}$$

其中，k 为染色体的基因位，l 为基因串的长度。举例说明：10101 和00110 这两个染色体从第 1 位开始依次有第 1 位、第 4 位、第 5 位不同，则海明距离为 3。当这个距离在预先指定的距离 L 之内，即 $x_i - x_j \leqslant L$，就对其中适应度较低的个体施加一个较强的惩罚函数，让其适应度值变为一个相对小的数，即：

$$F(\min(x_i, x_j)) = penalty \tag{11}$$

这样，距离在 L 之内的两个染色体中，较差的个体经过小生境处理后，适应度会变得更差，在后面的进化过程中被淘汰的概率也会变大。也就是说，在距离 L 之内将只存在一个优良的染色体。这样不仅维护了群体的多样性，还可以使得各染色体之间保持一定的距离，能够在整个解空间中分散开来。保证了染色体结构的多样性，也即保证了避免陷入局部最优。另外，如果两个染色体完全相同，则选择任意的一个进行惩罚，这样可以减少染色体的重码率。设：$L=2$，$penalty=0.7$。

3. AWNG－BP 预测算法的流程图

AWNG－BP 预测算法的流程图如图 1 所示。

四、基于 AWNG－BP 预测模型的训练及预测

设 AWNG－BP 预测模型为三层结构，第一层为输入层，第二层为隐含层，第三层为输出层。其搜索算法共有内外两层循环，内层循环是小生境遗传算法的迭代过程，其目的是确定最优的隐含层神经元个数，即确定最优的神经网络的结构；外层循环是误差逐步收敛的迭代过程，其目的是找到全局最优值，完成预测模型的训练或预测任务。

（一）基于 AWNG－BP 的训练模型设计

1. AWNG－BP 训练模型的结构

（1）网络层数：输入层—隐含层—输出层。

（2）层间神经元个数：设训练模型的输入层有 6 个神经元，输出层为 1 个神经元。隐含层神经元个数由实验最终确定。训练模型输入数据的维度结构见表 3 所示（表 3 中的数字表示其对应值是当年冷链食品消耗总量）。

表 3　训练模型的输入数据的维度结构

样本	输入样本数据						目标输出数据
1	2004	2005	2006	2007	2008	2009	2010
2	2005	2006	2007	2008	2009	2010	2011
3	2006	2007	2008	2009	2010	2011	2012
4	2007	2008	2009	2010	2011	2012	2013

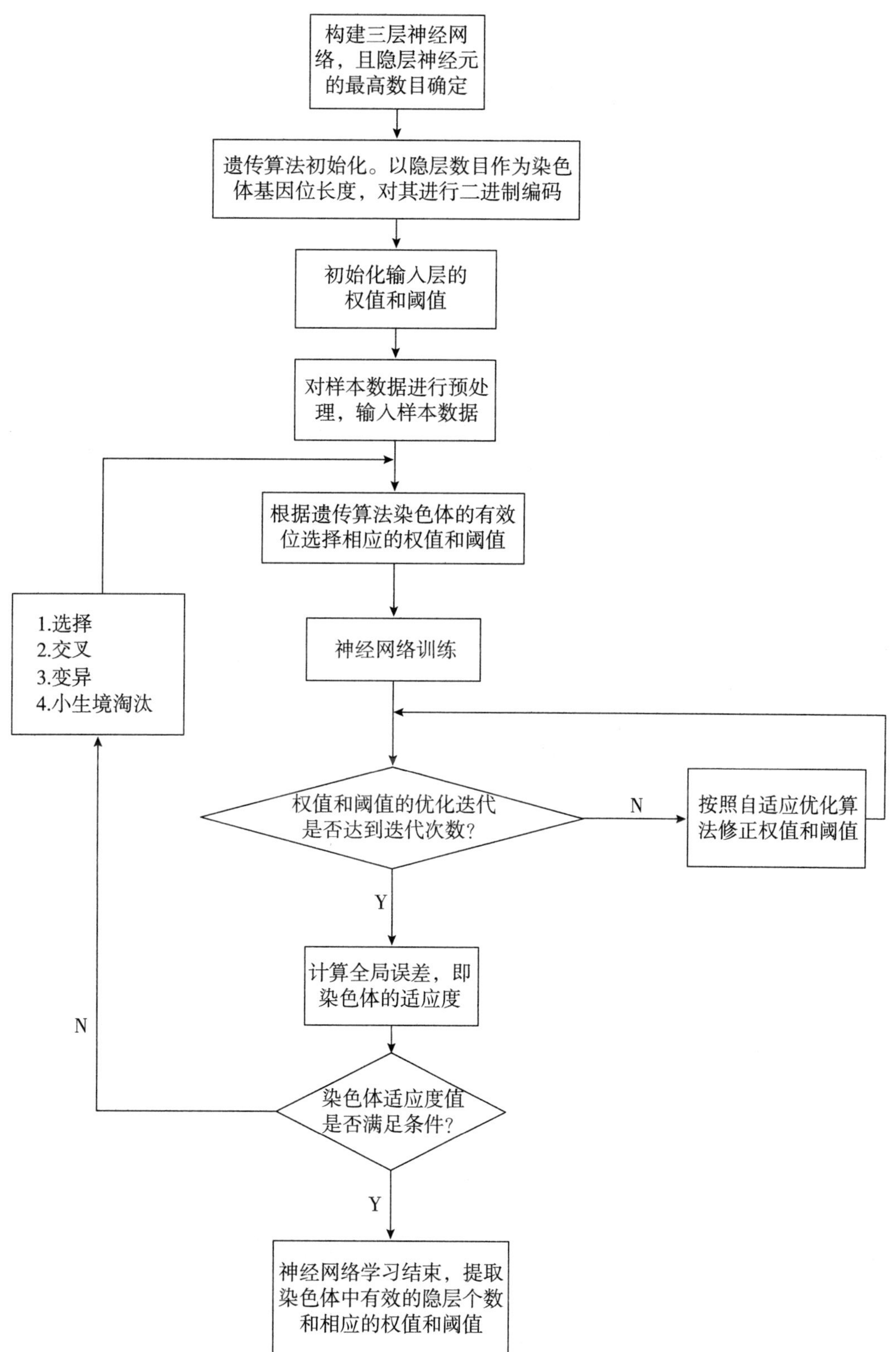

图 1　AWNG－BP 预测模型搜索算法的流程图

2. 数据的处理

将表 2 的数据作为训练模型的样本。为了客观反映样本数据对输出结果的影响，要对输入和输出数据进行归一化处理。同时，为了加快误差的向后传递，避开 Sigmoid 函数两顶端的极值空间，还需要对归一化后的输入数据进行修正处理。预处理后的输入数据见表 4 所示。

（1）数据归一化处理：

$$x^1 = \frac{x - x_{min}}{x_{max} - x_{min}} \tag{12}$$

（2）数据的修正处理：

$$x^2 = 1 - \frac{1}{e^{\left[0.1625 + \frac{(1.8971 - 0.1625)(x^1 - x_{min})}{x_{max} - x_{min}}\right]}} \tag{13}$$

表 4　　湖北省城镇冷链食品消耗总量预处理后的数据

	2004	2005	2006	2007	2008	2009	2010	2011	2012	2013
消耗总量	0.1570	0.1500	0.2517	0.3537	0.3729	0.6147	0.7033	0.7738	0.8211	0.8500

（3）数据后处理，即反归一化处理：

$$\bar{y} = \frac{(\bar{y}_{max} - \bar{y}_{min})}{1.8971 - 0.1625}\left[\ln\left(\frac{1}{1-y}\right) - 0.1625\right] + \bar{y}_{min} \tag{14}$$

3. 参数设定

（1）传递函数：Sigmoid 函数；

（2）权值和阈值：初始权值和阈值由随机函数产生；

（3）期望误差：见公式（1）；

（4）学习步长率和动量因子：设学习步长 η 的初值在（0.01－0.6）之间随机产生，η_{max}为 0.6；动量因子的初值在［0－1］之间产生，α_{max}为 1。

（二）训练过程及训练结果

1. 训练过程

AWNG－BP 训练模型的搜索算法由内外两层构成。设其内循环分别为 100 次、200 次和 300 次；外循环分别为 100 次和 200 次。对内外循环的次数进行逐一组合，共形成六组针对 AWNG－BP 预测模型的训练。其训练结果如图 2 ~ 图 7 所示。

2. 训练结果

从训练的结果看，无论内外循环取何值，训练模型最终均能稳定收敛。从误差和收敛速度的平均值看，当内循环为 100 次，外循环为 100 次时，训练模型的误差较小，收敛速度最快。因此取该训练结果所对应的隐含层神经元个数为 10 的训练模型作为基于 AWNG－BP 的湖北省城镇冷链食品系统需求规模的预测模型。

（三）预测过程及预测结果

用已经训练好的 AWNG－BP 预测模型对湖北省城镇冷链食品系统的需求规模进行预测，将 2004—2013 年湖北省城镇冷链食品的总消耗量作为 AWNG－BP 预测模型的输入，输入的维度建构见表 3 所示，输出为 2014—2018 年的湖北省城镇冷链食品消耗总量的预测值。其预测结果的拟合结果如图 8 所示，误差结果如图 9 所示，预测数据见表 5 所示。

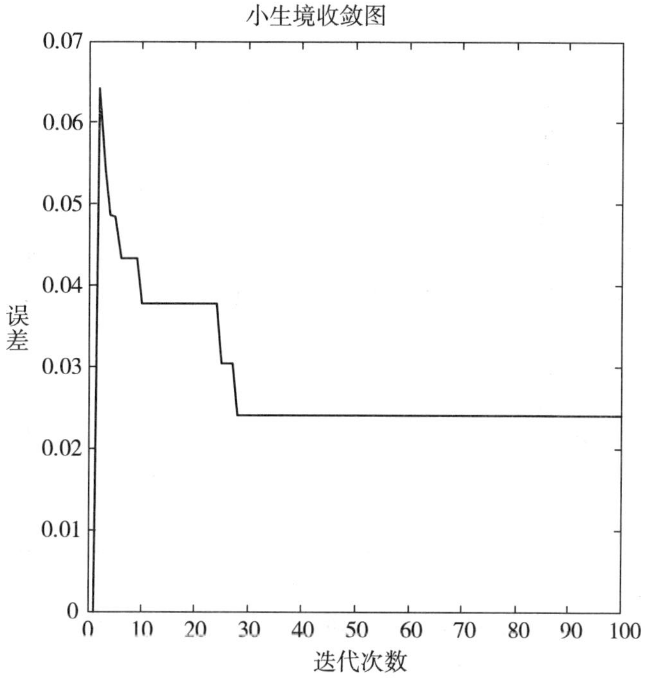

图 2　内外循环分别为 100 次、100 次时的训练情况

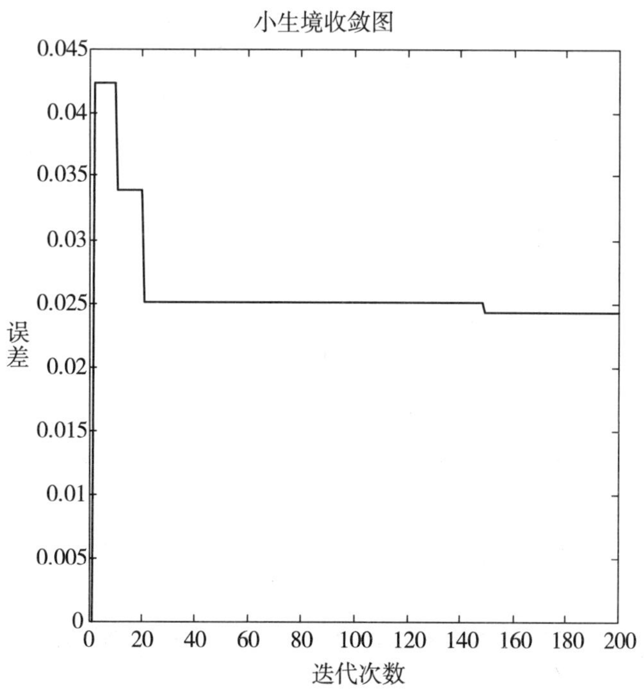

图 3　内外循环分别为 100 次、200 次时的训练情况

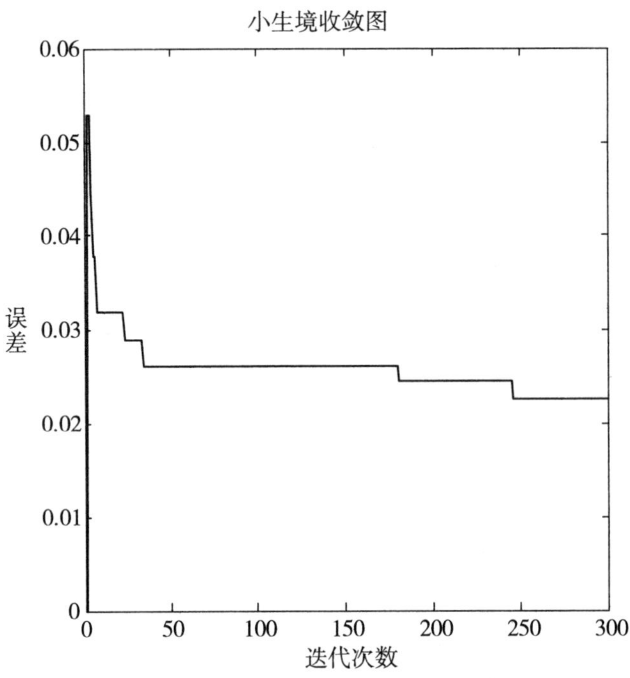

图 4　内外循环分别为 200 次、100 次时的训练情况

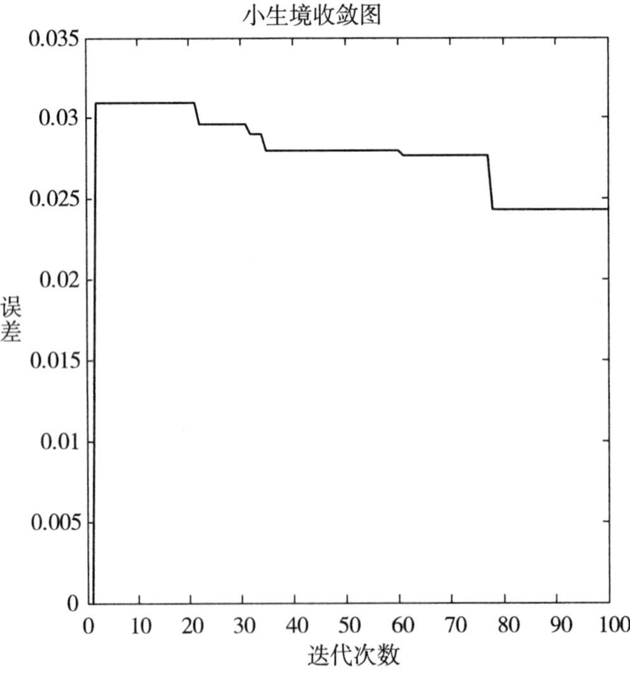

图 5　内外循环分别为 200 次、200 次时的训练情况

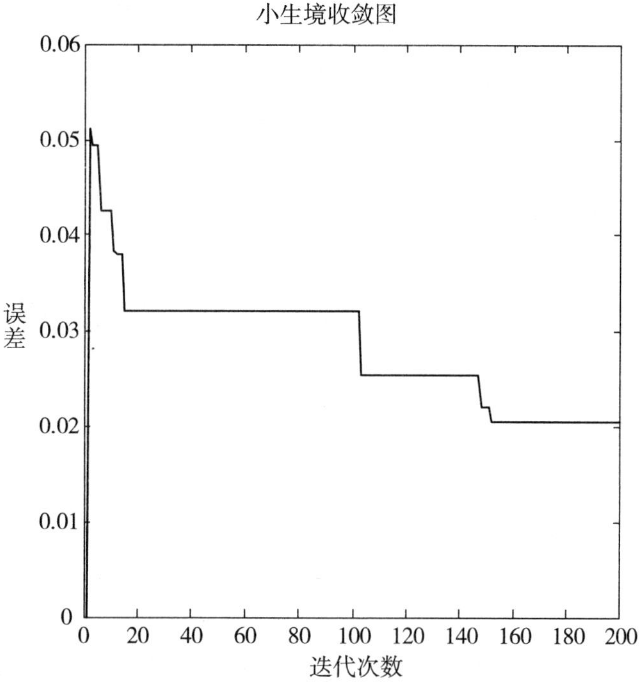

图 6　内外循环分别为 300 次、100 次时的训练情况

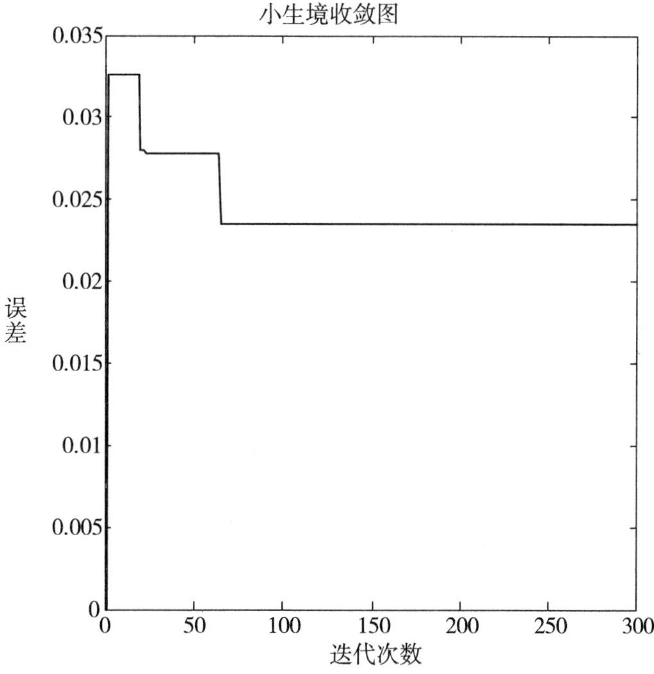

图 7　内外循环分别为 300 次、200 次时的训练情况

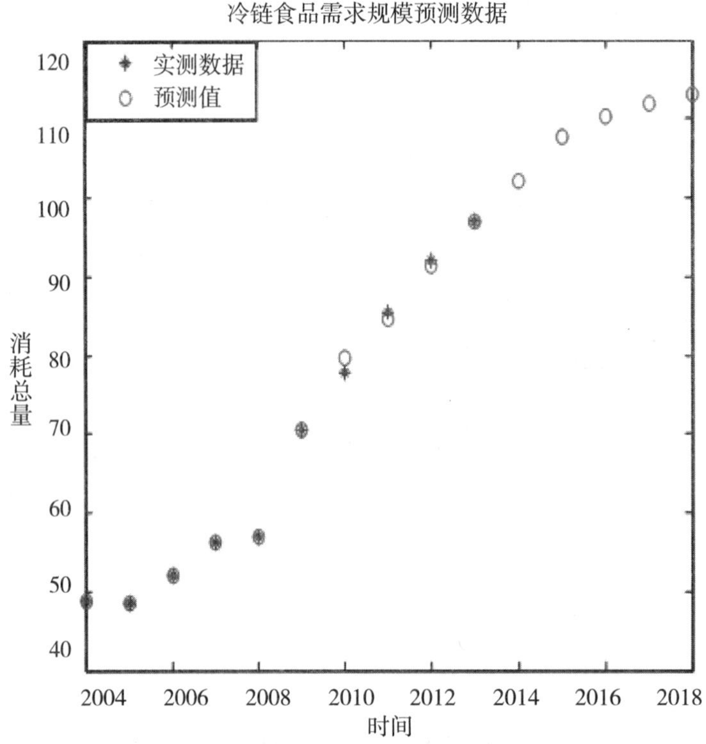

图 8　AWNG－BP 预测模型预测结果的拟合图

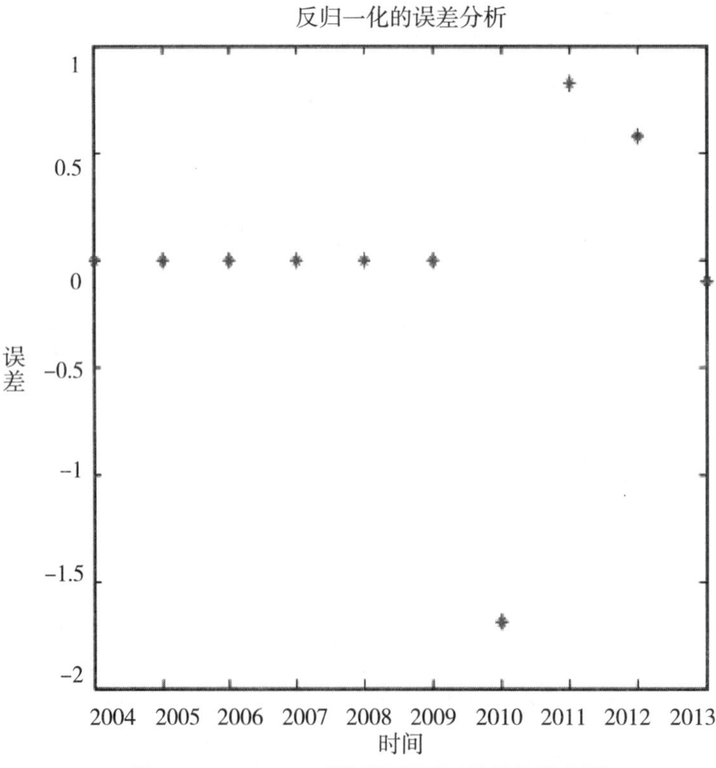

图 9　AWNG－BP 预测模型预测结果的误差图

表 5　　**AWNG－BP 预测模型的预测数据**

年份	2014	2015	2016	2017	2018
预测值	0. 8762	0. 8982	0. 9072	0. 9124	0. 9161
反归一化值	102. 2181	107. 6605	110. 2522	111. 8351	113. 0525

五、分析及讨论

(一) 预测模型的性能对比与分析

1. 三次指数平滑预测法

由于冷链食品系统需求规模的统计数据是典型的时间轴数据，具有连续时间上的信息价值，因此实践中常用时间序列预测法对其进行预测。为了验证 AWNG－BP 预测模型的各项性能，我们首先利用基于时间序列的三次指数平滑法，在相同的样本数据下，对湖北省城镇冷链食品系统未来的需求规模进行预测，然后将三次指数平滑预测法与 AWNG－BP 预测模型的计算结果进行了对比。其中，三次指数平滑法的参数估计过程见表 6 所示，最终的预测公式为公式（15），预测结果的拟合和误差结果如图 10 所示，预测数据见表 7 所示，预测结果的绝对误差和相对误差如图 11 所示。

表 6　　**三次指数平滑预测模型的参数估计（$\alpha=0.6$）**

观测期	y_t	$S_t^{(1)}$	$S_t^{(2)}$	$S_t^{(3)}$	a_t	b_t	c_t	$\hat{y}_{t+T}$
1	48. 79	48. 79	48. 79	48. 79	48. 79	0	0	48. 79
2	48. 56	48. 652	48. 707	48. 740	48. 575	－0. 104	－0. 025	48. 446
3	52. 11	50. 727	49. 919	49. 448	51. 871	1. 560	0. 378	53. 809
4	56. 19	54. 005	52. 370	51. 201	56. 104	2. 622	0. 523	59. 250
5	57. 03	55. 820	54. 440	53. 145	57. 284	1. 450	0. 095	58. 829
6	70. 60	64. 688	60. 589	57. 611	69. 909	6. 465	1. 262	77. 635
7	77. 87	72. 597	67. 794	63. 721	78. 131	6. 130	0. 822	85. 083
8	85. 43	80. 297	75. 296	70. 666	85. 669	5. 420	0. 418	91. 507
9	91. 96	87. 295	82. 495	77. 763	92. 162	4. 488	0. 076	96. 726
10	96. 87	93. 040	88. 822	84. 399	97. 052	3. 287	－0. 231	100. 108

根据表 6 的结果，得到基于三次指数平滑法的预测模型为：

$$F(T) = 97.052 + 3.287T - 0.231T^2 \tag{15}$$

表 7　　**基于三次平滑预测模型的 2014—2018 年湖北省城镇冷链食品系统需求规模预测结果**

年份	2014	2015	2016	2017	2018
预测数据	98. 472	102. 702	104. 833	106. 502	107. 709

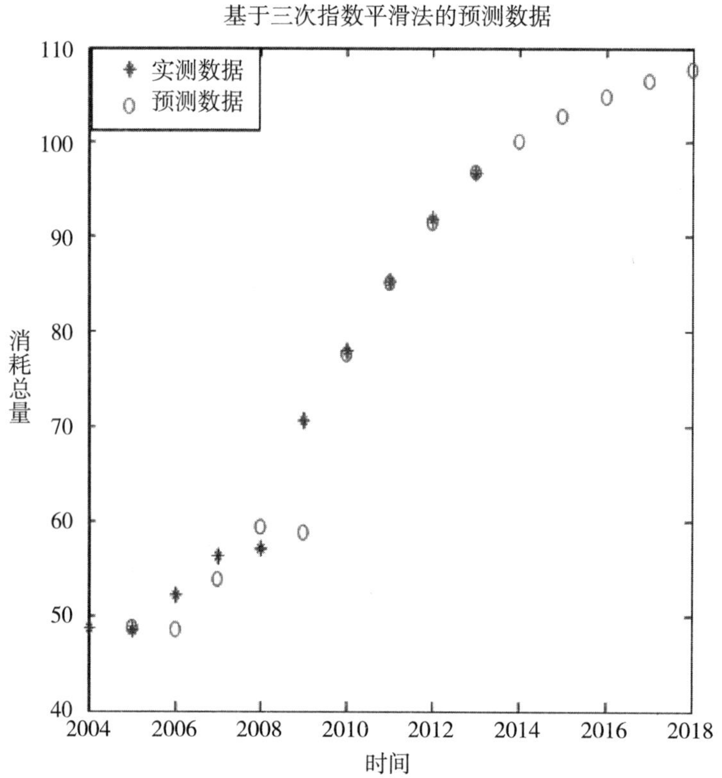

图 10　基于三次平滑预测模型的湖北省冷链食品系统规模预测的拟合与预测图

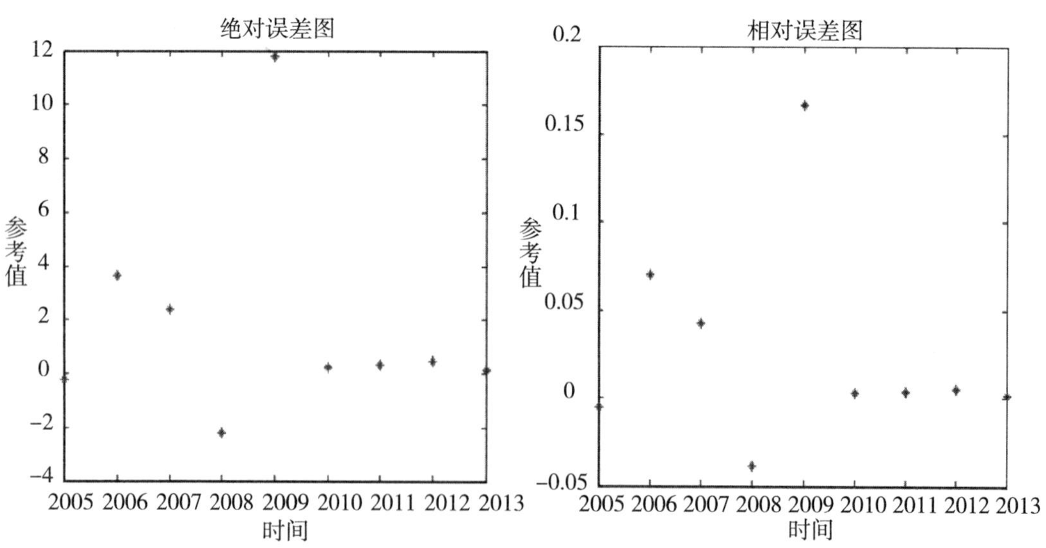

图 11　基于三次平滑预测模型的湖北省城镇冷链食品系统需求规模预测的绝对和相对误差图

2. 预测算法的分析与比较

从三次指数平滑预测模型和 AWNG – BP 预测模型的各项性能指标的计算结果来看，这两种预测模型均能完成预测工作，其各项检验指标都在能够被接受的范围内。

但相较之下，三次指数平滑预测模型的各项性能指标值都是最差的；而与之相比，AWNG－BP 预测模型在每项性能指标值上均有 1 －4 个数量级的提升，优势明显。从 AWNG－BP 预测模型的各项性能指标值可以看出，AWNG－BP 预测模型对真实值的逼近程度近乎完美，预测精度非常高，且模型偏差很小，几乎可以忽略不计。具体数据见表 8 所示。

表 8　　三次指数平滑预测模式和 AWNG－BP 预测模型的性能比较

	MSE	*CD*	*MD*	*MAPE*
三次指数平滑预测模型	20.7939	0.9985	－1.8384	0.037397
AWNG－BP 预测模型	0.0019	0.9999	－7e－4	0.002844

（二）讨论

（1）BP 神经网络具有极强的非线性逼近能力，是目前对复杂非线性系统进行预测的主流方法。但由于其方法本身存在一些天然的缺陷，直接使用的效果不佳，因此本项目做了两项有针对性的优化措施：第一，针对 BP 神经网络容易陷入局部最优和收敛过慢的问题，优化了误差函数并引入了动态自适应的权值和阈值；第二，针对 BP 神经网络结构不易确定的问题，引入了全局寻优的小生境遗传算法对其进行优化。实验数据表明，这几项优化措施能够非常显著的提高 AWNG－BP 预测模型的预测精度和鲁棒性，非常适合对大型复杂的非线性系统进行预测。

（2）通过历史统计和预测数据可以看出，在未来几年内，湖北省城镇冷链食品总体需求规模向上发展的空间已经非常有限。冷链食品规模增长最快的时期是在 2004—2011 年。在此期间，其规模增长大致在 5%～7%，最高时曾超过 10%；但 2013 年后，冷链食品的需求规模会逐渐萎缩，预测到 2018 年，这个增长速度会下降到 1% 左右，远低于国内生产总值。因此，湖北省冷链食品系统的建设应该以现阶段的供需缺口为准，不能再继续扩大，否则会导致建设和投资的浪费。目前，社会对冷链食品表现出极大的需求，市场出现了供不应求的情况。其根本原因并不是人们对冷链食品的需求总量增加了，而是由于那些原本需要被冷链处理的食品并没有经过冷链处理，从而导致冷链食品的短缺。

（3）以上所有研究都是以湖北省城镇冷链食品系统为研究对象，其分析和结论都只能反映湖北省城镇冷链食品系统的总体情况。但是湖北省地域辽阔，各地经济发展水平各异，冷链食品资源分布不均匀，且食品供应链模式也不尽相同，因此在制定冷链食品产业的相关政策时，还是应该具体情况具体分析，做到有针对性、有目的性和有指导性。

参考文献

［1］GREG TKACZ. Nerual Network Forecasting of Canadian GDP Growth［J］. International Journal of Forecasting，2011，7（1）：57－69.

［2］BAHRAM ADRANGI, ARUN CHATRATH, KAMBIZ RAFFIEE. The demand for US air Transport service：a chaos and nonlinearity investigation ［J］. Transportation Research Part E：Logistics and Transportation Review, 2001, 37 (5)：337 -353.

［3］徐宇亮，陈西宏，马超，等．基于近似熵测度的变权组合预测方法［J］．控制与决策，2013，28 (1)：115 -119.

［4］RODRIGUES BRUNO DORE, STEVENSON MAXWELL J. Takeover prediction using forecast combinations ［J］. International Journal of Forecasting, 2013, 29 (4)：628 -641.

［5］张敬磊，王晓原．交通流灰色 RBF 网络非线性组合预测方法［J］．数学的实践与认识，2011 (19)：1 -7.

［6］SINGH AMIT KUMAR, TYAGI BARJEEV, KUMAR, et al. Application of Feed Forward and Recurrent Neural Network Topologies for the Modeling and Identification of Binary Distillation Column ［J］. IETE Journal of Research, 2013, 59 (2)：167 -175.

［7］商志根，严洪森．基于概率支持向量回归的产品设计时间预测模型［J］．计算机应用研究，2013，30 (04)：1099 -1101.

［8］黄虎．基于支持向量回归机的区域物流需求预测模型及其应用［J］．计算机应用研究，2008，25 (9)：2738 -2740.

［9］耿立艳，赵鹏，张占福．基于二阶振荡微粒群最小二乘支持向量机的物流需求预测［J］．计算机应用研究，2012，29 (7)：2558 -2560.

［10］KAO CHIH - HONG, HSU CHUN - FEI, DON HON - SON. Design of an adaptive self - organizing fuzzy neural network controller for uncertain nonlinear chaotic systems ［J］. Neural Computing & Applications, 2012, 21 (6)：1243 -1253.

［11］LOGHMANIAN SAYED, JAMALUDDIN HISHAMUDDIN, AHMAD ROBIAH, et al. Structure optimization of neural network for dynamic system modeling using multi - objective genetic algorithm ［J］. Neural Computing & Applications, 2012, 21 (6)：1281 -1295.

［12］郭伟．基于互信息的 RBF 神经网络结构优化设计［J］．计算机科学，2013，40 (6)：252 -255.

［13］JUN ZHENG, YU - AN TAN, XUE - LAN ZHANG, et al. An improved dynamic structure - based neural networks determination approaches to simulation optimization problems ［J］. Neural Computing & Applications, 2010, 19 (6)：883 -901.

［14］华洁，崔杜武．基于个体优化的自适应小生境遗传算法［J］．计算机工程，2010，36 (1)：194 -196.

［15］乔佩利，郑林，马丽丽．一种小生境遗传算法研究［J］．哈尔滨理工大学学报，2011，16 (1)：90 -93.

物流管理

新型城镇化背景下城乡物流一体化发展研究*

——以安徽省为例

王晓艳　杨学春

摘　要： 城乡物流一体化需要城市物流与农村物流相互渗透、相互融合、协调发展。文章构建了新型城镇化背景下城乡物流一体化发展水平评价指标体系，运用主成分分析法对安徽省城市物流和农村物流协调发展程度进行测度，在此基础上，提出了城乡物流一体化发展的对策建议。结果表明：安徽省城乡物流一体化发展整体呈逐年上升趋势，但一体化建设的力度依然不够，整体水平有待提高；农村龙头企业数、物流人才培养数、物流基础设施投资额、公路网密度、邮电业总量和水路网密度等指标对城乡物流一体化发展水平作用显著。

关键词： 新型城镇化　城乡物流一体化　主成分分析法　城市物流　农村物流

一、引言

新型城镇化是一个全新的中国式命题，其目标是实现城乡一体化，走集约型、可持续的发展道路。物流是连接城市和乡村的重要枢纽。城乡物流一体化就是要打破城市物流和农村物流的隔阂，实现城乡物流效益最大化。当前我国物流业的发展，呈现着城市物流发展较好，农村物流发展薄弱，城乡物流分离、分隔的显著“二元”形态[1]，这已经成为制约城乡一体化发展的瓶颈。

早在 19 世纪城乡一体化思想就已经存在。鲍泰罗最早开始对农业生产和城市发展的关系开展研究。霍华德于 1898 年提出了“田园城市理论”，即用城乡一体的新社会结构来替代城乡分离的旧社会结构形态[2]。麦基提出了一个新的概念“desakota”，即城乡之间呈现出农业活动和非农业活动并存并趋向于城乡融合的新的地域组织结构[3]。

国外发达国家城镇化进程中，城乡物流一体化程度已比较高。国外学者对物流一体化的研究主要集中在区域物流一体化和物流供应链一体化上。Becky P. Y. Loo（1999）通过对中国珠三角地区物流一体化的研究，认为影响区域物流一体化发展的关

* 基金项目：合肥学院科研发展基金重点项目“绿色低碳经济下城乡物流一体化发展研究——以安徽省为例”（14KY07ZD）；安徽省哲学社会科学规划项目（AHSKQ2014D98）；教育部高等学校物流管理与工程类专业教指委课题（JZW2015019）；安徽省质量工程教学研究项目（2014jyxm326）。

作者简介：王晓艳（1970—），女，安徽泗县人，合肥学院管理系教授，研究方向：物流与供应链管理；杨学春（1972—），男，合肥学院管理系主任，教授，博导，研究方向：物流工程。

键因素是区域内物流运输基础设施[4]。Ursula Y. Alvarado（2001）等阐述了物流一体化的重要性，认为物流一体化能实现供应链管理的最大效度[5]。

随着城乡一体化建设的推进，国内学者对城乡物流一体化的研究已经起步，并取得了一定的研究成果。丁俊发（2011）提出城乡经济一体化下物流体系的核心是物品的双向流动，关键在于培育物流运作主体[6]。周凌云等（2012）运用物流系统工程理论分析了新形势下推进城乡物流一体化发展的战略意义，从组织领导和监管、物流设施对接、物流渠道畅通、流通资源整合、流通主体培育等方面提出应对措施[7]。卢美丽（2012）给出了城乡物流一体化构建体系框架，认为体系的构建主要包括内容建设、网络建设和基础建设[8]。钟铃（2012）从城乡物流体系硬件资源建设和城乡物流体系软件资源建设两个方面构建了城乡物流一体化体系[9]。刘彩霞（2012）从物流平台、物流规模、需求状况、实现能力、效益指标和政策支持六个方面构建了区域物流发展水平指标体系[10]。李国旗（2013）从内部动力、外部动力及中间融合力三个层面分析了区域物流一体化的动力作用机制[11]。

上述研究主要集中在对城乡物流一体化建设的意义和策略、城乡物流一体化体系的构建以及区域物流一体化、物流供应链一体化等方面，对于城乡物流一体化发展水平定量评价的研究尚显不足。安徽省是国家首批试点新型城镇化建设的两个省份之一，安徽省又是典型的农业大省，农业人口众多，城乡物流“二元”形态更加凸显。因此，本文以安徽省为例，构建城乡物流一体化发展水平的评价指标体系和评价模型，并结合定量分析结果，给出新型城镇化背景下城乡物流一体化发展的对策建议。

二、城乡物流一体化发展水平评价指标体系的构建

城乡物流一体化需要城市物流与农村物流相互渗透、相互融合、协调发展。城乡物流一体化评价是对城市物流和农村物流融合程度的综合性评价。

卢美丽从物流规划一体化、网络建设一体化、基础设施一体化和发展第三方物流四个方面建立了城乡物流一体化评价指标体系[8]。充分借鉴已有的成果，结合城乡物流发展现状，并基于数据的科学性、系统性、简明性和可操作性等原则，建立评价城乡物流一体化发展水平的指标体系，如表 1 所示。该体系包括五个一级指标和二十个二级指标。五个一级指标分别是：城乡物流发展环境、城乡物流基础设施建设水平、城乡经济发展水平、城乡物流信息化水平、城乡物流组织规模。

三、城乡物流一体化发展现状分析

（一）城乡物流基础设施建设现状

由于地貌所限，在物流运输基础设施建设方面，安徽省以公路为主，水路、铁路辅之。目前，安徽省现代物流业的综合运输体系已经基本建成。至 2014 年年底，安徽省公路总里程为 17.4 万公里，路网密度达到 125.09 公里/百平方公里；铁路总里程为 3586 公里，路网密度为 2.57 公里/百平方公里；水路总里程为 6525 公里，路网密度为 4.67 公里/百平方公里。随着“村村通”工程进一步完善，2013 年村道在路网结构中的比重增加到 57%，2014 年实现了所有乡镇通沥青（水泥）路，行政村通公路率为

99.99%，班车通达率为98.65%。

表1　城乡物流一体化发展水平评价指标

目标	一级指标	二级指标
城乡物流一体化水平评价指标体系	城乡物流发展环境	物流一体化发展规划数
		物流业从业人数
		物流人才培养数
	城乡物流基础设施建设水平	物流基础设施投资额
		公路网密度
		铁路网密度
		水路网密度
		城乡物流园区数
		农资配送中心数
	城乡经济发展水平	GDP增长率
		人均GDP
		人均可支配收入
		货运周转量
	城乡物流信息化水平	固定电话普及率
		国际互联网用户
		邮电业务总量
	城乡物流组织规模	供销社数
		农民专业合作组织数
		农村龙头企业数
		物流企业数

近十年，安徽省不断加大对交通基础设施建设投资，2014年，安徽省交通基础设施建设总投资730亿元，年均投资增长率27%。其中，高速公路投资218.42亿元，国省干线公路投资365.71亿元，农村公路投资76.52亿元，水运投资55.86亿元，运输站场投资12.05亿元，民航机场投资1.44亿元。

（二）城乡物流信息化建设现状

随着信息化的逐步深入，电话和网络在安徽城乡的普及率均较高，2014年年末每百人拥有电话（含移动）83.8部，基础电信运营企业计算机互联网宽带接入用户725.4万户，全年邮电业务总量630.1亿元，比上年增长18%。可以说安徽省城乡物流信息化建设基本到位，但在农村等偏远地区仍有较大的补足和提升空间。为充分整合全省物流信息资源，促进安徽省物流业又好又快发展，安徽省物流与采购联合会于2008年筹建了“安徽物流公共信息平台”，目前该平台上有会员单位200多家，平台运营情况良好。条码、智能标签、无线射频识别、电子数据交换、全球定位系统等信息技术在安徽省内物流企业中应用广泛，物流信息技术在企业物流设施设备中也发挥了重要作用。

（三）城乡物流标准化建设现状

目前，我国已颁布了近千个物流或与物流有关的标准。由于安徽省物流业起步较晚，物流标准工作相对滞后。近几年，为加快物流标准化建设，安徽省积极参与了国家物流标准化项目《现代物流关键技术标准研究》的制定，并开展了8项省地方物流标准的制定和实施工作。目前安徽省物流标准化建设工作还有不少问题需要解决，如有些物流标准尚未建立、物流标准化未能得到广泛应用、物流设施设备缺乏统一规范、物流信息标准化落后、物流标准之间缺乏统一等，物流标准化工作任重道远[12]。

（四）农城乡物流组织建设现状

安徽省农村物流组织建设起步晚，目前，在安徽乡村，工业品下乡和农产品进城的物流主要以生产者自行解决和个体分散经营为主，规模小、专业化程度低。随着“十二五”的不断深化和各级政府对农村物流问题的高度重视，安徽省农村物流组织建设也有了显然的进步。2013年年末，安徽供销社的数量1939个，新型农民专业合作组织31869个，农村龙头企业3718家，农资配送中心43287个。

（五）城乡物流发展环境现状

安徽省政府高度重视城乡物流一体化建设，自2008年起先后出台了《安徽省现代物流业发展规划》《现代物流业发展实施方案》等30余项文件，在政策上对物流业的发展予以大力支持。2014年安徽省物流从业人数180多万人，每年培养的本科以上的物流人才约1500人，这为安徽省物流业提供了良好的发展环境，有力地支撑了物流城乡一体化发展。

（六）城乡经济发展水平

自2000年以来，安徽省GDP持续攀升，除2014年外其他年份GDP增长率均在10%以上，2014年为9.2%，但是城乡收入差距并没有随着经济实力的不断提高而得到缓解。统计数据显示，安徽城乡人均收入总体处于增长趋势，但是城镇人均收入依然保持高于农村人均收入三倍，农村人口的收入与城镇人口的收入差距在绝对值上一直处于稳步拉大的趋势。

四、城乡物流一体化发展水平评价与分析

（一）发展水平评价

利用指标体系，采用因子分析法计算安徽省城乡物流一体化发展水平。通过《安徽省统计年鉴》（2007—2013）、相关网站及调研获取相关指标数据，运用SPSS20.0软件对数据进行处理，得出主成分提取结果（见表2）、旋转载荷矩阵（见表3）和系数矩阵（见表4）。

可以看出前三个成分特征值均大于1，且前三个成分的累计贡献率达到94.499%，故可以选择前三个公共因子来表现问题，令其分别为F1、F2、F3。

表2 安徽省城乡物流一体化发展水平指标的主成分提取结果

成分	初始特征值			提取平方和载入		
	特征值	方差的百分比（%）	累积百分比（%）	特征值	方差的百分比（%）	累积贡献（%）
1	15. 291	76. 454	76. 454	15. 291	76. 454	76. 454
2	2. 153	10. 765	87. 219	2. 153	10. 765	87. 219
3	1. 456	7. 280	94. 499	1. 456	7. 280	94. 499
4	0. 630	3. 149	97. 647			
5	0. 312	1. 561	99. 208			
6	0. 158	0. 792	100. 000			

表3 安徽省城乡物流一体化发展水平指标的旋转载荷矩阵[a]

指标	成分		
	1	2	3
农村龙头企业数	0. 979	0. 198	0. 015
物流人才培养数	0. 974	0. 091	0. 080
移动电话拥有量	0. 824	0. 506	0. 248
人均可支配收入	0. 824	0. 506	0. 248
农资配送中心数	0. 814	0. 556	0. 020
货物周转量	0. 808	0. 549	0. 061
人均 GDP	0. 769	0. 571	0. 280
固定电话普及率	0. 760	0. 644	0. 017
物流一体化发展规划数	0. 749	0. 294	0. 431
供销社数	0. 725	0. 639	0. 242
铁路网密度	0. 701	0. 670	0. 054
农民专业合作组织数	0. 689	0. 668	0. 251
物流园区数	0. 685	0. 658	0. 296
国际互联网用户	0. 674	0. 644	0. 346
物流业从业人数	0. 515	0. 505	0. 051
GDP 增长率	-0. 206	-0. 940	0. 195
物流基础设施投资额	0. 326	0. 912	0. 125

续　表

指标	成分		
	1	2	3
公路网密度	0.361	0.879	0.142
水路网密度	−0.030	0.308	0.928
邮电业总量	−0.347	0.341	0.860

提取方法：主成分。
旋转法：具有 Kaiser 标准化的正交旋转法。

a. 旋转在 6 次迭代后收敛。

表 4　　安徽省城乡物流一体化发展水平指标的系数矩阵

指标	成分		
	F1	F2	F3
物流基础设施投资额	−0.145	0.251	0.038
公路网密度	−0.128	0.231	0.042
铁路网密度	0.043	0.068	−0.059
水路网密度	−0.222	0.137	0.513
固定电话普及率	0.073	0.043	−0.088
邮电业总量	−0.069	0.193	−0.409
人均 GDP	0.056	0.019	0.051
GDP 增长率	0.143	−0.285	0.117
物流人才培养数	0.270	−0.210	−0.097
物流园区数	0.006	0.072	0.074
农资配送中心数	0.112	−0.002	−0.097
农村龙头企业数	0.254	−0.173	−0.130
物流一体化发展规划数	0.098	−0.073	0.130
货物周转量	0.106	−0.003	−0.074
国际互联网用户	−0.002	0.071	0.102
供销社数	0.031	0.054	0.038
农民专业合作组织数	0.011	0.074	0.049

续 表

指标	成分		
	F1	F2	F3
物流业从业人数	0.027	0.055	-0.038
移动电话拥有量	0.095	-0.019	0.025
人均可支配收入	0.095	-0.019	0.025

提取方法：主成分。
旋转法：具有 Kaiser 标准化的正交旋转法。

F1、F2 和 F3 主成分的表达式是其特征向量和对应数据无量纲化的乘积。F 是各个主成分的综合值，其值越高说明城乡物流一体化发展程度越高。F 是由每个主成分所对应的特征值占所有主成分特征值之和的比例作为权重的主成分综合模型，F 的计算公式为：

$$F = \frac{l_1}{l_1 + l_2 + l_3}F1 + \frac{l_2}{l_1 + l_2 + l_3}F2 + \frac{l_3}{l_1 + l_2 l_+ l_3}F3 \tag{1}$$

其中，l_1、l_2、l_3 为 F1、F2 和 F3 各个主成分所对应的特征值。

将无量纲化后的数据代入公式（1）中，得到了各个主成分排名和综合值排名，如表 5 所示。

表 5　安徽省城乡物流一体化发展水平各个主成分的排名和综合值的排名

年份	F1	排名	F2	排名	F3	排名	总得分 F	排名
2007	-1.33092	7	0.08355	4	-1.28115	7	-1.16595	7
2008	-0.83013	6	-0.47371	5	-0.5295	5	-0.766368	6
2009	-0.55953	5	-1.26589	7	1.70747	1	-0.46535	5
2010	-0.08948	4	1.34327	1	0.68148	2	0.133127	4
2011	0.44246	3	1.01105	2	0.30555	3	0.496685	3
2012	0.85221	2	0.39106	3	-0.11448	4	0.725206	2
2013	1.5154	1	-1.08932	6	-0.76938	6	1.04266	1

（二）评价结果分析

表 5 给出了安徽省 2007 年到 2013 年城乡物流一体化发展水平各年份的主成分得分和每年的综合得分及排名。为了更加清晰地显示出安徽省城乡物流一体化建设发展趋势，便于各个年份的纵向比较，画出了各个主成分的趋势图，如图 1 所示。

从图 1 中可知，2007—2013 年城乡物流一体化水平的综合值 F 在逐年增长，但增长速度缓慢，说明安徽省城乡物流一体化建设的力度依然不够，整体水平有待提高。由旋转载荷矩阵可知，农村龙头企业数、物流人才培养数等指标与第一主成分 F1 的相

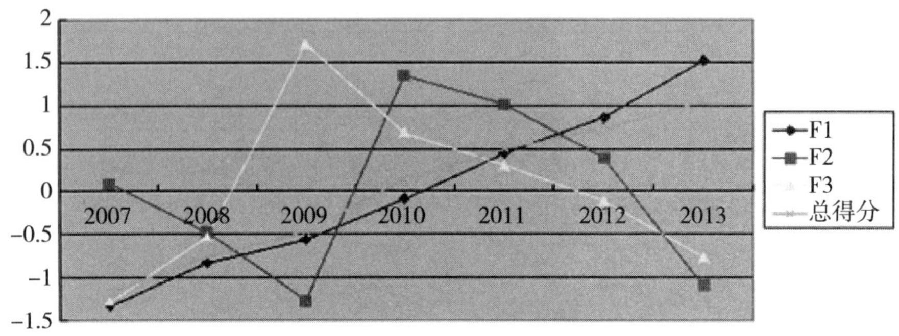

图1　安徽省城乡物流一体化发展水平趋势

关系数达到了0.90以上，而且第一主成分F1一直保持增长，但增长速度不快，说明安徽省对农村物流企业的发展和农村物流人才培养的重视程度还不够。随着城乡物流一体化建设的不断推进，农村龙头物流企业和物流人才将是农村物流最重要的资源。与第二主成分F2最相关的是物流基础设施投资额和公路网密度，F2在2009—2010年出现了较大的波动，2009年指标探底，2010年达到最高峰，然后一路下滑，表明安徽这几年在这方面的投资力度还是不够。与第三主成分F3相关的主要是邮电业总量和水路网密度，F3在2009年达到了最高峰，说明安徽省应加强物流信息化建设和水路网络建设，保护好水路运输资源，发展水路运输业。

五、城乡物流一体化发展的对策建议

（一）着力培养组织化、规模化发展的农村龙头企业

由第一主成分F1分析可知，农村龙头企业的数量与其相关系数达到了0.979，由此可见，农村龙头企业数在城乡物流一体化发展中起到非常重要的作用。当前中国农村的现状主要是以农户分散经营为主，规模化程度较低，这在一定程度上已经成为城乡物流一体化发展的组织障碍。因此，着力培育和扶持一批优质农产品生产和流通企业尤为重要。

对农户家庭经营的改造提升，应同加快农业生产经营组织创新更为紧密地结合起来[13]。可以通过提高农业集约化程度，采用高效农业模式来培育农产品生产龙头企业。皖北地区依托平原优势，农业现代化水平相对较高，适宜培育规模化机械化经营的大型农产品生产企业；皖南地区旅游资源丰富，在积极发展旅游项目的同时，集中发展当地特色农产品生产和加工企业，统一种植、统一销售，以增强市场竞争力；临江地区依托周边城市的经济发展，最适宜建立现代农业园区；皖西地区应利用其有利位置发展旅游、绿色农业[14]。

在发达国家，农产品流通的主体主要是企业化经营的农场、农产品批发与零售企业以及农民合作组织[15]。可以根据不同地区经济发展特点，采取不同模式来促进农产品流通龙头企业的发展。对于经济比较发达的合肥、芜湖和马鞍山等临江工业化地区，通过培育农业产业化经营企业、农产品加工企业、商贸型的龙头企业，减少农户进入市场的交易成本。经济尚不够发达的皖北、皖南和皖西地区，可以建立各种形式的农

民专业合作组织。农民专业合作组织把分散的农户集中起来，提高了农产品物流的组织程度，增大了农产品供应链主体间的协同度[16]。

政府可以通过税收和财政补贴的方式，减轻农产品生产和流通企业的负担，提高农产品企业的实力，还可以引导专业化的第三方物流企业进入农产品流通领域。

（二）政府应积极为城乡物流一体化发展创造良好的外部环境

从评价结果分析中可知，物流基础设施投资额和公路网密度与第二主成分 F2 相关性最高，邮电业总量和水路网密度与第三主成分 F3 相关性最高，这几个指标的提升均离不开政府的大力支持，因此，政府应积极为城乡物流一体化发展创造良好的政策环境、投资环境和市场环境。

首先，政府要制定和颁布有利于城乡物流一体化发展的法规政策。要把农村物流体系建设纳入物流业发展整体大系统中，做到城乡物流统筹规划、统筹建设、统筹运营和统筹评价。城乡物流一体化重在以城带乡，引导城市物流网络向农村延伸，将城市物流和农村物流置于一个大系统，促进城乡物流要素的有效流动和优化组合，充分发挥城乡一体化物流体系的战略协同效应[17]。政府需要通过产业政策、投资政策、价格政策、税收政策、收入调节政策等，以及其他相应的法规制度，为城乡物流创造公平的发展环境。

其次，重视城乡物流基础设施建设。城乡物流基础设施建设对城乡物流水平提升以及城乡经济发展起到重要的促进作用。因此，政府要加大城乡物流基础设施建设的投入，加强农村公路网络建设，合理布点公路网络，重视公路质量；加强农村邮电网络基础和农村物流信息基础设施建设，加快推进邮电网络布局的完善，构建覆盖城乡的物流快递服务体系和城乡物流信息平台，促进农村物流发展；加大水路网络建设，保化好水路运输资源，大力发展水路运输业；加快区域农产品加工配送中心、物流园区和物流基地建设，大力支持现代农产品物流中心建设；以市场为导向，作好农产品市场交易信息采集、发布工作，大力推动农产品电子商务发展。

（三）大力培养物流人才

由分析结果可知，物流人才培养数与第一主成分 F1 的相关系数为 0.974，因此，加快物流人才的培养是促进城乡物流一体化建设重要策略之一。由于安徽物流业起步较晚，城乡物流一体化建设程度不高，目前，专业化物流人才比较缺乏，特别是农村物流人才严重不足。政府要加快制定城乡物流专业人才队伍建设规划，建立物流发展专项资金用于物流人才的培养和培训；物流企业应为员工创造条件，鼓励员工学习，提倡在职培训；高校应与企业建立良好的合作关系，加强培养高层次、应用型、专业化的物流人才；物流行业协会牵头组织，搭建企业与高校和物流咨询机构沟通的桥梁，促进物流人才的培养。

（四）以新型城镇化建设为支点，为城乡物流一体化建设创造条件

城镇“上接城市，下连乡村”，是现代物流体系的重要节点，城镇可以成为农村的物流中心点、物流活动信息交流中心，进而促进城乡间双向物流的顺畅流通，实现城乡物流的无缝对接。安徽省是国家首批试点新型城镇化建设的两个省份之一，2014 年安徽省城镇化率为 49.2%，低于全国平均水平 5.7 个百分点，可见安徽省新型城镇化

建设的发展空间较大。研究表明，城镇化进程对农产品物流效率具有较明显的促进作用，我国城镇化率每上升1%，农产品物流效率将上升1.612%[18]。因此，应大力推进新型城镇化建设，为城乡物流一体化建设创造有利条件。

参考文献

[1] 刘宝．我国物流发展的城乡二元形态及其破解思路［J］．经济问题探索，2008（4）：47-49.

[2] 埃比尼泽·霍华德．明日的田园城市［M］．北京：商务印书馆，2000：56-58.

[3] VICTOR F S SIT MEGA. city, extended metropolitan region, Desakota and exo-urbanization: an introduction［J］. Asian Geographer, 1996, 15 (1-2): 1-14.

[4] BECKY P Y LOO. Development of a regional transport infrastructure: some lessons from the Zhujiang Delta, Guangdong, China［J］. Journal of Transport Geography, 1999 (7): 43-63.

[5] URSULA Y ALVARADO, HERBERT KOTZAB. Supply Chain Management: The Integration of Logistics in Marketing［J］. Industrial Marketing Management, 2001 (30): 183-198.

[6] 丁俊发．城乡经济一体化与物流业发展［J］．中国流通经济，2011（8）：8-10.

[7] 周凌云，顾为东，周晶．公共服务均等化视角下城乡物流一体化发展［J］．现代管理科学，2012，10（4）：9-11.

[8] 卢美丽．城乡物流一体化体系的构建和评价［J］．农业经济问题，2012（33）：34-39.

[9] 钟铃．城乡一体化进程中的城乡物流体系构建［J］．商业时代，2012（22）：31-32.

[10] 刘彩霞．区域物流发展水平评价体系构建及实证研究［D］．西安：长安大学，2012.

[11] 李国旗．区域物流一体化发展的动力及相互作用机制研究［J］．华东经济管理，2013（6）：114-117.

[12] 渠明珠，耿天霖，李琳琳．物流标准化提升安徽物流企业核心竞争力［J］．质量与标准化，2013（4）：34-36.

[13] 姜长云．农户家庭经营与发展现代农业［J］．江淮论坛，2013（6）：75-80.

[14] 陈宝兰，王园．安徽省新型城镇化与农业现代化协调发展研究［J］．合肥工业大学学报：社会科学版，2013（12）：21-28.

[15] 李碧珍．农产品物流模式创新研究［M］．北京：社会科学文献出版社，2010：89.

[16] 许金立．农产品物流视角下的农民专业合作社研究［J］．农村经济，2014（5）：125-129.

[17] 董威，周伟燕，许燕琳，等．城乡统筹环境下推动城乡物流一体化发展研究［J］．物流工程与管理，2013（10）：3-5.

[18] 杨军，王厚俊，杨春．我国城镇化对农产品物流效率的影响［J］．农业技术经济，2011（10）：63-68.

供应链环境下的物流金融服务*

——基于3PL的"Orchestrator"角色分析

刘晓红　周利国

摘　要：基于学术界对3PL（"Third - Party Logistics Providers"）演进及其"Orchestrator"角色的理论研究，笔者对供应链环境下的物流金融服务进行了探讨。研究表明：基于成本交易理论、资源基础观以及网络理论支持的3PL的"Orchestrator"角色可用于对供应链环境下的物流金融服务的理论解释。为了充分说明3PL的"Orchestrator"角色在物流金融服务中的作用，笔者还结合了三种具体形式，即工业品供应链物流金融服务、消费品供应链物流金融服务以及物流银行进行了说明。3PL的"Orchestrator"角色研究在物流与供应链管理学术界刚起步，本文从物流金融服务视角丰富了学术界对此议题的讨论，具有理论和实践的双重启示意义。从理论上看，尽管物流金融服务将3PL提升到一个新的运作平台，推进了3PL的演进，但对这一现象，特别是在供应链环境下，学术界尚未给出一个系统的理论解释。本文推进了3PL在物流金融服务中的理论研究。从实践来看，对于3PL来说，只有充分发挥"Orchestrator"角色的作用，才能最大化自身的价值增值空间以及物流金融服务创新的潜力。

关键词：3PL　Orchestrator　供应链　物流金融

随着市场经营环境的不断变化，特别是供应链管理理念引发的企业竞争形势的改变，第三方物流企业（Third - Party Logistics Providers，简称"3PL"）在成长的同时也正面临着巨大的挑战：依靠传统物流运作方式所获取的利润已经越来越少，利润率也变得越来越低。如何在新的市场竞争环境下，最大化3PL的价值增长潜力，已成为物流与供应链管理实践界以及学术界所关注的重要议题。

物流金融的出现，无疑为3PL提供了一个新的发展方向。作为一种集物流与金融共同创新的集成式新型服务，物流金融的实施不仅有效地解决了中小企业融资问题，同时，3PL也从这一新型服务中收获增值的机会，获取了一个新的利润增长空间。物流金融被认为是对传统的"第三方物流"服务理念的又一次革命。

但从目前来看，大多数物流金融服务以孤立的视角看待企业的融资需求，并没有考虑到融资企业与其所在的供应链之间的动态关系，金融融资机构和融资企业之间是典型的"一对一"关系。3PL除了提供传统的物流服务如仓储保管，以及有限的金融

---

* 基金资助：国家自然科学基金"商业银行物流金融信用风险的度量及防范研究：基于Copula理论视角的分析"（项目编号：71272235）。

作者简介：刘晓红，女，汉族，浙江桐庐，中央财经大学，哲学博士，副教授，物流与供应链管理；周利国，男，汉族，江西宜春，中央财经大学，经济学博士，教授，博士生导师，物流管理与物流金融。

附加值活动外如受金融机构委托提供质押物评估，并未有更大作为。这种状况不仅没有充分发挥3PL的价值创造作用，同时也影响到物流金融服务创新的价值潜力的全面开发。

基于此，笔者从3PL的“Orchestrator”角色入手，对基于供应链导向的物流金融服务做一探讨。在接下来的部分，笔者首先就3PL的“Orchestrator”角色及其理论基础进行了讨论。从这一理论基点出发，笔者对物流金融服务中的3PL角色进行了阐述，并就三种具体形式下的3PL的“Orchestrator”角色进行了分析。在此基础上，笔者对本文所具有的理论与实践启示意义，以及今后的研究方向进行了说明。

一、3PL的“Orchestrator”角色及其理论基础

关于3PL的“Orchestrator”角色问题。根据（朗文）当代高级辞典，“Orchestrate”是指把“乐曲”编成管弦乐曲。但辞典同时也注明了其另一层含义：和谐地安排以及精心策划。“Orchestration”取自“Orchestrate”的名词形式，而“Orchestrator”则可理解为是和谐地安排以及精心策划的主体（组织或个人）。“Orchestration”以及“Orchestrator”目前在供应链管理文献中受到了越来越多的关注（Schweitzer 2005[1]；Fung等2009[2]）。Christopher（2005）[3]认为“Orchestration”可以被定义为管理、协调以及关注价值创造的网络的活动。Fung等（2009）[2]认为，在今天的全球环境下，“Orchestration”对建立具有竞争力的供应链来说是必不可少的。Bitran等（2006）[4]认为一个成功的供应链是需要有一个能够提供所需服务并对网络起到领导以及控制作用的“Orchestrator”。3PL被认为在供应链中扮演了“Orchestrator”这一角色（Stubbs，2004）[5]。Langley和他的团队自1996年起开展对3PL以及其用户的调研活动。活动范围初始于美国，现已波及世界。在对3PL长达近二十年的跟踪调查中，Langley发现3PL已从提供单一的、从事运作层面的服务，逐步演进到一个能够提供全方位的、更具战略层面的供应链服务的“Orchestrator”。他们认为，具有“Orchestrator”角色的3PL不但与供应链的各方成员一起发展了供应链的协调战略，同时还起到了管理供应链的价值创造活动。并且，在3PL的演进过程中，3PL对客户的供应链实施了更多的控制以及承担了更多的责任（Capgemini Consulting，2009）[6]。这一发现与Christopher（2005）[3]的观察取得了一致。Zacharia等（2011）[7]也认为3PL已经从物流服务的供应商演进到供应链的“Orchestrator”。从3PL的用户来说，为了减少成本，提供核心竞争力，当3PL能够在其所在的行业中提供特殊的技术，用户们乐意将更多的活动委托给3PL，并与3PL一起分享信息以及风险。

3PL的“Orchestrator”角色的理论基础。Zacharia等（2011）[7]认为3PL的“Orchestrator”角色可以用三个理论来解释：成本交易理论（Transaction Cost Economics）、资源基础观（Resource－Based View）以及网络理论（Network Theory）。如图1所示。

按照成本交易理论，一个企业的所有权决策是建立在最小化交易成本和生产成本的基础上（Coase，1937[8]；Williamson，1985[9]）。成本交易理论被认为是用于分析物流外包决策的理论基础（Hobbs，1996[10]）。根据资源基础观（Barney，1991[11]；Nelson，1991[12]；Penrose，1959[13]；Peteraf，1993[14]；Wernerfelt，1984[15]），企业是由一

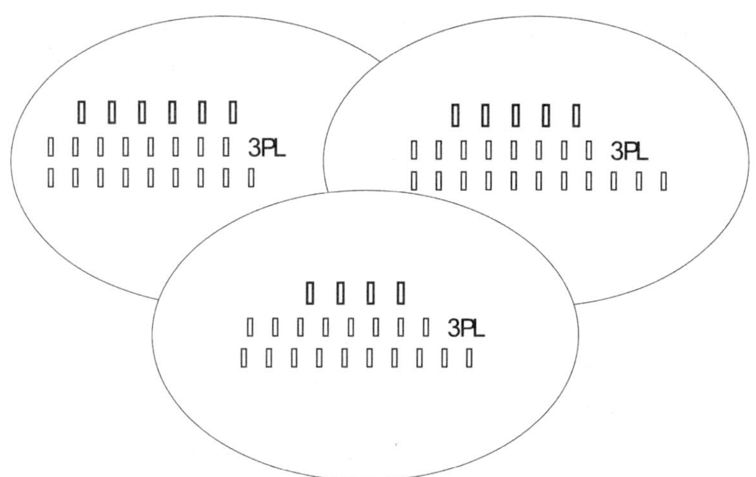

图1　3PL 的“Orchestrator”角色的理论支持（Zacharia 等，2011）

系列能够帮助企业获取竞争力的资源组成。按照 Prahalad 和 Hamel（1990）[16]，这些资源和能力是企业的核心竞争力。能够有效地实施物流外包战略的能力被认作是无形资产以及资源（Hobbs，1996[10]；Teece 等，1997[17]）。因此，资源基础观被认为特别适用于解释外包以及 3PL 角色（Zacharia 等，2011）[7]。网络理论认为外包能使企业通过对所建立的关系应用以及网络的协调，把供应链作为一个整体来进行管理。网络理论为逐渐增长的 3PL 服务以及他们多客户关系（跨越供应链）提供了解释。对于 3PL 来说，网络理论不仅提供基于网络的效率，而且能使企业充分利用网络关系发挥优势。

Zacharia 等（2011）[7]认为这三个理论从自身的视角提供了关于 3PL 在供应链中角色的解释。三个理论相互补充，能够较全面地解释 3PL 的“Orchestrator”现象。

从以上讨论可以看出，3PL 的“Orchestrator”角色的出现源自于企业的外包活动，与“Coordinator”（协调者）以及“Integrator”（集成者）有所不同。这一角色不仅包括了为提升自身竞争力以及供应链网络价值创造的运作层面的活动，如协调、整合等；同时还包括了战略层面的行动，如战略规划及管理。可以说，3PL 的“Orchestrator”角色包括了管理者、策划者、协调者以及集成者在内的多层含义。这一定位不仅重新定义了 3PL 的服务价值创造角色，同时也为探讨供应链环境下的基于 3PL 的“Orchestrator”角色的物流金融服务提供了可能性。

二、物流金融服务中的 3PL

物流金融服务主要涉及三个主体：有融资需求的中小企业、能够提供贷款服务的金融机构以及具有监管能力的 3PL。融资企业一般是指在融资市场中处于弱势地位但需要融资来发展自身业务的中小企业。金融机构是指具有各种融资能力的商业银行等。在某种程度上，这些商业银行决定了融资模式，融资成本以及融资期限。3PL 是指能够提供各种物流服务的企业或机构。受金融机构委托，3PL 对融资企业的质押物进行监管，用以降低金融机构融资出现的信用风险。

3PL 的参与促使了物流金融服务这一模式的形成与发展（冯耕中，2007[18]；Gomm，2010[19]；Pfohl 和 Gomm，2009[20]）。例如，通过对库存融资的案例分析，Hofmann（2009）[21]发现 3PL 在库存融资中的价值和效应。同样，Wuttke 等（2013）[22]通过案例研究也发现 3PL 在为融资企业提供物流与金融服务中的显著作用。马中华和朱道立（2011）[23]从理论上解释了 3PL 在存货质押中的重要作用。陈祥锋（2008）[24]认为 3PL 在供应链的运营中扮演了不同角色，并为此将资金约束型的供应链分成三种：传统型、代理型以及控制型。此外，由于 3PL 提供了物流以及与融资有关的服务，如通过为金融机构提供质押物评估、监控、保管和咨询等服务，3PL 从单纯对物的处理提升到对物的附加值方案管理，拓展了原有的物流服务内容，获得了增值服务利润。这成为 3PL 获取新的竞争优势的有效途径。

但从实际运作情况来看，3PL 提供物流金融服务面对的往往不是单个企业，而是这个企业所在的整条供应链。在这条链上，核心企业由于自身资金实力、资信条件较好，获取银行贷款往往相对简单。然而向其提供原材料的单个或多个供应商以及下游销售其产品的经销商却由于企业规模较小、自身实力有限、缺乏固定资产而难以从银行获得资金，从而影响到整条供应链的运作。在这种情形下，就银行来说，融资客户从原来的“一对一”变成“一对多”关系。而对 3PL 来说，向供应链上单个企业提供物流金融服务固然能够很好地解决借款企业的融资问题，但这一努力对于整条供应链来说往往是不够的。这种状况的变化，从客观上来说，为 3PL“Orchestrator”角色的实施创造了条件。此外，由于物流金融服务下的 3PL 利润来源的一个重要方面是建立在融资的货物的价值与数量上（Gomm，2010[19]；Pfohl 和 Gomm，2009[20]）。这一转变不仅使商业银行获得了更多中小融资客户，也使 3PL 的利润价值增值空间从为更多融资企业提供的物流金融服务中得到了提升。

三、供应链环境下基于 3PL 的“Orchestrator”角色的物流金融服务

基于以上讨论，我们从三个方面，即工业品供应链物流金融服务、消费品供应链物流金融服务以及物流银行，对供应链环境下的基于 3PL 的“Orchestrator”角色的物流金融服务进行说明。工业品和消费品各具特点，共同组成了整个消费市场。工业品供应链和消费品供应链在经济与生活中扮演了极为重要的角色（Klaus，2009[25]）。物流银行被认为是 3PL 提供金融功能服务，如 UPS 和 DHL。Biederam（2004）[26]将之描述为“物流金融家”（Logistics Financiers）。物流银行被认为是破解中小企业融资障碍的金融创新（刘锋，2006[27]；张凯，董千里，2008[28]），代表着物流金融今后发展的一个趋势。

（一）基于 3PL 的“Orchestrator”角色的工业品供应链物流金融服务

工业品（industrial goods）是指购买者购买后以社会生产与再生产为目的的产品。根据物品在生产中的不同用途，工业品可细分为原材料、机器设备、组装件、零部件以及消耗补给品等。工业品市场传统上被称为“生产资料市场”。对于工业品供应链而言，由于工业品的技术性标准较强，需要操作流程、售后维护等方面的专业服务，制造企业掌握着产品核心技术，所以制造企业在整条供应链中占据“链主”地位。整条

供应链的运作建立在制造企业这个核心企业与链上的其他企业协作的基础上。制造企业从用户获得订单，然后向供应商提出要求，在规定时间内提供相应的原材料以及其他相关生产材料，在制造企业内部生产制造，然后将半成品或者产成品提供给工业品用户使用（Nag 等，2014）[29]。

工业品供应链由于供应商众多，链节关系复杂从而导致了其资金周转的速度也相对较慢。与核心企业相比，供应商实力相对较弱。由于工业品交易量相对较大，为了满足规模增长和产业升级的需要以及日常经营的需要，供应商企业往往会存在资金缺口的问题，以致没有足够的资金提供原材料、设备、组装件、零部件等，造成了整条供应链不稳定以及运行效率低下。这为开展以工业品供应链为导向的物流金融服务提供了机会。

图 2 为基于 3PL 的“Orchestrator”角色的工业品供应链物流金融服务。

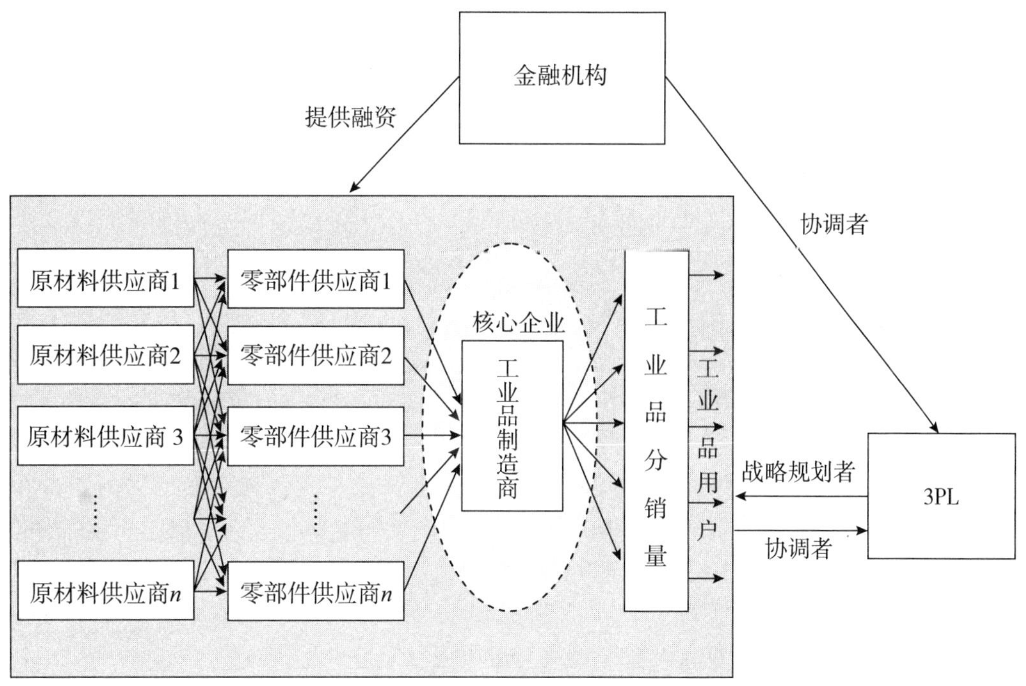

图 2　基于 3PL 的“Orchestrator”角色的工业品供应链物流金融服务

如图 2 所示，3PL 的“Orchestrator”角色在工业品供应链物流金融服务表现为：

1. 战略规划及管理者

考虑到工业品供应链融资需求的特点，3PL 提出物流金融服务战略并策划设计相应的方案，供商业银行以及融资企业决策。在 3PL 的战略规划设计并管理下，工业品供应链中的核心企业通过与银行和 3PL 的合作帮助，扶持上游供应商解决资金缺口。银行以 3PL 和核心企业的信誉作为保障，向存在资金缺口的供应商提供贷款。获得了资金的供应商购买了原材料、设备、组装件、零部件等进行生产，以保证供应链活动的顺利实施，提升整条供应链的竞争力。

2. 协调整合者

3PL 协作银行以及融资企业的物流融资服务。从银行来看，3PL 依据本身对质押品监管的优势掌握质押品的状态和情况，为银行提供及时和对称的信息。从融资企业来看，3PL 负责监管工业品供应链环境下众多中小型供应商在银行质押贷款的物品，提供有效的库存管理以及配送管理，对库存的变动及流通的区域进行监控，完善相应的配套服务以及提升服务质量。

（二）基于 3PL 的“Orchestrator”角色的消费品供应链物流金融服务

消费品（consumer goods）也被称为“生活资料”或“消费资料”，是指为了满足个人消费者或家庭消费者的需要而设计生产的产品。消费品是社会最终产品，它不需要经过生产企业的再生产和加工便可供人们直接使用，其目的是用于直接消费而非生产。

消费品行业比较常见的供应链模式既有制造商主导也有零售商主导。制造商为主导的消费品供应链与工业品供应链作用机理类似，而零售商为主导的消费品供应链则较为特殊。零售商主导的消费品供应链源自 20 世纪 80 年代的美国，主要是指一些大型零售商凭借其资金、信息和渠道等优势，迅速扩大连锁店铺网络，不断增强经营实力，而生产商的实力逐渐被弱化。较为典型的代表是人们所熟知的 Walmart。另外，消费品行业产品可替代性强，购买专业性相对较低，生产商之间竞争日益激烈（Fōrster 等，2014）[30]。

由于消费品供应链上存在大量的中小企业，并且从目前供应链的发展状况来看，3PL 正越来越多地介入到客户的供应链管理中，这为发挥 3PL 在消费品供应链物流金融服务的“Orchestrator”作用打下了基础。较之工业品，组织消费品生产所需的启动资金相对较少，融资规模较小。此外，借款期往往不能超过账期长度，这就客观上决定了对于资金的需求主要为短期需求，资金周转速度更快，融资频率也更高。再者，对于质押物来说，快速消费品产品并不适用，耐用消费品如汽车、手机、家电等单位价值较高的商品以及价格稳定的粮食、农作物等大宗商品较为适宜。这种种特点为 3PL 的“Orchestrator”角色的发挥提出了更高的要求。图 3 为基于 3PL 的“Orchestrator”角色的零售商占主导的消费品供应链物流金融服务。

在消费品供应链物流金融服务中的 3PL 的“Orchestrator”角色表现如下：

1. 战略规划管理者

根据消费品供应链的融资要求特点，3PL 提出物流金融服务战略并策划设计相应的方案，供商业银行以及融资企业决策。鉴于消费品工业链融资特殊性，银行更加关注下游零售企业的资金实力以及融资企业与核心企业购销合同的真实性，以及核心零售企业的还款能力、交易风险以及整个供应链的运作状况，而并非质押物本身。为此，在 3PL 的战略规划设计并管理下，零售商主导的消费品供应链物流金融服务中，银行仍然是资金提供方，但为了保证物流金融服务的顺利实施，需要 3PL 在强化融资供应链的担保能力、降低风险方面发挥更大的组织与管理作用。同时，3PL 还应凭借自身的信用参与到对融资供应链的授信担保中。

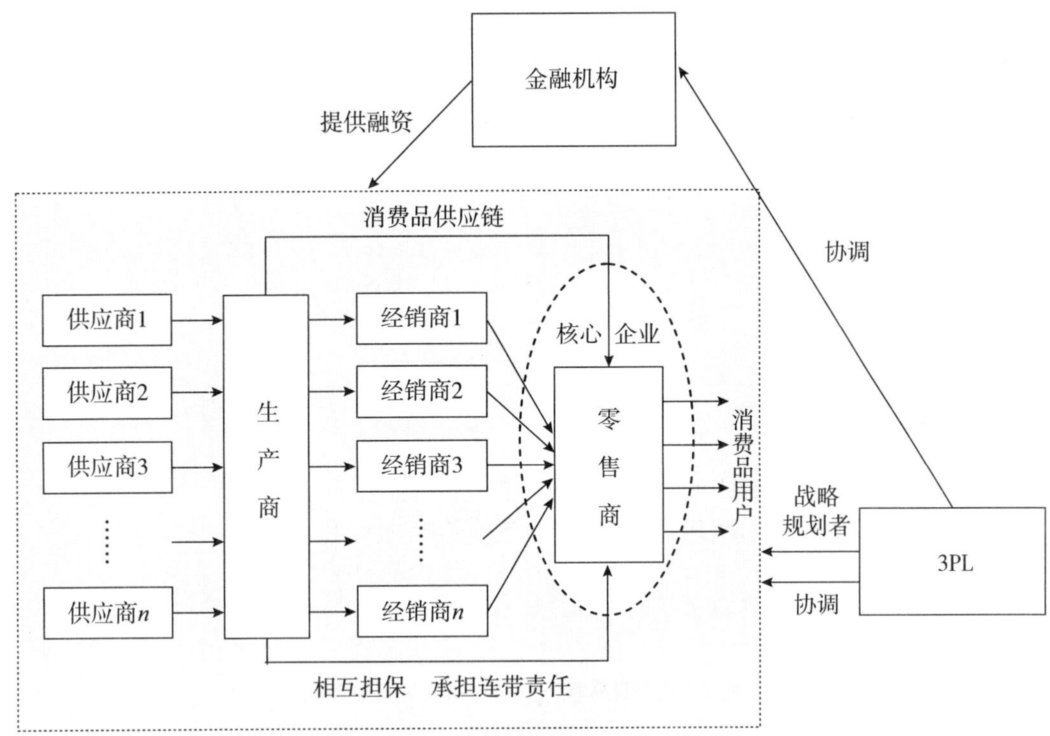

图3 基于3PL的“Orchestrator”角色的零售商占主导的消费品供应链金融服务

2. 协调整合者

3PL对借款企业提供的质押物进行评估并根据评估，为其提供最合适的保管方案，并向银行进行监管保证承诺，保证货品损耗最低并密切关注货品市场走势和价格波动。由于消费品存在着不同的特性，对质押品的保管也提出了更高的要求。3PL需要协调各方为消费品质押物提供良好的设施环境。

（三）物流银行

在上述两个模式中，3PL和商业银行归属于两个不同的主体。尽管基于供应链导向的物流金融服务开发出了更大的潜力，但由于银行和中小融资企业之间存在着严重的信息不对称，交易成本大幅度增加。此外，这种状况还不足以协调供应链之间的矛盾。例如，在银行需要知道质押物的产品类型、数量、价格变动情况等才能够确定贷款利率时，而中小融资企业本着获得更低的贷款利率的目的出发，则不希望银行了解足够的质押品信息。

而物流银行由于同时将3PL和商业银行的功能纳入一个主体，有效地解决这些问题。供应链环境下的物流银行服务框架大致如下：

在这种物流服务框架下，3PL的作用表现在：

1. 战略规划管理者

3PL最大的优势就是拥有专业的物流知识及丰富的运作经验。对于3PL来讲，通过自身或与金融机构合作开展物流银行业务，规划设计集物流与金融为一体的全方位配套服务，为客户提供货物配送、金融服务、邮件包裹服务和业务拓展咨询等一揽子

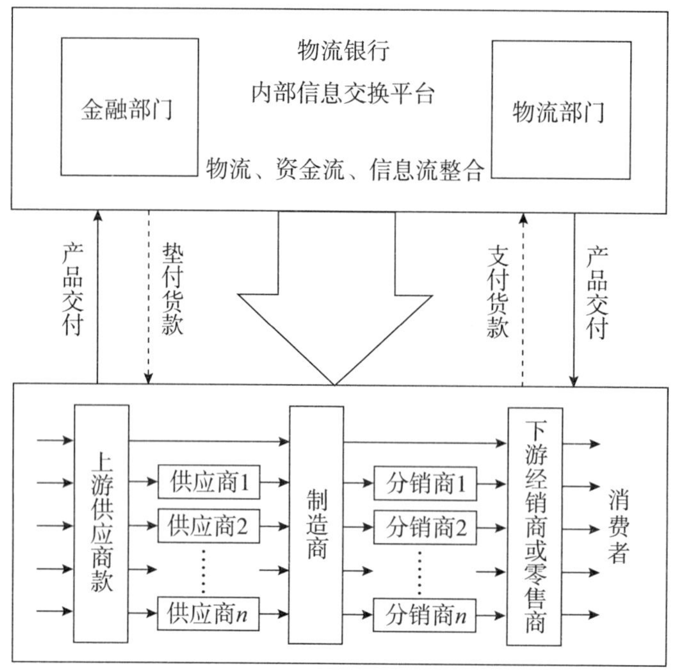

图4　供应链环境下的物流银行服务框架

服务方案，从而实现物流、信息流和资金流真正意义上的无缝衔接，极大地提高了供应链的效率和规模。

2. 协调整合者

在开展物流银行业务中，由于实现了物流职能和金融职能的整合，省去了烦琐的银行和3PL之间相互发送指令、核对凭据、信息传递的流程，流程办理的时间也大大缩短，物流银行运作模式无论较之何种现有物流金融服务模式而言都更加简捷高效。

四、结语

本文在前人研究，特别是在Zacharia等（2011）[7]研究的基础上，将基于成本交易理论、资源基础观以及网络理论指导下的3PL的"Orchestrator"角色应用于对供应链环境下的物流金融服务活动的诠释。从理论来看，尽管物流金融服务将3PL提升到一个新的运作平台，推进了3PL的演进，但对这一现象，特别是在供应链环境下，学术界尚未给出一个系统的理论解释。本文的努力推进了3PL在物流金融服务中的理论研究。从实践来看，我国物流金融服务目前出现了一个"瓶颈"，即这一创新模式还不能够充分开发各参与方的价值创造潜力，满足企业进一步发展以及供应链效益最大化的需求。如何突破这一"瓶颈"已成为物流金融发展中亟待解决的重要问题。对于3PL来说，只有开发出满足市场需求变化的物流金融创新服务，才能在价值增值的博弈中，不但为自身找到新的价值增长点，同时也能为合作方获取更大的价值空间，实现企业以及整个供应链的价值最大化。但为了充分发挥"Orchestrator"这一角色的作用，3PL需要在行业内建立起强大的资金实力、专业运作能力和资信水平。

3PL 的 "Orchestrator" 角色研究在物流与供应链管理学术界刚启步，目前更多局限于理论的探讨。本文从物流金融服务视角丰富了学术界对此议题的讨论。后续研究可在此基础上，对 3PL 的 "Orchestrator" 角色在供应链环境下的物流金融服务的组成要素从战略以及运作两个层面做进一步细分，并检验这些要素对物流金融服务创新的具体影响。

参考文献

[1] SCHWEITZER L. Concepts and Evolution of Business Models [J]. Journal of General Management, 2005, 31 (2): 37 - 56.

[2] FUNG V K, FUNG W K, et al. Network Orchestration: Creating and Managing Global Supply Chains Without Owning Them [M]. Upper Saddle River, NJ: Wharton School Publishing, 2009.

[3] CHRISTOPHER M. Logistics and Supply Chain Management: Creating Value Added Networks [M]. London: FT Publishing, Prentice Hall, 2005.

[4] BITRAN G R, GURUMURTHI S, et al. Emerging Trends in Supply Chain Governance [M]. Working Paper Series, Rochester, NY, 2006.

[5] STUBBS C. Partnering in the New Economy [J]. EuropeanBusiness Journal, 2004, 16 (3): 113 - 119.

[6] CAPGEMINI, CONSULTING. The State of Logistics Outsourcing: 2009 third - party logistics: results and findings of the 14th annual study [M]. Capgemini U. S. LLC, 2009.

[7] ZACHARIA Z G, SANDERS, et al. The Emerging Role of the Third - Party Logistics Provider (3PL) as an orchestrator [J]. Journal of Business Logistics, 2011, 32 (1): 40 - 54.

[8] COASE R H. The Nature of the Firm [J]. Economica, 1937, 4 (1): 386 - 405.

[9] WILLIAMSON O E. The Economic Institutions of Capitalism [M]. New York: The Free Press, 1985.

[10] HOBBS J E. A Transaction Cost Approach to Supply Chain Management [J]. Supply Chain Management, 1996, 1 (2): 15 - 27.

[11] BARNEY J B. Firm Resources and Sustained Competitive Advantage [J]. Journal of Management, 1991, 17 (1): 99 - 120.

[12] NELSON R R. Why Do Firms Differ and HowDoesit Matter? [J]. Strategic Management Journal, 1991, 12 (1): 61 - 74.

[13] PENROSE E T. The Theory of the Growth of the Firm [M]. New York: John Wiley & Sons, 1959.

[14] PETERAF M A. The Cornerstones of Competitive Advantage [J]. Strategic Management Journal, 1993, 14 (3): 179 - 91.

[15] WERNERFELT B. A Resource - Based View of the Firm [J]. Strategic Management Journal, 1984, 5 (2): 171 - 180.

[16] PRAHALAD C K, HAMEL G. The Core Competence of the Corporation [J]. Harvard Business Review, 1990, 90 (3): 79 - 91.

[17] TEECE D J, PISANO G, et al. Dynamic Capabilities and Strategic Management [J]. Strategic Management Journal, 1997, 18 (7): 509 - 533.

［18］冯耕中．物流金融业务创新分析［J］．预测，2007（1）：49－54.

［19］GOMM M L. Supply Chain Finance：Applying Finance Theory to Supply Chain Management［J］. International Journal of Logistics：Research and Applications，2010，13（2）：133－142.

［20］PFOHL H C，GOMM M L. Supply Chain Finance：Optimizing Financial Flows in Supply Chains［J］. Logistics Research，2009，1（3－4）：149－161.

［21］HOFMANN E. Inventory Financing in Supply Chains：A Logistics Service Provider－approach［J］. International Journal of Physical Distribution & Logistics Management，2009，39（9）：716－740.

［22］WUTTKE D A，BLOME，et al. Managing the Innovation Adoption of Supply Chain Finance－Empirical Evidence from Six European Case Studies［J］. Journal of Business Logistics，2013，34（2）：148－166.

［23］马中华，朱道立．物流企业在存货质押融资中的决策问题研究［J］．系统工程学报，2011（6）：346－351.

［24］陈祥锋．供应链金融服务创新论［M］．上海：复旦大学出版社，2008.

［25］KLAUS P. A 50 Years' March of Ideas［J］. Logistics Research，2009，1（1）：53－65.

［26］BIEDERMAN D. Logistics financiers［J］. Journal of Commerce，2004，5（15）：40－41.

［27］刘锋．物流银行：破解中小企业融资障碍的金融创新［J］．华东经济管理，2006（6）：123－125.

［28］张凯，董千里．物流银行金融服务创新解除中小企业融资障碍［J］．财经理论与实践，2008（1）：39－42.

［29］NAG B，HAN C，YAO D. Mapping Supply Chain Strategy：An Industry Analysis［J］. Journal of Manufacturing Technology Management，2014，25（3）：351－370.

［30］FŌRSTER B，KELLER J，VON DER GRACHT，et al. Delphi－Based Strategic Issue Management：Crafting Consumer Goods Supply Chain Strategy［J］. International Journal of Physical Distribution & Logistics Management，2014，44（5）：373－391.

基于电子商务的山区绿色低碳小城镇流通一体化构建*

——旅游业与现代农业线上线下融合的视角

杨辉鹏　向　明　陈新武

摘　要：基于O2O的视角，探讨中部山区旅游小城镇农产品流通模式的构建。旅游业在推动山区绿色低碳小城镇发展进程中取得了一定的积极效应，为了进一步推进旅游业与农业的协同发展，提出基于O2O的农产品流通模式并对其模式运行的动力机制进行分析，以期通过构建基于电子商务与物流快递协同的现代化流通体系、开发线上线下融合的农业生态体验游的旅游产品和实施健全的农产品流通中的质量追溯体系来推动山区旅游小城镇可持续发展。

关键词：线上线下　绿色低碳　电子商务　城乡一体化　信息服务　流通

一、引言

作为生态经济突出的产业形式和新型城镇化发展的显著动力，旅游业是缺乏工业产业支撑条件的山区小城镇实现区域可持续发展的重要路径和统筹城乡协调发展的重要内容[1]。但从近年的实践来看，山区小城镇得天独厚的地理环境、良好的生态条件、丰富的人文资源和天然环保的特色农业产业基础很难在市场的自我调节下实现绿色低碳的可持续发展[1]。究其原因，一是传统的旅游业发展路径重在各项基础设施的建设和旅游产品及服务方式的开发，忽视了区域内特色农业的同步支持与发展；二是长期以来非良性互动的二元经济失衡状态，使城乡之间的信息要素不能有效充分流动，流通成本和产销对接等问题导致农产品流通效率低下，由此而形成的小生产与大市场的供需矛盾突出。如何实现农产品市场供应均衡和价格平稳，并保障“舌尖上的安全”，不仅是重大的民生工程，而且也是山区绿色低碳小城镇健康发展进程中的热点和重难点所在[2]。

---

* 本文中的小城镇指的是建制镇。小城镇在我国是一个使用频率较高的通用名词，存在着许多不同的看法。(1) 小城镇 = 小城市① + 建制镇② + 集镇③。这一小城镇概念分属城与乡两个范畴，从发展的观点看，集镇只宜称为“未建制镇”。(2) 小城镇 = 小城市 + 建制镇。这一小城镇概念指城镇范畴中规模较小、人口少于20万的小城市（县级市）和建制镇。(3) 小城镇 = 建制镇。这一小城镇概念属于城镇范畴，是建制镇（包括县城镇）在城镇体系中的同义词。(4) 小城镇 = 建制镇 + 集镇。这一小城镇概念属城与乡两个范畴，包括小于城市，从属于县的县城镇、县城以外的建制镇和尚未设镇建制但相对发达的农村集镇。

作者简介：杨辉鹏（1982—），男，湖北麻城人，讲师，主要从事物流与供应链、流通经济教学与研究；向明（1970—），男，湖北石首人，博士，教授，硕士生导师，主要从事企业管理、营销管理教学与研究；陈新武（1969—），男，湖北荆州人，博士，副教授，硕士生导师，主要从事营销管理教学与研究。

信息技术与互联网的变革和迅速扩展，为解决山区小城镇旅游业和特色农业的协同发展提供了一种新的思路和运作方式。随着快递服务网络向农村地区延伸和电子商务与物流快递协同发展，网络交易的便利程度和信息化水平建设的逐步提高，消费者能体会到网上购买山区绿色环保的特色农产品线上渠道便捷、低廉、货比三家的优势；同时，对旅客进行“搬运”带来的人群聚集，形成旅客在异地规模消费而构成的产业链并推动产业链延伸与扩展的旅游业的引擎效应，将线下渠道体验消费的直观感知与互联网结合，在引入电商形态的基础上，让互联网成为线下交易前台，形成网上商城与线下直观体验的线上线下融合的O2O（Online to Offline）模式，既能使农民的生产活动在价格机制的传导下，按照市场规律更有序地进行，又有助于减少传统渠道中的多层环节，创新农产品流通模式，提高流通效率[2-5]。

首次提出O2O模式的Alex Rampell认为，O2O是一个以吸引线上顾客（Online）到线下实体店（Offline）去消费为核心的，使网络成为实体经济延伸到虚拟世界渠道的连接线上用户和线下商家的多边平台商业模式[2,4,6]。对线下商户而言，利用O2O商业模式线上挖掘和吸引客源，并使消费者通过线上支付获得线下体验；对消费者而言，O2O商业模式是一种线上筛选商品和服务的发现机制和搜寻平台[2-4,6]。本文基于已有的对农产品O2O的研究，试图有别于传统的运作机制与政策导向，尝试从理论层面上，以基于O2O的视角，对山区旅游小城镇农产品流通模式创新，试图通过建立一体化营销网络，把提升农村流通现代化水平与加快山区城镇化建设结合起来，为推动中部山区绿色低碳小城镇健康发展提供理论依据。

二、基于O2O的山区旅游小城镇农产品流通模式的构建

（一）基于O2O的山区旅游小城镇农产品流通模式的提出

对“市场”进行“搬运”形成旅客在旅游地的规模消费，既是旅游经济的本质，也是区别于其他产业的基本标志，同时还能带来其他产业无法实现的各种效应[5]：

首先，旅客在旅游地的规模消费能极大推动涵盖餐饮、住宿、游乐、购物、会议、养生等多行业发展的综合性、多样化的复合消费经济链的形成，随着农家乐、休闲农业的日益兴起，旅游业表现出对其他产业尤其是区域内的特色农业产生强烈“渗透”的“跨界”发展迹象，并通过将不同行业上下游节点企业的生产工艺与生态链进行共生耦合，不断创造出满足消费者动态性和多元化的新的旅游产品和服务方式，在丰富产业内涵与外延的同时，形成产业之间有效密切联系、协同共赢的绿色产业体系[1]。

其次，依靠规模消费形成的广泛涉及并交叉渗透到许多相关行业和产业中的旅游产业，极大地突破了传统旅游业的范围，逐步形成了综合性强、关联度大、产业链长的泛旅游产业群，但这种山区旅游小城镇绿色低碳的泛旅游产业群的有序运作与健康发展，很大程度上依赖于信息化水平与现代流通市场行为以及流通效率的高低[5]。

因此，积极稳妥地推进山区旅游小城镇健康可持续发展，一方面要利用区域内特有的旅游资源禀赋及生态产业资源，借助政府政策引导和驱动，推动整个绿色低碳产业供应链的形成[1]；另一方面，要大力健全小城镇的商品流通体系并提高流通效率，积极探索基于O2O的电子商务等新的营销方式，形成以产业支撑为基础，以制度创新

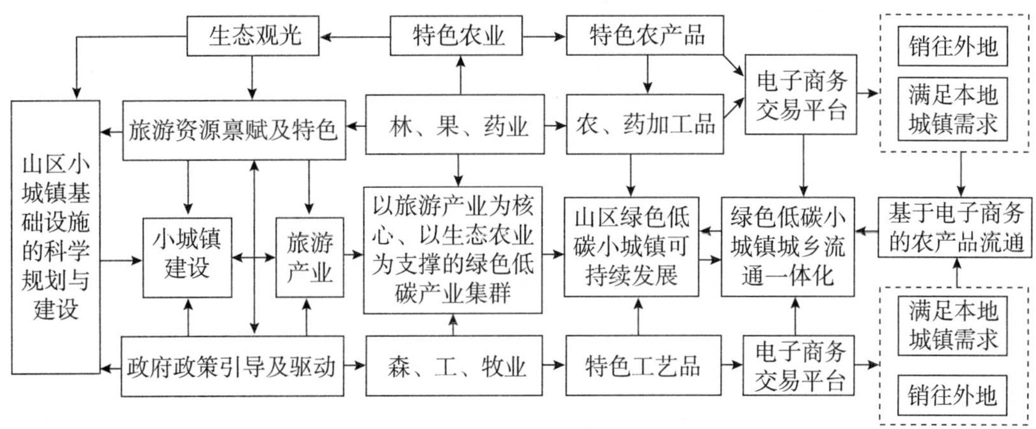

图1　中部山区旅游小城镇城乡流通一体化发展路径[1]

为保障，以信息技术与互联网广泛应用为手段的绿色低碳可持续发展的新型城镇化道路。

（二）基于O2O的山区旅游小城镇农产品流通的动力机制分析

通过以上分析可以看出，基于O2O的山区旅游小城镇农产品流通的动力机制主要依赖以下几个方面：

首先，基于O2O的山区旅游小城镇农产品流通模式的建立与运行效果有赖于农业信息化水平。这是因为，环境的外部性和信息的不对称，很容易造成山区城镇信息闭塞，使生态农业产业供应链上的产品很有可能与市场的需求导向产生差异，导致原本缺乏规模经济和范围经济的松散的产业链受到市场的冲击甚至失灵[1]。其次，能否降低成本以及运行成本下降的程度是农产品流通过程中最为关键的因素。农产品从农村流向市场的过程中，物流网络与物流运行模式及人力资源等要素是影响物流成本的重要方面。最后，农业生产组织化程度影响着流通企业的经营行为。从流通成本的角度来看，分散的以家庭承包为单位的众多农户组成的交易主体，一般要经过“农户—小商贩—区域批发市场—农贸市场零售—消费者”一条或多条冗长的供应链，不仅使产品因为过多的交易环节导致成本上升、商品损耗增加，而且多次的物流活动，农产品的鲜度和品质下降严重，影响市场交易价格。

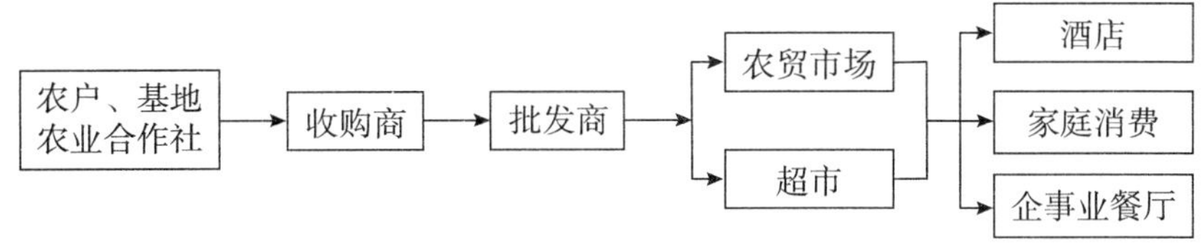

图2　传统流通渠道下的农产品销售模式

鉴于当前山区分散的农村经济单元无法在短时间内内生出具有广阔市场辐射力的流通主体和农产品流通过程中高效率要求的现实，基于O2O的山区旅游小城镇农产品流通模式构建的主体可以是各类流通企业和专业性的物流公司以及县、乡（镇）各级政府，其动力运行机制运行如下：

旅游业的市场发育程度和品牌价值高低直接影响着旅游消费市场。旅游业的市场辐射力和品牌价值将消费者带到了旅游目的地，很容易将区域内的各种土特、农副产品和历史民族民俗文化转变为旅游消费的载体，并且可以使各种产品省略了传统流通模式下的中间环节而直接面向消费市场，从而能够获得比批发价更高的、按市场终端价卖出的价值；同时，旅游地有别于一般生活购物过程中的新型独特的轻松愉悦环境和体验式消费，一方面容易使区域内具有吸引力的、令人信服的体验产品的最终售价高于一般市场价格，另一方面，形成旅游消费的口碑效应并通过各种媒介迅速的传播出去，有利于进一步提升旅游地的品牌形象和继续扩大旅游市场的消费规模。

电子商务信息平台的建立与有效运作是农产品快速进入消费市场的重要支撑。这是因为，第一，传统的流通模式下，农产品来自以家庭承包为单位的众多不同农户，市场的供求信息很难准确地传递到农户手中，而实现信息共享的电子商务平台能够有效地降低传统流通模式下的“牛鞭效应”，实现农产品的快速调拨和调配；第二，电子商务平台可以借助网络在广阔的市场中进行商品展示活动，寻求最有吸引力的消费市场，准确地把握最终消费者的需求，并根据市场供应和营销理念，在提高农产品质量和改进包装策略的基础上，研究价格的效果和可行性，同时减少时空对农产品流通的限制，压缩流通环节和交易成本，提高生产者的利润；第三，消费者可以利用 O2O 模式所提供的在线服务，结合旅游地的亲身体验，在进行对比和筛选后作出购买决策，并通过产品的体验消费后利用线上交易平台作出评价形成网络口碑，扩大产品的市场影响力和辐射力。

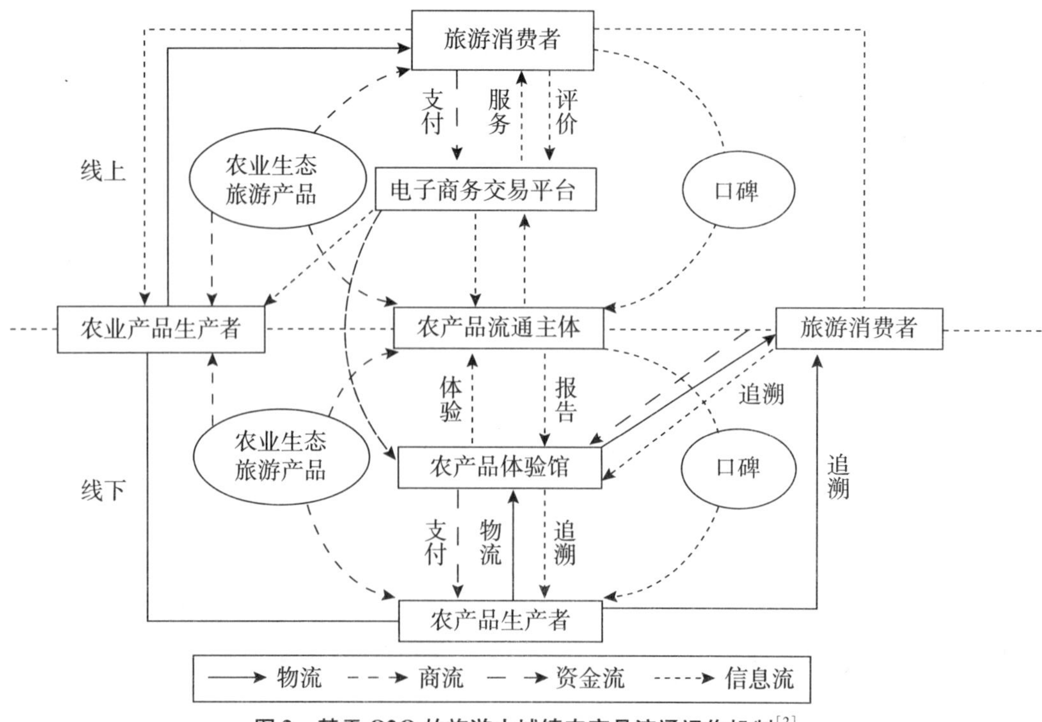

图3 基于 O2O 的旅游小城镇农产品流通运作机制[2]

三、基于O2O的山区旅游小城镇农产品流通模式的推广——以九资河镇为例

（一）九资河镇绿色低碳小城镇建设概况①

位于鄂皖两省三县交界处的素有千年古镇之称、吏治达2400余年的九资河镇地处黄冈市罗田县北部山区大别山主峰天堂寨脚下，是一个集“老区、山区、库区”于一体的贫困乡镇[1]。全镇面积285.11平方公里，辖34个行政村，4个镇办林场，人口3.73万人，距离县城公路行程近70公里[1]。近年来，九资河镇以“生态立镇”“绿色低碳”的建设理念，围绕旅游产业和现代农业，创建全国绿色低碳经济示范镇，2010年入选湖北省首批十一个省级旅游名镇，并荣获“2010—2011年度国家级生态乡镇”称号，是截至目前湖北省唯一的国家级绿色低碳经济示范重点镇、国家级生态镇[1]。2013年，全镇年收入约5亿元，其中特色农业收入约2亿，旅游收入约1.8亿元，全年接待旅游人数230万人次。随着道路交通基础设施的完善，经过10余年的发展，九资河镇日益成为武汉城市圈及省内外等大中城市旅客的主要旅游目的地[1]。

表1　九资河镇特色优势产业资源

产业	类型	特色优势产业资源	开发现状
旅游产业	历史文化型	官基坪明清古建筑群、广化寺、圣人堂、天子坟	农家乐、九资河红叶、休闲避暑、田园风光、鸠鹚古邑
		历史名人：京剧鼻祖余三胜、起义领袖徐寿辉、革命先驱陈翼龙	
	生态风景型	九资河田园风光、天堂峡谷漂流	
	乡村度假型	平坦原避暑区、三省垴避暑区、天堂湖度假区	
	民俗风情型	东腔戏、篝火舞、畈歌、皮影戏、舞龙狮、拳术	
特色农业	精细农业	蚕桑、山羊、肉猪、生态鸡	大多是初级产品，缺乏产品的现代包装与深加工
	绿色（饮）食品	茶叶、山野菜、柿子、板栗、野生核桃、无公害蔬菜	
	中药材	茯苓、天麻、杜仲、桔梗、苍术、丹参、银杏、苍耳、红花、玄胡、黄柏 天麻连续多年占全国总产量1/3；“九资河茯苓”荣获1915年巴拿马万国博览会金奖，2007年评为地理标志保护产品	
	林木材	竹木、乌柏、根雕	

然而，九资河镇在创建绿色低碳小城镇过程中，城乡流通一体化面临着严峻挑战，主要表现为：

1. 流通环节衔接薄弱，农产品产销、供求矛盾十分突出

丰富的生态资源和旅游设施的逐步改善，使近几年来九资河镇的旅游产业得到快速

① 资料来源于《九资河镇2013年度发展报告》，九资河镇政府。

发展，但由于各种条件的限制，镇区的旅游接待能力相对滞后，未能有效满足旅客吃、住、购的生活休闲需求。究其原因，一方面是地处山区的九资河镇目前的农业生产依然是以家庭承包的小面积种植为主，绿色无污染特别是闻名全国的茯苓等农产品过多依靠小商小贩“上门收购”的比较单一的交易方式，没有形成稳定的销售渠道；另一方面，由于镇区内物流配送系统的不完善，无法有效满足数量众多的“农家乐”由于经营规模和服务理念的差别引起的不同农产品种类、数量的供应；此外，一些特色的绿色（饮）食品和林木雕刻手工艺品，在传统的流通模式下，很难向外地市场扩展与延伸。

2. 缺乏信息平台与交换机制，农产品抵御市场风险的能力弱

受自身文化、农业生产时间以及农业信息服务方法、手段的影响，镇区农户很难及时获得实时性跟踪和具有前瞻性预测的市场供求和农业服务等方面的信息，导致农业生产因为缺少市场引导、农业技术培训和产品销售等方面服务，影响农户参与农业产业调整的意识与提高农产品质量的主动性；农产品形象展示的缺乏和包装意识的落后以及农超对接、网络销售等方便、快捷的营销模式和销售平台因为缺乏现代物流体系的支撑还未形成，特色农产品如茯苓、天麻等因缺乏深加工企业，大多处于初级加工阶段，阻碍了贸、工、农一体化产业链的形成，严重影响了当地优质农业产业资源的开发利用和绿色低碳产业的形成发展[1]。

从以上的分析可以看出，试图解决困扰各级政府和农民“卖难”的农产品滞销问题，并对城乡流通一体化进行理论创新，尤其是在基于O2O的视角下，探讨农产品流通模式的构建，对推动九资河镇绿色低碳小城镇的可持续发展，是一件非常有意义的尝试。

（二）基于O2O的九资河镇农产品流通的运行保障

1. 建立基于电子商务与物流快递协同的现代化流通体系

山区村庄分布的碎片化，是长期以来克服制约农村地区信息服务的重要障碍。目前，罗田县和九资河镇对当地的流通渠道建设与优化的手段主要是按照县—乡镇—村三级综合服务站标准设立镇级运输服务中心，并通过对其税收减免和连接国内物流网络、引进快递企业进驻九资河镇的方式构建农村物流配送体系，农资物品、农副产品可以由县内客运班线顺便捎带到九资河交通综合服务站[7]，这在一定程度上优化了九资河镇的流通格局，但依然未能有效解决“最后一公里”问题。在此基础上，可以实施以“政府引导、市场运作、多元参与、合建共赢”的“政企社共建”的农村信息化服务模式，考虑改造成立负责整合政府、企业和社会组织资源的县级便民服务中心运营总部，以市场化运作引入开发农村市场的服务型企业资源参与，以收取加盟企业服务费用等维持服务中心运营，以政府财政支持为手段根据便民服务中心服务标准及服务事项的考核运行进行评级，用以奖代补的形式分标准给予差异化补助，共同打造非盈利组织为主体、“平台共建、资源共享、渠道共用”的农村信息服务链[8-13]；同时，在原有的行政村服务中心和“万村千乡市场工程①”在农村的流通网络布局的基础上进

① 万村千乡市场工程由商务部2005年2月开始启动，主要通过安排财政资金，以补助或贴息的方式，引导城市连锁店和超市等流通企业向农村延伸发展“农家店”，构建以城区店为龙头、乡镇店为骨干、村级店为基础的农村现代流通网络。

行全面的机构与功能重组、升级，将行政服务、社会服务与市场供求紧密结合在一起，依托每个行政村和自然村落的商业便利店，建立起一个基础性农村电商平台，以“专人+专业”的新方式，利用一村一名大学生和本村知识面相对较广、威望较高并会操作电脑的村民为附近农户提供代买代卖、代收代发等各种服务，用“统一地点收货地址”的办法通过政府的财政政策和参与农村市场市场开发的服务型企业资源对物流快递公司进行补贴，解决农村运输难题[9-12,14]。这种从上至下的无缝对接能有效突破信息和物流的瓶颈，使“工业品货下乡”和“农产品进城”，实现了双向流通[10]。

表 2　　村级信息服务中心运行模式及政策支持系统[15]

<table>
<tr><th>工作内容</th><th>工作要求或条件</th><th>政策支持</th></tr>
<tr><td>代买代卖</td><td>在每个村或自然村落培训一名服务员（兼职），通过返利模式让年轻人帮助村民在网上进行代购</td><td rowspan="3">免费配备电脑，并解决上网问题；工商、质监等部门对产品品质严格把控；根据代买代卖销售记录进行提成，对每单代买代卖收取一定手续费等作为服务中心的主要运作资金</td></tr>
<tr><td>物流配送</td><td>县级建立运营中心（总仓），与物流公司对接，然后自建县—乡镇—村三级配送物流，使网购商品顺利到达村民手中</td></tr>
<tr><td>售后服务</td><td>提供网上购买的商品平台担保，若存在质量问题可进行退换货</td></tr>
</table>

同时，建立基于快递的网购市场鲜活农产品冷链销售体系[17]。为了保证鲜活的农产品保持品质新鲜、口感优良送到消费者手中，采用专用纸袋+环保纸垫的包装方式以保护农产品在运输过程中不受损伤；同时，采用超大冰袋+铝箔气泡沫和野生蕨类的制冷方式，运用快递业务的速度优势进行保温泡沫箱运输，既延长了制冷时间，又能防止农产品因制冷温度过低而冻伤，其鲜活率可以达到95%以上[16,17]。

表 3　　网购背景下的水产品“鲜活制造”控制流程[17]

<table>
<tr><th>工作时间</th><th>工作任务</th><th colspan="2">工作要求（标准）</th></tr>
<tr><td>21：00—次日 00：00</td><td>打捞螃蟹</td><td colspan="2">装货篓加冰</td></tr>
<tr><td rowspan="2">次日 00：00—03：00</td><td>螃蟹分类</td><td colspan="2">母蟹≥125 克，公蟹≥150 克</td></tr>
<tr><td>产品包装</td><td colspan="2">绳索包扎，挂上防伪标签</td></tr>
<tr><td rowspan="3">次日 04：00—06：00</td><td rowspan="3">产品组合</td><td>不同规格产品放入底部有湖草的泡沫箱</td><td rowspan="3">泡沫箱温度≤22℃，绝对湿度≥80%</td></tr>
<tr><td>每个泡沫箱放入一瓶结冰矿泉水</td></tr>
<tr><td>将泡沫箱放入礼品蟹包装袋</td></tr>
<tr><td>次日 06：00—09：00</td><td rowspan="2">产品运输</td><td colspan="2">到达天河机场飞机有氧舱</td></tr>
<tr><td>次日 11：00—16：00</td><td colspan="2">到达各大城市指定酒店宾馆、餐饮企业以及家庭消费者</td></tr>
</table>

2. 积极开发线上线下融合的农业生态体验游的旅游产品

长期产业分界发展的思维局限，使传统的电商业态对旅游业和农产品的线上渠道的理解极为肤浅：旅游景区以销售门票为入口，吸引旅客消费[18]；相对于实体店，线上渠道使农产品增加了一种新的销售方式[18]。随着信息技术的发展和O2O的电商业态的扩展与应用，消费者吃住行乐娱购的一体化需求，使当地旅游资源与特色农产品具备了天然的融合基因[18]。因此，九资河镇政府应该凭借丰富的物产资源，将农产品融入生态体验游。首先，借助淘宝网特色中国黄冈馆，将九资河镇及天堂寨风景区附近的名优农特产品、手工艺品和旅游资源快速推向全国市场，开辟出一条特色农产品、文化旅游行业发展的全新传播渠道，并做好农业生态体验游的旅游产品开发，按照山水人文脉络对商家和品类进行增量挖掘、梳理鸠兹古邑“边游边淘”体验馆内的各种特色农产品，精挑细选展现产品细节和产品背后的故事，并通过微信微博等新兴传播媒体，提前一段时间发布诸如季节性强、储存周期短的山野菜、无公害蔬菜、瓜果等鲜活农产品的预售信息，组织旅客参与追寻天然绿色农产品源头的推广区域内景点和生态环境的“找食”探访活动，让更多的消费者认识九资河镇的绿色农产品，在了解和体验充满特色地方文化的山味野菜吊锅、烟熏腊肉等制作过程的基础上，提升和强化旅客在农业生态体验旅游中对整个九资河镇生态环境的认知，并结合线下旅游景点资源，实现农产品电商与旅游O2O互相引流，以此促成更多的消费订单[19]。其次，旅客通过亲身体验、免费品尝区域内乃至大别山地区各种优质特产，通过现场扫描二维码或电脑下单后，由仓库统一发货，用快递业务迅速送达消费者手中。这种打造一种完美的客户体验线上与线下的融合，可以获得更多旅客的信任感，有利于减少因供求信息不对称对农业的冲击和农产品滞销情况，尽可能保证农民最大收益，实现农业可持续发展。

表4　基于消费者体验的鲜活农产品预售模式流程[20]

工作环节	工作过程	工作要求
提前售卖	在农作物播种后、成熟前在电商平台上挂单销售	通过视觉和文字的方式，将产品的独特卖点、产地的独特优势展现给消费者
线下体验	将农作物的成长情况实时展示给消费者，消费者也可实地感受、切身体验	产品种植基地、采摘经验等维度，全程展现给消费者
生产包装	农作物成熟后，生产者对其采摘、分拣，而后再进行针对性的处理及包装	有统一的种植、采摘和包装标准
物流配送	通过顺丰优选的冷链物流优势和快递协同等方式送达消费者手中	对各个环节进行精确控制，确保产品按时保质保量送达
消费评价	消费者对购买的农产品进行消费，并评价反馈，以及口碑传播	针对消费者的负面评价，找出原因并在工作中纠正

3. 实施健全的农产品流通中的质量追溯体系

首先，实行政府重在调控、农民保证品质、企业负责流通的分工化专业化管理。一方面，对诸如农家山羊、土猪肉、生态鸡等肉类和生鲜瓜果类没有统一执行的、难以标准化的特色土特产品，借鉴先行县域的自建标准的经验，组织淘宝网特色馆网店协会根据行业、产业最新进展、市场消费信息和当地生态优势制定出相应的产品标准，进行品牌化包装，借助电子商务平台营销[16,21]。同时，政府应该加大全镇区域内特色中药材、精细农业和绿色（饮）食品主要产区的资源整合力度，在实施与完善“一村一品”总体规划和“农户＋公司＋网络”的产业模式下，精心培育一定数量的具有地域特色农产品建立产品档案，构建以茯苓、天麻为龙头，桔梗、苍术等多品种药材及其他绿色农产品的生产、加工、销售一条龙的现代农业产业统一抱团发展，使市场品牌效应进一步提升[1]。同时，通过出台针对性甚至倾斜性的地方法规，引导涉农企业和高等院校、科研院所共同设置理论功底强、实践经验丰富的咨询专家小组，定期向农业服务需求比较集中的村落提供实地性的农药、肥料使用、虫害处理及行业、产业最新标准的指导和培训；另外，联合农业产业及相关质量监督部门、科研院所和网店协会对生产基地的品种、水质、土壤、环境及适宜种植（养殖）产品种类等指标进行分析，督促合作社、农业大户等组织或个人按照产品重量、色泽、农残、杂质等理化标准严格落实生产，通过政策引导和监督农业合作社、基地和农户建立播种与采收、生长周期、生长期施肥量、农药用量的生产过程记录，并接受农药残留等质量监督检查，为农产品绿色化生产的质量追溯提供依据[22-23]。此外，引导和培育本土化的运输企业向现代仓储、加工等功能延伸，将单一的运输服务向现代物流多项服务方向发展，同时引进专业化的物流快递企业，为构建方便快捷的城乡流通一体化的格局提供专业化的服务支持。

表5　浙江省遂昌县自建的红提标准[21]

监测点	指标体系
果穗、单粒果重	穗重不低于0.75kg，单粒果重大于等于14g
颗粒大小	果粒横径大于23mm，竖径大于等于26mm，占果穗95%
着色与果品	红色占到85%，颜色呈自然红熟色，无病果、伤果、腐烂果、青果、小果、干果、软果
口感与甜度	果皮薄厚适中，果肉脆硬，味甜，无涩口感，甜度需达到14度（用甜度计测试）
农药含量及其他	监测无农药残留；其他标准按特级产品需要采购，允许5%的果穗品质和果穗大小不符合特级品要求，但符合一级品要求

其次，加大农产品各个环节品控力度。一是规范和提高农产品信息发布、网上交易、信用服务、电子支付、物流配送等方面的服务质量和效率；二是严厉打击以次充好、假冒伪劣和不正当竞争的有损市场正常秩序有序运转和品牌形象的交易行为，以迅速截断一切线上线下交易活动的严厉行政处罚为手段，用高昂的市场交易违规成本维持各个环节的品控水平[8,22]。同时，重视和提高农产品品牌建立与保护意识。绿色化农产品品牌的建立和可持续发展的最终落脚点是产品的质量，最有效的农产品质量追溯体系的关键是自觉接受市场监督，确保自身环节将符合标准的产品提供给消费者，

只有消费者和生产者之间建立信任，才能推动品牌的建立和农业产业的可持续发展。

四、结语

毕竟，O2O模式在农产品流通中的应用还处于探索阶段，将山区绿色农产品产供销与涵盖行、食、住、游、购、娱等多行业发展的区域内旅游业结合起来，形成综合性、多样化的复合消费经济链和关联度大、产业链长的泛旅游产业群，这种资源的整合和农产品流通模式需要政府、企业和社会组织在建立电子商务与物流快递协同的现代化流通体系、开发线上线下融合的农业生态体验游的旅游产品和实施健全的农产品流通中的质量追溯体系等多方面的共同努力和相互支持。

参考文献

[1] 杨辉鹏．湖北山区绿色低碳小城镇健康发展的路径初探［J］．福建商业高等专科学校学报，2013（4）：79－84.

[2] 汪旭晖，张其林．基于线上线下融合的农产品流通模式研究——农产品O2O框架及趋势［J］．北京工商大学学报：社会科学版，2014（5）：18－25.

[3] 赵志田，杨坚争．电商环境下农产品物流理论架构、发展策略——来自浙江丽水的数据［J］．中国流通经济，2014（6）：108－113.

[4] 刘畅，安实，谢秉磊．基于顾客选择行为的O2O实体渠道与网络渠道竞争［J］．上海管理科学，2015（4）：30－37.

[5] 北京绿维创景规划设计院课题组．把握黄金机遇期，旅游助推新型城镇化［N］．中国旅游报，2013－01－04（3）.

[6] 钟海．O2O电子商务模式展望［J］．时代金融，2013（12）（下旬）：331－331.

[7] 罗春蚕．农村交通物流 谱写九资河经济发展新乐章［N］．农村新报，2012－07－05（8）.

[8] 颜伟杰．农产品电商，尝试新玩法［N］．浙江日报，2014－05－30（9）.

[9] 周咏南．遂昌推行政企共建农村公共服务新模式——山村来了“职管家”［N］．浙江日报，2014－11－24（4）.

[10] 崔璀，肖靓．打通“最后一公里”［N］．丽水日报，2014－04－17（5）.

[11] 蒋文龙．农产品电子商务大门被撬开［N］．新农村商报，2013－4－24（A6）.

[12] 刘月娇．政企共建村级服务中心［N］．农民日报，2014－10－14（6）.

[13] 蒋文龙，朱海洋．看信息如何进村入户［N］．农民日报，2015－05－05（1）.

[14] 曾翠，肖靓，王海军．全国聚焦遂昌农村信息进村入户［N］．丽水日报，2015－05－08（1）.

[15] 林彦均．阿里为什么害怕赶街［EB/OL］．http：//www.jonkon.com/culture/detail_160.htm，2015－07－16/2015－07－29.

[16] 网易财经．遂昌县：一个县城如何玩转生鲜电商和O2O［EB/OL］．http：//money.163.com/14/0304/08/9MFTS0E500253G87.html#from＝keyscan，2014－03－04/2015－07－29.

[17] 杨辉鹏，汪利虹．基于网购的鲜活水产品流通模式创新研究［J］．物流工程与管理，2012（12）：56－59.

[18] 余妙玉．农产品＋旅游变身电商新宠［EB/OL］．http：//www.100ec.cn/detail—

6191839. html, 2014 - 08 - 16/2015 - 07 - 29.

[19] 余妙玉. 特色中国安徽馆：农产品与旅游联姻 [EB/OL]. http://www. wshang. com/news/detail/id/346. html, 2014 - 08 - 20/2015 - 07 - 29.

[20] 刘佳. 农产品上网预售买卖双方都获利 [J]. 现代营销（营版），2014 (8): 20 - 21.

[21] 陈亮. 从阿里平台看农产品电子商务发展趋势 [J]. 中国流通经济, 2015 (6): 58 - 64.

[22] 王军. 利用信息技术提升农村商品流通现代化水平——遂昌电子商务考察报告 [J]. 农业部管理干部学院学报, 2014 (12): 31 - 35.

[23] 蒋升阳. 厦门：源头可溯保障舌尖安全 [N]. 人民日报, 2014 - 06 - 12 (3).

物流业发展对制造业效率的影响：制度环境的调节作用*

梁红艳

摘　要：本文将制度环境作为物流业与制造业联动发展的基础性决定因素。在理论分析对内的市场分割和对外的开放政策对物流业发展与制造业效率关系的调节机制的基础上，提出假设，并利用中国30个省区2004—2010年的面板数据对制度环境的调节效应进行了经验分析，研究结果显示：①物流业对制造业生产率具有显著的提升作用。②消费品与资本品市场分割对物流业与制造业生产率关系具有显著的负向调节作用，即消费品与资本品市场分割越严重，越不利于物流业对制造业生产率提升作用的发挥，而且资本品市场分割的调节效应更强。③对外开放政策中，FDI对物流业与制造业生产率关系具有显著的正向调节效应；而对外贸易发展水平对物流业与制造业生产率关系的调节作用不显著。

关键词：物流业　制造业效率　制度环境　市场分割　对外开放　调节效应

一、引言

物流是制造企业供应链的重要组成部分，对制造业的运营效率具有至关重要的影响。随着市场竞争的加剧、客户需求的多样性及动态性，同时出于对生产分散化、物流复杂性增加、降低成本与风险等方面的考虑，制造企业越来越倾向于将物流活动外包。物流业与制造业的互动需求趋势不断加强，形成相互依赖、共同发展的互补关系。一方面，制造业的发展会引致对社会化物流服务的需求；另一方面，物流业是制造业提高生产率的基础。

理论上，制造企业将物流活动外包，可以达到降低成本、提高效率、增强竞争力的目的。但现实情况是，不同国家和地区制造业物流外包的程度与外包的效果存在很大差异。相比发达国家，目前中国物流业与制造业联动发展的实践还存在很多问题，如社会化物流发展水平不高、制造业物流外包比例较低、外包绩效不理想等。因此，探究我国物流业与制造业联动发展的影响因素，探寻增强物流业对制造业效率提升作用的路径具有重要的现实意义。

二、文献评述与问题的提出

关于物流业发展对制造业的影响，基于企业层面展开的案例分析，与基于产业层

* 基金项目：国家社会科学基金项目（12BJY069）、教育部人文社会科学研究青年基金项目（14YJC790074），得到福建省社会科学研究基地——福州大学物流研究中心资助。

作者简介：梁红艳（1985—），女，湖北仙桃人，讲师，管理学博士，研究领域为物流管理、服务经济学。

面展开的实证研究，所得结论都支持了物流业对制造业发展的重要性。企业层面，既有研究发现物流外包可以减少固定资产投资，降低成本，提高顾客满意度（Bardi 和 Tracey，1991）[1]；减少劳动力，提高劳动生产率（Sink 等，1996；Razzaque 和 Sheng，1998）[2,3]；有利于实现 JIT，提高技术效率（Lewis 和 Talalayevsky，2000）[4]；提高制造业柔性、提供增值服务（Sohal 等，2002；Lieb 和 Bentz，2005）[5,6]。利用投入产出分析法展开的研究，所得结果均显示物流业对制造业发展具有显著的促进作用（张江华，李晓晨，2010；苏秦，张艳，2011）[7,8]。韦琦（2011）研究发现中国制造业与物流业之间存在着长期均衡关系，而且物流业是制造业发展的格兰杰原因[9]。刘秉镰，林坦（2010）研究发现，物流外包对制造业生产率的总效应为正[10]。因此，物流业为制造业转型升级提供了良好的外部条件，我国制造业可以充分利用社会化物流，将物流活动外包，这对于我国制造业生产率提高和增长模式的转变具有重要意义。

物流业对制造业发展的重要作用虽然已经形成了普遍共识，但是各国的经验表明，不同国家或地区物流业与制造业之间的联动程度存在明显差异，我国物流业与制造业的联动发展实践并不理想。对此，相关研究探讨了诸多原因。Lau 和 Zhang（2006）通过案例分析，发现影响中国制造业物流外包的主要因素有经济因素（物流服务成本）、环境因素（物流服务提供商的信息化水平和综合能力）以及交易效率[11]。国内研究主要从物流业市场竞争秩序、物流服务水平、政策法律、信用机制和进退机制等方面提出完善联动环境的建议（王茂林，刘秉镰，2009；黄福华，谷汉文，2009；黄有方，严伟，2010）[12-14]。

但是，无论是企业竞争力，还是外部环境，都应该内生于制度环境，不同的制度环境可能才是导致各国家或地区物流业发展对制造业的影响存在差异的基础因素。顾乃华（2010）指出，生产性服务业的发展与工业企业的服务环节外包之间形成的是一个正向反馈机制，这个机制需要完善的制度环境支撑，否则正向反馈效应可能被削弱或终止[15]。杨锐等（2011）认为，企业由在内部通过权威命令进行资源配置转向外部联结时，外部联结的成功实施需要满足三个条件：知识被清楚的表达并能被打包封装，并传递给分包企业；分包企业有动机且有能力“开包”，即具有正确理解和演绎知识的能力；知识可以无制度障碍地迁移[16]。制度是一个社会的博弈规则，是人为设计的、塑型人们互动关系的约束（North，1990）[17]。制度抑制了交易主体的机会主义行为，提高了交易的可预见性，通过交易成本的节约规定了经济活动的激励机制，而激励机制的演进则决定了经济结构的变迁与绩效。因此，制度是经济增长的源泉（Acemoglu 等，2004）[18]。

现有文献虽然提到制度对物流业与制造业联动发展的作用，但未将其作为地区间两业联动发展差异的一个基础性解释。实际上，制度对于产业联动的重要性在产业发展以及企业纵向一体化的影响因素的文献中已得到了一些证据支持。如关于制度对服务业发展的影响，Clague 等（1999）指出相对于制造品，服务品的生产、交易和消费涉及更为密集和复杂的契约安排，制度环境对服务业具有重要影响[19]。相关的实证研究从对外开放（Mattoo 等，2006；张颖熙，夏杰长，2013）[20,21]、要素市场扭曲（陈艳莹，王二龙，2013）[22]、法治水平（汪德华等，2007；胡超，张捷，2011）[23,24]等角度，都证实了制度环境的完善对服务业增长具有显著的促进作用。关于企业外包决策，Grossman 和 Helpman（2002）指出，只有当纵向一体化产生的内部治理成本大于企业外包产生的市场交易成本和契约不完全性产生的套牢风险时，企业的外包决策才会被激发[25]。North（1990）指出，在一个充满不确定因素的环境中，制度决定着交易成本的大小[16]。相关实证研究所得结果也证实了制度环境越完善，企业越倾向于垂直专业化生产（Luigi Pascali，2009；李磊等，2011；于涛，2011）[26-28]。关于制度对交易效果的影响，Costinot（2005）、Vogel（2007）研究发现，良好的制度可以深化劳动分工，缓解道德风险，从而促进劳动生产率提高和人力资本积累[29,30]。

综上所述，已有文献主要分析的是物流业发展对制造业影响的存在性，而针对两者联动发展不足的因素，既有研究仅停留在零散的定性分析层面，未挖掘内在的本源性因素。相比既有研究，本文的扩展之处有：①本文不再仅停留在分析物流业对制造业效率的影响层面，拟拓展这一问题，重点探寻增强物流业对制造业效率提升作用的路径。②本文重点讨论制度环境对我国物流业与制造业效率关系的影响。如前文所述，制度在决定各地区物流业与制造业效率关系上可能具有基础性的决定作用，但这在既有文献中尚未得到应有的关注。

三、制度环境对物流业与制造业效率关系的调节机制

（一）中国转轨时期的主要制度安排

改革开放以来，我国形成了几项关键性制度安排：第一，继 20 世纪 50 年代末和 70 年代初这两次行政性分权后，1978 年开始再次采取行政分权，下放了财政权和税收权、投融资权和企业管辖权；第二，尽管非国有化进程不断深入，但在资源分配上遵从一定主从次序，仍给予国有企业更多照顾；第三，在开放政策的指引下，各地区大力引进外资和发展对外贸易（赵奇伟，2009）[31]。其中，行政性分权导致市场分割（银温泉，才婉茹，2001）[32]。财政分权所致的地区间财税竞争使得各省区之间出现市场分割（周黎安，2007）[33]，包括典型的消费品和资本品市场分割。而资源分配主从次序导致低资源配置效率，使得非国有企业无法获取充裕的资金与人才支持。对外贸易与 FDI 则对我国的技术进步和生产率增长具有溢出效应。考虑到资源分配主从次序的数据可获性问题，本文主要考察对内行政性分权与对外开放政策对物流业与制造业效率关系的影响。

（二）制度环境的作用机制

1. 市场分割的作用机制

（1）市场分割对物流业发展的影响。物流业具有复合型、开放、跨区域、跨部门、网络化等特征，市场分割对其发展具有明显的影响。一是高效的物流服务是资源流通的保障。物流企业的信息、运作节点及组织网络的规模直接影响其物流空间组织能力。物流网络的形成需要一个开放型的经济体，而市场分割阻碍了物流企业的网络扩张和规模经济的形成。二是市场分割不利于发挥地区比较优势，是市场无序竞争的重要根源，出现港口、机场及物流园区等物流运作节点的重复建设，导致土地、资金等要素被大量占用、资源配置效率降低、供求失衡和结构性矛盾突出等弊端，阻碍了各地区

物流业的资源整合。

(2) 市场分割对制造业发展的影响。一是市场分割阻碍了各地区生产要素的自由流动，导致资源配置效率偏低。二是国内市场需求理应是企业规模经济的支撑，但市场分割导致省际贸易壁垒较高，不利于规模效应的实现（陈敏等，2007）[34]。三是产品市场分割割裂了供给和需求的有机联系，多样化产品丧失了与市场需求衔接的机会，进而造成产品积压，投资资金回笼慢，导致企业再生产能力下降，同时研发资金相应减少，减弱了企业竞争力（钟昌标，2005）[35]。四是市场分割阻碍了国内竞争机制的形成。市场竞争会迫使企业不断寻找更低成本的生产组织方式，提高竞争力，但市场分割却将企业置于一个温室环境里（银温泉，才婉茹，2001）[32]，导致企业的竞争意识淡薄。

(3) 市场分割对交易环境的影响。市场分割阻碍了生产要素和产品在地区间的自由流动，企业自由选择交易对象的机会减少。因此，市场分割带来的制度环境缺陷使得企业需要承担高昂的签约成本和监督成本等交易成本。

可见，市场分割割裂了广阔的市场，削弱了物流业与制造业的竞争力；弱化了物流业与制造业的产业关联及空间互动；不利于形成良好的交易环境。这三个方面都不利于物流业对制造业效率提升作用的发挥，据此，本文提出假设：

假设 1a：消费品市场分割程度越高，物流业对制造业效率的提升作用越弱。

假设 1b：资本品市场分割程度越高，物流业对制造业效率的提升作用越弱。

2. 对外开放的作用机制

(1) 对外贸易和 FDI 的技术溢出效应

①对外贸易的技术溢出效应。国际贸易是技术转移和扩散、技术溢出的重要渠道。进口贸易的技术溢出机制主要表现为市场性溢出。其一，通过进口国外先进设备、新产品或工艺，这些商品的贸易将物化型技术知识传递到国内企业。其二，进口中间产品在嵌入国内生产链时，物化型的技术知识通过生产链传递给本地企业的上游（下游）生产者。出口贸易的技术溢出机制相对较间接：其一，“干中学”效应。出口企业可以获得贸易伙伴提出的改进质量、工艺和设计等方面的建议，在出口实践中学习和吸收新技术。其二，竞争效应。出口企业迫于国际市场竞争压力，必须积极主动地改进商品质量，降低成本，提高生产率。其三，示范效应。企业为了展示和推销产品等需要，会派专业技术人员进行培训，本地企业可获取一些关于先进技术、新产品以及市场的信息，从中学习、模仿和复制。

②FDI 的技术溢出效应。FDI 的技术溢出机制主要有竞争效应，示范、模仿效应，人员培训与流动效应及关联效应（Caves，1974；Kokko，1992）[36,37]。其一，竞争效应。FDI 加剧了东道国企业之间的竞争，迫使东道国企业加大人力资本和研发的投入，更新和升级生产技术和生产设备，改善经营和提高质量。其二，示范效应。跨国公司在技术、管理及营销等方面具有很强的优势。因此，东道国企业可以通过不断学习、模仿并吸收对方的先进经验（Das，1987）[38]。其三，人员的培训效应与流动效应。外资企业对本土企业的管理和技术人员进行生产技术、管理制度和经营理念等方面的培训可以提升东道国的人力资本存量。其四，产业关联效应。本地上下游企业通过享受

外资企业提供的高质量中间产品或技术管理支持等而获得垂直外溢。

（2）对外贸易和 FDI 的制度变迁效应

随着对外开放政策的深入，一国会接触到其他国家的制度，从而降低制度创新的成本，围绕法律、政策、管理制度等问题，设计高效的新制度，以促进对外贸易发展。此外，本地企业在国际竞争市场上，展开的商品质量、价格、创新速度的竞争蕴含着企业层面的制度竞争。外部环境迫使企业激活运行机制，建立权责明确、流转顺畅的现代企业产权制度，设计提高生产率和鼓励创新的激励机制。

综上，可以看出对外贸易和 FDI 主要带来两方面的影响：一是提升了物流企业的竞争力，增强了物流企业的服务供给能力；提高了制造企业的技术水平，强化了制造企业的竞争意识，增强了物流外包的动机；二是有利于形成一个新的交易环境。据此，本文提出假设：

假设 2a：对外贸易发展程度越高，物流业对制造业效率的提升作用越强。

假设 2b：FDI 引进程度越高，物流业对制造业效率的提升作用越强。

四、经验研究与结果分析

本部分将检验市场分割和对外开放在物流业与制造业生产率关系中的调节作用，透视在不同情境变量的作用下，物流业对制造业生产率的影响的不同特征。

（一）模型设定与变量说明

1. 计量模型

在检验变量的调节效应前，首先将物流业发展水平（自变量）以及制度环境（连续的调节变量）进行中心化变换，并将处理后的物流业发展水平分别与处理后的制度环境变量相乘，得到交互项，以备分析之用。根据检验步骤，建立相应的模型 1 ~ 模型 4：

模型 1：

$$\ln(TFP_{it}) = \alpha_0 + \alpha_1\ln(LQM_{it}) + \alpha_2\ln(RDI_{it}) + \alpha_3\ln(HUM_{it}) + \alpha_4\ln(TRANS_{it}) + \alpha_5\ln(GOV_{it}) + \mu_i + v_t + \varepsilon_{it} \tag{1}$$

模型 2：

$$\ln(TFP_{it}) = \beta_0 + \beta_1\ln(LQM_{it}) + \beta_2\ln(RDI_{it}) + \beta_3\ln(HUM_{it}) + \beta_4\ln(TRANS_{it}) + \beta_5\ln(GOV_{it}) + \beta_6\ln(LOS_{it}) + \mu_i + v_t + \varepsilon_{it} \tag{2}$$

模型 3：

$$\ln(TFP_{it}) = \gamma_0 + \gamma_1\ln(LQM_{it}) + \gamma_2\ln(RDI_{it}) + \gamma_3\ln(HUM_{it}) + \gamma_4\ln(TRANS_{it}) + \gamma_5\ln(GOV_{it}) + \gamma_6\ln(LOS_{it}) + \gamma_7\ln(\lambda_{it}) + \mu_i + v_t + \varepsilon_{it} \tag{3}$$

模型 4：

$$\ln(TFP_{it}) = \phi_0 + \phi_1\ln(LQM_{it}) + \phi_2\ln(RDI_{it}) + \phi_3\ln(HUM_{it}) + \phi_4\ln(TRANS_{it}) + \phi_5\ln(GOV_{it}) + \phi_6\ln(LOS_{it}) + \phi_7\ln(\lambda_{it}) + \phi_8\ln(LOS_{it}) \times \ln(\lambda_{it}) + \mu_i + v_t + \varepsilon_{it} \tag{4}$$

其中，参数 μ_i 是体现各地区之间差异的非观测效应；参数 v_t 是体现时间之间差异的非观测效应；参数 ε_{it} 是误差项；LOS_{it} 为物流业发展水平，是核心解释变量；λ_{it} 是需要重点分析的调节变量；模型中其他的变量 LQM_{it}，RDI_{it}，HUM_{it}，$TRANS_{it}$，GOV_{it} 均为控制变量。

2. 数据来源与变量说明

本部分使用中国 30 个省区 2004—2010 年的面板数据（其中西藏因数据缺失而被剔除）。之所以采用 2004—2010 年的数据，是因为无法获得 2004 年前各省区物流业增加值数据。本章所用数据来源于《中国第三产业统计年鉴》（2005—2011）、《中国统计年鉴》（2005—2011）、《中国城市（镇）生活与价格年鉴》（2011）。

模型中各变量的含义以及指标设计说明如下。

（1）被解释变量：全要素生产率累积指数（TFP）。全要素生产率累积指数由历年的 TFP - Malmquist 指数通过逐年累积相乘得到。在生产率的计算中，投入为各省区制造业的固定资产净值年平均余额、年平均从业人数，产出为各省区制造业增加值。为消除价格因素的影响，固定资产净值年平均余额用以 2004 年为基期的固定资产价格指数进行平减，制造业增加值用以 2004 年为基期的工业品出厂价格指数予以平减。需要说明的是，由于 2008 年以后省区制造业增加值数据无法获得，本文根据国家统计局公布的各地区工业增加值增长速度计算得到。

（2）核心解释变量：物流业发展水平。物流业的产出水平决定了它的发展水平，据此，本文选用交通运输仓储、邮政业增加值代表物流业发展水平。

（3）调节变量。各制度变量的测算说明如下。

①市场分割程度。市场分割的测算方法有多种，主要有贸易流量、专业指数、价格指数、生产法、经济周期等。这些方法各有利弊，其中，价格指数法（Parsley and Wei，1996）[39]的特点在于其计算结果仅包括与市场分割有关的信息，与商品自身特征无关。本文利用价格指数法来测算。首先，选取三维（$t \times m \times k$）的面板数据，其中，t 为年份，m 为地区，k 是某类产品。本文使用的基础数据是商品零售价格指数、固定资产投资价格指数。为了保证一致性和连贯性，选取 15 类有连续统计的零售商品：粮食、油脂、肉禽蛋、水产品、鲜菜、干鲜瓜果、饮料烟酒、服装鞋帽、纺织品、中西药及医疗保健用品、文化体育用品、书报杂志、日用品、化妆品及燃料。关于固定资产投资品，本文借鉴赵奇伟（2009）[31]的做法，选取建筑安装工程、设备工程和器具、其他资本品三类。

以消费品为例。首先，采用价格比对数的一阶差分来度量相对价格：$\Delta Q_{ijt}^k = \ln(p_{it}^k/p_{jt}^k) - \ln(p_{it-1}^k/p_{jt-1}^k) = \ln(p_{it}^k/p_{it-1}^k) - \ln(p_{jt}^k/p_{jt-1}^k)$，其中，$i$ 和 j 表示地区，t 表示时间，k 表示商品。考虑整个国内市场，由 2004—2010 年 435 对省区组合以及 15 类商品的样本可得到 45675 个差分形式的相对价格 $|\Delta Q_{ijt}^k|$。本文采用去均值法处理地区间商品价格变动 $|\Delta Q_{ijt}^k|$ 中可能包含的商品异质性导致的不可加效应：假定 $|\Delta Q_{ijt}^k| = a^k + \varepsilon_{ijt}^k$，其中，$a^k$ 为第 k 类商品自身特性而引起的价格变动，而 ε_{ijt}^k 与 i、j 两地区的市场环境相关。为了消除固定效应 a^k，首先在年份 t，商品 k，对 435 对省区组合间的相对价格 $|\Delta Q_{ijt}^k|$ 求得均值 $|\Delta \bar{Q}_t^k|$，再分别用 435 个 $|\Delta Q_{ijt}^k|$ 减去 $|\Delta \bar{Q}_t^k|$，得到：$q_{ijt}^k =$

$|\Delta Q_{ijt}^k| - |\Delta Q_t^k|$，其中 q_{ijt}^k 仅与地区间的市场分割因素和一些随机因素有关。接下来，为了不牺牲时间维度，本文计算 i、j 两地区在时间 t 内 15 类商品之间价格波动 q_{ijt}^k 的方差 var（q_{ijt}）。再利用 var（q_{ijt}）计算样本期间内 435 对省区组合的相对价格方差：$var(q_m) = (\sum_{i \neq j} var(q_{ijt}))/N$，即得到各省区与全国其他省区之间的消费品市场分割指数（IGOODS），其中，n 表示地区，N 表示合并的省区组合数目。资本品市场分割指数（ICAPTIAL）的计算采用相同的方法。

②对外开放程度。本文采用外贸依存度来衡量贸易开放度（ITRADE），即各地区进出口总额占 GDP 比值。进出口贸易额均用当年的美元和人民币汇率的中间价换算成以人民币为单位。外商直接投资水平（IFDI）用实际利用外商直接投资额占 GDP 比值来衡量，实际利用外商直接投资额用当年的美元和人民币汇率的中间价换算成以人民币为单位。

（4）控制变量。本文基于新经济地理与新经济增长视角引入相关控制变量：①制造业集聚（LQM）与多样化经济（RDI）。LQM 指数表示各省区的制造业集聚度，用区位熵表示：$LQM_i = s_{ij}/s_j$，其中，s_{ij} 是 i 省区制造业产业的产值占 i 各省区总产值的比重，s_j 是所有省区制造业产值占所有省区产值总和的比重。多样化经济（RDI）的计算公式为：$RDI_i = 1/\sum_j |s_{ij} - s_j|$，$s_{ij}$ 和 s_j 含义同上，因缺乏产值数据，本文利用各产业的城镇单位就业人员数计算 s_{ij} 和 s_j，且剔除了制造业。②人力资本水平（HUM）。本文用平均受教育年限来衡量，具体以各省区就业人口中受教育程度构成的百分比为权重，对受教育年限进行加权平均，其中，文盲为 0 年，小学为 6 年，初中为 9 年，高中为 12 年，大专及以上为 16 年。③交通基础设施（TRANS）。本文用铁路、公路和内河航道里程之和除以各省份的国土面积来衡量交通基础设施发展水平。④政府支出（GOV）。本文用扣除了教育和科研支出以后的财政支出占 GDP 的比重来表示政府对经济的参与程度。

3. 变量的平稳性检验

为了降低异方差的影响，本文对各变量均取对数。为避免伪回归，本文采用 LLC 和 IPS 面板单位根检验方法对取对数之后的各变量的稳定性进行分析。表 1 的检验结果表明，lnLQM，lnRDI，lnHUM，lnTRANS，lnGOV，lnLOS，lnIGOODS，lnICAPITAL，lnITRADE，lnIFDI，LnTFP 均是平稳序列。

表 1　各变量单位根检验结果

变量	lnTFP	lnLOS	lnLQM	lnRDI	lnHUM	lnTRANS
LLC 统计量值 （P 值）	-11.359*** (0.000)	-7.375*** (0.000)	-2.367*** (0.009)	-5.704*** (0.000)	-14.075*** (0.000)	-41.017*** (0.000)
IPS 统计量值 （P 值）	-11.082*** (0.000)	-5.868*** (0.000)	-2.039** (0.018)	-2.189** (0.014)	-3.152*** (0.001)	-39.036*** (0.000)

续 表

变量	lnGOV	lnIGOODS	lnICAPITAL	lnITRADE	lnIFDI
LLC 统计量值（P 值）	-18.467*** (0.000)	-9.832*** (0.000)	-27.938*** (0.000)	-1.658** (0.0486)	-22.822*** (0.000)
IPS 统计量值（P 值）	-1.336* (0.091)	-2.581*** (0.005)	-8.140*** (0.000)	-3.393*** (0.000)	-6.157*** (0.000)

注：*，**和***分别表示10%，5%和1%的显著性水平。

（二）检验结果与分析

为了克服各省区间可能存在而又无法识别的异方差，表2中各系数的标准误差都经过了怀特异方差修正，并考虑了序列相关问题。面板设定的F检验结果表明个体固定效应显著，而且Breusch-Pagan LM检验说明随机效应模型比混合OLS更合适。Hausman检验结果都在1%显著性水平上拒绝零假设，说明选用固定效应模型更适宜。经检验，模型均具有空间和时间的双向固定效应，为了简捷起见，本文略去了地区固定效应和时间固定效应的估计结果，检验结果见表2。

表2　制度环境对物流业与制造业效率关系的调节效应的分层检验结果

变量	被解释变量：制造业全要素生产率TFP				
控制变量	模型1	模型2	模型3	模型4	模型5
constant	-1.218* (-1.96)	-1.876*** (-3.24)	-2.225*** (-3.85)	-2.347*** (-4.01)	-1.964*** (-2.90)
制造业集聚度	0.280*** (8.38)	0.281*** (8.39)	0.290*** (8.61)	0.298*** (8.78)	0.282*** (8.44)
多样化经济	-0.048 (-0.46)	0.003 (0.03)	-0.030 (-0.31)	-0.014 (-0.15)	0.0008 (0.01)
人力资本	-0.420 (-1.29)	0.833*** (2.71)	0.740** (2.45)	0.709** (2.34)	0.840*** (2.71)
交通基础设施	0.242*** (5.21)	0.099** (2.02)	0.026 (0.49)	0.021 (0.39)	0.091 (1.52)
政府支出	-0.578*** (-5.68)	-0.225*** (-2.03)	-0.284** (-2.58)	-0.285*** (-2.59)	-0.236** (-1.98)
自变量					
物流业发展水平		0.523*** (5.84)	0.482*** (5.45)	0.493*** (5.55)	0.533*** (5.50)
调节变量					

续 表

变量	被解释变量：制造业全要素生产率 TFP				
控制变量	模型 1	模型 2	模型 3	模型 4	模型 5
消费品市场分割			-0.081*** (-3.07)	-0.081*** (-3.04)	
资本品市场分割					-0.007 (-0.25)
对外开放					
FDI 引进					
交互项（中心化）					
lnLOS × lnIGOODS				-0.068** (-2.23)	
lnLOS × lnICAPITAL					
lnLOS × lnITRADE					
lnLOS × lnIFDI					
R^2	0.5602	0.6323	0.6513	0.6543	0.6325
F	15.81***	19.87***	17.79***	17.85***	19.55***
变量	被解释变量：制造业全要素生产率 TFP				
控制变量	模型 6	模型 7	模型 8	模型 9	模型 10
constant	-2.045*** (-3.03)	-0.567 (-0.89)	-0.641 (-0.98)	-2.109*** (-3.51)	-2.206*** (-3.91)
制造业集聚度	0.291*** (8.67)	0.284*** (8.44)	0.275*** (8.15)	0.284*** (8.37)	0.290*** (8.49)
多样化经济	-0.009 (-0.09)	-0.041 (-0.44)	-0.419 (-0.45)	0.014 (0.14)	0.004 (0.04)
人力资本	0.7834** (2.53)	0.873*** (2.96)	0.873*** (2.96)	0.692** (2.15)	0.733** (2.42)
交通基础设施	0.101* (1.69)	0.131*** (2.75)	0.126** (2.58)	0.098** (2.01)	0.048 (1.01)
政府支出	-0.2274* (-1.92)	-0.179* (-1.68)	0.169 (1.56)	-0.194* (-1.71)	0.039 (0.35)
自变量					
物流业发展水平	0.5174*** (5.36)	0.436*** (4.93)	0.448*** (4.89)	0.521*** (5.83)	0.654*** (7.43)

续 表

变量	被解释变量：制造业全要素生产率 TFP				
控制变量	模型 6	模型 7	模型 8	模型 9	模型 10
调节变量					
消费品市场分割					
资本品市场分割	-0.012 (-0.42)				
对外开放		0.211*** (4.12)	0.198*** (3.48)		
FDI 引进				0.038 (1.41)	0.080*** (3.00)
交互项（中心化）					
lnLOS × lnIGOODS					
lnLOS × lnICAPITAL	-0.0814* (-1.80)				
lnLOS × lnITRADE			0.028 (0.53)		
lnLOS × lnIFDI					0.121*** (4.97)
R^2	0.6393	0.6652	0.6658	0.6365	0.6821
F	19.714***	20.19***	20.12***	15.21***	18.11***

注：括号内为 t 统计量；*，** 和 *** 分别表示 10%，5% 和 1% 的显著性水平。

根据表 2，模型 2 在模型 1 的基础上添加了物流业发展水平变量，其估计系数为 0.523，在 1% 的显著性水平上显著，模型 2 中 R^2 值有显著提高。而且模型 1——模型 10 中，物流业发展水平对制造业生产率均具有显著的正向影响，表明物流业的发展显著地提高了制造业生产率。关于控制变量，制造业集聚、人力资本水平、交通基础设施都显著地提高了制造业生产率；政府规模对制造业生产率有显著的负向影响；而多样化经济对制造业生产率的影响不显著，这与 De Lucioa et al. (2002)[40]、Gao (2004)[41] 在分析产业集聚的 MAR 外部性、Jacobs 外部性和 Porter 外部性对经济增长的影响时所得结果一致。接下来，本文重点分析制度环境的调节作用的检验结果。

1. 市场分割的调节作用

(1) 关于消费品市场分割。模型 3 中，消费品市场分割的估计系数为 -0.081，且在 1% 的显著性水平上显著，说明消费品市场分割对制造业生产率具有显著的负向影响。模型 4 中，物流业发展水平与消费品市场分割程度的交互项系数为 -0.068，且在

5%的显著性水平上显著，说明消费品市场分割程度对物流业与制造业生产率的关系具有显著的负向调节作用，因而假设1a通过验证。

（2）关于资本品市场分割。模型5中，资本品市场分割的估计系数为-0.007，但不显著，表明资本品市场分割对制造业生产率没有显著的影响。模型6中，物流业发展水平与资本品市场分割程度的交互项系数为-0.0814，且在10%的水平上显著，说明资本品市场分割程度对物流业与制造业生产率的关系具有显著的负向调节作用，因而假设1b通过验证。上述结果表明，市场分割程度越大，越不利于物流业对制造业生产率的提升作用的发挥，而且资本品市场分割的负向调节作用更强。市场分割不利于物流业对制造业生产率提升作用的发挥，主要源于以下几点：一是市场分割阻碍了生产要素和产品在地区间的自由流动，阻碍了物流企业的网络扩张和规模经济的形成；降低了制造企业的资源配置效率及其规模经济效应；无法形成有效的企业竞争机制。二是物流业与制造业的跨区域协作对两者联动发展具有重要意义，而市场分割割裂了这种分工协作机制。三是市场分割导致企业面临更为高昂的交易成本。

2. 对外开放的调节作用

（1）关于对外贸易。模型7中，对外贸易发展水平的估计系数为0.211，且在1%的水平上显著，说明对外贸易发展水平对制造业生产率具有显著的正向影响。模型8中，物流业发展水平与对外贸易发展水平的交互项系数为0.028，但不显著，说明对外贸易发展水平对物流业与制造业生产率的关系没有显著的调节作用，因而假设2a没有得到支持。可能在于，尽管对外贸易的发展可以带来技术溢出效应及制度变迁效应，但是我国出口的产品主要集中在附加值较低的劳动密集型产品，而主要进口附加值较高的资本、技术密集型产品，这种贸易结构限制了中国企业的自主创新能力，导致制造企业与物流企业的生产率得不到增长，两方面的综合作用使得对外贸易对物流业与制造业生产率关系的调节作用不显著。

（2）关于FDI。模型9中，FDI的估计系数为0.038，但不显著。模型10中，物流业发展水平与对FDI的交互项系数为0.121，且在1%的水平上显著，说明FDI对物流业与制造业生产率的关系具有显著的正向调节作用，因而假设2b通过验证。这一结果表明，FDI可能通过各种技术溢出渠道提高了东道国企业的技术水平。另外，FDI还通过制度变迁效应促进本土企业形成了有效的市场交易环境、建立有效的现代企业产权制度和政府制度，这些制度政策正是保证物流服务供需双方形成稳定预期的重要条件。

五、主要结论与政策启示

本文将制度环境作为物流业与制造业联动发展的本源性决定因素。在理论分析对地方政府的行政性分权导致的市场分割，以及对外开放政策中的对外贸易与外商直接投资对两业联动发展的影响机制的基础上，提出理论假设，并利用中国30个省区2004—2010年的面板数据对制度环境的调节效应进行了经验分析，主要得到以下结论：①物流业发展对制造业生产率具有显著的提升作用。②消费品与资本品市场分割对物流业与制造业生产率的关系具有显著的负向调节作用，即消费品与资本品市场分割越严重，越不利于物流业对制造业生产率提升作用的发挥，而且资本品市场分割的负向调节程度更强。③对外开放进程中，FDI对物流业与制造业生产率关系具有显著的正向调节效应，即FDI发展水平越高，物流业对制造业生产率提升作用越强；而对外贸易发展水平的调节作用不显著。

本文为如何增强物流业对制造业效率的提升作用提供了经验证据，所得结论衍生出来的政策含义有：①应消除因各级政府的地方保护行为带来的市场分割，保障国内市场一体化的健康发展，为企业实现网络经济效应与规模经济效应提供平台，从而推动物流业与制造业联动发展。②在中国快速融入国际市场的背景下，FDI仍是推动中国经济增长的重要“引擎”，为中国制造企业与物流企业都提供了很多先进的经验与技术，中国本土企业应合理有效地接收外资企业的溢出效应，进而增强竞争力。③中国本土企业需要通过不断自主创新，扭转目前贸易结构的尴尬局面，从而在对外贸易发展中获取更大收益，增强竞争能力。

参考文献

[1] BARDI E J, TRACEY M. Transportation Outsourcing: A Survey of US Practices [J]. International Journal of Physical Distribution and Logistics Management, 1991, 21 (3): 15 -21.

[2] SINK H L, LANGLEY JR C J, GIBSON B J. Buyer Observations of the US 3rd - Party Logistics Market [J]. International Journal of Business Logistics, 1996, 26 (3): 38 -46.

[3] RAZZAQUE M A, SHENG C C. Outsourcing of Logistics Functions: A Literature Survey [J]. International Journal of Physical Distribution and Logistics Management, 1998, 28 (2): 89 -107.

[4] LEWIS I, TALALAYEVSKY A. Third - party Logistics: Leveraging Information Technology [J]. Journal of Business Logistics, 2000, 21 (2): 173 -185.

[5] SOHAL S A, MILLEN R, MOSS S. A Comparison of the Use of Third - party Logistics Services by Australian Firms between 1995 and 1999 [J]. International Journal of Physical Distribution and Logistics Management, 2002, 32 (1): 59 -68.

[6] LIEB R C, BENTZ B A. The Use of Third - party Logistics Services by Large American Manufacturers: The 2004 Survey [J]. Transportation Journal, 2005, 44 (2): 5 -15.

[7] 张江华，李晓晨. 我国物流业的投入产出分析研究 [J]. 社会科学辑刊，2010 (5): 118 -120.

[8] 苏秦，张艳. 制造业与物流业联动现状及原因探析 [J]. 软科学，2011，25 (3): 61 -69.

[9] 韦琦. 制造业与物流业联动关系演化与实证分析 [J]. 中南财经政法大学学报，2011 (1): 115 -119.

[10] 刘秉镰，林坦. 制造业物流外包与生产率的关系研究 [J]. 中国工业经济，2010 (9): 67 -77.

[11] LAU K H, ZHANG J. Drivers and Obstacles of Outsourcing Practices in China [J]. International Journal of Physical Distribution and Logistics Management, 2006, 36 (10): 776 -792.

[12] 王茂林，刘秉镰. 制造业与物流业联动发展中存在的问题与趋势 [J]. 现代管理科学，2009 (3): 59 -61.

[13] 黄福华，谷汉文. 中国现代制造业与物流业协同发展对策探讨 [J]. 中国流通经济，2009 (8): 17 -20.

［14］黄有方，严伟. 我国制造业与物流业联动发展的趋势及建议［J］. 上海海事大学学报，2010，31（1）：1－6.

［15］顾乃华. 生产性服务业对工业获利能力的影响和渠道——基于城市面板数据和 SFA 模型的实证研究［J］. 中国工业经济，2010（5）：48－58.

［16］杨锐，张杰，芮明杰. 基于主体属性差异的生产性服务网络形成及双重结构［J］. 中国工业经济，2011（3）：139－148.

［17］NORTH D C. Institutions，Institutional Change and Economic Performance［M］. Cambridge：Cambridge University Press，1990：3－17.

［18］ACEMOGLU D，JOHNSON S，ROBINSON J. Institutions as the Fundamental Cause of Long－Run Growth［R］. NBER Working Paper No. 10481，2004.

［19］CLAGUE C，KEEFER P，OLSON M. Contract－Intensive Money：Contract Enforcement，Property Rights and Economic Performance［J］. Journal of Economic Growth，1999，4（2）：185－211.

［20］MATTOO A，RATHINDRAN R，SUBRAMANIAN A. Measuring Services Trade Liberalization and Its Impact on Economic Growth：An Illustration［J］. Journal of Economic Integration，2006（21）：64－98.

［21］张颖熙，夏杰长. 区域市场开放与地区服务业增长——基于省级面板数据的动态分析［J］. 产业经济研究，2013（5）：35－44.

［22］陈艳莹，王二龙. 要素市场扭曲、双重抑制与中国生产性服务业全要素生产率：基于中介效应模型的实证研究［J］. 南开经济研究，2013（5）：71－82.

［23］汪德华，张再金，白重恩. 政府规模、法治水平与服务业发展［J］. 经济研究，2007（6）：51－64.

［24］胡超，张捷. 制度环境与服务贸易比较优势的形成：基于跨国截面数据的实证研究［J］. 南方经济，2011（2）：46－60.

［25］GROSSMAN G M，HELPMAN E. Integration Versus Outsourcing in Industry Equilibrium［J］. The Quarterly Journal of Economics，2002，117（1）：85－120.

［26］LUIGI PASCALI. Contract Incompleteness，Globalization and Vertical Structure：An Empirical Anlaysis［R］. Boston College Working Papers in Economics 727，2009.

［27］李磊，刘斌，郑妍妍. 契约执行效率与垂直化结构［J］. 产业经济研究，2011（5）：7－17.

［28］于涛. 论制度环境对物流交易组织方式演化的影响［J］. 经济与管理，2011（11）：23－27.

［29］COSTINOT A. Contract Enforcement，Division of Labor and Pattern of the Trade［M］. Mimeograph，Princeton University，2005.

［30］VOGEL J. Institutions and Moral Hazard in Open Economics［J］. Journal of International Economics，2007，71（2）：495－514.

［31］赵奇伟. 东道国制度安排、市场分割与 FDI 溢出效应：来自中国的证据［J］. 经济学（季刊），2009，8（3）：891－924.

［32］银温泉，才婉茹. 我国地方市场分割的成因和治理［J］. 经济研究，2001（6）：3－12.

［33］周黎安. 中国地方官员的晋升锦标赛模式研究［J］. 经济研究，2007（7）：36－50.

［34］陈敏，桂琦寒，陆铭，等. 中国经济增长如何持续发挥规模效应——经济开放与国内商品市场分割的实证研究［J］. 经济学（季刊），2007，7（1）：125－150.

［35］钟昌标. 转型期中国市场分割对国际竞争力的影响研究［M］. 上海人民出版社，2005.

[36] CAVES R E. Multinational Firms, Competition and Productivity in Host country markets [J]. Economica, 1974, 41 (162): 176 - 193.

[37] KOKKO A. Foreign Direct Investment, Host Country Characteristics, and Spillovers [M]. Stoeltholm : The Economic Research Institute, 1992.

[38] DAS S. Externalities and Technology Transfer through Multinational Corporations: a Theoretical A-nalysis [J]. Journal of International Economy, 1987, 22 (1): 171 - 182.

[39] PARSLEY D C, WEI S J. Convergence to the Law of One Price without Trade Barriers or Currency Fluctuations [J]. The Quarterly Journal of Economics, 1996, 111 (4): 1211 - 1236.

[40] DE LUCIO J, HERCE J A, GOICOLEA A. The Effects of Externalities on Productivity Growth in Spanish Industry [J]. Regional Science and Urban Economics, 2002, 2 (32): 241 - 258.

[41] GAO T. Regional Industrial Growth: Evidence from Chinese Industries [J]. Regional Science and Urban Economics, 2004, 34 (1): 101 - 124.

开放式污染路径问题优化建模与算法研究*

葛显龙　苗国庆　谭柏川

摘　要：针对当前雾霾严重与节能减排问题，在分析能耗与碳排放相互关系的基础上，提出物流配送问题的碳排放计算方法，建立带有载重与工作时间约束的开放式污染路径问题的数学模型，同时设计改进的自适应遗传算法求解该问题。算法结合扫描算法优化初始种群，设置自适应的交叉与变异操作，并加入进化逆转算子修正误差，提高了算法的求解性能。最后，结合算例对模型和算法的有效性进行验证，并从多维视角分析开放式污染路径问题中影响节能减排的因素，找寻经济成本和环保要求之间的均衡。

关键词：开放式　污染路径问题　遗传算法

一、引言

现代经济社会中，能源枯竭及温室效应等问题日益凸显，能源与环境问题已成为全球关注的议题。特别是2013年以来，我国频繁发生的空气污染事件以及各地出现的持续雾霾天气，严重威胁着自然生态系统和人们的身心健康，引起了社会的广泛关注。大量的温室气体排放是气候变化和极端天气出现的主要原因，而温室气体主要来源于人类活动导致的二氧化碳（CO_2）的排放，如工业生产、物流运输活动中化石燃料的燃烧等[1]。

而物流运输行业是能源消耗较大的产业，更是碳排放大户，据世界资源学院的统计，交通运输行业的二氧化碳排放量占全球总排放量的18%。因此，实施低碳运输已经成为减少物流领域碳排放的必然趋势[2]。“绿色物流”“低碳物流”也成了国内外理论研究的新热点[3]。正是在这样的背景下，Tolga Bektas等[4]在2011年提出了污染路径问题（Pollution Routing Problem，PRP），在车辆路径问题中同时考虑经济因素和环境因素，将燃料消耗和二氧化碳排放纳入现有的车辆路径规划方法，寻求一条经济环保的车辆路径。之后，Emrah Demira等[5]设计了一种自适应大邻域搜索算法解决PRP，使包括油耗、碳排放和司机成本在内的目标函数最小；Emrah Demira等[6]研究了双目标PRP，一个目标是使包含当量二氧化碳排放量的油耗最少，另一个是使行驶时间最少，

* 基金项目：国家自然科学基金项目资助（71502021）、电子商务与现代物流重庆高校市级重点实验室开放基金项目资助（ECML201408）、教育部人文社会科学基金项目资助（2014YJC630038）、重庆市教委自然科学基金项目资助（KJ400311）。

作者简介：葛显龙（1984—），男，河南信阳人，副教授，博士，研究方向为网络配送与路径优化；苗国庆（1991—），男，河南开封人，硕士研究生，主要研究方向为物流配送，Email：miaoguoqing1991@126.com；谭柏川，男，汉族，四川巴中人，硕士研究生，主要研究方向为物流配送。

为路径决策中减少碳排放成本提供了依据；Anna Franceschettia 等[7]研究了时间依赖性 PRP，在路径确定时，规划车辆的出发时间和速度，使得整个路径的碳排放量最少。近年来，国内对于此类问题的研究也日益增多，如唐加福[8]、吕品[9]、于雷[10]等人从构建模型或算法设计方面对低碳车辆路径问题进行了研究。然而，这些研究均是针对闭环车辆路径问题（Vehicle Routing Problem，VRP）展开的研究。而现实中越来越多的企业开始物流外包，此时车辆的行驶路径是开放的[11]。由于开放式车辆路径问题（Open Vehicle Routing Problem，OVRP）的特殊性，车辆行驶的过程中较闭环 VRP 将产生更多的碳排放。但是，国内外对 OVRP 的研究[12-14]尚未考虑到日益增加的碳排放的影响。因此，在考虑碳排放的情况下研究 OVRP，对节能减排来说显得十分必要。

基于上述分析，本文提出了开放式污染路径问题（Open Pollution Routing Problem，OPRP），通过分析物流配送中能耗与碳排放的相互关系，提出碳排放的计算方法，建立带有载重与时间约束的开放式污染路径问题优化模型，并设计改进自适应遗传算法对模型进行求解。最后，结合算例对算法和模型进行验证分析。

二、问题描述与假设

OVRP 中通常认为租车的费用往往与租用的车辆数和车辆负载时的行驶距离成正比，因此，OVRP 中对其车辆行驶路线进行优化时，往往将所租用的车辆数最少和车辆总行驶距离最短作为优化目标[15]。这就会造成车辆的载重率较高，而车辆的碳排放量与车辆载重等因素息息相关[4]，载重率高最终会导致车辆的油耗和碳排放量的增加。基于以上分析，开放式污染路径问题可以描述为：某公司物流外包，现要对客户进行物流配送，在考虑使用车辆数尽可能少的情况下对该物流配送网络进行优化设计，对网络中配送量的分配问题以及配送路径的选择问题进行综合决策，使总路径的碳排放量尽可能的少，以及行驶距离尽可能的短。

假设一个完全的赋权图：$G=(V,A)$，其中 $V=\{0,1,2,\cdots,n\}$ 为节点集，0 表示车场，$V_0=V/\{0\}$ 表示客户集，客户 $i\in V_0$ 的需求量为 q_i；存在相同类型的车辆集 $K=\{1,2,3,\cdots,k\}$，每辆车的额定载重为 Q，且 $\max q_i\leqslant Q$；$A=\{(i,j)\mid i,j\in V,i\neq j\}$ 是每对点之间的弧集，d_{ij} 表示从 i 到 j 的距离，t_{ij} 表示从 i 行驶到 j 需要的时间；车场的装货时间为 t_0，客户点的卸货时间为 t_i。决策变量定义为：

$$x_{ijk}\begin{cases}1 & \text{车辆 } k \text{ 从 } i \text{ 驶向 } j\\ 0 & \text{否则}\end{cases}$$

$$y_{jk}\begin{cases}1 & \text{客户 } i \text{ 的任务由车辆 } k \text{ 完成}\\ 0 & \text{否则}\end{cases}$$

OPRP 中要求每个客户必须被访问且只访问一次；货物的装载量不能超过车辆的额定载重量，并且允许车辆满载；车辆路径计算的是每辆车从车场（即物流外包企业）到最后一个客户之间的距离；每段弧之间的行驶时间为距离与速度的比值，总行驶时间则是从到达车场开始到服务完最后一个客户结束；车辆的行驶时间不能超过规定的工作时间 T。

三、数学模型

（一）车辆数估算

根据客户的需求量和车辆的额定载重量，可预先估算需要的最少车辆数 k[16]：

$$k = \left[\sum_{i=1}^{n} q_i / Q \right] + 1$$

其中，符号 $[x]$ 表示取不超过 x 的最大整数，q_i 为第 i 个客户的需求量，Q 为车辆的额定载重量。

（二）碳排放计算方法

在车型指定和行驶环境确定的条件下，碳排放量与耗油量直接相关[17]。计算车辆油耗量需要依据多种因素，比较复杂，本文参考 Demira 等[18]的研究，通过对比分析选取综合排放模型。该模型是 Barth 等[19,20]测试完善的。燃油消耗率 FR 的计算方法：

$$FR = \varphi(\lambda N V_s + P/\eta)/\mu$$

其中，P 为车辆的总牵引功率，可以计算为：

$$P = P_{tract}/\varepsilon + P_{acc}$$

其中，P_{acc} 是其他车辆能量需求（如空调、灯等，一般取值为 0），P_{tract} 为发动机的牵引功率（即有效功率），可以计算为：

$$P_{tract} = (Ma + Mg\sin\theta + 0.5C_d A\rho\nu^2 + MgC_r\cos\theta)\nu/1000$$

其中，$M = w + f_{ij}$ 为车辆总重量（即空车重量 w 与车辆在弧 (i, j) 上所载货物重量 f_{ij} 的总和）。

若在一段距离为 d 的弧 (i, j) 上，车辆的平均速度为 ν，则油耗（L）可以计算为：

$$F_{ij} = FR \cdot d/\nu\psi = \tau(\lambda N V_s + P/\eta)d/\nu$$

其中，$\tau = \varphi/\mu\psi$。令 $\gamma = 1/1000\varepsilon\eta$，$M = w + f_{ij}$，$\alpha = a + g\sin\theta + gC_r\cos\theta$，$\beta = 0.5C_d\rho A$，就可以得到弧 (i, j) 上的油耗：

$$F_{ij} = \tau(\lambda N V_s + \gamma w\alpha\nu + \gamma f_{ij}\alpha\nu + \gamma\beta\nu^3)d/\nu$$

在既定的物流配送过程中，车辆油耗转化成碳排放的能力通常是一固定常数，本文参考文献[21]，设定 1L 燃油会产生 2.32kg 的 CO_2，即燃油排放因子 $e = 2.32$kg/L。

所以，弧 (i, j) 上的碳排放量可计算为：$E_{ij} = eF_{ij}$。模型中使用的参数与取值[5,7]见表 1：

表 1　模型参数

参数	定义（单位）	取值
f_{ij}	弧（i，j）上所载货物重量（kg）	
ν	车辆速度（m/s）	
d	距离（m）	

续 表

参数	定义（单位）	取值
w	空车重量（kg）	6350
φ	燃料与空气的质量比	1
λ	发动机摩擦因子（kj/r/l）	0.2
N	发动机转速（r/s）	33
V_s	发动机排量（l）	5
η	柴油发动机的效率参数	0.9
μ	柴油的热量值（kj/g）	44
ε	传动系统效率	0.4
α	加速度	0
θ	道路坡度	0
C_d	空气阻力系数	0.7
C_r	滚动阻力系数	0.01
A	车辆的迎风面积（m^2）	3.912
ρ	空气密度（kg/m^3）	1.2041
g	重力加速度（kg/m^3）	9.81
ψ	换算因子，将燃料单位从 g/s 转换成 L/s	737
e	欧洲碳排放标准（kg/l）	2.62

（三）建立开放式污染路径问题模型

根据上述分析，建立带有载重与时间约束的开放式污染路径问题的优化模型如下：

$$\min k \tag{1}$$

$$\min E = \sum_{\forall (i,j) \in A} \sum_{k \in K} E_{ij} x_{ijk} \tag{2}$$

$$\min D = \sum_{\forall (i,j) \in A} \sum_{k \in K} d_{ij} x_{ijk} \tag{3}$$

s. t.

$$\sum_{i \in V, i \neq j} \sum_{k \in K} x_{ijk} = 1 \quad \forall j \in V_0 \tag{4}$$

$$\sum_{j \in V_0, i \neq j} \sum_{k \in K} x_{ijk} = 1 \quad \forall i \in V \tag{5}$$

$$\sum_{k \in K} y_{ik} = 1 \quad \forall i \in V \tag{6}$$

$$\sum_{j \in V} y_{ji} - \sum_{j \in V} y_{ij} = q_i \quad \forall i \in V_0 \tag{7}$$

$$\sum_{i \in V_0} \sum_{k \in K} q_i y_{ik} \leq Q \tag{8}$$

$$t_0 + \sum_{\forall(i,j)\in A} t_{ij}x_{ijk} + \sum_{i\in V_0} t_i y_{ik} \leqslant T \tag{9}$$

$$\sum_{i\in V_0}\sum_{k\in K} x_{0jk} = k \tag{10}$$

$$\sum_{i,j\in S\times S}\sum_{k\in K} x_{ijk} \leqslant |S| - 1 \quad S = \{1,2,\cdots,n\} \tag{11}$$

$$x_{ijk} \in \{0,1\} \quad \forall(i,j) \in A \tag{12}$$

$$y_{ik} \in \{0,1\} \quad \forall(i,j) \in A \tag{13}$$

目标函数包含三部分：①使用车辆数最少；②碳排放量最少；③行驶距离最短。约束条件（4）和约束条件（5）确保每个客户被访问一次；约束条件（6）确保每个客户都被访问到；约束条件（7）为流量守恒约束；约束条件（8）是每辆车的装载能力约束；约束条件（9）车辆的工作时间约束；约束条件（10）是使用的车辆数；约束条件（11）表示消除子回路；约束条件（12）和约束条件（13）是决策变量约束。

四、算法设计

目前已有很多文献研究了 VRP，国内外学者通常采用启发式算法对其进行求解[22]，OPRP 同 VRP 一样，也属于 NP - hard 问题，但由于 OPRP 的复杂度远超 VRP，在求解效率和质量上对算法要求更高。为此，本文设计了一种改进自适应遗传算法，结合扫描算法优化初始种群，设置自适应的交叉与变异操作方式，加入进化逆转算子修正误差，并采用冒泡排序法对多目标进行排序运算，提高了算法的求解性能。

（一）染色体编码设计

本文采用自然数编码方式，染色体由车场号和客户点序号构成。假设一车场有 9 个客户需要配送，则用 0 表示车场，用 1 ~9 的自然数依次分别表示一个客户。随机生成一条染色体编码，如：583124796，然后根据这 9 个客户的需求量、车辆的额定载重以及规定工作时间进行解码，将 0（即车场）插入其中，最终形成一条完整的染色体编码，如 058301247096。即完成配送任务形成 3 条路径，路径 1：车场 0—客户 5—客户 8—客户 3；路径 2：车场 0—客户 1—客户 2—客户 4—客户 7；路径 3：车场 0—客户 9—客户 6。

（二）种群初始化

在完成染色体编码以后，需要产生一个初始种群作为起始解。针对上述染色体结构，借鉴扫描算法获得一个初始种群。具体操作如下：

步骤 1：获得车场和各个客户的坐标，建立以车场为极点，以车场和任一客户的连线为极轴的极坐标系。

步骤 2：按顺时针或逆时针方向扫描所有客户点，每增加一个客户，计算一次该客户服务完成后的时间 t 和累计客户需求量 q。当 $t \geqslant T$ 或者 $q \geqslant Q$ 时，剔除该客户，并在路径开端插入 0，然后从剔除的客户开始继续扫描。对于同一角度上的多个顾客，则按距离由近到远排序。扫描完一圈后获得的客户序列即为一条完整的染色体。

步骤 3：将极轴偏移一定角度，重复 Step 2，直到产生有 N（设种群规模为 N）条染色体的初始种群。

（三）适应度函数

本文设定适应度函数为目标函数值的倒数，对于 OPRP 来说，适应度函数值越大的染色体越优，反之就越差。设第 i 条染色体的目标函数值为 z_i，则该染色体的适应度为$f_i=1/z_i$。

（四）遗传算子

选择算子：从初始群体中以一定概率选择个体到新群体中，个体适应度值越大，被选中的概率越大。本文采用最佳保留的轮盘赌法选择的方式作为选择算子，先令个体适应度大的前 M 个（一般为种群规模的20%）个体直接进入下一代，然后再采用轮盘赌法进行选择与复制。

为了保证遗传算法的多样性，交叉、变异操作采用自适应调整策略。自适应交叉概率 p_c 和变异概率 p_m 函数分别为：

$$p_c=\begin{cases}\dfrac{p_{c1}(f-f_{avg})}{f_{\max}-f_{avg}}, & f>f_{avg}\\ P_{c2}, & f\leqslant f_{avg}\end{cases}$$

$$p_m=\begin{cases}\dfrac{p_{m1}(f'-f_{avg})}{f_{\max}-f_{avg}}, & f\leqslant f_{avg}\\ P_{m2}, & f'\leqslant f_{avg}\end{cases}$$

其中，f 是交叉的两条染色体中较大的适应度；$f_{\max}$ 是种群中的最大适应度；f_{avg} 是种群中的平均适应度；f' 是要变异的染色体的适应度；p_{c1}、p_{c2} 在［0.8，1］区间内；$p_{m1}p_{m2}$ 在［0.001，0.1］区间内。

交叉算子：为了避免破坏优秀子串，采用改进的顺序交叉方式作为交叉算子，具体操作如下：

步骤1：随机选取两条染色体 A 和 B，计算自适应交叉概率 p_c。

步骤2：在［1，k］区间内随机产生两个不相等的整数 r_1 和 r_2，将 A 中的子路径 r_1 复制到子代 B^* 的前端，同时将 B 中的子路径 r_2 复制到子代 A^* 的前端。

步骤3：在子代 A^* 和 B^* 前端所复制的子路径的首位插入0，然后在剩余的空格处随机的插入剩下的 $k-2$ 个0，且保证最后一个空格不为0，任何两个0都不能相邻。

步骤4：将父代染色体 A 中与 r_2 子路线不一样的基因按照原来的顺序插入到子代 A^* 中，生成完整的子代 A^*。同理，生成子代。

步骤5：检验自适应交叉操作产生的子代染色体是否满足约束条件，若不满足则舍弃。

如对于父代染色体 A：012304590678 和 B：027801590364，随机产生 $r_1=1$，$r_2=3$，利用上述交叉算子，产生子代 A^* 和 B^*，如图1所示。

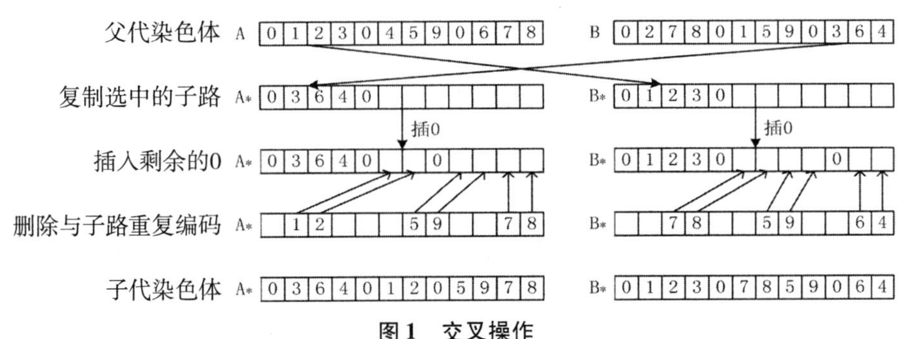

图1　交叉操作

变异算子：自适应变异操作采取对换变异方式，随机选取两个点，将其对换位置，具体操作如下：

步骤1：随机选择一条染色体，计算其变异概率 p_m；

步骤2：在［1，$n+k$］范围内随机产生两个不相等的整数 t_1 和 t_2；

步骤3：若 t_1 和 t_2 所对应位置均为非零基因，将 t_1 和 t_2 对换位置，产生新个体，否则重新产生；

步骤4：检验自适应变异操作产生的子代染色体是否满足约束条件，若不满足则舍弃。

如染色体：051603870429，随机产生 $t_1=2$ 和 $t_2=6$，利用上述变异算子，产生新的染色体：031605870429，如图2：

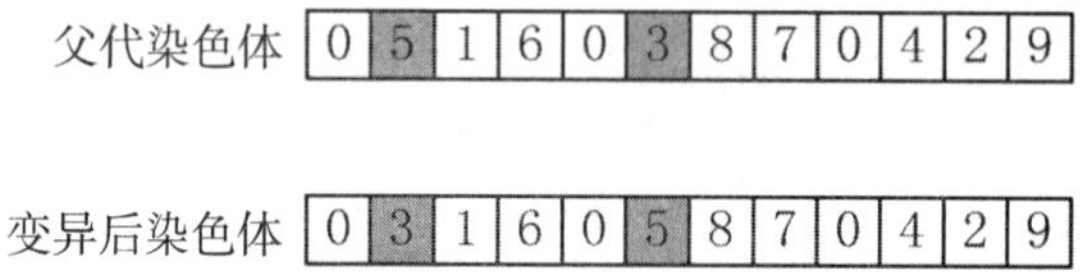

父代染色体	0	5	1	6	0	3	8	7	0	4	2	9
变异后染色体	0	3	1	6	0	5	8	7	0	4	2	9

图2　变异操作

（五）进化逆转操作

为了修正遗传过程中的误差，改善遗传算法的局部搜索能力，在选择、交叉、变异操作后设计了进化逆转算子。从父代中随机选择一个基因段，将其进行单方向逆转操作。经逆转后，满足约束条件，且适应度值有提高的才接受，否则逆转无效，具体操作如下：

步骤1：在［1，$n+k$］区间内随机产生两个不相等的整数 s_1 和 s_2；

步骤2：若 s_1 和 s_2 所对应位置均为非零基因，将 s_1 和 s_2 及其间除0之外的基因进行逆转操作，产生新个体，否则重新产生；

步骤3：检验进化逆转操作产生的子代染色体是否满足约束条件，以及适应度值是否有提高，若不满足则舍弃。

如染色体：051603870429，$s_1=2$，$s_2=6$，利用上述算子，产生的新的染色体为：036105870429，如图3所示：

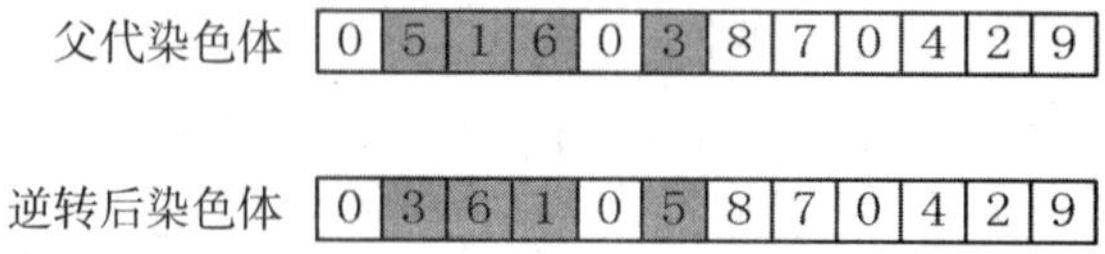

父代染色体	0	5	1	6	0	3	8	7	0	4	2	9
逆转后染色体	0	3	6	1	0	5	8	7	0	4	2	9

图3　进化逆转操作

（六）终止条件

当算法达到设定的最大迭代次数时，整个运算过程终止，并显示获得算法的最优解，本文设置最大迭代次数为1000。

五、仿真分析

（一）仿真数据

为了验证 OPRP 优化模型与改进自适应遗传算法，本文通过参阅 solomon_25 算例，在 Intel（R）Core（TM）i3 CPU 2.53GHz，内存 2GB，操作系统为 Win7 的 PC 上进行仿真实验。算例的数据利用 MATLAB7.0 在 70km × 70km 的配送范围内随机生成 25 个需求客户，每个客户的需求量不大于 4t，具体信息如表 2 所示。其中，0 为车场信息，1 ~ 25 为客户信息。

表 2　　车场及客户信息

编号	坐标（km）	需求量（t）	编号	坐标（km）	需求量（t）	编号	坐标（km）	需求量（t）
0	[35, 35]	0	9	[58, 27]	2.4	18	[59, 15]	1.9
1	[40, 30]	2.6	10	[17, 63]	3.6	19	[56, 37]	3.5
2	[13, 13]	1.4	11	[38, 46]	1.7	20	[52, 64]	2.1
3	[57, 58]	3.3	12	[27, 68]	1.2	21	[20, 26]	1.4
4	[15, 64]	1.6	13	[37, 52]	1.2	22	[52, 33]	1.6
5	[52, 41]	2.9	14	[49, 49]	3.5	23	[51, 21]	0.5
6	[27, 38]	3.3	15	[61, 33]	3.1	24	[31, 32]	3.4
7	[12, 42]	2.6	16	[32, 22]	1.4	25	[46, 10]	2.8
8	[27, 23]	0.8	17	[25, 32]	3.1		总需求量	56.9

根据上述数据，设置算法参数为：种群规模 $N = 100$，最大迭代次数 $C = 1000$[3]，车辆额定载重 $Q = 10t$[23]，车辆工作时间 $T = 8h$，车场的装货时间 $t_0 = 1h$，客户点的卸货时间都定为 $t_i = 0.5h$[11-12]，车辆行驶平均速度 $\nu = 60km/h$[24]。

（二）算法性能分析

为了验证改进自适应遗传算法的性能，首先选取 solomon 算例，分别采用遗传算法[25]、禁忌搜索算法[25]和改进自适应遗传算法对其求解。每个算例运行 20 次，统计每个算法求得的最优解和平均 CPU 运行时间，具体结果见表 3。

表 3　　测试算例统计结果

solomon	客户数量	遗传算法				禁忌搜索算法				改进自适应遗传算法			
		车辆数（辆）	碳排放量（kg）	距离（km）	CPU（s）	车辆数（辆）	碳排放量（kg）	距离（km）	CPU（s）	车辆数（辆）	碳排放量（kg）	距离（km）	CPU（s）
C101	25	3	487.7	219.2	70.3	3	434.2	177.1	63.8	3	429.6	162.8	63.2
R101	25	2	808.8	389.9	79.2	2	786.6	411.6	59.7	2	757.9	365.3	57.9

续 表

solomon	客户数量	遗传算法 车辆数（辆）	碳排放量（kg）	距离（km）	CPU（s）	禁忌搜索算法 车辆数（辆）	碳排放量（kg）	距离（km）	CPU（s）	改进自适应遗传算法 车辆数（辆）	碳排放量（kg）	距离（km）	CPU（s）
RC101	25	3	694. 5	267. 6	82. 5	3	625. 8	199. 6	72. 2	3	620. 8	199. 6	67. 1
C101	50	5	990. 7	413. 6	99. 1	5	962. 1	376. 5	91. 9	5	932. 4	367. 1	85. 6
R101	50	4	1486. 2	737. 3	120. 2	4	1364. 6	696. 1	101. 4	4	1312. 3	594. 6	95. 6
RC101	50	5	2017. 8	819. 3	138. 6	5	1865. 9	738. 6	112. 5	5	1790. 8	667. 2	103. 4

为了验证改进自适应遗传算法对于求解 OPRP 的性能，对上述生成算例数据分别利用三种算法对 OPRP 模型求解，对比分析

三种算法的求解效果。算例同样计算 20 次，取最优计算结果和平均 CPU 运行时间。仿真计算结果见表 4，算法收敛见图 4。

表 4　　仿真计算结果

算法	车辆数（辆）	碳排放量（kg）	距离（km）	CPU（s）
遗传算法	6	173. 821	332. 192	105. 17
禁忌搜索算法	6	161. 268	308. 355	92. 35
改进自适应遗传算法	6	155. 735	291. 946	87. 88

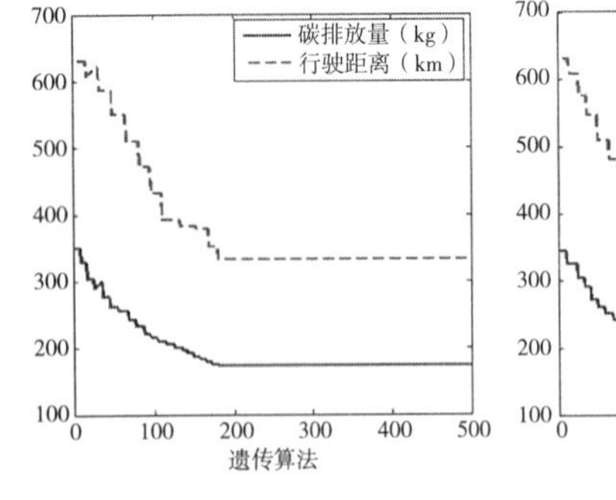

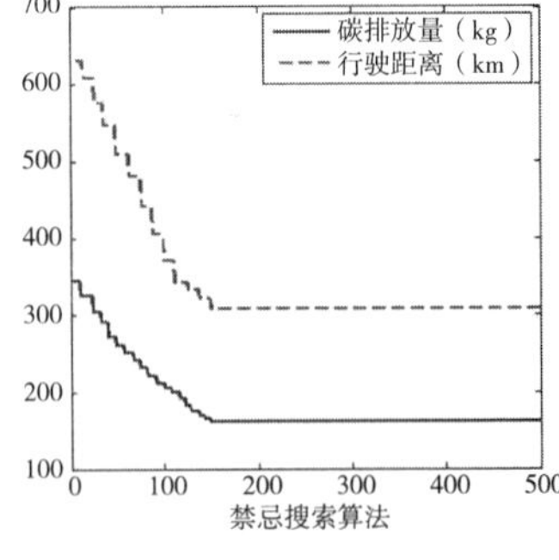

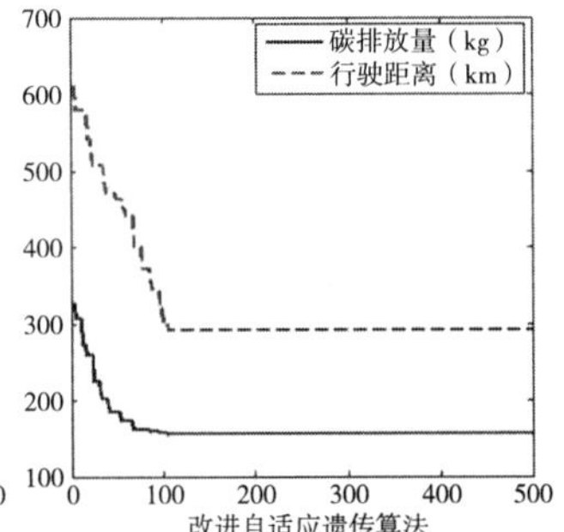

图 4　算法收敛图

根据表 3、表 4，从寻优能力上来讲，三种算法对目标函数的求解结果中，使用车辆数是一致的，但改进自适应遗传算法求得的碳排放量和距离值基本上都是最优的；从 CPU 计算时间来看，改进自适应遗传算法使用的时间比遗传算法和禁忌搜索算法都要短。可见，改进自适应遗传算法在寻优能力上和时效性方面均具有一定的优势。

根据图 4 可以看出，遗传算法在 180 代左右收敛，禁忌搜索算法在 150 代左右收敛，而改进自适应遗传算法在 100 代左右就开始收敛，较遗传算法和禁忌搜索算法的收敛速度要快，这得益于算法对交叉与变异操作的改进以及进化逆转算子的设计。

试验表明：本文设计的改进自适应遗传算法在全局搜索和快速收敛方面较其他智能算法具有一定的优势，在保证快速收敛的同时也很好地保持了全局搜索能力，能够保证 OPRP 问题对实效性和稳定性的要求。

（三）多维度分析

传统 OVRP 的目标就是使所租用的车辆数和车辆总行驶距离尽可能地少，特别是对租车数量尤为敏感，因为多租一辆车产生的固定费用将会超过其他各方面费用节省的总和。但这只是从物流外包方的立场上出发的，若从国家节能减排的角度或者物流服务提供方的角度出发，OPRP 产生的目标及路径不尽相同。

（1）物流外包企业。物流外包企业希望 OPRP 的首要目标就是使用车辆数最少，以节省成本。利用改进自适应遗传算法对上述算例进行优化求解，求得 OPRP 模型的目标函数值为：使用辆车数为 6，碳排放量为 155. 735kg，行驶距离为 291. 947km，具体见表 5。

表 5　　仿真计算结果

车辆	配送路径	车载率	工作时间（h）	行驶距离（km）	碳排放量（kg）
1	0 - 1 - 19 - 15	92%	3. 016	30. 938	16. 861
2	0 - 22 - 5 - 3 - 20	99%	3. 844	50. 648	28. 049
3	0 - 16 - 25 - 23 - 9 - 18	90%	4. 585	65. 125	34. 599
4	0 - 7 - 4 - 10 - 12	90%	3. 994	59. 662	32. 441
5	0 - 6 - 17 - 8 - 21 - 2	100%	4. 274	46. 469	23. 176
6	0 - 24 - 11 - 13 - 14	98%	3. 652	39. 105	20. 609

（2）国家节能减排层面。国家希望 OPRP 的首要目标是碳排放量最少，实现节能减排的目标。若将碳排放量最少作为第一目标，利用改进自适应遗传算法对上述算例进行优化求解，求得 OPRP 模型的目标函数值为：使用辆车数为 8，碳排放量为 137. 928kg，行驶距离为 267. 354km，具体见表 6。

表 6　　仿真计算结果

车辆	配送路径	车载率	工作时间（h）	行驶距离（km）	碳排放量（kg）
1	0 - 6 - 7	59%	2. 401	24. 068	11. 687
2	0 - 17 - 21 - 2	59%	3. 050	33. 015	15. 583
3	0 - 24 - 8 - 16	56%	2. 832	19. 948	9. 281
4	0 - 1 - 23 - 18 - 25	78%	3. 754	45. 212	22. 935
5	0 - 22 - 9	40%	2. 427	25. 603	12. 262
6	0 - 5 - 19 - 15	95%	3. 001	30. 088	17. 142
7	0 - 11 - 13 - 12 - 10 - 4	93%	4. 329	49. 769	27. 404
8	0 - 14 - 3 - 20	89%	3. 161	39. 651	21. 634

（3）物流服务提供方。物流服务提供方希望多租出去车辆，并在此前提下行驶距离尽可能的短，这样能够尽快地完成配送任务，以服务下一家物流外包方。若将行驶距离最短作为第一目标，利用改进自适应遗传算法对上述算例进行优化求解，求得OPRP模型的目标函数值为：使用辆车数为7，碳排放量为140.561kg，行驶距离为266.603km，具体见表7。

表7　　仿真计算结果

车辆	配送路径	车载率	工作时间（h）	行驶距离（km）	碳排放量（kg）
1	0－6－7	59%	2.401	24.068	11.687
2	0－17－21－2	59%	3.050	33.015	15.583
3	0－24－8－16－1	82%	3.521	31.262	15.625
4	0－22－9－23－18－25	92%	4.479	58.750	31.486
5	0－5－19－15	95%	3.001	30.088	17.142
6	0－14－3－20	89%	3.161	39.651	21.634
7	0－11－13－12－10－4	93%	4.329	49.769	27.404

根据表5－7可以看出，碳排放量与行驶距离以及车载率之间均存在着正相关的关系。如表5中的车辆3和车辆4，车载率相同，但是车辆3比车辆4行驶距离要长，也产生了更多的碳排放量。可见，车载率相同时，车辆行驶距离越长，产生的碳排放量越多。又如表7中的车辆3和车辆5，车辆3的行驶距离长，但车载率比车辆5的要低，反而产生的碳排放量少。说明车辆行驶距离相同时，车载率越高，产生的碳排放量越多。

因此，要实现节能减排的目的，就可以从载重和行驶距离两方面着手，优化车辆的路径，使行驶距离最短或者使车辆的整体载重率下降。然而，目前我国碳排放交易市场仍处于起步阶段，公路货运市场缺乏碳排放交易机制的约束，无论是物流外包方还是服务提供方都是从经济成本出发，很少有企业在运营过程中考虑环保因素。物流外包方的方案租用车辆数最少，节能减排层面的方案碳排放量最少，服务提供方的方案行驶距离最短，具体见表8。三方立场不同，所追求的目标也必然不一致，节能减排势必会与物流外包方和服务提供商的利益发生冲突。这就需要国家制定相关政策，鼓励并约束各方节能减排，找到经济成本与环保要求之间的均衡点。

表8　　方案对比

	车辆（辆）	工作时间（h）	行驶距离（km）	碳排放量（kg）
（1）物流外包方	6	23.365	291.947	155.735
（2）节能减排	8	24.955	267.354	137.928
（3）服务提供方	7	23.942	266.603	140.561

具体可以从以下几个方面着手：①对于物流外包方，运营方案产生的碳排放量最多。国家可以分配其一定的碳配额，考核期内，碳排放量每低于碳配额一个额度，就

给予一定补贴。找到补贴款与多租车费用之间的均衡点，使得物流外包方愿意多租车，从而降低原本较高的车载率，达到节能减排的目的。②对于服务提供方来说希望多租出去车辆，并在此前提下寻找最短路径，使得出租车辆的出车时间最短，以便尽快服务下一家物流外包企业。从表 8 可以看出，当行驶距离最短时，车辆数介于另外两方之间，碳排放量也与节能减排的目标值很接近。因此，国家可以对服务提供方给予补贴，降低租车价格，使物流外包方能够低价租车。而服务提供方自然而然地会选择行驶距离最短的路径行驶，从而实现节能减排。③上述方案只是在理想状态下寻找到的最优路径，现实中由于车辆、交通状况、司机等各方面的因素影响，会产生更多的碳排放。这就需要三方携手，在互利共赢的前提下，合理规划行驶路线，走低碳环保的车辆路径。

六、结论

本文对 OVRP 中的碳排放问题进行了研究，通过分析物流配送中能耗与碳排放的相互关系，提出碳排放的计算方式，建立了带有载重与时间约束的 OPRP 优化模型。并设计了一种自适应的改进遗传算法，结合扫描算法优化初始种群，动态产生交叉与变异概率，并设计了进化逆转算子，以及采用冒泡排序法对多目标进行排序运算，从而提高了算法的求解性能。结合算例对本文的模型和算法进行了仿真实验。结果表明，改进自适应遗传算法在保证快速收敛的同时很好地保持了全局搜索能力，能够很好地满足 OPRP 对算法时效性和稳定性的要求。最后，从物流外包方、国家节能减排层面和物流服务提供方三个方面进行了多维度分析，从仿真结果可以得出碳排放量与车辆载重率、行驶距离两者之间都存在正相关的关系，为开放式路径决策中减少碳排放以及国家制定节能减排相关政策提供了有价值的参考。

本文主要研究的是单车型的 OPRP，没有考虑配送时间的限制，而实际中物流配送对时间的要求是比较普遍的现象，而且物流服务提供方会根据物流外包方的实际需求情况提供不同的车型。因此，考虑带时间窗约束的多车型开放式污染路径问题，将是下一步的研究方向。

参考文献

[1] 李进，张江华．碳交易机制对物流配送路径决策的影响研究［J］．系统工程理论与实践，2014，34（7）：1779－1787.

[2] 李进，傅培华．具有固定车辆数的多车型低碳路径问题及算法［J］．计算机集成制造系统，2013，19（6）：1351－1362.

[3] 朱长征，李艳玲．碳排量最小的车辆路径优化问题研究［J］．计算机工程与应用，2013，49（22）：15－18.

[4] BEKTAS T，LAPORTE G. The pollution－routing problem［J］．Transportation Research B，2011，45（8）：1232－1250.

[5] DEMIRA E，BEKTAS T，LAPORTE G. An adaptive large neighborhood search heuristic for the Pollution－Routing Problem［J］．European Journal of Operat－ional Research：Discrete Optimization，2012，232（2）：346－359.

［6］DEMIRA E，BEKTAS T，LAPORTE G. The bi－objective Pollution－Routing Problem［J］．European Journal of Operational Research：Discrete Optimization，2014，232（3）：464－478.

［7］FRANCESCHETTIA A，HONHONA D，WOENSELA T V，et al. The time－dependent pollution－routing problem［J］. Transportation Research Part B：2013，56（8）：265－293.

［8］杨培颖，唐加福，于洋，等．面向最小碳排放量的接送机场服务的车辆路径与调度［J］．自动化学报，2013，39（4）：424－432.

［9］吕品．考虑碳排放的物流网络优化模型研究［J］．计算机应用研究，2013，30（10）：2977－2980.

［10］于雷，王东．模拟并行蚁群算法的绿色物流最小油耗 VRPSDP［J］．计算机系统应用，2013，22（7）：127－132.

［11］潘立军，符卓，刘喜梅．带工作时间与时间窗的开放式车辆路径问题［J］．计算机工程，2012，38（4）：17－19.

［12］张江华，李进，高敏刚．同时集散货物的开放式车辆路径问题研究［J］．中国管理科学，2013，21（4）：187－192.

［13］刘家利，马祖军．存在车辆租赁及共享且有时间窗的多配送中心开环 VRP［J］．系统工程理论与实践，2013，33（3）：666－675.

［14］MARINAKIS Y，MARINAKI M. A Bumble Bees Mating Optimization algorithm for the Open Vehicle Routing Problem［J］. Swarm and Evolutionary Computation：2014，15（12）：80－94.

［15］符卓，聂靖．开放式车辆路径问题及其若干研究进展［A］．中国运筹学会第八届学术交流会论文集［C］．广东深圳，2006.

［16］葛显龙，王旭，邓蕾．基于联合配送的开放式动态车辆路径问题及算法研究［J］．管理工程学报，2013，27（3）：60－68.

［17］杨培颖，唐加福，于洋．接送机场服务中车辆路径与调度模型的比较分析［J］．系统工程学报，2013，28（4）：105－118.

［18］DEMIRA E，BEKTAS T，LAPORTE G. A comparative analysis of several vehicle emission models for road freight transportation［J］. Transportation Research Part D：2011，6（5）：347－357.

［19］BARTH M，YOUNGLOVE T，SCORA G. Development of a Heavy－Duty Diesel Modal Emissions and Fuel Consumption Model［R］. San Francisco，UC Berkeley：California Partners for Advanced Transit and Highways. 2005.

［20］BARTH M，BORIBOONSOMSIN K. Real－world CO2 impacts of traffic congestion［J］．Transportation Research Record，2008，2058（1）：163－171.

［21］COE E. Average carbon dioxide emission resulting from gas－oline and diesel fuel［R］. Seattle Wash，USA：United States Environment Protection Agency，2005.

［22］LOPEZ－SANCHEZ A D，HERNANDEZ－DIAZ A G，et al. A multi－start algorithm for a balanced real－world Open Vehicle Routing Problem［J］. European Journal of Operational Research：2014，238（1）：104－113.

［23］於世为，郭海湘，诸克军．基于 GA－TS 的开放式车辆路径优化算法及应用［J］．系统管理学报，2012，21（2）：264－269，274.

［24］WANG H K，FU L，ZHOU Y，et al. Modeling of the fuel consumption for passenger cars regarding drivingcharacterist－ics［J］. Transportation Research Part D：Transport and Environment，2008，13（7）：479－482.

［25］邢文训，谢金星．现代优化计算方法［M］．北京：清华大学出版社，2007.

基于时间序列的区域物流网络演化模型分析

陆 华 刘 凯

摘 要：为了探究区域物流网络的产生发展过程的内在规律，首先分析了区域物流网络结构的演化机理、过程和阶段。然后，借鉴评估产业集中度的赫芬达尔指数和区域分布非均衡系数两个参数，构建区域物流网络的时间序列演化模型，以此为工具分析区域物流网络内物流量在各节点分布的离散度和均衡性，从而揭示了物流网络演变及物流枢纽产生的过程。最后，以湖北省为例分析了其演化过程和状态，结果表明武汉物流区域中轴辐式物流网络结构明显，而宜荆和襄十两个物流区域处于低水平的均衡状态。

关键词：网络演化模型 赫芬达尔指数 非均衡系数 区域物流网络 时间序列

区域物流产业是区域经济发展的重要基础，区域物流网络化发展对促进物流产业和区域经济发展有着积极的作用。为了对区域物流网络合理布局，需要研究区域物流网络的演化和发展的内在规律，这有助于把握物流网络发展过程和阶段，进而科学地构建层次清晰、布局合理、高效运作的区域物流网络，以支持区域内部和不同区域之间产业要素的合理流动，促进区域经济的发展。

目前，对物流网络演进和发展的研究不多。国外主要是针对运输网络的建模研究，以揭示运输网络形成和发展规律，例如 Maria 等[1]以拉丁美洲作为分析案例，研究了运输网络中基础社会规划与区域经发展的关系，指出拉丁美洲的运输网络的整合有利于区域经济的发展。Tage Skjot - Larsen 等[2]以丹麦和瑞典两国共同建设的 Oresund 大桥为研究案例，分析该大桥对运输通道和区域网络效率的影响，说明交通基础设施的完善对促进物流运作效率、区域经济发展的连带作用。但是，这些研究是从运输网络的角度进行的，很难反映网络承载的物流内涵。

国内主要从产业经济学、城市空间结构、经济地理学的角度进行研究，在产业组织和结构上体现了物流的特征，例如桂寿平等[3]通过系统动力学建模，分析区域物流网络系统结构的形成和演变过程及规律，并对网络的各构成要素之间的相互关系进行分析。海峰等[4]从产业集群理论的角度，对基于物流集聚的区域物流网络空间内各个物流活动构成要素之间相互作用的机理进行研究。李兆磊等[5]从耗散结构系统理论的角度研究区域物流系统的演化，并构建了耗散结构演化模型。况漠[6]从交通经济带演

作者简介：陆华（1977—），女，湖北洪湖人，讲师，博士生，研究方向：交通运输规划与管理；刘凯（1946—），男，教授，博士生导师，研究方向：现代物流与供应链管理、现代物流系统分析与规划、运输生产布局与资源优化配置、运输市场营销、集装箱运输与多式联运。

化机制的角度，对区域物流系统的演变和发展符合通道化发展原理方面做了研究，指出交通经济带对物流要素的集聚是区域物流系统发展的最关键因素。但是，这些研究缺乏对区域物流网络及枢纽发展和演变做长期的观测，很少涉及具体的实证研究。因此，本文在构建演化模型的基础上对湖北省内各物流节点进行实证研究，分析区域物流网络演化阶段和趋势，以期为物流网络规划和建设提供决策支持。

一、区域物流网络结构演进过程与阶段

（一）区域物流网络结构演化的过程分析

区域物流网络结构的生长和演进是区域物流系统外部和内部各种因素相互作用的空间结构反映，是各节点和线路不断生长和演进的缓慢变化的过程。网络的生长需要有牵引动力，主要包括经济吸引力推进各个要素在空间上的聚集和扩散，进而推动物流网络节点和线路出现序列组合，表现为空间聚集和空间扩散。因而，区域物流网络结构的生长和演进过程，可以看成节点的空间聚集和通过线路的扩散表现出的空间形态变化过程。

可以借鉴经济地理学的相关理论，例如“核心—边缘”学说、“点—轴”理论、“中心地”理论为基础，建立区域物流网络生长及各要素相互作用机理的解释模型[7]。从“点—轴—网”理论的角度看，网络形成的初期各节点间相对孤立，相互往来推进了节点之间的“轴线”的建立，通过“轴线”的牵引作用，逐渐发展成为“网”的过程，也就是由“点”及“线”再及“网”的过程。区域物流网生长和演进的一般过程可以分为如下6个阶段[8]，如图1所示。

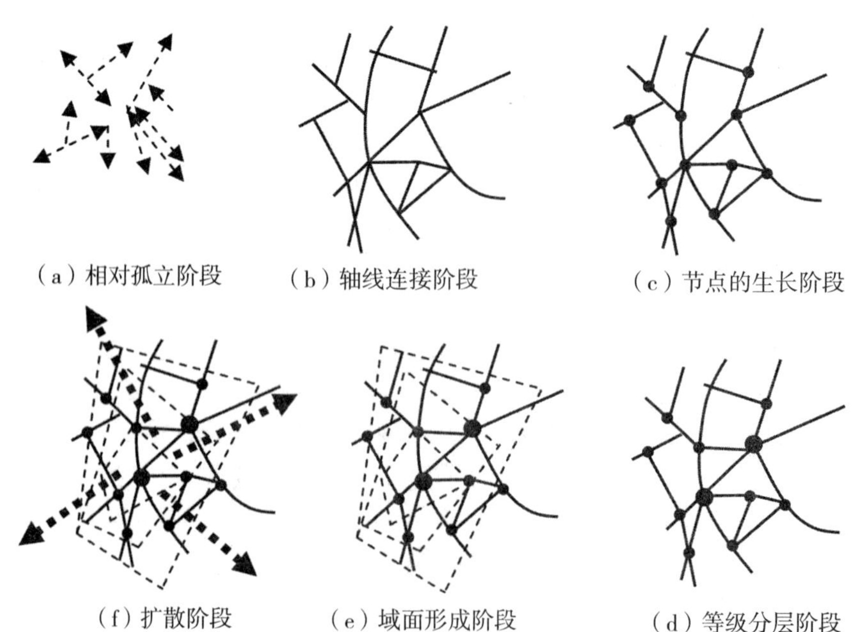

图1　区域物流网络空间结构形成过程

（a）相对孤立：节点之间存在不稳定的相互联系；

（b）轴线连接：轴线将节点连接继而形成网络；

（c）节点的生长：处在连线的交点，因交通区位获得生长；

（d）层次系列：由于各节点的连线数量不同，导致不同节点生长速度不同，继而形成节点的不同规模与层次结构；

（e）区域物流：由于一些节点相互作用较为强烈，存在很强的相互作用产生区域物流的域面；

（f）扩散：区域物流空间结构不断扩张。

（二）区域物流网络的生长和演进阶段

“区域物流网络各因素的相互作用—区域物流空间变化—区域物流网络空间形态—区域物流网络各因素相互作用”[9]的不断循环作用，推进区域物流网络的不断生长与演进。借鉴空间组织理论分析，根据上述物流网络的形成过程，区域物流网络发展可以划分为四个阶段[10]，如图 2 所示。

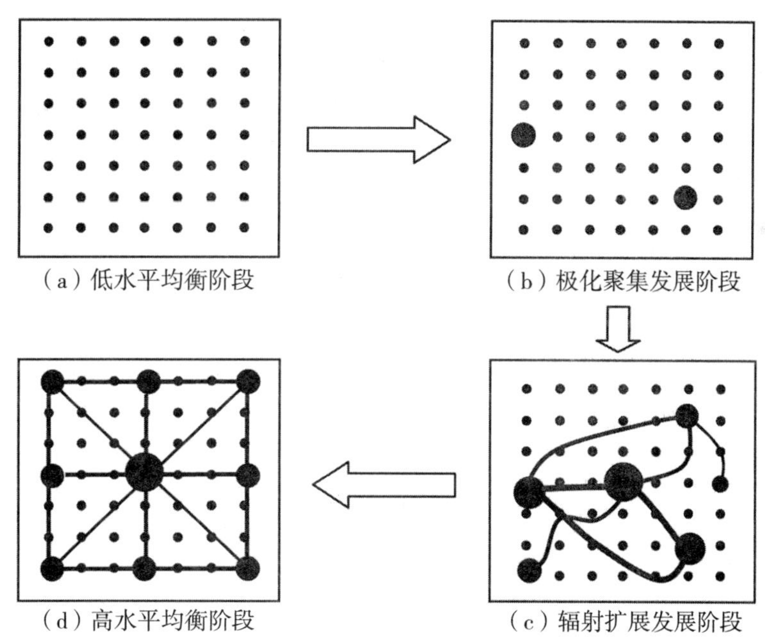

（a）低水平均衡阶段

（b）极化聚集发展阶段

（d）高水平均衡阶段

（c）辐射扩展发展阶段

图 2　区域物流网络结构演化阶段

（a）低水平均衡阶段。该阶段以物流节点相对孤立，在节点内部进行生产循环为特征，基本没有空间集聚和扩散效应的影响，只有少数的由于生产和生活需要形成的小的物流节点（集市），其影响辐射范围也较小，物流设施简单，对外的通路也很少，体现出较为原始的社会经济特征，属于自给自足的准封闭的农业经济发展阶段。各节点之间的依存性很低，节点之间没有等级结构且物流量有限，在空间上的影响是均衡，处于相对稳定的原始状态。

（b）极化集聚发展阶段。该阶段为起步阶段，由于社会分工明确且规模化生产初步形成，各节点贸易往来增多。但由于各节点的交通区位、产业布局不同等因素，导致各节点的发展速度不同，逐渐发展出经济相对活跃，辐射半径较大的节点，形成早期物流网络中的“核心”结构，呈现聚集式发展，是区域物流网络发展的极化阶段，对应网络空间结构形态为聚集形态。这个阶段区域内的“核心”节点数量有限，网络结构较为松散，交通基础设施薄弱，使得“核心”节点的辐射强度和广度有限，区域物流网络结构体现为非均衡发展的阶段。

（c）辐射扩展发展阶段。该阶段枢纽节点的聚集和扩散作用增强，从极核的聚集功能为主的阶段向枢纽节点的扩散和物流网络的均衡化的方向发展的阶段。区域物流网络中不同层级的“点”和“轴”，相互衔接形成排列有序的“点—轴”网络结构，其中枢纽节点与次级节点联系紧密形成区域物流域面。可以这样说，这个阶段是区域物流枢纽形成规模化物流产业的关键期。

（d）高水平均衡阶段。该阶段是成熟阶段，以多层级、多中心、均衡化、网络化为主要特征。随着低等级节点不断受到高等级节点的辐射，物流基础设施不断完善，等级较低的节点之间的道路不断发展，各域面之间沟通顺畅，不断突破行政边界的限制，城市物流枢纽城市形成可持续发展的稳定性，整个域面的物流网络结构发展向高等级发展，呈现出多层次物流中心、道路网络发达的区域物流网络结构。区域物流系统已经形成各个节点分工合理、配套基础设施完善，区域物流高效、稳定、有序的运行。

二、区域物流网络演化模型及实证分析

（一）时间序列演化模型

分析区域物流网络中物流节点分布的集聚和扩散过程和阶段是研究区域物流网络结构时空演化的一个主要内容。在此，本文选取评估产业集中度的赫芬达尔指数（*HHI*）、区域分布非均衡系数两个参数构建演化模型来分析区域物流网络时空演化。

1. 赫芬达尔指数（*HHI*）

赫芬达尔指数（*HHI*），是一个评估产业集中度的综合指标，可以计量市场中各主体规模的离散度[11]。本文借鉴赫芬达尔指数来定义区域物流网络的离散系数，来反映区域物流网络的离散度。

$$HHI = \sum_{i=1}^{k}\left(\frac{S_i}{S}\right)^2 = \sum_{i=1}^{k} R_i^2 \tag{1}$$

式中，s_i 是各节点物流量，s 是整个网络物流量，R_i 是节点 i 的物流量占整个物流网络物流量的比例（$0 < R_i < 1$），k 是物流节点的个数，物流量包括运输量和仓储量，由于仓储量数据收集存在一定困难，并且运输量与仓储量存在较大的相关性，因此本文取运输量作为物流量进行计算。从公式（1）可知，$0 < HHI \leqslant 1$。当 $s_i \ll s$ 时，$R_i^2 \to 0$，$HHi \to 0$，即区域中每个节点的物流量相差不大，各节点的物流量分布均衡，没有形成枢纽；当区域中有一个节点的物流量 $s_i \to s$，$R_i^2 \to 1$，$HHI \to 1$，那么说明该节点的物流量远远大于其他节点，物流量向该节点聚集，物流枢纽形成。当然，也可能有若干个节点的物流规模 s_i 占总规模的比例较大，这样在物流网络中形成若干个物流枢纽的情况。

2. 分布均衡性模型

对于区域物流网络节点分布均衡性的研究，可以帮助判断物流网络发展演变的阶

段。通过选取物流网络节点物流量的标准差σ，构建物流网络区域分布情况的模型，即物流区域分布均衡性模型，来衡量区域物流网络分布的均衡性。一般地，σ越小，分布越均衡，反之亦然。计算公式如下：

$$\sigma = \sqrt{\frac{\sum_{i=1}^{n}(R_i - \bar{R})^2}{n}} \tag{2}$$

式中，R_i是节点i的物流量占整个物流网络物流量的比例（$0 < R_i < 1$），$\bar{R}$为网络节点分布比例的均值，n是网络节点总数。σ越小，各节点物流量越均衡，物流枢纽存在的可能性越低；σ越大，各节点物流量越不均衡，那么网络中物流枢纽存在的可能性就越大。

（二）实证研究

以湖北省区域物流网络为例，对基于时空演化的区域物流网络结构演化模型进行分析。根据研究需要，对于湖北省区域物流网络划分为几个区域：武汉物流区域（即武汉为中心，以及周边一百公里内的黄石、黄冈、鄂州、孝感、咸宁5个城市）、宜昌荆门物流区域（包括宜昌市、荆州、荆门）、襄十物流区域（包括襄阳、随州、十堰）。

1. 实证研究的数据收集

我国目前物流产业的数据统计相对滞后，由于物流量主要由运输量和仓储量构成，且二者具有较大的相关性。因此，为了方便数据的获取和可操作性，本文选取各节点的货运量作为物流量的规模进行计算，通过查阅1993—2012年《城市统计年鉴》，整理统计湖北省12个地级市的年货运量，如表1所示。

表1　　湖北省地市货运量统计（1993—2012）　　单位：万吨

年份	城市												
	武汉	黄石	鄂州	孝感	黄冈	咸宁	十堰	襄阳	随州	宜昌	荆门	荆州	合计
1993	11988	3962	2152	2685	843	279	1063	3906	601	3520	874	1735	33608
1994	12392	3899	2161	3156	905	307	1591	3230	639	3981	943	1806	35010
1995	13267	3935	2248	3866	1093	204	1378	3749	695	4576	982	1757	37750
1996	12450	4835	2434	3847	2093	207	1633	4524	606	4065	2253	2098	41045
1997	12690	4550	2384	3557	1231	350	1517	4076	621	4219	2169	2787	40151
1998	14693	4715	2506	3836	879	580	1653	5143	657	3746	2458	2237	43103
1999	15442	4960	2715	3977	1043	724	1462	4692	709	3544	2849	1716	43833
2000	16228	4984	2825	4684	1972	668	1474	4606	740	3464	3115	2131	46891
2001	16244	5088	3402	4266	2149	773	2415	4815	771	4143	3512	2290	49868
2002	15943	4875	2087	4471	2160	646	889	5068	179	4031	3575	1597	45521
2003	16610	5059	1106	4538	1853	799	1632	5294	915	4881	3537	2265	48489
2004	17045	5596	1171	4894	2201	914	1322	5461	917	4574	4160	2224	50479

续 表

年份	城市												
	武汉	黄石	鄂州	孝感	黄冈	咸宁	十堰	襄阳	随州	宜昌	荆门	荆州	合计
2005	19612	5728	1420	5166	2172	1051	1230	5906	969	5360	4277	2986	55877
2006	20818	6026	1425	5437	2322	1263	1451	6453	1040	5406	4441	2690	58772
2007	22551.9	6450	1949	5970	2677	1266	1675	6745	1149	5894.6	4780	2956	64063.5
2008	29143.9	6655	2042	7578	3159	1498	1961	7116	1221	6981.7	4744	2153	74252.6
2009	34409.1	6397	2387	8102	3305	2072	3236	8405	2019	9389.8	7017	3922	90660.9
2010	40288.3	5799	1893	4361	4137	2656	3795	9914.1	2099	10314	7794	4930	97980.4
2011	41804	6951	2220	4999	4785	2724	4544	12344	2443	12377	9339	6099	116029
2012	43892.5	7034	2315	5213	5053	3135	5300	13246	2586	13246	10555	6975	118550.5

2. 计算赫芬达尔指数（*HHI*）

将表1中的湖北省各物流节点1993—2012年之间的货运量，代入计算赫芬达尔指数的式（1）中，可以得到湖北全省、武汉物流区域、宜荆物流区域和襄十物流区域的*HHI*，如表2所示。

表2　湖北省区域物流赫芬达尔指数（*HHI*）（1993—2012）

年份	区域			
	湖北全省	武汉物流区域	宜荆物流区域	襄十物流区域
1993	0.181453	0.358410	0.539825	0.430312
1994	0.177596	0.353925	0.448567	0.441554
1995	0.178351	0.351161	0.484926	0.467044
1996	0.150193	0.304203	0.513805	0.367107
1997	0.155874	0.328973	0.499840	0.359606
1998	0.169502	0.351491	0.533141	0.351976
1999	0.174948	0.345584	0.523452	0.359229
2000	0.222220	0.327849	0.514605	0.345930
2001	0.156464	0.318684	0.462555	0.351280
2002	0.171258	0.337419	0.704028	0.372866
2003	0.170283	0.364599	0.512792	0.363323
2004	0.168137	0.348467	0.546654	0.359544
2005	0.174630	0.365831	0.568307	0.351064
2006	0.176394	0.365507	0.560387	0.357455

续 表

年份	区域			
	湖北全省	武汉物流区域	宜荆物流区域	襄十物流区域
2007	0. 174057	0. 358353	0. 541916	0. 357024
2008	0. 199391	0. 385817	0. 527813	0. 393965
2009	0. 188511	0. 408336	0. 456561	0. 369715
2010	0. 209584	0. 487164	0. 468583	0. 360679
2011	0. 171787	0. 460567	0. 478984	0. 358814
2012	0. 162615	0. 460217	0. 470784	0. 354232

根据表 2 中数据，可以得到 1993—2012 年，湖北全省及三个物流区域的 *HHI* 的发展趋势，如图 3、图 4 所示。

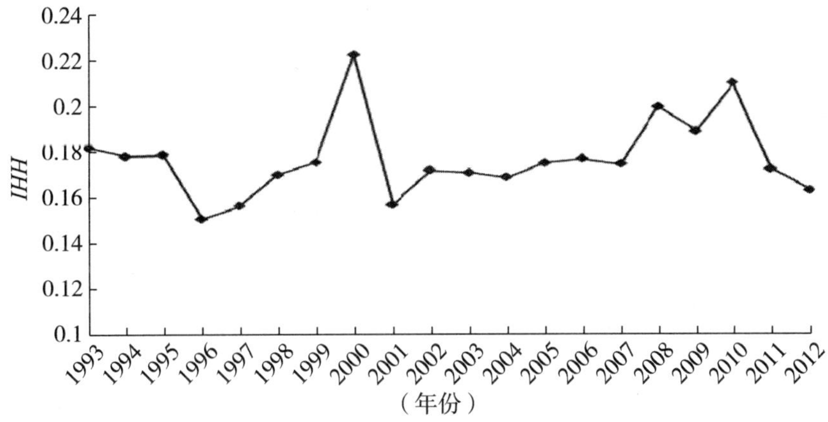

图 3　湖北全省 *HHI* 分布趋势

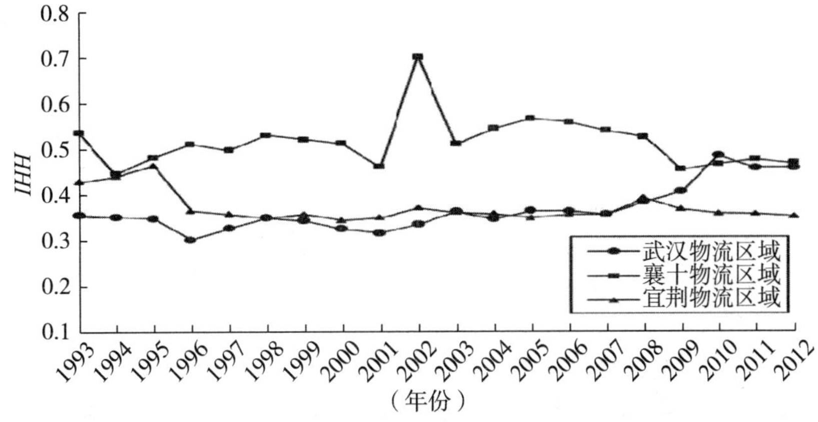

图 4　武汉、襄十、宜荆物流区域 *HHI* 趋势分布

3. 计算分布非均衡系数

将表1中的湖北省各物流节点1993—2012年之间的货运量，代入计算分布非均衡系数的式（2）中，可以得到的湖北全省、武汉物流区域、宜荆物流区域和襄十物流区域的分布非均衡系数，如表3所示。

表3 湖北省分布非均衡系数（σ）

年份	区域			
	湖北全境	武汉物流区域	襄十物流区域	宜荆物流区域
1993	0.090425	0.178766	0.262356	0.179795
1994	0.088630	0.176663	0.195988	0.189930
1995	0.088984	0.175354	0.224791	0.211116
1996	0.074644	0.151403	0.245270	0.106103
1997	0.077750	0.164472	0.235589	0.093583
1998	0.084739	0.175511	0.258075	0.078830
1999	0.087376	0.172683	0.251740	0.092907
2000	0.097017	0.163902	0.245813	0.064799
2001	0.078065	0.159174	0.207542	0.077346
2002	0.086765	0.168697	0.351518	0.114794
2003	0.085122	0.181628	0.244580	0.099982
2004	0.084065	0.174069	0.266659	0.093472
2005	0.087224	0.182192	0.279865	0.076877
2006	0.088063	0.182044	0.275108	0.089668
2007	0.086950	0.178739	0.263681	0.088865
2008	0.098344	0.191115	0.254610	0.142164
2009	0.093620	0.200694	0.202672	0.110124
2010	0.102572	0.231120	0.212328	0.095473
2011	0.089457	0.221322	0.220341	0.092160
2012	0.086155	0.221190	0.214049	0.083464

根据表3中的数据，可以得到湖北省及三个物流区域的分布非均衡系数的发展趋势图，如图5、图6所示。

4. 湖北省物流网络及枢纽演化的实证分析

根据上述1993—2012年，湖北省*HHI*（如表2所示）和非均衡系数（如表3所示）的实证数据和发展趋势图（如图3～图6所示）分析得出如下的结论。

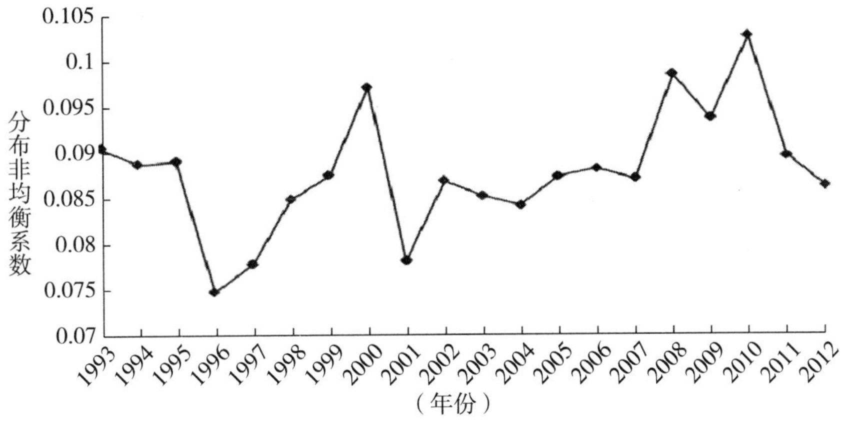

图5　湖北全省分布非均衡系数趋势

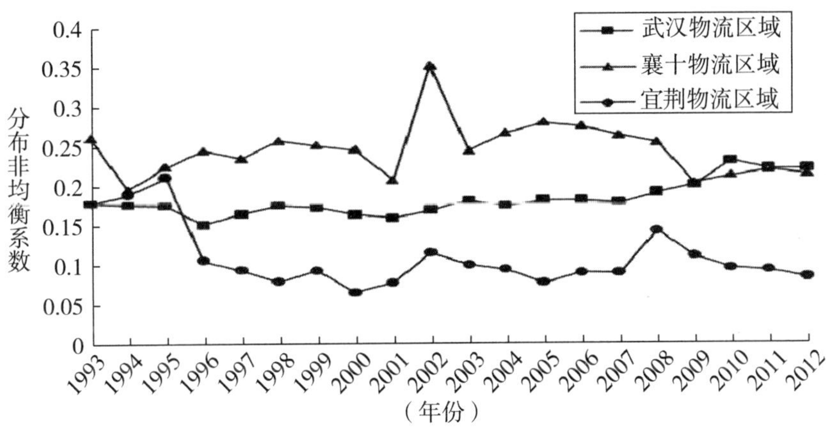

图6　武汉、襄十、宜荆物流区域分布非均衡系数趋势

（1）湖北全省 *HHI* 呈微弱下降趋势，全省物流网络处于较平稳地由集中到分散的结构演变过程。湖北全省的非均衡系数从 1993 年的 0.090425 下降到 2012 年的 0.086155，说明湖北全省的物流网络节点的分布趋于均衡化发展，是一个缓慢平稳的均衡化演变过程。

（2）武汉物流区域 *HHI* 由 0.35841 上升到 0.460217，非均衡系数从 0.178766 上升到 0.22119，说明武汉物流区域发展呈现出平稳的集中发展趋势，各节点的不均衡性增大，处于极化集聚的发展阶段。主要原因是武汉作为省会城市，其物流设施建设相对周边节点完善，货物在武汉进行中转的流量趋于增大，武汉作为区域物流枢纽的地位越来越明显。

（3）宜荆和襄十物流网络的发展情况相似，宜荆、襄十 *HHI* 呈下降趋势，宜荆从 0.539825 下降到 0.470784，襄十从 0.430312 下降到 0.354232。非均衡系数都是趋于减小的，襄十从 0.262356 下降到 0.214049，宜荆从 0.179795 下降到 0.083464，因此，两个地区物流趋向均衡发展。主要原因是，两个物流区域的经济发展水平相对武汉物流区域较低，襄阳和宜昌的中转物流不多，枢纽作用不明显，说明这两个物流区域处于低水平的均衡状态。

综上所述，武汉物流区域中以武汉为枢纽的轴辐式区域物流网络结构的发展趋势相对明显，而宜荆和襄十两个物流区域的经济发展水平相对较低，物流活动在襄阳和宜昌的中转并不多，在区域中的枢纽作用不明显，说明这两个物流区域处于低水平的均衡状态。因此，为了推进湖北物流产业及网络的科学发展，应加强武汉作为重要物流枢纽的作用，带动武汉物流区域及全省物流业发展。其次，加强宜昌和襄阳两个次级物流枢纽的基础设施建设，完善物流功能，带动襄十和宜荆两个物流区域，推进节点联动，以点带面实现从低等级均衡状态向极化集聚发展阶段推进。

三、结语

（1）分析了区域物流网络的演化过程，通过 *HHI* 和物流节点分布非均衡系数，构建区域物流网络演化模型，对区域物流网络在时间序列上的演化模型进行研究。在此基础上，通过研究湖北省 1993—2012 年的时间序列演化过程，得出湖北省的物流网络演化过程和阶段。

（2）构建模型及方法具有广泛应用性，既可以分析全国物流网络及枢纽的发展过程和阶段，也可以应用到省域、城市群、都市圈内的物流网络结构发展演变过程，可以为区域物流产业发展、网络规划、枢纽建设等问题提供决策支持和理论参考。

（3）随着物流产业统计数据的完善，*HHI* 模型和非均衡系数中的参数“物流量”，可以不以运输量代替，而是以综合物流量来分析，使观测结果更体现区域物流网络的演化特征。

参考文献

［1］MELENDEZ O，MARIA FERNANDA. The logistics and transportation problems of Latin American integration efforts：The Andean Pact，acaseofstudy［D］. The University of Tennessee，2002.

［2］TAGE SKJOTT – LARSEN，ULF PAULSSON，STEN WANDEL. Logistics in the Oresund Region after the Bridge［J］. European Journalof Operational Research，2003（1）：247 – 256.

［3］桂寿平，朱强. 区域物流系统动力学模型及其算法分析［J］. 华南理工大学学报：自然科学版，2003（10）：36 – 40.

［4］海峰，祖大为，杨明. 产业集群与区域物流网络空间系统演化机理研究［J］. 物流工程与管理，2010，30（12）：25 – 28.

［5］李兆磊，吴群琪，张雅琪. 基于耗散结构理论的区域物流系统演化机理［J］. 长安大学学报：社会科学版，2010（4）：33 – 37.

［6］况漠. 基于 TEB 演化机制的区域物流系统优化理论与方法研究［D］. 成都：西南交通大学，2006.

［7］陈才. 区域经济地理学的学科理论与实践［M］. 北京：科学出版社，2010：55 – 60.

［8］杨光华，李夏苗. 区域物流网络结构关系分析与实证［J］. 铁道科学与工程，2009，6

(4)：91 -96.

［9］高洪深．区域经济学［M］．北京：中国人民大学出版社，2002：65 -69.

［10］鞠颂东，徐杰．物流网络理论及研究意义和方法［J］．中国流通经济，2007，8（8）：12 -13.

［11］席运江．组织知识的网络表示模型及分析方法［D］．大连理工大学博士学位论文，2006：53 -60.

物流竞争力对区域经济发展影响机制研究*

——基于京津冀、长三角、珠三角经济圈实证研究

张广胜

摘　要：构建表征京津冀、长三角、珠三角经济圈的物流竞争力与经济发展指标体系，基于主成分分析、相关性分析及最小二乘等方法研究了三大经济圈物流竞争力与经济间的内外部结构特征。结果表明：京津冀、长三角、珠三角经济圈物流业产值总和占全国总额比重较高；在2003—2013年研究样本内三大经济圈指标权重具有较高共性，两者发展支撑要素趋于一致；其物流竞争力与经济发展变化趋势基本一致，两者具备相互促进的作用，且物流竞争力对经济发展影响作用更显著，物流竞争力水平的提升能有效促进三大城市群的经济水平。

关键词：区域物流竞争力　区域经济发展　三大经济圈　实证研究

区域物流是指在特定区域范围内的物流活动，由区域物流网络体系、区域物流信息支撑体系和区域物流组织运作体系组成。近年来由于物流产业地位在国家层面的确立，区域物流发展水平已然成为评价一个城市或区域综合实力和现代化进程的重要标志。区域物流竞争力是指不同区域间的物流活动经过角逐或比较而体现出来的综合能力，这种能力主要体现在软硬件环境的支持能力、获得发展要素的能力、开拓市场的能力以及综合利用各种资源形成的总体发展实力与发展潜力。物流作为现代流通方式的主要渠道和沟通生产与消费的重要枢纽，在降低城市空间阻隔、沟通跨区域生产消费、提升经济效益方面具有重要意义，业已成为经济的动脉系统和衡量城市群经济发展程度的重要指标，长三角、珠三角、京津冀等发达经济圈都将物流产业作为核心产业加以重点发展。随着经济全球化、区域经济一体化进程的加快，研究区域物流竞争力与区域经济的互动促进作用，提高区域经济发展水平成为新的热点。如李全喜等（2010）从物流基础设施、物流经济产出、物流产业规模等方面的指标体系入手，基于典型相关分析法研究了区域物流能力与区域经济发展间的高度相关性[1]；刘维林（2011）采用系统动力学的方法对区域物流系统与区域经济增长之间的动态关联关系及耦合结构进行了模型设计和仿真实证[2]；徐茜等（2011）建立了数学模型对浙江区域物流与区域经济关系发展趋势做出预测[3]；李虹（2012）通过建立综合评价指标体系，

* 基金项目：浙江省教育厅项目“现代物流与城市群经济协调发展研究”（Y201431276）、浙江嘉兴科技计划项目“新型城镇化视角下嘉兴市农产品物流体系优化研究”阶段性成果（2014AY21012）。

作者简介：张广胜（1986—），男，汉，山东德州人，博士，嘉兴学院平湖校区物流系讲师，研究方向：物流与供应链管理。

利用主成分分析法对辽宁区域物流竞争力进行了综合评价[4]；李国刚等（2012）基于回归结论从区域物流效率和区域物流资源的角度提出具有可操作性的推动经济增长的政策建议[5]；刘林等（2012）基于31个省级区域2007—2009年的面板数据，实证检验了区域物流资源、区域物流效率和经济增长之间的关系[6]；王爱虎等（2014）基于关联度模型辨别出广东省物流产业中与经济关联的主要和次要因子，并计算出了二者的协调度[7]。文献综述发现，现有研究为我国区域物流发展与区域经济发展间关系的典型化事实提供了重要参照依据，但其中研究区域物流竞争力与经济发展关系的文献还较为匮乏，特别是针对我国沿海三大经济圈京津冀、长三角、珠三角的物流竞争力与经济的对比研究。关于区域物流竞争力与经济关系研究还存在诸多不足，如测评区域物流竞争力水平的指标体系构建不够完善，多停留在分析某一特定要素与经济间的关系；研究内容对物流竞争力内部分类关系及针对性关注不够等。基于此，本研究以建立较全面的区域物流竞争力指标评价体系为基础，分别运用主成分分析、相关性分析及最小二乘法等方法研究京津冀、长三角、珠三角物流竞争力与经济间的内外部结构特征，以期为制定相关发展政策提供参考依据。

一、物流竞争力与经济发展指标构建

为了能够有效地评价各区域物流竞争力与经济发展水平，首先构建能全面反映其评价目的和内容的指标体系，见表1。

表1　评价指标体系

物流竞争力（L）	物流发展水平	物流产业增加值（X_1，亿元）、物流从业人员（X_2，万人）、物流业职工工资总额（X_3，亿元）、货物运输量（X_4，万吨）、旅客运输量（X_5，万人）、邮电业务量（X_6，亿元）
	物流基础建设	铁路里程（X_7，公里）、公路里程（X_8，公里）、内河里程（X_9，公里）、邮政营业网点（X_{10}，处）、邮路路长（X_{11}，公里）、长途光缆线路长度（X_{12}，公里）
	物流发展潜力	货物周转量（X_{13}，亿吨公里）、旅客周转量（X_{14}，亿人公里）、物流固定资产投资（X_{15}，亿元）、物流业增加值占GDP比重（X_{16},%）
经济发展水平（E）	经济规模	国内生产总值（Y_1，亿元），社会消费品零售总额（Y_2，亿元），进出口商品总额（Y_3，万美元）
	生活水平	居民消费水平（Y_4，元），人均GDP（Y_5，元）
	增长速度	地区GDP增长率（Y_6,%）
	产业结构	第二产业占GDP的比重（Y_7,%），第三产业占GDP的比重（Y_8,%）

（一）物流竞争力

物流竞争力（L）是基于现有的竞争优势和资源，反映了某区域范围内的物流竞争能力，由物流业的发展水平、物流活动的载体建设水平、物流业发展潜在能力所体现。因此将物流竞争力分为物流发展水平、物流基础建设及物流发展潜力三个层面。

（1）物流发展水平：该指标侧重于提供物流服务能力的水平及成果，主要由反映物流总体发展实力的综合指标构成，它决定了物流的需求能力与发展条件。从实物层面和价值层面两个角度选取指标，其中实物层面选取物流从业人员、货物运输量、旅客运输量、邮电业务量四项指标衡量区域物流总量；价值层面选择物流业增加值、物流业职工工资总额来衡量物流业发展所创造的价值。

（2）物流基础设施：基础设施指提供物流服务的资源状况，是物流产业在运输、仓储等方面的物质基础，主要包括该地区的物流基础设施状况、物流信息系统及服务能力指标等影响着物资流通的规模和速度。考虑到数据可得性，选取铁路里程、公路里程、内河里程、邮政营业网点、邮路路长、长途光缆线路长度作为基础设施的代表指标。

（3）物流发展潜力：发展潜力是用来衡量物流发展的内在潜力，是物流业未来持续发展的能力。其中选取货物周转量、旅客周转量作为提升区域物流发展水平的指标，物流固定资产投资作为升级物流基础设施的后备资源，物流业增加值占 GDP 比重反映了物流业对地区经济的贡献水平。

（二）经济发展水平

区域经济水平（E）是由多种要素组成的综合系统，对其做定量评估需选择一些涵括和表征该系统的主要指标。物流产业对经济发展的影响具有间接性和转移性等特征，物流业可通过对其他产业的支持而间接取得经济效益，这是间接性的体现；因衡量经济增长的指标较多，如国民生产总值、国内生产总值和人均国内生产总值等，社会经济系统指标的选取是十分复杂的。为此，对应于物流系统从经济规模、增长速度、居民生活水平及产业结构四方面来表征区域经济综合发展水平。

（1）经济规模及增长速度：物流是经济发展的派生需求，其发展与区域经济水平成正比，经济规模越大，对货物运输、包装、仓储、配送、流通加工及物流信息处理等物流服务的需求越大。本文选取国内生产总值、社会消费品零售总额、进出口商品总额表征经济规模水平；以 GDP 增长率来表征地区经济增长速率。

（2）居民生活水平：选取居民消费水平和人均 GDP 作为衡量某一区域范围内居民用以满足物质、生活需要的社会产品和劳务的消费程度。

（3）产业结构：经济增长本质上是以产业结构变动为核心，而物流业规模大小受到物流支持产业发展水平的影响，支持产业的发展将带动更多的物流需求。在国民经济中第二产业、第三产业对物流有较多的需求，为此选取第二产业占 GDP 的比重和第三产业占 GDP 的比重表征产业结构的变动。

二、物流竞争力与经济发展水平测度

因物流竞争力与经济发展指标体系间的属性不同、量纲不一，要使这些反映不同方面的数据指标整合成一个综合性的数据，进而从总体上测度各区域物流竞争力与经济发展水平的真实情况，必须考虑采用对指标进行合成的综合评价方法。在数据处理中，经常会遇到高维数据组，由于数据维数高，变量多，而且变量间往往存在信息重叠，因此很难直接抓住它们的主要信息。因此需要有一种简化数据的方法，使得在定量研究中涉及的变量较少，而得到的信息量又较多。主成分分析是利用降维的思想，在损失很少信息的前提下把多个指标转化为少数几个互不相关的综合指标。设对某一事物的研究涉及 p 个指标，分别用 X_1，X_2，…，X_p表示，经过线性变换，新的综合指标可以由原来的变量线性表示，即满足下式：

$$
\begin{aligned}
Y_1 &= a_{11}X_1 + a_{12}X_2 + \cdots + a_{1p}X_p \\
Y_2 &= a_{21}X_1 + a_{22}X_2 + \cdots + a_{2p}X_p \\
&\vdots \\
Y_p &= a_{p1}X_1 + a_{p2}X_2 + \cdots + a_{pp}X_p
\end{aligned}
$$

通过主成分分析，可以从事物之间错综复杂的关系中找出一些主要成分，从而能有效利用大量统计数据进行定量分析，同时使问题得到简化，提高分析效率。本文在对不同年份京津冀、长三角、珠三角等区域物流竞争力与经济发展水平进行测度与评价分析时，将指标体系中的指标 2003—2013 年的观测值进行主成分分析，以“累积贡献率达到 85% 以上”为标准得到两者的主成分综合指标，见表 2。

表 2　　数据指标统计特征

区域	指标	主成分	特征根	方差贡献率（%）	累计方差贡献率（%）
全国	物流竞争力	1	12.573	78.581	78.581
		2	2.138	13.363	91.943
	经济水平	1	6.496	81.198	81.198
		2	1.174	14.672	95.869
京津冀	物流竞争力	1	10.780	80.378	80.378
		2	3.167	19.792	98.170
	经济水平	1	6.366	79.570	79.570
		2	0.887	11.086	90.656
长三角	物流竞争力	1	11.636	78.728	78.728
		2	2.212	13.824	92.552
	经济水平	1	7.346	91.824	91.824
珠三角	物流竞争力	1	10.596	79.228	79.228
		2	2.808	17.553	96.781
	经济水平	1	6.196	77.454	77.454
		2	1.379	17.234	94.687

从数据的统计特征可以看出，第一主成分是使数据精度最高、损失最小的一维综合变量，对应着数据变异最大的方向。从表 2 中看出，无论是从物流竞争力，还是经济发展水平的指标来看，全国及三大经济区的第一主成分的方差贡献率都接近于 80% 的水平，而长三角第一主成分综合指数方差贡献率更是达到了 91.824%。因此对各层

面的数据使用第一主成分系数除以特征根的数值作为各个指标权重[8]，见表3。

表3　物流竞争力指标系数及权重

	全国		京津冀		长三角		珠三角	
指标	主成分	权重	主成分	权重	主成分	权重	主成分	权重
X_1	0.993	0.079	0.985	0.091	0.949	0.082	0.965	0.091
X_2	0.681	0.054	0.987	0.092	0.676	0.058	0.917	0.087
X_3	0.966	0.077	0.988	0.092	0.910	0.078	0.970	0.092
X_4	0.994	0.079	0.937	0.087	0.977	0.084	0.957	0.090
X_5	0.717	0.057	0.691	0.064	0.708	0.061	0.556	0.052
X_6	0.425	0.034	-0.509	-0.047	-0.547	-0.047	-0.683	-0.064
X_7	0.989	0.079	0.902	0.084	0.974	0.084	0.957	0.090
X_8	0.846	0.067	0.882	0.082	0.886	0.076	0.795	0.075
X_9	0.804	0.064	0.675	0.063	-0.819	-0.070	-0.864	-0.082
X_{10}	0.825	0.066	0.890	0.083	0.888	0.076	0.898	0.085
X_{11}	0.966	0.077	0.792	0.073	0.837	0.072	0.266	0.025
X_{12}	0.918	0.073	0.970	0.090	0.857	0.074	0.887	0.084
X_{13}	0.988	0.079	0.474	0.044	0.963	0.083	0.932	0.088
X_{14}	0.938	0.075	0.221	0.021	-0.699	-0.060	0.317	0.030
X_{15}	0.987	0.079	0.980	0.091	0.968	0.083	0.973	0.092
X_{16}	-0.937	-0.075	-0.774	-0.072	-0.844	-0.073	-0.564	-0.053
Y_1	0.978	0.151	0.993	0.156	0.994	0.135	0.992	0.160
Y_2	0.988	0.152	0.995	0.156	0.997	0.136	0.993	0.160
Y_3	0.938	0.144	0.964	0.151	0.958	0.130	0.935	0.151
Y_4	0.985	0.152	0.994	0.156	0.996	0.136	0.993	0.160
Y_5	0.977	0.150	0.991	0.156	0.989	0.135	0.990	0.160
Y_6	-0.571	-0.088	-0.673	-0.106	-0.806	-0.110	-0.834	-0.135
Y_7	-0.718	-0.111	-0.551	-0.087	-0.923	-0.126	-0.011	-0.002
Y_8	0.958	0.147	0.856	0.134	0.987	0.134	0.830	0.134

从表3中可看出，综合从全国、京津冀、长三角、珠三角四个层面看，第一主成分中指标权重具有较高共性。权重较高的指标主要是：反映物流发展现有水平的物流产业增加值、物流业职工工资总额、货物运输量；代表物流基础设施状况的铁路里程和信息化建设的长途光缆线路长度；衡量物流发展内在潜力的货物周转量、物流固定资产投资等。这同时说明在2003—2013年，全国、京津冀、长三角、珠三角这四个层

面的物流竞争力地区差异也主要体现在这几方面。在经济发展指标中，全国、京津冀、长三角、珠三角四个层面指标权重较高的是国内生产总值、社会消费品零售总额、进出口商品总额、居民消费水平、人均 GDP、第三产业占 GDP 的比重等，这成为各层面经济规模、居民生活水平、增长速度及产业结构等发展水平的代表，其中因京津冀、长三角、珠三角三大经济圈是内陆腹地与世界各地联结的重要门户地区，属于外向型经济，因此三者的进出口商品总额权重较高。

运用 SPSS（统计产品与服务解决方案）18.0 对物流竞争力和经济发展水平指标数据进行主成分分析，按照累积贡献率达到 85% 以上的原则提取各层面主成分。计算全国、京津冀、长三角、珠三角四个层面综合得分 $W = w_1 f_1 + w_2 f_2 + \cdots + w_k f_k$，其中 f_k 为 k 个主因子 F_1，F_2，…，F_k 的得分，w_j 为每个主因子的方差贡献率。W 越高表示该年度物流发展水平越高，见图1 和图2。从2003—2013 年各层面经济发展水平与物流竞争力的发展情况比较两者之间的关系，对比两图发现除全国层面在 2003—2013 年变化态势差别较大外，京津冀、长三角、珠三角地区的变化趋势基本一致，具有较高的相关性。

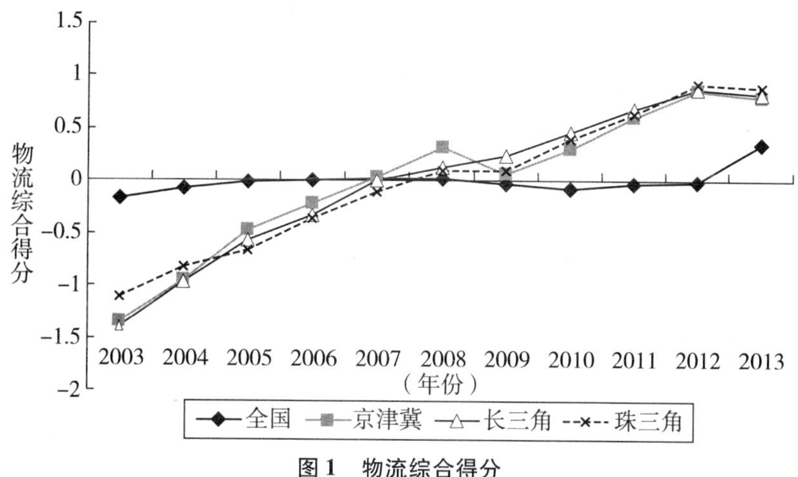

图 1　物流综合得分

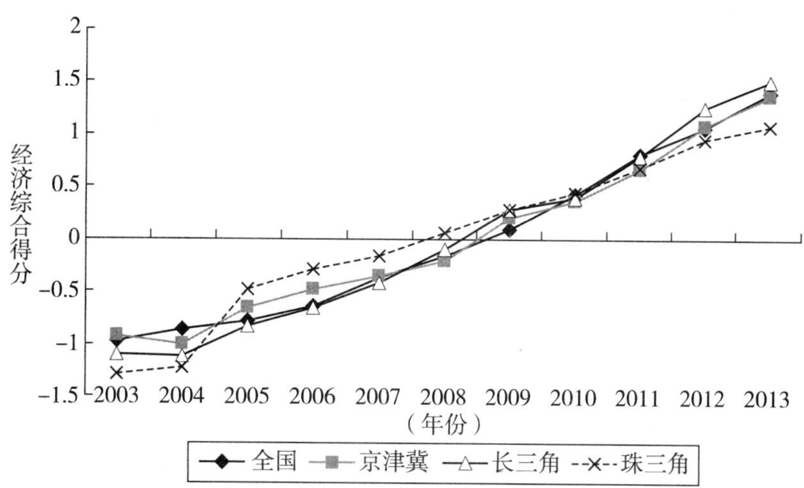

图 2　经济综合得分

三、物流竞争力与经济发展互动关系分析

从前述分析可看出物流竞争力与经济发展间确实存在相互影响的关系，但缺乏实证检验其具体数量关系。通过 SPSS18.0 计算指标间相关系数。在 2003—2013 年京津冀、长三角、珠三角经济区的物流竞争力和经济发展综合得分逐年上升，且两者之间的相关性较强，系数值分别为 0.908、0.941、0.982。全国层面的物流竞争力和经济发展综合得分相关系数较低，仅为 0.617，这可能因京津冀、长三角、珠三角三大经济区以外的某些地区物流发展水平落后，物流竞争力和经济发展之间的相关关系还未显现，导致从全国地区看二者之间的关系被稀释。除全国物流竞争力与各地区相关系数较低之外，其他数据系列均在 0.01 水平上高度显著相关，说明各系列数据变化趋势具备一定相似性，这进一步验证了京津冀、长三角、珠三角三大城市圈物流竞争力与经济发展变化趋势基本一致。因此采用最小二乘回归模型研究京津冀、长三角、珠三角内物流竞争力与经济发展间的相互关系。

最小二乘法（Least Squares Regression，LS）通过最小化误差的平方和找到一组数据的最佳函数匹配求得真值，且误差平方之和最小，有效克服变量多重相关性在系统建模中的不良作用。选取 2003—2013 年京津冀、长三角、珠三角物流竞争力综合得分数据和区域经济发展水平综合得分数据进行回归分析，分别以物流竞争力和经济发展水平为自变量，以经济发展水平和物流竞争力为因变量建立两个最小二乘（LS）回归模型，见表 4。

表 4　各层面回归模型

子样本	回归方程	R - squared	F - statistic	Durbin - Watson
京津冀	$Y_2=9.09E-05+1.029(X_2)$	0.8250	42.45144	0.8240
	$X_2=-7.29E-05+0.802(Y_2)$			0.8845
长三角	$Y_3=-0.000106+1.161(X_3)$	0.8847	69.0590	0.6211
	$X_3=9.09E-05+0.762(Y_3)$			0.6398
珠三角	$Y_4=-0.000182+1.129(X_4)$	0.9652	249.9375	2.4515
	$X_4=0.000155+0.854(Y_4)$			2.4244

从表 4 看出，在 2003—2013 年内三大经济区样本模型的 R 平方值都在 80% 以上，F 统计量和 DW 值均在合理范围内，表明模型拟合程度较高，所构建三大经济区模型有效。从回归方程可看出，京津冀、长三角、珠三角的物流竞争力和区域经济水平间均存在正相关关系。在以物流竞争力为自变量与经济发展水平为因变量的回归模型中，弹性系数分别为 1.029、1.161、1.129，表明物流竞争力水平每提高 1 个百分点将促进区域经济水平提高 1.029、1.161、1.129 个百分点，其中长三角地区物流竞争力对区域经济水平的影响最为显著，表明发展长三角地区的物流产业能对其综合经济水平提升产生较强的积极作用。在以经济发展水平为自变量与以物流竞争力为因变量的回归模

型中，弹性系数分别为0.802、0.762、0.854，表明区域经济水平每提高1个百分点将促进物流竞争力水平提高0.802、0.762、0.854个百分点，其中珠三角地区经济水平对物流竞争力提升作用最为显著。综合分析各回归模型，物流竞争力与经济发展之间影响是相互促进的，但相比于区域经济水平对物流竞争力的影响程度，物流竞争力对经济发展的影响更甚，说明提升京津冀、长三角、珠三角三大城市圈的物流产业发展能对其经济发展产生较高的促进作用。

四、结论

以分析现有区域物流竞争力与经济发展的研究文献为基础，针对我国区域物流和经济发展特点，构建出能够表征京津冀、长三角、珠三角经济圈的物流竞争力与经济发展指标体系；以2003—2013年时间序列数据为研究样本，利用主成分分析测度京津冀、长三角、珠三角经济圈的物流竞争力与经济发展水平；基于最小二乘法建立了三大经济区物流竞争力与经济水平的回归模型。结果表明：研究样本内指标权重具有较高共性，京津冀、长三角、珠三角经济圈物流竞争力与经济发展变化趋势基本一致，两者具备相互促进的作用，且物流竞争力对经济发展的影响作用更显著。在本文主成分分析、最小二乘模型的研究基础上，可进一步研究物流竞争力与经济增长的耦合效应、刺激效应，得出适于我国经济发展的物流竞争力变化范围，继续对研究内容进行深化。

参考文献

［1］李全喜，金凤花，孙磐石．区域物流能力与区域经济发展的典型相关分析——基于全国面板数据［J］．软科学，2010（12）：75－80.

［2］刘维林．区域物流系统与经济增长的动态耦合机理与实证仿真［J］．经济地理，2011（9）：1493－1500.

［3］徐茜，黄祖庆．区域物流与区域经济发展互动关系研究——以浙江省为例［J］．统计与决策，2011（9）：116－120.

［4］李虹．关于我国区域物流竞争力的分析与评价——以辽宁为例［J］．技术经济与管理研究，2012（4）：108－112.

［5］李国刚，曹昱亮．区域物流发展与经济增长关系的实证研究［J］．经济问题，2012（12）：121－125.

［6］刘林，吴金南．区域物流能力影响经济增长的过程机制研究［J］．统计与决策，2012（12）：46－50.

［7］王爱虎，房兴超，郭佳．广东省市域经济与区域物流体系协同发展研究［J］．工业工程，2014（2）：91－99.

［8］于亦文，周荣虎．区域物流产业综合实力评价研究——以中原城市群为例［J］．现代管理科学，2007（17）：70－73.

基于服务驱动假说的消费者自提包裹选择意愿研究*

徐俊杰　姜　凌　李亦亮

摘　要：部署自提点是缓解电子商务末端配送瓶颈的创新思路，但是消费者自提行为的心理驱动机制尚不清晰，尤其是服务驱动效应存在争议。为此基于淘宝网买家样本，分析了上门投递服务缺陷、上门投递感知风险与消费者自提意愿的关系，试图在新的认知环境下重新检验服务驱动假说是否成立。研究表明，上门投递服务缺陷一方面对消费者自提意愿产生了直接的促进作用，另一方面也通过上门投递感知风险的中介效应施加了间接作用；自提感知价值既在上门投递服务缺陷与消费者自提意愿间发挥了调节作用，又对上门投递感知风险的中介作用产生了调节。根据研究结论，可推测当前阶段下服务驱动假说具有一定合理性，相关企业应当明确自提点服务定位，并且需要调整营销推广思路。

关键词：电子商务物流　自提点　上门投递　选择意愿

一、问题的提出

电子商务包裹的末端配送瓶颈日益突出，预示着单一的上门投递服务方式难以为继，迫切要求相关企业创新配送模式，探索建立适应网购业务需求的“最后一公里”解决方案。在末端配送环节推行消费者自提模式最早源自欧美企业，英国、德国、荷兰等国家涉足较早[1,2]，服务网络相对成熟；日本和中国台湾也已推广多年，并形成了独具特色的便利店自提模式[3]。我国大陆虽然也有企业在十年前就已开发少量自提点，但是一直没有扩大部署。直到2012年后，随着阿里巴巴、苏宁易购、顺丰速递等知名企业介入，消费者自提模式的认知度和影响力才有了显著提升。

在末端配送情景下，消费者自提包裹的心理驱动机制是什么？探究这个问题不仅有助于揭示网购消费者的选择行为规律，更能为产业界推广这种新兴投递模式提供有益启示。此前，境外学者的研究工作侧重关注自提点的运营模式[4]、消费者特征[5]、碳排放量测算等[6,7]，境内研究尚处于起步阶段，多数文献都在讨论自提点的设计方案[8,9]，对消费者行为规律的研究较为匮乏。

虽然消费者的选择行为与包裹特征、人口特征、居住环境、商家促销等因素存在关联，但是它们都不是消费者自提包裹的直接驱动力。一些学者认为[2,10]，差异化的

* 基金项目：安徽省自然科学基金项目（1208085QG138），安徽省2014年高校优秀青年人才支持计划。

作者简介：徐俊杰（1980—），男，安徽桐城人，博士，副教授，中国物流学会特约研究员，主要研究领域为电子商务物流、供应链管理；姜凌（1978—），副教授，硕士学位，安徽安庆人，安庆师范学院经济与管理学院教师，研究领域：电子商务；李亦亮（1966—），教授，博士学位，安徽怀宁人，安庆师范学院经济与管理学院党总支书记，中国物流学会理事，研究领域：物流管理与物流经济。

服务体验是消费者自提包裹的潜在动因，即自提点为消费者提供了更加理想的投递服务。例如，消费者无须固守某个地点“等待”派送员上门投递，与缺乏柔性的上门投递方式相比，它是一种更加便利的包裹配送方案。同时，消费者如能选择临近的自提点收取包裹，可规避上门投递失败而引发的退件风险，从而获得更可靠的投递服务。此外，消费者自提模式还能创造更安全的签收环境，杜绝未授权的代签行为，防范包裹代签纠纷。基于此，如果消费者主动选择自提模式，应当被视为是对两种投递模式综合评估后做出的“利我”选择，即与上门投递相比，从自提点提取包裹更能保护消费者利益。根据上述逻辑，可提出一个“服务驱动”假说，即消费者自提意愿与以往的上门投递服务体验密切相关；以往的上门投递服务体验越糟糕，消费者主动自提包裹的意愿越强烈，反之亦然。然而，服务驱动假说看似合理，迄今为止还没有获得实证支持。

黄昱凯和冯正民曾分析台湾消费者选择便利店自提点的行为特征[11]，他们发现服务质量及转换成本正向影响客户固守特定自提点的忠诚性，这个结论符合人们对客户关系管理一般规律的认识。由于台湾当地人很少选择上门投递方式[12]，他们的研究对象是消费者对 7 – ELEVEN、CVS 等不同便利店渠道的选择机制，没有直接探究消费者为何会选择自提模式。WELTEVREDEN 研究了三千名荷兰人的选择行为[13]，最终确定性别、网购年龄、受教育程度、家庭成员总工作时长等七个因素显著影响消费者决策，不过该项研究的因变量是消费者“选择经历”而非“选择意愿”，调查对象也没有限定为网购人群，与本文研究情景存在一定差异。徐俊杰和洪亮利用淘宝网买家样本开展了实证分析[14]，他们发现上门投递便利感知、网购年龄、网购频次及包裹价值对消费者自提意愿产生了预期作用，而上门投递服务满意评价没有产生显著影响，这似乎暗示改善投递服务体验不是消费者自提包裹的关键动因。徐俊杰还专门检验了上门投递服务质量与消费者自提意愿的关系[15]，结果发现上门投递服务质量的多数构面都对上门投递服务满意产生了正向影响，但是后者对消费者自提意愿的预期作用依旧未获支持，该文据此推测我国网购买家存在上门投递依赖心理。

上述结论已经背离了服务驱动假说，显然具有极大争议性，也反映出上门投递服务体验与消费者自提意愿的关系比预期设想要复杂，进一步研究消费者自提行为的心理驱动机制实有必要。尤其是在当前阶段，消费者自提模式仍处于试验摸索阶段，虽然国家邮政局在 2013 年年底已经明确了鼓励发展便民自提点的政策导向，但是不确定性因素还很多，能否建立目标人群的选择偏好对于这种投递模式的可持续推广至关重要，如果消费者自提意愿与派送员上门投递服务绩效无关，那么产业界争相推广消费者自提模式的必要性就值得商榷，其前景更不乐观。因此，识别消费者自提意愿的前因变量及作用机制在理论与实践层面都具有一定价值。

假如前期研究文献提出的颠覆性结论有违事实，本文认为其原因可能来自于两个方面。首先，这些研究的调查样本采集于 2012 年中期，当时我国大多数网购消费者还不太了解自提模式，认知障碍对消费者选择行为产生了干扰；其次，这些研究是将上门投递服务满意视为消费者自提意愿的前因变量，但派送服务质量具有多维度和不稳定特征，总体满意评价有可能掩盖了消费者对某些服务质量构面的实际感受，从而扭曲了上门投递服务体验与消费者自提意愿的作用关系。所以，检验服务驱动假说不仅要更新实证样本，还应该建立一个有别于传统研究路径的理论框架。

从2012年下半年开始，阿里巴巴大力推动天猫服务站建设，它的服务网络已经覆盖130个城市，网点数量超万个，越来越多的网购消费者开始尝试网上下单、自提点取货这种新型投递模式，这为重新检验服务驱动假说创造了良好的社会认知环境。与已有研究不同，本文直接探究上门投递服务缺陷对消费者自提意愿的影响机理，并以上门投递感知风险为中介变量，分析消极的上门投递服务预期是否会促进消费者产生自提意愿；在此过程中，还将探讨可能存在的调节效应。

二、理论回顾与研究假设

（一）上门投递服务缺陷对消费者自提意愿的影响

服务缺陷是指服务质量存在问题，使得消费者对服务质量某些构面不满意[16]，由此可以认为，服务缺陷是服务质量的逆向测评。当消费者认为上门投递存在服务缺陷时，一般都会评估它对自身物流权益的潜在影响，如果这些服务缺陷的不利后果超出了消费者的忍耐极限，甚至威胁到消费者即将达成的网购交易，那么寻找替代投递方案的主观意识将会增强。实际上，产业界在推广消费者自提模式时，一直是将繁忙型和谨慎型人群作为重点推介对象，从这两类人群的服务诉求看，传统投递模式无法支持他们的个性化投递期望。鉴于消费者对末端投递服务质量的感知维度比较宽泛，且带有一定主观色彩[17,18]，在人力、车辆等配送资源相对紧缺的现实背景下，要想上门投递服务质量完全达到消费者心理预期确属困难，因此在包裹配送过程中消费者或多或少都会感知到投递服务缺陷。

服务质量、服务满意与服务忠诚在很多产业都检验出了明确的作用关系[19]，按照OLIVER的期望不一致模型[20]，服务满意源于消费者对服务期望和感受绩效的比较，服务缺陷的严重程度直接影响感受绩效，进而对服务满意施加反向作用，并最终传导至消费者忠诚，因此派送员的上门投递表现必然会对消费者是否固守传统投递方式产生影响。陈争辉等人的研究印证了上述推测[21]，他们发现快递客户感知质量的五个构面与再使用意愿间存在正相关关系。正如金立印所言[22]，消费者在购买服务时要比购买产品更加慎重，通过搜寻更多信息，消费者总是趋向于购买做出承诺的服务以树立自己的消费信心。通过自提点接收包裹是一种全新的服务尝试，有关企业不遗余力地宣传自提点的安全保障和自由取件等特点，对于那些曾经抱怨投递服务质量甚至已经萌生转换意念的繁忙型或谨慎型消费者来说，自提点的功能定位恰好解决了他们在网购中的后顾之忧。当消费者对自提模式有更深的了解甚至已经接触使用时，认知障碍将大大消除，最终促使消费者自由选择最有利的投递方式。基于以上分析，提出如下研究假设：

H1：上门投递的服务缺陷对消费者自提意愿具有正向影响。

（二）上门投递感知风险的中介作用

感知风险是指消费者购物行为所引发的不愉快后果。此前的研究已经揭示出，消费者的网购感知风险具有多重构面，例如CASES[23]提出了产品效果风险、时间风险、财务风险、运输风险、社会风险、隐私风险、支付风险和网站源风险，SANDRA和SHI[24]提出了财务风险、产品效果风险、心理风险、时间风险和方便损失的风险，叶乃沂[25]则是讨论了商店不可靠风险、配送损失风险、金钱损失风险、产品效果风险以及个人信息被滥用风险。具体到快递服务领域，也有少数学者研究了感知风险的前因与后果，例如魏斐翡就曾提出服务质量未达预期将影响消费者的感知风险[26]，并从经济风险、社会风险和时间风险三个构面来考察快递服务感知风险，其中经济风险包括服务风险、隐私风险和信息风险三个因素。由于上门投递服务缺陷事实上难以避免，消费者选择此种投递方式就要承担潜在的投递风险，比如投递时点难以掌控、签收时发生纠纷等。很显然，上门投递服务缺陷将对包裹配送的功能实现产生不利影响，同时也有可能因为未授权的代签行为而发生财务损失，因此它与消费者的感知风险之间应当存在某些相关性。

感知风险是影响消费者决策的重要变量[27]，如果感知风险超过了消费者所能承受的范围，他将会采取行动降低风险。感知风险越高，消费者放弃产品或服务的概率越大，即感知风险动摇了消费者的购买意向[28]。假如消费者可以选择位置便利的自提点，那么当上门投递感知风险较高时，消费者放弃传统投递方案，转而尝试自提包裹的积极性应当有所提升，这是因为采取自提模式能够更好地维护消费者的物流体验。据此，可推测上门投递感知风险对消费者自提意愿也有促进作用。综合以上，提出如下假设：

H2：上门投递感知风险在上门投递服务缺陷与消费者自提意愿间存在中介效应。

（三）自提模式感知价值的调节作用

感知价值是消费者权衡所能感知到的利益与其付出的成本后，对产品或服务效用的总体性评价，它是消费者对产品或服务所具有价值的主观认知。感知价值是所有营销活动的基础，高感知价值是消费者形成积极行为倾向的重要驱动力[29]。虽然上门投递服务缺陷预计会对消费者自提意愿产生推动作用，不过消费者对于这种创新投递模式的价值判断也会影响自身的决策行为，如果消费者内心并不认同自提模式，那么即使固守上门投递的服务缺陷非常明显，消费者主动自提包裹的意愿也难以激发。也就是说，上门投递服务缺陷对消费者自提意愿的影响机制随着人们对自提模式感知价值的评估水平而异。

类似的，虽然末端配送的感知风险结果与消费者自提意愿间存在相关性，但是如果忽略消费者的感知价值与上门投递感知风险的交互效应，上述作用机制的分析结论仍然不够全面。考虑到派送员上门投递与消费者主动自提确实存在服务体验上的明显差异，上门投递感知风险在心理上具有一种被动的驱离效果，而自提包裹的感知价值则体现出了主动的吸引效果，两种投递方式具有内生一致的行为导向。当消费者对自提模式的感知价值较低时，通常意味着综合取件投入相对较大，超过了消费者的心理底线，此时即便选择传统投递方式的风险很高，消费者往往还是选择不确定的“高风险”投递，而不是确定性的“高成本”投递，内心的自提意愿必定受到抑制。换言之，较低的感知价值削弱了上门投递风险感知对消费者自提意愿的影响程度。综合以上，提出如下假设：

H3a：自提模式感知价值在上门投递服务缺陷与消费者自提意愿间具有正向调节作用。

H3b：自提模式感知价值在上门投递感知风险与消费者自提意愿间具有正向调节作用。

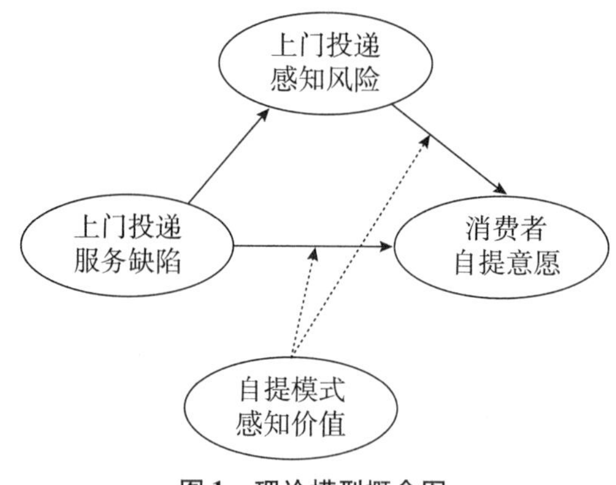

图1　理论模型概念图

三、研究方法

（一）量表设计

上门投递服务缺陷（*HomeFault*）：借鉴了郑兵开发的物流服务质量调查问卷[30]，在此基础上选取了与末端投递密切相关的五个项目，并根据末端投递服务缺陷的实际含义进行了改编，包括包裹安全（F1）、及时投递（F2）、差异处理（F3）、允许改投（F4）、服务态度（F5）。

上门投递感知风险（*HomeRisk*）。参考了郭雨申开发的调查问卷[31]，同时也根据末端投递环境修改了描述语言，共包含四个项目，包括经济损失（R1）、服务担忧（R2）、时间损失（R3）、情绪风险（R4）。

自提感知价值（*PickValue*）。参考了何灵君开发的快递企业顾客价值感知调查问卷[32]，同时依据自提包裹服务特征，特别设计了三个项目，包括认同自提趋势（V1）、承认客观需求（V2）、认同服务优势（V3）。

消费者自提意愿（*PickWill*）。借鉴了徐俊杰（2013）开发的调查问卷[15]，选择了四个项目，包括愿意主动尝试（W1）、期待附近区域布点（W2）、拒绝自提（W3）、有深入了解兴趣（W4），其中W3项目采取了反向表达。

（二）样本采集方案

本研究通过在线方式收集问卷，被试均为具有网购经验的淘宝网注册用户。问卷发布期限是2013年4月至2013年8月。调查样本的采集方法是，研究人员选择淘宝网的服装、鞋包配饰、数码产品等六个常见商品类目，从各类目下选择销量较大的若干产品页面，然后委托相应店铺向近期买家发布有奖调查邀请。借助在线调查网站提供的防作弊功能，研究人员控制了样本回收过程，以避免重复提交行为。

调查问卷包含三个部分，第一部分是测量量表，采用李克特5点法收集客户评价结果（1代表非常不同意、3代表中立、5代表非常同意）；第二部分记录被试个人信息，包括性别、年龄等。第三部分用于问卷筛选，将重新出现3道问题，研究人员将根据填答一致性剔除可疑问卷。

（三）问卷前测与修正

研究小组邀请了五名大学生评估问卷表述语言是否清晰准确，并根据反馈意见修改了部分文字。为检验量表设计是否合理，首先开展了小规模前测，共取得 50 份问卷，实际保留 32 份有效问卷，前测问卷有效率 64.0%。前测样本中，性别结构是：男性占 48%，女性占 52%；年龄结构是：最低年龄 20 岁，最大年龄 49 岁，平均年龄 30 岁；学历结构是：高中及以下占 3%，专科及本科占 84%，硕士及以上占 13%。

利用 SPSS15.0 对前测样本开展信度分析，计算四个变量的克隆巴赫 α 系数及复合信度（CR），并根据删减测量项目对克隆巴赫 α 系数值的影响结果进一步净化量表，最终剔除 W1 及 R4 以提高量表信度。量表总克隆巴赫 α 系数为 0.891，四个变量的克隆巴赫 α 系数都超过了 0.7，说明量表信度较好；复合信度均在 0.6 以上（最低 0.645），亦显示具有较高的复合信度（表 1）。

表 1　　前测问卷的信度检验结果

变量	项目数	克隆巴赫 α 系数	复合信度
HomeFault	5	0.777	0.734
HomeRisk	3	0.809	0.773
PickValue	3	0.736	0.680
PickWill	3	0.715	0.645

利用 AMOS20.0 对前测样本开展效度分析，主要考察内容效度、收敛效度和判别效度，鉴于测量项目源于相关文献及理论分析，可认为题项设计符合测量目的及效果，内容效度能够获得保证。经过计算，测量项目与量表总分间具有显著相关性，同样证实问卷具有较好的内容效度。对测量项目开展验证性因子分析，拟合结果为：$\chi^2/df=2.15$，RMSEA = 0.062，CFI = 0.966，GFI = 0.946，AGFI = 0.931，说明数据具有可接受的收敛效度。判别效度通过平均方差抽取量（AVE）评价，经计算，上门投递服务缺陷为 0.60，上门投递感知风险为 0.66，自提感知价值为 0.58，消费者自提意愿为 0.55，所有变量的 AVE 均超过 0.5，同时 AVE 的平方根均大于变量间的相关系数，表明具有较好的判别效度（表 2）。

表 2　　前测问卷的判别效度检验结果

变量	*HomeFault*	*HomeRisk*	*PickValue*	*PickWill*
HomeFault	0.77			
HomeRisk	0.411*	0.81		
PickValue	0.523**	0.515**	0.76	
PickWill	0.260**	0.446*	0.372**	0.74

注：$*p<0.05$，$**p<0.01$，$***p<0.001$（下同），对角线数字为 AVE 平方根，其余为变量间相关系数值。

四、实证结果

（一）描述性统计

正式调查共回收问卷 425 份，按预定规则排除可疑问卷后，实际保留 260 份（61.2% 的有效率）。其中，男性占 49%，女性占 51%；高中及以下占 4.5%，专科及本科占 85.3%，硕士及以上占 10.2%；平均年龄 32 岁，平均网购年龄 4.5 岁。对有效问卷开展描述性统计，从表 3 可知，四个变量的内部一致性系数均超过 0.7，进一步计算拟合效度和判别效度相关指标，同样都在可接受范围内，因此有效样本通过了信度与效度检验。

表 3　　正式问卷的描述性统计结果

变量	*HomeFault*	*HomeRisk*	*PickValue*	*PickWill*
HomeFault	0.812			
HomeRisk	0.690**	0.855		
PickValue	0.725**	0.596**	0.778	
PickWill	0.450**	0.377*	0.396*	0.770
均值	11.469	8.563	8.875	8.063
标准差	2.409	1.950	2.028	2.409
克隆巴赫 α 系数	0.792	0.850	0.742	0.726

注：对角线数字为 AVE 的平方根，其下数据是相关系数值。

（二）共同方法偏差的检验

鉴于所有数据都来自同一网购买家的调查问卷，有可能产生同源偏差或共同方法变异。为此，我们在问卷设计中对共同方法偏差进行了控制，如采用反向计分，匿名填答等。根据周浩与龙立荣介绍的方法[33]，本文对调查数据实施了 Harman 单因素检验，即同时对所有变量项目进行未旋转的主成分因子分析，如果只能获得一个因子或第一个因子的方差贡献超过 40%，则表明存在严重的共同方法变异问题；如果获得多个因子，并且第一个因子的方差贡献没有超过 40%，则提示共同方法变异问题不严重。采取这种方法检验有效样本后，确认本研究的共同方法变异问题确实不严重。

（三）上门投递感知风险的中介作用检验

根据表 3，研究变量间存在显著相关性。采用结构方程模型分析变量关系，使用温忠麟等人提出的方法[34]，分别对（1）上门投递服务缺陷对消费者自提意愿的直接影响、通过上门投递感知风险间接影响消费者自提意愿的中介效应进行检验，同时基于已有研究结论[13]，我们控制了性别（*Gender*）与网购年龄（*Ebuyyear*）两个变量。

表 4　　上门投递感知风险的中介效应检验结果

	(1) *PickWill*	(2) *HomeRisk*	(3) *PickWill*
Gender	-0.212	0.752	-0.320
Ebuyyear	0.063	-0.148	0.084
HomeFault	0.383** (*c*)	0.649*** (*a*)	0.290*** (*c'*)
HomeRisk			0.144*** (*b*)
R^2	0.211	0.519	0.227
F	12.502***	21.066***	15.977***

由上表可知，消费者自提意愿对上门投递服务缺陷的回归系数（*c*）、上门投递感知风险对上门投递服务缺陷的回归系数（*a*）、消费者自提意愿对上门投递感知风险的回归系数（*b*）均显著。在引入中介变量上门投递感知风险后，上门投递服务缺陷对消费者自提意愿的回归系数（*c′*）仍然显著，这说明存在部分中介效应。换言之，上门投递服务缺陷一方面直接影响到消费者产生自提意愿，另一方面也通过上门投递感知风险间接地影响消费者自提意愿。因此，理论假设 H1 和 H2 得到验证。

（四）自提感知价值的调节作用检验

接下来讨论自提感知价值的双重调节作用。除了检验它在上门投递服务缺陷与消费者自提意愿间的直接调节效应外，还将检验带有调节的中介作用，即上门投递感知风险的中介效应是否受到自提价值感知的影响。有调节的中介效应是指中介变量对预测变量和结果变量的中介作用随调节变量水平的不同而变化，根据温忠麟等人的建议可通过四步法予以检验[35]，其中前三步都是为了检验中介效应，而这在上文已经证实，因此只需要再对自提感知价值的调节作用进行检验即可。

为了避免共线性问题，需将自变量与调节变量中心化。然后将控制变量性别与网购年龄纳入分析，接着通过如下步骤把各变量依次纳入回归方程：第一，将自变量即上门投递服务缺陷、上门投递感知风险纳入方程，对消费者自提意愿进行回归，考察两者之间的主效应；第二，将调节变量自提感知价值纳入回归方程，考察它对消费者自提意愿的主效应；第三，将自变量 × 调节变量，即上门投递服务缺陷 × 自提感知价值、上门投递感知风险 × 自提感知价值都纳入回归方程，考察两者交互作用，只要该效应显著就可证明调节效应显著。

表 5　　自提感知价值在上门投递服务缺陷与消费者自提意愿间的调节效应

变量	第一步	第二步	第三步	第四步
Gender	-0.271	-0.212	-0.412	-0.923
Ebuyyear	-0.042	0.063	0.058	0.027
HomeFault (1)		0.383**	0.158*	0.235*
PickValue (2)			0.221**	0.271**
(1) × (2)				0.112**
R^2	0.010	0.211	0.267	0.357
F	0.143	12.502***	14.875***	14.374***

表 6　自提感知价值在上门投递感知风险与消费者自提意愿间的调节效应

变量	第一步	第二步	第三步	第四步
Gender	-0.271	-0.493	-0.404	-0.318
Ebuyyear	-0.042	0.069	0.070	0.028
HomeRisk（1）		0.341**	0.317***	0.328***
PickValue（2）			0.245**	0.317**
（1）×（2）				0.174**
R^2	0.010	0.162	0.178	0.286
F	0.143	12.805***	15.314***	15.087***

从表 5 可知，上门投递服务缺陷与自提感知价值的交互作用明显，即自提感知价值在上门投递服务缺陷和消费者自提意愿间的调节作用显著（$F=14.374$，$p<0.001$）。从表 6 可知，上门投递感知风险与自提价值感知的交互作用也比较显著，即自提感知价值的调节作用显著（$F=15.087$，$p<0.001$）。从图 2 也可以看出，上门投递服务缺陷与上门投递感知风险对消费者自提意愿的作用效果随着自提感知价值水平而异，对于高自提感知价值，上门投递服务缺陷与上门投递感知风险对消费者自提意愿的影响程度均要大于低自提感知价值情形，由此可判断理论假设 H3a 与 H3b 成立。

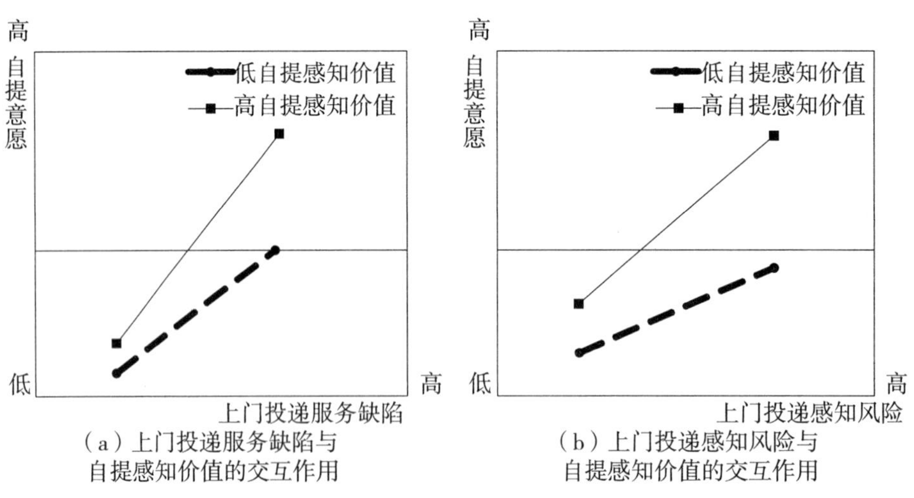

图 2　自提感知价值高低水平的交互作用

五、总结与展望

（一）研究结论

本文试图揭示上门投递服务缺陷对消费者自提意愿的影响机制，以便验证服务驱动假说是否成立，为此引入了上门投递感知风险这个中介变量，并检验了自提感知价值的调节作用。研究表明，上门投递服务缺陷既能直接影响、又可以通过上门投递感知风险间接影响消费者自提意愿。自提感知价值在上门投递服务缺陷与消费者自提意愿间发挥了显著的调节作用，并对上门投递感知风险的中介效应进行了调节。

要求派送员上门投递包裹原本是要最大程度保护消费者利益，但是现阶段我国快递业总体服务水平仍然不高，对于网购消费者而言，末端配送服务水平仍不尽如人意。根据国家邮政局定期发布的消费者申诉通告，投递环节一直是快递业第二大申诉类型，其申诉比例呈现上升迹象，这反映出消费者的主动维权意识越来越强烈，针对上门投递服务缺陷的“批评意见”日渐增多，促使不少消费者萌生尝试新型投递方式的现实需求。因此，消费者感知的上门投递服务缺陷越高，其主动选择自提包裹的意愿也越强烈。

不仅如此，感知风险也会影响上门投递服务缺陷与消费者自提意愿的作用机制。感知风险虽受消费者的风险态度影响，但是它与以往的服务体验具有更紧密的联系，当消费者判断上门投递服务缺陷比较严重时，他们对这种投递方式的信任程度也会削弱，这对消费者更换投递方案产生一定的刺激作用。通常情况下，上门投递服务缺陷极有可能会对消费者物流权益产生威胁，引发消费者焦虑或不安，假如消费者担忧上门投递方式有可能损害交易实现，如果自身不能对派送员的上门投递过程施加有效约束，寻求替代性投递方案实为一种自然而然的风险应对需求，因此感知风险水平对消费者自提意愿具有正向的促进效果。

本文研究还发现，自提感知价值具有双重调节作用，即在上门投递服务缺陷与消费者自提意愿、上门投递感知风险与消费者自提意愿间都起到了显著的调节作用。也就是说，上门投递服务缺陷与感知风险对消费者自提意愿的正向影响会因为自提感知价值的不同而异。当消费者对自提模式的感知价值较高时，上门投递服务缺陷与感知风险对消费者自提意愿的促进作用也要高于自提感知价值较低的消费者群体。在竞争激烈的快递市场上，消费者往往会持有一种“主动选择”心理，他们始终希望能以最小成本获得最好服务，但是自提模式实质上要求消费者共担末端投递成本[36]，这似乎是快递企业推卸改善上门投递服务质量的应有责任，从而导致网购人群对这种投递模式的动机和价值判断出现分化。如果消费者认为设立自提点并不符合电子商务物流发展趋势，即便他对上门投递服务缺陷及其感知风险的评测水平较高，其主动选择自提包裹的意愿也会受到抑制。相反，如果消费者对自提模式在电子商务物流中的功能作用持有积极的认同观点，当消费者在以往的上门投递服务过程中积累了糟糕印象，服务缺陷及感知风险较高时，这种情感将会进一步增强消费者的自提意愿。

综上所述，上门投递服务缺陷、感知风险及自提感知价值在消费者自提意愿的形成过程中发挥了预期作用，自提感知价值不仅直接调节着上门投递服务缺陷的影响程度，同时也通过上门投递感知风险这个中介变量对消费者自提意愿产生间接调节。因此在当前阶段，关于消费者主动选择自提模式的服务驱动假说具有一定合理性。

（二）管理启示

首先，本文结论有助于从消费者视角阐释开发包裹自提点的服务动因，即消费者之所以愿意自提包裹，乃是希望提升某些维度的服务体验，如签收包裹的可靠性、灵活性等诉求。但是，基于消费者视角的服务动因还不能完全概括开发包裹自提点的必要性，对于快递及电商等企业而言，若要满足消费者上述投递需求，既可以增加配送资源改进上门投递服务质量，也可以加强包裹自提点开发力度，但由于前者的资源需求更大，使得推广消费者自提模式在实践中更易实施。因此必须承认，基于企业视角的成本动因也是推广自提模式不可忽视的因素，即企业为了降低包裹配送成本而积极推广消费者自提模式。本文认为，消费者通过临近自提点自取包裹不可能彻底取代上门投递，它应有明确的差异化服务定位和适用人群，譬如专注于为繁忙型或谨慎型消费者提供灵活、可靠的投递方案，这类消费者通常都对传统投递服务持有不满情绪，根据本文研究结论，他们最有可能主动尝试自提模式。长远来看，电子商务末端投递必须支持多元化需求，建立一个融合消费者自提及派送员上门投递两种模式的综合配送系统符合电子商务物流发展趋势[37]。

其次，自提感知价值对消费者决策影响甚大，这对相关企业制订自提点推广方案也有一定启示。在向网购人群推介自提模式时，应该从单纯的功能宣传向功能与价值并举的宣传策略过渡，让消费者认识到就近自提包裹是综合考虑物流成本与服务水平后兼顾各方利益的博弈结果。关于消费者自提模式的发展前景，业界与学术界都还存在不同观点，一些企业在推广时十分谨慎，网点扩张缓慢，无形当中是向消费者传达了自提模式"非主流"的讯息，这很有可能会对网购买家判断自提价值产生负面影响。通过对自提感知价值在消费者自提意愿形成机制中的调节作用进行分析，我们发现较高的价值认知能够加速推动消费者尝试自提模式，除了加强舆论引导外，推广企业还必须注重自提点的便利性，结合我国城市居民的居住、交通及行为偏好合理确定渠道布局策略，以使自提点的位置和服务时间更适应目标人群的实际需求，进一步提升消费者对自提模式的感知价值。

（三）研究不足与展望

本文存在三方面不足。一是上门投递感知风险的测度依赖于消费者的前期服务体验，忽略了实际交易情景对消费者风险意识的影响，比如大尺寸、高价格、脆弱性或隐私性商品的投递需求恐与一般商品不同，这在以往的研究报道中已有提及，这种交易情景也可能对模型中某些路径产生调节作用。由于采集实际交易样本较为困难，本文没有考虑这个因素。二是末端配送服务缺陷应当具有多重构面，本文虽然借鉴了物流服务质量相关研究，并根据末端投递特征适当修改，但是量表没有区分过程缺陷与结果缺陷，故对上门投递服务缺陷作用机理的分析仍然不够透彻。三是理论模型仅讨论了差异化服务的驱动效应，它是否是驱动消费者自提行为的唯一动因？本研究尚未回答这个问题。特别是自提感知价值也有可能影响消费者的选择行为，仅仅将其视为调节变量不甚妥当。后续工作中，既要完善量表，克服样本采集障碍，对消费者在实际交易中的选择行为开展研究；同时也可考虑把交易情景、人口特征、环境特征或自提感知价值的直接作用纳入研究模型，以对消费者自提意愿的形成机制开展更加全面的分析。

参考文献

［1］BROWNE M，ALLEN J，ANDERSON S，et al. Overview of home delivery in the UK［R］. Westminster：University of Westminster，2001.

［2］ KAMARAINEN V，PUNAKIVI M. Developing cost – effective operations for the e – grocery supply chain ［J］ . International Journal of Logistics，2002，5 （3）：285 –298.

［3］ CHOPRA S，MEINDL P. Supply chain management：Strategy，Planning and Operation ［M］ . Upper saddle River，NewJessey：Pearson，2007.

［4］ PUNAKIVI M. Comparing alternative home delivery models for e – grocery business ［D］ . Helsinki：Helsinki University of Technology，2003.

［5］ HUH WOO – KUNG，SONG YENA. E – shopping and Off – line Delivery Systems inKorea：Real Space still Matters ［J］ . Networks and Communication Studies，2006 （20）：219 –235.

［6］ SONG L Y，CHERRETT T J，GUAN W. Addressing the last mile problem – Transport impacts of home delivery ［J］ . Journal of Transportation Research Record，2009 （2097）：9 –18.

［7］ EDWARDS J，MCKINNON A，CHERRETT T J，et al. The impact of failed home deliveries on carbon emissions：are collection and delivery points environmentally – friendly alternatives ［C］ //Proceedings of 14th Annual Logistics Research Network Conference，Cardiff，2009：102 –108.

［8］ 卞文良，汪维家，聂旭云. 基于公钥基础设施的无人值守接收箱家庭收货系统 ［J］ . 物流技术，2010 （15）：131 –134.

［9］ XU J J，HONG L，LI Y L. Designing of Collection and Delivery Point for E – commerce Logistics ［C］ //2011 International Conference of Information Technology，Computer Engineering and Management Sciences，Nanjing，2011 （3）：349 –352.

［10］ KIM J，XU M，KAHHAT R，et al. Design and assessment of a sustainable networked system in the US：Case study of book delivery system ［C］ //IEEE International Symposium on Electronics and the Environment，San Francisco，2008：1 –5.

［11］ HUANG Y K，FENG C M. An analysis on choice behavior on the pick – up point for the e – commerce retailing delivery using a cusp catastrophe model ［J］ . Journal of the Eastern Asia Society for Transportation Studies，2007 （7）：918 –932.

［12］ HUANG Y K，FAN W S，HSIEH C H，et al. Using cusp catastrophe theory to model pick – up point choice behavior for online bookstore shopper ［C］ //2010 International Conference on Logistics Systems and Intelligent Management，Haerbin，2010：44 –48.

［13］ WELTEVREDEN J W. B2C e – commerce logistics：the rise of collection and delivery points in The Netherlands ［J］ . International Journal of Retail & Distribution Management，2008，36 （8）：638 –660.

［14］ XU J J，HONG L. Impact Factors of Choosing Willingness for Picking up Service. Research Journal of Applied Sciences ［J］ . Engineering and Technology，2013，6 （14）：2509 –2513.

［15］ 徐俊杰. 上门投递包裹服务体验对客户自提意愿的影响研究 ［J］ . 暨南学报：社科版，2013，35 （5）：56 –61.

［16］ 冯俭. 服务缺陷及其原因探讨 ［J］ . 财经科学，2002，S：208 –210.

［17］ FENG Y X，ZHENG B，TAN J R. Exploratory study of logistics service quality scale based on online shopping malls ［J］ . Journal of Zhejiang University SCIENCE A，2007，8 （6）：926 –931.

［18］ 郑兵，董大海，金玉芳. 国外物流服务质量研究述评 ［J］ . 管理学报，2007，4 （3）：373 –378.

［19］ BRADY M K，ROBERTSON C J. Searching for Consensus on the Antecedent Role of Service Quality and Satisfaction：An Exploratory Cross – National Study ［J］ . Journal of Business Research，2001，51 （1）：53 –60.

［20］OLIVER R L. A Cognitive Model of the Antecedents and Consequences of Satisfaction Decision［J］. Journal of Marketing Research, 1980, 17（11）：460－469.

［21］陈争辉，陈超，朴明燮．快递服务顾客感知质量与再使用意愿关系研究［J］．兰州学刊，2010（9）：61－65.

［22］金立印．服务保证对顾客满意预期及行为倾向的影响——风险感知与价值感知的媒介效应［J］．管理世界，2007（8）：104－115.

［23］CASES A S. Perceived risk and risk－reduction strategies in Internet shopping［J］. The International Review of Retail, Distribution and Consumer Research, 2002, 12（4）：375－394.

［24］SANDRA M F, SHI B. Consumer patronage and risk perceptions in Internet shopping［J］. Journal of Business Research, 2003（56）：867－875.

［25］叶乃沂．消费者感知风险及上网购物行为研究［D］．成都：西南交通大学，2008.

［26］魏斐翡．基于网上消费者风险的快递服务满意度分析［J］．武汉理工大学学报：信息与管理工程版，2011，33（6）：1003－1006.

［27］潘煜，张星，高丽．网络零售中影响消费者购买意愿因素研究——基于信任与感知风险的分析［J］．中国工业经济，2010（7）：115－124.

［28］王德胜，王冠琳．信息不对称条件下消费者网络购物的感知风险［J］．经济管理，2013，35（1）：142－152.

［29］温碧燕，童梦诗．顾客感知购物价值构成维度及其与购物满意度的关系研究［J］．商业研究，2014（6）：134－143.

［30］郑兵．B2C 网络商店物流服务质量及其与顾客忠诚的关系研究［D］．大连：大连理工大学，2008.

［31］郭雨申．快递业服务保证对顾客购买意向的影响研究［D］．重庆：重庆工商大学，2011.

［32］何灵君．国内快递企业顾客感知价值实证研究［D］．大连：大连理工大学，2012.

［33］周浩，龙立荣．共同方法偏差的统计检验与控制方法［J］．心理科学进展，2004，12（6）：942－950.

［34］温忠麟，张雷，侯杰泰．调节效应与中介效应的比较和应用［J］．心理学报，2005，37（2）：268－274.

［35］温忠麟，张雷，侯杰泰．有中介的调节变量和有调节的中介变量［J］．心理学报，2006，38（3）：448－452.

［36］AGATZ N A H, FLEISCHMANN M, VAN NUNEN J A E E. E－Fulfillment and Multi－Channel Distribution－a Review［J］. European Journal of Operational Research, 2008, 187（2）：339－356.

［37］杨聚平，杨长春，姚宣霞．电商物流中“最后一公里”问题研究［J］．商业经济与管理，2014，270（4）：16－22.

基于 RFID 军用物资多目标识别算法的优化*

陈清耀　陈婧怡　林敏敏　邱荣祖

摘　要：论文以提高军事物流中的多目标识别效率为研究目的，选用基于 ALOHA 的动态帧时隙的防冲突算法，并采用概率学方法对 RFID 碰撞现象进行分析和仿真实验，设计了智慧的防冲突算法，实现了通过上一次扫描的标签数，推算下一次扫描应开设的最优帧长。该优化算法能够适应军事物流中军用物资规模变化幅度大的特点，该算法可广泛应用于各行业物流运输及追踪过程，技术柔性和扩展性较好。

关键词：RFID　SDK　多目标识别　防冲突算法

一、引言

长期以来，我国军事物流领域主要使用条码技术实现军用物资的信息化管理，与传统的条码技术相比，RFID（射频识别）技术是无须人工干预的非接触式射频识别技术，且具有数据信息存储量大，读取距离远，识别速度快以及实现高速运动物体批量识别等优点[1]，军用物资的信息化管理由条码向 RFID 过渡是必然趋势。在某师级部队装备部调研了解到，军用物资和装备个体大小差异大，导致同时出现在扫描区域内的标签数量随机分布于在 1～1000 范围内。市售的 RFID 识别系统固化了读卡器硬件的帧时隙设置，不能适应标签数量大幅变化的工作场景，有必要研究一种适宜军事物流的 RFID 防冲突算法。

国际上通用的两种 RFID 防冲突算法分别是 ALOHA 算法（遵循 EPC Class 1 Gen2、ISO 18000－6 Type B 标准）和二进制搜索算法（遵循 EPC Class 1、ISO 18000－6 Type A 标准）。军用物资物流 RFID 管理系统一般选择 UHF 频段，该频段的防冲突算法则以 ALOHA 算法为主，Want R 等人提出运用帧时隙 ALOHA 算法促使识别周期的时间最小，这比传统 ALOHA 算法更为优越和高效[2]；Junius Ho 等人提出了 HiQ 算法[3]。Kin Seong 将蜂窝通信系统中频率碰撞解决方案应用于 RFID 系统中做了探讨[4]。国内许多学者在 RFID 防冲突算法上也取得了很多成果，多数集中在帧时隙 ALOHA 技术的改进方面。鞠伟成等提出了在有源 RFID 系统的防冲突方法[5]；赵晓霞等提出了基于码分多址技术的时隙 ALOHA 算法，即 C－S－ALOHA 算法，将 CDMA（码分多址）技术和 S－ALOHA 技术相结合，从时域和码域上进行二维检测，选用了具有良好扩展性的 m 序列作为扩频码[6]；谢胜眉、赵军辉基于最优化原理对 ALOHA 防冲突算法改进，使得系统获得最佳的传输时隙及数据包大小，提高吞吐率，降低错误率[7]；黄仁等提出的关于 ALOHA 算法中帧长度

* 基金项目：福建省重点项目资助（K5314005A）、福建省大学生创新创业训练计划项目（201510389079）。

作者简介：陈清耀（1992—），男，福建平潭人，硕士研究生，研究方向：交通运输工程；陈婧怡（1993—），女，福建三明人，硕士研究生，研究方向：交通运输工程；林敏敏（1993—），女，福建莆田人，研究方向：物流管理；通讯作者：邱荣祖（1961—），男，福建莆田人，博士，教授，博士生导师。研究方向：物流技术及交通运输。

的调整方法，在吞吐率和识别速度上有明显的提高[8]。综上所述，减少碰撞时隙和空时隙的出现概率，提高多目标识别效率，是 ALOHA 帧时隙类防冲突算法的研究热点。

军用物资物流作业环境存在着标签数量变化范围大的独特性，因此前人研究的优化算法还要做适应性改良，才能投入军事场景实用。本研究在 ALOHA 的动态帧时隙的算法上进行了改良，实现了军用物资物流中的多目标识别，提高了物资装备的平均识别效率。

二、防冲突算法优化

（一）建立数学模型

ALOHA 时隙类算法经数学证明，当标签数与时隙数相等时，系统的识别效率最高，证明过程如下。

假设有 n 个 RFID 标签同时处于能量区域内等待 RFID 读卡器识别，RFID 读卡器初始帧长度为 L，n 个 RFID 标签自由选择通信间隙，恰好选择同一个时隙的标签数目随机量 R 服从“总数为 n，概率为 $1/L$”的二项分布数学模型[9]，即 R ~ B（n，$1/L$），所以有：

$$P_e = P(R = 0) = (1 - \frac{1}{L})^n \tag{1}$$

$$P_s = P(R = 1) = \frac{n}{L} \times (1 - \frac{1}{L})^{(n-1)} \tag{2}$$

$$P_c = P(R \geqslant 1) = 1 - (1 - \frac{1}{L})^n - \frac{n}{L} \times (1 - \frac{1}{L})^{(n-1)} \tag{3}$$

其中，$E(s) = n \times (1 - \frac{1}{L})^{(n-1)}$

表示被成功识别的标签数目的期望，设 U 为系统的信号通道利用率，则：

$$U = \frac{E(\mathrm{s})}{L} = (\frac{n}{L}) \times (1 - \frac{1}{L})^{(n-1)} \tag{4}$$

下面证明当标签数与时隙数相等时，系统的识别效率最高：

令 $\lambda = \frac{n}{L}$，则 $P_s = \lambda \times [(1 - \frac{1}{L})^{-L}]^{-\frac{(n-1)}{L}}$

考虑到 $L \gg 1$，故 $\frac{1}{L} \ll 1$，利用重要极限公式 $\lim\limits_{x \to 0}(1 + \frac{1}{x})^x = e$

则 $(1 - \frac{1}{L})^{-L} \approx e$

故 $P_S = \lambda \times e^{-\lambda}(\lambda \in (0, +\infty))$ （5）

对 P_S 关于 λ 求一阶导数得：

$$\frac{\mathrm{d}(p_s)}{\mathrm{d}(\lambda)} = (1 - \lambda) \times e^{-\lambda}$$

当 $0 < \lambda < 1$，$\frac{\mathrm{d}(P_s)}{\mathrm{d}(\lambda)} > 0$；当 $\lambda > 1$，$\frac{\mathrm{d}(P_s)}{\mathrm{d}(\lambda)} < 0$；

故当 $\lambda = 1$ 时，$\frac{\mathrm{d}(p_s)}{\mathrm{d}(\lambda)}$取极大值，值为 e^{-1}，约等于 0.368。

故 $L=n$ 确实可以使信道利用率 U 取得最大值，即标签数等于时隙数时，系统的识别效率最高，系统的信道利用率最大。

（二）算法优化

以 M 表示帧长与标签数一定时的系统最大识别标签数，则

$$M = L \times P_S \tag{6}$$

EPC GEN2 标准规定动态帧时隙的帧长 N 以 2^Q 形式选取（RFID 阅读器的扫描指令 Query 中包含了参数 Q，用于改变下一次扫描帧长），帧长与标签数相等时系统的信道利用率最高，将公式（5）带入公式（6），且令 $n=2^Q$，得：

$$M = 2^Q \times e^{-\frac{2Q}{L}} \tag{7}$$

当帧长一定时，Q 与 M 一一对应，以 Q 为自变量，M 为因变量，在 MATLAB 中编程，绘制 Q 与识别标签数期望值的关系图，以帧长为 2^6 为例，如图 1 所示。

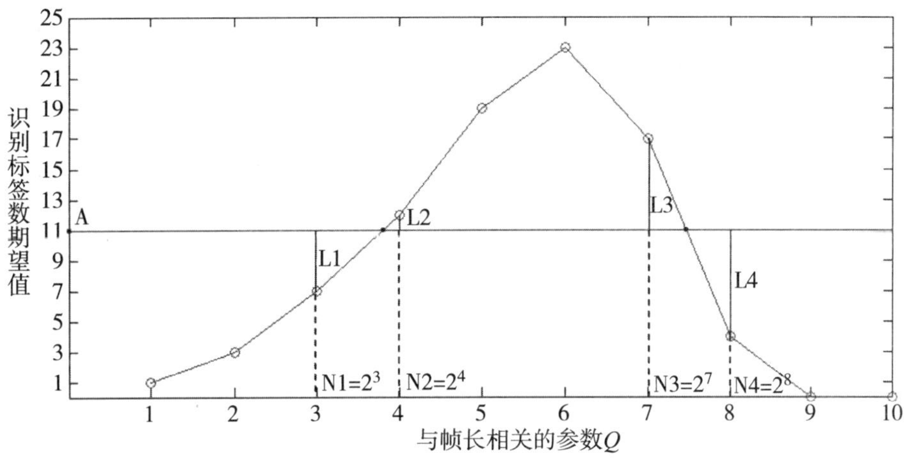

图 1　参数 Q 与识别标签数期望值的关系

图 1 中横坐标反映的是外界标签数的规模，由图 1 可知，外界标签数为 2^6 时，理论上系统可以识别最大的标签数，这与上述证明的时隙数与标签数相等时系统的信道利用率最大相吻合。

市面上所能购买到的 RFID 读卡器只能通过改变扫描指令 Query 中携带的参数 Q 改变下一次扫描的帧长。设置一次扫描指令仅工作一帧后，通过识别的标签数，反推外界标签的规模数，设置下一次扫描的帧长，从而实现扫描级别的优化，而无法做到盘存周期内的帧级别优化。推算外界标签规模的算法见图 2。其工作原理是首先取 RFID 读卡器初始帧长 $N=2^4$，系统发出读卡请求，获得识别数 A，此时可能的 Q 值有较小和较大的两种可能，分别为 3 和 4 或者 7 和 8。设 L1、L2、L3 以及 L4 对应的标签数分别为 N1、N2、N3 以及 N4，为避免帧长过大而标签数过少造成的时隙浪费，设帧长为 L1 对应的标签数 N1，获得新的识别效率 P1，若 P1 > P，则帧长 N = N1；否则设帧长为 L2 对应的标签数 N2，获得新的识别效率 P2，若 P2 > P，则帧长 N = N2；否则设新的帧长为 L3 对应的标签数 N3，获得新的识别效率 P3，若 P3 > P，则帧长 N = N3；否则设新

的帧长为 L4 对应的标签数 N4，获得新的识别效率 P4，若 P4 > P，则设新的帧长 N = N4，否则新的帧长仍为初始 N，当连续两个帧长相等时跳出循环，获得最优帧长。

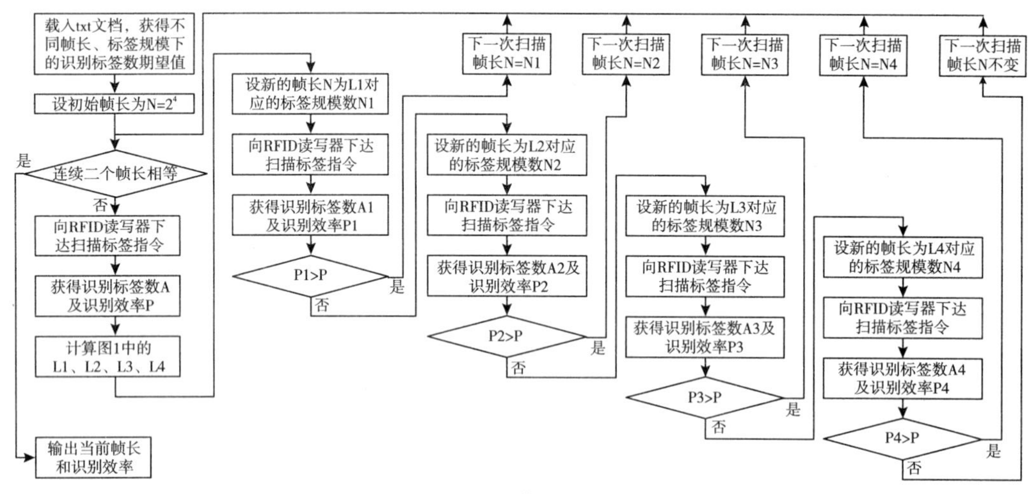

图 2　防冲突算法优化流程

因为 Q 取值范围从 1 至 10，所以系统最多只要记忆 10 条曲线就可以完成全部优化过程。例如：帧长 = 128 时的识别时隙数的概率曲线见图 3，帧长 = 256 时的识别时隙数的概率曲线见图 4。

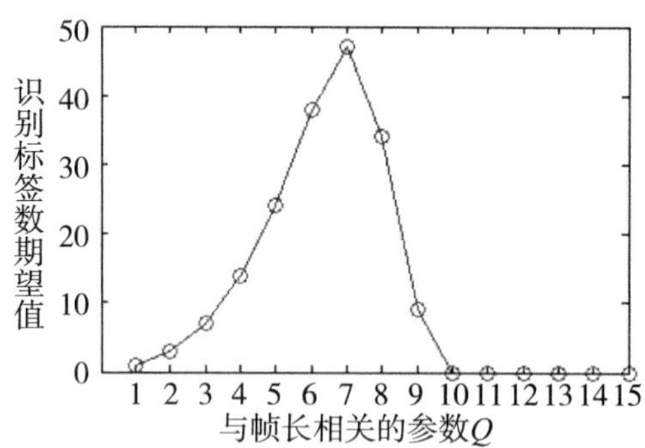

图 3　帧长 = 128 时的识别时隙数的概率曲线

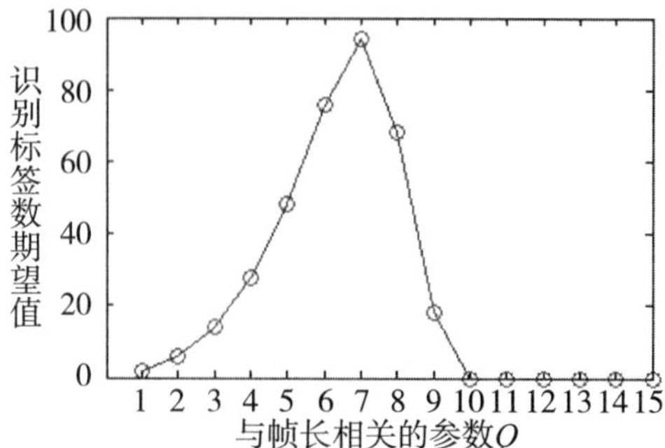

图 4　帧长 = 256 时的识别时隙数的概率曲线

三、仿真检验

本论文基于概率模型，设计了通过识别数推算外界标签规模的算法。因为 RFID 设备识别标签速度相对于仿真程序慢，无法进行大规模测试，所以分别按照标签、读卡器工作原理编写了仿真程序，小规模测试时仿真程序和真实设备的结果相似，证明仿真程序可以模拟读卡器识别标签的流程。首先在 MATLAB 中编程，Q 值从 1 到 10 变化，做 150×3 矩阵，3 列分别对应帧长、外界标签数以及识别标签数期望值，再将矩阵转为 txt 文档保存起来，利用 MATLAB 自带的随机数生成器生成（1，2^Q）范围内的随机数，每个标签在该范围内随机抽取一个随机数表示该标签可能应答的时隙，计算一帧内正确识别的时隙数，在 txt 文档中通过查询与之最接近识别标签数期望值来确定下一帧的最佳帧长。按图 2 的流程图工作，当有连续 2 次帧长相等时跳出循环，表明当前帧长识别外界标签效率最高。对外界标签数 1 ~ 1000 随机取值，进行十万次仿真，仿真结果显示 RFID 读卡器最多四次判断能猜中外界标签的规模，从而确定合理的 Q 值，之后识别效率接近 0.368，包含判断 Q 值时所浪费的时隙数，十万次仿真综合识别效率稳定在 0.341，这意味着本算法平均每三个时隙就可以正确识别 1 个标签。

四、系统实测

以空降兵 DS5 RFID 一体机为硬件基础，其内置系统是 Wince6.0，因此可采用 Microsoft Visual Studio 2010 智能终端开发方法。采用 C + +. net 重写上文仿真验证的防冲突算法，使其能够工作于一体机的嵌入式系统中，便于实测识别效率。和本算法作对比的有固定帧时隙、随机帧时隙两种算法，市场上固定帧时隙算法有两种设备，一种固定帧时隙设备厂商将 Q 锁定为 4，不能修改，外界标签数在 32 以内时，识别效果很好，但是当外界标签超过 64 张之后，识别效率接近于 0，无法完成外界标签数 1 ~ 1000 变化的实

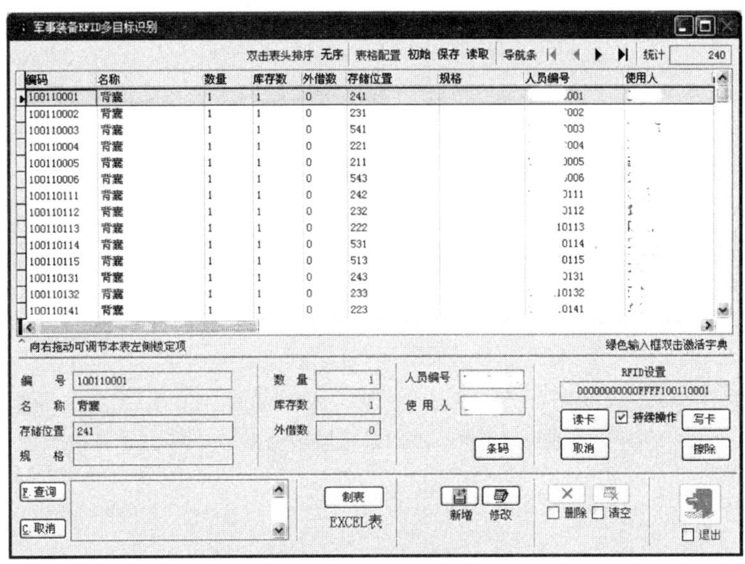

图 5　多目标识别过程

测。还有一种固定帧时隙设备，厂商在出厂前可以按客户常见的工作场景，调整设备帧时隙的出厂设置，以标签规模在 1 ~ 1000 动态变化的工作场景为例，厂商通常会把帧时隙设定为平均值附近的 512，实测识别效率仅为 0.139。而随机帧时隙算法通过每次随机取 Q 值的方式，Q 值的取值范围是 1 ~ 10，因此可以完成外界标签数 1 ~ 1000 不定变化的识别任务，实测识别效率只有 0.254，即平均每四个时隙识别一个标签。本文提出的算法实测效率为 0.326，略低于理想环境仿真效率 0.341，但优于两种参与对比的算法。

五、结论

军事物流场景中待识别物资、装备的目标数在 1 ~ 1000 范围内的大幅度的随机变化[10]，市售 RFID 系统被厂商锁定了帧时隙无法高效识别。本文基于 ALOHA 防冲突算法，采用概率学方法，通过上一次扫描的标签识别数，推算下一次扫描应开设的最优帧长。系统在某师级部队装备部进行测试，当场景中的标签数在 1 ~ 1000 范围内动态变化时，实测证明了优化后的智慧算法的识别效率优于固定帧时隙和随机帧时隙的两种传统算法。本研究的不足之处有两点：①受市售 RFID 读卡器硬件指令限制，只能改变下一次扫描指令的帧长，所以无法实现在一个盘查周期内改变下一帧帧长，所以算法的效率受到一些限制。②选择的 RFID 一体机射频能量范围有限，无法应对数量超过 1000 的标签数，未来考虑将本论文的智慧算法写入多天线的 RFID 读写器，提高算法对标签数量变化范围的适应能力。

参考文献

［1］张林鹤．基于 RFID 技术的军事物流系统的构建［J］．包装工程，2010（9）：134 - 137.

［2］WANT R. An introduction to RFID technology［J］. Pervasive Computing IEEE，2006（6）：5.

［3］JONGHO PARK，MIN YOUNG CHUNG，TAE - JIN LEE. Identification of RFID Tags in Framed - Slotted ALOHA with Robust Estimation and Binary Selection［J］. IEEE Communications Lett，2007，11（5）：452 - 454.

［4］KIN SEONG LEONG，MUN LENG NG，COLE P H. The reader collision problem in RFID systems［J］. Microwave，Antenna，Progagation and EMC Technologies for Wireless Communications，2005，1（1）：658 - 661.

［5］鞠伟成，俞承芳．一种基于动态二进制的 RFID 防冲突算法［J］．复旦学报，2005（2）：101 - 106.

［6］林宇洪，沈嵘枫，邱荣祖．南方林区林产品运输监管系统的研发［J］．北京林业大学学报，2011，33（5）：130 - 135.

［7］谢胜眉，赵军辉．基于最优化原理的 RFID 系统中的 ALOHA 防冲突算法研究［J］．电路与系统学报，2009，14（4）：8 - 12.

［8］黄仁，张静，程平．一种 ALOHA 算法的帧长度调整方法［J］．计算机工程与应用，2011，47（9）：115 - 117.

［9］江建．RFID 中多标签防碰撞技术的研究［D］．电子科技大学，2009.

［10］林宇洪，林森，景锐，等．木材运输 IC 卡读写器的开发［J］．福建农林大学学报：自然科学版，2010，39（4）：435 - 438.

拣选行走速比相当下的窄通道单件拣选系统拥堵率建模研究*

周 丽 郭 键 朱 杰 张 红

摘 要：本文在拣选与行走速度相当情况下，对窄通道布局的拣选系统进行拥堵研究，构建马尔科夫模型，获得拣选区域、拣选概率密度与拥堵率的解析表达式，分析各种因素变化对拥堵率的影响，为克服拣选拥堵、提高拣选效率，提升客户满意度、降低物流成本、提高供应链服务水平提供了指导性意见。

关键词：拥堵 订单拣选 窄通道 马尔科夫

一、引言

降低物流成本，缩短客户响应时间，是提高仓储系统运营效率的关键所在。电商仓储具有多客户、多品种、多频次、小批量的特点，消费者希望获得货品的速度越来越快，因此，仓储拣选效率对消费者需求的响应时间有直接影响。拣选系统是仓储作业中最耗成本的，是劳动密集性程度最高的一项活动，所耗时间约占整个在库作业时间的60%，拣选成本约是其他堆叠、装卸、运输等成本总和的9倍，占仓储中所有费用的55%[1]。研究拣选作业环节对有效提高仓储运作效率至关重要。然而，很多仓储中心由于货架布局、存储摆放、路径策略等问题，出现了拣选者在通道内等待其他拣选者的拥堵情况，既浪费人力成本，又浪费时间成本，极大地影响了整个仓储的流转量。由于拥堵造成的危害不容忽视。

拥堵是影响拣选系统作业效率的瓶颈，克服拣选拥堵、提高拣选效率，是提升客户满意度、降低物流成本、提高供应链服务水平的有效途径。通过阅读国内外文献发现各国学者从不同视角、运用不同方法对影响拣选作业时间与成本的货位布局、存储策略、拣选策略及路径策略等主要因素进行了研究，但是对拣选过程中形成的拥堵问题的研究仍然比较少。2006 年，Gue 和 Meller[2]对于狭窄通道的环形货架布局进行了拥堵研究，研究认为狭窄通道下，拣选者会产生通道内拥堵，拥堵情况随着拣选人数的增加而严重，随着拣选区域的增大而减轻，拣选者的行走速度越快会造成越严重的拥堵。Skufca（2005）[3]在无限行走速度和一次拣选一件货品的假设下，建立了多名拣

* 基金项目：国家自然科学基金资助项目（71501015、71371033），北京市科委重点实验室“智能物流系统重点实验室”（BZ0211）。

作者简介：周丽（1978—），女，博士，教授，研究方向物流与供应链管理。现任北京物资学院信息学院副院长。主讲抽样技术与应用，高级统计软件；郭键（1975—），女，博士，教授，研究方向物流工程。北京物资学院教务处处长。主讲程序设计基础、离散数学、Java 程序设计等课程；朱杰（1960—），男，硕士，教师，研究方向优化理论与算法。现任北京物资学院信息学院院长。主讲数据库原理；张红（1991—），男，本科生，研究方向统计学。

选者窄通道系统中的拥堵模型。2009 年，Pratik 和 Meller[4] 对宽敞通道的环形货架布局进行了两拣选者之间的拥堵研究，他们认为拥堵在宽通道布局下比窄通道有所缓解，拥堵是高流转量和多拣选者系统中突出存在的问题。2013 年，Soondo Hong[5] 等进一步验证了 Gue 和 Pratik 的研究成果，并在拥堵估计的算法方面做出了改进。在这些国外学者研究基础上，存在状态转移的概念有待进一步明确，本文在 Gue 和 Meller 的研究基础上，继续对窄通道单件拣选系统进行研究，与 Gue 的研究不同的是，状态转移的定义不同，获得不同的状态转移矩阵。

二、拣选拥堵的产生

在配送中心的拣选作业中含有很多个环节，包括接受订单、订单的分类、拣选货品、集货或分类处理。这些环节相互影响，协同运作，目的是提高拣选系统的整体效率。

以往对拣选的研究通常只是针对拣选系统中只存在一个拣选者的情况，但企业为了提高吞吐量和客户响应速度，通常会有多个拣选者同时作业。如果两个或者两个以上的拣选者需要同时访问一个存货点，不可避免地就会发生拣选拥堵现象，并且在拣选密度高时拥堵率升高。拥堵现象会导致部分遭遇拥堵现象的拣选者闲暇，降低拣选者在实际拣选系统作业过程中的作业效率。拣选作业作为企业响应市场需求的关键环节，拥堵现象的产生会影响整个供应链效率。在拣选系统的规划和分批与分区拣选策略的选择方面，拣选拥堵是一个关键的因素。当存储系统比较高，而且长度上比较短时，拣选区域很小，拣选者会拥堵的可能性更大。当存储区域需要采用分批拣选时，拣选者有可能只是在某一通道内行走，这样也会产生拥堵。拣选拥堵会降低拣选者的生产力，一般情况下，配送中心会选择增加拣选者数量来满足所需的吞吐量，但这同时增加了劳动成本。为了提高拣选作业效率，有必要对拣选者拥堵率进行研究，认识影响拥堵的因素并尽可能降低拥堵现象的发生能够有效提高拣选作业效率。

窄通道的拣选系统中，拣选者拥堵现象如图 1 所示有两种形式：①拣选面拥堵，即当两个拣选者拣选同一拣选面的货物时产生拥堵；②通道内拥堵，即当一个拣选者正在拣选时，另一个正在行走的拣选者无法通过而产生拥堵。

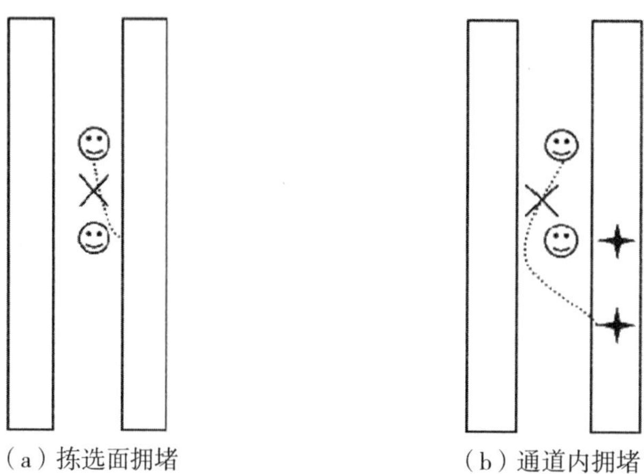

（a）拣选面拥堵　　（b）通道内拥堵

图 1　拣选拥堵的类型

在窄通道布局下，当上游拣选者的状态是正在拣选，下游拣选者是等待拣选，且拣选者之间距离为 1 时，拥堵发生。本文拟对采用传统矩形布局、S 型路径策略的拣选系统拥堵问题进行研究。因为拣选者之间距离的变化具有无后效性特点，适合建立拣选者之间距离变化的 Markov 模型，并通过仿真模拟验证模型的有效性，对影响拥堵的各个因素进行分析。

三、模型假设和符号说明

（一）窄通道单件拣选系统描述

由于拣选系统多种多样，具有现实复杂性，为了理论模型描述简便。本文研究含有 n 个拣选面的窄通道传统货架布局（如图 1 所示），多名拣选者在随机存储、S 型路径下进行拣选。在单位时间段内，拣选者在拣选面的拣选概率为 p，行走概率为 q。在一个拣选面只拣选一件货品的单件拣选系统中，如果在某一时刻拣选者拣选，那么他在下一时刻行走到下一个拣选面的概率为 1。

本文构建一种拣选与行走速比相当情况下的拥堵模型，即通过一个拣选面的行走时间与在一个拣选面拣选的时间相等，表示为拣选与行走时间比为 1 : 1。

（二）符号说明

在传统货架布局系统中（见图 2）构建拥堵模型时，做出以下符号说明：

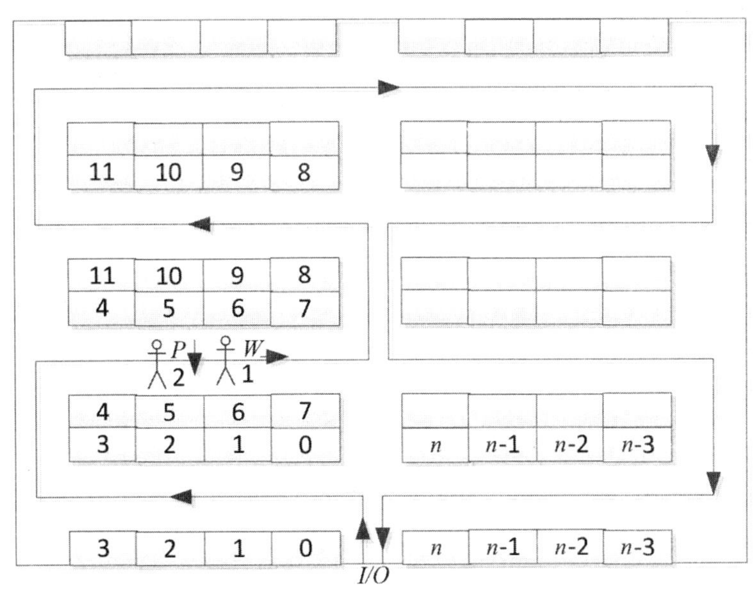

图 2　传统布局下随机存储 S 型路径拣选示意

（1）订单拣选区域有 n 个拣选面。在标准情况下，一个拣选面是托盘货架的一列或是一组流利货架。实际上，每个拣选面可能包含几个拣选位置，比如，一列托盘货架可能包含 3 层或 4 层托盘货位。本文研究中，拣选者的拣选的位置就是拣选面。

（2）本文研究的窄通道拣选系统，假设通道宽为 1 米，属于典型的窄通道，拣选者既可以是拣选人员，也可以是自动拣选车。在窄通道内，只能够容纳一个拣选者在拣选面作业。当拣选者拣取货品时，会产生横向或是纵向移动，需有一定的空间把货品取出，因此在通道内不能彼此通过。

（3）拣选者遵循 S 型路径策略，意味着拣选者在通道内只按照一个方向进行拣选工作。

（4）在实际的配送中心，每条通道内都有两排货架，为了简化问题，假设拣选与在通道内的两货架之间的哪一侧无关。

（5）拣选者在拣选区域内的状态是正在拣选、正在行走或是拥堵。

（6）拣选者在每个拣选面拣选的概率是 p，不拣选的概率是 $q=1-p$。如果一个拣选者平均拣选 I（$I\leqslant n$）件货物，那么在单件拣选系统中一个拣选面被拣选的概率 $p=I/n$。

（7）假设平均拣选时间 t_p，通过一个拣选面的行走时间 t_w。t_p 是拣选者在一个拣选面拣选的平均时间，即包括在一个拣选面拣选 1 件或多件货物的情况，拣选时间的计算忽略了在高度上所花费的时间。

（8）假设有 k 名拣选者，拣选者的平均拥堵率为 b（k），而且有 $0\leqslant b$（k）$\leqslant 1$。本文选择 2 名拣选者，即 $k=2$。

（三）状态描述

以 S_{ti} 表示 t 时段内两名拣选者的状态，下标 i 表示可能的状态种类。以 N_1、N_2 分别表示两名拣选者的位置，以 d_t 表示 t 时段结束时两名拣选者之间的距离，则 $d_t=(n+N_1-N_2)\bmod n$，S_{ti} 的具体表示为 $d_{pp}x$，d_{pw}，d_{wp}，d_{ww}，（$d=1$，…，$n-1$），分别表示在 t 时段结束时两名拣选者之间的距离与状态，第一下标表示拣选者 1 的状态，第二下标表示拣选者 2 的状态。例如，当 $d=1$ 时，1_{pp} 表示两拣选者之间距离为 1 且都在拣选的状态。而状态 1_{pw} 是拥堵状态，此刻拣选者 1 正在拣选，拣选者 2 正在行走，而且距离是 1 个拣选面，在窄通道内，拣选者 2 不能够通过拣选者 1，故此时是拥堵状态。同样 $(n-1)_{wp}$ 也是拥堵状态。一旦产生拥堵，下游拣选者必须等待上游拣选者完成作业。在此拣选系统中，两名拣选者之间的所有状态为：

$$\{1_{pp},1_{pw},1_{wp},1_{ww},2_{pp},2_{pw},2_{wp},2_{ww},\cdots,(n-1)_{pp},(n-1)_{pw},(n-1)_{wp},(n-1)_{ww}\}$$

其中 $1pw$ 和（$n-1$）wp 都是拥堵状态。两名拣选者之间距离 d_t 的取值区间是 $1\leqslant d_t\leqslant n-1$，每个距离有四种状态，当前时段所表现的不同距离下的四种状态，在下一时段有可能转变为其他距离的四种状态，获得状态转移矩阵对于分析拥堵率至关重要。

四、拣选与行走速度比为 1∶1 情况下的 Markov 模型

（一）状态转移矩阵

识别系统拥堵时的离散马尔科夫过程，即寻找符合无后效性特征的随机变量是构建马尔科夫模型的首要点，其次，分析拣选者距离的状态转移、分析拣选者距离变化的状态转移，正确描述状态转移矩阵，获得稳态分布，是研究的关键。本文研究在 n 个拣选面的传统货架布局下，通道内有两个拣选者同时进行作业的情况。在单件拣选系统中，当拣选与行走速度比为 1∶1 时，意味着当拣选者在一个拣选面拣取一件货品所需时间，与拣选者行走通过一个拣选面所需时间相当。

下面以 $t=0$ 到 $t=1$ 时段，两名拣选者状态转移情况为例分析。图 3 表示当 $t=0$ 状

态为 $1pw$ 时到 $t=1$ 的状态转移，$1pw$ 是拥堵状态，到下一时段 $t=1$，拣选者 1 将以概率 1 行走。因此状态只能转移到一种情况，即 $1ww$。

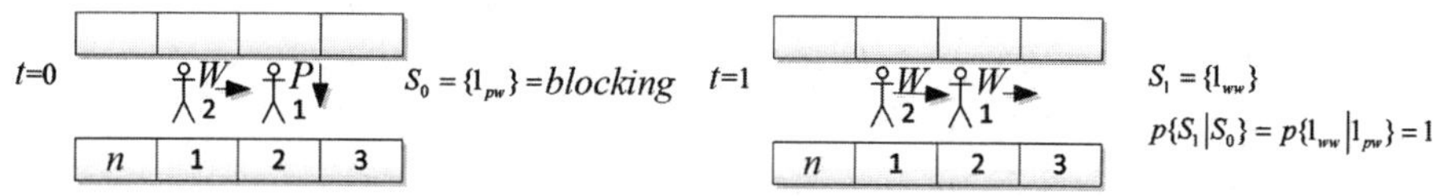

图 3　当 $t=0$ 状态为 $1pw$ 时到 $t=1$ 的状态转移

图 4 表示当 $t=0$ 状态为 $1ww$ 时到 $t=1$ 的状态转移，$1ww$ 是非拥堵状态，两拣选者此时都将要行走，到下一时段 $t=1$，可能有四种状态发生，分别是 $1pp$，$1pw$，$1wp$，$1ww$，相应的转移概率分别是 p^2，pq，pq，q^2。

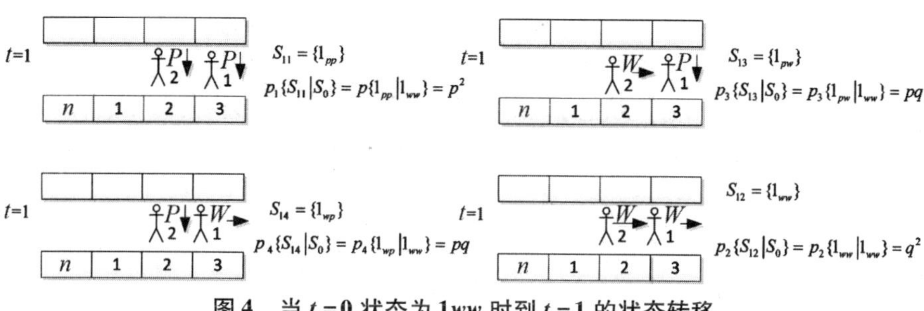

图 4　当 $t=0$ 状态为 $1ww$ 时到 $t=1$ 的状态转移

依次类推，以图 5 表示状态转移情况。

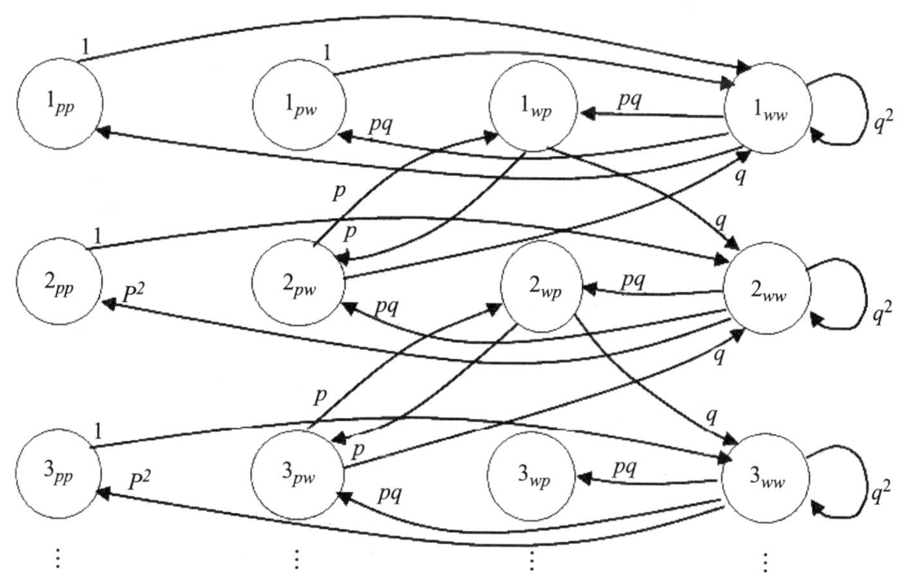

图 5　当拣选单件货品时的 Markov 链状态转移

当状态为 1_{pp} 时，两个拣选者之间距离 1 个拣选面，此刻拣选者 1 和拣选者 2 均正在拣选，由于一个拣选面只拣选一个货品，那么下一时刻两个拣选者均要开始行走，距离仍为 1 个拣选面，即转移到状态 1_{ww}，且转移概率为 1。当状态为 1_{ww}时，此刻两个拣选者都正在行走，则下一时刻拣选者 1 可能在下一个拣选面正在拣选，拣选者 2 也可能正在下一个拣选面拣选，则此刻转移为状态 1_{pp}，且转移概率为 p^2，拣选者 2 也可能仍然行走，则转移为状态 2_{pw}，且转移概率为 pq；仍然在此状态下，拣选者 1 可能选择继续行走，拣选者 2 正在拣选，则转移为状态 1_{wp}，且转移概率为 pq，拣选者 2 也可能选择继续行走，则转移为状态 1_{ww}，且转移概率为 q^2。

例如，从 $t=1$ 状态 $\{1_{pp},\ 1_{pw},\ 1_{wp},\ 1_{ww}\}$ 到 $t=2$ 的状态转移情况如下：

$$\boldsymbol{A}_1=\begin{array}{c}1_{pp}\\1_{pw}\\1_{wp}\\1_{ww}\end{array}\overset{1_{pp},1_{pw},1_{wp},1_{ww}}{\begin{bmatrix}0&0&0&1\\0&0&0&1\\0&0&0&0\\p^2&pq&pq&q^2\end{bmatrix}},\quad \boldsymbol{B}=\begin{array}{c}1_{pp}\\1_{pw}\\1_{wp}\\1_{ww}\end{array}\overset{2_{pp},2_{pw},2_{wp},2_{ww}}{\begin{bmatrix}0&0&0&0\\0&0&0&0\\0&p&0&q\\0&0&0&0\end{bmatrix}}$$

从 $\{2_{pp},\ 2_{pw},\ 2_{wp},\ 2_{ww}\}$ 状态到下一时段各种状态的转移情况如下：

$$\boldsymbol{C}=\begin{array}{c}2_{pp}\\2_{pw}\\2_{wp}\\2_{ww}\end{array}\overset{1_{pp},1_{pw},1_{wp},1_{ww}}{\begin{bmatrix}0&0&0&0\\0&0&p&q\\0&0&0&0\\0&0&0&0\end{bmatrix}},\quad \boldsymbol{A}=\begin{array}{c}2_{pp}\\2_{pw}\\2_{wp}\\2_{ww}\end{array}\overset{2_{pp},2_{pw},2_{wp},2_{ww}}{\begin{bmatrix}0&0&0&1\\0&0&0&0\\0&0&0&0\\p^2&pq&pq&q^2\end{bmatrix}},\quad \boldsymbol{B}=\begin{array}{c}2_{pp}\\2_{pw}\\2_{wp}\\2_{ww}\end{array}\overset{3_{pp},3_{pw},2_{wp},3_{ww}}{\begin{bmatrix}0&0&0&0\\0&0&0&0\\0&p&0&q\\0&0&0&0\end{bmatrix}}$$

从 $\{(n-1)_{pp},\ (n-1)_{pw},\ (n-1)_{wp},\ (n-1)_{ww}\}$ 到 $\{(n-1)_{pp},\ (n-1)_{pw},\ (n-1)_{wp},\ (n-1)_{ww}\}$ 的转移矩阵为：

$$\boldsymbol{A}_{n-1}=\begin{bmatrix}0&0&0&1\\0&0&0&0\\0&0&0&1\\p^2&pq&pq&q^2\end{bmatrix}$$

其他状态转移矩阵与 A，B，C 矩阵一致。由此，得出总的状态转移矩阵为：

$$\boldsymbol{T}=\begin{bmatrix}A_1&B&0&\cdots&0\\C&A&B&\cdots&\vdots\\0&\cdots&\cdots&\cdots&0\\\vdots&\cdots&C&A&B\\0&\cdots&\cdots&C&A_{n-1}\end{bmatrix}_{(n-1)\times(n-1)} \tag{1}$$

$\boldsymbol{T}$ 是 $(n-1)\times(n-1)$ 维矩阵。

（二）平稳分布与拥堵率

求状态转移矩阵 $\boldsymbol{T}$ 的平稳分布 $\boldsymbol{Z}$，即求解方程 $\boldsymbol{ZT}=\boldsymbol{Z}$，解得

$$\boldsymbol{Z}=[\overbrace{p^2,p-p^2,p,1}^{d_t=1},\overbrace{p^2,p,p,1}^{d_t=2},\cdots,\overbrace{p^2,p,p,1}^{d_t=n-2},\overbrace{p^2,p,p-p^2,1}^{d_t=n-1}]$$

这个 Markov 过程的转移密度由平稳分布的二阶范数 $\|\boldsymbol{Z}\|$ 决定。由于拥堵状态是 1_{pw}和 $(n-1)_{wp}$，每位拣选者的平均拥堵率为：

$$b_1(k=2)=\frac{z_b}{k\sum_j z_j}=\frac{2(p-p^2)/2}{(n-3)(p^2+2p+1)+2(p^2+p+1+p-p^2)}$$

$$=\frac{p-p^2}{(n-3)p^2+(2n-2)p+(n-1)} \tag{2}$$

由上式可知 b_1（2）是关于 n 的递减函数。求极大值，公式（2）对 p 求一阶导数，令一阶导数为 0，即

$$b_1'(k=2)=\frac{(5-3n)p^2+(2-2n)p+(n-1)}{[(n-3)p^2+(2n-2)p+(n-1)]^2} \tag{3}$$

当 $n=2$ 时，可以得出当拣选概率 p 为 -2.4142 和 0.4142 时上述式子成立。而 $0\leq p\leq 1$，因此，当 $p=0.4142$ 时拥堵率取得极值，对式（3）二次求导，当 $p=0.4142$ 时二次导数小于 0，即此时取得最大值。因此，拥堵率取得最大值，当

$$p=\frac{n-1-\sqrt{4n^2-10n+6}}{5-3n} \tag{4}$$

（三）影响拥堵率的因素分析

由公式（4）可知，随着 n 的增大，拥堵率 b 取得最大值时的拣选概率 p 减小。当拣选面 n 有无限多个，即 $n\to\infty$ 时，拥堵率最高时的拣选概率密度 p 是 0.3333。$n=2$ 和 $n\to\infty$ 是 n 取值的两个极端情况，这界定了当产生拥堵时，最大的拣选概率 p 的临界范围。

当 n 取不同的值时，拣选概率 p 与拥堵率 b 之间的关系如图 6 所示，即选取当存储区域分别有 2、10、20、50 个拣选面的情况，在图形中分别用不同曲线表示。该图形展示了拣选区域大小变动时，拥堵率变动的情况。由拥堵率公式（2）可知随着 n 的增加拣选拥堵率减小。随着 n 的变化，当 $0.3333\leq p\leq 0.4142$ 时拥堵率最高。由图可知，当拣选区域固定，随着拣选密度 p 的增加，拣选者平均拥堵率 b 先增大到最大值再减小；当拣选密度 p 一定，拣选者平均拥堵率 b 随着拣选面 n 的增大而减小。当有两个拣选者时，拣选的平均拥堵率很小。因此，当拣选与行走速度比相当，且一个拣选面只拣选一件货品时，拥堵在拣选系统中不是关键的问题。

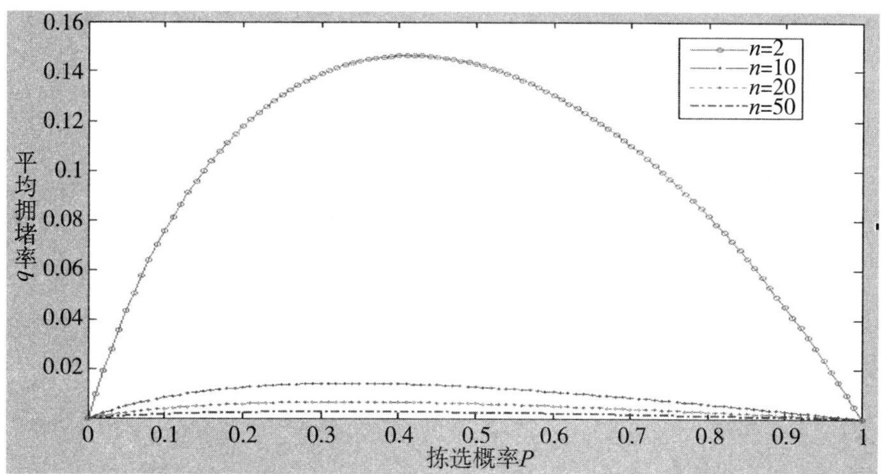

图 6　拣选行走速度相当下单件拣选系统中，b、n、p 三者关系

五、结论与展望

本文对影响拣选效率的拥堵情况进行研究，在最较为简单的条件下，建立了拣选拥堵模型，即在传统布局窄通道系统中，两名拣选者拣选与行走速比相当，且在一个拣选面只拣选一件货品时的分析模型。用 Markov 链方法构建模型，推导一步转移概率矩阵，进而求得其平稳分布，计算出拣选者的平均拥堵率 b、拣选概率、拣选面的解析表达式，得出拣选概率 p 与平均拥堵率 b 之间的关系图。当拣选与行走时间比为 1∶1 时，存在使拥堵率最大的拣选概率 p 值，但是整体的拥堵率值很小，说明在一个拣选面只拣选一件货品，且拣选与行走花费时间相等时，拣选区域内的拥堵问题可以忽略不计，不会对作业效率产生影响。在后续研究中，将继续对拣选与行走时间比为 ∞∶1 时，一次拣选多件货品，推广到多名拣选者的复杂拣选系统进行建模与研究。从理论上讲，本文的研究开拓了随机过程理论在仓储拣选中的应用研究方向，为后续研究奠定了基础，为拣选系统的效率管理和优化控制提供决策依据，为供应链管理理论及物流配送的基本运作技术提供新的思路和方法。

参考文献

[1] TOMPKINS J A, WHITE J A, BOZER Y A, et al. Facilities Planning [M]. New Jersey: John Wiley & Sons, Hoboken, 2003.

[2] GUE K R, MELLER R D, SKUFCA J D. The effects of pick density on order picking areas with narrow aisles [J]. IIE Transactions, 2006, 38 (10): 859 - 868.

[3] SKUFCA J D. K workers in a circular warehouse: A random walk on a circle, without passing [J]. SIAM Review, 2005, 47 (2): 301 - 314.

[4] PRATIK J PARIKH, RUSSELL D. Meller. Estimating picker blocking in wide - aisle order picking systems [J]. IIE Transaction, 2009, 41 (3): 232 - 246.

[5] SOONDO HONG, ANDREW L. Johnson, Brett A. Peters. A note on picker blocking models in a parallel - aisle order picking system [J]. IIE Transaction, 2013, 45 (12): 1345 - 1355.

需求可拆分车辆路径问题的三阶段禁忌算法*

熊 浩 鄢慧丽

摘 要：需求可拆分车辆路径问题（SDVRP）是一类有待深入研究的车辆路径问题，其求解方法与需求不可拆分的VRP问题有较大的区别。针对该类问题，本文提供了一种新的求解思路——基于双层规划模型的三阶段禁忌算法。首先，将目标函数设定为大TSP路径成本加上切割增加路径成本，构建了SDVRP的双层规划数学模型；然后，根据双层规划的思路设计了三阶段禁忌启发式算法：先求包括车场和所有顾客的大TSP路径，再对大TSP进行切割和拆分，接着对备选方案进行子路径优化；最后，通过实验仿真，将所提出的三阶段禁忌算法与其他算法进行比较，结果表明了所提出的算法可以比较有效地求得需求可拆分车辆路径问题的优化解，是解决需求可拆分车辆路径问题的有效方法。

关键词：车辆路径问题 需求可拆分 双层规划 禁忌算法

一、引言

可拆分需求车辆路径问题是有容量限制的车辆路径问题的延伸，其与VRP之间只有1个约束条件的差异：允许顾客被多次访问。但是，该类问题的优化解却能提高车辆的装载效率和减少路径成本[1-4]。并且，其求解算法都与VRP有较大的区别。

Archetti等[5,6]对SDVRP问题的复杂性进行了研究，其研究证明当车辆容量大于2时，SDVRP为NP难题。因此，精确求解该类问题有一定的难度，需要探索有效的启发式算法。最早关于SDVRP的启发式算法由Dror和Trudreau提出[1]，并给出了针对SDVRP的2种局域搜索的方法：k－split interchange和route addition。其后，出现三种比较主流的启发式算法研究：禁忌算法、混合遗传算法和混合整数规划法。首先，关于SDVRP问题的禁忌算法研究相对较多：Archetti等[7]首先提出了SDVRP的简单邻域搜索禁忌算法；Aleman等[8]提出了词汇构造禁忌搜索法（TSVBA），利用方案集群中的共同边、重要边调整节约值表，使用新节约值表构建新解取代原来解群中较差的解；Berbotto等[9]提出了随机粒度禁忌搜索法（RGTBA）；Mota和Campos[10]提出了散点搜索法（SS）；以及最近孟凡超等提出的多邻域搜索禁忌法[11]。其次，也有一些遗传算

* 基金项目：国家自然科学基金资助项目（71461006、71461007）、海南省自然科学基金（20157263）、海南省哲学社会科学规划课题（HNSK（QN）15－4）、海南省教育厅重点项目（Hnky2015ZD－7，Hnky2015ZD－2）。

作者简介：熊浩，海南大学经济管理学院；鄢慧丽，海南大学旅游学院。

法方面的研究：Wilck 等[12]提出的遗传算法，根据一定的概率择优选择符合条件的子路径作为新方案的子路径，将方案中剩余的顾客利用 CH 算法[13]进行路径的构建；Mourad Boudia 等[14]提出了基于人口管理的基因算法（MA | PM），该方法在传统的遗传算法基础上增加了局域搜索（local search）和基于距离选择的跳跃控制策略作为新的变异方法。最后，还有一些其他的混合算法：Jin[15]提出了 SDVRP 的列生成模型，并提出了边界限制搜索法（LSB）进行子问题的求解；Chen 等[16]提出了一种以 VRP 为基础的端点混合整数规划模型（EMIP）进行 SDVRP 求解；刘旺盛等[17]提出的聚类算法。

综上所述，目前对于 SDVRP 问题已经有较多的启发式算法。但是，由于 SDVRP 问题自身的复杂性，目前已有的算法很难在两个方面取得平衡：计算时间和优化程度，即有些算法的优化效果好却需要花费较多的计算时间，有些算法计算较快但优化效果却不是很好。因此，为了让算法同时具有计算速度快且优化效果好，仍然需要探索研究新的算法。本文利用双层规划（或二阶段法）的思想，探索构造了一种三阶段的禁忌启发式算法。并通过大量的实验对比分析，验证了该启发式算法的确能在较短的计算时间内获得较好的优化解决方案，从而为该类问题的求解提供了新的研究思路和求解方法。

二、SDVRP 的双层规划数学模型

SDVRP 的双层规划数学模型基本思想为：上层规划构造一个大 TSP 路径，包括车场和拆分顾客的所有节点数量。下层规划则对上层规划的 TSP 结构进行切割，寻找最优切割组合，构造 SDVRP 问题的最优解决方案。所谓切割就是将 TSP 的某个连接断开，将该连接的两个点与车场相连，则原 TSP 的成本变化恰好等于这两点的节约值 w_{ij}，即节点 i 和 j 到达车场的距离之和减去这两点之间的距离。

本文研究的需求可拆分的车辆路径问题为：单车场、单车型、无时间窗要求、纯装货（或纯卸货）。用 0 代表车场，自然数 1，2，3，…，n 表示顾客编号，N 设为客户点集合，$N' = N \cup 0$ 代表所有节点的集合；Q 为车辆的最大运载量；k 为完成任务所需的车辆数；d_{ij}表示节点 i 和 j 之间的距离。

基本参数设置为：

x_{ij}表示取值为 0 和 1 的变量，当取值为 1 时，d_{ij}表示节点 i 和 j 相连，否则不相连；

y_{ij}表示取值为 0 和 1 的变量，当取值为 1 时，表示大 *TSP* 中节点 i 和 j 的连接被切割；

r_i 表示第 i 条路径中的顾客数量；

R 表示大 TSP 中的 k 条路径代码的集合；

q_{ij}表示大 TSP 中第 i 条子路径中的第 j 个顾客的运输量。

具体数学模型如下：

上层规划：
$$\text{minimize} \sum_{i=0}^{n} \sum_{j=0}^{n} d_{ij} x_{ij} + \sum_{i=1}^{n} \sum_{j=1}^{n} w_{ij} y_{ij} \tag{1}$$

$$\sum_{i=1}^{n} x_{ij} \geqslant 1;\ \forall j \in N' \tag{2}$$

$$\sum_{i=1}^{n} x_{0i} = 1 \tag{3}$$

$$\sum_{j=1}^{n} x_{j0} = 1 \tag{4}$$

$$\sum_{i=1}^{n} x_{ih} - \sum_{j=1}^{n} x_{hj} = 0, \forall h \in N \tag{5}$$

$$x_{ij} \in \{0,1\}; \forall i,j \in N \tag{6}$$

下层规划：

$$\text{minimize} \sum_{i=1}^{n} \sum_{j=1}^{n} w_{ij} y_{ij} \tag{7}$$

$$\sum_{j=1}^{r_i} q_{ij} \leqslant Q; \forall i \in R \tag{8}$$

$$\sum_{i=1}^{n} \sum_{j=1}^{n} y_{ij} \geqslant k - 1 \tag{9}$$

$$y_{ij} \in \{0,1\}; \forall i,j \in N \tag{10}$$

其中，式（1）是上层规划的目标函数，由大 TSP 路径成本加上切割后增加的成本构成；式（2）表示每个顾客可能被访问多次；式（3）和式（4）表示大 TSP 路径从车场出发再回到车场；式（5）车辆到达每个顾客，必然从该顾客出发；式（7）是下层规划的目标函数，表示大 TSP 被切割成可行解之后增加的路径长度；式（8）表示子路径 i 的运输量不能超过车辆容量限制；式（9）表示 TSP 至少要被切割 $k-1$ 次，即解决方案至少需要 k 条子路径；式（10）表示节点 i 和 j 的连接是否是切割点。

上述数学模型的求解非常的困难，在第一阶段的 TSP 阶段，由于需要考虑拆分需求，而拆分顾客可能从 0 到 $k-1$ 个（被拆分需求点的数量小于路线的数量[4]），则实际上计算量相当于求解 $C_n^0 + C_n^1 + C_n^2 + \cdots + C_n^k$ 个 *TSP* 问题；在第二阶段，若 *TSP* 中的顾客数为 n'，且最少可能的车辆数为 k，利用枚举法搜索则可能的切割组合数为 $C_{n'}^{k-1}$，从中选出满足容量限制的切割点组合，是效率非常低；如果利用调整法搜索（先给出 1 个可行切割方案，在该方案基础上进行调整），也会比较复杂，若平均每个切割位置可变化选择情况为 m，则可能的变化有 m^{k-1}。因此，需要探索一种更加启发式算法进行求解。

三、三阶段禁忌算法

（一）带拆分点的路径结构分析

由 SDVRP 问题解的特征可知：如果 SDVRP 问题存在可行解，且解中的点与点之间的距离关系符合三角形不等式，则在该问题优化解的任意 2 条路线中最多只会存在 1 个共同点[1]。因此，2 条子路径如果有一个共同的拆分点，则共享一个拆分点的两条路径之间的连接方式只有两种情况（见图 1）：以拆分点连接车场为共同边（见图 1（a））；拆分点不全部直接连接车场（见图 1（b））。

如图所示，图中白色圆点表示顾客，圆点旁的数字表示序号，括号中的数字表示运输量。图中的例子，假设车辆的容量限制为 10，图 1（a）和图 1（b）给出的是以序号为 4 的顾客进行拆分时的可行解。当以拆分点连接车场为共同边时，该两条子路径可以由 1 条包括所有顾客的大 TSP 路径的切割并拆分得到，比如：图 1（a）中子路径 0 - 1 - 2 - 3 - 5 - 4 - 0 和 0 - 4 - 7 - 8 - 9 - 6 - 0 可以由路径 0 - 1 - 2 - 3 - 5 - 4 - 7 - 8 - 9 - 6 - 0 从顾客 4 处切割和拆分获得。但是，如果没有以拆分点到车场构成共同边情况下，共享拆分点的 2 条路径不能由 1 条大 TSP 简单切割和拆分获得。

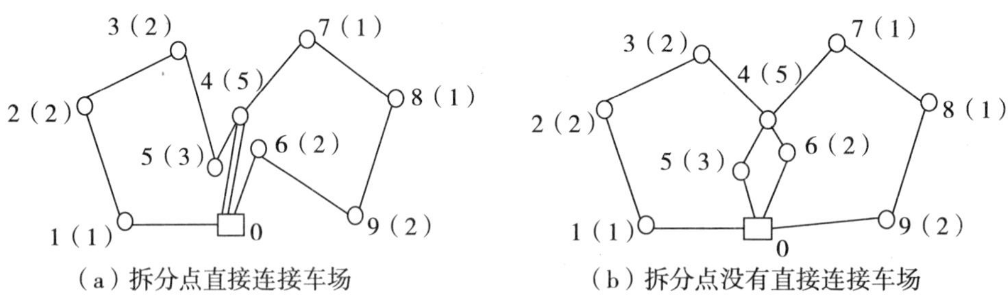

图 1　SDVRP 问题有拆分点的可行解结构

另外，通过观察分析上述情况，可以发现：拆分点直接连接车场的形态肯定可以转化为非连接车场的形态，反之亦然。因此，可以在搜索时，只需要搜索拆分点直接连接车场的情况，然后在第 3 阶段进行优化调整就可以找回拆分点没有连接车场的可行解。

（二）算法概述

本文所研究的求解 SDVRP 问题的三阶段禁忌算法是一种利用双层规划模型求解思路的启发式算法。它将问题的求解分为 3 个阶段：第 1 阶段既不考虑容量限制也不考虑拆分需求，给出包括车场和所有顾客的 TSP 大路径；第 2 阶段对 TSP 进行切割，切割时需要同时考虑是否拆分，将 TSP 分割成多条满足容量限制的子路径；第 3 阶段对第 2 阶段的子路径进行路径优化调整。

第 1 阶段搜索 TSP 路径。该阶段提供的 TSP 为 SDVRP 问题的最终解提供一个基础结构，对 SDVRP 问题的最终解有很大的影响。目前，搜索 TSP 路径的方法有很多，通过对比实验，第 1 阶段采用 3 - opt 搜索相对 2 - opt 和 2 - exchange 搜索方法具有更好的效果。因为第 1 阶段提供的 TSP 基础结构需要既有较好的子路径分配效果又有较好的内部优化效果，所以若搜索方法在搜索过程中给出的 TSP 路径的差异越大则搜索效率越高。

第 2 阶段将 TSP 进行切割和拆分。同样的 TSP 路径可能存在多种切割和拆分组合，若对这些可能都进行搜索则计算量会大大增加，会导致计算时间大大增加。通过实验，本文采用了简单切割方法，即固定累加顾客的运输量直到达到车辆的容量限制，然后根据拆分阈值判断是否拆分。这种设计虽然可能牺牲了对最优解搜索效果，但却能大大提高搜索效率。

第 3 阶段对备选方案中的子路径进行局部优化。虽然大 TSP 结构中考虑了顾客的排列对路径成本的影响，但是子路径中没有考虑其首位与车场相连之后的路径成本。因此，进行切割之后子路径可能需要对顾客顺序进行再次的优化。该阶段的子路径优化，以子路径的原顾客顺序两端加上车场构成的解为初始解，然后利用禁忌算法进行子路径的 TSP 优化。

（三）算法步骤

因为 SDVRP 的最优解决方案的影响因素比较复杂，不同的问题可能具有不同的最优解结构，在搜索时如果能加以利用则可能会具有更高的搜索效果。但是，作为通用的算法则需要把各种特征都考虑在内，通过对一些参数的调整来适应不同的具体问题。本文的三阶段搜索过程就在一定的程度上可以进行调整。

步骤 1：对所有顾客求解大 TSP 路径。将车场和顾客按照自然数编码，数字 1 表示车场，从 2 到 $n+1$ 表示 n 个顾客；然后，利用 3 - opt 进行禁忌搜索。

步骤 2：对 TSP 进行切割和拆分，计算目标函数值。此处的目标函数是切割和拆分之后的解决方案的路径成本，是一个可行解。

步骤 3：对 3 - opt 中取得最好结果的搜索变化进行禁忌，并以新的大 TSP 结构开始下一轮的搜索。

步骤 4：当禁忌迭代次数达到给定的阈值，禁忌搜索结束。

步骤 5：从禁忌搜索过程中选择出最优的若干最优解决方案，作为备选方案。对备选方案，进行子路径优化。

本方法中需要确定的参数有：禁忌搜索的一些参数：候选集数量、禁忌长度、迭代的次数；拆分的阈值：子路径的装载量阈值、离车场的距离阈值；

四、实验比较分析

为测试算法的有效性，本文采用以往文献中的数据进行测试，并与现有的主要启发式算法进行比较。算法由 Matlab 7.1 实现，在 CPU 为 2.60 GHz，内存为 4G 的 Intel（R）Core（TM）I5 计算机上运行。

实验 1　文献［17］引用了一个包含 15 个客户点，车辆的最大运载量为 500 的 SDVRP 问题，并设计了聚类算法用以求解该问题。本文利用三阶段禁忌算法进行测试，0.37 秒钟得到最优路线总长度为 1563.18，相比文献［17］的最优路线总长度 1764.4 减少了 11.4%。实验中最优总距离值对应的路径如表 1 所示，该方案中需要拆分的点为 5、13、12、1 等顾客。

表 1　　实验 1 的计算结果

序号	路径	路径长度
1	0 - 8 - 5 - 0	175.37
2	0 - 5 - 13 - 0	97.07
3	0 - 13 - 6 - 0	211.36
4	0 - 15 - 0	97.41
5	0 - 2 - 11 - 3 - 0	313.47
6	0 - 9 - 0	151.86

续 表

序号	路径	路径长度
7	0－7－12－0	124. 91
8	0－12－1－0	104. 55
9	0－1－10－4－14－0	287. 18
累加		1563. 18

实验 2　文献［17］还引用了一个包含 20 个客户的 SDVRP 问题，设计了聚类算法。本文利用三阶段禁忌算法进行测试，1 秒钟得到最优路线总长度为 163. 67，相比文献［17］的最优路线总长度 179. 45 减少了 8. 8%。实验中最优总距离值对应的路径如表 2 所示，该方案中没有顾客需要拆分。

表 2　　本文算法求解文献［15］算例的计算结果

序号	路径	路径长度
1	0－20－11－6－0	26. 56
2	0－17－3－4－14－0	23. 64
3	0－5－0	3. 44
4	0－8－1－0	16. 49
5	0－18－0	4. 94
6	0－10－7－0	18. 49
7	0－2－12－9－0	27. 49
8	0－19－15－16－13－0	42. 62
累加		163. 67

实验 3　文献［11］给出了 36 个点的配送问题，车辆容量为 1，其中有两个顾客点 17 和 10 的需求量超过车辆装载量。对其进行求解，运算结果见表 3。路线长度为 312. 6924，相对文献［11］中的 324. 7825 节约 3. 72%，对应的路线见表 3，该方案中包括拆分点位 10、17、5、20、33 等顾客。

表 3　　实验 3 的计算结果

序号	路径	路径长度
1	0－10－0	15. 6626
2	0－17－0	14. 5602
3	0－1－25－18－0	14. 8966
4	0－35－5－0	6. 7095

续 表

序号	路径	路径长度
5	0－5－10－30－7－0	19.0042
6	0－2－26－0	24.2985
7	0－3－17－29－20－0	19.4585
8	0－20－34－36－24－0	29.5028
9	0－12－9－14－0	24.7053
10	0－19－23－16－15－31－0	40.5353
11	0－28－0	9.8386
12	0－8－21－0	19.6994
13	0－22－11－0	23.006
14	0－27－32－33－0	21.7437
15	0－33－6－13－4－0	29.0712
累加		312.6924

实验4　Archetti 在文献［7］中设计简单邻域搜索禁忌算法时构造了一组 SDVRP 问题的 benchmark 数据，很多研究都利用该组数据进行对比实验。本文也选择了其中包含50个顾客的数据 P01 进行对比实验。该组中的后缀“00”表示原问题，其他后缀为原问题的变异，对客户点的需求量进行了变动，如：后缀“1030”表示客户点需求量均介于车辆最大运载量的10%～30%。

利用三阶段禁忌搜索法进行求解运行，得到实验结果及其与其他主要方法的比较见表4。

表4　实验4的计算结果对比

	本方法	SS	TSVBA	MA｜PA	Splitabu－DT	EMIP＋VRTP
P01－00	532.28	531.02	527.67	524.61	533.55	524.61
P01－1030	786.89	769.60	753.98	751.41	761.40	723.57
P01－1050	1026.3	1025.91	1023.24	988.31	1008.67	943.86
P01－1090	1528.5	1580.77	1530.81	1467.06	1469.92	1408.34
P01－3070	1508.8	1568.04	1505.38	1477.01	1496.90	1408.68
P01－7090	2225.8	2312.48	2219.32	2154.35	2165.21	2056.01

其中，SS 表示 Mota 等的散点搜索法[10]；TSVBA 表示 Aleman 等的词汇构造法禁忌搜索法[8]；MA｜MP 表示 Boudia 等的基于人口管理的基因算法[14]；Splitabu－DT 代表 Archetti 等的简单邻域搜索禁忌算法[7]；EMIP＋VRTP 代表 Chen 等的混合方法[16]。

结果表明，本文的三阶段禁忌算法优于 SS 算法，与 TSVBA 和 Splitabu - DT 效果比较接近，而相比 MA | MP 和 EMIP + VRTP 效果要差一些。

五、结论

需求可拆分车辆路径问题，放松了顾客只能访问一次的要求，这有利于节约车辆资源，缩短最优路径。但该类问题却比传统 VRP 问题更加复杂，求解方法具有较大的区别。本文分析了该类问题解决方案的结构，提出了以大 TSP 路径成本加切割和拆分增加路径成本为目标函数的双层规划模型，并为该模型提供了一种三阶段禁忌算法。该算法对大 TSP 路径结构进行禁忌搜索，而大 TSP 路径结构的优劣度评价的时候考虑容量限制和拆分的需求，简化了最优解的结构，而在第 3 阶段的时候进行适当的调整以避免解得局限性。

实验 1、实验 2 和实验 3 表明该算法针对顾客数小于 50 的顾客点时优化效果相当好，可以较快地找到问题的优化解或近似优化解，是解决需求可拆分车辆路径问题的有效方法。实验 4 表明该算法在顾客数量较大的时候，也同样具有较好的优化效果。但是，算法仍有进一步改进的空间，比如在禁忌对象选择、候选集数量参数设定等方面需要深入研究。

参考文献

[1] DROR M, TRUDEAU P. Split delivery routing [J]. Naval Research Logistics (NRL), 1990, 37 (3): 383 - 402.

[2] DROR M, TRUDEAU P. Savings by split delivery routing [J]. Transportation Science, 1989, 23 (2): 141 - 145.

[3] ARCHETTI C, SAVELSBERGH M W, GRAZIA SPERANZA M. To split or not to split: That is the question [J]. Transportation Research Part E: Logistics and Transportation Review, 2008, 44 (1): 114 - 123.

[4] ARCHETTI C, SAVELSBERGH M W, SPERANZA M G. Worst - case analysis for split delivery vehicle routing problems [J]. Transportation Science, 2006, 40 (2): 226 - 234.

[5] ARCHETTI C, FEILLET D, GENDREAU M, et al. Complexity of the VRP and SDVRP [J]. Transportation Research Part C: Emerging Technologies, 2011, 19 (5): 741 - 750.

[6] ARCHETTI C, MANSINI R, SPERANZA M G. Complexity and reducibility of the skip delivery problem [J]. Transportation Science, 2005, 39 (2): 182 - 187.

[7] ARCHETTI C, SPERANZA M G, HERTZ A. A tabu search algorithm for the split delivery vehicle routing problem [J]. Transportation Science, 2006, 40 (1): 64 - 73.

[8] ALEMAN R E, HILL R R. A tabu search with vocabulary building approach for the vehicle routing problem with split demands [J]. International Journal of Metaheuristics, 2010, 1 (1): 55 - 80.

[9] BERBOTTO L, GARCÍA S, NOGALES. F J. A Randomized Granular Tabu Search heuristic for the split delivery vehicle routing problem [J]. Annals of Operations Research, 2013: 1 - 21.

[10] CAMPOS V, CORBERÁN A, MOTA E. A Scatter Search Algorithm for the Split Delivery Vehicle Routing Problem [M] //Advances in Computational Intelligence in Transport, Logistics, and Supply Chain

Management, Springer Berlin Heidelberg, 2008: 137 - 152.

[11] 孟凡超，陆志强，孙小明. 需求可拆分车辆路径问题的禁忌搜索算法 [J]. 计算机辅助工程，2010，19 (01): 78 - 83.

[12] WILCK IV J H, CAVALIER T M. A Genetic Algorithm for the Split Delivery Vehicle Routing Problem [J]. American Journal of Operations Research, 2012, 2 (2): 207 - 216.

[13] WILCK IV J H, CAVALIER T M. A Construction Heuristic for the Split Delivery Vehicle Routing Problem [J]. American Journal of Operations Research, 2012, 2 (2): 153 - 162.

[14] BOUDIA M, PRINS C, REGHIOUI M. An effective memetic algorithm with population management for the split delivery vehicle routing problem [M] //Hybrid Metaheuristics. Springer, 2007: 16 - 30.

[15] JIN M, LIU K, EKSIOGLU B. A column generation approach for the split delivery vehicle routing problem [J]. Operations Research Letters, 2008, 36 (2): 265 - 270.

[16] CHEN S, GOLDEN B, WASIL E. The split delivery vehicle routing problem: Applications, algorithms, test problems, and computational results [J]. Networks, 2007, 49 (4): 318 - 329.

[17] 刘旺盛，杨帆，李茂青，等. 需求可拆分车辆路径问题的聚类求解算法 [J]. 控制与决策，2012，27 (04): 535 - 541.

供应链管理

基于补贴及碳税机制的再制造闭环供应链定价策略研究

王海燕　高举红

摘　要：在政府补贴及碳税机制下，针对由制造商、零售商和第三方组成的再制造闭环供应链系统，建立了政府与闭环供应链成员系统的博弈定价模型，并构建以社会福利最大化为目标的数学模型，得出了最优补贴力度与碳税税率。然后通过数值仿真分析了各层废旧品比例对补贴力度、碳税税率、废旧品回收策略以及再制造闭环供应链成员利润的影响。研究表明：政府针对原材料层废旧品采取低补贴、低碳税策略，对于零部件层废旧品采取较高补贴、较高碳税策略，对于产品层废旧品采取高补贴、高碳税策略；基于此，废旧品的回收价格、回收努力程度均随着废旧品质量下降而上升；产品批发价格、零售价格均随着产品质量上升而上升。

关键词：闭环供应链　博弈论　定价策略　补贴机制　碳税机制

一、引言

近年来，随着科技高速发展，电子产品更新换代日趋频繁，废旧品回收再制造的经济价值和环保作用已得到广泛的共识。2012 年我国实施了《废弃电器电子产品处理基金征收和补贴管理办法》，规定将对正规废弃电器回收处理企业给予每台 35 元到 85 元的补贴。但是由于我国电子产品行业再制造技术不太成熟，如广东省贵屿镇是电子废弃物处理较为集中的地区，由于处理手段极为原始（采用露天焚烧、用酸浸出等），产生的废气、废液直接排放入周围环境，已造成严重的生态恶果。因此，针对电子产品再制造过程政府除补贴之外还应征收碳税以控制其碳排量。基于此，政府如何协调补贴及碳税机制达到既激励废旧品再制造又降低再制造过程的碳排放的目的，以及再制造 CLSC 成员基于补贴及碳税机制如何作出定价决策将是本文研究的重点。

目前，有不少学者研究了废旧品回收定价策略，文献研究了废旧品回收质量不确定下的最优价格策略以及回收量[1-3]。在此基础上，文献基于新产品和再制造产品无差别定价，研究了需求和回收量都不确定性下的价格策略[4-6]。文献建立了废旧品回收价格博弈模型，并分析了系统参数对闭环供应链成员定价决策的影响[7,8]。有关政府参与的 CLSC

作者简介：王海燕（1988—），女，天津市中天海河职业培训学院，硕士研究生，研究方向：物流与供应链管理；高举红（1966—），女，副教授，硕士生导师，天津大学管理与经济学部，研究方向：物流与供应链管理。

定价策略研究，Scott Webster，Supriya Mitra 研究了政府补贴对再制造活动的影响[9,10]。文献分析研究了政府补贴及环境法令对 CLSC 成员定价的影响[11-14]。Rui Zhao 等在此基础上，利用博弈论考虑环境风险及碳排放下的制造商决策[15]。Jiuh-Biing Sheu 分析了政府财政补贴对逆向供应链成员企业协调合作及绿色供应链竞争的影响[16,17]。

综上所述，关于政府补贴及碳税机制共同作用下 CLSC 定价策略的研究还很缺乏，特别是考虑实际再制造 CLSC 运营，对于不同层级的废旧品在政府制定相应补贴和碳税策略下，CLSC 成员的定价策略问题没有深入探讨。为此，本文以电子产品再制造企业为研究背景，基于政府补贴和碳税相结合的政策，考虑废旧品再利用的不同形式，建立政府与再制造 CLSC 成员间的两阶段博弈模型，研究了政府如何制定补贴及碳税机制，以及在该机制下再制造 CLSC 各成员的定价策略。

二、模型描述与基本假设

（一）问题描述

假设政府制定补贴及碳税机制作用于再制造 CLSC 成员，制造商负责废旧品从原材料到零部件再到最终产品的整个生产流程，废旧品通过第三方回收、测试分类，将回收产品按照再利用特性拆解为三层：①产品层，即最终产品维修再利用过程。一般指最终产品使用初期阶段满足无功能损坏；②零部件层，即拆解为零部件进入维修再利用阶段，进而进入产品层形成再制造产品；③原材料层，即以原材料形式进入再利用过程，成为同质原材料。由此构成的再制造 CLSC 结构如图 1 所示。

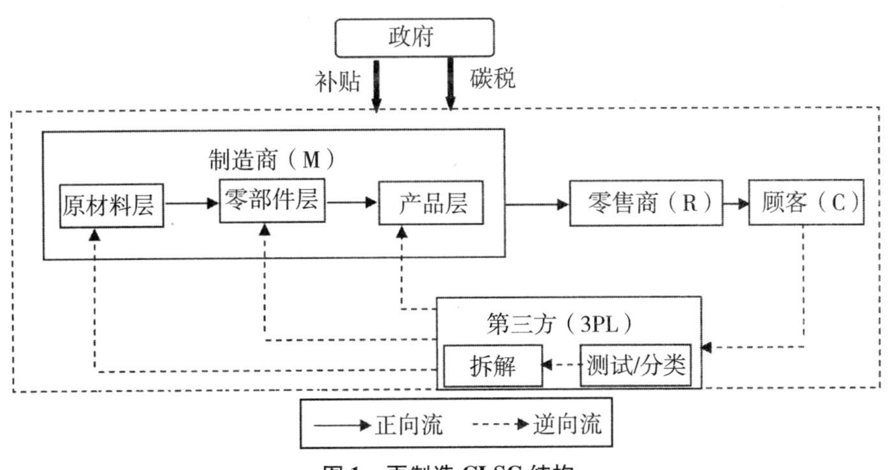

图 1　再制造 CLSC 结构

（二）符号约定

φ：废旧品再利用的不同层级，其中 $\varphi=1$，2，3，分别为原材料层、零部件层、产品层。

c_φ：单位层级 φ 的废旧品的再制造单位成本，其中 $c_1>c_2>c_3$。

Δ_φ：单位层级 φ 的废旧品的再制造所节约的边际成本，且 $\Delta_1<\Delta_2<\Delta_3$。

l_φ：单位层级 φ 的废旧品占废旧品的比例，其中 $l_1+l_2+l_3=1$。

p_{φ}：分别为新产品、再制造产品、二手产品的单位零售价格。

ω_{φ}：分别为新产品、再制造产品、二手产品的单位批发价格。

r_{φ}：制造商向第三方购买单位层级 φ 的废旧品的回购价格。为了简化模型，假设 $r_2=hr_1$，$r_3=kr_1$，其中 h，k 为常数。

$D_{\varphi}=a_{\varphi}-b_{\varphi}p_{\varphi}$：分别为新产品、再制造品、二手产品的需求函数，其中，a_{φ}，b_{φ} 为大于 0 的常数，a_{φ} 表示相应产品的市场潜在需求，b_{φ} 为消费者对相应产品的销售价格的敏感系数。

f：废旧品的单位回收价格，为第三方的决策变量。

e：第三方的回收努力程度（如加大公益广告的宣传，回收渠道网络的建立等）。

$R=\alpha+\beta f+\lambda e$：废旧品的回收量，其中，$\alpha$，$\beta$，$\lambda$ 为大于 0 的常数，α 表示当回收价格及努力程度为零时废旧品的供给量，表明部分消费者愿意免费返回的废旧品量，体现了消费者的环保意识。β，λ 分别表示消费者对回收价格的敏感系数及回收努力程度效应。此外，令 $\frac{1}{2}c_{3P}e^2$ 为当第三方的回收努力程度为 e 时的努力成本，$c_{3P}>0$ 的常数，表示第三方的回收努力成本系数，此时随着回收努力程度的增加，回收努力成本将急剧攀升，意味着现实生活中过分的追求高回收量是不经济的，且实际上也是很难实现的。

s_{φ}：政府针对单位层级 φ 给予第三方的补贴力度。同样地，为了简化模型，假设 $s_2=\nu s_1$，$s_3=\eta s_1$，其中 μ，η 为常数。

$E_{\varphi\vartheta}$：单位层级 φ 废旧品在再制造过程 ϑ 中的碳排放量，其中，$\vartheta=1$，2 分别包括拆解过程和再制造过程，对于运输过程碳排放 $E_{1\phi}$ 包括从消费者到第三方 E_{t1}、从第三方到制造商 E_{t2}、从制造商到零售商 E_{t3}。对于整个再制造过程的总碳排放 $E_{total}=E_{\varphi\vartheta}+E_{t\phi}=\sum_{\vartheta}E_{\varphi\vartheta}+\sum_{\phi}E_{t\phi}$。

t：为碳税税率，即每单位的碳排放量所征收的碳税。

进一步地，本文用 π_i 表示 CLSC 成员 i 的利润。其中 i 可取 M、R、$3P$，分别表示制造商、零售商、第三方。

（三）模型基本假设

假设 1：制造商利用原材料废旧品进行再制造为新产品，相应地，零部件层废旧品经过再制造为再制造品，产品层废旧品经过再制造为二手产品，且这三类产品需求相互独立，无消费者转移。

假设 2：市场是完全开放的，CLSC 各成员都是在信息对称的情况下做出的决策。市场对产品的需求量相对稳定，每周期的情况相类似，故本文只研究单周期。

三、模型建立与求解

基于上述再制造 CLSC 中政府和企业间的博弈问题，本文建立了两阶段模型。第一阶段：通过社会福利最大化（social welfare，SW）[16,17]，得到政府最优补贴力度 s_{φ}^* 及碳税税率 t^*。第二阶段：在政府给定 s_{φ}^* 和 t^* 的前提下，再制造 CLSC 成员制定最优定价策略。本文采用逆向归纳法求解该规划模型，即先求解第二阶段中再制造 CLSC 成员的最优解，再求出第一阶段中政府的均衡解。

（一）再制造 CLSC 成员最优定价决策

在政府给定补贴力度 s_φ 和碳税税率 t 下，以制造商为 Stackelberg 领导者，决定批发价 ω_φ 和回购价 r_φ，零售商根据给定的批发价制定最优的零售价 p_φ，而第三方回收商决定最优的回收价格 f 及回收努力程度 e。虽然零售商与第三方回收商的决策顺序有先后差异，但是零售商与第三方之间并无主导关系，因此求解时可以看成同时行动博弈。根据上述模型背景情况，得到：

制造商的利润函数：

$$\pi_M = \sum_{\varphi=1}^{3}(\omega_\varphi - c_\varphi - E_{\varphi 2}t - E_{t3}t)D_\varphi + (\sum_{\varphi=1}^{3}\Delta_\varphi l_\varphi)R - \sum_{\varphi=1}^{3} l_\varphi R r_\varphi \tag{1}$$

零售商的利润函数：$\pi_R = \sum_{\varphi=1}^{3}(p_\varphi - \omega_\varphi)D_\varphi$ （2）

第三方的利润函数：

$$\pi_{3P} = \sum_{\varphi=1}^{3}(l_\varphi r_\varphi + l_\varphi s_\varphi)R - fR - \frac{1}{2}c_{3P}e^2 - [\sum_{\varphi=1}^{3}(E_\varphi l_\varphi) + \sum_{\phi=1}^{2}E_{t\phi}]Rt \tag{3}$$

根据逆向推导法，首先确定零售商的最优零售价格 p_φ^*、第三方的最优回收价格 f^* 和最优回收努力程度 e^*，对于给定的 ω_φ，由式（2）关于 p_φ 的二阶导数 $\frac{\partial^2\pi_R}{\partial p_\varphi^2} = -2b_\varphi < 0$ 可知 π_R 是关于 p_φ 的严格凹函数，式（2）存在最优解，它关于 ω_φ 的最优反应函数为：

$$p_\varphi = \frac{\omega_\varphi}{2} + \frac{a_\varphi}{2b_\varphi} \tag{4}$$

对于给定的 ω_φ 和 r_φ，由式（3）关于 f 和 e 的二阶导数分别为 $\frac{\partial^2\pi_{3P}}{\partial f^2} = -2\beta < 0$、可知 $\frac{\partial^2\pi_{3P}}{\partial e^2} = -c_{3P} < 0$ 可知 π_{3P} 是关于 f 和 e 的联合凹函数，式（3）存在最优解，它关于 ω_φ 和 r_φ 的最优反应函数为：

$$f = \frac{\left[\sum_{\varphi=1}^{3}(l_\varphi r_\varphi + l_\varphi s_\varphi) - (\sum_{\varphi=1}^{3}E_{\varphi 1}l_\varphi + \sum_{\phi=1}^{2}E_{t\phi})t\right](c_{3P}\beta - \lambda^2) - c_{3P}\alpha}{2c_{3P}\beta - \lambda^2} \tag{5}$$

$$e = \frac{\lambda\left[\sum_{\varphi=1}^{3}(l_\varphi r_\varphi + l_\varphi s_\varphi)\beta + \alpha - (\sum_{\varphi=1}^{3}E_{\varphi 1}l_\varphi + \sum_{\phi=1}^{2}E_{t\phi})t\beta\right]}{2c_{3P}\beta - \lambda^2} \tag{6}$$

然后确定制造商的最优批发价格 ω_φ^*、最优回购价格 r_φ^*。将式（4）~式（6）代入式（1），由于 $r_2 = hr_1$，$r_3 = kr_1$，故只需求 π_M 关于 ω_φ 和 r_1 的二阶导数分别为 $\frac{\partial^2\pi_M}{\partial\omega_\varphi^2} = -b_\varphi < 0$、$\frac{\partial^2\pi_M}{\partial r_1^2} = \frac{2c_{3P}\beta^2(l_1 + hl_2 + kl_3)}{\lambda^2 - 2c_{3P}\beta}$，显然，当 $\lambda^2 - 2c_{3P}\beta < 0$ 时，π_M 是关于 ω_φ 和 r_φ 的联合凹函数，式（1）式存在最优解。从而可求得制造商的最优批发价格 ω_φ^* 和最优

回购价格 r_φ^* 分别为：

$$\omega_1^* = \frac{c_1}{2} + \frac{a_1}{2b_1} + \frac{E_{12} + E_{t3}}{2}t \tag{7}$$

$$\omega_2^* = \frac{c_2}{2} + \frac{a_2}{2b_2} + \frac{E_{22} + E_{t3}}{2}t \tag{8}$$

$$\omega_3^* = \frac{c_3}{2} + \frac{a_3}{2b_3} + \frac{E_{32} + E_{t3}}{2}t \tag{9}$$

$$r_1^* = \frac{\left[\left(\sum_{\varphi=1}^{3} E_{\varphi 1} l_\varphi + \sum_{\phi=1}^{2} E_{t\phi}\right)t + \sum_{\varphi=1}^{3} l_\varphi \Delta_\varphi - (l_1 + \nu l_2 + \eta l_3)s_1\right]\beta - \alpha}{2\beta(l_1 + hl_2 + kl_3)} \tag{10}$$

$$r_2^* = h\frac{\left[\left(\sum_{\varphi=1}^{3} E_{\varphi 1} l_\varphi + \sum_{\phi=1}^{2} E_{t\phi}\right)t + \sum_{\varphi=1}^{3} l_\varphi \Delta_\varphi - (l_1 + \nu l_2 + \eta l_3)s_1\right]\beta - \alpha}{2\beta(l_1 + hl_2 + kl_3)} \tag{11}$$

$$r_3^* = k\frac{\left[\left(\sum_{\varphi=1}^{3} E_{\varphi 1} l_\varphi + \sum_{\phi=1}^{2} E_{t\phi}\right)t + \sum_{\varphi=1}^{3} l_\varphi \Delta_\varphi - (l_1 + \nu l_2 + \eta l_3)s_1\right]\beta - \alpha}{2\beta(l_1 + hl_2 + kl_3)} \tag{12}$$

将式（7）～式（9）代入式（4），求得零售商的最优零售价格为：

$$p_1^* = \frac{c_1}{4} + \frac{3a_1}{4b_1} + \frac{E_{12} + E_{t3}}{4}t \tag{13}$$

$$p_2^* = \frac{c_2}{4} + \frac{3a_2}{4b_2} + \frac{E_{22} + E_{t3}}{4}t \tag{14}$$

$$p_3^* = \frac{c_3}{4} + \frac{3a_3}{4b_3} + \frac{E_{32} + E_{t3}}{4}t \tag{15}$$

将式（7）～式（12）分别代入式（5）～式（6），分别求得第三方的最优回收价格及最优回收努力程度为：

$$f^* \frac{\left[s_1(l_1 + \nu l_2 + \eta l_3) + \sum_{\varphi=1}^{3} l_\varphi \Delta_\varphi - \left(\sum_{\varphi=1}^{3} E_{\varphi 1} l_\varphi + \sum_{\phi=1}^{2} E_{t\phi}\right)t\right]\beta(c_{3P}\beta - \lambda^2) - \alpha(3c_{3P}\beta - \lambda^2)}{2\beta(2c_{3P}\beta - \lambda^2)} \tag{16}$$

$$e^* = \frac{\lambda\left\{\left[\sum_{\varphi=1}^{3} l_\varphi \Delta_\varphi + (l_1 + \nu l_2 + \eta l_3)s_1 - \left(\sum_{\varphi=1}^{3} E_{\varphi 1} l_\varphi + \sum_{\phi=1}^{2} E_{t\phi}\right)t\right]\beta + \alpha\right\}}{2(2c_{3P}\beta - \lambda^2)} \tag{17}$$

将式（13）～式（15）代入需求函数，式（16）～式（17）代入回收函数，有：

$$D_1^* = \frac{a_1}{4} - \frac{b_1 c_1}{4} - \frac{b_1(E_{12} + E_{t3})}{4}t \tag{18}$$

$$D_2^* = \frac{a_2}{4} - \frac{b_2 c_2}{4} - \frac{b_2(E_{22} + E_{t3})}{4}t \tag{19}$$

$$D_3^* = \frac{a_3}{4} - \frac{b_3 c_3}{4} - \frac{b_3(E_{32} + E_{t3})}{4}t \tag{20}$$

$$R^{*}=\frac{c_{3P}\beta\left[\left(\sum_{\varphi=1}^{3}l_{\varphi}\Delta_{\varphi}+(l_{1}+\nu l_{2}+\eta l_{3})s_{1}\right)\beta+\alpha-\left(\sum_{\varphi=1}^{3}E_{\varphi1}l_{\varphi}+\sum_{\phi=1}^{2}E_{t\phi}\right)t\beta\right]}{2(2c_{3P}\beta-\lambda^{2})} \tag{21}$$

由式（7）~式（21）进一步求得制造商、零售商以及第三方的期望利润分别为：

$$\pi_{M}^{*}=\sum_{\varphi=1}^{3}\frac{[b_{\varphi}c_{\varphi}-a_{\varphi}+(E_{\varphi2}+E_{t3})b_{\varphi}t]^{2}}{8b_{\varphi}}+\frac{c_{3P}\left[\left(\sum_{\varphi=1}^{3}l_{\varphi}\Delta_{\varphi}+(l_{1}+\nu l_{2}+\eta l_{3})s_{1}\right)\beta-\left(\sum_{\varphi=1}^{3}E_{\varphi1}l_{\varphi}+\sum_{\phi=1}^{2}E_{t\phi}\right)t\beta+\alpha\right]^{2}}{4(2c_{3P}\beta-\lambda^{2})} \tag{22}$$

$$\pi_{R}^{*}\sum_{\varphi=1}^{3}\frac{[b_{\varphi}c_{\varphi}-a_{\varphi}+(E_{\varphi2}+E_{t3})b_{\varphi}t]^{2}}{16b_{\varphi}} \tag{23}$$

$$\pi_{3p}^{*}=\frac{c_{3P}\left\{\left[\sum_{\varphi=1}^{3}l_{\varphi}\Delta_{\varphi}+(l_{1}+\nu l_{2}+\eta l_{3})s_{1}\right]\beta-\left(\sum_{\varphi=1}^{3}E_{\varphi1}l_{\varphi}+\sum_{\phi=1}^{2}E_{t\phi}\right)t\beta+\alpha\right\}^{2}}{8(2c_{3P}\beta-\lambda^{2})} \tag{24}$$

根据式（7）~式（9）、式（13）~式（15）与式（18）~式（20）易得结论1。

结论：新产品、再制造品及二手品这三类产品的批发价格、零售价格及需求量均取决于政府针对再制造与运输过程所征收的碳税及制造商自身的再制造成本，与政府给予的补贴力度无关。由于这三类产品分别利用原材料层、零部件层、产品层的废旧品再制造而成，因此再制造成本与再制造过程的碳排放量分别随着废旧品质量下降而呈现下降趋势，故这三类产品的批发价格及零售价格分别逐渐递减。对于消费者而言，这三类产品的心理预期价格亦呈下降趋势，因此，这种定价方法比较符合实际情况。然而随着碳税税率增加，三类产品的批发价格及零售价格都会提高，需求量均会随之下降。基于此，政府制定碳税机制时，应考虑三类产品的不同碳排放量，制定合理的碳税税率，引导控制企业利用各层废旧品进行回收再制造；对于企业而言，应该在现有基础上进行工艺调整、设备改进、技术提升等，由此降低三类产品的单位再制造过程的能耗，从而降低了其碳排放量。

（二）政府补贴及碳税机制的最优决策

基于（一）给出式（1）~式（24）的模型框架，假设目标函数 SW 主要包括五个要素：①消费者剩余（CS）；②生产者（包括制造商、零售商和第三方）剩余（PS）；③政府财政收支（EI）；④资源再循环利用产生的环境效益（EB）；⑤产品生产导致的环境成本（EC）。则目标函数可表示为：

$$SW=CS+PS+EI+EB-EC=\sum_{\varphi=1}^{3}\frac{1}{2}b_{\varphi}D_{\varphi}^{*2}+(\pi_{M}^{*}+\pi_{R}^{*}+\pi_{3p}^{*})+\left\{t\left(\sum_{\vartheta=1}^{2}\sum_{\varphi=1}^{3}E_{\varphi\vartheta}+\sum_{\phi=1}^{3}E_{t\phi}\right)-\sum_{\varphi=1}^{3}l_{\varphi}s_{\varphi}R^{*}\right\}+\sum_{\varphi=1}^{3}J_{\varphi}l_{\varphi}R^{*}-\sum_{\varphi=1}^{3}K_{\varphi}D_{\varphi}^{*} \tag{25}$$

其中，J_{φ} 表示第三方加工处理层级 φ 废旧品得到的每单位处理品的环境效益产出，K_{φ} 表示制造商利用层级 φ 废旧品进行生产，每单位产品导致的环境治理成本。

由于为了简化模型假设 $s_{2}=\nu s_{1}$，$s_{3}=\eta s_{1}$，故对于给定的 D_{φ}^{*}、R^{*}、π_{M}^{*}、π_{R}^{*}、π_{3p}^{*}，

根据 SW 对 S_1、t 的海塞矩阵可知，SW 是关于 s_1、t 的联合凹函数，故存在最优解，联立求解 SW 关于 s_1、t 的一阶条件得：

$$s_1^* = \frac{\beta\sum_{\varphi=1}^{3} l_\varphi \Delta_\varphi + 2\beta\sum_{\varphi=1}^{3} J_\varphi l_\varphi - \alpha}{\beta(l_1 + \nu l_2 + \eta l_3)} - \frac{\sum_{\varphi=1}^{3} E_{\varphi 1} l_\varphi + \sum_{\phi=1}^{3} E_{t\phi}}{(1_1 + \nu l_2 + \eta l_3)} t^* \tag{26}$$

$$t^* = \frac{\begin{gathered}(2c_{3P}\beta - \lambda^2)\left[\sum_{\varphi=1}^{3}(E_{\varphi 2} + E_{t3})(a_\varphi b_\varphi^2 - b_\varphi^3 c_\varphi - 4K_\varphi b_\varphi + 6a_\varphi - 6b_\varphi c_\varphi) - \left(16\sum_{\vartheta=1}^{2}\sum_{\varphi=1}^{3} E_{\varphi\vartheta} + 16\sum_{\phi=1}^{3} E_{t\phi}\right)\right] + \\ 16c_{3P}\alpha\beta\left(\sum_{\phi=1}^{2} E_{t\phi} + \sum_{\varphi=1}^{3} E_{\varphi 1} l_\varphi\right)\left\{\alpha + \beta\sum_{\varphi=1}^{3} l_\varphi (J_\varphi + \Delta_\varphi)\right\}\end{gathered}}{\begin{gathered}16c_{3P}\beta^2\left(\sum_{\varphi=1}^{3} E_{\varphi 1}^2 l_\varphi^2 + \sum_{\phi=1}^{2} E_{t\phi}^2\right) + 32c_{3P}\beta^2\left(E_{11} l_l \sum_{\varphi=2}^{3} E_{\varphi 1} l_\varphi + E_{21}E_{31} l_2 l_3 + E_{t1}E_{t2} + \sum_{\varphi=1}^{3} E_{\varphi 1} l_\varphi \sum_{\phi=1}^{2} E_{t\phi}\right) + \\ \left[2E_{t3}\left(\sum_{\varphi=1}^{3} E_{\varphi 2} b_\varphi^3 + 6\sum_{\varphi=1}^{3} E_{\varphi 2} b_\varphi\right) + \left(\sum_{\varphi=1}^{3} E_{\varphi 2}^2 b_\varphi^3 + 6\sum_{\varphi=1}^{3} E_{\varphi 2}^2 b_\varphi\right) + E_{t3}^2\left(\sum_{\varphi=1}^{3} b_\varphi^3 + 6\sum_{\varphi=1}^{3} b_\varphi\right)\right](2c_{3P}\beta - \lambda^2)\end{gathered}} \tag{27}$$

将最优均衡解 s_1^* 和 t^* 代入第一阶段，可以确定再制造 $CLSC$ 成员的最优决策 ω_φ^*、p_φ^*、f^*、e^* 等以及最优收益 π_M^*、π_R^* 和 π_{3p}^*。因篇幅关系，这里不再展开表述。

四、数值分析

前文通过建立政府和再制造 CLSC 成员博弈的两阶段规划模型，求解得到再制造 CLSC 成员在补贴及碳税机制下的最优决策。鉴于部分求解结果的复杂性，基于第 2 节所得结论，采用数值分析的方法，分析了各层级废旧品比例对政府补贴及碳税机制、第三方回收策略及回收量、CLSC 成员利润的影响。某电子企业的相关参数如下：$c_1 = 100$，$c_2 = 80$，$c_3 = 60$，$\Delta_1 = 20$，$\Delta_2 = 40$，$\Delta_3 = 60$，$a_1 = 3000$，$b_1 = 10$，$a_2 = 4000$，$b_2 = 20$，

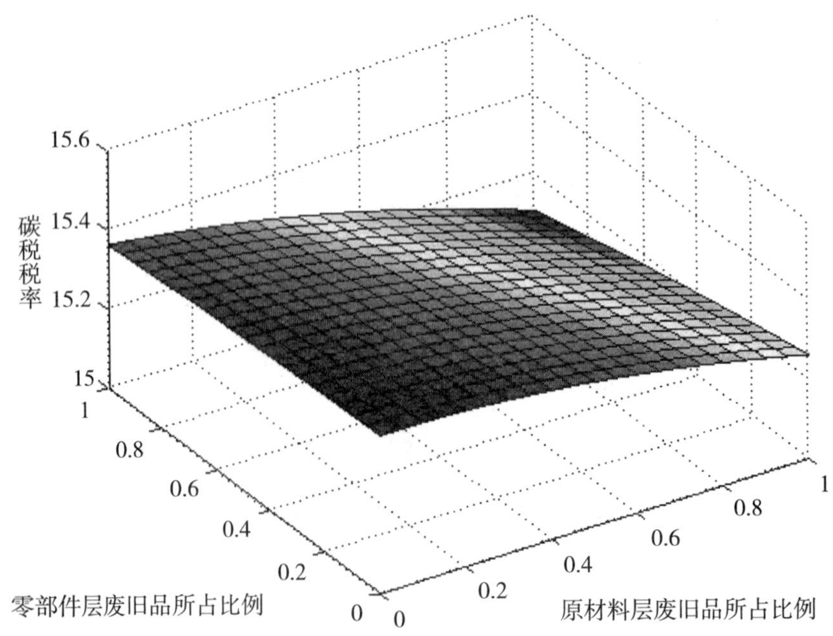

图 2　碳税税率随各层废旧品比例的变化趋势

$a_3=3000$，$b_3=25$，$\alpha=2$，$\beta=5$，$\lambda=10$，$c_{3P}=25$，$E_{11}=8$，$E_{21}=5$，$E_{31}=3$，$E_{t1}=2$，$E_{t2}=1$，$E_{t3}=3$，$E_{12}=6$，$E_{22}=4$，$E_{32}=2$，$J_1=100$，$J_2=150$，$J_3=200$，$K_1=100$，$K_2=80$，$K_3=60$，$l_1=0.2$，$l_2=0.5$，$l_3=0.3$，$h=5$，$k=8$，$\nu=0.6$，$\eta=0.4$。首先分析各层废旧品比例对政府补贴及碳税机制的影响，故将上述数据带入到式（26）~式（27）可得：

从图2可以看出，随着原材料层废旧品比例、零部件层废旧品比例的增加，碳税税率均降低。并且当（l_1，l_2）=（1，0）时 $t^*=15.26$，此时第三方回收的废旧品全部以原材料形式进行再制造，最优碳税税率为15.26；当（l_1，l_2）=（0，1）时 $t^*=15.36$，此时第三方回收的废旧品全部以零部件形式进行再制造，最优碳税税率为15.36；（l_1，l_2）=（0，1）时 $t^*=15.40$，此时第三方回收的废旧品全部以产品形式进行再制造，最优碳税税率为15.40。这是由于产品层废旧品在整个再制造过程中碳排放量较低，对再制造技术要求较低，企业从中获得较高的利润，故第三方更愿意回收产品层废旧品，政府制定较高的碳税税率；对于原材料层废旧品的再制造过程碳排放量较高，政府制定较低的碳税税率进行有效的引导企业回收再制造。

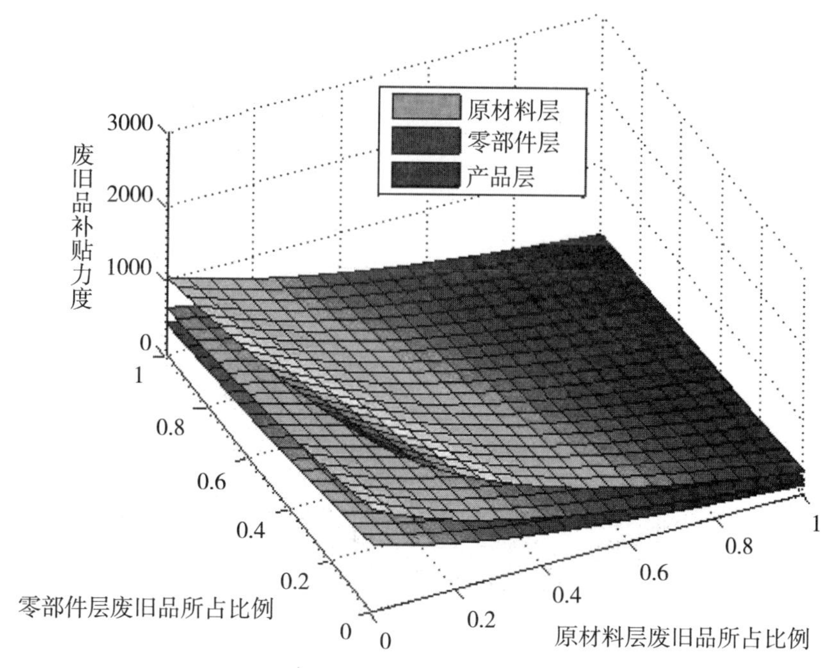

图3　废旧品补贴力度随各层废旧品比例的变化趋势

从图3可以看出，随着原材料层废旧品比例、零部件层废旧品比例的增加，各层废旧品补贴力度均降低。当（l_1，l_2）=（1，0）时 $s_1^*=305.96$，此时第三方回收的废旧品全部以原材料形式进行再制造，原材料层最优补贴力度为305.96；当（l_1，l_2）=（0，1）时 $s_2^*=620.64$，此时第三方回收的废旧品全部以零部件形式进行再制造，零部件层最优补贴力度为620.64；当（l_1，l_2）=（0，0）时 $s_3^*=921$，此时第三方回收的废旧品全部以产品形式进行再制造，产品层最优补贴力度为921。这是由于政府针对原材料层废旧品征收较低碳税，针对产品层废旧品征收较高碳税，因此为了有效地引导企业利用各层级废旧品进行回收再制造，政府制定较低的原材料层废旧品补贴力度，较高的产品层废旧品补贴力度。

表1　各层废旧品的最优补贴力度及最优碳税税率

各层废旧品	原材料层	零部件层	产品层
补贴力度	305.96	620.64	921
碳税税率	15.26	15.36	15.40

综上所述容易得出表1，由于各层废旧品再制造过程的成本及碳排放量不同，故政府对于原材料层废旧品采取低补贴、低碳税策略，对于零部件层废旧品采取较高补贴、较高碳税策略，对于产品层废旧品采取高补贴、高碳税策略。由此引导再制造企业积极回收废旧品，并在拆解处理设备、再制造技术等方面进行大力投资，降低回收再制造过程的碳排放量。

然后，研究各层级废旧品比例对第三方定价决策及CLSC利润的影响，故将该电子企业的相关参数带入到式（14）~式（15）及式（21）~式（24）可得以下结果。

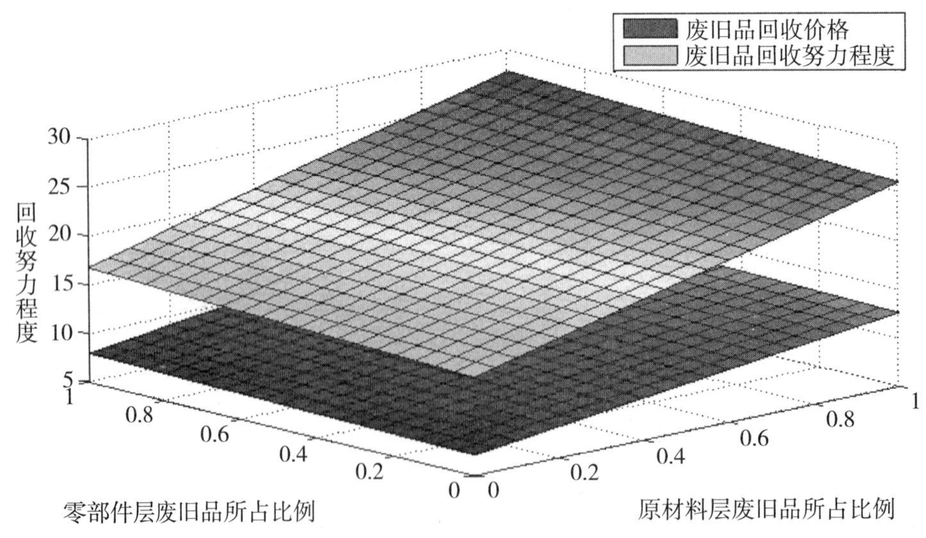

图4　废旧品回收价格及回收努力程度随各层废旧品比例的变化趋势

从图4、图5可以看出，随着原材料层废旧品比例、零部件层废旧品比例的增加，废旧品的回收价格、回收努力程度均上升，故废旧品的回收量随着原材料层废旧品比例、零部件层废旧品比例的增加而增加。这是由于当废旧品以原材料形式进入再制造环节，整个再制造过程的碳排放量相对较高，政府为了引导企业进行回收，征收较低

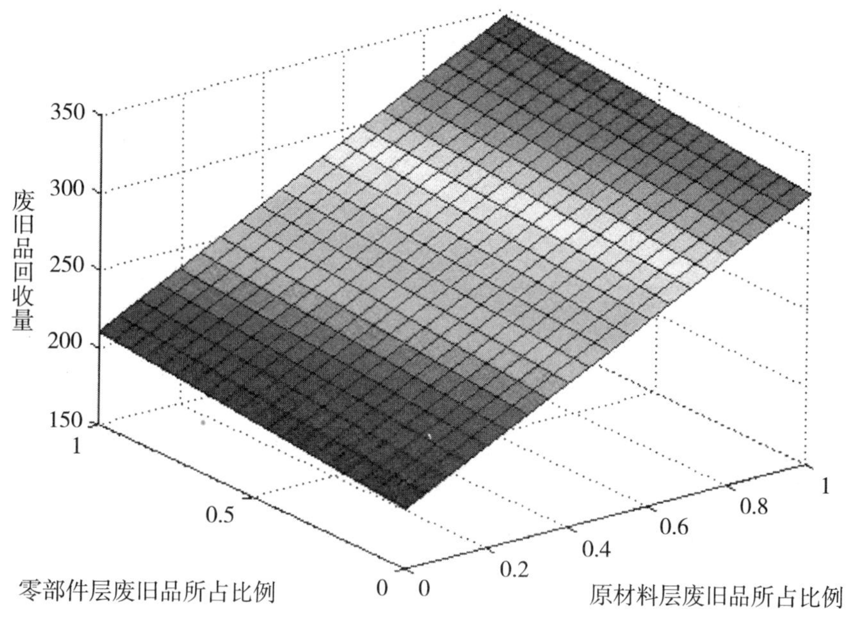

图5　废旧品回收量随各层废旧品比例的变化趋势

的碳税，同时第二方也获得相应地补贴，从而可以投资购买先进环保的拆解设备，以降低拆解过程中的碳排放量，第三方从中获益，因此以较高回收价格和较高回收努力程度购买此类废旧品，其回收量也较高；当废旧品以零部件或产品形式进入再制造，整个再制造过程的碳排放量相对较低，政府征收给予较高的碳税，第三方对先进环保拆解设备的投资较少，同时第三方将部分碳税转移给消费者，因此以低回收价格和低回收努力程度购买此类废旧品，其回收量也较低。

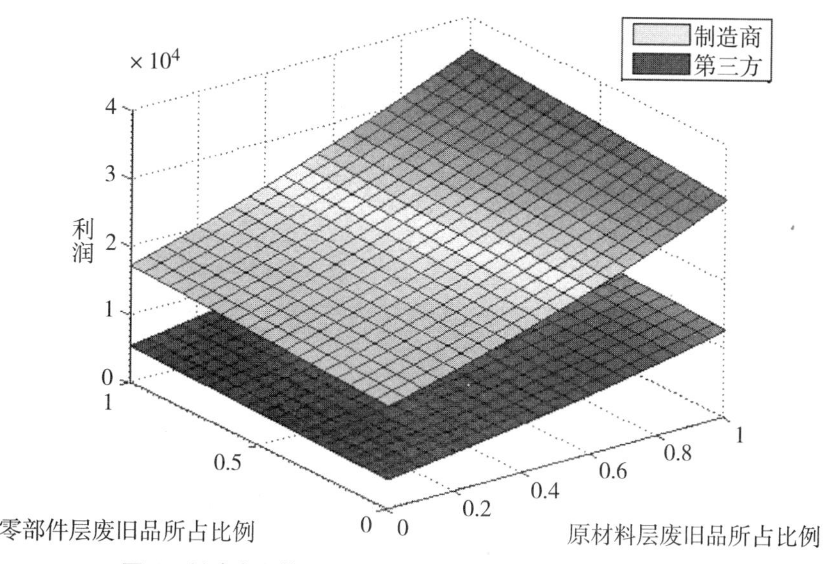

图6　制造商及第三方利润随各层废旧品比例的变化趋势

从图 6 可以看出，随着原材料层废旧品比例、零部件层废旧品比例的增加，制造商及第三方利润均上升。这是由于当废旧品经检测、拆解为原材料层时，再制造过程的成本较高、碳排放量较高，政府采取低补贴、低碳税的策略进行有效引导 CLSC 成员回收再制造，因此制造商及第三方从中获益，同时改善了低质量废旧品得不到很好回收再利用的现象；当废旧品经检测、拆解为零部件层或产品层时，再制造过程的成本较低、碳排放量较低，政府采取高补贴、高碳税的策略，引导企业不只是利用质量好的废旧品进行再制造，更多关注那些质量较差的废旧品，从而实现低碳化再制造模式。

五、结束语

本文考虑政府制定补贴及碳税机制，建立了政府与再制造 CLSC 系统的两阶段博弈定价模型，并以社会福利最大化为目标得出了最优补贴力度与最优碳税税率。以某电子再制造企业为背景进行算例分析，分析了各层级废旧品分别对补贴力度及碳税税率、废旧品回收价格、回收努力程度、回收量以及再制造 CLSC 成员利润的影响，得到以下结论：

（1）政府针对原材料层废旧品采取低补贴、低碳税策略；对于零部件层废旧品采取较高补贴、较高碳税策略；对于产品层废旧品采取高补贴、高碳税策略。

（2）在补贴及碳税机制下，原材料层废旧品回收价格 > 零部件层废旧品回收价格 > 产品层废旧品回收价格；原材料层废旧品回收努力程度 > 零部件层废旧品回收努力程度 > 产品层废旧品回收努力程度；原材料层废旧品回购价格 > 零部件层废旧品回购价格 > 产品层废旧品回购价格。

（3）三类产品的批发价格、零售价格随着碳税税率的增加而增加，但均不受补贴力度的影响；并且新产品批发价格 > 再制造品批发价格 > 二手产品批发价格；新产品零售价格 > 再制造品零售价格 > 二手产品零售价格。

随着电子商务运营的普及，考虑传统回收与电子回收对 CLSC 定价策略的影响将是本文进一步研究的主要方向。

参考文献

［1］SAVASKAN R C. Reverse channel design：The case of competing retailers［J］. MANAGEMENT SCIENCE，2006，52（1）：1－14.

［2］SAVSKAN R C，WASSENHOVE L V. Reverse channel design：the case of competing retailers［J］. Management Science，2006，52（5）：1－14.

［3］SHALIGRAM P，YIJIONG L. A model to evaluate acquisition price and quantity of used products for remanufacturing［J］. Int. J. Production Economics，2012（138）：170－176.

［4］JIANMAI SHI，GUOQING ZHANG，JICHANG SHA. Optimal production and pricing policy for a closed loop system［J］. Resources，Conservation and Recycling，2011（55）：639－647.

［5］MAHDI M，SEYED J S，SAEED M. Robust optimal dynamic production/pricing policies in a closed－loop system［J］. Applied Mathematical Modelling，2013（37）：8141－8161.

[6] LI XIANG, LI YONG - JIAN, CAI XIAO - QIANG. Collection Pricing Decision in a Remanufacturing System Considering Random Yield and Random Demand [J]. System Engineering Theory&Practice, 2009, 29 (8): 19 - 27.

[7] YUEHONG GUO, JUNHAI MA. Research on game model and complexity of retailer collecting and selling in closed - loop supply chain [J]. Applied Mathematical Modelling, 2013 (37): 5047 - 5058.

[8] 易余胤. 基于再制造的闭环供应链博弈模型 [J]. 系统工程理论与实践, 2009, 29 (8): 28 - 35.

[9] SCOTT W, SUPRIYA M. Competitive strategy in remanufacturing and the impact of take - back laws [J]. Journal of Operations Management, 2007 (25): 1123 - 1140.

[10] SUPRIYA M, SCOTT W. Competition in remanufacturing and the effects of government subsidies [J]. Int. J. Production Economics, 2008 (111): 287 - 298.

[11] 张曙红, 张金隆, 冷凯君. 基于政府激励的再制造闭环供应链定价策略及协调机制研究 [J]. 计算机集成制造系统, 2012, 18 (12): 2750 - 2755.

[12] 马卫民, 赵璋. 以旧换新补贴对不同模式闭环供应链的影响 [J]. 系统工程理论与实践, 2012, 32 (9): 1938 - 1944.

[13] HAMMOND D, BEULLENS P. Closed - loop Supply Chain Network Equilibrium Under Legislation [J]. European Journal of Operational Research, 2007, 183 (2): 895 - 908.

[14] YENMING J CHEN, JIUH - BIING S. Environmental regulation pricing strategies for green supply chain management [J]. Transportation Research Part E, 2009, 45 (5): 667 - 677.

[15] RUI ZHAO, GARETH NEIGHBOUR, JIAOJIE HAN, Michael McGuire, Pauline Deutz. Using game theory to describe strategy selection for environmental risk and carbon emissions reduction in the green supply chain [J]. Journal of Loss Prevention in the Process Industries. 2012 (25): 927 - 936.

[16] SHEU J B. Bargaining Framework for Competitive Green Supply Chains under Governmental Financial Intervention [J]. Transportation Research Part E, 2011, 47 (5): 573 - 592.

[17] JIUH - BIING SHEU, YENMING J. Chen. Impact of government financial intervention on competition among green supply chains [J]. Int. J. Production Economics, 2012 (138): 201 - 213.

在线供应链金融中银行和B2B平台的激励契约研究

史金召　郭菊娥　晏文隽

摘　要：在线供应链金融业务发展迅猛，“银、电”合作已成主流模式。以电子订单融资为例，基于道德风险识别和防范的视角，采用委托代理理论、博弈论对银行和B2B平台之间的激励契约进行研究。在联合授信和委托授信两种合作模式下，分别构建道德危害模型，推导给出银行和B2B平台二者的最优收益分配契约，以防范B2B平台隐藏行动（授信审查过程中努力程度低）的道德风险。在委托授信下，构建银行和B2B平台的博弈得益矩阵，分别给出不同情形下银行对B2B平台的激励策略，以防范B2B平台隐藏信息（向银行推荐低信用融资企业）的道德风险。研究结果表明，委托授信下银行的最优收益分配比例，不超过联合授信下的最优收益分配比例，且与联合授信下B2B平台的工作效率和工作有效性趋近于无穷大时的分配比例相等，是银行收益分配的最低水平，揭示了未来大数据时代和“数据质押”融资背景下，在线供应链金融业务中银行和B2B平台二者主导权的演变规律，以及当下国内银行纷纷自建B2B平台的内在缘由；委托授信下，当隐瞒信息获得融资企业回扣小于隐瞒行为的成本时，选择推荐“高信用”融资企业，且“不隐瞒”为B2B平台的占优策略。反之，银行应通过严格控制收益分配比例上限的方式激励B2B平台推荐“高信用”企业，或通过与供应链核心企业签订回购合约、严格控制质押率上限等方式，提高对融资企业的担保水平，以确保自身收益不受B2B平台隐瞒行为的影响。最后，通过数值模拟对相关结论进行验证。

关键词：在线供应链金融　道德风险　激励契约　收益分配比例　银行　B2B平台

一、引言

近年来，我国B2B电子商务市场高速发展，据中国电子商务研究中心（100EC. CN）数据显示：2014年上半年，全国B2B电子商务交易额为4.5万亿元，同比增长32.4%，占电子商务成交总额的76.9%。B2B电子商务服务网站达1.2万家，中小企业用户规模已近2000万[1]。同时，B2B电商的高速发展，带动了网商融资的强烈需求，据易观智库（enfodesk. com）的研究观点，B2B小额信贷模式快速发展，供应

作者简介：史金召（1990—），男，汉族，山东章丘人，西安交通大学管理学院博士研究生，研究方向：投融资决策与风险管理、供应链金融与互联网金融；郭菊娥（1961—），女，汉族，陕西临潼人，西安交通大学管理学院教授，博士生导师，研究方向：投融资决策与风险管理、金融工程；晏文隽（1981—），女，汉族，湖南新化人，西安交通大学管理学院博士后，研究方向：投融资决策与风险管理。

链金融正在成为B2B电子商务服务网站的核心竞争要素[2]。

实际上，银行与第三方B2B电子商务平台联合开展供应链金融服务，解决网商融资难题的实践由来已久。早在2007年，中国建设银行就与阿里巴巴（1688. com）联合推出网络联保贷款、网络供应商融资等服务。2010年，建行又先后与金银岛（315. com. cn）、敦煌网（dhgate. com）等国内知名B2B电商平台签订战略合作协议，推出网络仓单融资、网络订单融资、网络保理融资等一系列在线供应链金融产品。实践表明，相比传统线下的供应链金融模式，基于B2B电商平台的供应链金融可以将银行、第三方B2B电商平台、物流企业等多方系统对接，实现信息流、物流和资金流的高度聚集和高效协同，在进一步丰富授信依据的同时，为广大网商提供融资便利[3]。

值得注意的是，“银、电”合作并非风平浪静。2011年，阿里巴巴终止与建行合作，双方关系由“蜜月到嫌隙”。2012年，建行、交行先后上线“善融商务”、“交博汇”等自营B2B平台，力求摆脱对第三方B2B平台的依赖，但两年多来，“善融商务”等银行自营B2B平台发展相对缓慢。现阶段，随着B2B市场的迅猛发展，与国内知名B2B电商平台及大宗商品现货交易市场寻求合作，仍是银行发展在线供应链金融服务的主要渠道和方式。银行如何设计契约，促进其与第三方B2B电商平台健康、稳定合作，是一个亟待解决的问题。

本文试图运用委托代理理论、博弈论等工具刻画和研究银行和第三方B2B电商平台之间的合作关系，揭示大数据时代银行自建电商平台的本质原因，并深入讨论确保双方有效合作、防范道德风险发生的激励契约设计问题。

二、相关研究述评

供应链金融是贸易融资的延伸和深化，是一项被国内外商业银行广泛关注的金融创新业务[4]，其早期的业务形态可追溯到美国《统一商法典》颁布（1952年）之前的存货融资、应收账款融资等[5]。国内自1999年深圳发展银行（现更名为平安银行）率先开展动产和货权质押授信业务以来，于2006年正式推出“供应链金融”业务[6]。近年来，在互联网金融的热潮下[7]，在线供应链金融取得快速发展，新的业务模式层出不穷，业务主体更加广泛[8]。供应链金融正在拓宽中小企业融资渠道、开辟银行新的利润来源、促进供应链协同竞争等方面发挥积极作用[9]，因此受到业界包括商业银行、电子商务平台企业、供应链核心企业、物流企业、中小型贸易企业等多方参与主体的追捧。同时，该领域的学术研究也在不断跟进，研究的范畴主要集中在供应链金融的模式、风险管理，以及对供应链协调的作用等方面[10]。

供应链金融业务的操作模式多样。学界习惯将传统的供应链金融业务形态划分为存货类融资、应收账款类融资、预付账款类融资（订单融资）三种主要形式[9]。其中，存货类融资可分为仓单质押融资和动产质押融资两类[11,12]，应收账款类融资主要包括应收账款质押融资、保理、反向保理等模式[13,14]，预付账款类融资以保兑仓融资为主[9]；在线供应链金融业务模式更加复杂、多样，尚缺乏统一的分类标准。根据基本业务形态，在线供应链金融包括电子仓单融资、网络保理（电子票据融资）、电子订单融资等模式，与传统三类线下供应链金融模式在内涵上相统一[3]。根据参与主体、资金来源、目标客户等方面的差异，亦可将在线供应链金融主要划分为供应链金融web2.0、电商供应链金融、基于第三方平台的银行供应链金融，其中第三方平台包括但不局限于B2B/B2C/C2C电子商务平台、大宗商品交易平台、物流企业/供应链管理公司/供应链核心企业搭建的平台、政府采购平台等[8]。此外，中国电子商务创新推进联盟在首届在线供应链金融创新奖评选中，将在线供应链金融划分为主金融、主物流、主交易、主服务、主制造、主保理等模式。值得关注的是，目前在线供应链金融逐步进入与其他互联网金融产品融合发展的阶段，比如供应链金融与第三方支付、P2P借贷、互联网金融理财产品销售平台等的融合应用已经在业界得到尝试。

多主体、多模式、多流程的特性使得供应链金融业务存在多种潜在风险，对风险管理的讨论和研究贯穿供应链金融的发展过程中。国内外对供应链金融风险管理的研究可概括为风险识别、风险度量、风险控制三个基本角度。其中，风险识别重点是分析供应链金融的特点和操作流程，并在此基础上发现业务中的风险要素和风险环节[3]；风险度量的研究一般集中在对融资企业的信用风险评估方面，即采用多种风险度量方法和模型对融资企业的信用状况进行估计，为银行信贷决策提供参考，这些方法和模型主要包括层次分析法[15]、Logistic回归模型[16]、智能算法[17]等；风险控制则多研究担保品及担保方式的选择[9]、担保货物质押率（贷款价值比）[18-20]和贷款利率的设定[21]、风险预警策略和机制[22]等方面。

基于供应链协调的视角，在资金约束情形下，研究供应链金融对供应链企业决策行为的影响，以及对供应链协调效果的影响，具有重要的理论与现实意义。该方面的研究主要包括Buzacott等[23]、Dada等[24]对经销商基于库存、应收账款等流动资产向银行信用融资（bank credit financing）决策的研究，Jin等[25]、Kleindorfer等[26]对经销商利用供应链贸易合同进行贸易信用融资（trade credit financing）决策的研究，以及Jing等[27]、Chen[28]对上述两种供应链融资模式下供应链协调效果的对比研究等。

总结已有研究，发现主要存在以下几点不足。①现有对供应链金融的研究，尤其是国内研究多集中在模式研究层面，定量研究相对缺乏。此外，供应链金融领域的研究明显滞后于业界实践，目前在线供应链金融已经在业界掀起热潮，相应的学术研究则严重不足。②对供应链金融的风险管理，多关注对“物”的风控，比如研究质押物选择、质押率设定、授信技术选择等，而忽视了对“人”的风险管理研究。近年来爆发的“上海钢贸事件”、“青岛港骗贷案”等供应链金融系统性风险事件，无一不是参与主体“道德风险”频发酿成的后果，因此，对供应链金融中参与主体道德风险的防范不容忽视。虽然部分学者对传统物流金融业务中参与主体的激励和约束机制进行了讨论[29-31]，结合目前在线供应链金融实践的背景，对供应链金融参与主体道德风险的研究尚缺乏。③在供应链金融背景下，对供应链协调的研究多集中在考虑资金约束情形下，供应商对零售商的激励契约、零售商的融资和订货决策等方面，即集中在供应链内部协调方面，而对融资服务提供商之间的协调和激励研究较少。尤其是随着互联网金融和电子商务的快速发展，供应链金融服务提供商向多元化方向发展，除商业银行外，取得小额贷款牌照的电子商务平台企业（如国内的阿里巴巴、京东等）逐步成为另一支主要力量，银行和电商平台之间合作为网商提供供应链金融服务在业界已多有实践，对二者之间的协调和激励契约的研究尚缺乏。

鉴于已有研究存在的不足，本研究以在线供应链金融新模式——基于B2B平台的电子订单融资为研究对象，采用委托代理理论、博弈论等对融资服务提供商（银行和B2B平台）之间的合作关系进行刻画，研究二者之间的激励契约设计问题，提出新模式中道德风险的防范策略，为促进“银、电”双方健康合作提供决策依据。

三、银行和B2B平台的委托代理关系与道德风险识别

目前国内“银、电”合作开展的基于B2B平台的在线供应链金融业务中，典型的包括建行与金银岛、敦煌网等的合作模式，可归为以下三类：电子仓单融资、电子订单融资和网络保理融资。其中，电子订单融资以电子订单下游融资为主，主要解决核心企业下游经销商的资金短缺问题，融资需求量大，是业界主推的模式，该模式的突出特点包括：涉及参与主体多、流程复杂，且将电子仓单的核心流程涵盖在内，基本涵盖了在线供应链金融中的主要风险环节（郭菊娥等[3]已经给出了该模式的详细流程图，为方便研究，本文给出该模式的简化流程图，见图1）。因此，本文将以该模式作为范例，讨论银行和B2B平台的契约设计问题。

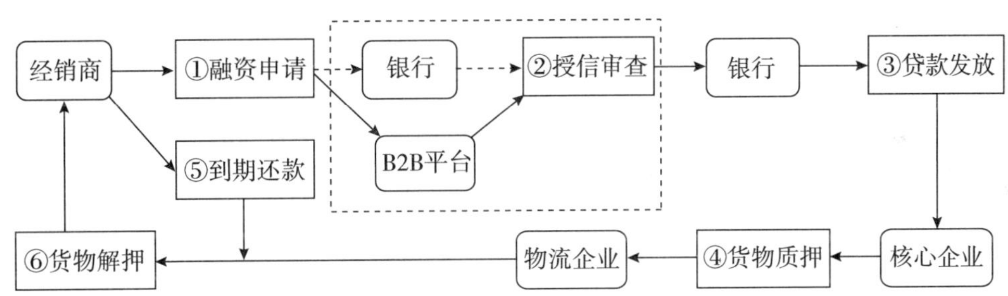

图1　电子订单（下游）融资简化流程

如图1所示，在电子订单（下游）融资中，经销商在线向银行提交融资申请，银行和B2B平台共同或银行委托B2B平台独立对经销商进行授信审查（图1中虚线箭头表示银行可不参与对经销商的授信审查环节），若经销商达到融资信用标准，银行则进行贷款发放，款项作为经销商的采购款直接支付给供应链上游核心企业，核心企业收款发货，将货物发送至银行指定的物流企业，货物进入质押监管状态，贷款到期时经销商还本付息，银行向物流企业发出货物解压指令，货物解押操作完成后，经销商取得货权，至此整个融资流程结束。由图1可以看出，银行和B2B平台的合作主要集中在“授信审查”阶段（虚线框所包含的内容）。在传统线下供应链金融业务中，一般采用“主体+债项”双重授信的方式，综合考量融资企业实力（主要指企业的财务能力）、供应链实力（主要指核心企业实力、供应链的竞争力和合作水平等）、行业因素（主要指行业预期、质押物属性等因素）等，给出对融资企业的综合评价，作为授信依据。而基于B2B电子交易的在线供应链金融进一步丰富了商业银行对融资企业的授信方式，将企业的电子信用一并纳入考量体系，比如融资企业在电子交易平台的注册时长、交易次数、交易总额、信用等级、客户评价等都成为重要的授信依据。

然而，这些电子信用数据一般为 B2B 平台私有。此外，相比银行而言，B2B 平台掌握更多的关于融资企业的交易行为信息和供应链信息（供应链成员信息、物流信息等）。因此，在线供应链金融的授信审查环节一般由银行和 B2B 平台合作完成，各有侧重、优势互补，即“联合授信”方式（此类授信方式包含图 1 所示虚线框内所有授信审查环节）。

在大数据时代背景下，加之线上融资企业“批量准入”“快速融资”的业务诉求，在线供应链金融授信主导权将向 B2B 平台逐步倾斜，“数据质押融资”指日可待，正如唐时达等（2014）[32]指出：“数据质押”为核心、线下实际抵押、质押为补充的融资方式将有望替代传统供应链金融的三种质押形式，成为未来供应链金融的主要模式。业界实践方面，建行和金银岛联合推出的“在线融资”中，已经实现“金银岛推荐，银行特设绿色通道，专人快速审批”[33]。本文将银行委托第三方 B2B 平台对线上融资企业进行独立授信的方式，称为“委托授信”方式（此类授信方式仅包含图 1 所示虚线框内实线箭头所代表的授信审查环节）。

在“联合授信”和“委托授信”方式下，银行与 B2B 平台之间均存在委托代理关系。表 1 给出了二者委托代理关系的发生阶段、可能产生的道德风险，以及道德风险产生的原因。下文，将分别讨论“联合授信”和“委托授信”两种授信方式下，银行与 B2B 平台之间的激励契约设计问题，提出防范道德风险发生的对策和建议。

表 1　银、电双方的委托代理关系和道德风险的识别

委托方	代理方	发生阶段	道德风险	道德风险产生原因
商业银行	第三方 B2B 电商平台	授信审查阶段（对应于图 1 流程②）	（1）联合授信下，双方努力程度低。（2）委托授信下，B2B 平台不努力，或向银行推荐低信用融资企业。	（1）联合授信下，双方权衡收益和努力成本，最大化各自利益。（2）委托授信下，B2B 平台权衡自身收益和努力成本，或隐瞒融资企业真实信用，“以次充好”来获得融资企业给予的额外回扣，以最大化自身利益。

四、联合授信下银行和 B2B 平台的激励契约设计研究

联合授信方式下，银行和 B2B 平台都需要付出一定程度的努力，对融资企业进行授信审查，银行审查的重点是企业的财务状况和担保，B2B 平台审查的重点是企业的电子信用和供应链实力。由于在授信审查过程中，双方付出的努力程度互不可见，可能存在任意一方或双方努力程度低的情况，导致道德风险的产生。因此，建立双向道德危害模型对双方的激励契约设计进行研究。在基础模型的建立中，本文借鉴 Hellmann[34]和晏文隽等[35]对风险投资中风险投资家和创业企业家的委托代理关系研究的框架，将基于 B2B 平台的在线供应链金融中所涉及的保证金、质押率、质押物处置渠道畅通性、贷款利率等新变量纳入模型，刻画银行和 B2B 平台在供应链金融业务合作中的委托代理关系，并对最优激励契约的设计展开讨论。

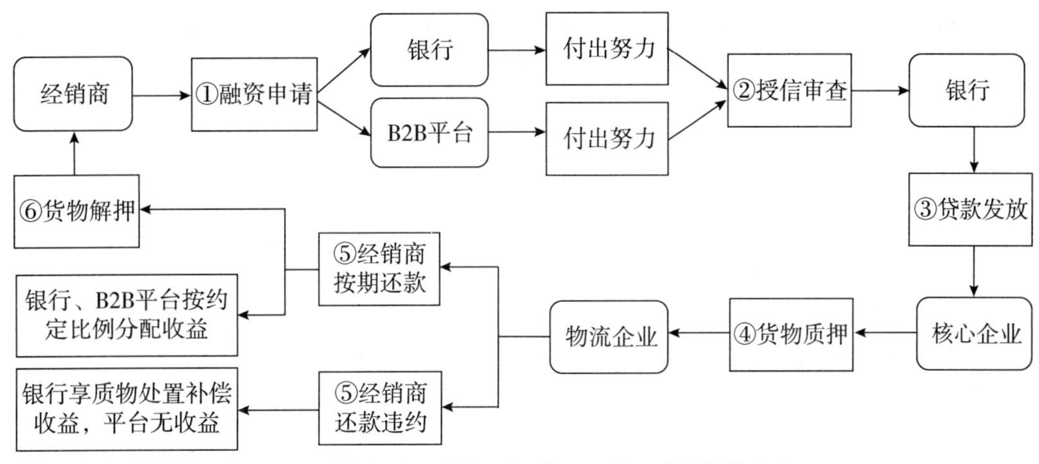

图2　联合授信下的电子订单（下游）融资简化流程

图2给出了联合授信下的电子订单下游融资简化流程，对照图2，对模型参数做如下说明。假设某时间段内银行A在某B2B平台上开展电子订单下游融资的可授信总额度为L。首先，B2B平台上多家融资企业（经销商）在此时间段与其上游核心企业签订订单，并向银行提出电子订单融资申请（假定提出融资申请的经销商足够多，即融资总需求远大于可授信总额度L），然后进入授信审查阶段。银行、B2B平台确定各自的努力水平S_B、S_E（两者均为［0，1］之间的连续变量），按照融资企业提出申请的先后顺序，分别对融资企业的财务指标、电子信用信息等进行审查，达到评分或评级要求的融资企业进入贷款序列，直至达到该时间段内银行的授信额度上限L为止。假设进入贷款序列的融资企业向银行缴纳的保证金总计I，银行将保证金I和贷款额度L共同以汇票或其他形式支付给供应链上游相应的核心企业。核心企业收款后，将价值总额共计$I+L$的货物质押在银行指定的物流企业，货物进入监管状态，设质押率为c，则满足$c=\dfrac{L}{I+L}$。假设所有融资企业到期一次性还款付息（贷款周期内折算后的银行贷款利率为r），货物解压，完成整个贷款流程。对于到期成功还款的融资企业，银行和B2B平台按$g:1-g$的比例分配收益（$0<g<1$）；对于出现违约的融资企业，银行享有相关质押物的处置补偿收益，B2B平台不分配收益。假设违约时，银行对质押物处置的渠道畅通性为h，且满足$0<h\leqslant 1$。

设P为进入贷款序列的融资企业在贷款期末的平均成功还款概率，其大小由银行、B2B平台二者在授信审查过程中所确定的努力水平、以及二者的授信工作效率决定。努力水平表示银行或B2B平台所确定的授信审查的努力程度，由参与主体主观意愿决定，取值区间［0，1］，当取值为1时代表付出最大努力，因此，努力水平亦可理解为银行或B2B平台愿意付出最大努力的意愿程度；工作效率表示一定技术水平下银行或B2B平台付出最大努力时可有效审查和评价的授信指标数目占指标总数目的比例，由技术环境决定，比如B2B平台在大数据授信技术方面能力的提升，可显著提高其授信的工作效率。二者乘积则表示对单个融资企业指标审查的全面性，其值越大代表审查越全面、严格，筛选后纳入贷款序列的融资企业的平均违约率越低，即贷款回收成功的平均概率越高。此外，在授信审查过程中，银行、B2B 平台各有侧重（银行侧重融资企业基本财务指标的审查，B2B 平台侧重融资企业电子信用、物流与供应链相关信息的审查），授信工作同时、独立开展，优势互补，二者的努力将分别对贷款的平均成功概率产生贡献。因此，本文采用银行、B2B 平台二者努力水平加权线性组合（权重为各自的工作效率）的基本形式来表示贷款的平均成功概率。不妨设贷款期末的平均成功还款概率为 $P=\min(S_B\theta_B+S_E\theta_E,1)$，其中 θ_B、θ_E 分别为银行和 B2B 平台授信审查的工作效率，暂不考虑其他因素对成功还款概率的影响。银行、B2B 平台二者确定努力水平 S_B、S_E 后，即产生与努力水平相对应的成本，假设努力水平越高，审查指标越全面，相关的指标收集、处理的难度越大，产生的边际成本越大，不妨设二者的成本函数遵循努力水平的二次表达形式：$\frac{\alpha_B S_B^2}{2}$ $\frac{\beta_E S_E^2}{2}$，其中 α_B、β_E 分别为银行和 B2B 平台各自努力对贷款业务成功的有效性，其值越小表明有效性越高。

研究中，暂不考虑资金的时间价值，假设银行、B2B 平台都是完全理性的，以最大化自身期望效用为决策目标。为研究方便，本文假设银行、B2B 平台二者均为风险中性，则二者的期望效用函数可以用各自的期望收益表示：

$$U_B=LP(rg+1)+\frac{L(1-P)}{c}h-L-\frac{\alpha_B S_B^2}{2} \tag{1}$$

$$U_E=LPr(1-g)-\frac{\beta_E S_E^2}{2} \tag{2}$$

整个电子订单融资过程中，银行和 B2B 平台二者期望效用之和应为正数，即：

$$U_B+U_E=PL(1+r)+(1-P)\left(\frac{L}{c}\cdot h\right)-L-\frac{\alpha_B S_B^2}{2}-\frac{\beta_E S_E^2}{2}>0 \tag{3}$$

（一）参与约束

由（1）式，令 $U_B=0$，即可求得银行可接受的自身最低收益分配比例 $g_{\min}$：

$$g_{\min}=\frac{\alpha_B S_B^2+2L(1-P)\left(1-\frac{h}{c}\right)}{2PLr} \tag{4}$$

由（2）式，令 $U_E=0$，即可求得 B2B 平台可接受的银行最高收益分配比例 $g_{\max}$：

$$g_{\max}=1-\frac{\beta_E S_E^2}{2PLr} \tag{5}$$

由（3）（4）（5）式，易得：$g_{\min}<g_{\max}\leqslant 1$。特殊的，当 $\frac{h}{c}\leqslant 1+\frac{\alpha_B S_B^2}{2L(1-P)}$ 时，$0\leqslant g_{\min}<g_{\max}\leqslant 1$。

当 $g<g_{\min}$ 时，$U_B<0$，$U_E>0$，此时银行的参与约束得不到满足，不会接受自身分配比例为 g 的合约；当 $g>g_{\max}$ 时，$U_B>0$，$U_E<0$，此时 B2B 平台的参与约束得不到满足，不会接受自身分配比例为 $1-g$ 的合约；当 $g_{\min}<g<g_{\max}$ 时，$U_B>0$，$U_E>0$，此时银行和 B2B 平台的参与约束都得到满足，双方的合作才可能开展。

（二）激励约束

在联合授信过程中，银行和 B2B 平台都会始终选择最大化自身期望收益的努力水平。由基本假设可知，贷款回收成功的概率为 $P=\min(S_B\theta_B+S_E\theta_E,\ 1)$。当 $S_B\theta_B+S_E\theta_E>1$ 时，P 始终取值为 1，此时 S_B、S_E 的增大只能带来额外的努力成本，导致银行、B2B 平台二者的收益降低（由（1）（2）两式易知），因此 $S_B\theta_B+S_E\theta_E>1$ 时，双方的努力程度显然不是最优的（一方或双方的努力程度有继续减小或优化的空间）。当 $S_B\theta_B+S_E\theta_E\leqslant 1$ 时，$P=S_B\theta_B+S_E\theta_E$，银行、B2B 平台的最优努力水平 S_B^*、S_E^* 分别满足：

$$\max_{S_B^*}(U_B) \tag{6}$$

$$\max_{S_E^*}(U_E) \tag{7}$$

解（6）（7）两式，得银行、B2B 平台各自的最优努力水平为：

$$S_B^*=\frac{\theta_B L}{\alpha_B}\left[rg+1-\frac{h}{c}\right] \tag{8}$$

$$S_E^*=\frac{\theta_E Lr(1-g)}{\beta_E} \tag{9}$$

命题 银行在授信审查过程中的努力程度随贷款总收益、银行收益分配比例、货物质押率的增大而增大，随质押物处置渠道畅通性的增大而减小；B2B 平台在授信调查过程中的努力程度随贷款总收益的增大而增大，随银行收益分配比例的增大而减小。

证明：由（8）式，$\frac{\partial S_B^*}{\partial (Lr)}=\frac{\theta_B g}{\alpha_B}>0$，$\frac{\partial S_B^*}{\partial g}=\frac{\theta_B Lr}{\alpha_B}>0$，$\frac{\partial S_B^*}{\partial c}=\frac{\theta_B Lh}{\alpha_B c^2}>0$，$\frac{\partial S_B^*}{\partial h}=-\frac{\theta_B L}{\alpha_B c}<0$；由（9）式，$\frac{\partial S_E^*}{\partial (Lr)}=\frac{\theta_E(1-g)}{\beta_E}>0$，$\frac{\partial S_E^*}{\partial g}=-\frac{\theta_E Lr}{\beta_E}<0$，证毕。命题 1 中，贷款总收益、银行收益分配比例对银行和 B2B 平台双方的最优努力水平的影响容易理解。质押率的减小、质押物处置渠道畅通性的增大，实际上是融资企业担保加强的表现，有利于降低银行面临的风险，因此导致银行的最优努力水平下降。

对质押物处置渠道畅通性做进一步讨论：在现实操作中，银行增加质押物处置渠道畅通性的主要途径有两条。一是融资供应链外的货物再销售渠道增加，比如在线供应链金融中银行借助 B2B 平台可以有效增加质押物处置的畅通性；二是通过与融资供应链内的核心企业签订回购合约，在融资企业无法还款时，由核心企业原价回购质押物。而后者通常是银行的一贯做法，因为其他参数保持不变的情况下，当核心企业签订回购合约时，相比其他处置途径，银行处置质押物获得的违约补偿最高，此时可视质押物处置渠道的畅通性为 $h=1$，取得最大值。当核心企业不签订回购合约时，在贷款企业无法还款时，银行需寻找其他途径对质押物进行处置，获得的补偿收益通常低于货物原价，即 $h<1$。由上述分析，结合命题，给出以下推论。

推论 1 在其他参数保持不变的情况下，核心企业回购合约的签订将减小银行的最优努力程度至最低水平，而不改变 B2B 平台的努力水平。

证明：核心企业回购合约的签订，可视为质押物处置渠道畅通性取得最大值，即 $h=1$。在其他参数保持不变的情况下，由 $\frac{\partial S_B^*}{\partial h}<0$ 得，此时银行的最优努力程度取得最小值。由 $\frac{\partial S_E^*}{\partial h}=0$，B2B 平台的最优努力水平不受影响。证毕。

值得注意的是，推论 1 的前提是其他参数保持不变，而实际操作中核心企业回购合约的签订为融资企业提供了充分担保，一般会为融资企业争取到更加优惠的融资条件，比如更低的保证金比例（对应于更高的质押率）、更低的贷款利率等，进而影响银行和 B2B 平台之间的收益分配比例的调整（定理 1 将予以说明）。这些变量的初始状态，以及联动变化的方向、程度无法确定，因此难以确定考虑参数联动的情况下，核心企业回购合约的签订对银行和电商平台双方最优努力水平的真实影响。所以，推论 1 进行了较强的前提假定。

（三）双向道德危害分析

联合授信下，银行、B2B 平台的共同努力将决定贷款项目的成功与否，任意一方都可能存在不努力的情形，因此建立双向道德危害模型对二者的激励契约设计进行分析，即在满足双方的参与约束 $(PC)_B$ 和 $(PC)_E$、激励约束 $(IC)_B$ 和 $(IC)_E$ 下，最大化联合利益，模型如下：

$$\begin{aligned}&\max_g(U_B+U_E)\\&\text{s. t.}\\&(PC)_B: g>g_{\min}\\&(PC)_E: g<g_{\max}\\&(IC)_B: max_{S_B}(U_B)\\&(IC)_E: max_{S_E}(U_E)\end{aligned}\tag{10}$$

定理 1　联合授信下，银行获得的最优收益分配比例 $g^*=\dfrac{\dfrac{\theta_B^2 r}{\alpha_B}-\dfrac{\theta_E^2}{\beta_E}\left(1-\dfrac{h}{c}\right)}{\left(\dfrac{\theta_B^2}{\alpha_B}+\dfrac{\theta_E^2}{\beta_E}\right)r}$，且需同时满足以下约束：$g_{\min}<g^*<g_{\max}$，$g^*>0$，$0\leqslant(S_B^*)_{g=g^*}\leqslant 1$，$0\leqslant(S_E^*)_{g=g^*}\leqslant 1$，$\dfrac{\dfrac{\theta_B^2}{\alpha_B}+\dfrac{\theta_E^2}{\beta_E}}{\left(\dfrac{\theta_B^2}{\alpha_B}\right)^2+\left(\dfrac{\theta_E^2}{\beta_E}\right)^2}\geqslant Lr-L\left(\dfrac{h}{c}-1\right)$。

证明：将激励约束满足时银行、B2B 平台双方的最优努力水平，即（8）（9）两式带入（10）式的目标函数，并对收益分配比例 g 求导，得：$\dfrac{\partial\ (U_B+U_E)\mid_{S_B=S_B^*,S_E=S_E^*}}{\partial\ g}=\left(L-\dfrac{Lh}{c}+Lr\right)\left(\dfrac{\theta_B^2 Lr}{\alpha_B}-\dfrac{\theta_E^2 Lr}{\beta_E}\right)-\dfrac{\theta_B^2 L^2 r}{\alpha_B}\left(rg+1-\dfrac{h}{c}\right)+\dfrac{\theta_E^2 L^2 \mathrm{r}^2}{\beta_E}(1-g)$，令其为 0，即可求得：

$$g^*=\frac{\dfrac{\theta_B^2 r}{\alpha_B}-\dfrac{\theta_E^2}{\beta_E}\left(1-\dfrac{h}{c}\right)}{\left(\dfrac{\theta_B^2}{\alpha_B}+\dfrac{\theta_E^2}{\beta_E}\right)r}\tag{11}$$

g^* 的大小需满足银行、B2B 平台双方的参与约束，即满足：$g_{\min}<g^*<g_{\max}$，以

保证在 $g = g^*$ 时，双方的收益为正；g^* 还应满足基本假设，即 $0 < g^* < 1$ 。由（4）（5）两式易知，$g_{\max}$ 始终小于 1，而仅当 $\frac{h}{c} \leqslant 1 + \frac{\alpha_B S_B^2}{2L(1-P)}$ 满足时，$g_{\min} \geqslant 0$ 成立。因此，在满足双方参与约束的基础上，需添加约束 $g^* > 0$ ，以保证 $0 < g^* < 1$ 始终满足；当 $g = g^*$ 时，银行、B2B 平台双方的最优努力水平应在［0，1］区间内，即满足约束：$0 \leqslant (S_B^*)_{g=g^*} \leqslant 1$ ，$0 \leqslant (S_E^*)_{g=g^*} \leqslant 1$ ；最后，g^* 的取值还应满足激励约束成立的基本前提，即 $S_B\theta_B + S_E\theta_E \leqslant 1$ ，将（8）（9）（11）式代入 $S_B\theta_B + S_E\theta_E \leqslant 1$ ，整理可得：$\frac{\frac{\theta_B^2}{\alpha_B} + \frac{\theta_E^2}{\beta_E}}{\left(\frac{\theta_B^2}{\alpha_B}\right)^2 + \left(\frac{\theta_E^2}{\beta_E}\right)^2} \geqslant Lr - L\left(\frac{h}{c} - 1\right)$ 。证毕。

推论 2 相比传统线下供应链金融中银行和物流企业联合对融资企业授信而言，在开展基于 B2B 平台的在线供应链金融联合授信时，银行的最优收益分配比例将下调，这部分让利将作为对 B2B 平台（相对于物流企业）在授信过程中工作效率、工作有效性提升的补偿，以及对电商平台努力水平的激励。

证明：在传统线下供应链金融，尤其是存货类融资中，物流企业掌握更多的物流和供应链信息，银行往往和物流企业合作对融资企业进行授信。而在基于 B2B 平台的在线供应链金融中，物流、信息流、资金流等信息向 B2B 平台全面聚集，银行与 B2B 平台合作进行联合授信的方式成为必然。正是由于“三流”在 B2B 平台的高度聚集，使 B2B 平台掌握了更加丰富、更有针对性的授信信息，加之大数据的应用，使其相比于物流企业而言的工作效率和工作有效性大大提升，即 θ_E 增大，β_E 减小，$\frac{\theta_E^2}{\beta_E}$ 的值大幅增加。下面探究 $\frac{\theta_E^2}{\beta_E}$ 的变化对银行收益分配比例 g^* 的影响。

由（11）式求 g^* 对 $\frac{\theta_E^2}{\beta_E}$ 的偏导数，得：

$$\frac{\partial g^*}{\partial\left(\frac{\theta_E^2}{\beta_E}\right)} = \frac{-\left(1 - \frac{h}{c}\right)\left(\frac{\theta_B^2}{\alpha_B} + \frac{\theta_E^2}{\beta_E}\right)r - \left[\frac{\theta_B^2 r}{\alpha_B} - \frac{\theta_E^2}{\beta_E}\left(1 - \frac{h}{c}\right)\right]r}{\left(\frac{\theta_B^2}{\alpha_B} + \frac{\theta_E^2}{\beta_E}\right)^2 r^2} \tag{12}$$

易证（12）式严格小于 0。证（12）式小于 0，即证分子小于 0，化简后即证 $\frac{h}{c} - 1 < r$ 。由（8）式，$S_B^* > 0$ ，得：$\frac{h}{c} - 1 < rg$ 。又 $g < 1$ ，$\frac{h}{c} - 1 < r$ 得证，所以（12）式严格小于 0。因此，g^* 的值将随 $\frac{\theta_E^2}{\beta_E}$ 的增大而减小。

因此，在开展基于 B2B 平台的在线供应链金融联合授信时，由于 B2B 平台相对传统物流企业在授信工作效率、工作有效性方面的提升，导致 $\frac{\theta_E^2}{\beta_E}$ 的值大幅增加，g^* 的值将减小，即银行的最优收益分配比例将下调。进一步，由（9）式，g^* 值的下降将进一步调动 B2B 平台的努力程度。证毕。

推论 2 表明，在线供应链金融中，尤其未来大数据时代和“数据质押”业务的发展，将导致 $\frac{\theta_E^2}{\beta_E}$ 进一步增加，在与 B2B 平台的合作中，银行的主导权和收益分配的话语权将被进一步削弱。

五、委托授信下银行和 B2B 平台的激励契约设计研究

在委托授信方式下，B2B 平台接受银行的委托，利用其掌握的融资企业的电子信用信息、物流与供应链信息、资金流信息，以及其他行为数据信息，对融资企业进行独立授信。在授信过程中，B2B 平台一方面可能存在隐藏行动的道德风险[36]，如授信工作不努力；另一方面可能存在隐藏信息的道德风险[36]，即利益诱惑下隐藏融资企业的真实信用信息，向银行推荐低信用融资企业。下面，将分别讨论这两种情形下的激励契约设计问题。

（一）隐藏行动的道德风险模型

沿用联合授信时的分析方法，委托授信时贷款项目的成功概率为 $P = \min(S_E\theta_E, 1)$。银行和 B2B 平台的期望收益函数如下：

$$U_B = LP(rg+1) + \frac{L(1-P)}{c}h - L \tag{13}$$

$$U_E = LPr(1-g) - \frac{\beta_E S_E^2}{2} \tag{14}$$

B2B 平台的参与约束仍为（5）式，银行的参与约束如（15）式所示，$g_{\min 2}$ 为委托授信下银行可接受的自身最低收益分配比例。因此双方共同参与下的约束条件为：$g_{\min 2} < g < g_{\max}$。

$$g > g_{\min 2} = \frac{(1-P)(1-\frac{h}{c})}{P \cdot r} \tag{15}$$

在委托授信过程中，B2B 平台始终会选择最大化自身期望收益的努力水平。由基本假设可知，贷款成功回收的概率为 $P = \min(S_E\theta_E, 1)$。当 $S_E\theta_E > 1$ 时，P 始终取值为 1，此时 S_E 的增大只能带来额外的努力成本，导致 B2B 平台的收益降低（由（14）式易知），因此 $S_E\theta_E > 1$ 时，B2B 平台的努力程度显然不是最优的，即其努力程度仍有继续减小或优化的空间。当 $S_E\theta_E \leqslant 1$ 时，$P = S_E\theta_E$，B2B 平台的最优努力水平仍满足（9）式。委托授信过程，银行不参与授信，因此银行的激励约束不予考虑。

在同时满足双方参与约束、激励约束的条件下，最大化联合利益，建立单向道德危害模型如下：

$$\begin{aligned}
&\max_g(U_B + U_E) \\
&\text{s.t.} \\
&(PC)_B: g > g_{\min 2} \\
&(PC)_E: g < g_{\max} \\
&(IC)_E: \max_{S_E}(U_E)
\end{aligned} \tag{16}$$

定理 2 委托授信下，银行获得的最优收益分配比例 $g^{**}=\dfrac{-\left(1-\dfrac{h}{c}\right)}{r}$，且需同时满足以下约束：$g_{\min2}<g^{**}<g_{\max}$，$g^{**}>0$，$0\leqslant(S_E^*)_{g=g^{**}}\leqslant1$，$\dfrac{\theta_E^2}{\beta_E}\leqslant\dfrac{1}{Lr-L\left(\dfrac{h}{c}-1\right)}$。

证明：将（9）（13）（14）式带入（16）式，即可求得银行的最优收益分配比例：

$$g^{**}=\frac{-\left(1-\dfrac{h}{c}\right)}{r} \tag{17}$$

g^{**} 的大小需满足银行、B2B 平台双方的参与约束，即满足：$g_{\min2}<g^{**}<g_{\max}$，以保证在 $g=g^{**}$ 时，双方的收益为正；g^{**} 还应满足基本假设，即 $0<g^{**}<1$。由（5）（15）两式易知，$g_{\max}$ 始终小于 1，而仅当 $\dfrac{h}{c}-1\leqslant0$ 满足时，$g_{\min2}\geqslant0$ 成立。因此，在满足双方参与约束的基础上，需添加约束 $g^{**}>0$，以保证 $0<g^{**}<1$ 始终满足；当 $g=g^{**}$ 时，B2B 平台的最优努力水平应在［0，1］区间内，即满足约束：$0\leqslant(S_E^*)_{g=g^{**}}\leqslant1$；最后，$g^{**}$ 的取值还应满足激励约束成立的基本前提，即 $S_E\theta_E\leqslant1$，将（9）（17）式代入 $S_E\theta_E\leqslant1$，整理可得：$\dfrac{\theta_E^2}{\beta_E}\leqslant\dfrac{1}{Lr-L\left(\dfrac{h}{c}-1\right)}$。证毕。

推论 3 委托授信下银行获得的最优收益分配比例，不超过联合授信下获得的最优收益分配比例，即 $g^{**}\leqslant g^*$。

证明：证 $g^{**}\leqslant g^*$，即证 $\dfrac{-\left(1-\dfrac{h}{c}\right)}{r}\leqslant\dfrac{\dfrac{\theta_B^2r}{\alpha_B}-\dfrac{\theta_E^2}{\beta_E}\left(1-\dfrac{h}{c}\right)}{\left(\dfrac{\theta_B^2}{\alpha_B}+\dfrac{\theta_E^2}{\beta_E}\right)r}$，即证 $\dfrac{h}{c}-1\leqslant r$。委托授信和联合授信下，$S_B^*\geqslant0$，由（8）式得：$\dfrac{h}{c}-1\leqslant rg$。又 $g\leqslant1$，所以 $\dfrac{h}{c}-1\leqslant r$。原式得证。

推论 4 委托授信下银行获得的最优收益分配比例，与联合授信下 $\dfrac{\theta_E^2}{\beta_E}\to+\infty$ 时银行的最优收益分配比例相等，是银行收益分配的最低水平。

证明：联合授信下银行的最优收益分配比例如式（11）所示，令 $\dfrac{\theta_B^2}{\alpha_B}=A$，$\dfrac{\theta_E^2}{\beta_E}=B$，则 $g^*=\dfrac{Ar-B\left(1-\dfrac{h}{c}\right)}{(A+B)r}=\dfrac{\dfrac{A}{B}r-\left(1-\dfrac{h}{c}\right)}{\dfrac{A}{B}r+r}$。当 $\dfrac{\theta_E^2}{\beta_E}\to+\infty$ 时，即 $B\to+\infty$，$\dfrac{A}{B}r\to0$，$g^*\to\dfrac{-\left(1-\dfrac{h}{c}\right)}{r}$。即得：$\dfrac{\theta_E^2}{\beta_E}\to+\infty$ 时，$g^*=g^{**}$。由推论 2 的证明知 $\dfrac{\partial g^*}{\partial\left(\dfrac{\theta_E^2}{\beta_E}\right)}<0$，所

以 $\frac{\theta_E^2}{\beta_E} \to +\infty$ 时，g^* 取得最小值。所以 g^{**} 是 g^* 的最小取值，即委托授信下银行获得最低的收益分配比例。证毕。

推论 4 表明，在联合授信方式下，当 B2B 平台授信的工作效率和工作有效性趋近于无穷大时$\left(\frac{\theta_E^2}{\beta_E} \to +\infty\right)$，银行在其中的作用可以低至忽略不计，此时 B2B 平台完全占主导地位，银行只能被动接受“委托授信”方式，B2B 平台从合作中取得最高的收益分配比例。

这正是大数据时代和未来“数据质押融资”下，尤其是发展基于 B2B 平台的在线供应链金融业务中银行面临的严峻挑战。同时证明，近年来众多银行“另辟蹊径”，自建 B2B 平台（如交通银行于 2012 年 1 月上线的“交博汇”、建设银行于 2012 年 7 月上线的“善融商务”），既是“聪明”为之，亦是“无奈”之举。

（二）隐藏信息的道德风险模型

在委托授信下，银行和 B2B 平台之间存在严重的信息不对称。B2B 平台掌握所有对融资企业授信的信息。银行想要获取这些信息具有很大难度，即便付出一定的信息成本也未必获得 B2B 平台掌握的关于融资企业的真实信息。因此，B2B 平台可能存在隐藏融资企业真实信用信息，向银行推荐“低信用”企业来“以次充好”，从而获取来自融资企业额外回扣的动机，同样以电子订单（下游）融资模式为例，做如下分析。

1. 模型的基本参数

（1）银行的贷款规模：L

（2）贷款周期内折算后的银行贷款利率：r

（3）货物质押率（贷款规模 ×100%/在押货物总价值）：c

（4）融资企业向银行缴纳的保证金：I，满足 $\frac{L}{L+I} = c$

（5）贷款企业违约后，银行对质押物处理的渠道畅通性：$h(0 \leqslant h \leqslant 1)$

（6）银行对 B2B 平台推荐的融资企业进行调查复核的成本：C_B

（7）B2B 平台对银行隐瞒融资企业真实信息，需付出隐瞒成本：C_E

（8）B2B 平台的隐瞒行为，可从低信用融资企业获得额外回扣：M

（9）在银行对 B2B 平台推荐的融资企业进行调查复核的情况下，银行与 B2B 平台的收益分配比例：$g_1:(1-g_1)$

（10）在银行对 B2B 平台推荐的融资企业不进行调查复核的情况下，银行与 B2B 平台的收益分配比例：$g_2:(1-g_2)$

2. 模型的基本假设

（1）博弈参与方银行和 B2B 平台都是理性决策者，都以自身利润最大化作为决策的目标。

（2）委托授信下，融资企业按期还款后双方按约定的收益分配比例分配利润；融资企业违约后银行享有质押物处置的全部补偿收益，B2B 平台不分配质押物处置收益。为方便分析，假设“高信用”企业按期还款的概率为 1，“低信用”企业按期还款的概率为0，即以能否按期还款作为“高信用”企业和“低信用”企业的划分标准。

（3）借鉴蒋伟等[37]的研究，假设银行对B2B平台推荐的融资企业进行调查复核的情况下，银行会对B2B平台形成一定的约束力，获得更高的收益分配比例，即$g_1 > g_2$。

（4）在银行对B2B平台推荐的融资企业不进行调查复核的情况下，无论B2B平台的策略如何选择，银行始终选择向被推荐企业发放贷款；在银行对B2B平台推荐的融资企业进行调查复核的情况下，银行仍难以识别B2B平台付出隐瞒成本而粉饰的虚假信息，从而只能依据B2B平台提供的融资企业信息决定贷款与否，即对“高信用”企业（真实高信用企业+隐瞒后的低信用企业）发放贷款，对“低信用”企业（真实低信用企业+隐瞒后的高信用企业）不发放贷款。

（5）假设博弈过程中，银行和B2B平台彼此知晓供应链融资业务中的所有参数，包括所有显性参数（如贷款规模、贷款利率、质押率、保证金、双方收益分配比例等）和隐性参数（银行对质押物处置渠道畅通性、银行调查成本、B2B平台隐瞒成本和隐瞒获得融资企业回扣等），从而了解双方在各种情况下的得益。

3. 模型的建立

由模型的第⑤条基本假设，银行与B2B平台的博弈可以看作完全信息静态博弈。博弈过程中双方不同策略下的得益矩阵如表2所示。由表2可以看出对于高信用的融资企业，不管银行的策略是调查或不调查，B2B平台选择“不隐瞒”为占优策略；对于低信用的融资企业，不管银行的策略是调查或不调查，B2B平台选择“隐瞒”或“不隐瞒”取决于隐瞒成本和隐瞒获得融资企业回扣的大小关系。隐瞒获得融资企业回扣越大、隐瞒成本越小，B2B平台越倾向于“隐瞒”低信用融资企业。

表2　银行与B2B平台博弈的得益矩阵

融资企业类型		高信用		低信用	
博弈策略		B2B平台			
		隐瞒	不隐瞒	隐瞒	不隐瞒
银行	调查	$-C_B,\ -C_E$	$g_1Lr-C_B,(1-g_1)Lr$	$\frac{Lh}{c}-L-C_B,M-C_E$	$-C_B,0$
	不调查	$g_2Lr,(1-g_2)Lr-C_E$	$g_2Lr,(1-g_2)Lr$	$\frac{Lh}{c}-L,M-C_E$	$\frac{Lh}{c}-L,0$

4. 激励契约的设计

定理3　当$M < C_E$，即隐瞒获得融资企业回扣小于隐瞒成本时，选择推荐高信用融资企业，且“不隐瞒”为B2B平台的占优策略；银行对被推荐企业进行调查与否取决于：调查对B2B平台形成约束力所带来的银行收益分配比例的增加值，与调查成本和贷款项目总收益比值之间的大小关系。当调查对B2B平台形成较强约束力，并给银行带来收益分配比例的较大幅度提升时，银行选择对被推荐企业进行调查。

证明：当$M < C_E$时，不管对于高信用还是低信用融资企业，B2B平台选择“不隐瞒”均为占优策略。银行和B2B平台的博弈收益矩阵可简化为表3。由于$(1-g_1)Lr >$

0 且 $(1-g_2)Lr>0$，所以推荐高信用融资企业，且“不隐瞒”成为B2B平台的占优策略；对于银行而言，当 $g_1Lr-C_B>g_2Lr$，即 $g_1-g_2>\frac{C_B}{Lr}$ 时，选择调查。当 $g_1-g_2<\frac{C_B}{Lr}$ 时，选择不调查。当 $g_1-g_2=\frac{C_B}{Lr}$ 时，可任意选择调查或不调查。因此可以看出，此时银行对被推荐企业调查与否取决于 g_1-g_2 和 $\frac{C_B}{Lr}$ 的大小关系，即取决于：调查对B2B平台形成约束所带来的银行收益分配比例的增加值，与调查成本和贷款项目总收益比值之间的大小关系。g_1-g_2 的差值越大，即调查对B2B平台形成较强约束力时，银行应选择对被推荐企业进行调查。证毕。

表3　　银行与B2B平台博弈的得益矩阵（$M<C_E$）

博弈策略		B2B平台	
		高信用（不隐瞒）	低信用（不隐瞒）
银行	调查	$g_1Lr-C_B,(1-g_1)Lr$	$-C_B,0$
	不调查	$g_2Lr,(1-g_2)Lr$	$\frac{Lh}{c}-L,0$

定理4　当 $M>C_E$，即B2B平台隐瞒获得融资企业回扣大于隐瞒成本时，为激励其仍然推荐高信用融资企业且“不隐瞒”，银行应严格控制收益分配比例满足：$g_1<1-\frac{M-C_E}{Lr}$。

证明：当 $M>C_E$ 时，对低信用融资企业，选择“隐瞒”为B2B平台的占优策略，对高信用融资企业，选择“不隐瞒”为其占优策略。银行和B2B平台的博弈收益矩阵可简化为表4。为激励B2B平台推荐高信用企业且“不隐瞒”，需满足：$\begin{cases}(1-g_1)Lr>M-C_E\\(1-g_2)Lr>M-C_E\\g_1>g_2\end{cases}$，解得：$g_1<1-\frac{M-C_E}{Lr}$。证毕。

表4　　银行与B2B平台博弈的得益矩阵（$M>C_E$）

博弈策略		B2B平台	
		高信用（不隐瞒）	低信用（隐瞒）
银行	调查	$g_1Lr-C_B,(1-g_1)Lr$	$\frac{Lh}{c}-L-C_B,M-C_E$
	不调查	$g_2Lr,(1-g_2)Lr$	$\frac{Lh}{c}-L,M-C_E$

定理5　当 $M>C_E$，即B2B平台隐瞒获得融资企业回扣大于隐瞒成本时，为确保银行的期望收益不受B2B平台隐瞒行为的影响，银行应通过各种措施控制质押物处置渠道的畅通性满足：$h\geqslant(g_1r+1)c$。特殊的，当银行与核心企业签订回购合约的情况

下，银行应控制质押率满足：$c \leqslant \frac{1}{g_1 r + 1}$。

证明：当 $M > C_E$ 时，银行和 B2B 平台博弈的得益矩阵在表 4 已经给出。为确保银行的期望收益不受 B2B 平台隐瞒行为的影响，则应满足：$\begin{cases} g_1 Lr - C_B \leqslant \frac{Lh}{c} - L - C_B \\ g_2 Lr \leqslant \frac{Lh}{c} - L \\ g_1 > g_2 \end{cases}$，解得：$h \geqslant (g_1 r + 1)c$；当银行与核心企业签订回购合约时，融资企业违约后银行对质押物处置渠道的畅通性最大，即 $h = 1$。由 $(g_1 r + 1)c \leqslant 1$ 得：$c \leqslant \frac{1}{g_1 r + 1}$。

实际上，定理 5 表明，当 B2B 平台隐瞒获得融资企业回扣大于隐瞒成本时，为确保 B2B 平台隐瞒行为不对银行期望收益造成损失，银行可通过与核心企业签订回购合约、严格控制质押率上限等方式，加强核心企业对融资企业的担保，或提升融资企业自身担保能力。反过来讲，这些担保能力的提升有利于增强融资企业获取银行贷款的“硬信用”，降低融资企业向 B2B 平台提供额外回扣的意愿。长此以往，B2B 平台获得低信用融资企业的回扣将受到影响，使其逐渐失去隐瞒真实信息、推荐低信用企业的动力。这也恰恰揭示了在现实操作中银行倾向于与核心企业签订回购合约的动因：既通过担保增加融资企业的“硬信用”，减小对 B2B 平台委托授信的依赖，从而增加银行在双方合作中的话语权，又可起到防范 B2B 平台道德风险的作用。

六、数值分析

数值分析中所有参数在满足本文基本假设外，还应满足联合授信和委托授信下最优收益分配方案存在时的约束条件（即定理 1、定理 2 中的所有约束）。首先根据实际调研结果确定银行贷款利率、质押率等基本参数。以建设银行和金银岛（315. com. cn）合作推出的订单融资为例，其贷款期限一般为三个月到一年，贷款费用一般为银行基准贷款利率上调一到两个百分点，贷款费用包括利息、交易监管费、物流监管费[38]。中国人民银行 2015 年 3 月 1 日将一年期以内的基准贷款利率下调为 5. 35%。为简便计算，选取期限为一年的订单融资为例，按金银岛公布的收费标准，其贷款费用一般在 6. 35% ~7. 35%。扣除部分归属货物监管方（物流企业）的物流监管费，本文近似选取一年期订单融资的贷款利率为 $r = 0.06$。根据《金银岛在线融资管理办法》，质押率为 $c = 0.7$。要保证（8）式符号为正，需满足 $\frac{h}{c} - 1 < r$，数值分析中取 $h = 0.73$。银行、B2B 平台双方的工作效率、工作有效性的参数无法从实际调研中直接获悉，任意选取满足定理 1、定理 2 成立的一组参数值如下：$\theta_B = \theta_E = 0.3$，$\alpha_B = 0.8$，$\beta_E = 0.9$。本文中探究银行、B2B 平台合作中双方主导权的演变，考量的是双方工作效率、工作有效性的相对大小关系，因此其取值的绝对大小不影响分析结果，只需满足本文给出的各项约束即可。假设订单融资的额度为 $L = 100$。

图 3 给出了联合授信时银行、B2B 平台双方的收益情况。U_B 为银行的期望收益曲

线，U_E 为 B2B 平台的期望收益曲线，U_B+U_E 为二者的联合收益曲线，为防止双向道德风险，使双方均达到最优努力水平，应最大化二者的联合收益。图 3 数值分析结果显示，联合授信下银行的最优收益分配比例为 0.87，与定理 1 给出的银行最优收益分配比例表达式的计算结果相等。此时，双方的联合收益达到最大值 4.52。

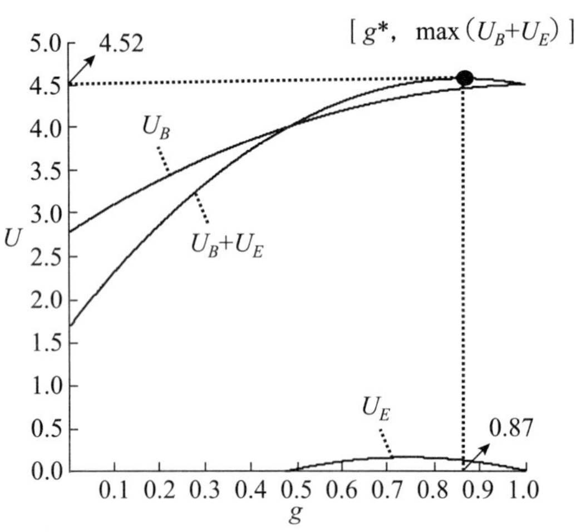

图 3　联合授信下的最优收益分配比例 g^* 求解

大数据时代和“数据质押”融资的到来，使掌握“三流”信息的 B2B 平台拥有更高的授信能力，其工作效率和工作有效性不断提高，即 θ_E 增大，β_E 减小，$\frac{\theta_E^2}{\beta_E}$ 增大。保持其他参数不变，图 4 给出了联合授信和委托授信下银行的最优收益分配比例 g^* 、g^{**} 随 $\frac{\theta_E^2}{\beta_E}$ 的变动情况，可以看出 $g^{**} \leqslant g^*$ ，且随 $\frac{\theta_E^2}{\beta_E}$ 的增大，g^* 逐渐减小并趋近于 g^{**} 。这说明委托授信下银行获得的最优收益分配比例不超过联合授信下获得的最优收益分配比例，且与联合授信下 B2B 平台的授信工作效率和工作有效性趋近于无穷大时的分配比例相等，是银行收益分配的最低水平。图 4 的数值分析结果与推论 3 和推论 4 的结论一致。

进一步分析，由图 4 可以直观看出，在 $\frac{\theta_E^2}{\beta_E}$ 增大初期，g^* 值骤降，表明在 B2B 平台授信工作能力初步提升时，银行的最优收益分配比例受到很大冲击。图 5 将不同 h 取值下 g^* 随 $\frac{\theta_E^2}{\beta_E}$ 的变动趋势进行比较，可以看出 g^* 的下降幅度受 h 取值的影响敏感，提高 h 的值（质押物处置渠道畅通性）可为银行在未来双方合作中赢取更多主导权；质押物处置渠道畅通性在核心企业签订回购合约时取得最大值，即 $h=1$ ，如图 6 所示，此时 g^* 随 $\frac{\theta_E^2}{\beta_E}$ 增大而下降的幅度受质押率 c 取值的影响敏感，银行应在与融资企业谈判过程中争取到更低的质押率（对应于更高的保证金比例），来赢取更高的收益分配比例。总结来看，h 、c 的严格控制，实际上是银行要求融资企业加强担保能力的表现。在 B2B 平台授信能力提高时，银行此举可减小对 B2B 平台授信的依赖，争取到更多的话语权。

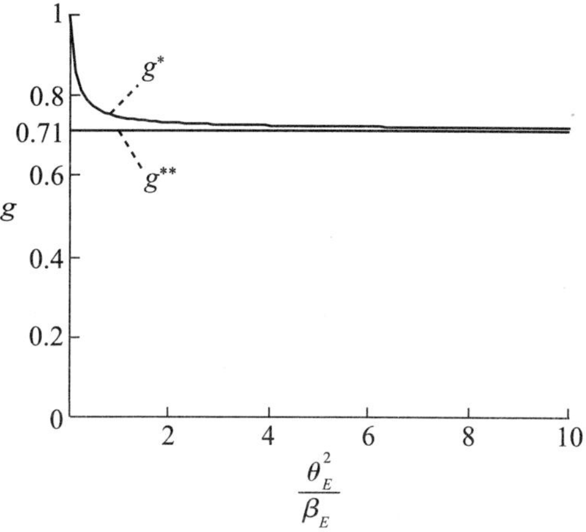

图4 $\frac{\boldsymbol{\theta}_E^2}{\boldsymbol{\beta}_E}$**增大下** g^* **和** g^{**} **的动态关系**

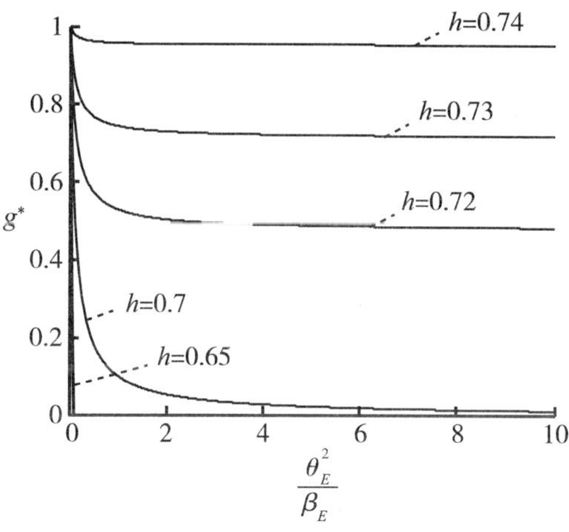

图5　不同 h **取值下** g^* **随**$\frac{\boldsymbol{\theta}_E^2}{\boldsymbol{\beta}_E}$**的变动趋势图**

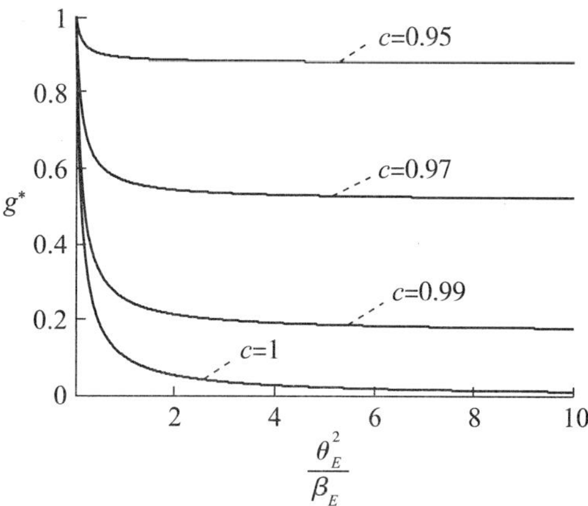

图6　不同 c **取值下** g^* **随**$\frac{\boldsymbol{\theta}_E^2}{\boldsymbol{\beta}_E}$**的变动趋势图（**$h=1$**）**

上述对防止授信过程中银行和B2B平台隐藏行动的道德风险（授信调查过程中努力程度低）的最优契约设计进行了数值仿真分析，验证了本文相关结论的正确性；委托授信下防范B2B平台隐藏信息的道德风险（向银行推荐低信用融资企业）的契约设计不存在最优解，且结论推导过程较为简便，故不再采用数值分析进行赘述。

七、结论

本文以电子订单下游融资为例，在“联合授信”和“委托授信”两种方式下，对比研究了在线供应链金融业务中银行与第三方B2B电商平台的委托代理关系与激励契约设计问题，主要研究结论如下。

（1）在“联合授信”和“委托授信”下，分别构建道德危害模型，研究防止银、电双方隐藏行动的道德风险（授信审查过程中努力程度低）的激励契约，推导给出二者的最优收益分配比例，并进行对比分析，发现：委托授信下银行获得的最优收益分配比例，不超过联合授信下获得的最优收益分配比例，且与联合授信下B2B平台的工作效率和工作有效性趋近于无穷大时的分配比例相等，是银行收益分配的最低水平。这表明，在大数据时代和未来“数据质押”融资的背景下，B2B平台因掌握更多的授信信息，将争取到更高的授信主导权，加之在线供应链金融“快速授信”“批量准入”的融资诉求，银行只能逐步被动接受“委托授信”的事实，从而在双方合作中取得最低的收益分配水平。结论同时揭示了2012年以来，建行、交行纷纷搭建自营B2B平台的内在原因，正是旨在摆脱未来在线供应链金融竞争中对第三方B2B平台的过度依赖，为自身争取更多的主导权和利益分配话语权。

（2）在“委托授信”下，构建博弈模型，研究防止B2B平台隐藏信息的道德风险（向银行推荐低信用融资企业）的激励契约。结论表明：当隐瞒获得融资企业回扣小于隐瞒成本时，选择推荐“高信用”融资企业，且“不隐瞒”为B2B平台的占优策略，银行进行调查与否取决于调查对B2B平台形成约束力所带来的银行收益分配比例的增加值，与调查成本和贷款项目总收益比值之间的大小关系。当调查对B2B平台形成较强约束力，并给银行带来收益分配比例的较大幅度提升时，银行将选择对被推荐企业进行调查；当隐瞒获得融资企业回扣大于隐瞒成本时，银行应通过严格控制收益分配比例上限的方式激励第三方平台推荐“高信用”企业，或通过与供应链核心企业签订回购合约、严格控制质押率上限等方式，加强对融资企业的担保水平，以确保自身收益不受B2B平台隐瞒行为的影响。实践中，建行和金银岛联合推出的“在线融资”，已经实现“金银岛推荐，银行快速审批”的“委托授信”方式，该部分的研究结论可为相关各方提供决策依据和参考。

（3）数值模拟的结果进一步表明，“联合授信”下，在B2B平台的授信审查能力提升初期，银行的最优收益分配比例受到较大冲击，骤然下降，其下降的幅度受质押物处置渠道畅通性的影响较为敏感，提高质押物处置渠道畅通性水平（如与核心企业签订回购合约等）可为银行在未来“银、电”合作中赢取更多主导权。在回购合约签订下，银行的最优收益分配比例下降幅度受质押率的影响敏感，银行应在与融资企业谈判过程中争取到更低的质押率或更高的保证金比例，来有效减小对B2B平台授信审查能力提升的依赖，从而争取到更高的收益分配比例和更多的话语权。

本文在研究银行和B2B平台的委托代理关系中，假设二者的授信努力水平决定贷款回收成功的概率，暂不考虑融资企业、物流企业、核心企业等其他在线供应链金融参与方对贷款项目成功概率的影响，显然是不全面的，这也是本研究最大的局限性，后续研究中，可探索对贷款回收成功概率的更细致刻画，并将融资企业面临的不确定性市场风险等因素纳入模型。此外，本研究中假设银行、B2B平台都具有完全理性，以最大化自身利润为决策目标，与现实情况存在一定的偏差，下一步可放松假设，在有限理性的假设下研究双方的"竞合"关系和激励问题。

参考文献

[1] 中国电子商务研究中心．《2014（上）中国电子商务市场数据监测报告》核心数据［OB/EL］．(2014-09-27)［2014-12-18］．http：//www.100ec.cn/detail-6194210.html.

[2] 易观智库．易观分析：2013年中国电子商务B2B市场新增长周期元年［OB/EL］．(2014-02-25)［2014-12-18］．http：//www.enfodesk.com/SMinisite/newinfo/articledetail-id-401409.html.

[3] 郭菊娥，史金召，王智鑫．基于第三方B2B平台的线上供应链金融模式演进与风险管理研究［J］．商业经济与管理，2014（1）：13-22.

[4] 胡跃飞，黄少卿．供应链金融：背景、创新与概念界定［J］．金融研究，2009（8）：194-206.

[5] KOCH A R. Economic aspects of inventory and receivables financing［J］. Law and Contemporary Problems，1948，13（4）：566-578.

[6] 雷蕾，史金召．供应链金融理论综述与研究展望［J］．华东经济管理，2014，28（6）：158-162.

[7] 谢平，邹传伟．互联网金融模式研究［J］．金融研究，2012（12）：11-22.

[8] 史金召，郭菊娥．互联网视角下的供应链金融模式发展与国内实践研究［J］．西安交通大学学报：社会科学版，2015，35（4）：15-21.

[9] 冯耕中，何娟，李毅学，等．物流金融创新：运作与管理［M］．北京：科学出版社，2014：12-14.

[10] 李毅学，汪寿阳，冯耕中．一个新的学科方向——物流金融的实践发展与理论综述［J］．系统工程理论与实践，2010，30（1）：1-13.

[11] 冯耕中．物流金融业务创新分析［J］．预测，2007，26（1）：49-54.

[12] HOFMANN E. Inventory financing in supply chains：a logistics service provider-approach［J］. International Journal of Physical Distribution & Logistics Management，2009，39（9）：716-740.

[13] KLAPPER L. The role of factoring for financing small and medium enterprises［J］. Journal of Banking & Finance，2006，30（11）：3111-3130.

[14] 刁叶光，任建标．供应链金融下的反向保理模式研究［J］．上海管理科学，2010，32（1）：47-50.

[15] SHI J，GUO J，WANG S，et al. Credit risk evaluation of online supply chain finance based on third-party B2B e-commerce platform：an exploratory research based on China's practice［J］. International Journal of u-and e-Service, Science and Technology，2015，8（5）：93-104.

[16] 熊熊，马佳，赵文杰，等．供应链金融模式下的信用风险评价［J］．南开管理评论，2009，12（4）：92-98.

［17］胡海青，张琅，张道宏．供应链金融视角下的中小企业信用风险评估研究——基于 SVM 与 BP 神经网络的比较研究［J］．管理评论，2012，24（11）：70－80.

［18］JOKIVUOLLE E，PEURA S. Incorporating collateral value uncertainty in loss given default estimates and loan to value ratios［J］. European Financial Management，2003，9（3）：299－314.

［19］李毅学，汪寿阳，冯耕中．物流金融中季节性存货质押融资质押率决策［J］．管理科学学报，2011，14（11）：19－32.

［20］李毅学，冯耕中，张媛媛．委托监管下存货质押融资的关键风险控制指标［J］．系统工程理论与实践，2011，31（4）：587－598.

［21］COSSIN D，HRICKO T. A structural analysis of credit risk with risky collateral：A methodology for haircut determination［J］. Economic Notes，2003，32（2）：243－282.

［22］DIERCKS L A. Identifying and managing troubled borrowers in asset－based lending scenarios［J］. Commercial Lending Review，2004，19（3）：38－41.

［23］BUZACOTT J A，ZHANG R Q. Inventory management with asset－based financing［J］. Management Science，2004，50（9）：1274－1292.

［24］DADA M，HU Q. Financing newsvendor inventory［J］. Operations Research Letters，2008，36（5）：569－573.

［25］JIN Y，WANG S，HU Q. Contract type and decision right of sales promotion in supply chain management with a capital constrained retailer［J］. European Journal of Operational Research，2015，240（2）：415－424.

［26］KLEINDORFER P R，WU D J. Integrating long－and short－term contracting via business－to－business exchanges for capital－intensive industries［J］. Management Science，2003，49（11）：1597－1615.

［27］JING B，SEIDMANN A. Finance sourcing in a supply chain［J］. Decision Support Systems，2014，58：15－20.

［28］CHEN X. A model of trade credit in a capital－constrained distribution channel［J］. International Journal of Production Economics，2015，159：347－357.

［29］林沧海．双重委托代理下物流金融服务创新及其激励机制研究［D］．天津：南开大学，2012：107－148.

［30］张权．存货质押融资中物流企业的激励研究［D］．成都：西南交通大学，2014：23－39.

［31］徐鹏，王勇，杨金．基于委托模式融通仓的银行对第三方物流激励和监督［J］．管理科学，2008，21（1）：108－114.

［32］唐时达，李智华，王硕，等．供应链金融以“数据质押”为核心大势所趋［OB/EL］．（2014－11－10）［2014－12－16］. http：//b2b. toocle. com/detail－6209677. html.

［33］金银岛．“在线融资”业务与传统货押业务的对比［OB/EL］．（2012－07－17）［2014－12－21］. http：//loan. 315. com. cn/help. html.

［34］HELLMANN T. IPOs，acquisitions，and the use of convertible securities in venture capital［J］. Journal of Financial Economics，2006，81（3）：649－679.

［35］晏文隽，郭菊娥．风险投资主体，银行和创业企业家三方委托代理研究［J］．管理科学，2009，22（2）：91－98.

［36］张维迎．博弈论与信息经济学［M］．新 1 版．上海：上海人民出版社，2012：235－237.

［37］蒋伟，李蓉．风险投资与创业企业的博弈分析［J］．金融论坛，2014，19（9）：35－39，56.

［38］金银岛．在线融资帮助中心常见问题解答［OB/EL］．（2015－05－02）［2015－05－03］. http：//www1. 315. com. cn/help/doc_ n/help_ 997007001. html#.

基于顾客选择行为的 O2O 实体渠道与网络渠道竞争

刘　畅　安　实　谢秉磊

摘　要：O2O 渠道是多渠道研究中融合线上交易与线下服务特点的销售新模式，它的加入将令多渠道的竞争与合作更具复杂性。本文归纳了 O2O 实体渠道的运作特点，构建了 O2O 实体渠道和网络渠道的分散决策模型，并根据顾客的渠道决策、服务水平、物流时间和出行成本等变量对渠道价格和利润的影响分析了双渠道的价格竞争与服务竞争方案。分析结果表明，依靠低价策略的 O2O 实体渠道存在生存危机，必须通过价格与服务的组合对策才能得到可持续发展，并从运营模式、选址、品类、定价等方面给出了决策建议。

关键词：O2O　渠道　价格　服务　竞争

一、引言

2010 年 8 月，美国 Trailpay 公司的创始人 Alex Rampell 在 TechCrunch 的一篇约稿中正式提出了 Online to Offline 的概念，简称为 O2O。其核心内容是吸引线上顾客（Online）到现实的商店（Offline）去消费，是线上支付模式和线下门店体验的一种结合，是借助线上对线下的一种发现机制，让线上平台成为线下交易的前台[1]。同年，国内引入 O2O 的概念，最初应用于团购和生活服务类的电子商务营销活动[2]。此后，传统零售和电子商务行业等积极推行 O2O 模式，国外电商巨头如 Amazon、eBay 等已开始布局实体店，国内顺丰速运于 2014 年 5 月在全国开设 518 家“嘿客”网络服务社区门店（顺丰自称为 O2O 门店），实现线上与线下的服务对接。可以预期，随着网络经济的进一步普及，线上和线下的融合、互动将进一步深化，未来市场将爆发出巨大的潜力[2]。

O2O 模式意味着拓宽销售渠道，挖掘市场的新机遇。传统实体渠道与网络渠道的 O2O 拓展分为两条路径：①实体渠道需要通过拓宽网络渠道把客流量引向实体门店；②网络渠道需要开拓实体渠道提升消费体验、提高服务质量、强化品牌形象。实体渠道的 O2O 路径一般不产生新的渠道，而是借助现有的电商平台成熟的技术资源与巨大的顾客流量直接开设网络渠道，仅在今年内，就有来自西班牙的快时尚连锁店 Zara、美国大型连锁超市 Costco 等实体零售商进驻淘宝天猫平台。而网络渠道的 O2O 路径则需要寻求新的实体渠道，一般采取建立新的实体门店的方式，但是这类实体门店展示、

作者简介：刘畅（1982—），女，广东广州人，博士研究生，讲师，主要从事供应链管理与电子商务物流研究；安实（1968—），男，河北丰润人，教授，博士生导师，主要从事道路交通规划与管理研究；谢秉磊（1975—），男，副教授，博士生导师，主要从事交通运输规划与管理，物流管理研究.

服务的特性远大于销售的特性，是一种有别于传统实体渠道的新型渠道，本文将其称为 O2O 实体渠道。

关于 O2O 的研究自 2010 年概念提出以来才逐渐受到学术界的关注，研究内容大部分集中在传统实体渠道如何实现与网络渠道的 O2O 整合，即尝试解决上文提到的 O2O 发展路径（1）的问题。曹静等[2]梳理了网络零售 O2O 模式的发展历程，庄世军[3]分析了 O2O 模式如何解决传统零售与电子商务的冲突，史春佳[4]以服装企业为例，论证了 O2O 营销模式实施后对企业的帮助。邹波[5]运用分类建模的方式研究了保持 O2O 电子商务模式下双渠道并存发展的潜在市场定价机制。而关于 O2O 渠道竞争与协作机制的研究则较少见诸文献。但是关于传统实体渠道与网络渠道之间的竞争研究却累积了丰硕的成果。

早期的双渠道研究集中在制造商开设网络直销渠道对销售商实体渠道在销售价格和利润上带来的影响。Chiang 等[6]认为制造商自设的网络渠道象征意义大于实际意义，即使网络渠道的销量为 0，也能约束销售商的定价，降低双重价格边际效应。作为补偿，制造商降低批发价格，反而使销售商的销量上升，制造商和销售商的利润都得到提高。Tsay 等[7]和 Arya 等[8]的研究验证了 Chiang 的结论。Cattani[9]则揭示了除价格因素外，顾客对网络渠道的接受度也会影响渠道的定价。Cai 等[10]把顾客细分为忠诚于销售商品牌和忠诚于制造商品牌两类，设计了维持双渠道一致价格的方案以降低渠道冲突。

随后，服务因素作为影响顾客渠道选择的重要变量被引入到效用模型中。Dumrongsiri 等[11]在 Chiang[6]的基础上加入服务变量，指出顾客根据价格与服务质量进行渠道选择，销售商服务质量的提升能够提高制造商的利润。Yan[12]进一步证明制造商批发价格的降低和销售商服务质量的提高能够共同促进实体渠道的销售，有效地提高了双渠道的利润。但斌[13]从同质产品的研究扩展到异质产品，建立了一个能准确刻画异质产品不同功能属性、顾客不同偏好以及服务努力影响程度的效用模型，并提出两部收费策略以协调双渠道的冲突。Bernstein[14]、禹爱民[15]和 Balakrishnan[16]基于服务变量研究了搭便车行为对实体和网络渠道价格竞争及利润的影响。邓添予[17]以“快递时间”作为变量诠释服务水平，验证了快递服务水平的高低会直接影响网购顾客的效用大小。Chun[18]运用“距离”的概念，说明实体渠道的距离和相应的出行成本会影响顾客的渠道选择，顾客离销售点距离越远，出行成本越高，越倾向于选择网络渠道。盛天翔[19]在 Chun[18]的基础上发现电子商务成熟度越高，网络渠道价格与传统渠道价格越接近，但是当网上购物成本越高时，网络渠道的价格则越趋向低于传统渠道。同样，Fu 等[20]也验证了顾客渠道选择依赖于他们对网络渠道的接受度及其出行成本，并指出 Stackelberg 结构下制造商开设实体直销渠道是最优化的策略。

上述文献已经证明价格、渠道服务、快递时间以及出行成本等因素都影响着顾客对渠道的偏好。顾客的选择决策决定着渠道组织的结构、定价和收益。O2O 实体渠道的生存与发展也势必受到顾客的行为偏好影响，并将决定着渠道的定价与收益方案。本文从顾客选择行为出发，以 O2O 实体渠道为研究对象，以网络渠道为参照物，通过分析这种兼具传统实体渠道和网络渠道特性的新型渠道与网络渠道的竞争情况，分析

O2O 实体渠道立足市场的可行性，并对 O2O 的渠道建设给出相关的建议。

二、模型描述

假设市场上存在两类零售渠道，一类是网络零售渠道（下文简称“网络渠道”），通过开设网上商店进行零售商品的销售，另一类是新加入的 O2O 实体零售渠道（下文简称“O2O 实体渠道”），采取线上展示商品，线下实体门店交易与服务的方式运作。假设两类渠道独立运营，销售同质商品，网络渠道和 O2O 实体渠道可以向同一家供应商订货，也可以向不同的供应商订货，订货价格由两类渠道各自与供应商协定。

（一）基本模型

价格、渠道服务、快递时间以及出行成本等已被以往文献证明是顾客渠道选择的重要因素。根据对 O2O 实体渠道和网络渠道的特点总结，结合上述四大因素可知，O2O 实体渠道提供包括店员导购、辅助下单、售后等线下体验服务，网络渠道提供包括商品信息展示、在线咨询、售后等线上服务。O2O 实体渠道和网络渠道都通过自营物流或第三方物流进行商品配送；目前存在的 O2O 实体渠道大都借助于投资方本身的物流资源，比如顺丰的 O2O 实体店借助顺丰自有的物流服务，亚马逊的 O2O 实体店依靠自建的配送系统，网络渠道则以第三方配送为主，但有部分大型 B2C 电商自建物流网络。O2O 实体渠道需要顾客到店消费，具有出行成本；网络渠道则没有出行成本。结合 Dumrongsiri[11] 关于服务变量、邓添予[17] 关于快递时间变量、Chun[18] 关于出行成本变量的应用，O2O 实体渠道和网络渠道的顾客效用函数分别建立如下：

效用函数由五部分构成，分别是①顾客购买某商品愿意支付的价值 V；②商品实际的渠道销售价格 P；③顾客对渠道服务的估值 S；④顾客对物流水平的估值 t；⑤顾客购买商品的出行成本 K。顾客对新加入市场竞争的 O2O 实体渠道有一个逐渐认识和接受的过程，设 θ 为顾客对 O2O 实体渠道的接受程度，且满足 $0 \leqslant \theta \leqslant 1$。当 $\theta = 0$ 时，顾客不接受 O2O 实体渠道，将不产生任何购买行为；当 $\theta = 1$，顾客对 O2O 渠道的接受程度等同于网络渠道，会根据从不同渠道获得的效用作出偏好选择。因此，顾客通过网络渠道和 O2O 实体渠道购买商品的效用函数分别为：

网络渠道效用：$U_w = V - P_w + \varepsilon S_w - \beta t_w$ （1）

O2O 实体渠道效用：$U_o = \theta V - P_o + \varepsilon S_o - \beta t_o - K_o$ （2）

在式（1）和（2）中，P_w 和 P_o 分别表示网络渠道和 O2O 实体渠道的销售价格；ε 表示顾客对渠道服务的敏感系数，S_w 和 S_o 分别代表顾客对网络渠道和 O2O 渠道所提供服务的估值，且有 $0 < \varepsilon < 1$；β 代表顾客等待送货的单位时间成本，t_w 和 t_o 分别表示顾客等待送货的物流时间；K_o 代表顾客到 O2O 实体渠道购物的出行成本，由于顾客可以足不出户通过网络渠道购物，网络渠道的出行成本为 0。网络渠道已是零售市场不可或缺的重要渠道，并将会占据越来越重要的位置，O2O 实体渠道作为新生事物，如果不能使顾客获得足够的效用，将会被市场淘汰。因此，两类渠道的效用函数需确保不少于 0，即满足约束条件：

$$U_w = V - P_w + \varepsilon S_w - \beta t_w \geqslant 0，则有：V \geqslant P_w - \varepsilon S_w + \beta t_w \quad (3)$$

$$U_o = \theta V - P_o + \varepsilon S_o - \beta t_o - K_o \geqslant 0，则有：\theta V \geqslant P_o - \varepsilon S_o + \beta t_o + K_o \quad (4)$$

（二）O2O 实体渠道接受程度对顾客需求的影响

当顾客通过两类渠道购物获得相同效用时，顾客对渠道选择无偏好，即有，$U_o = U_w$，代入式（1）和（2），得：

$$\theta^* = 1 - \frac{(P_w - P_o) - \varepsilon(S_w - S_o) + \beta(t_w - t_o) - K_o}{V} \quad (5)$$

当 $\theta < \theta^*$ 时，$U_o < U_w$，顾客会继续选择网络渠道，网络渠道的市场需求不受影响；当 $\theta > \theta^*$ 时，$U_o > U_w$，O2O 实体渠道通过一段时间的市场努力开始被顾客接受和熟悉，有部分原来选择网络渠道的顾客会转而选择 O2O 实体渠道。这一选择的过程如图 1 所示。

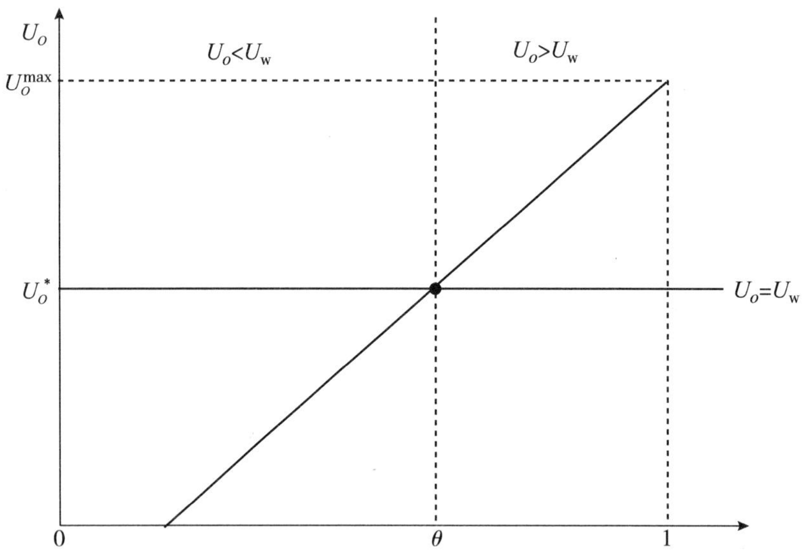

图 1　θ 对顾客选择渠道的影响

假设网络渠道的市场总需求为 α，在区间 $[0,\theta^*]$ 内，顾客仍然选择网络渠道购物，在区间 $[\theta^*,1]$ 内，比例为 θ 的顾客会从网络渠道转到 O2O 实体渠道购物，$(1-\theta)$ 的顾客将仍然留在网络渠道。由 Chiang[6] 和 Chun[18] 的需求模型，得到网络渠道和 O2O 渠道的需求函数为：

$$Q_w = \theta^* \alpha + (1 - \theta^*)(1 - \theta)\alpha;$$

$$Q_o = (1 - \theta^*)\theta\alpha;$$

代入式（3），得到完整的需求函数为：

$$Q_w = \alpha\left(1 - \theta\frac{(P_w - P_o) - \varepsilon(S_w - S_o) + \beta(t_w - t_o) - K_o}{V}\right) \quad (6)$$

$$Q_o = \theta\alpha\frac{(P_w - P_o) - \varepsilon(S_w - S_o) + \beta(t_w - t_o) - K_o}{V} \quad (7)$$

三、O2O 实体渠道与网络渠道的价格竞争

网络渠道和 O2O 实体渠道是两个独立营运且在市场上相互竞争的销售组织，它们采取分散决策的方式各自对渠道价格、进货成本、服务质量、物流等进行调控。网络渠道和 O2O 实体渠道的利润函数如下：

网络渠道：$\pi_w = (P_w - W_w)Q_w - C_w^l - C_w^s$ (8)

O2O 实体渠道：$\pi_o = (P_o - W_o)Q_o - C_o^l - C_o^s - C_r$ (9)

其中，P_w 和 P_o 分别为网络渠道和 O2O 实体渠道的单位销售价格，W_w 和 W_o 分别为网络渠道和 O2O 实体渠道的单位进货成本，C_w^l 和 C_o^l 分别为两类渠道的物流成本，C_w^s 和 C_o^s 分别为两类渠道的服务成本，C_r 为 O2O 渠道的门店租金。

结论 1：在分散式决策的模式下，网络渠道和 O2O 实体渠道的最优定价决策分别为：

$$P_w^* = \frac{3V}{4\theta} + \frac{(3W_w + W_o) + \varepsilon(S_w - S_o) - \beta(t_w - t_o) + K_o}{4} \tag{10}$$

$$P_o^* = \frac{V}{2\theta} + \frac{(W_w + W_o) - \varepsilon(S_w - S_o) + \beta(t_w - t_o) - K_o}{2} \tag{11}$$

$$\pi_w^* = \frac{1}{16}\left(\sqrt{\frac{a\theta}{V}}A + 3\sqrt{\frac{aV}{\theta}}\right)^2 - (C_w^l + C_w^s) \tag{12}$$

$$\pi_o^* = \frac{1}{8}\left(\sqrt{\frac{a\theta}{V}}A - \sqrt{\frac{aV}{\theta}}\right)^2 - (C_o^l + C_o^s + C_r) \tag{13}$$

其中，$A = (W_o - W_w) - \varepsilon(S_o - S_w) + \beta(t_o - t_w) + K_o$ (14)

证明过程见附录 1。

推论 1 O2O 实体渠道和网络渠道的价格都不会随着顾客对 O2O 实体渠道接受程度的增加而上升，反而会因为双渠道的竞争而降低，且网络渠道降价的速度快于 O2O 实体渠道。

证明：要了解两类渠道的价格竞争情况，就要比较 P_w^* 与 P_o^* 孰大孰小。不失一般性，一个新渠道进入销售市场，总是以价格作为主要的竞争要素，希望能从其他渠道吸引顾客过来，这种情况会持续一段时间。等到顾客接受并愿意选择新的渠道以后，渠道前期对顾客的让利将通过提升价格来补偿。Chun[18] 针对传统实体渠道和网络渠道，证明了存在一个 m^*，当 m 小于临界值 m^* 时，传统渠道的售价要高于网络渠道；当 m 大于临界值 m^* 时，传统渠道的售价要低于网络渠道。盛天翔[19]按照 Chun[18] 的方法，通过分析 P_w^*、P_o^* 和 m 的关系，计算出影响传统渠道和网络渠道价格差异的临界值 m^*。根据 Chun[18] 和盛天翔[19] 的方法，结合本文的决策模型和约束条件，分别对 P_w^*、P_o^* 求关于 θ 的一阶偏导，分析两类渠道的价格竞争变化。由式（10）和（11），得：

$$P_w^* - P_o^* = \frac{V}{4\theta} + \frac{(W_w - W_o) + 3\varepsilon(S_w - S_o) - 3\beta(t_w - t_o) + 3K_o}{4} \tag{15}$$

对 P_w^*、P_o^* 求关于 θ 的一阶偏导，得：

$$\frac{\partial P_w^*}{\partial \theta} = -\frac{3V}{4\theta^2} < 0 \tag{16}$$

$$\frac{\partial P_o^*}{\partial \theta} = -\frac{V}{2\theta^2} < 0 \tag{17}$$

$$\frac{\partial (P_o^* - P_w^*)}{\partial \theta} = -\frac{V}{4\theta^2} < 0 \tag{18}$$

由式（15）~式（18）可知，网络渠道和O2O实体渠道的均衡价格 P_w^* 和 P_o^* 都随着 θ 的增大而下降，且由于 $\frac{\partial P_w^*}{\partial \theta} = \frac{3}{2}\left(\frac{\partial P_o^*}{\partial \theta}\right)$，$P_w^*$ 的下降速度是 P_o^* 的1.5倍。

推论2 随着O2O渠道接受程度的增加，两类渠道所获得的利润不升反降，且网络渠道所得利润的下降速度快于O2O实体渠道。

证明：分别对 π_w^*、π_o^* 求关于 θ 的一阶偏导，由式（12）、（13）和（14），得：

$$\frac{\partial \pi_w^*}{\partial \theta} = \frac{\alpha}{16V\theta^2}(A^2\theta^2 - 9V^2) \tag{19}$$

$$\frac{\partial \pi_o^*}{\partial \theta} = \frac{\alpha}{8V\theta^2}(A^2\theta^2 - V^2) \tag{20}$$

$$\frac{\partial (\pi_o^* - \pi_w^*)}{\partial \theta} = -\frac{7V\alpha}{16\theta^2} - \frac{\alpha A^2}{16V} \tag{21}$$

由 $V > 0$，$\alpha > 0$，$0 < \theta < 1$，$A^2 > 0$，可知 $\frac{\partial (\pi_o^* - \pi_w^*)}{\partial \theta} = -\frac{7V\alpha}{16\theta^2} - \frac{\alpha A^2}{16V} < 0$。要分析式（19）和（20），需要判断 $(A^2\theta^2 - 9V^2)$ 和 $(A^2\theta^2 - V^2)$ 是大于、等于或小于0。

由式（3）和（4），得：

$$V \geqslant P_w - \varepsilon S_w + \beta t_w \tag{22}$$

$$\theta V \geqslant P_o - \varepsilon S_o + \beta t_o + K_o \tag{23}$$

由式（14）$A = (W_o - W_w) - \varepsilon(S_o - S_w) + \beta(t_o - t_w) + K_o$ 可知：

因为 $P_w - W_w > 0$，$P_o - W_o > 0$，可推知：$W_o - W_w < P_o - P_w$，所以式（14）符合：

$$(W_o - W_w) - \varepsilon(S_o - S_w) + \beta(t_o - t_w) + K_o < (P_o - P_w) - \varepsilon(S_o - S_w) + \beta(t_o - t_w) + K_o$$

结合式（22）和（23），得：

$$A = (W_o - W_w) - \varepsilon(S_o - S_w) + \beta(t_o - t_w) + K_o < (\theta - 1)V < 0 \tag{24}$$

假设式（19）中 $(A^2\theta^2 - 9V^2) > 0$，变换得：$\theta^2 > \frac{9V^2}{A^2}$；而由 $0 < \theta < 1$ 可知，$0 < \theta^2 < 1$。但是在式（24）中，$A < (\theta - 1)V$，则 $\frac{9V^2}{A^2}$ 必大于1，$(A^2\theta^2 - 9V^2) \geqslant 0$ 不成立。因此得证 $(A^2\theta^2 - 9V^2) < 0$，即式（19）$\frac{\partial \pi_w^*}{\partial \theta} < 0$。同理可证，式（20）$\frac{\partial \pi_o^*}{\partial \theta} < 0$。即网络渠道和O2O实体渠道的利润 π_w^* 和 π_o^* 都随着 θ 的增大而下降，且网络渠道所得

利润 π_w^* 的下降速度比 π_o^* 快。

推论 3 当顾客对 O2O 实体渠道的接受程度为 $\theta<\frac{V}{(W_w-W_o)+3\varepsilon(S_w-S_o)-3\beta(t_w-t_o)+3K_o}$ 时，O2O 实体渠道的定价低于网络渠道的定价，但网络渠道以快于 O2O 实体渠道的降价速度展开价格竞争；当 $\bar{\theta}=\frac{V}{(W_w-W_o)+3\varepsilon(S_w-S_o)-3\beta(t_w-t_o)+3K_o}$ 时，O2O 实体渠道与网络渠道的定价相等，但 O2O 实体渠道处于亏损状态，网络渠道的收益介于盈利与亏损之间；当 $\theta>\frac{V}{(W_w-W_o)+3\varepsilon(S_w-S_o)-3\beta(t_w-t_o)+3K_o}$ 时，O2O 实体渠道与网络渠道维持相等的定价。

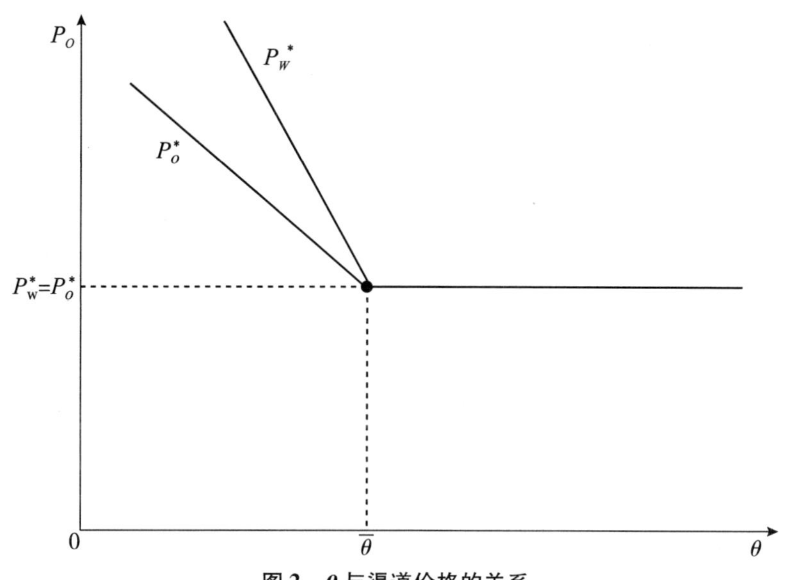

图 2 θ 与渠道价格的关系

证明：当 $P_w^*-P_o^*=0$ 时，有：

$$P_w^*-P_o^*=\frac{V}{4\theta}+\frac{(W_w-W_o)+3\varepsilon(S_w-S_o)-3\beta(t_w-t_o)+3K_o}{4}=0$$

当 $\theta\neq 0$ 且 $0<\theta\leqslant 1$，有：

$$\bar{\theta}=\frac{V}{(W_o-W_w)-3\varepsilon(S_w-S_o)+3\beta(t_w-t_o)-3K_o} \tag{25}$$

且 $(W_o-W_w)-3\varepsilon(S_w-S_o)+3\beta(t_w-t_o)-3K_o>V>0$ (26)

如图 2 所示，在区间 $(0,\bar{\theta})$ 内，$P_w^*>P_o^*$。在 O2O 实体渠道进入市场的初始阶段，低价策略是与网络渠道竞争的有效手段，以此吸引顾客的注意力，促进顾客的购买行为。网络渠道通过下调价格以保障竞争优势。当 $\bar{\theta}=\frac{V}{(W_o-W_w)-3\varepsilon(S_w-S_o)+3\beta(t_w-t_o)-3K_o}$ 时，两类渠道的价格相等。比较此时 O2O 实体渠道和网络渠道的利润，有：

$$\pi_{o1}^{*}=\frac{\alpha\{\theta[(W_o-W_w)-\varepsilon(S_o-S_w)+\beta(t_o-t_w)+K_o]-V\}[-\varepsilon(S_o-S_w)+\beta(t_o-t_w)+K_o]}{2\theta[-(W_o-W_w)-3\varepsilon(S_o-S_w)+3\beta(t_o-t_w)+3K_o]}-(C_o^l+C_o^s+C_r) \tag{27}$$

$$\pi_{w1}^{*}=\alpha\left\{\frac{-\theta[(W_o-W_w)-\varepsilon(S_o-S_w)+\beta(t_o-t_w)+K_o]-3V}{4\theta}\right\}\frac{(W_o-W_w)+4\varepsilon(S_w-S_o)+2\beta(t_w-t_o)-2K_o}{-(W_o-W_w)-3\varepsilon(S_o-S_w)+3\beta(t_o-t_w)+3K_o}-(C_w^l+C_w^s) \tag{28}$$

由式（22）、（23）、（24）和（26）分析，得到式（27）中，有：

$\theta[(W_o-W_w)-\varepsilon(S_o-S_w)+\beta(t_o-t_w)+K_o]-V<0$；

$-(W_o-W_w)-3\varepsilon(S_o-S_w)+3\beta(t_o-t_w)+3K_o<0$；

$-\varepsilon(S_o-S_w)+\beta(t_o-t_w)+K_o<0$；

因此，$\pi_{o1}^{*}<0$，表示当O2O实体渠道的价格与网络渠道的价格相等时，O2O实体渠道处于亏损状态。

同样，由式（22）、（23）、（24）和（26）分析，得到式（28）中，有：

$-\theta[(W_o-W_w)-\varepsilon(S_o-S_w)+\beta(t_o-t_w)+K_o]-3V<0$；

$-(W_o-W_w)-3\varepsilon(S_o-S_w)+3\beta(t_o-t_w)+3K_o<0$；

$0<4\theta<4$；

当$(W_o-W_w)+4\varepsilon(S_w-S_o)+2\beta(t_w-t_o)-2K_o<0$时，$\pi_{w1}^{*}<0$，网络渠道同样处于亏损状态；

当$(W_o-W_w)+4\varepsilon(S_w-S_o)+2\beta(t_w-t_o)-2K_o>0$且$\alpha\times\left\{\frac{-\theta[(W_o-W_w)-\varepsilon(S_o-S_w)+\beta(t_o-t_w)+K_o]-3V}{4\theta}\right\}\times\frac{(W_o-W_w)+4\varepsilon(S_w-S_o)+2\beta(t_w-t_o)-2K_o}{-(W_o-W_w)-3\varepsilon(S_o-S_w)+3\beta(t_o-t_w)+3K_o}>C_w^l+C_w^s$时，$\pi_{w1}^{*}>0$。

由上述论证可知，O2O实体渠道与网络渠道展开价格竞争时，两类渠道的利润都在下降，都不能从竞争中获益。网络渠道的价格下降至与O2O实体渠道价格相等时，由于O2O实体渠道的运营成本明显高于网络渠道，已经处于亏损状态的O2O实体渠道不可能继续以降价来进行市场竞争。尽管网络渠道的运营成本低于O2O实体渠道，但网络渠道也没能从前期的价格竞争中有效获利。因此，网络渠道与O2O实体渠道将会维持价格相等或相似的局面。可见，在区间$(0,\bar{\theta})$内，O2O实体渠道与网络渠道通过低价策略进行竞争，O2O实体渠道在竞争前期的价格低于网络渠道，网络渠道会通过降价进行竞争，且其降价的速度快于O2O实体渠道，直到两类渠道的价格相等为止。在区间$(\bar{\theta},1)$内，O2O实体渠道与网络渠道不再通过价格竞争，两类渠道的价格将维持在相等的水平。

O2O实体渠道和网络渠道仅以低价策略作为竞争策略只会导致顾客形成低价购买的惯性，引致两类渠道的恶性竞争，并不能使两者健康地发展，新生的O2O实体渠道更会因此而被扼杀于襁褓之中。因此，O2O实体渠道从建立伊始应该摒弃单一的低价策略，转而考虑产品、价格与服务相互配合的组合策略，发挥实体渠道的服务、体验优势。

四、O2O 实体渠道与网络渠道的服务竞争

与网络渠道相比，O2O 实体渠道有着实体门店的人工导购、现场体验等优势，如果能够充分发挥服务的优势，O2O 实体渠道就可以摆脱低价策略带来的长期亏损，以其个性化的服务特色来提高顾客对 O2O 实体渠道的接受程度。分析模型中服务估价、物流时间与出行成本三个因素，可得推论 4：

推论 4　O2O 实体渠道的服务因素需要满足以下条件才具备与网络渠道竞争的有利条件：

(1) $S_o > S_w$；(2) $t_o < t_w$；(3) 通过合理选址降低顾客出行成本 K_o。

证明过程见附录 2。

条件一显示了顾客对服务的敏感度 ε 及服务估值 S 对渠道定价和利润的影响。服务敏感度较低的顾客对价格的敏感度较高，更愿意选择价格较低的渠道，导致渠道的毛利率较低，如果渠道不具备较高的销售规模，低价策略必定使渠道盈利艰难。反之，服务敏感度较高的顾客对价格的敏感度较低，愿意为享有优质服务而付出成本，更倾向于选择兼顾价格与服务的渠道。该部分的顾客规模虽然不如低价策略的顾客规模大，但是渠道获取的利润率却优于低价策略。网络渠道一向被顾客认为价格低于传统实体渠道，其利润率事实上也低于传统实体渠道，通常需要维持较高的销售规模以保证渠道收益，因此成熟的网络渠道都显示出强者恒强的特征，即在早期建立起市场的惯性规模，巨大的顾客流量为他们带来比竞争对手更低的采购成本，再采取比竞争对手稍低的价格进行恶性竞争，把在规模上处于弱势的竞争者打败。正如上文推论 3 所示，如果 O2O 实体渠道仅采取低价策略与网络渠道竞争，面对极具规模的网络渠道几乎没有成功的可能。因此，O2O 实体渠道需要以服务敏感度较高的顾客为目标，通过价格与服务并重的组合策略逐步建立服务优势，避免单一低价策略的亏损风险。

条件二的论证过程揭示了渠道的物流时间对定价与利润的影响。成熟的网络渠道基本都建立起稳定、快捷的物流体系，能够在较短时间内完成订单配送。这一服务因素一直以来都是网络渠道相较传统实体渠道的优势。O2O 实体渠道非即时购买的特征决定其在订单配送上必须依赖于物流的功能，且不能逊色于网络渠道。如果能把 O2O 实体渠道建立在一个已有的、较为完善的物流网络上，将有利于减少物流成本，保证物流方面的竞争力。现实的 O2O 实体渠道大多由物流商或者已拥有成熟物流网络的零售商建设即是证明。

条件三指出了出行成本对 O2O 实体渠道的客流量影响。当出行成本 K_o 较高时，顾客便会放弃 O2O 实体渠道而采用网络渠道。对顾客越便利的选址，越容易增加客流量，但是客流量越大的选址，O2O 实体渠道付出的门店租金也越多。平衡出行成本与门店租金的方案有二：一是选择居住社区作为立足点，O2O 实体渠道以社区为单位开设门店，顾客在居住社区内便可完成体验与购买服务，出行成本控制在步行范围内。这一

方案的优势在于顾客的出行成本低，O2O 实体渠道的开店成本也较低；劣势在于门店规模较小，辐射范围仅在相邻社区内，商品的种类、价格和销量会受到社区顾客群体消费特点的限制，因此必须选择有别于网络渠道的通用产品，而提供能切合社区居民生活需求的特色商品。二是选择繁华商圈作为立足点，该方案的优势在于商圈的辐射范围大，客流量充足，顾客通常会在商圈一次性购买所需产品，顾客的出行成本可以与其他产品摊分，有利于降低出行成本；同时还有利于借助商圈的客流量，让顾客更了解 O2O 实体渠道及其销售的商品，即可增加渠道的知名度，又可提高顾客对渠道的接受度。劣势则在于商圈的开店成本较高，商圈内商品品类齐全，如果商品不具备特色，很容易为顾客所忽略。因此，具备特定属性优势、但又仍没有在实体市场树立品牌认知度的商品较为适合该方案。

在顾客的惯性认知中，实体渠道的服务理应优于网络渠道，网络渠道的价格低于实体渠道的价格。上文价格分析部分也揭示了 O2O 实体渠道在与网络渠道的价格竞争上并无优势，因此，O2O 实体渠道更应该加强服务项目的种类与质量，提高顾客的购物体验，以价格和服务的综合策略与网络渠道展开竞争。

五、结论与建议

在网络渠道运营较为成熟的市场中，独立的 O2O 实体渠道要存活与发展殊为不易。“低价 + 高成本”的结合必然导致 O2O 实体渠道在较长时间内处于亏损的状态。从上文价格分析部分可知，O2O 实体渠道只有在顾客的接受程度上升到接近网络渠道的水平，才得以从低价策略中稍稍摆脱，才能从门店的扩张中扩大销售规模，补偿前期的损失。如果达不到一定规模，O2O 的盈利几乎是不可实现的，对网络渠道也不能构成有力的竞争威胁。然而 O2O 实体渠道在前期培养顾客接受程度所投入的成本远高于实际收益，如果企业没有充足的资金供应，O2O 实体渠道几乎不可能坚持到顾客接受程度与网络渠道相等的时候。可见，如果 O2O 实体渠道以分散决策的独立姿态运营，以低价策略作为其竞争对策，存活率必然较低。根据模型分析结果，企业开拓 O2O 实体渠道建议从以下三个方面进行决策：

（1）O2O 实体渠道的运营模式选择：独立还是合作

如果 O2O 实体渠道以独立渠道模式运营，将面临与传统实体渠道、网络渠道等已经成熟的渠道进行竞争，要从已有的顾客分布格局中打开局面、增加规模、提高顾客接受程度等需要投入大量的资金，具有极高的风险。选择此模式的企业需要全盘考虑销售品类、服务项目、物流时间、出行成本等组合对策。如果 O2O 实体渠道不作为独立渠道运营，而是与网络渠道合作，则可以形成以网络渠道为主，O2O 实体渠道为辅的全渠道模式。网络渠道可以通过旗舰店的方式自建 O2O 门店，既展示其代表性的商品，又提供体验型的售前与售后服务。在企业资金不充足的情况下，采取与网络渠道合作的方式能够借助网络渠道和传统实体渠道已有的顾客规模优势，发挥 O2O 的服务体验效力，令 O2O 渠道建设的门槛降低。

（2）O2O 实体渠道的销售品类选择：通用还是个性

O2O 实体渠道如果选择与网络渠道销售同质商品、相似价格，带来的将是恶性的降价竞赛，最终两类渠道都深受其害。如果采用独立渠道模式，建议在较为强调体验型的商品类目中选出与网络渠道截然不同或在市场中尚未成熟的品类；如果采用与网络渠道合作的模式，建议考虑在同品牌下区分产品线，使O2O实体渠道与网络渠道销售的品种、价格、服务都不相同，实现线上线下的互补。总的来说，选择销售个性化、差异化商品，O2O实体渠道不再需要采取与网络渠道同价或低价策略，而是通过现场体验、物流、售后等服务项目的强化，把价格与服务协同起来，形成较为鲜明的“特色商品+特色服务”的组合对策，有效提高顾客对O2O实体渠道的接受程度，促进销售量。

（3）O2O实体渠道的选址选择：社区还是商圈

立足社区有助于O2O实体渠道避开传统实体渠道的辐射范围，降低资金使用的风险。虽然社区店的规模较少，但是未来可以通过在不同社区开店逐步拓展规模。设店于社区的一个关键是选好商品的类目，必须是与社区生活密切相关的实用性商品，而非大而全的商品展示。立足商圈适合作为合作模式的选址决策，借助于商圈的人气与流量达到宣传、推广、体验的目标。O2O实体渠道成为网络渠道的线下延伸，协助把线下的客流引导至线上，使线上线下能够融合运作。但是选址商圈的决策将带来较大的前期资金投入，而且O2O实体渠道不作为销售的主力，其产生的价值并不能直接体现在短期利润上，但长远而言却能提高顾客对O2O实体渠道的接受程度。

如何建设O2O渠道这一研究命题无论在商业界还是学术界都是崭新的探讨。本文以新型的O2O实体渠道作为研究对象，初步探讨了它与网络渠道的价格竞争与服务竞争。O2O渠道建设在运作模式、市场定位与分工、线上线下协同等方面仍有待进一步的分析，下一步的研究将集中于探讨在同质品与异质品的不同销售条件下线上线下的协同合作模式，寻求线上与线下融合的方案。

参考文献

［1］RAMPELL A. Why Online2Offline Commerce Is A Trillion Dollar Opportunity［EB/OL］.（2010-8-7）. http：//techcrunch. com/2010/08/07/why-online2offline-commerce-is-a-trillion-dollar-opportunity/

［2］曹静，史了昂，窦浩，等．我国网络零售O2O模式发展历程的分析与展望［J］．中国商贸，2014，（25）：120-123.

［3］庄世军．传统零售与电子商务共生：O2O模式分析［J］．合作经济与科技，2014，（18）：92-93.

［4］史春佳．M公司O2O营销模式研究［D］．成都：电子科技大学，2013.

［5］邹波．O2O电子商务模式下的启发式定价机制探讨［J］．统计与决策，2014，（7）：183-185.

［6］CHIANG W K，CHHAJED D，HESS J D. Direct marketing，indirect profits：A strategic analysis of dual-channel supply-chain design［J］. Management Science，2003，49（1）：1-20.

［7］TSAY A A，AGRAWAL N. CHANNEL Conflict and Coordination in the E-Commerce Age［J］. Production and Operations Management，2004，13（1）：93-110.

［8］ARYA A，MITTENDORF B，SAPPINGTON D M. The bright side of supplier encroachment［J］.

Marketing Science, 2007, 26 (5): 651 - 659.

[9] CATTANI K, GILLAND W, HEESE H S, et al. Boiling frogs: Pricing strategies for a manufacturer adding a direct channel that competes with the traditional channel [J]. Production and Operations Management, 2006, 15 (1): 40.

[10] CAI G G, ZHANG Z G, ZHANG M. Game theoretical perspectives on dual - channel supply chain competition with price discounts and pricing schemes [J]. International Journal of Production Economics, 2009, 117 (1): 80 - 96.

[11] DUMRONGSIRI A, FAN M, JAIN A, et al. A supply chain model with direct and retail channels [J]. European Journal of Operational Research, 2008, 187 (3): 691 - 718.

[12] YAN R L, PEI Z. Retail services and firm profit in a dual - channel market [J]. Journal of Retailing and Consumer Services, 2009, (16): 306 - 314.

[13] 但斌，王瑶，王磊，等．考虑制造商服务努力的异质产品双渠道供应链协调 [J]．系统管理学报，2013，22 (6)：835 - 840.

[14] BERNSTEIN F, SONG J S, ZHENG X. Free riding in a multi - channel supply chain [J]. Naval Research Logistics, 2009, 56 (8): 745 - 765.

[15] 禹爱民，刘丽文．免费搭车行为对供应链横向竞争的影响 [J]．中国管理科学，2011，19 (5)：37 - 37.

[16] BALAKRISHNAN A, SUNDARESAN S, ZHANG B. Browse - and - Switch: Retail - Online Competition under Value Uncertainty [J]. Production and Operations Management, 2014, 23 (7): 1129 - 1145.

[17] 邓添予．网络零售供应商服务差异化策略及产品定价研究 [D]．成都：西南财经大学，2013.

[18] CHUN S H, KIM J C. Pricing strategies in B2C electronic commerce: Analytical and empirical approaches [J]. Decision Support Systems, 2005, 40 (2): 375 - 388.

[19] 盛天翔，刘春林．网络渠道与传统渠道价格差异的竞争分析 [J]．管理科学，2011，24 (3)：56 - 64.

[20] FU Y, LAI K K, LIANG L. Bricks or clicks: The impact of manufacturer's encroachment on both manufacturer - owned and traditional retail channels [J]. Asia Pacific Journal of Marketing and Logistics, 2013, 25 (4): 695 - 714.

附　录

1. 结论 1 的证明

把式（6）和（7）分别代入式（8）和（9），求关于价格的一阶偏导，并且令：

$$\frac{\partial \pi_w}{\partial P_w} = 0, \frac{\partial \pi_o}{\partial P_o} = 0;$$

求解上述方程组，得式（10）和（11），分别把它们代入式（8）和（9），得到式（12）和（13），结论得证。

2. 推论 4 的证明

（1）分别对 P_w^*、P_o^* 和 π_w^*、π_o^* 求关于 ε、t_w、t_o、β 和 K_o 的一阶偏导，有：

$$\frac{\partial P_w^*}{\partial \varepsilon} = \frac{S_w - S_o}{4}, \frac{\partial P_o^*}{\partial \varepsilon} = \frac{S_o - S_w}{2};$$

$$\frac{\partial\ \pi_w^*}{\partial\ \varepsilon} = -\frac{\alpha(S_w - S_o)(3V + \theta A)}{8V},\ \frac{\partial\ \pi_o^*}{\partial\ \varepsilon} = \frac{\alpha(S_o - S_w)(V - \theta A)}{4V},$$

其中 $A = (W_o - W_w) - \varepsilon(S_o - S_w) + \beta(t_o - t_w) + K_o < 0$；

当 $S_w > S_o$ 时，$\frac{\partial\ P_w^*}{\partial\ \varepsilon} > 0$，$\frac{\partial\ P_o^*}{\partial\ \varepsilon} < 0$；$\frac{\partial\ \pi_w^*}{\partial\ \varepsilon} < 0$，$\frac{\partial\ \pi_o^*}{\partial\ \varepsilon} < 0$；

当 $S_w < S_o$ 时，$\frac{\partial\ P_w^*}{\partial\ \varepsilon} < 0$，$\frac{\partial\ P_o^*}{\partial\ \varepsilon} > 0$；$\frac{\partial\ \pi_w^*}{\partial\ \varepsilon} > 0$，$\frac{\partial\ \pi_o^*}{\partial\ \varepsilon} > 0$。

（2）分别对 P_w^*、P_o^* 和 π_w^*、π_o^* 求关于 t_w、t_o、β 的一阶偏导，有：

$$\frac{\partial\ P_w^*}{\partial\ t_w} = -\frac{\beta}{4} < 0,\ \frac{\partial\ P_w^*}{\partial\ t_o} = \frac{\beta}{4} > 0;\ \frac{\partial\ P_o^*}{\partial\ t_o} = -\frac{\beta}{2} < 0,\ \frac{\partial\ P_o^*}{\partial\ t_w} = \frac{\beta}{2} > 0;$$

$$\frac{\partial\ \pi_w^*}{\partial\ t_w} = -\frac{\alpha\beta}{8}\left(3 + \frac{\theta A}{V}\right) < 0,\ \frac{\partial\ \pi_w^*}{\partial\ t_o} = \frac{\alpha\beta}{8}\left(3 + \frac{\theta A}{V}\right) > 0;$$

$$\frac{\partial\ \pi_o^*}{\partial\ t_o} = \frac{\alpha\beta}{4}\left(\frac{\theta A}{V} - 1\right) < 0,\ \frac{\partial\ \pi_o^*}{\partial\ t_w} = \frac{\alpha\beta}{4}\left(1 - \frac{\theta A}{V}\right) > 0;$$

其中 $A = (W_o - W_w) - \varepsilon(S_o - S_w) + \beta(t_o - t_w) + K_o < 0$。

$$\frac{\partial\ P_w^*}{\partial\ \beta} = \frac{t_o - t_w}{4},\ \frac{\partial\ P_o^*}{\partial\ \beta} = \frac{t_w - t_o}{2};$$

$$\frac{\partial\ \pi_w^*}{\partial\ \beta} = \frac{\alpha(t_o - t_w)(3V + \theta A)}{8V},\ \frac{\partial\ \pi_o^*}{\partial\ \beta} = -\frac{\alpha(t_o - t_w)(V - \theta A)}{4V};$$

当 $t_o > t_w$ 时，$\frac{\partial\ P_w^*}{\partial\ \beta} > 0$，$\frac{\partial\ P_o^*}{\partial\ \beta} < 0$；$\frac{\partial\ \pi_w^*}{\partial\ \beta} > 0$，$\frac{\partial\ \pi_o^*}{\partial\ \beta} < 0$；

当 $t_o < t_w$ 时，$\frac{\partial\ P_w^*}{\partial\ \beta} < 0$，$\frac{\partial\ P_o^*}{\partial\ \beta} > 0$；$\frac{\partial\ \pi_w^*}{\partial\ \beta} < 0$，$\frac{\partial\ \pi_o^*}{\partial\ \beta} > 0$。

（3）分别对 P_w^*、P_o^* 和 π_w^*、π_o^* 求关于 K_o 的一阶偏导，有：

$$\frac{\partial\ P_w^*}{\partial\ K_o} = \frac{1}{4} > 0,\ \frac{\partial\ P_o^*}{\partial\ K_o} = -\frac{1}{2} < 0;$$

$$\frac{\partial\ \pi_w^*}{\partial\ K_o} = \frac{\alpha}{8}\left(3 + \frac{\theta A}{V}\right) > 0,\ \frac{\partial\ \pi_o^*}{\partial\ K_o} = \frac{\alpha}{4}\left(\frac{\theta A}{V} - 1\right) < 0;$$

其中，$A = (W_o - W_w) - \varepsilon(S_o - S_w) + \beta(t_o - t_w) + K_o < 0$。

随机产出随机需求下基于回购契约的供应链协调研究*

罗　军　张文杰

摘　要： 考虑了随机产出随机需求下单供应商－单零售商的两级供应链系统，研究了回购契约在协调供应链中的作用，分别建立了基于批发价格契约与回购契约的供应链分散决策模型，比较了两种契约安排下的供应商定价、零售商订货决策以及供应链各方利润，揭示了影响回购价格的关键因素，并分析了供应商产出波动、需求波动分别对供应商定价决策、零售商订货决策以及供应链各方利润的影响。研究表明，回购契约能有效协调随机产出随机需求下的供应链运作，且回购契约对供应链效率改善随着供应商产出波动的增加而提高。

关键词： 随机产出　随机需求　回购契约　批发价格契约

一、引言

供应链运作除了面临来自需求方面的不确定性外，同样面临着由于许多行业产出数量不确定导致的供应随机性。例如半导体行业，生产车间里空气中极少量的粉尘或者加工时间的细微误差就会直接影响到芯片的质量，使得最终产出存在着较大程度的不确定性，类似的情形还发生在食品、药品等行业。在供应链环境下就供应链各节点企业的订货、定价、生产等问题而言，随机产出条件下的决策与确定性产出时的决策有很大不同。因此，研究随机产出下供应链协调问题具有重要实践意义。

关于随机产出方面的研究可分为两大类，即企业独立决策的单周期与多周期问题、供应链协调问题。Yano 和 Lee（1995）[1] 详细综述了早期关于随机产出方面的研究文献，分析了单个企业批量订货下的单周期和多周期模型。Inderfurth（2004）[2] 研究了随机需求和随机产出条件下单周期生产库存系统，假定需求和产出是独立同分布，并用均匀分布作为特例得到了最优策略。Yang（2007）[3] 等分析了单个企业向多个供应商的采购决策问题，并假定供应商具有不同随机产出水平和成本。

随机产出背景下的供应链协调问题主要分为确定需求和随机需求两类。马士华和李果（2010）[4] 研究了供应商随机产出确定性需求下两供应商、单制造商系统在溢出库存惩罚下的风险共享协同模型。张文杰和骆建文（2013）[5] 研究了随机产出线性需求下两级供应链协调问题，证明了收益共享契约在供应链协调中的作用。Gurnani 和 Ger-

---

* 基金项目：国家自然科学基金项目（71001063）；上海市政府决策咨询研究项目（2014ZR21）。

作者简介：罗军（1976－），男，汉，江苏海安人，上海海事大学交通运输学院博士研究生，上海海关学院讲师，研究方向：供应链管理。张文杰，上海工会管理职业学院。

chak（2007）[6]研究了一个装配制造商向多个供应商采购零部件组装产品销往终端市场的供应链协调问题，假定产品需求是确定的，供应商在零部件供应方面存在着随机产出特征，并提出两种惩罚机制，即对已订未发货部分进行惩罚和对表现最差的供应商进行额外惩罚。关于随机产出随机需求下的供应链协调问题研究较少。He 和 Zhang（2008）[7]研究了单供应商、单零售商供应链上随机产出风险分担契约设计问题。Guler 和 Bilgic（2009）[8]研究了供应商产出与顾客需求都随机时的分散装配系统问题，并提出两种可以协调供应链的有效机制。赵霞等（2014）[9]研究了随机产出随机需求下的二级供应链协调问题，提出了能协调供应链的收益与产出风险共享合同。

以往对供应链回购契约研究都假定供应是确定的，王炬香等（2008）[10]研究了由一个供应商与一个零售商构成的两级供应链的回购契约设计问题，指出通过不同的批发价格与回购价格数对（w，b）策略可以使双方实现协调。王玉燕（2009）[11]研究通过调整原来的回购契约使其能协调应对突发事件导致的需求突变。刘家国和吴冲（2010）[12]研究具有单一供应商和单一销售商的供应链系统回购契约协调机制。结果表明回购契约的采用使批发价格比不采用契约时的批发价格低，且使订货量增加，从而使供应链的总利润增加。张义刚和唐小我（2012）[13]以报童模型为基础，研究了资金收益对回购契约的影响。

本文研究的是随机产出和随机需求的双随机背景下供应链回购契约协调问题。考虑由一个供应商和一个零售商构成的两级供应链系统，供应商产出与零售商需求都是随机的，分别建立了基于批发价格契约与回购契约的供应链分散决策模型。比较了两种契约安排下的供应商定价、零售商订货决策以及供应链各方利润，分析了供应商产出与需求波动对供应商定价决策、零售商订货决策以及供应链各方利润的影响。

二、问题描述与符号含义

本文考虑由一个供应商和一个零售商组成的两级供应链系统，供应商采用按订单生产（MTO）方式，供应商产出具有随机性，同时零售商面临着随机的市场需求，令f（x）和 G（x）分别为随机需求 X 的概率密度函数和分布函数。在销售季节开始之前，零售商考虑到需求和供应的随机性特征，确定订货量 Q，供应商收到零售商订单后，根据订单组织生产和发货。由于供应商产出的随机性特征，供应商实际发货为 εQ，ε 为供应商产出随机因子，$0 \leqslant a < \varepsilon < b \leqslant 1$ 其概率密度函数和分布函数分别为g（ε）和 G（ε），均值为 u_ε。

相关符号说明如下：

r　零售商单位产品销售价格

c　供应商单位生产成本

w，w_b　分别为批发价格契约和回购契约下供应商确定的批发价格，且 $u_\varepsilon w > c$，$u_\varepsilon w_b > c$

t　供应商提供的回购价格

Q_c　集中决策时供应链向终端市场提供的产品数量

Q_d　批发价格契约下零售商的订货量

Q_b　回购契约下零售商的订货量

Π_c，Π_d，Π_b　分别表示集中决策、批发价格契约、回购契约下供应链期望利润

Π_d^s，Π_d^r，　分别表示批发价格契约下供应商和零售商的期望利润

Π_b^s，Π_b^r，　分别表示回购契约下供应商和零售商的期望利润

本文在建立供应链协调模型的过程中引入以下假设：

（1）供应商与零售商是信息对称的，即零售商了解供应商产出的随机性特征，供应商也知道零售商的需求分布；

（2）整条供应链仅提供单一产品；

（3）供应链各方都是理性的和风险中性的；

（4）为了简化分析，假设销售期结束后产品残值为零，且不考虑失销损失。

三、集中化决策

集中化决策下，供应链直接根据市场需求提供产品，供应链的目标是利润最大化。此时，供应链利润函数为：$\Pi_c = r\min\{\varepsilon Q_c, X\} - cQ_c$

令 $S(Q_c) = \min\{\varepsilon Q_c, X\} = u_\varepsilon Q_c - \int_0^1 g(\varepsilon)\int_0^{\varepsilon Q_c} F(x)\mathrm{d}x\mathrm{d}\varepsilon$

供应链利润函数可改写成：$\Pi_c = rS(Q_c) - cQ_c$

命题1　集中决策下供应链期望利润函数是关于 Q_c 的凹函数，并存在唯一最优的 Q_c^* 实现供应链期望利润最大化，Q_c^* 满足：$\int_0^1 \varepsilon g(\varepsilon)F(\varepsilon Q_c^*)\mathrm{d}\varepsilon = u_\varepsilon - c/r$，最大化的供应链期望利润为：$\Pi_c^* = r\int_0^1 g(\varepsilon)\int_0^{\varepsilon Q_c^*} xf(x)\mathrm{d}x\mathrm{d}\varepsilon$

证明：$S'(Q_c) = u_\varepsilon - \int_0^1 \varepsilon g(\varepsilon)F(\varepsilon Q_c)\mathrm{d}\varepsilon$，对 Π_c 求关于 Q_c 的一阶和二阶导数可得：

$$\mathrm{d}\Pi_c/\mathrm{d}Q_c = rS'(Q_c) - c = r\left(u_\varepsilon - \int_0^1 \varepsilon g(\varepsilon)F(\varepsilon Q_c)\mathrm{d}\varepsilon\right) - c$$

$$\mathrm{d}^2\Pi_c/\mathrm{d}Q_c^2 = -r\int_0^1 \varepsilon^2 g(\varepsilon)f(\varepsilon Q_c)\mathrm{d}\varepsilon < 0$$

因此，Π_c是关于 Q_c的凹函数，且在一阶导数为零处取最优解，由

$$\mathrm{d}\Pi_c/\mathrm{d}Q_c = r\left(u_\varepsilon - \int_0^1 \varepsilon g(\varepsilon)F(\varepsilon Q_c)\mathrm{d}\varepsilon\right) - c = 0$$

可得：

$$\int_0^1 \varepsilon g(\varepsilon)F(\varepsilon Q_c^*)\mathrm{d}\varepsilon = u_\varepsilon - c/r$$

集中决策时最大化的供应链期望利润为：

$$\begin{aligned}\Pi_c^* &= r\left(u_\varepsilon Q_c^* - \int_0^1 g(\varepsilon)\int_0^{\varepsilon Q_c^*} F(x)\mathrm{d}x\mathrm{d}\varepsilon\right) - cQ_c^* \\ &= r\left(u_c Q_c^* - \int_0^1 g(\varepsilon)\left[\varepsilon Q_c^* F(\varepsilon Q_c^*) - \int_0^{\varepsilon Q_c^*} xf(x)\mathrm{d}x\right]\mathrm{d}\varepsilon\right) - cQ_c^* \\ &= r\left(u_\varepsilon Q_c^* - Q_c^*\int_0^1 g(\varepsilon)\varepsilon F(\varepsilon Q_c^*)\mathrm{d}\varepsilon + \int_0^1 g(\varepsilon)\int_0^{\varepsilon Q_c^*} xf(x)\mathrm{d}x\mathrm{d}\varepsilon\right) - cQ_c^*\end{aligned}$$

$$= r\left(u_\varepsilon Q_c^* - Q_c^*(u_c - c/r) + \int_0^1 g(\varepsilon)\int_0^{\varepsilon Q_c^*} xf(x)\mathrm{d}x\mathrm{d}\varepsilon\right) - cQ_c^*$$

$$= r\int_0^1 g(\varepsilon)\int_0^{\varepsilon Q_c^*} xf(x)\mathrm{d}x\mathrm{d}\varepsilon$$

由命题1可知，集中决策时供应链的最优产量与最大化的期望利润与以下因素有关：产出与需求分布、产出均值、销售价格和生产成本。

四、分散决策下的批发价格契约模型

（一）零售商最优决策

在传统批发价格背景下，零售商根据市场需求情况，结合供应商产出随机性特征和设定的批发价格，确定最优订货量。因此，零售商的期望利润为：

$$\Pi_d^r = rS\ (Q_d) - u_\varepsilon w\, Q_d$$

命题2 批发价格契约下零售商的期望利润Π_d^r是关于Q_d的凹函数，并存在唯一Q_d^*实现供应链期望利润最大化，Q_d^*满足：$\int_0^1 \varepsilon g(\varepsilon)F(\varepsilon Q_d^*)\mathrm{d}\varepsilon = u_\varepsilon - u_\varepsilon w/r$，最大化的零售商期望利润为：$\Pi_d^{r*} = r\int_0^1 g(\varepsilon)\int_0^{\varepsilon Q_d^*} xf(x)\mathrm{d}x\mathrm{d}\varepsilon$。

证明：对Π_d^r求关于Q_d的一阶和二阶导数，可得：

$$\mathrm{d}\Pi/\mathrm{d}Q_d = rS'(Q_d) - c = r\left(u_\varepsilon - \int_0^1 \varepsilon g(\varepsilon)F(\varepsilon Q_d)\mathrm{d}\varepsilon\right) - u_\varepsilon w$$

$$\mathrm{d}^2\Pi_d/\mathrm{d}Q_d^2 = -r\int_0^1 \varepsilon^2 g(\varepsilon)f(\varepsilon Q_d)\mathrm{d}\varepsilon < 0$$

因此，Π_d^r是关于Q_d的凹函数，并在一阶导数为零处取最优解，令

$$\mathrm{d}\Pi_d/\mathrm{d}Q_d = r\left(u_\varepsilon - \int_0^1 \varepsilon g(\varepsilon)F(\varepsilon Q_d)\mathrm{d}\varepsilon\right) - u_\varepsilon w = 0$$

于是有：

$$\int_0^1 \varepsilon g(\varepsilon)F(\varepsilon Q_d^*)\mathrm{d}\varepsilon = u_\varepsilon - u_\varepsilon w/r$$

零售商最优的期望利润为：

$$\Pi_d^{r*} = r\left(u_\varepsilon Q_d^* - \int_0^1 g(\varepsilon)\int_0^{\varepsilon Q_d^*} F(x)\mathrm{d}x\mathrm{d}\varepsilon\right) - u_\varepsilon w\, Q_d^*$$

$$= r\left(u_\varepsilon Q_d^* - Q_d^*\int_0^1 g(\varepsilon)\varepsilon F(\varepsilon Q_d^*)\mathrm{d}\varepsilon + \int_0^1 g(\varepsilon)\int_0^{\varepsilon Q_d^*} xf(x)\mathrm{d}x\mathrm{d}\varepsilon\right) - u_\varepsilon w\, Q_d^*$$

$$= r\left(u_\varepsilon Q_d^* - Q_d^* u_\varepsilon(r-w)/r + \int_0^1 g(\varepsilon)\int_0^{\varepsilon Q_d^*} xf(x)\mathrm{d}x\mathrm{d}\varepsilon\right) - u_\varepsilon w\, Q_d^*$$

$$= r\int_0^1 g(\varepsilon)\int_0^{\varepsilon Q_d^*} xf(x)\mathrm{d}x\mathrm{d}\varepsilon$$

由命题2可知，批发价格下零售商的最优订购量与最大化期望利润与以下因素有关：产出与需求分布、产出均值、批发价格和销售价格。

推论1 批发价格契约下供应链向市场提供的产品数量小于集中决策时的数量，即$Q_d^* < Q_c^*$。

证明：令 $K(Q)=\int_0^1 \varepsilon g(\varepsilon)F(\varepsilon Q)\mathrm{d}\varepsilon$，由于 $K'(Q)=\int_0^1 \varepsilon^2 g(\varepsilon)f(\varepsilon Q)\mathrm{d}\varepsilon>0$，所以 $K(Q)$ 是关于 Q 的增函数。由于 $u_\varepsilon-u_\varepsilon w/r<u_\varepsilon-c/r$，因此，$Q_d^*<Q_c^*$。

推论 1 说明了随机产出随机需求条件下，仅依赖批发价格契约也存在着“双边际”效应，无法实现供应链协调。

（二）供应商最优决策

虽然供应商产出存在随机性，由于零售商在做订货决策时已充分考虑了这种随机性，因此，供应商还是会根据零售商的实际订单组织生产和发货。此时，供应商的期望利润函数为：

$$\Pi_d^s=u_\varepsilon w\,Q_d^*-c\,Q_d^*$$

命题 3 供应商期望利润函数Π_d^s是关于 w 的凹函数，并存在唯一的w^*实现供应商利润最大化，且w^*满足：

$$Q_d^*-u_\varepsilon w^*/\left[r\int_0^1 \varepsilon^2 g(\varepsilon)f(\varepsilon Q_d^*)\mathrm{d}\varepsilon\right]+c/\left[r\int_0^1 \varepsilon^2 g(\varepsilon)f(\varepsilon Q_d^*)\mathrm{d}\varepsilon\right]=0$$

证明：

对Π_d^s求关于 w 的一阶和二阶导数即得：

$$\mathrm{d}\,\Pi_d^s/\mathrm{d}w=u_\varepsilon Q_d^*+(u_\varepsilon w-c)\frac{\mathrm{d}\,Q_d^*}{\mathrm{d}w}$$

$$\begin{aligned}\mathrm{d}^2\Pi_d^s/\mathrm{d}w^2&=u_\varepsilon\frac{\mathrm{d}\,Q_d^*}{\mathrm{d}w}+u_\varepsilon\frac{\mathrm{d}\,Q_d^*}{\mathrm{d}w}+u_\varepsilon w\frac{\mathrm{d}^2Q_d^*}{\mathrm{d}w^2}-c\frac{\mathrm{d}^2Q_d^*}{\mathrm{d}w^2}\\&=2u_\varepsilon\frac{\mathrm{d}\,Q_d^*}{\mathrm{d}w}+(u_\varepsilon w-c)\frac{\mathrm{d}^2Q_d^*}{\mathrm{d}w^2}\end{aligned}$$

由于 $$\mathrm{d}\,Q_d^*/\mathrm{d}w=-u_\varepsilon/\left[r\int_0^1 \varepsilon^2 g(\varepsilon)f(\varepsilon Q_d^*)\mathrm{d}\varepsilon\right]<0$$

$$\begin{aligned}\frac{\mathrm{d}^2 Q_d^*}{\mathrm{d}w^2}&=(\mathrm{d}\,Q_d^*/\mathrm{d}w)\cdot u_\varepsilon r\int_0^1 \varepsilon^3 g(\varepsilon)f'(\varepsilon Q_d^*)\mathrm{d}\varepsilon/\left[r\int_0^1 \varepsilon^2 g(\varepsilon)f(\varepsilon Q_d^*)\mathrm{d}\varepsilon\right]^2\\&=-u_\varepsilon{}^2 r\int_0^1 \varepsilon^3 g(\varepsilon)f'(\varepsilon Q_d^*)\mathrm{d}\varepsilon/\left[r\int_0^1 \varepsilon^2 g(\varepsilon)f(\varepsilon Q_d^*)\mathrm{d}\varepsilon\right]^3<0\end{aligned}$$

因此，$\mathrm{d}^2\,\Pi_d^s/\mathrm{d}w^2<0$，$\Pi_d^s$ 是关于 w 的凹函数，且在一阶导数为零处取最优解，令 $\mathrm{d}\,\Pi_d^s/\mathrm{d}w=0$，可得：

$$Q_d^*-u_\varepsilon w^*/\left[r\int_0^1 \varepsilon^2 g(\varepsilon)f(\varepsilon Q_d^*)\mathrm{d}\varepsilon\right]+c/\left[r\int_0^1 \varepsilon^2 g(\varepsilon)f(\varepsilon Q_d^*)\mathrm{d}\varepsilon\right]=0$$

五、分散决策下的回购契约模型

回购契约下，供应商为了激励零售商多订货，销售季节结束后，对零售商未售完的产品提供补偿性回购，回购价格为 t。

（一）零售商最优决策

由于供应商提供一定的补偿性回购，零售商此时的订货决策将会随之调整，零售商的订货量为 Q_b，因此，回购契约下零售商的利润函数为：

$$\Pi_b^r = rS(Q_b) - u_\varepsilon w_b Q_b + tE[\max(\varepsilon Q_b - X, 0)]$$

零售商利润函数可改写为：

$$\Pi_b^r = r\left(u_\varepsilon Q_b - \int_0^1 g(\varepsilon)\int_0^{\varepsilon Q_b} F(x)\mathrm{d}x\mathrm{d}\varepsilon\right) - u_\varepsilon w_b Q_b + t\int_0^1 g(\varepsilon)\left(\int_0^{\varepsilon Q_b} F(x)\mathrm{d}x\right)\mathrm{d}\varepsilon$$

$$= u_\varepsilon(r - w_b)Q_b - (r - t)\int_0^1 g(\varepsilon)\int_0^{\varepsilon Q_b} F(x)\mathrm{d}x\mathrm{d}\varepsilon$$

命题 4 回购契约下零售商利润函数Π_b^r是关于 Q_b的凹函数，且存在唯一最优解Q_b^*实现零售商利润最大化，Q_b^*满足以下条件：

$$\int_0^1 \varepsilon g(\varepsilon)F(\varepsilon Q_b^*)\mathrm{d}\varepsilon = u_\varepsilon(r - w_b)/(r - t)$$

零售商最大化期望利润为：

$$\Pi_b^{r*} = (r - t)\int_0^1 g(\varepsilon)\int_0^{\varepsilon Q_b^*} xf(x)\mathrm{d}x\mathrm{d}\varepsilon$$

证明：分别对Π_b^r求关于 Q_b的一阶和二阶导数，即得：

$$\mathrm{d}\Pi_b^r/\mathrm{d}Q_b = u_\varepsilon(r - w_b) - (r - t)\int_0^1 \varepsilon g(\varepsilon)F(\varepsilon Q_b)\mathrm{d}\varepsilon$$

$$\mathrm{d}^2\Pi_b^r/\mathrm{d}Q_b^2 = -(r - t)\int_0^1 \varepsilon^2 g(\varepsilon)f(\varepsilon Q_b)\mathrm{d}\varepsilon < 0$$

因此，Π_b^r 是关于 Q_b 的凹函数，且在一阶导数为零处取最优解，令 $\mathrm{d}\Pi_b^r/\mathrm{d}Q_b = 0$，可得：

$$\int_0^1 \varepsilon g(\varepsilon)F(\varepsilon Q_b^*)\mathrm{d}\varepsilon = u_\varepsilon(r - w_b)/(r - t)$$

零售商最优期望利润为：

$$\Pi_b^{r*} = u_\varepsilon(r - w_b)Q_b^* - (r - t)\left[Q_d^*\int_0^1 g(\varepsilon)\varepsilon F(\varepsilon Q_d^*)\mathrm{d}\varepsilon - \int_0^1 g(\varepsilon)\int_0^{\varepsilon Q_b^*} xf(x)\mathrm{d}x\mathrm{d}\varepsilon\right]$$

$$= u_\varepsilon(r - w_b)Q_b^* - (r - t)Q_d^* u_\varepsilon(r - w_b)/(r - t) + (r - t)\int_0^1 g(\varepsilon)\int_0^{\varepsilon Q_d^*} xf(x)\mathrm{d}x\mathrm{d}\varepsilon$$

$$= (r - t)\int_0^1 g(\varepsilon)\int_0^{\varepsilon Q_d^*} xf(x)\mathrm{d}x\mathrm{d}\varepsilon$$

（二）供应商最优决策

供应商的期望利润函数为：$\Pi_b^s = u_\varepsilon wQ_b - cQ_b - tE[\max(\varepsilon Q_b - X, 0)]$

1. 供应商确定回购价格

为了引导与激励零售商和集中化决策时一样订货，即$Q_b^* = Q_c^*$，因此

$$u_\varepsilon(r - w_b)/(r - t) = u_\varepsilon - c/r$$

于是，供应商需提供单位回购价格为：$t = \dfrac{u_\varepsilon w_b - c}{u_\varepsilon r - c} r$

此时零售商利润为：

$$\Pi_b^r = (r - t)\int_0^1 g(\varepsilon)\int_0^{\varepsilon Q_b^*} xf(x)\mathrm{d}x\mathrm{d}\varepsilon$$

$$= (r - t)\int_0^1 g(\varepsilon)\int_0^{\varepsilon Q_c^*} xf(x)\mathrm{d}x\mathrm{d}\varepsilon = \frac{r - t}{r}\Pi_c^* = \Pi_c^* - \frac{t}{r}\Pi_c^*$$

供应商期望利润为：

$$\begin{aligned}\Pi_b^s &= u_\varepsilon w Q_b^* - c Q_b^* - t\int_0^1 g(\varepsilon)\left(\int_0^{\varepsilon Q_b^*} F(x)\mathrm{d}x\right)\mathrm{d}\varepsilon \\ &= u_\varepsilon w Q_b^* - c Q_b^* - t\left[Q_b^* \int_0^1 \varepsilon g(\varepsilon)F(\varepsilon Q_b^*)\mathrm{d}\varepsilon - \int_0^1 g(\varepsilon)\int_0^{\varepsilon Q_b^*} xf(x)\mathrm{d}x\mathrm{d}\varepsilon\right] \\ &= u_\varepsilon w Q_b^* - c Q_b^* - t Q_b^* \int_0^1 \varepsilon g(\varepsilon)F(\varepsilon Q_b^*)\mathrm{d}\varepsilon + t\int_0^1 g(\varepsilon)\int_0^{\varepsilon Q_b^*} xf(x)\mathrm{d}x\mathrm{d}\varepsilon \\ &= u_\varepsilon w Q_b^* - c Q_b^* - \frac{u_\varepsilon w - c}{u_\varepsilon r - c} r Q_b^* \int_0^1 \varepsilon g(\varepsilon)F(\varepsilon Q_b^*)\mathrm{d}\varepsilon + t\int_0^1 g(\varepsilon)\int_0^{\varepsilon Q_b^*} xf(x)\mathrm{d}x\mathrm{d}\varepsilon \\ &= u_\varepsilon w Q_b^* - c Q_b^* - r Q_b^* \cdot \frac{u_\varepsilon w - c}{u_\varepsilon r - c} \cdot \frac{u_\varepsilon r - c}{r} + t\int_0^1 g(\varepsilon)\int_0^{\varepsilon Q_b^*} xf(x)\mathrm{d}x\mathrm{d}\varepsilon \\ &= t\int_0^1 g(\varepsilon)\int_0^{\varepsilon Q_c^*} xf(x)\mathrm{d}x\mathrm{d}\varepsilon = \frac{t}{r}\Pi_c^*\end{aligned}$$

因此，$\Pi_b^s + \Pi_b^r = \Pi_c^*$，说明供应商可以通过变动批发价格 w_b 来调整 t，实现对供应链利润的分配，有效实现供应链协调。

推论 2 回购契约下的回购价格与批发价格、产出均值呈正相关关系，与生产成本、销售价格呈负相关关系。

证明：
$$\mathrm{d}t/\mathrm{d}w_b = \frac{u_\varepsilon r}{u_\varepsilon r - c} > 0 \quad \mathrm{d}t/\mathrm{d}u_\varepsilon = \frac{(r-w)c}{(u_\varepsilon r - c)^2} r > 0$$

$$\mathrm{d}t/\mathrm{d}r = -\frac{(u_\varepsilon - c)c}{(u_\varepsilon r - c)^2} < 0, \mathrm{d}t/\mathrm{d}c = -\frac{(r-w)r}{(u_\varepsilon r - c)^2} < 0$$

推论 2 说明了回购契约下供应商提供的回购价格将随着批发价格的提高而增加；产出均值越大，供应商亦愿意提供更高的回购价格；当生产成本或销售价格的增加时，供应商将会降低回购价格。

2. 供应商确定批发价格

由前文可知，当供应商提供回购价格 t，零售商就会按照集中决策时进行订货，实现与集中决策时的最优供应链期望利润。供应商可以通过变动批发价格 w_b 来调整 t，对供应链利润的任意分配，有效实现供应链协调。接下来讨论供应商如何选择最优的（w_b，t）使供应链各方从回购契约安排下获益，实现双赢。利用批发价格契约下供应链各方利润作为基准，最大化 $N(w_b) = (\Pi_b^s - \Pi_w^s)(\Pi_b^r - \Pi_w^r)$，即实现了供应链各方的帕累托改善。

$$N(w_b) = (\Pi_b^s - \Pi_w^s)(\Pi_b^r - \Pi_w^r) = \left(\frac{t}{r}\Pi_c - \Pi_w^s\right)\left(\frac{r-t}{r}\Pi_c - \Pi_w^r\right)$$

$$= \left(\frac{u_\varepsilon w - c}{u_\varepsilon r - c}\Pi_c - \Pi_w^s\right)\left(\frac{u_\varepsilon r - u_\varepsilon w}{u_\varepsilon r - c}\Pi_c - \Pi_w^r\right)$$

命题 5 $N(w_b)$ 是关于 w_b 的凹函数，且在一阶导数为零处取最优解 w_b^*，且回购契约下供应商确定的最优批发价格为：

$$w_b{}^* = \frac{u_\varepsilon r(\Pi_c - \Pi_w^r + \Pi_w^s) + c(\Pi_c - \Pi_w^s + \Pi_w^r)}{2u_\varepsilon \Pi_c}$$

证明：分别对 $N(w_b)$ 求关于 w_b 的一阶和二阶导数得：

$$\frac{dN(w_b)}{dw_b}=\frac{u_\varepsilon \Pi_c}{u_\varepsilon r-c}\left(\frac{u_\varepsilon r-u_\varepsilon w_b}{u_\varepsilon r-c}\Pi_c-\Pi_w^r\right)-\frac{u_\varepsilon \Pi_c}{u_\varepsilon r-c}\left(\frac{u_\varepsilon w_b-c}{u_\varepsilon r-c}\Pi_c-\Pi_w^s\right)$$

$$=\frac{u_\varepsilon \Pi_c}{u_\varepsilon r-c}\left(\frac{u_\varepsilon r+c-2u_\varepsilon w_b}{u_\varepsilon r-c}\Pi_c-\Pi_w^r+\Pi_w^s\right)$$

$$\frac{d^2N(w_b)}{dw_b^2}=-\frac{2u_\varepsilon^2\Pi_c^2}{(u_\varepsilon r-c)^2}<0$$

因此，$N(w_b)$ 是关于 w_b 的凹函数，令一阶导数等于零即得：

$$w_b^*=\frac{u_\varepsilon r(\Pi_c-\Pi_w^r+\Pi_w^s)+c(\Pi_c-\Pi_w^s+\Pi_w^r)}{2u_\varepsilon \Pi_c}$$

由命题5可以看出，回购契约下供应商确定的最优批发价格与随机产出均值、生产成本和销售价格有关，随着生产成本和销售价格的增加而增加，随着随机产出均值的增加而减小。

六、数值算例

根据模型假设设定 $r=20$，$c=4$，$\pi=20$，$\varepsilon \sim U(0, 1)$，需求服从指数分布：

$$f(x)=\begin{cases}\frac{1}{\lambda}e^{-\frac{x}{\lambda}}, & x>0\\ 0 & \text{其他}\end{cases}，且\ \lambda=0.01。$$

具体算例结果如下：由表1和表2算例结果都说明了回购契约下零售商的订货量远高于传统批发价格契约下的订货量，且回购契约下供应链各方利润及整体利润都有较大幅度的提高，可见随机产出随机需求环境下，回购契约在提升供应链运作效率和改善供应链各方绩效方面的作用。表1还可以看出，随着随机产出波动的增加，零售商愿意更多地订货，一方面源于供应商的批发价格和回购价格的降低；另一方面，零售商更多的订货为了应对供应商产出不确定性风险。随着供应商产出波动的增大，供应链各方及整体利润都随之提高。

表1　供应商产出波动对两种契约安排下运营决策及供应链各方利润的影响

$\varepsilon \sim U(a, b)$	Q	w	Π_d^r	Π_d^s	Π_d^{sc}	q	w_b	t	Π_b^r	Π_b^s	Π_b^{sc}
(0, 0.6)	48.89	16.48	24.91	46.24	71.15	104.2	17.41	12.23	37.39	58.86	96.25
(0, 0.8)	61.09	14.54	62.73	110.9	173.6	136.4	16.02	12.04	94.29	142.6	236.9
(0, 1.0)	63.10	13.28	97.78	166.6	264.4	147.0	15.13	11.88	147.9	216.5	364.4

表2算例结果显示，需求波动的变化对供应商批发价格和回购价格的决策没有影响，但直接影响零售商的订货量、供应链各方及整体利润。随着需求波动的增加，零售商的订货量随之增加，同时供应链各方及整体利润也随之增加。

表 2　　需求波动对两种契约安排下运营决策及供应链各方利润的影响

$\sigma_x = 1/\lambda$	Q	w	Π_d^r	Π_d^s	Π_d^{sc}	q	w_b	t	Π_b^r	Π_b^s	Π_b^{sc}
1/0.04	15.78	13.28	24.46	41.66	66.12	36.74	15.13	11.88	36.97	54.10	91.07
1/0.02	31.55	13.28	48.89	83.29	132.2	73.48	15.13	11.88	73.93	108.2	182.1
1/0.01	63.10	13.28	97.78	166.6	264.4	147.0	15.13	11.88	147.9	216.5	364.4

这里定义 $\delta = \left(\dfrac{\Pi_c}{\Pi_d^r + \Pi_d^s} - 1\right) \times 100\%$，$\delta$ 表示相对传统批发价格安排，回购契约所带来供应链效率提升程度。图 1 表明，随着随机产出标准差的增大，回购契约安排所带来的供应链效率提升程度越高，供应链利润改善程度越明显。

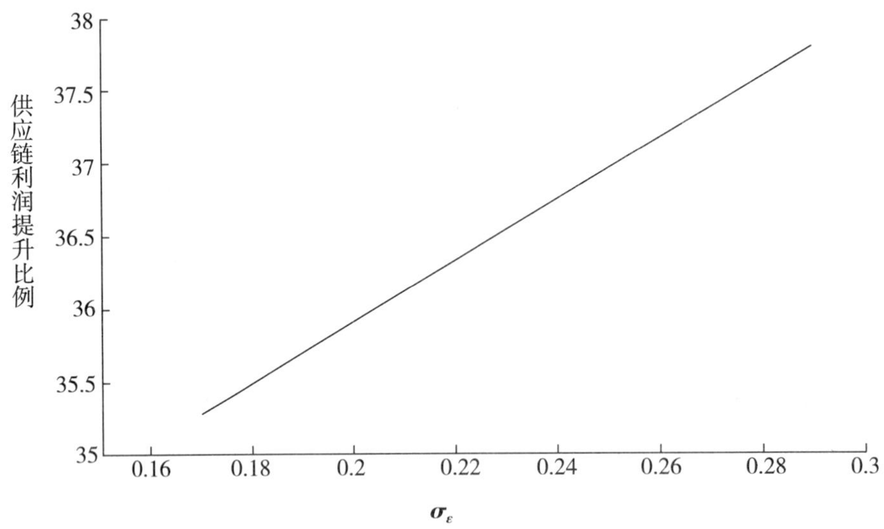

图 1　回购契约下供应商产出波动对供应链运作效率提升的影响

七、结语

考虑了随机产出随机需求下单供应商 - 单零售商的两级供应链系统，研究了回购契约在协调供应链中的作用，分别建立了基于批发价格契约与回购契约的供应链分散决策模型，比较了两种契约安排下的供应商定价、零售商订货决策以及供应链各方利润，揭示了影响回购价格的关键因素，并分析了供应商产出波动、需求波动分别对供应商定价决策、零售商订货决策以及供应链各方利润的影响。研究表明，回购契约能有效协调随机产出随机需求下的供应链运作，供应商可以通过变动批发价格调整回购价格，实现对供应链利润的任意分配，实现供应链协调运作。供应商提供的回购价格随着批发价格的提高而增加；产出均值越大，供应商亦愿意提供更高的回购价格；当生产成本或销售价格的增加时，供应商将会降低回购价格。随着随机产出波动的增加，零售商愿意更多地订货，一方面源于供应商的批发价格和回购价格的降低，另一方面，零售商更多的订货为了应对供应商产出不确定性风险。随着供应商产出波动的增大，供应链各方及整体利润都随之提高。需求波动的变化对供应商批发价格和回购价格的决策没有影响，但直接影响零售商的订货量、供应链各方及整体利润。随着需求波动的增加，零售商的订货量随之增加，同时供应链各方及整体利润也随之增加。同时，回购契约对供应链效率改善随着供应商产出波动的增加而提高。

参考文献

[1] YANO C A, LEE H L. Lot - sizing with random yields: a review [J]. Operations Research, 1995, 43 (3): 311 - 334.

[2] INDERFURTH K. Analytical solution for a single - period production inventory problem with uniformly distributed yield and demand [J]. Central European Journal of Operations Research, 2004, 12 (2): 117 - 127.

[3] YANG S T, YANG J, LAYEK A M. Sourcing with random yields and stochastic demand: A newsvendor approach [J]. Computers & Operations Research, 2007, 34 (12): 3682 - 3690.

[4] 马士华，李果. 供应商产出随机下基于风险共享的供应链协同模型 [J]. 计算机集成制造系统，2010，16 (3): 563 - 571.

[5] 张文杰，骆建文. 随机产出风险下的供应链协调研究 [J]. 系统管理学报，2013，22 (1): 133 - 137.

[6] GURNANI H, GERCHAK Y. Coordination in decentralized assembly systems with uncertain component yields [J]. European Journal of Operational Research, 2007, 176 (3): 1559 - 1576.

[7] GULER M G, BILGIC T. On coordinating an assembly system under random yield and random demand [J]. European Journal of Operational Research, 2009, 196: 342 - 350.

[8] HE YUANJIE, ZHANG JIANG. Random yield risk sharing in a two - level supply chain [J]. International Journal of Production Economics, 2008, 112 (2): 769 - 781.

[9] 赵霞等. 随机产出与需求下二级供应链协调合同研究 [J]. 管理科学学报，2014，17 (8): 34 - 47.

[10] 王炬香，王庆金，桑圣举. 随机需求下供应链回购契约设计研究 [J]. 运筹与管理，2008，17 (3): 164 - 167.

[11] 王玉燕. 回购契约下闭环供应链对突发事件的协调应对 [J]. 系统工程学报，2009，18 (6): 46 - 52.

[12] 刘家国，吴冲. 基于报童模型的两级供应链回购契约协调研究 [J]. 中国管理科学，2010，18 (4): 73 - 78.

[13] 张义刚，唐小我. 考虑资金收益情况下的供应链回购契约 [J]. 管理工程学报，2012，26 (1): 137 - 142.

天气影响产出下“公司+农户”模式的风险补偿协调契约*

伏红勇

摘　要：针对不可控的天气与可控的农资投入水平均会影响农产品产出的问题，建立了由一个公司和一个农户组成的两级农产品供应链随机利润模型，比较分析了集中决策下供应链系统与分散决策下农户的最优农资投入决策，提出了天气影响产出下农产品供应链的风险补偿协调策略，在农户决策农资投入水平而公司决策收购价格的情形下，依据整个农产品生产过程中的天气情况和农资投入水平来设计风险补偿契约。研究表明：在所设计与天气指数和农资投入水平相关的风险补偿协调契约下不利天气的影响不会改变农产品供应链的协调状态，并能有效地激励农户通过提高农资投入水平来保障农产品的稳定供应，进而增强了农产品供应链的稳健性。最后，通过数值仿真验证了所设计的风险补偿协调契约的有效性。

关键词：农产品供应链　风险补偿　天气　供应链协调　产出

一、引言

农业是对天气变化最为敏感的行业之一[1]。近年来，不利天气对我国农业生产造成严重影响，如2010年，棉花在播种期遭受低温、在吐絮期遭遇连续强降雨等不利天气，使全国多地棉花产量均受到不同程度影响；另外，2011年北方九省市所遭遇的几十年一遇冬旱降低了我国小麦、玉米的预期产量。这些低温、干旱等不利天气造成农产品不同程度的减产，由此引发的“粮价危机”已引起国家领导层的高度重视。对此，2011年中央一号文件明确指出着力加快农田水利建设，以应对干旱、洪涝等不利天气[2]；但从微观视角的关注还不够，不利天气使订单农业模式下的公司与农户将面临着如何使不确定的供给与需求相匹配以及如何提高各自利润的难题。因此，在考虑天气影响产出下研究农产品供应链的协调契约设计，将对我国农业的健康发展具有重要意义。

目前，关于不利天气对农产品生产的研究主要集中于从农户的视角进行研究[3-5]。如Darby-Dowman等（2000）针对不可控天气影响蔬菜产出的问题，通过构建两阶段随机规划模型研究最优的生产计划问题[3]；Mkhabela等（2010）通过对加拿大2003—2006年干旱指数的数据分析指出，土壤水分的损失与水平衡是影响春季小麦产量的最

* 基金项目：国家自然科学基金资助项目（70972056；71272086）。

作者简介：伏红勇（1982—），男，山东泰安人，重庆大学经济与工商管理学院博士研究生，研究方向：物流与供应链管理。

重要因素[4]；Dalla 等（2011）对意大利托斯卡纳区气象站 1997—2009 年的数据进行分析，研究表明温度与冰雹是影响硬质小麦蛋白质含量的最重要因素，且蛋白质含量与温度正相关、与累积冰雹量负相关[5]。更多相关的研究可参阅综述性文献［1，6］。以上文献主要从农户的角度指出了不利天气影响下农户决策中应关注的一些问题，提供了一些可供参考的实际运作经验和建议。然而，不利天气不仅影响农产品的产出而且使得农产品供应链的管理面临着更大的风险与挑战，这将使公司和农户面临着不确定的供给与市场需求相匹配以及改善各自利润的难题，即不利天气影响下“公司 + 农户”模式中的供应链协调契约设计问题。当前针对农产品供应链协调契约研究的焦点问题主要有“农超对接”模式中的合作问题[7]、农产品运输过程中的流通损耗问题[8]、农产品新鲜度的衰减问题[9,10]、“公司 + 农户”型订单农业的稳定性[11]等。值得注意的是，针对不利天气影响下的农产品供应链协调的研究却不多见。在这方面，Zhao 和 Wu（2011）针对农产品受季节性的影响，运用收益共享研究了产出与需求扰动均服从均匀分布的情形下的农产品供应链协调问题[12]；Chen 和 Yano（2010）在天气影响产品（包括农产品）市场需求下，通过设计补偿契约机制研究天气风险管理和供应链的协调问题[3]。文献［12］虽然涉及季节性对农产品生产的影响，但所设计的契约不能体现农产品在生产过程中受天气影响的特点并且仅考虑了产出服从均匀分布这一特殊情形；而［13］研究的是不利天气对市场需求的影响，未考虑农产品在生产环节受不利天气影响这一区别于工业品供应链的显著特性。因此，需设计一种新的与天气指数相关的协调契约以实现不利天气影响下农产品供应链的协调。

鉴于此，本文在“公司 + 农户”型订单农业模式下同时考虑不利天气①与农资投入水平对农产品产出的影响，结合农产品生产环节受不利天气影响的特点，拟设计一种与天气指数相关的风险补偿协调契约以分担农户在生产中遭遇的天气风险，并对实现农产品供应链完美协调时参数所满足的条件进行分析，这为我国农产品供应链的有效运作提供有益的管理启示。

二、问题描述与模型假设

研究由一个公司和一个农户组成的两级农产品供应链系统，考虑在农产品生产过程中不利天气和农资投入水平对农产品产出的影响。在农产品生产季节到来之前，公司与农户签订一个双方同意的收购订单；农产品生产季节开始后农户负责农产品的生产并决策整个农产品生产过程中的农资投入水平；生产季节结束后公司以一定的收购价格收购农户生产的所有农产品，随后以市场价格 p 进行销售[11]。针对农产品的生产受人为不可控天气的影响，本文用天气指数 w 来表征天气（如温度、湿度、降雨量等）。因农产品自身特性，单一农作物适宜自身生长的天气指数范围为（$(\underline{w},\overline{w})\subset[\underline{\underline{w}},\overline{\overline{w}}]$），其中$\underline{w}$，$\overline{w}$分别为适宜此农作物生长的天气指数上下界；$\underline{\underline{w}}$，$\overline{\overline{w}}$为自然界可能出现的天气指数上下界，且$\underline{w}$，$\overline{w}$，$\underline{\underline{w}}$，$\overline{\overline{w}}$均为外生变量。当天气指数 $w\in[\underline{\underline{w}},\underline{w}]$ 时，意味着发生了低温、干旱

① 本文中所研究的不利天气指的是非灾难性不利天气.

等不利天气；当天气指数 $w \in [\underline{w}, \overline{\overline{w}}]$ 时，意味着发生了暖冬、洪涝等不利天气。整个农作物生长过程中农户投入的农资水平为 $x \in [0, 1]$，$C_F(x)$ 是与农资投入相关的农资投入成本。农户所投入农资投入水平越低和不可预期的不利天气越严重则农产品的产量越低，用 $Q = Q(x, w) + \varepsilon$ 表征农产品的产出，ε 是与 x，w 均无关的产出随机扰动因子。农产品需求相对稳定主要受市场价格的影响，用 $D = D(p)$ 表征。为更好地定量分析进一步做如下假设：

假设1：整条农产品供应链中交易某一特定地区的单一农产品，公司与农户均为理性的且风险偏好都是中性的。未售出农产品的残值为零且不考虑因缺货导致的损失。农产品市场接近完全竞争市场，公司为农产品市场价格的接受者。

假设2：农产品产出 Q 在 $x \in [0, 1]$ 上是严格递增的凹函数，这表明随着 x 增加产出提高且呈边际递减趋势。与 x 相关的成本函数 $C_F(x)$ 是 $x \in [0, 1]$ 上的增函数，这表明农户投入农资水平越多付出的成本越高，不失一般性设为 $C_F(x) = c_F x$。产出随机因子 ε 在区间 $[A, B]$ $(A > -Q)$ 上的概率密度函数与分布函数分别为 $f(\cdot)$ 和 $F(\cdot)$ 且 $E\varepsilon = \mu$。

假设3：Q 关于 w 满足，当 $\underline{\underline{w}} \leqslant w \leqslant \underline{w}$ 时 Q 与 w 正相关且呈边际递增趋势，这表明不利天越严重（w 越小）Q 越小；当 $\overline{w} \leqslant w \leqslant \overline{\overline{w}}$ 时 Q 与 w 负相关且呈边际递减趋势，这表明不利天越严重（w 越大）Q 越小。天气指数 w 在 $[\underline{\underline{w}}, \overline{\overline{w}}]$ 上的概率密度函数与分布函数分别为 $g(\cdot)$ 和 $G(\cdot)$。

文中用下标"F"代表农户；下标"C"代表公司；下标"I"代表集中决策；下标"d"代表分散决策；上标"$*$"代表最优；上标"w"代表与天气指数相关的风险补偿策略。其他相关符号说明：p—由市场决定的单位农产品零售价格；w—公司决策的单位农产品批发价格；π_F—分散决策下无风险补偿时农户的利润；π_C—分散决策下无风险补偿时公司的利润；π_F^w—分散决策时在风险补偿策略下农户的利润；π_C^w—分散决策时在风险补偿策略下公司的利润；π_I—集中决策时供应链系统的利润。

三、无风险补偿的基本模型

基于以上描述和假设，分别给出了无风险补偿下受天气等不确定性因素影响的农户、公司及供应链系统的利润函数。

农户的利润函数为：

$$\pi_F = wE_\varepsilon(Q(x,w) + \varepsilon) - C_F(x) \tag{1}$$

公司的利润函数为：

$$\pi_C = pE_\varepsilon\{\min[Q(x,\omega) + \varepsilon, D(p)]\} - \omega E_\varepsilon(Q(x,w) + \varepsilon) \tag{2}$$

供应链系统（即集中决策）的利润函数为：

$$\pi_I = pE_\varepsilon\{\min[Q(x,w) + \varepsilon, D(p)]\} - C_F(x) \tag{3}$$

借鉴 Thowsen[14] 和 Petruzzi 等[15] 的做法，定义 $z = D(p) - Q(x, w)$，则农产品需求 $D(p)$ 对供应链利润的影响转化为 z 对供应链利润的影响，又由于随机因子 ε 在区间 $[A, B]$ 上的概率密度函数为 $f(\cdot)$ 且 $E\varepsilon = \mu$，则

$$E_{\varepsilon}(\min(Q(x,w)+\varepsilon,D(p)))=Q(x,w)+\mu-\Lambda(z) \tag{4}$$

其中 $\Lambda(z)=\int_{z}^{B}(y-z)f(y)dy$，又由于 $E_{\varepsilon}(Q)=Q(x,w)+\mu$，$C_F(x)=C_Fx$，则重新整理（1）~（3）式可得：

$$\pi_F=\omega(Q(x,w)+\mu)-C_Fx \tag{5}$$

$$\pi_C=(p-\omega)(Q(x,w)+\mu)-p\Lambda(z) \tag{6}$$

$$\pi_I=p(Q(x,w)+\mu)-p\Lambda(z)-C_Fx \tag{7}$$

在文中研究的农产品供应链中交易某一特定地区的单一农产品，从而公司与农户将面临着相同的天气情况，在相同的天气指数下比较分析集中与分散决策下的最优农资投入水平和利润可得如下定理。

定理1　（i）在相同的天气指数 w 下：（i）$x_d^*<x_I^*$；

（ii）$\pi_F^*(x_d^*,w)+\pi_C^*(x_d^*,w)\leqslant\pi_I^*(x_I^*,w)$。

证明：（i）为确保农户与供应链系统均存在全局最优的农资投入决策，则需（5）式与（7）式关于 x 的二阶偏导数非正。首先，对（5）式求 x 的二阶偏导数可得 $\partial^2\pi_F/\partial x^2=w(\partial^2Q(x,w)/\partial x^2)$ 由于产出 Q 随 x 的增加而提高且呈边际递减趋势，即 $\partial^2Q(x,w)/\partial x^2\leqslant0$，则 $\partial^2\pi_F/\partial x^2\leqslant0$。因此，农户存在最优农资投入水平 x_d^*，满足如下一阶最优条件：

$$\frac{\partial\pi_F}{\partial x}-\omega\frac{\partial Q(x_d^*,w)}{\partial x}-C_F=0 \tag{8}$$

对供应链系统的利润函数（7）式求 x 的二阶偏导数，类似于对农户利润函数的分析可得 $\partial^2\pi_I/\partial x^2\leqslant0$。因此，集中决策下系统全局存在最优农资投入水平 x_I^*，且满足如下一阶最优条件：

$$\frac{\partial\pi_I}{\partial x}=p\frac{\partial Q(x_I^*,w)}{\partial x}-C_F=0 \tag{9}$$

由于 $C_F/p<C_F/\omega$，则联立（8）式和（9）式可得 $\partial Q(x_d^*,w)/\partial x>\partial Q(x_I^*,w)/\partial x$，又由于产出 Q 随 x 的增加而提高且呈边际递减趋势，即 $\partial Q(x,w)/\partial x$ 随 x 的增大而减小，因此，$x_d^*<x_I^*$。

（ii）由于 $\partial^2\pi_I/\partial x^2\leqslant0$，则在一定的天气情况下，$\pi_I$ 为农资投入水平 x 的凹函数，又由于 x_I^* 为 π_I 的最优农资投入水平且 $x_d^*<x_I^*$ 可知，$\pi_I(x_d^*,w)=x_F^*(x_d^*,w)+\pi_C^*(x_d^*,w)\leqslant\pi_I^*(x_I^*,w)$ 证毕。

由定理1的分析可知，作为主导方的公司若未提供任何风险补偿策略，则农产品供应链存在双重边际效应。分散决策下农户的最优策略为投入低于系统最优的农资投入水平，这不仅降低了供应链系统整体绩效而且将会导致农产品产量的降低，从而会增加农产品市场供应的不确定性。对此，作为主导方的公司需设计合理的协调契约，以期促进农户提高农资投入进而保障农产品的稳定供应。从定理1的分析过程中还可发现，天气指数的变化并不影响农资投入水平与利润函数的函数结构关系。因此，在不利天气影响下定理1的结论依然成立。

由定理1进一步分析可知，分散决策下农户的最优农资投入水平满足 $\partial Q(x,w)/\partial x=$

C_F/ω，由于 Q 为的严格递增凹函数，则 $\partial Q(x,w)/\partial x$ 为 x 的减函数。因此，x 随收购价格 ω 的提高而增大，即农资投入水平与收购价格具有一一映射关系。借鉴 Cachon（2003）[16]做法，由（8）式可求出由公司所决策且使农户付出 x_d^* 的唯一收购价格为 $\omega^* = C_F/(\partial Q(x_d^*,w)/\partial x)$。

四、风险补偿契约模型

受天气等不确定性因素的影响农户追求的是个人效用最大化而非系统利润最大化，这是导致分散决策下最优的农资投入水平以及供应链整体绩效降低的根本原因。若使天气影响下农产品供应链得以协调需设计一种合理的激励机制以使农户投入的农资水平达到集中决策下的最优水平。传统模式下农户独自承担了农产品生产过程中的全部风险，而农资投入水平又是由农户决策的，因此，设计契约的出发点必须分担农户在生产过程中遭遇的天气风险，通过提供一定的风险补偿以激励农户投入更高的农资。由于通过提高批发价格不能有效协调供应链[16]，因此需要设计一种新的协调契约以实现供应链协调。公司与农户在农产品生产开始之前签订契约，公司依据农产品生产过程中天气指数和农户投入的农资水平给予农户一定的风险补偿（也可看作一定的转移支付）$T(w,x)$，当 $w \in (\underline{w},\overline{w})$ 时，$T(w,x)=0$ 表明风调雨顺时公司不给农户任何补偿。当 $w \notin (\underline{w},\overline{w})$ 时 $T(w,x)>0$ 且为 x 的非减函数，这意味着农户投入的农资水平越高，那么当出现不利天气时会获得更多的补偿；为 w 的凹函数，这意味着如果出现不利天气（$\underline{\underline{w}} \leqslant w \leqslant \underline{w}$ 或 $\overline{w} \leqslant w \leqslant \overline{\overline{w}}$）的程度越严重，那么农户获得的风险补偿越多。当农产品生产过程中出现不利天气时，农户所获得的期望风险补偿为 $T = E_w T(w,x) = \int_{\underline{\underline{w}}}^{\overline{\overline{w}}} T(w,x)g(w)\mathrm{d}w$。此风险补偿机制实施过程为：生产开始前公司与农户签订风险补偿契约，随后农户决策生产过程中的 x，公司将根据收获农产品的数量决策农产品的收购价格 ω，同时根据天气情况决策是否实施风险补偿契约。在此风险补偿机制下，农户与公司的利润分别为：

$$\pi_F^w = \omega(Q(x,w)+\mu) - c_F x + E_w T(w,x) \tag{10}$$

$$\pi_C^w = (p-\omega)(Q(x,w)+\mu) - p\Lambda(z) - E_w T(w,x) \tag{11}$$

集中决策下系统利润函数不变与（7）式相同。

定理 2 在公司所设计的风险补偿契约下，若满足如下条件

$$\int_{\underline{\underline{w}}}^{\overline{\overline{w}}} T(w,x)g(w)\mathrm{d}w = \frac{p-\omega}{p} c_F (x-\Delta)^+ \tag{12}$$

那么 $x_d^* = x_I^*$，其中 $\Delta \leqslant x_I^*$ 为预先设定的农户最低农资投入量。

证明：由定理 1 的分析可知，分散决策下农户的最优农资投入量应不高于供应链系统最优农资投入水平，因此，双方预先设定的最低农资投入量应满足 $\Delta \leqslant x_I^*$。现将（12）式分别代入（10）和（11）式，重新整理可得农户与公司的利润函数分别为：

$$\pi_F^W = \frac{\omega}{p}[p(Q(x,w)+\mu) - p\Lambda(z) - c_F x] - c_F \Delta \frac{p-\omega}{p} + \omega\Lambda(z) \tag{13}$$

$$\pi_C^W = \frac{p-\omega}{p}[p(Q(x,w)+\mu) - p\Lambda(z) - c_F x] - \omega\Lambda(z) + c_F \Delta \frac{p-\omega}{p} \tag{14}$$

将（7）式分别代入（13）式和（14）式重新整理可得：

$$\pi_F^W = \frac{\omega}{p}\pi_I - C_F\Delta\frac{p-\omega}{p} + \omega\Lambda\ (z) \tag{15}$$

$$\pi_C^W = \frac{p-\omega}{p}\pi_I - \omega\Lambda\ (z)\ + C_F\Delta\frac{p-\omega}{p} \tag{16}$$

农产品的收购价格 ω、零售价格 p、农资投入成本 C_F 均为双方的共同知识且 $\omega < p$，又由于双方签订风险补偿契约时所设计的农户最低农资投入量 Δ 为常数，z 为表征市场需求的外生变量，则农户的利润（15）式和公司的利润（16）式均为供应链系统利润 π_C 的仿射函数。由定理 1 分析可知天气影响下农产品供应链系统决策存在最优农资投入水平 x_I^*。因此，由仿射函数的性质可知 $x_d^* = x_I^*$，实现了天气影响下农产品供应链协调。证毕。

定理 2 说明，在公司所设计的风险补偿协调契约下，使得农户的最优决策达到系统最优的决策，通过提高农户的农资投入水平进而提高农产品产量保障农产品的稳定供应。所设计的风险补偿契约只需满足（12）式就可实现供应链协调。因此，该补偿策略具有良好的柔性，具体风险补偿方案依据双方的谈判能力双方协商共同确定。此外，定理 2 中设计的补偿契约其实质为公司分担农户在生产过程中遭遇的天气风险，该机制不仅具有柔性而且因天气为双方均可观测的共同信息，所以并不约束农户努力投入农资的行为和公司努力进行销售的行为，即减弱了双方的机会主义行为。与传统的协调供应链的机制相比，该风险补偿机制具有相对较少的经济信息需双方共享（如天气情况在事后双方均可观测到）。但当农产品的批发价格过高时公司缺乏激励去实施此补偿机制，设置的农资最低投入量过高时农户缺乏激励去参与此风险补偿方案。因此，需要设计出一个双方都有激励参与的风险补偿机制，即在实现供应链协调的同时必须使公司与农户的收益都能达到 Pareto 改进。

定理 3　当与天气指数和农资投入水平相关的风险补偿协调契约满足以下条件：

(i) $\omega < c_F/(\partial Q(x,w)/\partial x)$，

(ii)（12）式成立且满足 $x > \Delta, \Delta \in [\underline{\Delta}, \overline{\Delta}]$，可以实现天气影响下农产品供应链的完美共赢协调，其中，$\underline{\Delta} = x_I \dfrac{\pi_C(x_I^*,w) - \pi_C(x_d^*,w)}{[c_F(p-\omega)]/p}$，$\overline{\Delta} = x_I - \dfrac{\pi_F(x_d^*,w) - \pi_F(x_I^*,w)}{[c_F(p-\omega)]/p}$。

证明：当收购价格过高时公司缺乏激励参与此机制，因此，协调契约下公司制定的收购价格应不高于促使农户付出最优农资投入水平的收购价格。由定理 1 分析可知公司制定的收购价格应满足 $\omega < C_F/(\partial Q(x,w)/\partial x)$。下面考虑使农户有激励参与且选择系统最优的农资投入水平，须使

$$\begin{aligned}\pi_F^W(x_I^*,w) - \pi_F(x_d^*,w) &= \frac{\omega}{p}\pi_I(x_I^*,w) - \\ &c_F\Delta\frac{p-\omega}{p} + \omega\Lambda(z) - \pi_F(x_d^*,w) \geqslant 0\end{aligned} \tag{17}$$

将无风险补偿下农户的利润函数（5）式和供应链系统的利润函数（7）式代入（17）式，重新整理可得

$$\pi_F(x_I^*,w) - \pi_F(x_F^*,w) + C_F\frac{p-\omega}{p}(x_I^* - \Delta) \geqslant 0 \tag{18}$$

要使得（18）式成立，须使$\Delta \leqslant x_I^* - [\pi_F(x_d^*, w) - \pi_F(x_I^*, w)]/[(c_F(p-\omega))/p] = \overline{\Delta}$。当$\Delta < \overline{\Delta}$时，风险补偿下能有效改善分散决策下农户的利润，即$\pi_F^W(x_I^*, w) - \pi_F(x_d^*, w) > 0$；当$\Delta = \overline{\Delta}$时，公司获取了所有系统增加的利润而农户的利润不变，即$\pi_F^W(x_I^*, w) - \pi_F(x_d^*, w) = 0$；当$\Delta > \overline{\Delta}$时，将会降低农户的利润，即$\pi_F^W(x_I^*, w) - \pi_F(x_d^*, w) < 0$。因此，$\Delta = \overline{\Delta}$为Pareto改进的上界。类似地对公司的利润函数进行分析可得，$\Delta = \underline{\Delta} = x_I^* - [\pi_C(x_I^*, w) - \pi_C(x_d^*, w)]/[c_F(p-\omega))/p]$为Pareto绩效改进的下界。

若使公司与农户均能有效改善风险补偿前的绩效，须使区间$[\underline{\Delta}, \overline{\Delta}]$非空。由于在分散决策下农户最大化利润的最优农资投入水平为x_d^*，则$\pi_F(x_d^*, w) - \pi_F(x_I^*, w) > 0$，又由于$(C_F(p-\omega))/p > 0$，因此，$\overline{\Delta} < x_I$。由以上$\overline{\Delta} = [\pi_F(x_d^*, w) - \pi_F(x_I^*, w)]/[(C_F(p-\omega))/p]$的分析可知，在该协调契约下，对于农户而言得到的来自天气风险的补偿要高于多投入农资水平而降低的利润，即$[(C_F(p-\omega))/p](x_I^* - x_d^*) \geqslant \pi_F(x_d^*, w) - \pi_F(x_I^*, w)$，整理可得$x_d^* \leqslant \overline{\Delta}$。类似地分析可得$\underline{\Delta} \leqslant x_d^*$。综上分析可得$\underline{\Delta} \leqslant x_d^* \leqslant \overline{\Delta} \leqslant x_I^*$，因此，区间$[\underline{\Delta}, \overline{\Delta}]$非空。

证毕。

由定理3说明，合理农产收购价格的制定，与天气指数和农资投入水平相关的风险补偿契约的设计均有利于农户选择供应链系统最优的农资投入水平。在所设计的风险补偿策略下，公司向农户提供的与天气指数和农资投入水平相关的补偿促使双方成为一个利益共同体，通过提升农户的农资投入水平进而提高产量稳定农产品供应，并使公司与农户实现双赢。

在农产品生产过程中，同一地区的公司与农户会面临着相同的天气情况，定理2和定理3均是在相同的天气指数下进行供应链的协调分析，由其分析过程还可发现不利天气的变动不会改变（15）和（16）式中的仿射函数关系，进而得如下推论。

推论 在与天气指数和农资投入水平相关的风险补偿契约下，不利天气的影响不会改变农产品供应链的协调状态。

由推论可发现，依据不可控不利天气影响的结果来制定策略以降低不利天气的影响是可行的。公司制定的风险补偿契约补偿了农户因不利天气导致的风险，从而激励农户通过提高农资投入水平来提升农产品产量以保障农产品的稳定供应，这在一定程度上增强了“公司+农户”模式的稳健性。

五、数值仿真

为了进一步说明所设计的风险补偿契约协调供应链的有效性，下面将在理论模型分析的基础上进行数值仿真以便更直观地进行相关分析。以某地区某一农产品生产过程中遭遇暖冬天气①（此时，$w \in [\overline{w}, \overline{\overline{w}}]$）为例进行相关分析。根据模型假设农产品的产出函数为$Q = Q_0 x^\alpha e^{-(w-\overline{w})} + \varepsilon, 0 < a < 1$，其中ε在区间$[A, B]$上服从均匀分布，公

① 某年某一区域整个冬季（全国范围冬季为上年12月到次年2月）的平均气温高于常年值（自2002年开始我国根据WMO的规定启用1971—2000年30年平均值-4.2℃作为常年值）时，称该年该区域为暖冬。

司面临的市场需求采用乘积形式[8] $D(p) = ap^{-b}$，相关参数具体赋值如表 1。

表 1　　参数值

a	b	p	Q_0	$\bar{w}$	c_F	α	A	B
100	1	4	140	0	39	0.5	-10	10

由表 1 分析可知 $E\varepsilon = \mu = 0, D(p) = 25$，同时依据定理 1 ~ 3 的理论分析，通过 MATLAB7.0 软件进行计算并绘出图 1 ~ 4，来分析不利天气对农资投入水平和供应链及成员利润的影响以及风险补偿契约对供应链协调的有效性。

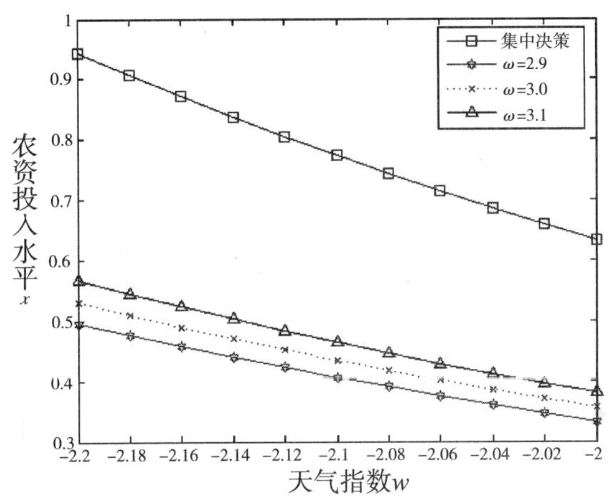

图 1　不利天气对农资投入水平的影响

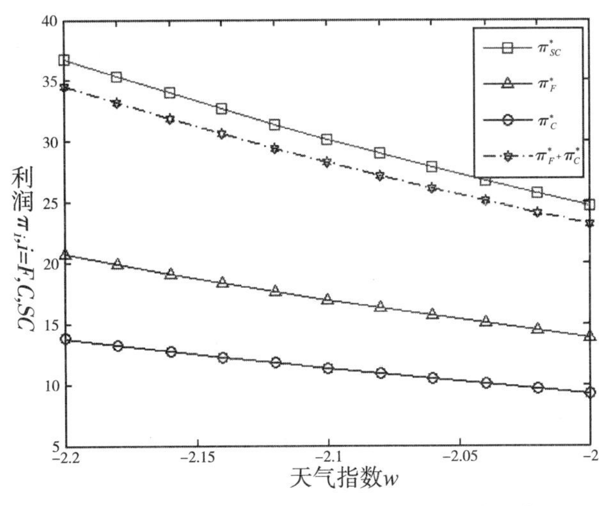

图 2　不利天气对供应链以及成员利润的影响

图 1 说明无论是集中决策下还是分散决策下最优农资投入水平均随不利天气的加剧（温度的升高）而降低，即不利天气降低了农资投入水平。此外，由于收购价格的

提高可以弥补不利天气对农产品生产在生产中遭遇的天气风险，从而农资投入水平随收购价格的提高而增大。由图1的分析还可知，不利天气影响下存在双重边际效用，无论天气如何变化分散决策下农户的最优农资投入水平总是低于集中决策下供应链系统的最优农资投入水平，这与定理1（i）的论述是一致的。

从图2可以看出，集中决策下供应链系统以及分散决策下农户和公司的利润均随不利天气指数的增大而减小，即不利天气越严重（w 越大）供应链系统以及成员所获得利润越低，这与现实情况相吻合。图2同时还说明，分散决策下公司与农户所获得的总利润小于供应链系统的利润，这与定理1（ii）的论述相一致。因此，作为主导方的公司需设计合理补偿机制以激励农户通过提高农资投入水平来改善双方的利润以得到Pareto改善。

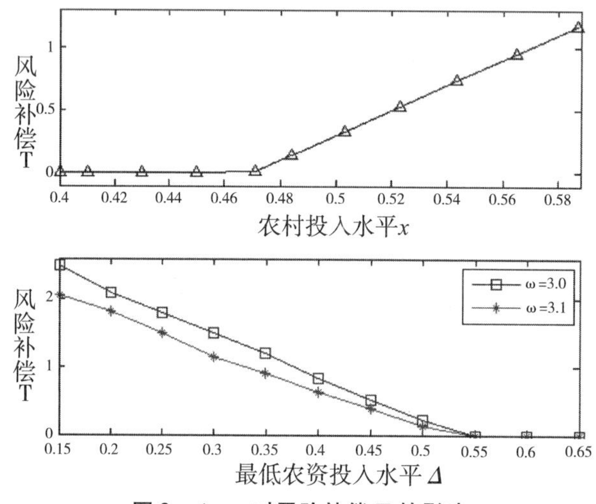

图3　Δ、x 对风险补偿T的影响

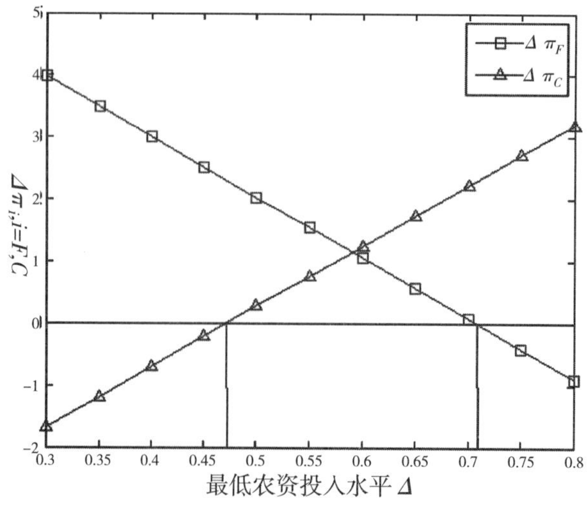

图4　风险补偿前后农户和公司的利润变化随Δ的变化情况

图3进一步刻画了定理2中风险补偿契约参数对风险补偿额T的影响，在给定最小农资投入水平为$\Delta=0.47$的情形下，农户所投入的农资水平低于此值时不管是否发生不利天气均不会获得补偿，当超过$\Delta=0.47$时付出的农资投入水平越高则获得补偿越多；最小农资投入水平越低，发生不利天气时农户获得补偿越高，此外还可发现风险补偿额随收购价格的提高而降低。

图4刻画了相同天气指数下风险补偿前后公司与农户的利润变化随最小农资投入水平的变化情况，公司与农户在协调后所增加的利润均为最小农资投入水平的线性函数，农户所增加的利润随最小农资投入水平的增加而降低，公司所增加的利润随最小农资投入水平的增加而增加。图4还说明在一定的天气条件下（-2.2℃），存在一个合理的最小农资投入水平区间$w\in[0.468, 0.713]$，双方选择该区间内的最小农资投入水平不仅可以实现供应链协调（这与定理2的描述一致），还可以保证实现完美协调（这与定理3的论述一致）。图4说明公司与农户确定的最小农资投入水平具有一定的柔性，可依据双方各自谈判能力和竞争力的大小来协定。对其它暖冬天气指数情形可做类似分析求出使供应链完美协调的最小农资投入水平区间。

六、结束语

本文在“公司+农户”型订单农业模式下考虑不利天气对农业生产的影响，研究了单个农户和单个公司组成的两级农产品供应链的协调问题。研究发现：①不利天气降低了集中决策下供应链系统和分散决策下农户的农资投入水平，此外，在相同天气指数下分散决策时扭曲了农资投入水平并且降低了供应链整体利润；②合理农产收购价格的制定，与天气指数和农资投入水平相关的风险补偿策略的设计均有利于实现不利天气影响下农产品供应链的协调，并且所设计的风险补偿机制具有相对少的共享经济信息（因为天气发生后为双方可观测的共同知识），因此不约束双方的行为；③可依据不可控不利天气影响的结果来制定策略以降低不利天气的影响，在所设计的风险补偿策略下不利天气的影响不仅不会改变供应链的协调状态，而且还激励农户提高了农资投入水平，从而保障了农产品的稳定供应，进而增强了农产品供应链的稳健性。

参考文献

[1] REGNIER E. Doing something about the weather [J]. Omega – International Journal of Management Science, 2008, 36 (1): 22–32.

[2] 新华网. 2011年中央一号文件 [Z]. http://news.xinhuanet.com/politics/2011–01/29/c_121039130.htm.

[3] DARBY–DOWMAN K, BARKER S, AUDSLEY E, et al. A two–stage stochastic programming with recourse model for determining robust planting plans in horticulture [J]. Journal of the Operational Research Society, 2000, 51 (1): 83–89.

[4] MKHABELA M, BULLOCK P, GERVAIS M, et al. Assessing indicators of agricultural drought impacts on spring wheat yield and quality on the Canadian prairies [J]. Agricultural and Forest Meteorology,

2010, 150 (3): 399 - 410.

[5] DALLA MA, GRIFONI D, MANCINI M, et al. The influence of climate on durum wheat quality in Tuscany, Central Italy [J]. International Journal of Biometeorology, 2011, 55 (1): 87 - 96.

[6] TIRADO MC, CLARKE R, JAYKUS LA, et al. Climate change and food safety: A review [J]. Food Research International, 2010, 43 (7): 1745 - 1765.

[7] 刘磊，乔忠，刘畅．农超对接模式中的合作博弈问题研究 [J]. 管理工程学报，2012，26 (04): 100 - 106.

[8] CAI XQ, CHEN J, XIAO YB, et al. Optimization and Coordination of Fresh Product Supply Chains with Freshness - Keeping Effort [J]. Production and Operations Management, 2010, 19 (3): 261 - 278.

[9] 陈军，但斌．基于降价预期的生鲜农产品定价策略研究 [J]. 管理工程学报，2011，25 (3): 43 - 47.

[10] BLACKBURN J, SCUDDER G. Supply chain strategies for perishable products: the case of fesh produce [J]. Production and Operations Management, 2009, 18 (2): 129 - 137.

[11] 叶飞，林强，李怡娜．基于 CVaR 的“公司 + 农户”型订单农业供应链协调契约机制 [J]. 系统工程理论与实践，2011，31 (3): 450 - 460.

[12] ZHAO X, WU FW. Coordination of agri - food chain with revenue - sharing contract under stochastic output and stochastic demand [J]. Asia - Pacific Journal of Operational Research, 2011, 28 (4): 487 - 510.

[13] CHEN FYH, YANO CA. Improving Supply Chain Performance and Managing Risk under Weather - Related Demand Uncertainty [J]. Management Science, 2010, 56 (8): 1380 - 1397.

[14] THOWSEN GT. Dynamic, nonstationary inventory problem for a price - quantity setting firm [J]. Naval Research Logistics, 1975, 22 (3): 461 - 476.

[15] PETRUZZI NC, DADA M. Pricing and the newsvendor problem: A review with extensions [J]. Operations Research, 1999, 47 (2): 183 - 194.

[16] CACHON GP. Supply chain coordination with contracts [Z]. http: //opimweb. wharton. upenn. edu/ documents/research/Scontracts3. pdf.

废旧电器电子产品回收管理的企业以旧换新机制研究*

刘慧慧　禹春霞　向　宁

摘　要：以生产者责任延伸制为核心思想，我国出台的《废旧电器电子产品回收处理管理条例》规定了生产者应承担一定的资金责任，同时鼓励生产销售企业直接参与回收。而生产销售企业如果参与回收，需要与不具备拆解资质的非正规处理企业进行回收竞争。本文刻画了这一价格竞争模型，发现回收处理成本的差异使得非正规企业一直处于竞争优势地位，由此解释了为何在现实中生产销售企业很少参与回收。针对一些企业的以旧换新实践，本文构建了供应链层面的以旧换新模型，发现该机制可以有效帮助生产销售企业提高在回收处理上的竞争能力，从而为直接参与回收提供了可行的实施方案。生产销售企业的回收数量与整个供应链在新旧产品上的总利润率成正相关，而不单单与旧产品的利润率有关，由此促进了逆向供应链与正向供应链的经济融合。同时在集中决策机制下，生产销售企业的回收量比分散决策时更高，有效的收入共享契约分配可以使得供应链利润均有提升。

关键词：废旧电器电子产品　回收　供应链以旧换新　非正规处理企业　生产者责任延伸制

一、引言

随着电器电子产品日新月异的发展，报废数量也随之剧增。废旧品中含有大量贵金属、铜、铁等可再生资源，经济价值显著。与此同时，其内含有多种有毒有害物质（如 CRT 显像管中含铅等），在回收处理过程中如操作方式不当，会对环境造成严重的污染。因此，有必要建立既环保又能充分发挥资源价值的废旧电器电子产品回收体系。

为鼓励电器电子产品回收行业的发展，我国出台一些法规条文。2011 年 1 月 1 日，《废旧电器电子产品回收处理管理条例》（以下简称《条例》）生效。迄今，《条例》是在循环经济领域中唯一一部针对特定的可回收产品、效力仅次于法律的专项法规，说明废旧品的回收处理有必要以立法来推动，并且对其他种类的可回收产品的管理具有借鉴意义。2012 年，党的十八大报告首次单篇论述生态文明，将其置于总体布局的高度；次年，十八大三中全会中要求加快生态文明制度建设。这意味着政府对确保环境

---

* 基金项目：中国石油大学（北京）引进人才科研启动基金（2462014YJRC026）；中国石油大学（北京）科研基金（2462013YJRC013）

作者简介：刘慧慧（1987—），女，河南周口人，助理研究员，研究方向：绿色供应链管理；禹春霞（1983—），女，助理研究员，山东乐陵人，研究方向：物流与供应链管理；向宁（1985—），女，新疆乌鲁木齐人，博士研究生，研究方向：固体废物管理。

保护、推动生态文明建设的力度将持续升高。

纵观我国目前的回收现状，回收产业极其落后，绝大部分的废旧品被非正规渠道回收。电器电子产品淘汰之后大多被走街串巷的小商贩收走，最终流入了非正规的回收处理企业，由于处理方式落后、缺乏环保设施，有毒有害物质未加控制地释放入大气、土壤和水体，损害人体与环境健康。按照我国法律规定，电器电子产品的拆解活动必须由环保部门严格审核并颁发拆解资格证书，非正规渠道由于缺乏拆解资质，其拆解活动是被严令禁止的。但是由于执法难度大、监管力度不够，非正规渠道充斥着回收产业这一局面并未得到有效改善。

回收产业的发展离不开政策的扶持，但其可持续的发展更需要市场机制的参与，使其可以维持自运营。例如从 2009 年 6 月 1 日起，我国推出了促进城市消费的“家电以旧换新”政策，该政策结束于 2011 年年底，在刺激家电消费的同时，对回收产业的发展起到了很好的扶持作用。但是，在以旧换新政策结束之后，受扶持的回收处理企业消耗完在政策执行期间积累的存量，又出现了“青黄不接”的局面，表现出对政策很强的依赖性，以及对市场自运营机制的迫切性。

生产者责任延伸原则（Extended Producer Responsibility，简称 EPR）是建立市场自运营机制的途径之一。该原则于 1988 年由瑞典隆德大学环境经济学家托马斯（Thomas Lindhquist）首次提出，内容是：生产者应对产品的整个生命周期负责，特别是在产品的回收、循环和最终处置上。目前，EPR 原则已经被很多发达国家所采纳并收到了很好的实施效果。在我国，《条例》规定设立回收处理管理基金，由电器电子产品的生产企业根据生产数量进行缴纳，为拆解处理企业提供补偿。该基金制度于 2012 年 9 月在供应链层面开始实施，其理论基础正是 EPR 原则，鼓励生产销售企业在产品回收中发挥更大的作用。

EPR 核心思想是要求生产者承担在产品回收上的责任，具体实施起来，包括两种常见的形式，第一是物理责任，即生产企业直接参与回收设施的规划和建设、日常运营等活动；第二是资金责任，即生产企业为产品回收支付一定的费用，但自身不参与到回收运营中。我国的《条例》规定了第二种形式，同时非常鼓励生产销售企业直接参与回收。在回收成效显著的国家与地区中，大多着力推动生产销售企业直接参与回收。例如，德国规定生产企业负责废弃产品的回收与处理，包括建设回收的组织体系、支付处理成本。日本的生产企业负责回收处理体系的建立与运营，销售企业具有配合生产企业进行回收的义务，成本则由消费者承担。2011 年开始，台湾省环保署逐步加强了销售商的责任，要求其从消费者处回收废弃产品并登记相关信息。

生产销售企业直接参与回收具有众多好处，比如有利于促进产品的绿色设计与制造，保证产品源头的环保化（Tojo（2004）和 Lindhqvist（2000））；方便消费者在选购新品时交还旧品，提高回收率（Ogushi 和 Kandlikar（2007））；使用从废旧品回收中获得的零部件，降低再制造生产成本，节约资源，从而提高产品的利润率。

但是在我国，生产销售企业在产品回收中的角色缺失现象比较普遍。纵观现有的电器电子产品生产销售厂家，只有极少一部分尝试参与回收工作，且基本采取的是以旧换新机制。比如魅族手机 2012 年在官网上推出旧机折价换购新机的活动；国美于

2005 年起在全国范围内构建旧家电回收点，并出资补贴“以旧换新”的消费者；爱回收网全面推出主要针对手机和电脑的以旧换新服务，消费者可以通过回收旧品获取在新品购买时的优惠。但整体而言，生产销售企业参与产品回收实践的仍然是少数。

目前，EPR 原则已经转化为《条例》中的法律规定，鼓励生产销售企业参与回收工作。然而，《条例》实施后的效果仍不太明显，我国的生产销售企业仍然缺乏参与的热情，针对这一现状，本文从成本差异的角度解释背后的原因。一些企业尝试了以旧换新机制，该机制能否有助于改变这一现状？本文从分散决策和集中决策两种角度，研究供应链层面的以旧换新对提升生产销售企业回收能力的影响，为企业参与回收提供可行的机制，同时也为《条例》的具体实施提供有建设性的政策参考。

纵观现有的研究，很多文献关注了我国的回收实践问题。比如 Wang 等（2010）、Chung 和 Zhang（2011）梳理了最近十几年以来我国出台的关于电器电子产品回收的政策法规。邵诣臻等（2011）给出了发达国家在废旧物管理方面的经验，为我国的回收管理实践提供了借鉴。Abdulrahman 等（2014）从管理、金融、政策法规、基础设施四个方面分析了目前我国回收体系存在的弊端和障碍。还有一些文献指出了建立市场回收机制、生产商参与回收的重要性。王红梅等（2010）指出我国制定的环保决策和市场导向之间缺少联系机制，建议尽快建立引导市场主体积极参与的激励机制。童昕等（2013）指出在家电以旧换新政策实施结束后，有资质的回收处理企业又将陷入回收量不足的困境，因此有必要遵循 EPR 原则。

供应链层面的以旧换新机制也得到一些学者的关注。从实证角度，王晓玉等（2010）研究了以旧换新消费模式下旧产品参考价格的形成机制和影响因素。熊中楷等（2011）研究了当回收中心采取以旧换新收购方式时如何进行逆向物流的网络优化设计，文章使用启发式算法解决了回收中心大规模选址的问题。翁智刚等（2012）开展了以旧换新行为的实证研究，结果验证了对于旧品的不同描述信息影响消费者赋予新品和旧品价格不同权重的影响机制。

在很多发展中国家，非正规回收渠道占据回收产业的现象比较普遍。对此，一些文献关注了现有的回收状况，比如 Chi 等（2011），Ongondo 等（2011），Li 等（2012），Besiou 等（2012）。李巍（2010）对正规回收企业和非正规回收企业分别进行了定量分析，比较了两者的利润函数。但该文没有刻画正规和非正规回收渠道之间的竞争情形，缺少对竞争的讨论。刘慧慧等（2012）分析了家电以旧换新政策的利弊，鼓励正规回收企业与生产销售企业开展合作，建立环保积分制，以此改善在与非正规企业竞争中的弱势地位。

总结来看，少数文献关注了正规回收企业与非正规回收渠道的竞争分析，然而从生产销售企业的视角，探讨生产销售企业参与回收并与非正规回收渠道竞争的定量研究仍然缺乏，本文关注了这一点。与正规回收企业不同，生产销售企业的主要经济活动是新品销售，是否直接参与回收履行 EPR 是非常具有现实意义的问题，有效的机制设计可以促使生产销售企业积极参与产品回收，从而推动我国回收产业的可持续发展。另一方面，现有文献大多没有给出生产销售企业提升回收竞争力的具体措施，本文从供应链的回收实践出发，关注一些企业开展的以旧换新活动，讨论该机制对于提升回收竞争力的影响。

本文首先研究生产销售企业在从事产品回收时，面对非正规回收企业的竞争，回收处理成本差异所带来的影响，从数学建模的角度解释生产销售企业不愿意从事产品回收的原因。接着本文建立了供应链层面的以旧换新模型，在分散决策和集中决策两种机制下，以旧换新机制对提升生产销售企业回收能力的影响，如何改善在与非正规回收企业竞争中的弱势地位。

二、基础模型

在讨论供应链以旧换新政策对于回收行业的影响之前，我们先分析未实施供应链以旧换新之前的竞争现状，比较生产销售企业和非正规回收处理企业的回收竞争能力，讨论回收成本差异对于两者的影响。

如图 1 所示，这里非正规处理企业泛指那些没有拆解资质的回收处理商，他们把收购上来的旧品进行粗陋拆解，获取其中有价值的原材料，丢弃无法拆解的部分。这里的生产销售企业泛指由环保部门认证且具有拆解资质的生产销售商，他们直接参与回收处理，对回收的废旧品进行规范处理，确保回收过程的环保性。在现实生活中，生产销售环节一般是分开的，由于在实施以旧换新中，消费者一般是在挑选新品的同时回收旧品。在后面的以旧换新模型中，我们使用由生产商与零售商组成的供应链。在基础模型中，本文把生产销售企业作为一个经济单元，如果使用供应链模型，基本结论保持不变。

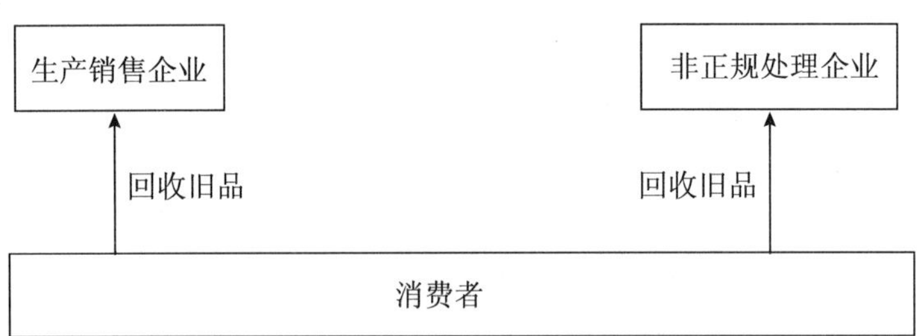

图 1　未实施供应链以旧换新的基础模型

生产销售企业和非正规处理企业各自对收集上来的旧品进行回收处理，假设回收成本分别为 c_{d1} 和 c_{d2} ，考虑到生产销售企业需要进行必要的环保处理，所花费的成本比较高，因此假设 $c_{d1} > c_{d2}$ 。假设每回收一件电器电子产品，在原材料市场和旧货市场上可以获得总价值为 v 的收入。

生产销售企业和非正规处理企业在电器电子回收市场上进行价格竞争，决策各自的回收价格 s 和 g ，获得的回收数量分别是 q_{c1} 和 q_{c2} 。这里假设收集的旧品数量是关于回收价格的线性函数。

生产销售企业的回收量为：　$q_{c1} = Q + as - bg$　（1）

非正规处理企业的回收量为：　$q_{c2} = Q + ag - bs$　（2）

这里，Q 为当回收价格为零时可以回收到的旧品数量，a 为价格敏感度系数，b 为交叉价格的敏感度系数，一般地我们有 $a > b > 0$ 。

基于以上的假设，生产销售企业的利润是：

$$\pi_{r1} = (v - c_{d1} - s)q_{c1} = (v - c_{d1} - s)(Q + as - bg) \tag{3}$$

非正规处理企业的利润是：

$$\pi_{r2} = (v - c_{d2} - g)q_{c2} = (v - c_{d2} - g)(Q + ag - bs) \tag{4}$$

对 π_{r1} 、π_{r2} 分别关于 s 和 g 求导，得到一阶条件之后，联立求解不难得到唯一的均衡解：

$$s^* = \frac{ab(v - c_{d2}) + 2a^2(v - c_{d1}) - Q(2a + b)}{4a^2 - b^2} \tag{5}$$

$$g^* = \frac{ab(v - c_{d1}) + 2a^2(v - c_{d2}) - Q(2a + b)}{4a^2 - b^2} \tag{6}$$

进一步地，可以得到均衡状态下的回收数量：

$$q_{c1}^* = \frac{ab(Q + b(c_{d1} - v)) + a^2(2Q + b(c_{d2} - v)) - 2a^3(c_{d1} - v)}{4a^2 - b^2} \tag{7}$$

$$q_{c2}^* = \frac{ab(Q + b(c_{d2} - v)) + a^2(2Q + b(c_{d1} - v)) - 2a^3(c_{d2} - v)}{4a^2 - b^2} \tag{8}$$

通过比较两种企业的回收价格和数量，不难得到以下结论：

结论 1：

（1）$q_{c1}^* - q_{c2}^* = \frac{a(a + b)(c_{d2} - c_{d1})}{2a + b} < 0$，$s^* - g^* = \frac{a(c_{d2} - c_{d1})}{2a + b} < 0$，即生产销售企业的回收量一直小于非正规处理企业的回收量，而且回收价格一直没有优势。

（2）当 $c_{d1} \geqslant \frac{a(2Q - b(v - c_{d2})) + 2a^2v + b(Q - bv)}{2a^2 - b^2}$ 时，$q_{c1}^* = 0$，即如果生产销售企业的拆解成本足够高，生产销售企业的回收量会降到零，即从回收市场中撤出。

根据以上结论，由于非正规渠道的成本优势，生产销售企业一直在竞争中处于劣势地位，当处理成本相对较高时，其回收量降为零，即被非正规渠道挤出市场，这与现实情境中生产销售企业鲜有参与回收的状况是一致的。由此可见，回收处理成本差异是影响生产销售企业回收参与度的重要影响因素。

三、供应链以旧换新模型

在分析完未实施以旧换新的基础模型之后，本文接着讨论供应链以旧换新模型。如图 2 所示，假设一个由生产商与零售商组成的供应链，在产品回收上与非正规处理企业进行价格竞争。生产商以批发价把新品销售给零售商，零售商从消费者手中回收旧品，同时提供给消费者一定的新机购买优惠，在原有零售价格的基础上减去优惠额度。零售商把回收到的旧家电以一定的转让价提供给生产商进行环保处理。同基础模型一样，非正规处理企业由于缺乏对回收给予必要的环保处理，其回收处理成本比生产商的成本低。

以旧换新模型用到的符号含义如下：

w：生产商提供给零售商的批发价格；p：零售商销售新家电的市场价格；

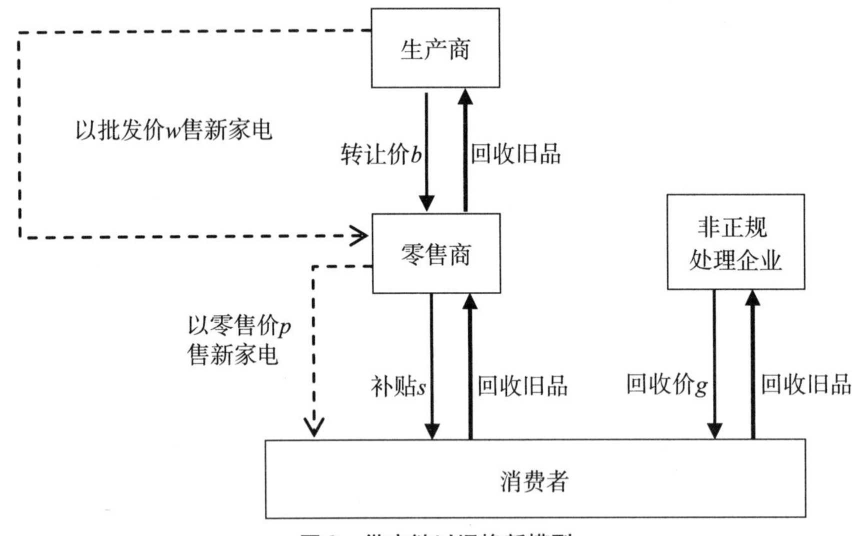

图2　供应链以旧换新模型

b：零售商把旧家电转让给生产商的转让价；

r_1：生产商处理旧家电所获得的经济价值；

r_2：非正规企业处理旧家电所获得的经济价值；

c_1：生产商处理旧家电的成本；c_2：非正规渠道处理旧家电的成本；c：生产商的新产品生产成本；

s：消费者把旧机交给零售商，获得在购买新机时享受的优惠；

g：非正规企业提供的旧机回收价格。

在刻画回收数量与回收价格的关系时，本文对之前在基础模型中使用的线性关系进行拓展。在以旧换新模型下，本文考虑消费者具有一定的环保倾向度，即消费者在选择回收渠道时会在一定程度上考虑不同渠道对环保的影响。在现实生活中，对于环保意识很强的消费者，他们把旧品交给正规企业进行回收。基于此，本文假设消费者具有一定的环保倾向度 $\theta \in (0,1)$，θ 越大，环保意识越强。对于生产销售企业提供的新机购买优惠 s，消费者感知到的额度为 $s/(1-\theta)$。为简化起见，这里假设废旧电器电子产品是同质的，假设为异质时不影响结论。

假设消费者总量为1，在选择回收渠道时，消费者在感知到的优惠额度 $s/(1-\theta)$ 和 g 之间进行比较。当 $s/(1-\theta) > g$ 时，消费者把旧品送到零售商那里换取购买新家电的优惠，否则把旧机销售给非正规处理企业。选择分界点是 $\theta^* = 1 - s/g$，$\theta > \theta^*$ 的比例即为生产零售企业获取的回收份额。由此获得两个渠道的废旧品回收数量分别为：s/g 和 $1 - s/g$。根据基础模型，非正规处理企业由于成本优势，给出的回收价格一般高于生产销售企业，即这里我们有 $s < g$。

1. 分散决策模型

整个决策过程是二阶段 Stacklberg 博弈模型：第一阶段，生产商决策旧品的转让价；第二阶段，零售商与非正规处理企业在旧品回收上进行价格竞争，各自决策回收价格，此阶段为静态博弈。对于零售商来说，回收价格是提供给消费者在购买新机时的优惠额度，该优惠额度即是对消费者所有旧品的价值评估。下面我们使用逆向归纳法，即从第二个阶段开始分析。

零售商最大化自己的利润函数：

$$\max \pi_r = (p - w - s + b)\frac{s}{g} \tag{9}$$

由一阶条件（F. O. C）得到 $s = (p - w + b)/2$ （10）

与此同时，非正规处理企业最优化自己的利润：

$$\max \pi_f = \left(1 - \frac{s}{g}\right)(r_2 - c_2 - g) \tag{11}$$

由一阶条件（F. O. C）得到 $g = \sqrt{s(r_2 - c_2)}$ （12）

联立（10）和（12），得到 $s^* = (p - w + b)/2$ 和 $g^* = \sqrt{(r_2 - c_2)(p - w + b)/2}$。

在第一阶段，由生产商决策回收转让价格，利润函数为 $\pi_r = (r_1 - c_1 - b + w - c)\frac{s}{g}$，把 s^* 和 g^* 代入其中，得到：

$$\max \pi_m = \sqrt{\frac{(p - w + b)/2}{r_2 - c_2}}(r_1 - c_1 - b + w - c) \tag{13}$$

由一阶条件得到 $b^* = (r_1 - c_1 + 3w - c - 2p)/3$ （14）

把 b^* 代入到（10）和（12）中即得到 $s^* = (p + r_1 - c_1 - c)/6$ 和 $g^* = \sqrt{(r_2 - c_2)(p + r_1 - c_1 - c)/6}$。

此时生产商利润为：

$$\pi_m^* = \frac{2(c + c_1 - p - r_1)^2}{3\sqrt{6}\sqrt{(c + c_1 - p - r_1)(c_2 - r_2)}} \tag{15}$$

零售商利润是

$$\pi_r^* = \frac{(c + c_1 - p - r_1)^2}{6\sqrt{6}\sqrt{(c + c_1 - p - r_1)(c_2 - r_2)}} \tag{16}$$

非正规处理企业的利润是：

$$\pi_f^* = \left(6r_2 - c - c_1 - 6c_2 + p + r_1 - 2\sqrt{6(c + c_1 - p - r_1)(c_2 - r_2)}\right)/6 \tag{17}$$

通过对比不同渠道的回收量，不难得到如下结论：

结论2：

零售商所获得的废旧品数量，与整个供应链在新旧产品上的总利润率成正相关，而不单是与旧产品的利润率相关；同时与非正规处理企业所获得的回收利润率反相关。

生产零售企业获得的废旧品数量是：$\frac{s}{g} = \sqrt{\frac{p + r_1 - c_1 - c}{6(r_2 - c_2)}}$，易知 $p + r_1 - c_1 - c$ 是供应链在新旧产品上所获取的总利润率，$r_2 - c_2$ 是非正规处理企业所获得的回收利润率，$\frac{s}{g}$ 与 $p + r_1 - c_1 - c$ 成正比，与 $r_2 - c_2$ 成反比。不难看出，生产销售渠道的回收量与其盈利能力有关，利润率越大，回收到的数量也就越大；而与非正规渠道的盈利能力成反相关，非正规渠道的利润率越高，越会压低生产销售渠道的回收量。由此说明，正规渠道要想获取足够的回收量，需要尽可能提高对回收品处理的利润率，从而赢得更高的回收率，使得整体利润提升。

同时，在生产销售渠道，回收量不单单与旧产品的回收利润率有关，更是与整体供应链销售新家电和回收处理旧家电的总利润率有关，这是因为以旧换新体制中回收补贴中有一部分是来自于销售新家电的利润，这就使得正规渠道高额的回收费用可以通过新家电的收入来补贴，整体供应链在销售新家电获得的利润都可以用来补贴旧家电的回收处理，使得回收价格提升，赢取更高的回收量。反过来，更高的回收量又可以刺激新产品的销售，形成正向反馈，共同推动正规渠道在废旧物回收上的可持续发展，减弱非正规回收渠道的竞争优势，使废旧电器电子产品得到环保处理的比例更高。

2. 集中决策模型

由以上的分散决策模型得到，以旧换新机制可以在供应链层面较好的实施，可以提升生产销售渠道在与非正规渠道价格竞争中的优势，通过增大回收量进一步换取规模经济。接下来，我们分析供应链中的集中决策模型，观察集中决策对两种渠道的影响。假设供应链上的生产商与零售商集中决策，即形成“超组织”联盟，两者的利润可以按照一定的收入共享契约分配。

该模型为静态博弈，生产商与零售商组成的联盟、非正规处理企业分别决策回收价格，两者的利润函数分别是：

$$\pi_{firm} = \frac{s}{g}(p - c - s + r_1 - c_1) \tag{18}$$

$$\pi_f = (1 - \frac{s}{g})(r_2 - c_2 - g) \tag{19}$$

对 π_{firm} 和 π_f 关于 s 和 g 求导，联立一阶条件求解得到：

$$s^* = (p - c + r_1 - c_1)/2 \tag{20}$$

$$g^* = \sqrt{(r_2 - c_2)(p - c + r_1 - c_1)/2} \tag{21}$$

这时生产商与零售商联盟的利润是：$\pi_{firm} = 3\sqrt{3}(\pi_m + \pi_r)/5$，即在集中决策情形下，供应链总利润比分散决策情形的总利润高，故而通过适当的收入分配比例，生产商与零售商各自的利润都可以得到提升。

结论3：

在集中决策机制下，生产销售渠道的回收量相比分散决策情形有所增加，而非正规处理企业得到的废旧品数量减少。相比分散决策情形，两种渠道的回收价格均得到提高。

由以上的模型结果，不难发现供应链总体利润提升，这是因为协调机制避免了定价的“双重效应”，供应链优化使得正规渠道的回收价格更高，提升了与非正规渠道的竞争优势，从而获取更大的回收量。由于价格竞争的存在，正规渠道的价格提升刺激了非正规回收价的小幅增加，同时减少了非正规渠道的回收量，从而使得非正规处理企业的利润减少。由此可见，集中决策可以提升正规渠道的竞争力，不仅可以获取更高的利润，而且可以提升正规渠道的回收量，给非正规渠道回收设置了障碍，从而有利于废旧电器电子回收行业的健康发展。

四、研究结论与政策启示

本文首先研究了未实施以旧换新机制时，生产零售企业参与回收并与非正规企业竞争的情形，结果发现回收处理成本的差异使得非正规企业一直处于竞争优势地位，由此解释了在现实情形中生产销售企业很少参与回收的原因。供应链以旧换新机制可以在一定程度上改善这一状况，帮助生产销售企业提高在回收处理上的竞争能力。生产销售企业的回收数量与整个供应链在新旧产品上的总利润率成正相关，而不单单与旧产品的利润率有关，可见，以旧换新机制可以把正向供应链与逆向供应链进行融合，使得回收不再是只关乎逆向供应链的收益情况，更是对正向供应链盈利能力的考验。此外，以旧换新机制还有助于刺激新产品的销售，从而反映出该机制在推动生产销售企业参与回收方面的潜力。

通过对比分散决策和集中决策模型，结果发现在集中决策机制下，生产销售企业的回收量比分散决策时更高，有效的收入共享契约分配可以使得生产商与零售商的利润均有提升。

在以旧换新机制下，生产商直接参与回收，并与零售商共同承担回收价格的支付，体现了生产者责任延伸原则，其在产品回收中的竞争能力得到提升。另外，非正规渠道的成本提高、回收数量下降，意味着废旧品被不当处理的数量减少，有益于环境保护。为推动供应链采纳以旧换新策略、积极参与回收，需要政策法规、社会环境等多方面的支持，本文给出以下政策建议。

1. 在立法中明确规定生产企业的物理责任

目前，在《条例》与有关法律文件中，仅规定了生产企业的资金责任，未强制要求生产销售企业必须参与回收（即物理责任）。企业对参与回收的理解只限于缴纳费用，而非认识到其中蕴含的经济价值与社会效益。少数有意愿的企业因为担心参与回收的风险，致使自身竞争力的下降，从而倾向于保守决策。因此，如果立法中明确规定生产企业的物理责任，可以从外部推动行业整体环保意识的提升。

2. 出台扶持生产企业降低拆解成本的政策

降低拆解成本，可以增加生产销售企业的利润率，相对非正规渠道的竞争力上升，进而提高回收量。途径包括但不限于：采用有利于拆卸的产品设计与制造方案、改进逆向物流的组织方式与管理水平、拆解与再生利用技术的研发等。政府可以藉由税收优惠、政府采购、财政扶持等手段，鼓励生产企业改进产品设计、工艺设备与运营管理等，达到降低拆解成本的效果。

3. 提高针对非正规处理的监管力度

生产销售企业在废旧电器电子产品回收上的价格竞争劣势，其中一个重要原因是非正规处理企业使用了环保不达标、缺乏污染控制措施的工艺技术，未承担污染控制的外部成本。这种不规范的行为违反了《条例》以及有关污染控制法，理应取缔。实践中，由于立法缺漏、执法机制不合理、执法机构能力不足等原因，非正规处理行为很少受到处罚。政府应尽快完善环保执法机制，确保对非正规处理行为的有效监管。

4. 利用产业协会等已有服务组织，建立生产销售企业间的合作平台

生产商、销售商和回收企业可以通过协议契约的签订到达信息共享、分工合作的目的，从而提高回收供应链运营效率。目前，逆向供应链缺乏企业之间的合作，为此，需要产业协会等已有的服务组织提供合作的平台和契机，帮助供应链认识到增强合作、共同挖掘回收产业利润的重要性，发布市场合作的“供需”信息，鼓励供应链建立合作联盟，并在政策上给予一定的优惠和扶持。

5. 推动生产者责任组织的建立，增加生产销售企业的责任实现途径

生产者责任组织是在欧盟成员国中普遍存在的、开展回收管理的非盈利组织。生产企业缴纳一定的费用后，可以将物理责任转移给生产者责任组织。生产者责任组织负责所有加盟生产企业产品的回收，从而在逆向物流管理中实现规模效应，提高运作效率。对于无力开展回收运作的中小型生产企业，生产者责任组织可以代为回收。政府可以就生产者责任组织的章程、财务管理、人事管理、运营制度等制定标准与规范、或发布指导文件，为生产者责任组织的成立奠定制度基础。

参考文献

[1] ABDULRAHMAN M, GUNASEKARAN A, SUBRAMANIAN N. Critical barriers in implementing reverse logistics in the Chinese manufacturing sectors [J]. International Journal of Production Economics, 2014 (147).

[2] BESIOU M, GEORGIADIS P, VAN WASSENHOVE L. Official recycling and scavengers: Symbiotic or conflicting? [J]. European journal of operational research, 2012 (218).

[3] CHI X, STREICHER - PORTE M, WANG M, et al. Informal electronic waste recycling: a sector review with special focus on China [J]. Waste Management, 2011 (31).

[4] CHUNG S, ZHANG C. An evaluation of legislative measures on electrical and electronic waste in the People' s Republic of China [J]. Waste management, 2011 (31).

[5] LINDHQVIST T. Extended producer responsibility in cleaner production: Policy principle to promote environmental improvements of product systems [M]. Lund University, 2000.

[6] LI X, PARK M, Demirbilek O. Informal WEEE Recycling in China: A Field Study of Stakeholders in Tianjin [J]. International Journal of Environmental Science and Development, 2012 (3).

[7] OGUSHI Y, KANDLIKAR M. Assessing extended producer responsibility laws in Japan [J]. Environmental science & technology, 2007 (41).

[8] ONGONDO F, WILLIAMS I, CHERRETT T. How are WEEE doing? A global review of the management of electrical and electronic wastes [J]. Waste management, 2011 (31).

[9] TOJO N. Extended producer responsibility as a driver for design change—Utopia or reality? [M]. Lund University, 2004.

[10] WANG Y, RU Y, VEENSTRA A, et al. Recent developments in waste electrical and electronics equipment legislation in China [J]. The International Journal of Advanced Manufacturing Technology, 2010 (47).

[11] 李巍. 废旧电器电子产品再利用产业化理论，模型及政策研究 [D]. 湖南大学，2010.

[12] 刘慧慧，黄涛，雷明. 家电以旧换新政策中废旧电子产品回收效果与改进体系 [J]. 北

京：经济管理，2012（11）.

［13］邵诣臻，黄菊文，李光明，等．我国电子废弃物管理现状及对策研究［J］．徐州：环境科技，2011（24）.

［14］童昕，蔡一帆，颜琳．基于“家电以旧换新”回收数据评估电子废物产生量估算方法［J］．昆明：生态经济，2013（7）.

［15］王红梅，于云江，刘茜．国外电子废旧物回收处理系统及相关法律法规建设对中国的启示［J］．哈尔滨：环境科学与管理，2010（35）.

［16］王晓玉，王雪，李晓真，等．以旧换新消费中旧产品参考价格形成的影响因素及机制研究［J］．长沙：消费经济，2010（2）

［17］翁智刚，龚武秀，刘丹萍，等．基于框架效应的以旧换新行为实证研究［J］．长沙：消费经济，2012（5）.

［18］熊中楷，方衍，张聪誉．以旧换新收购方式下的逆向物流网络优化设计［J］．北京：中国管理科学，2011（19）.

考虑产品可拆卸性的再制造决策研究契约的两级供应链协调策略

刘晓瑜　王　瑞

摘　要：根据产品设计是否易于拆卸，将产品可拆卸性分为高、低两种策略。根据再制造过程参与主体的差异，将再制造分为 Model M、Model R 两种再制造模式。本文运用 Stackelberg 博弈，研究了两种再制造模式下，OEM 利润分别在两种可拆卸性策略中的变化规律。研究表明 OEM 再制造决策取决于两种产品可拆卸性策略的初始固定投资成本差额以及市场规模。当两种产品可拆卸性策略下的 OEM 初始固定投资成本差额较小，采取可拆卸性高的产品再制造策略可以提升 OEM 的利润，反之，可拆卸性低的产品再制造策略更优；当市场规模较小时，OEM 在 Model R 中获利最高，反之，OEM 在 Model M 中获利更高。通过算例分析在初始固定投资成本差额和市场规模作用下 OEM 的利润波动规律，为核心企业再制造策略的选取提供依据。

关键词：产品可拆卸性　再制造模式　闭环供应链　Stackelberg 博弈

一、引言

随着工业的发展和技术的进步，电子产品的种类不断增加、寿命日益缩短、更新换代速度与日俱增，然而，伴随而来的是日趋严重的环境污染和资源浪费问题。为此，人们越来越重视产品的回收再制造问题，许多国家纷纷制定了相关的法律法规，要求企业对废旧产品进行回收再制造。同时，企业发现废旧产品的回收再制造不仅可以提高企业的环保形象，同时还可以节约制造成本，例如施乐（Xerox）公司通过废旧产品的回收再制造使制造成本降低了 40% ~65%[1]。再制造蕴藏的巨大利润不但促进 OEM（Original Equipment Manufacturer，原始设备制造商）积极进行回收再制造，同时也吸引了 IO（Independent Operation，第三方独立再制造商）的介入。由此引发的再制造模式（包括 OEM 再制造，IO 再制造）决策成为产品回收再利用过程的热点问题。

目前，国内外学者对再制造模式决策问题已有较为深入的研究。Majumder 和 Groenevelt[2]（2001）建立了 OEM 和 IO 共同再制造的两阶段博弈模型，考虑消费者购买意愿差异，利用动态博弈理论，研究了四种不同的“货架分配机制”下 OEM 和 IO 的再制造决策。Webster 和 Mitra[3,4]（2007，2008）采用 IO 再制造的两阶段模型，研究了政府政策对再制造活动的影响。Atasu[5]（2008）等研究表明，再制造成本节约、绿色消费者规模、市场增长率、消费者对再制造产品的价值认知等存在一个门槛值，只有

作者简介：刘晓瑜（1991—），女，天津大学硕士研究生在读，研究方向：物流与供应链管理；王瑞（1991—），男，长沙人，天津大学硕士研究生，研究方向：物流工程与供应链管理。

在高于该值时再制造才是有利的，并指出竞争环境下 OEM 选择进入再制造是一个有效的保护市场份额的市场战略。鹿红娟[6]（2011）等构建了三种再制造模型：不进行再制造模型、OEM 再制造模型、IO 再制造模型，并运用博弈论的方法，分析比较了三种模型的定价决策、回收努力系数以及企业利润。Bulmus[7]（2014）等考虑消费者购买意愿无差异时，OEM 和 IO 共同再制造模式的回收定价决策以及新产品和再制品产量问题。

上述文献分别从不同角度研究了再制造模式决策问题，针对消费者购买意愿、政府政策干预、OEM 和 IO 竞争等问题展开分析，然而均未考虑产品可拆卸性对于再制造模式决策的影响。

Mok[8]（1997）定义产品可拆卸性是指无须强力拆卸产品的难易程度。较高可拆卸性的产品可以降低制造成本和再制造成本：如 Shu 和 Flowers[9]（1993）指出产品的可拆卸性也会影响 OEM 的生产成本，较高的产品可拆卸性使处理、检测、清洗等过程更容易，从而减低 OEM 的生产成本。此外，Kerr 和 Ryan[10]（2001）基于澳大利亚施乐公司的研究，定量分析再制造对产品生命周期过程环境效益的影响，研究表明在产品设计阶段考虑生命周期末端的可拆卸性和再制造过程可以极大的降低再制品生产过程的能源消耗和废弃物排放，从而降低再制造成本。因此，较高的产品可拆卸性对于 OEM 和 IO 都有利。此外，提高产品可拆卸性需要增加相应的人力、设备、维护等成本，因此提高产品可拆卸性会增加 OEM 的初始固定投资成本。

Hua[11]（2011）等首先基于两阶段再制造模型，考虑消费者对再制造产品的价值认知及产品可拆卸性设计对产品 OEM 生产成本和 IO 回收成本的影响，得到了再制造受回收限制的阀值、IO 定价决策阀值和 OEM 产品设计策略阀值，然后将模型扩展到多阶段的 OEM 和 IO 决策研究。Cheng - Han Wu[12,13]（2012，2013）基于产品可拆卸性，建立 OEM 和 IO 构成的两阶段再制造决策模型，考虑消费者购买行为和回收市场限制，研究 OEM 产品再制造设计决策和 IO 定价决策。

在产品设计阶段考虑回收再制造可拆卸性规划的文献较少，更少有学者在分析比较不同再制造模式的同时考虑到产品可拆卸性。

基于此，本文将易于拆卸的策略界定为高可拆卸性策略（H 策略），将不易于拆卸的策略界定为低可拆卸性策略（L 策略）。根据再制造过程参与主体的差异，将再制造分为 Model M（OEM 再制造）、Model R（IO 再制造）两种再制造模式。分析比较两种再制造模式下，OEM 利润分别在两种可拆卸性策略中的变化规律，进而得到不同情境下，对 OEM 获利最为有利的再制造决策。为具有可拆卸性的 3C 产品实施再制造过程提供决策依据。

二、问题描述与基本假设

本文主要研究由单一 OEM 和单一 IO 组成的两阶段闭环供应链模型。其中，第一阶段，OEM 生产新产品并直接销售给消费者；第二阶段，OEM 继续生产新产品并直接销售给消费者，OEM 或 IO 回收废旧品再制造，并将再制品直接销售给消费者，两种再制造模式的 CLSC（Closed - loop Supply Chain，闭环供应链）结构如图 1 所示。

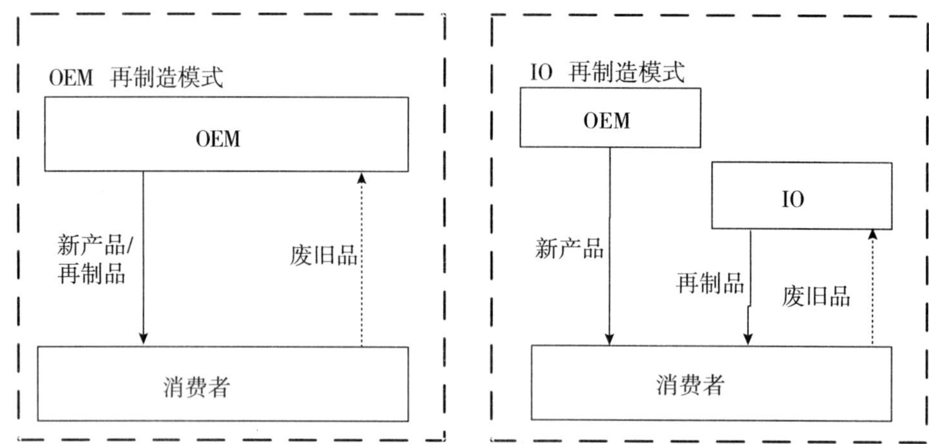

图1　再制造 CLSC 结构

同时考虑产品可拆卸性策略（H 策略和 L 策略），分析以 OEM 为主导的两种再制造模式，归结为六种再制造策略形式，如图 2 所示。

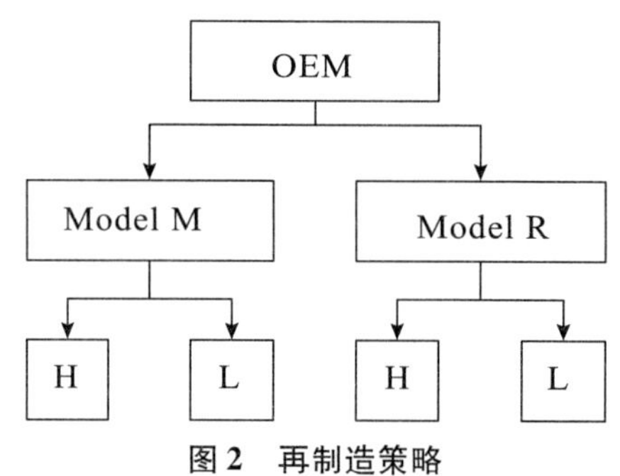

图2　再制造策略

根据问题分析需要作如下假设：

假设 1：新产品、OEM 再制品和 IO 再制品不同质，销售价格不同。第一阶段新产品的销售价格为 p_l，第二阶段新产品的销售价格为 p_n，OEM 再制品的销售价格为 p_r，IO 再制品的销售价格为 p_t。其中，$p_t < p_r < p_n$。

假设 2：OEM 和 IO 回收努力相同。

假设 3：OEM 为 Stackelberg 领导者，IO 为跟随者，供应链各成员均按照自身利益最大化进行决策。

假设 4：参考文献［13］对消费者购买意愿差异性的处理方式。消费者购买新产品、OEM 再制品和 IO 再制品的意愿不同，假设购买新产品的意愿为 θ，$(0<\theta<1)$ 其中 $f(\theta)$ 服从［0，1］的均匀分布，购买 OEM 再制品的意愿为 $\rho\theta$，$(0<\rho<1)$，购买 IO 再制品的意愿为 $\mu\rho\theta$，$(\theta<\mu<1)$。

假设第一阶段市场有 M 个消费者，第二阶段市场规模为 $\Delta M, (\Delta > 0)$，第一阶段市场上只存在新产品，消费者购买新产品的效用值为 $U=\theta-p_l$，新产品的需求量为$D_I = M\ (I - p_I)$。

则在第二阶段的两种模式下，新产品和再制品的需求量分别为：

Model M 中，

新产品需求量：$D_n^M = \Delta M \frac{1-\rho-\rho_n+p_r}{1-\rho}$；

OEM 再制品需求量：$D_r^M = \Delta M \frac{pp_n - p_r}{\rho\ (1-\rho)}$。

Model R 中，

新产品需求量：$D_n^R = \Delta M \frac{1-\mu\rho-p_n+p_t}{1-\mu\rho}$；

IO 再制品需求量：$D_t^R = \Delta M \frac{\mu pp_n - p_t}{\mu\rho\ (1-\mu\rho)}$。

假设5：参考文献［13］对产品成本的处理方式。产品成本由固定成本和单位变动成本构成。固定成本：H 策略相比 L 策略需要 OEM 投入更高的固定成本，开展再制造业务相比不开展需要 OEM 投入更高的固定成本，即$T_L^y < T_H^y$，$T_j^N < T_j^y$，（其中 $y = N$，Y 分别表示 OEM 开展再制造业务，OEM 不开展再制造业务；$j = H$，L 表示 H 策略，L 策略）；单位变动成本：H 策略相比 L 策略新产品的制造成本和再制品的再制造成本较低，即 $c_{iL} > c_{iH}$，（$i = n$，r，t）（其中，n 表示新产品，r 表示 OEM 再制品，t 表示 IO 再制品）。

假设6：π_k^f（$f = M$，R；$k = m$，th）表示不同模式下，供应链各成员利润（其中，$f = M$，R 分别表示 Model M，Model R；$k = m$，th 分别表示 OEM 和 IO）。

因此，在两种模式下，供应链各成员利润分别为：（其中 δ 表示第二阶段价值折扣）

Model M 中，

OEM 利润为：

$$\pi_m^M = (p_I - c_{nj})\ D_I - T_j^y + \delta\ [\ (p_n - c_{nj})\ D_n^M + (p_r - c_{rj})\ D_r^M] \tag{1}$$

Model R 中，

OEM 利润为：

$$\pi_m^R = (p_I - c_{nj})\ D_I - T_j^N + \delta\ (p_n - c_{nj})\ D_n^R \tag{2}$$

IO 利润为：

$$\pi_{th}^R = \delta\ (p_t - c_{tj})\ D_t^R \tag{3}$$

假设7：市场是完全开放的，供应链各成员都是在市场需求信息对称的情况下进行决策。

三、再制造模型

（一）Model M

OEM 以自身利润最大化为目标进行决策，得到第一阶段新产品的最优价格p_I^{*M}，第二阶段新产品的最优价格p_n^{*M}，OEM 再制品的最优价格p_r^{*M}，目标函数如下：

$$\max \pi_m^M = (p_I - c_{nj})D_I - T_j^Y + \delta[(p_n - c_{nj})D_n^M + (p_r - c_{rj})D_r^M]\ s.t.\ D_r^M \leqslant \gamma D_I \quad (4)$$

（$j=L$，H，γ 表示废旧品回收率）

对 OEM 利润函数求p_I^M，p_n^M和p_r^M的导数，可得 OEM 的最优反应函数：

$$p_I^{*M} = \begin{cases} p_I^{*MU} = \dfrac{1+c_{nj}}{2},\ \Delta < \Delta^M \\ p_I^{*MB} = \dfrac{1+c_{nj}}{2} - \dfrac{\delta\gamma[\Delta(\rho c_{nj} - c_{rj}) - \gamma\rho(1-\rho)(1-c_{nj})]}{2\Delta + 2\delta\gamma^2\rho(1-\rho)},\ \Delta > \Delta^M \end{cases} \quad (5)$$

$$p_n^{*Ms} = \frac{1+c_{nj}}{2},\ (s=U,\ B) \quad (6)$$

$$p_r^{*M} = \begin{cases} p_r^{*MU} = \dfrac{\rho + c_{rj}}{2},\ \Delta < \Delta^M \\ p_r^{*MB} = \dfrac{\rho + c_{rj}}{2} + \dfrac{\Delta(\rho c_{nj} - c_{rj}) - \gamma\rho(1-\rho)(1-c_{nj})}{\Delta + \delta\gamma^2\rho(1-\rho)},\ \Delta > \Delta^M \end{cases} \quad (7)$$

其中，$s=U$ 表示再制造不受回收数量限制，$s=B$ 表示再制造受回收数量限制。

$\Delta^M = \dfrac{\gamma\rho(1-\rho)(1-c_{nj})}{pc_{nj} - c_{rj}}$（8），当$\Delta < \Delta^M$时，回收市场废旧品数量充足，OEM 再制造不受回收数量限制；当$\Delta > \Delta^M$时，OEM 再制造受到回收数量限制。

（二）Model R

OEM 和 IO 以自身利润最大化为目标进行决策，OEM 作为 Stackelberg 博弈主导者，在第一阶段决定新产品的最优价格p_I^{*R}，在第二阶段决定新产品的最优价格p_n^{*R}；IO 作为 Stackelberg 博弈跟随者，在第二阶段决定 IO 再制品的最优价格p_t^{*R}，目标函数如下：

$$\max \pi_m^R = (p_I - c_{nj})D_I - T_j^N + \delta(p_n - c_{nj})D_n^M \quad (9)$$

$$s.t.\ \max \pi_{th}^R = \delta(p_t - c_{tj})D_t^R$$

$$D_t^R \leqslant \gamma D_1 \quad (10)$$

采用逆向归纳法求解，首先对 IO 利润函数求p_t^R的导数，并联立一阶条件，可得 IO 对 OEM 决策的最优反应函数式p_t^{*R}，再将p_t^{*R}代入 OEM 利润函数求p_I^R和p_n^R的导数，并联立一阶条件，得到 OEM 决策的最优反应函数p_I^{*R}和p_n^{*R}，最后将得到的p_I^{*R}和p_n^{*R}代入 *IO* 的最优反应函数式p_t^{*R}，得到 IO 最优反应函数p_t^{*R}。

$$p_1^{*R} = \begin{cases} p_1^{*RU} = \dfrac{1+c_{nj}}{2},\Delta < \Delta^R \\ p_1^{*RB} = \dfrac{1+c_{nj}}{2} + \dfrac{\delta\gamma\mu\rho(2\Delta - \gamma\mu\rho)(1-c_{nj})}{8\Delta - 2\delta\gamma^2\mu^2\rho^2},\Delta > \Delta^R \end{cases} \quad (11)$$

$$p_n^{*R} = \begin{cases} p_n^{*RU} = \dfrac{2(1-\mu\rho) + (2-\mu\rho)c_{nj} + c_{tj}}{2(2-\mu\rho)},\Delta < \Delta^R \\ p_n^{*RB} = c_{nj} + \dfrac{(2\Delta - \gamma\mu\rho)(1-c_{nj})}{4\Delta - \delta\gamma^2\mu^2\rho^2},\Delta > \Delta^R \end{cases} \quad (12)$$

$$p_t^{*R}=\begin{cases}p_t^{*RU}=\dfrac{2\mu\rho(1-\mu\rho)+\mu\rho(2-\mu\rho)c_{nj}+(4+\mu\rho)c_{tj}}{4(2-\mu\rho)},\ \Delta<\Delta^R\\ p_t^{*RB}=\mu\rho c_{nj}-\dfrac{\gamma\mu\rho(1-\mu\rho)(1-c_{nj})}{2\Delta}+\left[1+\dfrac{\delta\gamma^2\mu\rho(1-\mu\rho)}{2\Delta}\right]\\ \dfrac{\mu\rho(2\Delta-\gamma\mu\rho)(1-c_{nj})}{4\Delta-\delta\gamma^2\mu^2\rho^2},\ \Delta>\Delta^R\end{cases}\tag{13}$$

$\Delta^R=\dfrac{\gamma\mu\rho(1-\mu\rho)\left[1-c_{nj}-\delta\gamma\mu\rho(p_n^{*RB}-c_{nj})\right]}{\mu\rho p_n^{*RB}-c_{tj}}$（14），当 $\Delta<\Delta^R$时，回收市场废旧品数量充足，IO 再制造不受回收数量限制；当 $\Delta>\Delta^R$ 时，IO 再制造受到回收数量限制。

（三）均衡结果分析

结论 1：当 IO 进入再制造市场时，若 IO 再制造不受回收数量限制，则 IO 再制品最优价格决策p_t^{*f}与 IO 再制造成本 c_{tj}有关；反之，与 IO 再制造成本 c_{tj}无关。

证明，由公式（13）的p_t^{*f}最优反应函数可知。

表明：当回收市场充足时，IO 再制造的主要影响因素是其再制造成本；而当回收市场不充足时，IO 再制造受 OEM 第一阶段新产品销售数量的限制。

结论 2：在两种模式中，分别存在$\overline{M^f}$（其中 $f=M$，R 分别表示两种再制造模式）。当 $M<\overline{M^f}$时，OEM 采取 L 策略获利更高，反之，采取 H 策略获利更高。

证明见附录。结论 2 表明：OEM 采取 H 策略时需要投入较高的固定成本，因而需要更大的市场规模以形成规模经济来提高企业利润。

结论 3：Model M 中回收市场充足时，产品可拆卸性策略选择取决于固定投资成本差额（$T_H^y-T_L^y$）和市场规模（Δ）：①若 H/L 两种策略的（$T_H^y-T_L^y$）很大，当 Δ 较小时，OEM 采取 L 策略获利更高，反之，OEM 采取 H 策略获利更高；②若 H/L 两种策略的（$T_H^y-T_L^y$）很小，OEM 采取 H 策略获利更高。

Model M 中回收市场不足或 Model R 中，产品可拆卸性策略选择只取决于市场规模（Δ）：当 Δ 较大时，则 OEM 采取 H 策略获利更高；反之，采取 L 策略获利更高。

证明见附录。结论 3 表明：OEM 采取 H 策略需要投入较高的固定成本，因此需要市场规模的扩张以实现规模经济；若市场规模较小，OEM 只能采取 L 策略削弱再制品市场对新产品市场的冲击。

结论 4：在两种模式下，消费者购买意愿 μ/ρ、制造成本 c_{nj}、再制造成本节约 r_{rj}，r_{tj}（其中 $r_{rj}=c_{rj}/c_{nj}$，$r_{tj}=c_{tj}/c_{nj}$）等因素对第二阶段市场规模Δ^f临界值的影响如表 1 所示：

表 1　　第二阶段市场规模临界值随各因素变化规律

		μ	ρ	$\mu\rho$	γ	c_{nj}	r_{rj}	r_{tj}
Model M	Δ^M	不变	递减	不变	递增	递减	递增	不变
Model R	Δ^R	不变	不变	递减	递增	递减	不变	递增

由表 1 知：第二阶段市场规模 Δ^f临界值随消费者购买意愿降低而降低，随回收率

增加而增加，随新产品成本增加而降低，随再制造成本节约增加而增加。

表明：①当消费者购买再制品的意愿提升时，再制品需求量增加，再制造容易受到回收限制；②当回收率提高时，更多的废旧品被回收，再制造不易受到回收限制；③当新产品制造成本增加时，新产品价格提高导致第一阶段新产品需求量降低，在第一阶段末期产生的可回收废旧品数量减少，导致再制造容易受到回收限制；④当再制造成本节约增加时，再制品价格优势使再制品需求量增加，导致再制造容易受到回收限制。

四、算例分析

以 Lenovo 电脑产品为例，研究两阶段市场规模 M/Δ 和初始固定投资成本 T_j^y 对两种模式（Model M，Model R）中 OEM 利润的影响。在以 OEM（如 Lenovo）为核心企业的 CLSC 中，针对废旧品回收再制造，OEM 可以拥有自己的再制造业务，也可以由 IO 进行再制造。在以 OEM 自身利润最大化的目标驱使下，制定相应的再制造模式决策和产品可拆卸性决策。

参照文献［12］对产品可拆卸性和成本数据的获取和分析方法，给出试验数据：$M \in [5, 30]$ $\Delta \in [0.5, 3]$ $\mu = 0.8$，$\rho = 0.8$，$c_{nH} = 0.4$，$c_{nL} = 0.5$，$c_{rH} = 0.2$，$c_{rL} = 0.25$，$c_{tH} = 0.16$，$ctL = 0.2$，$\delta = 0.9$ $T_H^y = T_L^y + y$，（$y = Y/N$，$y \in [0, 2.5]$）$T_L^Y = 0.5$，$T_L^N = 0.1$，$\gamma = 0.6$。两种再制造模式中，OEM 利润随不同因子变化的波动趋势以及 OEM 再制造决策情况如图 3～5 所示。

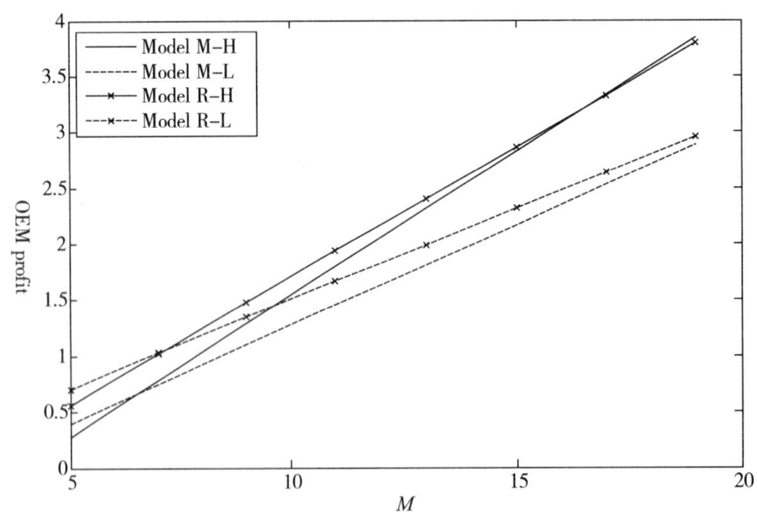

图 3a　两种模式下 OEM 利润随 M 变化的波动趋势（M：$\overline{M^M}$；R：$\overline{M^R}$，$\Delta = 2$，$y = 0.5$）

由图 3a 可知两种模式中，分别存在，$\overline{M^f}$（其中 $f = M$，R 分别表示两种再制造模式）。当 $M < \overline{M^f}$ 时，OEM 采取 L 策略获利更高，反之，采取 H 策略获利更高。

由图 3b 可知 OEM 再制造决策取决于 H/L 两种策略的固定投资成本差额和市场规模：①当市场规模较小时，采取 Model R 能够提升 OEM 利润，反之，采取 Model M 能

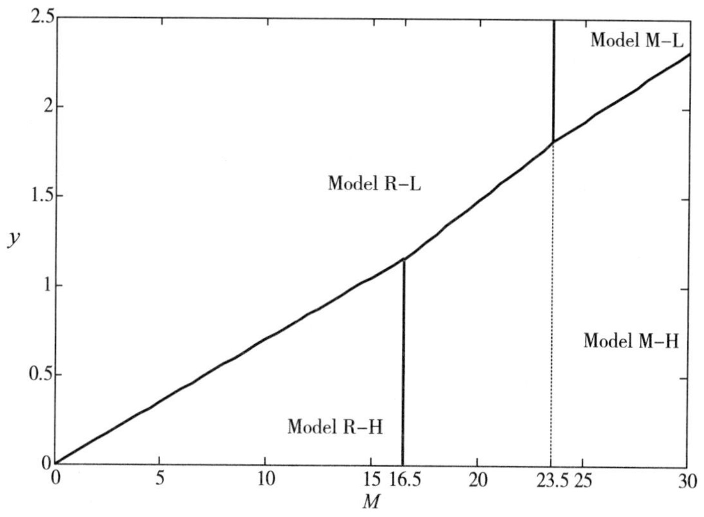

图 3b　M，T_j^y 波动下的 OEM 再制造决策（$\Delta=2$）

够提升 OEM 利润；②当 H/L 两种策略固定投资成本差额较小时，采取 H 策略能够提升 OEM 利润，反之，采取 L 策略能够提升 OEM 利润；③当 H/L 两种策略固定投资成本差额较大时，若采取 H 策略需要较大的市场规模从而实现规模经济效益。

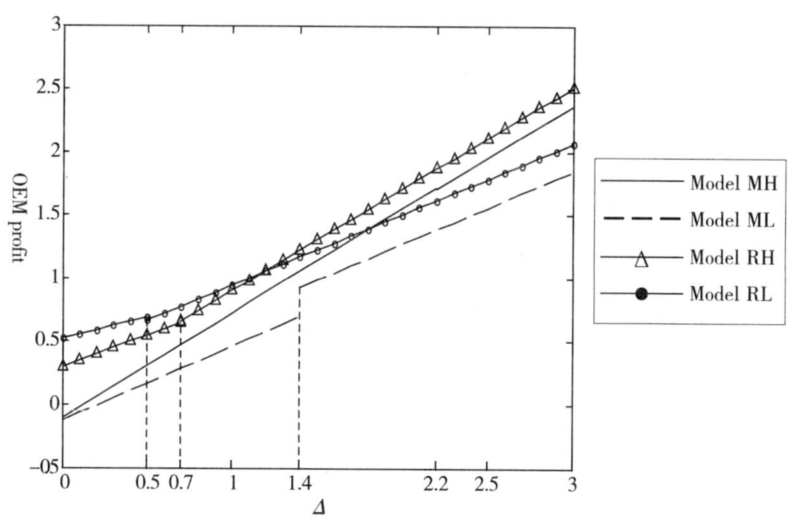

图 4a　两种模式下 OEM 利润随 Δ 变化的波动趋势（$M=10$，$y=0.5$）

由图 4a 可知两种模式中，OEM 利润均随 Δ 增加而增加。

由图 4b（1）可知：当 M 较小时①采取 Model R 能够提升 OEM 利润；②当 H/L 两种策略固定投资成本差额较小时，若 Δ 变动较大（明显扩张或者缩减），采取 H 策略能够提升 OEM 利润，反之，若 Δ 相对稳定，采取 L 策略能够提升 OEM 利润；③当 H/L 两种策略固定投资成本差额较大时，采取 L 策略能够提升 OEM 利润。

由图 4b（2）可知：当 M 较大时①若 Δ 严重缩减，采取 Model R 能够提升 OEM 利

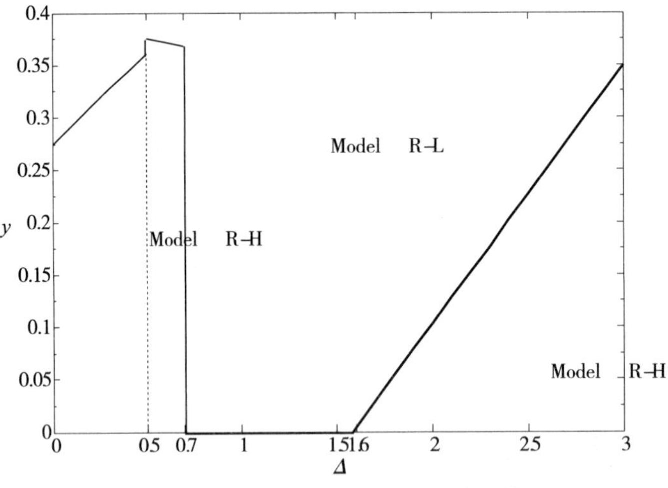

图 4b（1） Δ，T_j^y 波动下的 OEM 再制造决策（$M=10$）

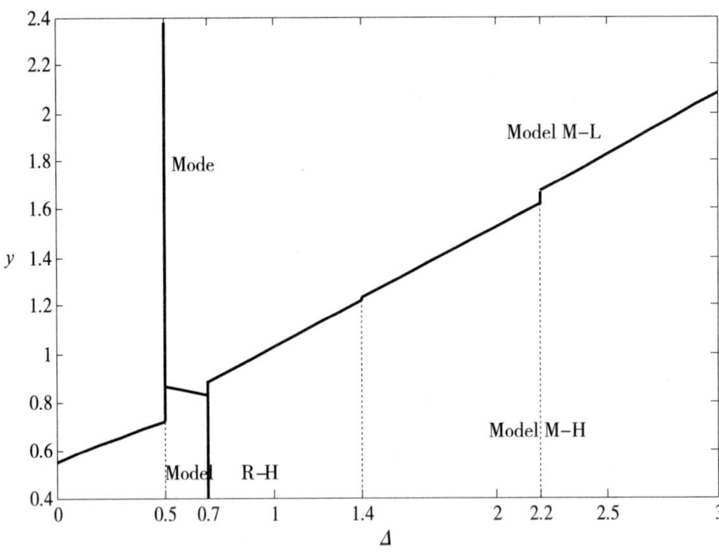

图 4b（2） Δ，T_j^y 波动下的 OEM 再制造决策（$M=20$）

润，若 Δ 相对稳定或者扩张，采取 Model M 能够提升 OEM 利润；②H/L 两种策略固定投资成本差额较大时，采取 H 策略能够提升 OEM 利润，反之，采取 L 策略能够提升 OEM 利润。

图 5 表示 OEM 再制造决策方法：①获取两阶段市场规模和初始固定投资成本的数据；②比较 Δ 与回收限制阀值 Δ^f，确定再制造是否受到限制；③计算两种再制造模式，两种产品可拆卸性策略下的 OEM 利润，得到使 OEM 获利最大的再制造决策方案。

图 5 决策过程：已知 $M=20$，$\Delta=1.5$，$y=0.5$，根据前文公式计算得到 $\Delta^{MH}=2.16$，$\Delta^{ML}=1.4$，$\Delta^{RH}=0.7$，$\Delta^{RL}=0.5$，$\Delta^{CH}=1.4$，故 Model M，H 策略中再制造不受限制，其他策略中再制造均受限制；计算六种策略中 OEM 利润得到 Model M，H 策略最优。

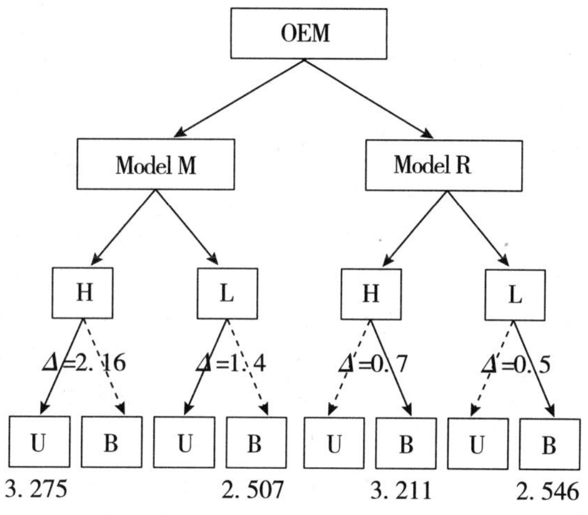

图5 OEM 再制造决策（$M=20$，$\Delta=1.5$，$y=0.5$）

五、结束语

本文构建了 Model M，Model R 两种再制造模式，在考虑不同产品可拆卸性策略下，运用 Stackelberg 博弈分析 OEM 为主导作用时的 OEM 利润变化规律，并研究了闭环供应链各成员的定价策略，得到以下结论：①H/L 两种策略初始固定投资成本差额较小时，采取 H 策略能够提升 OEM 利润，反之，采取 L 策略能够提升 OEM 利润；②当两阶段市场规模较大时，能够形成规模经济效应，采取 H 策略能够提升 OEM 利润，反之，采取 L 策略能够提升 OEM 利润；③当两阶段市场规模较小时，采取 Model R 对 OEM 获利更有利，反之，采取 Model M 对 OEM 获利更有利。

本文只考虑了单一 OEM 和单一 IO 组成的闭环供应链，没有考虑第三方负责回收或者零售商回收所造成的各方利润影响情况，且仅考虑了不同再制造模式对 OEM 利润的影响，后续研究将对供应链各节点企业的利润变化情况做进一步分析。

参 考 文 献

［1］许茂增，唐飞．基于第三方回收的双渠道闭环供应链协调机制［J］．计算机集成制造系统，2013，19（8）：2083－2089.

［2］MAJUMDER P，GROENEVELT H. Competition in remanufacturing［J］．Production and Operations Management，2001，10（2）：125－141.

［3］WEBSTER S，MITRA S. Competitive strategy in remanufacturing and the impact of take－back laws［J］．Journal of Operations Management，2007，25（6）：1123－1140.

［4］MITRA S，WEBSTER S. Competition in remanufacturing and the effects of government subsidies［J］．Int. J. Production Economics，2008，111（2）：287－298.

［5］ATASU A，SARVARY M，VAN WASSENHOVE L N. Remanufacturing as a marketing strategy［J］．Management Science，2008，54（10）：1731－1746.

［6］鹿红娟，郭伟，邵宏宇．基于博弈论的再制造生产模式的研究［J］．机械工程学报，2011，

47（20）：18－22.

[7] BULMUS S C，ZHU S，TEUNTER R. Competition for cores in remanufacturing [J]. European Journal of Operational Research，2014，233（1）：105－113.

[8] H S MOK，HJ KIM，K S Moon. Disassemblability of mechanical parts in automobile for recycling [J]. Computers & Industrial Engineering，1997，33（3－4）：621－624.

[9] LI SHU，WOODIE FLOWERS. A Structured Approach to Design for Remanufacture [J]. Intelligent Concurrent Design：Fundamentals，Methodology，Modeling and Practice. 1993，66：13－19.

[10] KERR W，RYAN C. Eco－efficiency gains from remanufacturing A case study of photocopier remanufacturing at Fuji Xerox Australia [J]. Journal of Cleaner Production，2001，9（1）：75－81.

[11] HUA Z，ZHANG X，XU X. Product Design Strategies in a Manufacturer—Retailer Distribution Channel [J]. Omega. 2011，39（1）：23－32.

[12] CHENG－HAN WU. Product－Design and Pricing Strategies with Remanufacturing [J]. European Journal of Operational Research. 2012，222（2012）：204－215.

[13] CHENG－HAN WU. OEM Product Design in a Price Competition with Remanufactured Product [J]. Omega. 2012，41（2013）：287－298.

附　录

结论2：两种模式下，当$M \to 0$时，$\pi_{mH}^{fs} \to -T_H$，$\pi_{mL}^{fs} \to -T_L$，由于$T_L < T_H$，则$\pi_{mH}^{fs} < \pi_{mL}^{fs}$。最优价格均与$M$无关，由公式（1）（2）可以得到$\frac{\mathrm{d}\,\pi_{dm}^{fs}}{\mathrm{d}M} > 0$，即OEM利润随$M$单调递增。每种模式下，都可以得到唯一$\overline{M^{fs}}$，使得$\pi_{mH}^{fs} = \pi_{mL}^{fs}$。当$M < \overline{M^{fs}}$时，$\pi_{mH}^{fs} < \pi_{mL}^{fs}$；当$M > \overline{M^{fs}}$时，$\pi_{mH}^{fs} > \pi_{mL}^{fs}$。

结论3：以Model M为例，Model R同理：

（1）当$\Delta < \Delta^M$时，回收市场废旧品数量充足，OEM再制造不受回收数量限制；

$$\pi_{mj}^{MU} = (p_1^{*MU} - c_{nj})\ D_I - T_j + \delta\left[\ (p_n^{*MU} - c_{nj})\ D_n^M + (p_r^{*MU} - c_{rj})\ D_r^M\right]$$

$$= \frac{M\ (1 - c_{nj})^2}{4} - T_j + \frac{\Delta\delta M}{4\rho\ (1-\rho)}\left[\rho\ (1 - c_{nj})\ (1 - \rho - c_{nj} + c_{rj}) + (\rho - c_{rj})\ (\rho c_{nj} - c_{rj})\right]$$

由于$c_{nL} > c_{nH}$，$c_{rL} > c_{rH}$，假设$c_{nH} = \lambda c_{nL}$，$c_{rH} = \lambda c_{rL}$，$(0 < \lambda < 1)$，则H策略和L策略下OEM利润分别为：

$$\pi_{mU}^{MU} = \frac{M\ (1 - \lambda c_{nL})^2}{4} - T_H + \frac{\Delta\delta M}{4\rho\ (1-\rho)}\left[\rho\ (1 - \lambda c_{nL})\right.$$
$$\left.(1 - \rho - \lambda c_{nL} + \lambda c_{rL}) + (\rho - \lambda_{rL})\ (\rho\lambda c_{nL} - \lambda c_{rL})\right]$$

$$\pi_{mL}^{MU} = \frac{M\ (1 - c_{nL})^2}{4} - T_L + \frac{\Delta\delta M}{4\rho\ (1-\rho)}\left[\rho\ (1 - c_{nL})\right.$$
$$\left.(1 - \rho - c_{nL} + c_{rL}) + (\rho - c_{rL})\ (\rho c_{nL} - c_{rL})\right]$$

显然，π_{mj}^{MU}是关于Δ的线性函数，假设$\pi_{mj}^{MU} = A_j + B_j\Delta$其中$A_j = \frac{M\ (1 - c_{nj})^2}{4} - T_j$，$B_j = \frac{\delta M}{4\rho\ (1-\rho)}\left[\rho\ (1 - c_{nj})\ (1 - \rho - c_{nj} + c_{rj}) + (\rho - c_{rj})\ (\rho c_{nj} - c_{rj})\right]$，由于$0 < \lambda < 1$，有$B_H > B_L$。

①$A_H < A_L$时，

$T_H - T_L < \frac{M(1 - c_{nH})^2}{4} - \frac{M(1 - C_{nL})^2}{4}$，存在$\Delta = \Delta_0$使得$\pi_{mH}^{MU} = \pi_{mL}^{MU}$，当$\Delta < \Delta_0$时，$\pi_{mH}^{MU} < \pi_{mL}^{MU}$，当$\Delta > \Delta_0$时，$\pi_{mH}^{MU} > \pi_{mL}^{MU}$。

②$A_H > A_L$时，

$T_H - T_L > \frac{M\ (1 - c_{nH})^2}{4} - \frac{M\ (1 - C_{nL})^2}{4}$，$\pi_{mH}^{MU} > \pi_{mL}^{MU}$。

（2）当$\Delta > \Delta^M$时，OEM再制造受到回收数量限制，同理可证，存在$\Delta = \Delta_1$使得$\pi_{mH}^{MB} = \pi_{mL}^{MB}$，当$\Delta < \Delta_1$时，$\pi_{mH}^{MB} < \pi_{mL}^{MB}$，当$\Delta > \Delta_1$时，$\pi_{mH}^{MB} > \pi_{mL}^{MB}$。

采购与供应管理

大规模突发事件应急血液采集动态模型

马祖军　周愉峰

摘　要： 为了保障大规模突发事件的应急血液供应，同时降低应急血液报废量，针对应急血液库存控制的特性，提出了一种应急血液采集动态模型，并给出了应急血液库存状态转移方程，以及血液过期报废量、血液需求短缺量、采血能力约束的表达式。通过数值算例验证了上述模型的有效性，并进行了模型参数的灵敏度分析。研究结果表明，该模型可以很好地解决应急血液报废问题；安全库存水平、目标存量水平、预测误差、需求波动对应急血液采集和库存控制效果均有重要影响，应适度提高目标存量水平和安全库存，适度高估应急血液需求，并确定合理的应急血液库存控制参数。

关键词： 突发事件　血液采集　动态模型　库存控制

一、引言

大地震、特大恐怖袭击等大规模突发事件往往造成众多伤员[1]，由此产生大量的应急血液需求。为保障应急血液供应，传统上相关部门往往过量估计应急血液需求，并采取大量采血和调剂血液的做法。这样虽然保障了血液供给，却可能造成血液的大量过期报废。例如，“9・11”事件后，美国血液保障部门为应对突发事件紧急采集和调剂了大量血液，结果最终造成了30多万个单位（U）的血液报废[2]；“5・12”汶川大地震后，采供血部门也紧急采集和调剂了大量血液，造成了较多的血液报废[3]。血液和一般应急物资不同，它得来不易且具有易腐特性，过多的血液报废会造成消极的社会影响；此外，由于献血者献血需要一定的间隔期，集中大量采血可能造成采血地发生继发性的“血荒”，导致后续一段时间内的血液供需失衡。因此，在保障应急血液供应的前提下，尽量降低血液报废量十分重要。

临床常用的血液制品包括全血、血浆和红细胞悬液，除新鲜冰冻血浆的保存期为一年外，全血和红细胞的保存期根据保存液的不同通常为21天或35天。因此，血液制品属于一类具有固定保质期的易腐品[4]，即处于保质期内的存货具有相同的效用，而存货一旦到期就只能报废。国内外已有不少学者研究了具有固定保质期的易腐品库存控制问题，如文献［5］和［6］对20世纪80年代以前的相关研究成果进行了全面的回顾；文献［7］则对20世纪80—90年代的研究成果进行了详细的综述。近年来，文

作者简介：马祖军（1974—），男，浙江开化人，教授，博士生导师，研究方向：物流与供应链管理、应急管理；周愉峰（1984—），男，湖南双峰人，讲师，博士，研究方向：应急物流、物流系统优化。

献［8］提出一种考虑易腐品库龄的 *EWA* 补货策略，并用离散事件仿真方法验证了先进先出（*first in first out*，*FIFO*）出库或后进先出（*last in first out*，*LIFO*）出库时采用 *EWA* 补货策略相对于（R，s，nQ）补货策略的优势。文献［9］也提出一种考虑易腐品库龄的 *OIR* 补货策略，目标是使预期过期率达到最小。文献［10］则采用马尔可夫更新过程研究了（S，s）补货策略下的易腐品最优订货周期问题。文献［11］针对组合泊松需求过程，研究了（S，s）补货策略下的易腐品库存控制问题。文献［12］考虑延迟交货的单仓库、单品种易腐品库存系统，提出一种（S－1，S）补货策略，并证明了该策略与（Q，r）策略相比可降低成本。

针对血液制品库存控制问题的研究方面，文献［13］采用排队模型研究了具有两种需求率的红细胞库存管理系统，并以加拿大某血站进行了实例分析。文献［14］和［15］应用随机动态规划和仿真方法对血小板生产和库存管理问题进行了研究。文献［16］以国内某大型医院的血液库存系统为对象，基于该系统运行的历史数据建立了一个离散事件系统仿真模型，计算了该系统的最优订货点。文献［17］研究了具有不确定提前期与不确定需求的血液中心库存系统优化模型。

上述有关血液库存控制问题的研究都是针对日常条件下以成本控制为目标的血液库存管理问题。而大规模突发事件下的应急血液供需问题具有如下特性：①应急血液需求的波动性和不确定性特征明显。突发事件发生后，短时间内血液需求量剧增且非常紧迫，到后期需求逐渐趋于正常水平。②由于血液的保存期限制，紧急救援阶段的血液库存状态会影响其后日常用血阶段一定时间内的血液库存控制。③由于应急血液需求的不确定性和阶段性特征以及血液的保存期限制，决定了应急血液采集是一个动态决策问题。④受大规模突发事件的影响，加上应急血液需求量较大，灾区采血能力可能受到限制。⑤救灾过程中，首要考虑的不是成本，而是保障应急血液供给，并尽量降低血液报废量。为此，不同于以往研究，本文首次结合大规模突发事件下应急血液供需问题的特性，提出一种应急血液采集动态模型，并给出血液库存状态转移方程，以及血液过期量、缺血量、采血能力约束的表达式，以期为相关部门进行应急血液库存控制提供决策参考。

二、应急血液采集动态模型

（一）问题描述及假设

假设血液的固定保存期为 m 天，在保存期内使用价值不变；血液采集提前期为 L 天；入库血液为全新血液，即剩余有效期为 m 天。大规模突发事件发生后，紧急救援阶段的应急血液需求会大量增加，之后血液需求逐渐恢复到日常水平。由于血液的易腐性，紧急救援阶段的采血决策、血液储备和库存状态会对其后日常用血阶段一定时间内的血液采集及报废情况产生影响。此外，在临床输血治疗中，部分血液需求对血液新鲜程度还有要求。即某些用血需求不宜采用“陈血”，而要求输入剩余有效期大于 τ 天的血液。因此，本文将两类血液需求分别称为“任意有效期血液需求”（简称 *A* 类）和“新鲜血液需求”（简称 *F* 类）[14]。

在救灾过程中，应急血液库存控制的主要目标是保障血液供给，并减少血液报废量，因而需要解决的问题是：在何时进行血液采集？采集多少？安全库存如何设置？

目标存量水平如何设置？

（二）符号定义

上标：E 为紧急救援阶段；N 为日常用血阶段；A 为 A 类血液需求；F 为 F 类血液需求。

下标：p 为血液采集决策阶段的编号，$p\in\{1,2,\cdots\}$；t 为血液采集周期的编号，$t\in\{1,2,\cdots,t^E,\cdots,t^{end}\}$，其中 t^E 为紧急救援阶段的周期数，设一天为一个周期，则 $t^{end}=t^E+m$；i 为血液的剩余保质期（天）。

参数：$D_p^{E,A}(t)$ 为第 p 阶段，第 t 周期 A 类应急血液实际需求量；$D_p^{E,F}(t)$ 为第 p 阶段，第 t 周期 F 类应急血液实际需求量；$D_p^{N,A}(t)$ 为第 p 阶段，第 t 周期日常条件下 A 类血液实际需求量；$D_p^{N,F}(t)$ 为第 p 阶段，第 t 周期日常条件下 F 类血液实际需求量；$D(t)$ 为第 t 周期的血液需求量；SS^E 为紧急救援阶段的血液安全库存量。

变量：$x_{p,i}(t)$ 为第 p 阶段，第 t 周期剩余保质期为 i 天的血液在库量；$X_p(t)=\sum_{i=1}^{m}x_{p,j}(t)$ 为第 p 阶段，第 t 周期的血液库存状态；$Q_p(t)$ 为第 p 阶段，第 t 周期的血液过期报废量；$S_p(t)$ 为第 p 阶段，第 t 周期的血液采集量。

（三）模型建立

应急血液采集决策过程中，需要计算每天具有不同剩余有效期血液的出库量、血液过期报废量、血液采集量，并根据计算结果对每天的血液库存状态进行更新。

可采用递归方程建立参量之间的联系，计算库存检查周期内和提前期内的各个变量。从第 t 周期到第 $t+1$ 周期的血液库存状态转移方程取决于决策周期 t、血液采集量 S、血液库存状态变量 x、两类血液需求（A，F）和出库策略 R（*FIFO*，*LIFO*），即

$$x(t+1)=x^R(x(t),A,F,S).$$

采用 *FIFO* 出库策略可以降低缺血量和血液报废量[2]，故在大规模突发事件下宜采用 *FIFO* 出库策略。此外，由于考虑了 A 类和 F 类这两种血液需求，血液库存状态转移方程也分为两类，且两类需求的状态转移相互衔接。在临床中，F 类血液需求通常是预约手术用血，需要优先满足，故在此假设优先保证 F 类血液需求后，再根据剩余血液库存状态供应 A 类血液需求。

第 p 阶段，基于 *FIFO* 出库策略的 F 类血液库存状态转移方程可以表示为：

$$\begin{cases}x_{p,j}(t+1)=[x_{p,j+1}(t)-(D(t))-\sum_{j=r}^{j}x_{p,j}(t))^+]^+\\x_{p,m}(t+1)=S_p(t+1-L),\tau\leqslant i\leqslant m-1\end{cases}\tag{1}$$

其中$(R)^+=\max(R,0)$，R 为任意自然数；τ 为 F 类血液最低要求的剩余保质期；

$$\begin{cases}D(t)=D_p^{E,F}(t),1\leqslant t\leqslant t^E\\D(t)=D_p^{N,F}(t),t^E<t\leqslant t^{end}\end{cases}$$

基于 *FIFO* 出库策略的 A 类血液库存状态转移方程如下：

$$\begin{cases}x_{p,j}(t+1)=[x_{p,i+1}(t)-(D(t)-\sum_{j=1}^{i}x_{p,j}(t))^+]^+\\x_{p,m}(t+1)=S_p(t+1-L),1\leqslant i\leqslant m-1\end{cases}\tag{2}$$

其中$(R)^+ = \max(R,0)$，$\begin{cases} D(t) = D_p^{E,A}(t), 1 \leqslant t \leqslant t^E \\ D(t) = D_p^{N,A}(t), t^E < t \leqslant t^{end}. \end{cases}$

第 t 周期的血液过期报废量可以表示为：

$$Q_p(t) = [x_{p,1}(t) - D_p^A(t)]^+ \tag{3}$$

其中$\begin{cases} D_p^A(t) = D_p^{E,A}(t), 1 \leqslant t \leqslant t^E \\ D_p^A(t) = D_p^{N,A}(t), t^E < t \leqslant t^{end}. \end{cases}$

F 类血液需求的短缺量可以表示为：

$$Y_p^F(t) = [D_p^F(t) - \sum_{j=k}^{m} \bar{x}_{p,j}(t) - S_p(t+1-L)]^+. \tag{4}$$

A 类血液需求的短缺量需分两种情况进行讨论：

（1）当 F 类血液需求未完全满足（即 $Y_p^F(t) > 0$）时，有：

$$Y_p^A(t) = [D_p^A(t) - \sum_{j=1}^{i-1} x_{p,j}(t)]^+ \tag{5}$$

（2）当 F 类血液需求完全满足（即 $Y_p^F(t) = 0$）时，有：

$$Y_p^A(T) = \{[D_p^A(t) - \sum_{j=1}^{i-1} x_{p,j}(t) - (\sum_{j=i}^{m} \bar{x}_{p,j}(t) + S_p(t-L) - D_p^F(t))]\}^+ \tag{6}$$

三、血液采集决策流程

由于紧急救援阶段的血液需求波动幅度大，且需求分布难以获知，因而（S，s）、（Q，r）等常规库存策略不适用于应急血液库存管理。参考文献［14］，本文采用如下库存策略进行应急采血决策：

首先，定义一个预期的最终库存水平（expected final stock，EFS），令：

$$EFS = \text{当前库存总量} - \text{预期需求量} - \text{预期过期量}, \tag{7}$$

式中预期需求量可采用以下方法确定：①日常用血阶段的血液预期需求量$FD_p^N(t)$可以采供血机构的历史统计数据为基础进行拟合，取当日需求的均值；②紧急救援阶段每天的预期需求量$FD_p^E(t)$用当日的预测需求量表示。突发事件发生后，根据基本灾情信息估计伤亡人数，结合输血伤员比例、人均输血量可以预测出应急救援期间的血液需求总量。

在需求总量确定后，每日需求量可用 Logistic 函数预测[18]，即：

$$\sum_{t=1}^{T} FD_p^E(t) = \frac{K_z}{1 + e^{-\varphi(t-\theta)}} - k_0 \tag{8}$$

$$FD_p^E(t) = \sum_{t=1}^{t} FD_p^E(l) - \sum_{t=1}^{t-1} FD_p^E(l) \tag{9}$$

其中 $FD_p^E(t)$ 表示紧急救援阶段第 p 阶段内第 t 周期的预测需求量；k_z、k_0分别为总量系数、初始量系数；φ 为紧迫系数，其值越大，用血量增长的速度越快，取值区间为［0.1，1］；θ 为平衡系数，当 $t = \theta$ 时，单位时间内的用血量达到最大值。

预期过期量 $FQ_p^A(t)$ 或预期变陈量 $FQ_p^F(t)$ 则以预期需求量为基础进行测算。第 t 周期 F 类血液的预期变陈量可以表示为

$$FQ_p^F(t) = [x_{p,\tau}(t) - FD_p^F(t)]^+ \tag{10}$$

第 t 周期 A 类血液的预期过期量可以表示为

$$FQ_p^A(t) = [x_{p,1}(t) - FD_p^A(t)]^+ \tag{11}$$

至此，可得两类血液的 EFS 表达式。令 F 类血液的预期最终库存水平为 EFS^F，A 类血液的预期最终库存水平为 EFS^A，则：

$$EFS^F = \sum_{j=\tau}^{m} x_{p,j}(t) - FD_p^F(t) - [x_{p,\tau}(t) - FD_p^F(t)]^+ \tag{12}$$

采用式（1）更新 F 类血液库存状态，可推得：

$$EFS^A = \sum_{j=1}^{m} x_{p,j}(t) - FD_p^A(t) - [x_{p,1}(t) - FD_p^A(t)]^+ \tag{13}$$

其次，在紧急救援阶段内定义一个血液安全库存量 SS^E，以缓冲由于预测误差可能引起的缺血事件。而日常用血阶段内的血液需求通常服从一定的概率分布，其安全库存量可用下式计算，即：

$$SS^N(t) = k\sqrt{L\sigma_t} \tag{14}$$

其中 $SS^N(t)$ 为第 t 周期的安全库存量，k 为血液保障水平，σ_t 为第 t 周期需求的标准差。

最后，进行采血决策。若 $EFS \geqslant SS^E$，不进行采血；若 $EFS < SS^E$，则进行采血，血液采集量 $S = \min[TSL - EFS, \bar{S}(\bar{t})]$，其中 TSL 为目标存量水平，$\bar{S}(\bar{t})$ 为 $\bar{t}$ 时段内的最大采血能力约束。

上述库存策略与文献[14]所提库存策略的区别在于定义了紧急救援阶段内的安全库存量（文献[14]假设需求分布已知）。此外，上述库存策略与文献[8]中提出的EWA补货策略也有些类似，即在决策过程中采用了估计预期报废量的方法。该库存策略可以处理应急血液采集动态决策过程中需求的阶段性变化，同时可最大限度地降低缺血量。

（一）采血能力约束估计

上述库存策略中需要知道大规模突发事件发生后紧急救援阶段的最大采血能力限制，其估计方法如下。

日常条件下，每个采血时段 $\bar{t}$ 内到达的献血者数量可认为服从泊松分布[19]，其为 n 时的概率为：

$$Pr(n \mid \lambda\bar{t}) = \frac{(\lambda)^n e^{-\lambda\bar{t}}}{n!},\ n = 0, 1, 2, \cdots, \infty \tag{15}$$

考虑到大规模突发事件发生后献血者到达率 λ 具有较大的波动性，可假设 λ 服从参数为 (α, β) 的 Gamma 分布，即：

$$g(\lambda) = \frac{1}{F(\alpha)\beta^a}\lambda^{(\alpha-1)}e^{-\lambda/\beta},\ 0 \leqslant \lambda < \infty \tag{16}$$

其中 λ 是一个非负取值随机数，且随着 α、β 的不同取值而变化。Gamma 分布可以相应地转化为指数分布或者 X^2 分布，因而 Gamma 分布能涵盖比较多的 λ 的变化情况[20]，可以用来反映大规模突发事件发生后献血者到达率的波动性。

设每个到访献血者符合献血条件的概率为 $P(x)$，则大规模突发事件发生后，每个采血时段 $\bar{t}$ 内到达的有效献血者人数 $\bar{n}$ 的概率分布为：

$$Pr(\bar{n} \mid n) = C_n^{\bar{n}}[1 - P(x)]^{(n-\bar{n})}P^{\bar{n}}(x), \bar{n} = 0,1,2,\cdots,n \tag{17}$$

根据式(15)~(17)，每个采血时段 $\bar{t}$ 内的有效献血者人数的最终概率分布为：

$$Pr(\bar{n}) = \int_{\lambda=0}^{\infty} \sum\nolimits_{n=0}^{\infty} \Pr(\bar{n} \mid n)\Pr(n \mid \lambda)g(\lambda)\mathrm{d}\lambda =$$

$$C_{n}^{\bar{n}+\alpha-1}\left[\frac{\beta\bar{t}[P(x)]}{1+\beta\bar{t}[P(x)]}\right]^{\bar{n}}\left[\frac{1}{1+\beta\bar{t}[P(x)]}\right]^{\alpha}, n = 0,1,2\cdots,\infty; \bar{n} = 0,1,2,\cdots,\infty \tag{18}$$

即 $\bar{n}$ 服从一种负二项分布，其期望为 $E(\bar{n}) = \alpha\beta\bar{t}P(x)$。

设每位献血者的平均献血量为 q，则 $\bar{t}$ 时段内的采血总量上限为：

$$\bar{S}(\bar{t}) = E(\bar{n})q = \alpha\beta\bar{t}P(x)q \tag{19}$$

（二）采血决策流程

依照上述建模过程和库存策略，可得紧急救援阶段的血液采集决策流程如下：

步骤1：令 $t=1$，检查期初血液库存状态。

步骤2：进行应急血液需求预测。

步骤3：计算预期的最终库存水平。

步骤4：若满足血液采集条件，则计算血液采集量并发出血液采集指令，转步骤5，否则直接转步骤5。

步骤5：处理当日应急血液需求事件，计算缺血量和过期报废量，更新期末库存状态。令 $t=t+1$，若 $t=t^E+1$，进入日常用血决策阶段，否则转步骤6。

步骤6：若需要进行应急血液需求再预测，转步骤2，否则转步骤3。

紧急救援阶段结束后，日常用血阶段的血液采集决策流程如下：

步骤1：令 $t=t^E+1$，检查期初血液库存状态。

步骤2：根据当前血液库存状态和期望需求，计算预期的最终库存水平。

步骤3：若满足血液采集条件，则计算血液采集量并发出血液采集指令，转步骤4，否则直接转步骤4。

步骤4：处理当日血液需求事件，计算缺血量和过期报废量，更新期末库存状态。令 $t=t+1$，若 $t=t^{end}+1$，流程结束，否则转步骤2。

四、数值分析

（一）算例数据

1. 应急血液需求量预测

以“5·12”汶川大地震应急血液保障为例，由于地震导致大量伤员，救治持续时间较长，在此取整个紧急救援期 t^E 为15天[21]，m 为21天，则 $t^{end}=t^E+m=36$ 天。血液从采集到入库需要1天时间，所以取血液采集提前期 $L=1$ 天。

地震发生后，可综合考虑地震发生时间、地震烈度、房屋倒塌率、人员密度等因素快速估算出预期伤亡比例[22]。“5·12”汶川大地震受伤入院人数约为53 000

人，其中需输血伤员约占15%，设人均输血4U，则应急血液需求量约为31 800U。通过对“5·12”汶川大地震主要受灾地区成都、德阳、阿坝、绵阳和广元等地血站的用血数据调查，发现震后第三天临床用血量达到最高峰。为此，取 $\theta=3$，$\varphi=0.3$，由 $FD_p^E(0)=0$，$\sum_{t=1}^{15}FD_p^E(t)=31\ 800$，可求得 $k_z=38\ 349.93$，$k_0=13\ 589.06$，则 $\sum_{t=1}^{T}FD_p^E(t)=\frac{38349.93}{1+e^{-0.3(t-2)}}-13589.06$，$FD_1^E(1)=2731$。

第一阶段预测需求量 $FD_1^E(3)=2855$，明显大于 $FD^E(3)=570$，所以从 $t=4$ 开始进行第二阶段预测。根据前3天实际的血液需求量，可得 $\sum_{t=1}^{T}FD_p^E(t)=\frac{29206}{1+e^{-0.3(t-2)}}-10349$，并据此预测之后的血液需求量。依次进行第三阶段和第四阶段预测，最后得到各阶段的血液需求累计量预测结果如图1所示。

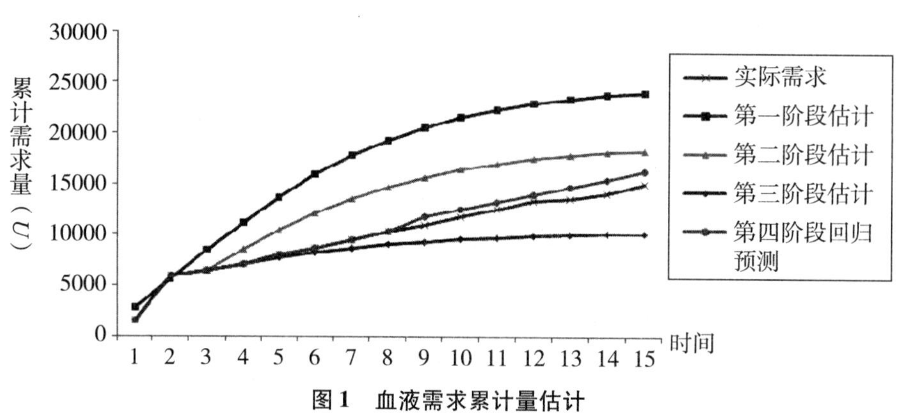

图1 血液需求累计量估计

2. 日常用血阶段血液需求量预测

根据成都血液中心2007—2009年的血液需求数据（剔除紧急救援期及之后21天的数据），进行分布拟合，得到日常条件下血液出入库分布特征参数如表1和表2所示。据此随机产生紧急救援期之后21天的日常用血阶段血液需求量和供应入库量。

表1 日常条件下血液出库数据分布拟合

	星期	统计分布	特征参数（U）	双尾渐进概率 p 值
工作日	星期一	Normal	$N\sim N(918.94,\ 257.88^2)$	0.888
	星期二	Normal	$N\sim N(636.90,\ 180.74^2)$	0.864
	星期三	Normal	$N\sim N(635.19,\ 190.62^2)$	0.517
	星期四	Normal	$N\sim N(588.74,\ 143.00^2)$	0.396
	星期五	Normal	$N\sim N(709.27,\ 217.54^2)$	0.833

续 表

	星期	统计分布	特征参数（U）	双尾渐进概率 p 值
非工作日	星期六	Normal	$N\sim N(155.53,\ 52.57^2)$	0.051
	星期日	Normal	$N\sim N(160.35,\ 65.44^2)$	0.081
	其他法定假日	Exp	263.59	0.149

表 2　日常条件下血液入库数据分布拟合

	星期	统计分布	特征参数（U）	双尾渐进概率 p 值
工作日	星期一	Normal	$N\sim N(1\,738.75,\ 680.06^2)$	0.176
	星期二	Normal	$N\sim N(1\,068.23,\ 450.25^2)$	0.052
	星期三	Normal	$N\sim N(1\,213.43,\ 487.36^2)$	0.423
	星期四	Normal	$N\sim N(1\,354.77,\ 495.17^2)$	0.330
	星期五	Normal	$N\sim N(1\,325.28,\ 611.17^2)$	0.061
非工作日	星期六	Normal	$N\sim N(484.76,\ 235.38^2)$	0.060
	星期日	Normal	$N\sim N(465.83,\ 210.59^2)$	0.081
	其他法定假日	Exp	659.79	0.331

3. 采血能力上限估计

通过对“5·12”汶川大地震期间成都血液中心的血液保障相关数据调研，得到血液初始库存状态为［60 60 60 60 70 76 74 70 70 70 70 70 70 70 65 65 60 130 140 97 96］（单位为 U），紧急救援阶段内的实际需求为［1523 3335 570 646 875 705 821 825 673 785 760 807 206 481 974］（单位为 U）。采血能力上限估计中用到的其他常量取值为[23]：$\alpha=20$，$\beta=30$，$\bar{t}=10$，$q=1.5$，$P(x)=2/3$，所以采血能力上限 $\bar{S}=6\,000$U。

此外，令安全库存水平 $SS=500$，目标存量水平 $TSL=3\,000$，$\tau=18$，日常用血阶段血液保障水平为99.99%（$k=3.8$）。由于“5·12”汶川大地震期间应急血液总需求中F类血液需求约占30%，故A和F两类血液需求的SS和TSL也按该比例在总的SS和TSL中分摊。

（二）计算结果与分析

根据上述数据，可计算得到震后应急血液采集时间点和采集量，见表3。通过监测决策过程中的缺血量和血液报废量，可以评价采血决策方案的优劣程度。针对上述算例，采用本文提出的决策方法得到缺血量、缺血天数以及血液报废量都为0，说明决策效果令人满意。

不同的参数设置可能会对决策结果产生影响，下面对紧急救援阶段的采血决策进行灵敏度分析，以探讨参数设置对决策结果的影响。

1. 安全库存水平的灵敏度分析

取 $TSL=3000$，对 SS 进行灵敏度分析。研究发现，安全库存对决策效果的影响明显：安全库存设置越小，缺血情况越严重（见表4）。此外，由于优先满足F类血液需求，所以F类血液需求的缺血程度低于A类血液需求。

表3　　震后血液采集决策

采血决策	采血周期										
	1	3	7	10	13	17	21	25	29	33	36
A类血液采集量	2 932	3 892	0	1 977	2 353	1 979	0	2 053	0	0	2 378
F类血液采集量	1 386	0	1 034	0	0	1 077	1 175	1 113	1 092	947	732

注：缺省的周期表示不进行采血。

表4　　*SS* 的灵敏度分析

参数		缺血天数与缺血量				血液报废量
TSL	*SS*	F类血液需求缺血天数	F类血液需求缺血总量	A类血液需求缺血天数	A类血液需求缺血总量	
3000	500	0	0	0	0	0
	300	0	0	1	139	0
	200	0	0	1	139	0
	100	1	140	2	621	0

2. 目标存量水平的灵敏度分析

取 $SS=100$，对 *TSL* 进行灵敏度分析。由表5可知，目标存量水平的设置对缺血状况的影响显著。适当提高目标存量水平有助于降低缺血量和缺血天数。在 $TSL=3500$ 的条件下，依然存在缺血情况，说明安全库存设置小了点。因此，安全库存与目标存量水平应综合平衡进行设置，才能确保血液保障效果。表5也说明了 *F* 类血液需求的缺血程度低于 *A* 类血液需求。

表5　　*TSL* 的灵敏度分析

参数		缺血天数与缺血量				血液报废量
SS	*TSL*	F类血液需求缺血天数	F类血液需求缺血总量	A类血液需求缺血天数	A类血液需求缺血总量	
100	3 500	0	0	1	172	0
	3 000	1	140	2	621	0
	2 500	0	0	4	1 169	0
	2 000	2	141	2	932	0

3. 预测误差的灵敏度分析

取 $SS=100$，$TSL=2000$ 及 $SS=100$，$TSL=2500$ 来进行预测误差的灵敏度分析，分为两个部分：一是分析不同阶段数的预测结果对决策效果的影响，二是分析预测误差幅度ε（即预测量和实际需求量之比）对决策效果的影响。表6的结果表明，尽管多阶段预测的精度好于一阶段预测，但是库存控制的效果却差异不大；低估需求可能造成严重缺血，因此适度多储备一些血液可以降低预测误差引起的缺血程度。

表 6　　　　预测误差的灵敏度分析

<table>
<tr><th colspan="2" rowspan="2">参数</th><th colspan="4">缺血天数与缺血量</th><th rowspan="2">血液报废量</th></tr>
<tr><th>F 类血液需求缺血天数</th><th>F 类血液需求缺血总量</th><th>A 类血液需求缺血天数</th><th>A 类血液需求缺血总量</th></tr>
<tr><td rowspan="2">SS = 100
TSL =
2 000</td><td>四阶段预测</td><td>2</td><td>141</td><td>2</td><td>932</td><td>0</td></tr>
<tr><td>一阶段预测</td><td>1</td><td>109</td><td>3</td><td>620</td><td>0</td></tr>
<tr><td rowspan="5">SS =
100
TSL =
2 500</td><td>ε =2</td><td>0</td><td>0</td><td>0</td><td>55</td><td>0</td></tr>
<tr><td>ε =1.5</td><td>0</td><td>0</td><td>3</td><td>393</td><td>0</td></tr>
<tr><td>ε =1</td><td>0</td><td>0</td><td>4</td><td>1 169</td><td>0</td></tr>
<tr><td>ε =0.6</td><td>2</td><td>1 047</td><td>2</td><td>2 811</td><td>0</td></tr>
<tr><td>ε =0.3</td><td>3</td><td>1 338</td><td>5</td><td>3 811</td><td>0</td></tr>
</table>

4. 血液需求波动的仿真分析

紧急救援阶段内的用血需求具有高度不确定性，在进行应急血液库存管理时，应充分考虑实际需求的不确定波动，并选择具有稳健性的库存参数。为此，可选择各种可能出现的应急血液需求事件进行灵敏度测试。具体操作过程如下：假设每一周期应急血液的实际需求在预测需求上下以一定的幅度进行波动；在该波动幅度 γ 范围内，随机产生大量需求事件；针对产生的需求事件，设置各类库存控制参数进行灵敏度分析。这样可以帮助决策者根据救灾需要，确定具有稳健性的控制库存参数，进行采血决策。

在此，模拟产生 100 个需求事件来进行灵敏度分析。表 7 说明了需求的不确定性会对血液采集决策结果产生重要影响，需求波动幅度越大，缺血情况越严重。表 8 和表 9 则同样说明了 TSL 与 SS 对采血决策结果有重要影响。

表 7　　　　仿真算例中血液需求波动幅度的灵敏度分析

<table>
<tr><th rowspan="2">参数</th><th rowspan="2">γ</th><th colspan="4">缺血天数与缺血量</th><th rowspan="2">血液报废量</th></tr>
<tr><th>F 类血液需求缺血天数</th><th>F 类血液需求缺血总量</th><th>A 类血液需求缺血总天数</th><th>A 类血液需求缺血总量</th></tr>
<tr><td rowspan="3">SS =
500
TSL =
3 000</td><td>20%</td><td>1</td><td>52</td><td>88</td><td>15 052</td><td>0</td></tr>
<tr><td>10%</td><td>0</td><td>0</td><td>77</td><td>9 531</td><td>0</td></tr>
<tr><td>5%</td><td>0</td><td>0</td><td>69</td><td>8 535</td><td>0</td></tr>
</table>

表 8　　仿真算例中 *TSL* 的灵敏度分析

参数	*TSL*	缺血天数与缺血量				血液报废量
		F 类血液需求缺血天数	F 类血液需求缺血总量	A 类血液需求缺血总天数	A 类血液需求缺血总量	
SS = 500 γ = 20%	4 000	0	0	28	4 271	0
	3 500	1	21	89	18 285	0
	3 000	1	52	88	15 052	0
	2 500	28	3 482	258	47 226	0
	2 000	61	9 374	384	111 661	0

表 9　　仿真算例中 *SS* 的灵敏度分析

参数	*SS*	缺血天数与缺血量				血液报废量
		F 类血液需求缺血天数	F 类血液需求缺血总量	A 类血液需求缺血总天数	A 类血液需求缺血总量	
TSL = 3 500 γ = 20%	800	0	0	20	2 209	0
	500	1	183	43	8 940	0
	300	4	634	61	14 376	0
TSL = 4 000 γ = 20%	800	0	0	8	898	0
	500	0	0	28	4 271	0
	300	0	0	35	6 999	0

在上述所有的灵敏度分析中，都实现了血液报废量为 0，说明本文提出的应急血液采集动态模型与库存策略可以很好地解决应急血液报废问题。

五、结束语

本文针对大规模突发事件应急血液供需问题的特性，建立了一种应急血液采集动态模型，并进行了模型参数的灵敏度分析，以辅助决策者进行采血决策以及制定合理的库存控制参数。分析结果表明：本文所提的应急血液采集动态模型和库存策略可以很好地解决应急血液报废问题。因此，大规模突发事件发生后，需要采取科学合理的库存控制策略，避免盲目采集和调剂血液。血液安全库存和目标存量水平对血液库存控制效果有显著影响，适度提高目标存量水平和安全库存有助于降低缺血量和缺血天数。同时，安全库存与目标存量水平应综合平衡设置，才能保证应急血液保障效果。血液需求预测误差会对采血决策结果产生重要影响。尤其是低估需求可能会造成严重缺血，因此适度高估需求更有利于血液保障。血液需求波动对采血决策效果也有重要影响。在大规模突发事件应急血液库存控制中，应充分考虑血液需求的不确定波动，模拟测试可能发生的各类血液需求事件，并根据决策需要确定合理的库存控制参数。

参 考 文 献

[1] 郑斌，马祖军，李双琳．基于双层规划的震后初期应急物流系统优化［J］．系统工程学报，2014，29（1）：113－125.

[2] HESS J R，THOMAS M J G. Blood use in war and disaster：Lessons from the past century［J］. Transfusion，2003，43（11）：1622－1633.

[3] 王恪铭，马祖军，周愉峰．应急救援中积压血液的转运［J］．系统工程，2013，31（4）：109－115.

[4] 赵泉午，熊中楷，杨秀苔，等．易逝品两级供应链中的数量折扣问题研究［J］．系统工程学报，2005，20（3）：318－322.

[5] PRASTACOS G P. Blood Inventory Management：An Overview of Theory and Practice［J］. Management Science，1984，30（7）：776—800.

[6] VANZYL G J J. Inventory Control for Perishable Commodities［D］. University of North Carolina，1964.

[7] GOYOL S K，GIRI B C. Recent trends in modeling deteriorating inventory［J］. European Journal of Operational Research，2001，134（1）：1－16.

[8] BROEKMEULEN R，VAN DONSELAAR K H. A heuristic to manage perishable inventory with batch ordering，positive lead－times，and time－varying demand［J］. Computer & Operations Research，2009，36（11）：3013－3018.

[9] DUAN Q，LIAO T. Anew age－based replenishment policy for supply chain inventory optimization of highly perishable products［J］. International Journal of Production Economics，2013，145（2）：658－671.

[10] LIAN Z T，LIU X M，ZHAO N. Aperishable inventory model with Markovian renewal demands［J］. International Journal of Production Economics，2009，121（1）：176－182.

[11] BARON O，BERMAN O，PERRY D. Continuous review inventory models for perishable items ordered in batches［J］. Mathematical Methods of Operations Research，2010，72（2）：217－247.

[12] OLSSON F，TYDESJO P. Inventory problems with perishable items：Fixed lifetimes and backlogging［J］. European Journal of Operational Research，2010，202（1）：131－137.

[13] KOPACH R.，BAlCIOG̃LU B，CARTER M. Tutorial on constructing a red blood cell inventory management system with two demand rates［J］. European Journal of Operational Research，2008，185（3）：1051－1059.

[14] HAIJEMA R，VAN DER WAL J，VAN DIJK N. Blood platelet production：Optimization by dynamic programming and simulation［J］. Computer & Operations Research，2007，34（3）：760－779.

[15] HAIJEMA R，VAN DER WAL J，VAN DIJK N，et al. Blood platelet production with break：Optimization by SDP and simulation［J］. International Journal of Production Economics，2009，121（2）：464－473.

[16] 高宝俊，宣慧玉，张莉．大型医院血液库存系统订货点决策的仿真研究［J］．中国管理科学，2005，13（2）：76－80.

[17] 吕昕．基于仿真技术的血液中心库存系统优化研究［J］．工业工程与管理，2011，16（1）：118－122.

[18] 王恪铭，马祖军．应急血液多阶段调剂优化［J］．系统工程理论与实践，2014，34（7）：1687－1696.

[19] HAIJEMA R, VAN DER WAL J, VAN DIJK N. Blood platelet production: A multi - type perishable inventory problem [C] // Operations Research Proceedings 2004. Berlin: Springer, 2005: 84 - 92.

[20] CHUN Y H. Optimal pricing and ordering policies for perishable commodities [J]. European Journal of Operational Research, 2003, 144 (1): 68—82.

[21] 高建国. 地震应急期的分期 [J]. 灾害学, 2004, 19 (1): 11 - 15.

[22] FIEDRICH F, GEHBAUER F, RICKERS U. Optimized resource allocation for emergency response after earthquake disasters [J]. Safety science, 2000, 35: 41 - 57.

[23] WANG K M, MA Z J. Emergency blood transportation problem based on two - stage decision - making method [J]. International Journal of Advancements in Computing Technology, 2012, 19 (4): 617 - 625.

软饮料供应链网络结构对企业策略的影响*

姜彩良　李汉卿

摘　要：本研究分析了当考虑供应链中的环节或节点出现随机中断风险时，对柔性供应链策略进行改进。研究提出了供应链脆性的计算公式，并讨论针对环节中断和节点中断不同情况下，供应链网络的最优设计策略。通过建模推导证明，研究了中断风险概率和长链策略和短链策略间的关系，并通过仿真模拟分析软饮料供应链中过剩产能、需求多样性和供应链脆性之间的关系。研究发现当一个软饮料企业的供应链网络对环节中断更敏感时应该使用短链策略，当一个企业的供应链对节点中断更敏感时应该使用长链策略。过剩产能可以对冲供应链中断风险，可以降低供应链脆性。减少需求种类的多样性也可以有效地对冲供应链中断风险。

关键词：软饮料企业　供应链管理　企业策略

一、引言

如今在供应链网络规划的研究中，供应和需求的不确定性是很重要的一个领域。Rice 和 Caniato（2003）[1]，Chopra and Sodhi（2004）[2]等学者研究了如何建立一个能有效应对不确定情况的柔性供应链。在研究增加供应链的冗余（redundancy）来对冲不确定性带来的风险中，Sheffi 和 Rice（2005）[3]指出柔性供应链即使不通过增加仓储成本和过量的备用产能也能增强供应链的柔性和相应效率。本田的例子可以说明柔性供应链的实际作用。本田生产的 SUV（CR－V）和经济型轿车（Civic）共用一条生产线，公司通过分析消费者的需求来制订相匹配的生产计划，而且可以做到当燃油价格波动时，柔性生产的匹配速度比任何一个它的对手都要快（Wall Street Journal, 2008）[4]。

关于供应链网络结构方面的研究，Jordan 和 Graves（1995）[5]（简称为 J－G）奠定了该方向的研究基础。他们研究了产品需求不确定给不同稳定程度的供应链网络造成的影响。他们提出了针对不同产品不同工厂设计一个具有高度连接性的网络（链策略 Chaining Strategy）以降低需求不确定对其的影响。在他们提出链策略之后，很多学者在不同领域拓展了该研究。Garavelli（2003）[6]发现如果给定供应链结构，那么供应链的稳定程度可以被一些如 WIP（Work in process）等方法度量出来。但是其研究没有考虑供应链在中断风险下的情况。

近年来的研究中，国外学者 Michael J. shaw 和 Fu－Ren Lin（1998）[7]提出了供应链

* 项目基金：论文受到交通运输部软科学研究项目（编号：2013－312－221－290）资助。

作者简介：姜彩良（1978－），男，硕士，交通运输部科学研究院副研究员，研究方向：交通物流规划与政策；李汉卿，（1987—），男，物流管理与工程专业博士，美国马里兰大学访问学者。交通运输部科学研究院物流研究人员。

网络的概念：供应链当中的节点企业通过采购、生产、运输等业务相互链接，合作共赢，形成网络，即供应链网络。供应链网络中的成员企业互为上游和下游关系，通过协调和沟通来完成不相同的业务活动，并且每个成员企业都是半自主或者完全自主的经济实体。Tomlin and Wang（2005）[8]指出供应链结构如果在任何情况下是不变的，这会给企业带来很大的损失，他们主要考虑了供应不确定的情况。Snyder 和 Shen（2006）的研究指出供应不确定的情况和需求不确定的情况给企业带来的危害是不同的，有时结果会截然相反。

陈国华（2004）[9]以代理仿真为主要工具和手段，运用现代网络理论、演化博弈理论、复杂自适应系统理论和动力系统理论，研究代理在有限理性的情形下，供应链网络的突现和演化机理。研究建立了供应链网络的动态演化博弈模型和研究合作突现的仿真框架，探索了系统聚集和突现现象的微观基础，研究了供应链结构和实际系统的适应性和自组织临界性、稳定性、复杂性、鲁棒性。董明（2010）[10]将过程建模、解析绩效优化及网络配置仿真集成到一个框架中，而该框架可以进行供应链网络的定量分析，研究了多阶段“生产—库存—分销”网络的绩效分析与优化并对集成供应链网络配置进行仿真建模与统计分析。秦绪伟和刘晓（2012）[11]分析风险环境下的供应链系统设计和运作的产生背景、基本思想和相关研究进展，并针对不确定性客户需求波动风险，运用运输规模效应、有效库存策略等风险缓冲策略，分别建立泊松分布需求下的分销网络设计模型和正态分布需求下的物流配送系统设计模型。针对复杂供应链网络的节点失效级联效应问题，研究供应链网络中的脆弱临界点的检测方法，分析节点失效级联效应的传播阻断机制。

本研究对 Jordan 和 Graves（1995）（以下简称 J－G）提出的链路（chaining）的概念进行拓展，设计一个具有鲁棒性的供应链网络。本研究分析了如何当考虑软饮料供应链中的环节（link）或节点（node）出现随机中断风险时，对 Jordan 和 Graves（1995）提出的柔性供应链进行改进。本研究证明了短链策略有时比长链策略更有优势，即当一个软饮料企业的供应链网络对环节中断更敏感时应该使用短链策略，当一个软饮料企业的供应链对节点中断更敏感时应该使用长链策略。

二、问题描述

问题研究的对象是软饮料多种产品和不同工厂的单阶段（single－stage）供应链。本研究设一个二元网络（bipartite）G（V，E），V 是节点（nodes）集，E 是环节（links）集。节点集 V 包含供应商（suppliers）集 S_i 和需求者（demands）集 D_j。在每一个环节（i，j）上，e_{ij}表示一个供应商生产对应产品的能力。

本研究在这里将软饮料供应链上的中断风险事件分为两类：环节中断和节点中断。环节中断指一个软饮料工厂再没有能力去生产一种产品的情况，通常是这种产品的供应商或生产这种产品的机器出现了故障中断。另一方面，节点中断指整个软饮料供应节点失效，不能提供满足任何需求。设施工人的罢工或软饮料企业附近的水污染都会导致节点中断。中断事件的种类和发生的原因根据具体的行业不同而不同。

本研究提出两个策略来比较中断风险对供应链网络的影响：（a）长链策略。它是基于 Jordan 和 Graves（1995）的柔性供应链思想提出的建立长链路的策略。即供应链上的一个供应商对应了很多个需求者的策略。（b）短链策略。它和柔性供应链的思想相反，限制了链的规模。即供应链上的一个供应商只对应了一两个或很少个需求者的策略。当面对比预计需求大的多的订单时，长链策略提高了一个供应商帮助另一个供应商的能力。短链策略，相对应地，将中断风险的影响遏制在供应链网络的一个小局部。本研究的目标是找出当软饮料供应链面对随机中断风险时，短链策略比长链策略更好的情况。

研究提供了模型的详细描述，并在一个供应链网络上进行仿真和推导，从而得出一些发现。本研究对一个更具有普遍意义的随机中断风险的例子进行仿真，并对结果进行总结。

三、模型建立

（一）基础模型

如图 1 的二分网络中，左边的节点代表供应商，右边的节点代表产品需求者。本研究对该网络进行一些基础的设定：网络规模是对称的 $|I| = |J| = N$（一个网络包括 N 个相同数量的供应和需求节点）。图 1 中说明了四个链规模不同的网络结构，其中 $N=12$。本研究用 G（n_1，n_2，…，n_l）表示一个网络 G 的结构，其中包括了 N 个需求（供应）节点，链的规模是 n_i，$\sum_{i=1}^{e} n_i = N$，其中 $n_i > 1$。本研究不考虑规模为 1 的链，因为那样的链不存在任何的柔性。根据这些符号和表示方法，图 1 中的四个网络结构可以表示为：G（12），G（4，4，4），G（2，4，6）和 G（2，2，2，2，2，2）。如果一个规模为 N 的网络包含相同规模为 n 的链，本研究可以简写为 G（$n | N$）。本研究把在规模为 N 的供应链网络下所有可能性链的集为 G_N。例如，$G_N = \{G(n_1, n_2, \cdots, n_l): \sum_{i=1}^{e} n_i = N,\ l \geq 1,\ n_i > 1\ \forall i\}$。

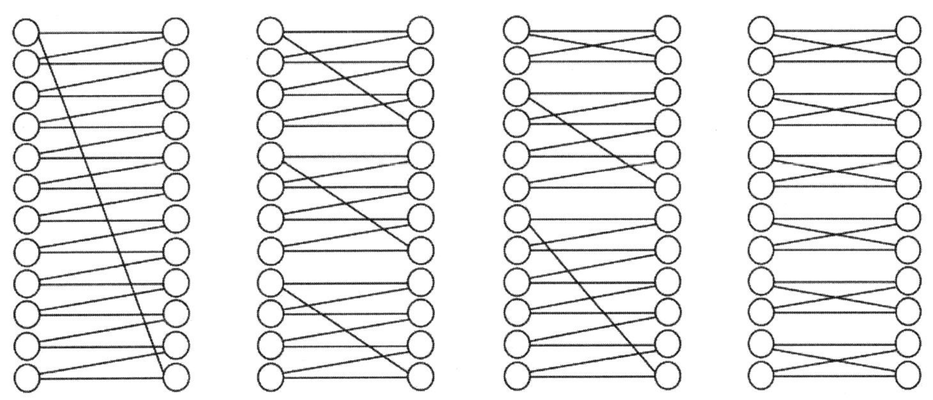

图 1　不同供应链网络结构示意

网络的设计者选择合适的结构 G 来使消费者的需求更有效地获得满足。这些决策决定了哪些环节被建立，又有哪些环节被调整。本研究用 $y_{ij}=1$ 表示当 e_{ij} 被使用时，否则 $y_{ij}=0$。模型的随机性本研究用 ξ。如果不考虑中断事件，仅仅需求是随机的话，$\xi = d$。

研究的模型分为两个阶段。第一阶段是寻找目标为总成本 TC（G）最小的最优化网络结构 G 的网络规划问题。其中包括固定成本 FC（G）和预计损失成本 LC（G）。

固定成本表示建立环节的投资成本。例如，$FC(G) = \sum_{(i,j) \in E} l_{ij} y_{ij}$ 中，l_{ij}表示和 e_{ij} 相关的环节成本。损失成本表示和缺货（为满足需求）相关的短期惩罚成本。网络 G 的损失成本被定义为 SF（G）乘以每单位的惩罚成本 p。

例如，$LC(G) = pSF(G)$。网路 G 的总成本为：

$$\text{minimize} \quad TC(G) = \sum_{(i,j) \in E} l_{ij} y_{ij} + p\mathrm{E}_{\xi} \mid SF(G) \mid$$
$$y \in \{0,1\}^{|E|} \tag{1}$$

SF（G）可由第二阶段问题求得。

第二阶段是根据需求量合理地分配每个产品工厂的能力，从而使缺货最少的能力分配问题。本研究用 c_i表示供应节点 i 的能力，d_j表示消费者对产品 j 的需求量。第二阶段的函数为：

$$SF(G) = \text{minimize} \sum_{j \in J} s_j \tag{2}$$

约束条件为：

$$\sum_{j \in J} x_{ij} + s_j \geqslant d_j \quad \forall j \in J$$
$$\sum_{j \in J} x_{ij} \leqslant c_i \quad \forall i \in I$$
$$x_{ij} < M y_{ij} \quad \forall i \in I, \forall j \in J$$
$$x \in \mathrm{R}_+^{|E|}, s \in \mathrm{R}_+^{|J|}$$

M 代表一个很大的数字（例如，$M = \sum_i^{|I|} c_i$）。对环节的数目进行限制（$|E| = 2|I| = 2|J|$），并且假设 l_{ij}是一个常数，该模型相当于 J－G 的基本模型。在此假设下，J－G 已经给出了链结构在对冲需求不确定时的优点。当比较两个结构的表现时，一个是长链，G（10｜10），另一个是很多个短链组成的，G（2｜10）。J－G 的结论是一个长链在使缺货最小化时是最优的结构。J－G 的结论在建立如此柔性供应链的成本方面没有考虑全面。在上述模型中，公式［1］考虑了柔性的成本。在模型中，本研究通过对不同链规模的比较得出了最优化的结构。首先，研究先从对称网络着手去分析。这样可以清楚地理解影响选择长链和短链策略的影响因素都有哪些。其次，研究对于非对称的网络进行了求解。

为了不失一般性，研究根据产品的相似性将消费者对产品需求进行分类。例如，当$|i-j|$结果小的时候，说明是相似的产品；结果大的时候，说明是不同的产品。让本研究想一下两个汽车工厂的建造成本：一个是只能生产两种相似产品；另一个是可以生产两种完全不同的产品，例如经济型轿车和皮卡。一个拥有一条生产线但是可以生产两种相似产品的工厂一定比另一个拥有两条完全不同的生产线的工厂柔性费用低。因此，本研究假设 I_{ij}是严格递增的，$|i-j|$是严格的凸函数，即柔性成本取决于生产产品之间的相似性和随着不同品种产品增加的柔性技术边际费用。为了简化，本研究用 FC（n）来表示 FC（G（n））。

（二）供应链脆性

之前的模型（1）和（2）都没考虑中断风险，现在本研究把中断风险考虑进去，用 Δ 表示中断事件的集。本研究用 Ω_Δ 表示需求受到中断事件影响的情况集，不受中断事件影响的情况集用 Ω_o 表示。$\Omega = \Omega_\Delta \cup \Omega_o$。中断事件后的供应链网络结构用一条斜线“\”表示。例如，当一个供应节点 i，S_i 出现了中断，供应商的集变为 $\bar{I} = I \setminus \{i\}$。或者，当一个环节 e_{ij} 中断，则 $\bar{E} = E \setminus \{e_{ij}\}$。本研究通过使供应链网络 G 上的需求 d 随机化来反映随机中断风险的影响。可以把（1）被改写为：

$$\sum_{(i,j)\in E} l_{ij}y_{ij} + pE_\xi |SF(G)| \tag{3}$$

$$= \sum_{(i,j)\in E} l_{ij}y_{ij} + pP(\Omega_o)E_\xi |SF(G) \mid \Omega_o| + pP(\Omega_\Delta)E_\xi |SF(G) \mid \Omega_\Delta|$$

$$= \sum_{(i,j)\in E} l_{ij}y_{ij} + pP(\Omega_o)E_\xi |SF(G) \mid \Omega_o| + pP(\Omega_\Delta)E_\xi |SF(G) \mid \Omega_\Delta| + pP(\Omega_\Delta)E_\xi |SF(G) \mid \Omega_o| - pP(\Omega_\Delta)E_\xi |SF(G) \mid \Omega_o|$$

$$= \sum_{(i,j)\in E} l_{ij}y_{ij} + pP(\Omega_o)E_\xi |SF(G) \mid \Omega_o| + pP(\Omega_\Delta)(E_\xi |SF(G) \mid \Omega_\Delta| - E_\xi |SF(G) \mid \Omega_o|)$$

$$(E_\xi |SF(G) \mid \Omega_\Delta| - E_\xi |SF(G) \mid \Omega_o|) \tag{4}$$

描述了由于中断事件 Δ 而导致供应链系统性能的降低。本研究通过下面对期望脆性的定义来进一步明确一个中断事件的预期影响。

（三）长链和短链策略

在这节，本研究讨论研究在什么情况下短链策略比长链策略更好。本研究把长链和短链策略的比较分析和网络 G_N 的脆性联系起来进行研究。

为了对中断风险下的网络脆性进行计量排序，本研究定义了一个函数 $\eta(\cdot)$，它将结构为 G 规模为 N 的网络度量为一个真实的数字：

$$\eta(G(n_1, n_2, \cdots, n_l)) = \frac{\sum_{i=1}^{l} n_i^2}{N} \tag{5}$$

函数 η 度量了一个链的权重规模（一个链上需求节点的数量）。$\eta(G(n \mid N)) = n$。本研究可以通过数值对不同结构网络进行排序。根据 η 的定义，本研究将长链和短链策略也用 η 来表示。如果最优化策略是长链，由于中断风险的存在，本研究更倾向于一个价值高的供应链网络 η（G）。相似地，如果最优化策略是来对冲中断风险的短链策略，本研究更倾向于价值低的网络 η（G）。

本研究用脆性来识别公式（4）中最优化网络结构的变化。研究可以用两个步骤来解决问题（4）：本研究首先计算出（1）的最优化网络结构，然后在其中找到脆性最小的。为了说明这点，本研究假设有两个网络 G_1 和 G_2，它们都属于 G_N^*。例如，$\mathrm{E}[TC(G_1 \mid \Omega_o)] = \mathrm{E}[TC(G_2) \mid \Omega_o]$。那么，考虑中断事件 Δ 下期望总成本的变化值为：

$$\mathrm{E}[TC(G_1)] - \mathrm{E}[TC(G_2)] = \mathrm{P}(\Omega_\Delta)p[\mathrm{E}[F_\Delta(G_1)] - \mathrm{E}[F_\Delta(G_2)] \tag{6}$$

根据公式（5）和（6）的符号和脆性差值的符号是一样的。所以如果 $F_\Delta(G_1)$ −

$F_{\Delta}(G_2) < 0$,,网络 G_1 比 G_2 更好。

四、脆性的算例研究

单个环节或节点中断风险

本研究考虑下面两种情况：在一个均衡系统中，软饮料供应商的能力和产品需求期望是相等的（$\mu=100$，$c=100$），另一个系统有20%的过剩能力（$\mu=100$，$c=120$）。每一个产品的需求为 $d_j \overset{iid}{\sim} N(\mu,\ \sigma^2)$。本研究用变异系数（$CV=\sigma/\mu$）来度量软饮料顾客需求的随机性的不同程度，范围在10%～50%之间，间隔增量为10%。网络的规模从2到50，间隔增量是2。仿真5000次。其仿真步骤分为两步：首先是对软饮料产品需求和中断事件（单个中断）的识别；然后把软饮料供应缺货尽量最小化。

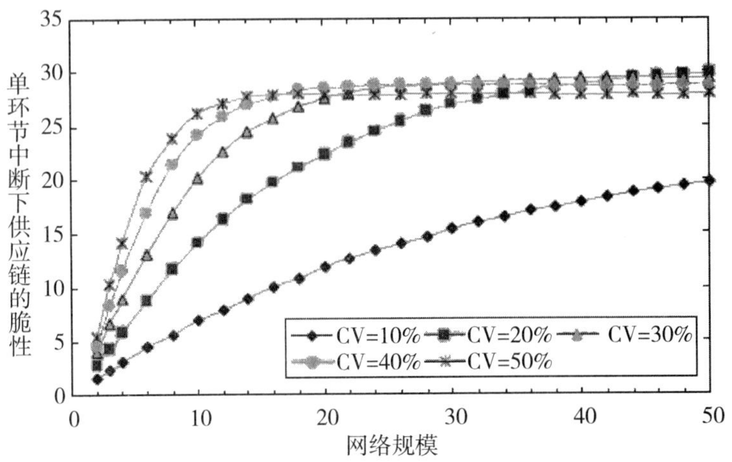

图2a　单个环节中断下的期望脆性（均衡系统）

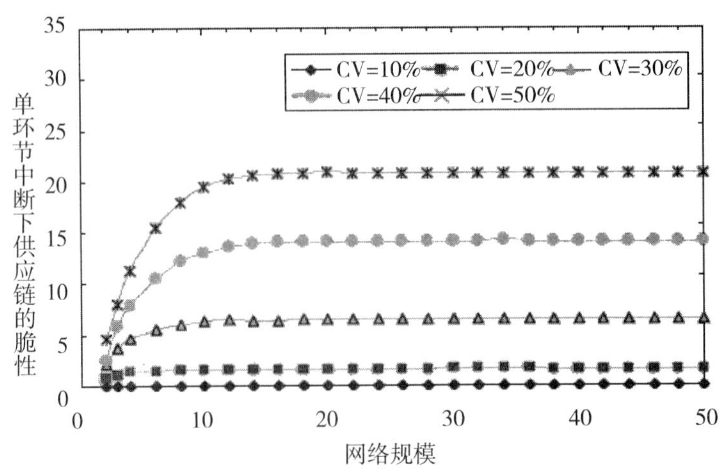

图2b　单个环节中断下的期望脆性（20%产能过剩）

单个环节中断的仿真结果如图2（a）和2（b）所示。研究发现，软饮料供应链脆性在单个环节中断的情况下减小。当应对环节中断时，短链策略比长链策略更有效，如图 2 所示。短链策略将中断事件带来的影响局部化，这使得其他链条仍然在中断事件发生后正常运转。

从图 2 中本研究可以看出，如果一个固定规模的链，需求多样性和过剩能力小的情况下，系统的脆性也在一个低值范围内。本研究发现：

（1）单个环节中断下的期望脆性随着供应链网络规模的减少而减小。

（2）单个环节中断下的期望脆性随着过剩能力的增加而减少。

从图中本研究还可以看到，脆性随着网络规模的增加是有界限值的。脆性的值慢慢变成渐近线，这意味着当发生单个环节中断采用短链策略时，其带来的危害可以被界定（bounded）。图 2（b）说明了单个环节中断的界限值可以通过减少需求多样性和引入过剩能力来减小。

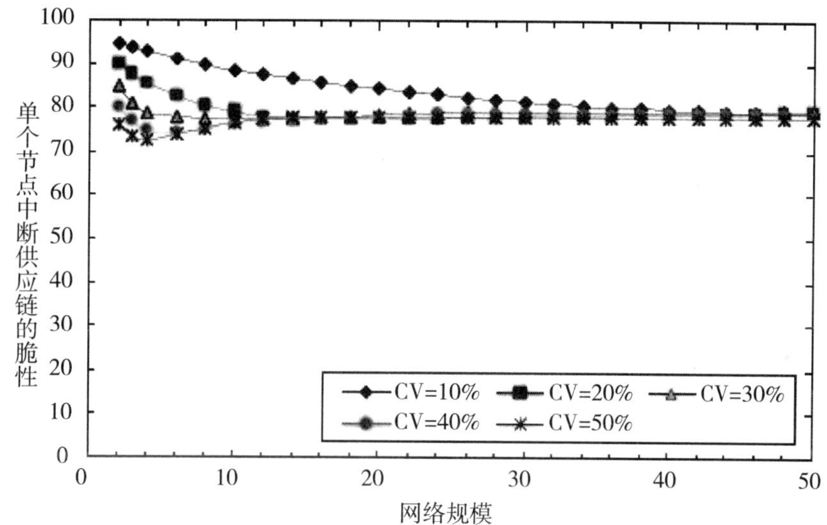

图 3　单个节点中断下的期望脆性（均衡系统）

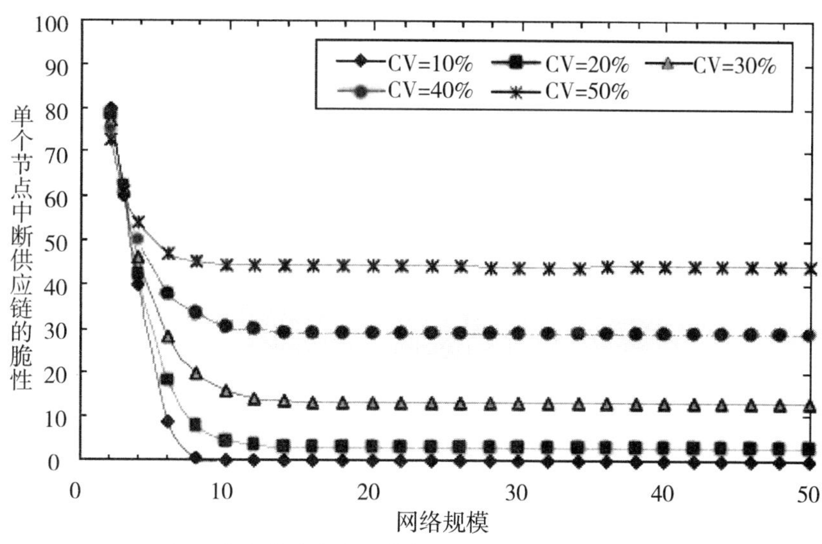

图 3　单个节点中断下的期望脆性（20%产能过剩）

单个节点中断的仿真结果如图 3 所示，其中的设置和之前的单个环节中断一样。本研究发现，软饮料供应链的脆性在单个节点中断的情况下随着链规模的增长而减小，和单个环节中断情况下的表现刚好相反。当应对节点中断时，长链策略比短链策略更有效。节点的失效和环节的失效对软饮料供应链产生的影响是不同的：一个节点出现中断事件失效后导致供应链产能的降低；一个环节的失效只是降低了供应链的敏捷性，而不会减少供应链产能。在单个节点中断的情况下，长链策略充分利用了剩余的产能比短链策略对局部风险的控制对企业更有效。本研究还发现在这种情况下，需求多样性的增加使供应链脆性降低。然后当引入过剩产能后，软饮料供应链脆性随着消费者需求多样性的降低和过剩产能的增加而降低。

五、结论

本研究对 Jordan 和 Graves（1995）提出的链路（chaining）的概念进行拓展，设计一个具有鲁棒性的供应链网络模型。研究分析了软饮料在不同供应链网络结构面对环节（link）或节点（node）出现随机中断风险时，企业采取长链或短链供应链策略哪种更适合。本研究还提出了供应链脆性的分析方法，并在考虑过剩产能情况下，通过仿真分析脆性和风险阈值的关系，得出了企业的一般最优策略。主要结论有：

（1）当中断风险概率足够小时，即混合随机风险发生的概率很小时，我们可以用到单个环节或节点中断时的策略。我们发现当一个企业的供应链网络对环节中断更敏感时应该使用短链策略，当一个企业的供应链对节点中断更敏感时应该使用长链策略。

（2）过剩产能（也可以看做是备用库存，供应链的备用能力等）可以对冲供应链中断风险，可以降低供应链脆性。减少需求种类的多样性也可以有效地对冲供应链中断风险。

（3）研究提出了“脆性”来衡量中断风险对供应链系统表现的影响。我们展示了当考虑供应链中断风险时的网络规划，并且它能将“脆性”降低到低的成本。

参考文献

[1] RICE J B, F CANIATO. Building a secure and resilient supply network [J]. Supply Chain Management Review 2003, 7 (5): 22 - 30.

[2] CHOPRA S, M S SODHI. Managing risk to avoid supply - chain breakdown [J]. MIT Sloan Management Review 2004, 46, 53 - 61.

[3] SHEFFL Y, J RICE. A supply chain view of the resilient enterprise [J]. MIT Sloan Management Review, 2005, 47 (1), 41 - 48.

[4] KATE LINEBAUGH. Honda's Flexible Plants Provide Edge [N]. [2008 - 08 - 23]. Wall Street Journal.

[5] JORDAN W, S C GRAVES. Principles on the benefits of manufacturing process flexibility [J]. Management Science, 1995, 41 (4): 577 - 594.

[6] GARAVELLI C A. Flexibility configurations for the supply chain management [J]. International Journal of Production Economics, 2003, 85, 141 - 153.

[7] LIN F R, SHAW M J. Reengineering the Order Fulfillment Process in Supply Chain Networks [J]. The International Journal of Flexible Manufacturing Systems, 1998 (10): 197 - 229.

[8] TOMLIN B, WANG Y. On the value of mix flexibility and dual sourcing in unreliable newsvendor networks [J]. Manufacturing Service Operations Management, 2005, 7 (1), 37 - 57.

[9] ATANU CHAUDHURI, BHABA KRISHNA MOHANTY, KASHI NARESH SINGH. Supply chain risk assessment during new product development: a group decision making approach using numeric and linguistic data [J]. International Journal of Production Research, 2013, 51 (10): 2790 - 2804.

[10] SIME CURKOVIC, THOMAS SCANNELL, BRET WAGNER. Using FMEA for Supply Chain Risk Management [J]. Modern Management Science & Engineering. 2013, 1 (2): 356 - 360.

[11] LI ZHAO, BAOFENG HUO, LINYAN SUN, et al. The impact of supply chain risk on supply chain integration and company performance: a global investigation [J]. Supply Chain Management: An International Journal, 2013, 18 (2): 115 - 131.

[12] SIME CURKOVIC, THOMAS SCANNELL, BRET WAGNER, et al. Supply Chain Risk Management within the Context of COSO's Enterprise Risk Management Framework [J]. Journal of Business Administration Research, 2013, 2 (1): 15 - 18.

[13] MIN PENG, YI PENG, HONG CHEN. Post - seismic supply chain risk management: A system dynamics disruption analysis approach for inventory and logistics planning [J]. Computers & Operations Research, 2014, 42, 14 - 24.

[14] 陈国华. 基于代理的供应链网络的演化、突现机理及其仿真研究 [R]. 国家自然科学基金项目研究报告. 2004.

[15] 董明. 供应链设计——过程建模、风险分析与绩效优化 [M]. 上海: 上海交通出版社, 2010.

[16] 秦绪伟, 刘晓. 风险环境下的供应链可靠设计与应急计划 [M]. 北京: 科学出版社, 2012.

物流经济

长江上游港口群货物吞吐量及货源结构分析*

李　平

摘　要： 长江上游经济带发展中，重庆—泸州—宜宾港口群，作为重要的物流节点和通道，不但是国家重要的水运经济命脉，同时也是内地对外进出口贸易的重要口岸。论文通过对重庆—泸州—宜宾港口群目前货源吞吐量的统计，分析长江上游港口货源吞吐量的发展趋势，并由货物吞吐量分析其三大港口货源结构及其特点，从而得出货源结构与产业空间布局的合理性，找到长江上游港口群“竞争—合作—分工—协同”的发展路径，为国家实施长江经济带战略铺好路子。

关键词： 港口群　货源结构　空间布局　区域分工

一、引言

“十二五”期间，国家提出实施一带一路、长江经济带、京津冀协同发展三大战略构想，在新常态下，长江经济带辖区包括 9 省 2 市，其发展战略要求有新理念、新思路、新举措。国家为此勾勒出了长江经济带建设的宏伟蓝图，那就是以上海为“龙头”的长三角下游着眼于自贸区试验田的创新发展，长三角城市集群发展、第二产业向第三产业转型升级发展；以武汉为协助区的中游着眼于第二产业、第三产业的结构调整，长江中游城市集群发展；以重庆为“龙尾”的上游着眼于成渝经济区发展以及长江上游生态屏障的治理保护。由此可见，重庆—泸州—宜宾港口群，在长江上游经济带发展中起到至关重要的作用，它是长江上游由点轴发展，再向点轴面发展的关键环节。如何让作为长江上游的中心城市——重庆港，带动同时作为“龙尾”的泸州—宜宾港口群经济腾飞起来呢?

在新常态下，国内学者大多研究长江经济带战略发展、路径选择、产业转移、产业升级、产业结构调整、区域合作、区域经济差异、区域发展不平衡以及协调发展等问题。如：方大春等人研究长江经济带战略定位和路径选择[1]，刘伟研究了长江经济带区域经济差异分析[2]，陈修颖研究了长江经济带空间结构演化及重组问题[3]，只有李学工、彭劲松等人研究了长江上游产业结构与空间布局[4][5]，而缺少对长江经济带

* 基金项目：四川省高校人文社科重点研究基地——水运经济研究中心项目（项目编号：SYJJ2013B06）。

作者简介：李平（1975—），男，宜宾学院经济与管理学院讲师，物流工程硕士研究生，主要从事水运经济、港口物流研究。

港口货源结构的研究和分析，更缺乏对长江上游港口群货源空间布局的合理性分析。因此，本文着重分析了长江上游港口群的货物吞吐量以及货源结构布局，这对长江经济带经济演进过程的研究作了补充，同时也为长江经济带发展政策的制定提供一定的参考和建议。

二、重庆—泸州—宜宾港口群货物吞吐量

1. 重庆—泸州—宜宾港群数据提取

以重庆为物流中心的长江上游港口群，在“十二五”期间，随着陆海双向对外开放经济走廊的延伸，长江上游港口货物吞吐量逐年攀升。以下是重庆—泸州—宜宾港从2010—2014年三大港口货物吞吐量以及集装箱吞吐量统计。如表1所示，三大港口货物吞吐量（单位：万吨）。

表1　　三大港口货物吞吐量　　单位：万吨

年份 港口名称	2010年	2011年	2012年	2013年	2014年
重庆港	9668	11762	12475	13662	14684
泸州港	1772	2146	2348	2707	3134
宜宾港	始建	1175	1229	1660	2687

数据来源：根据2010—2014年中国统计年鉴整理①。

如表2所示，三大港口集装箱吞吐量（单位：万TEU）

表2　　三大港口集装箱吞吐量　　单位：万TEU

年份 港口名称	2010年	2011年	2012年	2013年	2014年
重庆港	62	68	87	91	109
泸州港	7.0	10.0	13.5	20.1	25.3
宜宾港	始建	0.8	2.6	6.0	12.0

数据来源：根据2010—2014年中国统计年鉴整理。

2. 货物吞吐量与集装箱吞吐量分析

由表1可知，可以画出从2010—2014年重庆—泸州—宜宾港货物吞吐量的柱形图，更加直观，可直接观察其发展趋势。如图1所示。

由表2可知，可以画出从2010—2014年重庆—泸州—宜宾港集装箱吞吐量的折线图，更加直观，可直接观察其走势。如图2所示。

① 数据来源：根据2010—2014年中国统计年鉴整理。

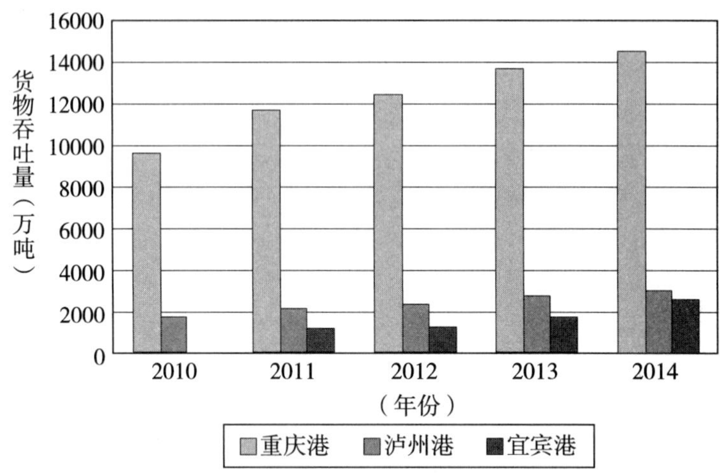

图1　三大港口2010—2014年货物吞吐量柱形图

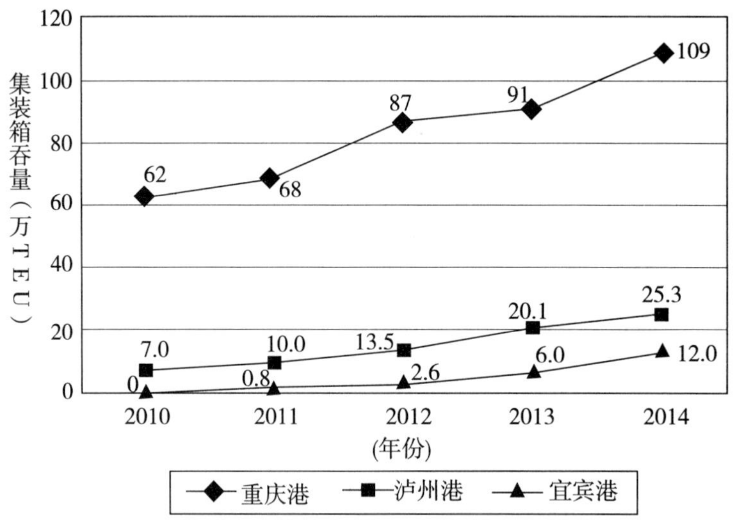

图2　三大港口2010—2014年集装箱吞吐量折线图

经过以上统计分析，长江上游三大港口增长势头较快，重庆港在2020年货运吞吐量可能突破2亿吨，集装箱吞吐量突破160万TEU，增速在每年7.3%左右；泸州港增速相对比较平稳，每年增加货物吞吐量258万吨左右，增速在每年7.2%左右，预计2020年集装箱吞吐量有望突破50万TEU；宜宾港由于建设较晚，前期发展势头迅猛，每年货物吞吐量增加354万吨，增速每年平均达到14.2%，预计到2020年，宜宾港货物吞吐量可突破4500万吨，集装箱吞吐量可达40万TEU。总的看来，长江上游三大港口对比，重庆港无论是货物吞吐量还是集装箱吞吐量，其总吞吐量将是泸州港和宜宾港总吞吐量的2倍多，这一点说明重庆港无疑是长江上游的“老大”，具有长江上游航运中心的独特地位。

另外，长江上游三大港口在未来“十三五”期间虽然有一个持续的增长期，但或多或少将受到国家经济转型、产业结构调整升级的影响，不过凸显出长江上游经济带增速更加“健康”地平稳过渡。总的来说，港口货源的增长速度与国家宏观经济增长速度保持适当的匹配，大约都在7.5%左右，两者步调一致。

三、重庆—泸州—宜宾港口群货源结构分析

根据长江上游三大港口货物吞吐量的数据统计，分析重庆—泸州—宜宾港口群的货源结构，进而分析货源的腹地经济及产业布局。

1. 重庆港货源结构

重庆所辖的9区2县是重庆港的主要依托货源，云、贵、川的部分地区是重庆港的经济腹地。据国家统计局统计，重庆“亲水”产业主要包含：能源方面，煤炭、石油和磷矿是重庆港的主要货源，能源物料约占总货源的25%左右；机械工业方面，重庆是全国汽车、摩托车工业的重要生产基地，机械制品约占总货源的20%左右；冶金工业方面，钢铁工业非常发达，在西南居第二位，有色金属加工工业在全国名列前茅，冶金制品约占总货源的18%左右；化工工业方面，重庆是全国化学药品的主要生产基地，化工产品约占总货源的16%左右；轻工业方面，重庆主要以食品和纺织为主，其食品和纺织品约占总体货源的8%；电子工业方面，重庆即将成为亚洲最大的笔记本电脑生产基地，因此电子产品约占总体货源的7%左右；其他工业的货源约占6%左右。根据前面重庆港的货物吞吐量以及集装箱吞吐量，得出重庆港主要工业制品在货源中的比重。画出饼状图，如图3所示。

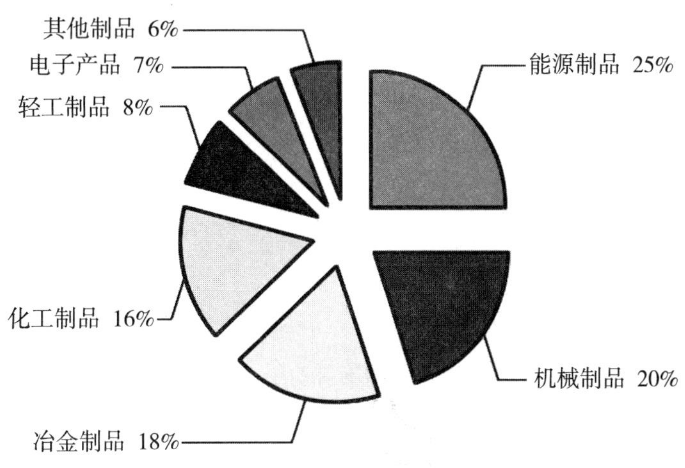

图3　重庆港货源结构比重示意

数据来源：重庆市统计年鉴整理。

再根据主要工业制品在重庆港货源吞吐量中的比重，算出具体的工业制品在2010—2014年重庆港货源吞吐量和集装箱吞吐量中所占的比重，如表3所示。

表 3　　重庆港 2010—2014 年货源结构矩阵

重庆港	货物（万吨）	能源工业（25%）	机械工业（20%）	冶金工业（18%）	化工工业（16%）	轻工业（8%）	电子工业（7%）	其他工业（6%）
	集装箱（万 TEU）	煤炭、磷矿、石油等物料	汽车、摩托车、机械装备设备等制品	钢铁、有色金属等制品	药品、化肥、纸业等制品	食品、纺织品等制品	电脑、手机等制品	建材、新材料等制品
2010 年	9668	2417	1933.6	1740.24	1546.88	773.44	676.76	580.08
	62	15.5	12.4	11.16	9.92	4.96	4.34	3.72
2011 年	11762	2940.5	2352.4	2117.16	1881.92	940.96	823.34	705.72
	68	17	13.6	12.24	10.88	5.44	4.76	4.08
2012 年	12475	3118.75	2495	2245.5	1996	998	873.25	748.5
	87	21.75	17.4	15.56	13.92	6.96	6.09	5.22
2013 年	13662	3415.5	2732.4	2459.16	2185.92	1092.96	956.34	819.72
	91	22.75	18.2	16.38	14.56	7.28	6.37	5.46
2014 年	14684	3671	2936.8	2643.12	2349.44	1174.72	1072.88	881.04
	109	27.25	21.8	19.62	17.44	8.72	7.63	6.54

从表 3 看出重庆港货源结构存在以下特点：

第一，能源产品所占比重较大。当然这与重庆市地处西部，具有丰富的能源有关，尤其是能源中煤炭和磷矿占有较大比例，可以适当提高石油产品比例。

第二，轻工业和电子产品不太“亲水”。大部分的食品、纺织品都属于轻泡货物，不适合水运，走铁路或者公路居多。另外，电子产品属于附加值较高产品，水运风险较大，而且速度太慢，往往不能满足客服快速消费的需求。

第三，机械、冶金、化工类制品比重偏小。重庆港在机械、冶金、化工类制品货源上可以加大揽货力度，当然这也是重庆港将来“十三五”规划中货源的增长点。

2. 泸州港货源结构

泸州市现有主导产业为：酒类制造、能源行业、机械行业、化工行业、食品加工。国家“十二五”规划主导产业是：酒类食品、化工、机械装备制造、能源四大类产业。除此之外，泸州腹地经济包括成德绵经济区、川南经济区、川东北经济区。因此泸州港“亲水”产业货源主要集中在：能源制品、机械装备制造产品、化工产品、酒类食品产品、其他类产品。根据前面泸州港货源吞吐量以及集装箱吞吐量历史数据统计，再结合国家统计局统计分类，可以计算出五大类“亲水”产业货源在泸州港货源中所占的比重。如图 4 所示。

再根据主要工业制品在泸州港货源吞吐量中的比重，算出具体的工业制品在 2010—2014 年泸州港货源吞吐量和集装箱吞吐量中所占的比重，如表 4 所示。

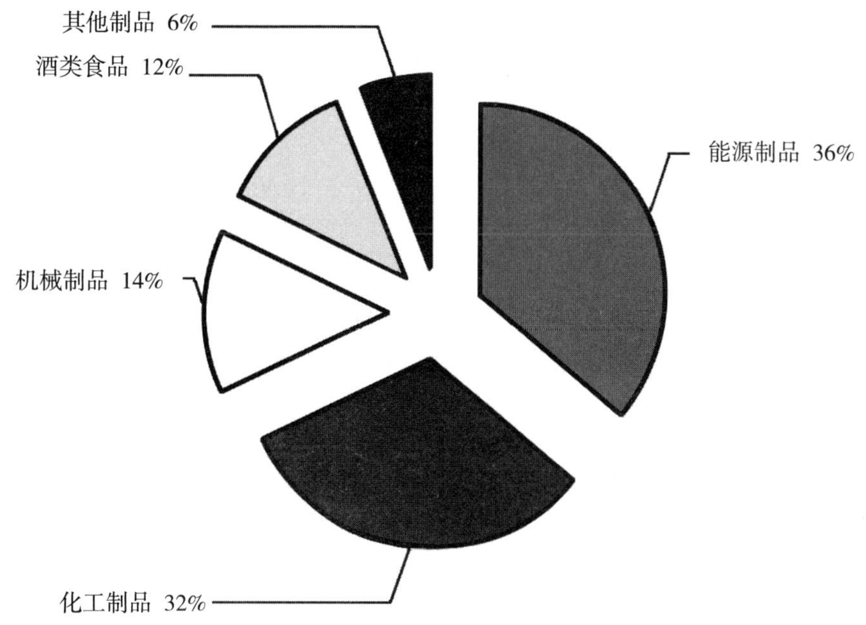

图4　泸州港货源结构比重示意

数据来源：泸州市统计年鉴整理。

表4　泸州港2010—2014年货源结构矩阵

泸州港	货物（万吨）	能源工业（36%）	化工工业（32%）	机械工业（14%）	酒类食品（12%）	其他工业（6%）
	集装箱（万TEU）	煤炭、矿石等物料	石油、化肥、纸业、纤维等制品	汽车、机械装备、设备等制品	酒类、食品、饮料等制品	建材、电子、新材料等制品
2010年	1772	637.92	567.04	248.08	212.64	106.32
	7.0	2.52	2.24	0.98	0.84	0.42
2011年	2146	772.56	686.72	300.44	257.52	128.76
	10.0	3.6	3.2	1.4	1.2	0.6
2012年	2348	845.28	751.36	328.72	281.76	140.88
	13.5	4.86	4.32	1.89	1.62	0.81
2013年	2707	974.52	866.24	378.98	324.84	162.42
	20.1	7.236	6.432	2.814	2.412	1.206
2014年	3134	1128.24	1002.88	438.76	376.08	188.04
	25.3	9.108	8.096	3.542	3.036	1.518

从表 4 看出，泸州港货源结构存在以下特点：

第一，货源结构单一。主要集中在能源、化工、机械、酒类食品四大类，其他产业类货源较少。

第二，货源结构比例分布不均衡。能源工业、化工工业制品所占货源比重较大，突出泸州是一个化工城市。盛产化肥、纸业、纤维等制品，化工产业发达，比如泸天化公司、北方公司等都是泸州重要的化工企业。

第三，突出泸州是一个特色城市——酒城。泸州老窖是该市的支柱产业，也是全国闻名的品牌，有发达的酒业园区，素有白酒金三角的美誉。

3. 宜宾港货源结构

宜宾市现有主导产业为：酒类制造、能源、机械装备制造、化工轻纺、食品加工、电力冶金等。宜宾港腹地经济包括攀西经济区、乌蒙山经济区、川南经济区，“亲水”产业主要有：能源、化工轻纺、酒类食品、机械装备、电力冶金五大类工业，其相应的货源也是“亲水”产品。根据前面宜宾港货源吞吐量以及集装箱吞吐量历史数据统计，再结合国家统计局统计分类，可以计算出五大类“亲水”产业货源在宜宾港货源中所占的比重。如图 5 所示。

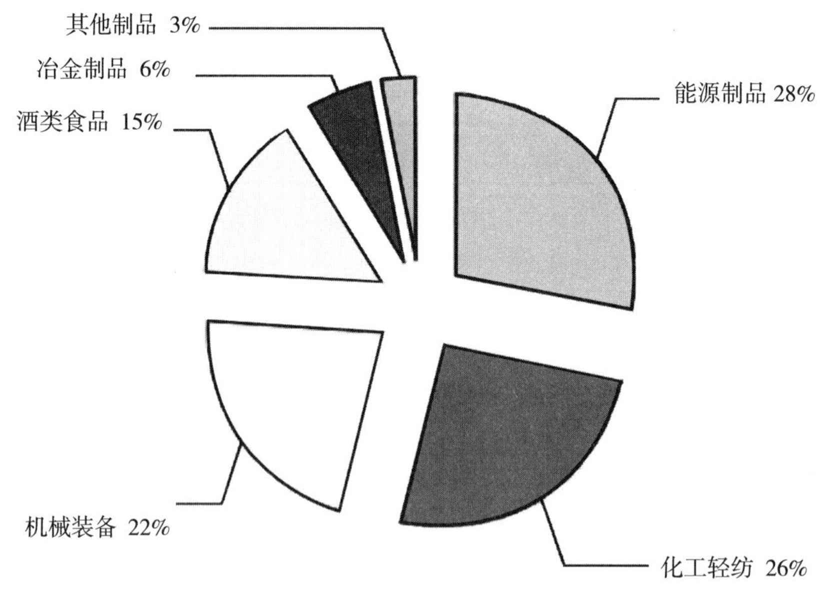

图 5　宜宾港货源结构比重示意

数据来源：宜宾市统计年鉴整理。

再根据主要工业制品在宜宾港货源吞吐量中的比重，算出具体的工业制品在2010—2014 年宜宾港货源吞吐量和集装箱吞吐量中所占的比重，如表 5 所示。

表 5　宜宾港 2011—2014 年货源结构矩阵

宜宾港	货物（万吨）	能源工业（28%）	化工轻纺（26%）	机械装备（22%）	酒类食品（15%）	冶金工业（6%）	其他工业（3%）
	集装箱（万 TEU）	煤炭、电力、石油等	化肥、纸业、纺织等制品	汽车、机械装备、设备等制品	酒类、食品、饮料等制品	有色金属、铁矿等制品	电子、建材、新材料等产品
2011 年	1175	329	305.5	258.5	176.25	70.5	35.25
	0.8	0.224	0.208	0.176	0.12	0.048	0.024
2012 年	1229	344.12	319.54	270.38	184.35	73.74	36.87
	2.6	0.728	0.676	0.572	0.39	0.156	0.078
2013 年	1660	464.8	431.6	365.2	249	99.6	49.8
	6.0	1.68	1.56	1.32	0.9	0.36	0.18
2014 年	2687	752.36	698.62	591.14	403.05	161.22	80.61
	12.0	3.36	3.12	2.64	1.8	0.72	0.36

从表 5 看出，宜宾港货源结构存在以下特点：

第一，宜宾港发展前途可嘉。宜宾市能源、化工、机械等产业发达。能源、化工、轻纺、机械等货源充足，在宜宾港货源吞吐量中所占比例相对平均。这也看出宜宾是一个老工业基地，金沙江水电梯级开发、宜宾纸业等彰显宜宾工业基础实力雄厚。

第二，宜宾市酒类、食品加工类产品突出。五粮液酒业将为宜宾港提供充足的酒类制品货源，同时南溪豆腐干等食品加工业也凸显其优势。

第三，冶金工业制品有较大发展空间。有色金属制品、铁矿、硫铁矿等产品都是很好的“亲水”货源。

四、结论与建议

1. 上游港口群增速较快，发展势头良好

从前面重庆—泸州—宜宾港口群 2010—2014 年货物吞吐量和集装箱吞吐量的统计数据来看，重庆港是长江上游的“龙头”，整个长江经济带的“龙尾”。预计到 2020 年重庆港的货物吞吐量可达 2 亿万吨，集装箱吞吐量可接近 200 万 TEU，真正实现陆海双向开放的经济走廊，为长江经济带的腾飞打下夯实的基础。同时，重庆港的上游“老大”地位也必将带动“小弟”泸州—宜宾港的发展，作为万里长江第一城的宜宾港，2014 年已经突破 10 万 TEU，预计 2020 年宜宾港货物吞吐量接近 5000 万吨，集装箱吞吐量接近 50 万 TEU。重庆—泸州—宜宾港口群的迅猛发展，必将带动长江经济带由“点轴”发展向“点轴面”一体化方向迈进。

2. 上游港口群货源充足，货源结构需进一步调整

重庆港在能源工业、机械工业方面已经货源充足，稳步提升冶金工业制品、化工工业制品方面的货源，需进一步增加电子产品的比重，并吸引其他“亲水”产业制品下水，使重庆港的货源均衡、稳步发展；泸州港目前货源结构单一，主要集中在能源、化工方面，需进一步增加酒类食品、机械装备等产品货源比重，并吸引腹地经济的其他货源在泸州港下水，使泸州港货源充足而不单一；宜宾港货源结构合理而充足，但目前实际货物吞吐量和集装箱吞吐量偏小，需进一步加大“揽货”的渠道，提高和完善港口设施设备以及服务的软环境。

3. 上游港口群确立“竞争—合作—分工—协同”的发展路径

目前，重庆港的货物吞吐量和集装箱吞吐量都是泸州港和宜宾港总和的 2 倍多，从地缘政治看，重庆港、泸州港、宜宾港存在着竞争，抢“货源”的局面时有发生，因此如何从竞争走向合作，从合作走向分工，再从分工走向协同，是摆在长江上游三大港口面前的一大难题。本文的观点是：需要建立“长江经济带协调发展机制委员会”，明确三大港口的功能和定位，规范三大港口的腹地经济范围和辖区，这样货源才能保证充足而不抢别人的“食”。如图 6 所示，重庆—泸州—宜宾港口的腹地经济示意图。只有协调发展才能协同发展，最后走向共同发展。

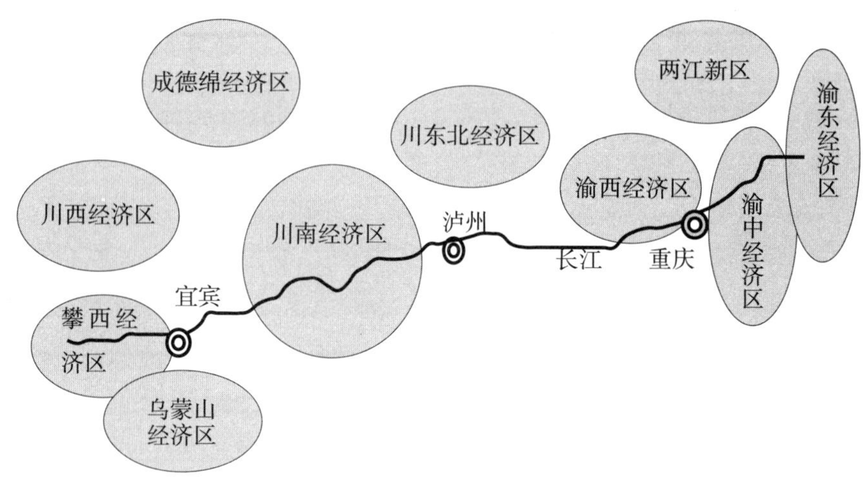

图 6　重庆—泸州—宜宾港口的腹地经济示意

参考文献

［1］方大春，孙明月．长江经济带建设的战略定位和路径选择［J］．湖北经济学院学报，2014（12）：5－7.

［2］刘伟．长江经济带区域经济差异分析［J］．长江流域资源与环境，2006（3）：33－35.

［3］陈修颖．长江经济带空间结构演化及重组［J］．地理学报，2007（12）：9－13.

［4］彭劲松．长江经济带产业结构调整与布局研究［J］．上海经济研究，2005（4）：44－46.

［5］李学工．现代港口物流产业组织的空间布局［J］．水运管理，2007（29）：22－24.

[6] 曹萍，陈福集．GA—灰色神经网络的区域物流需求预测［J］．北京理工大学学报：社会科学版，2012（1）：66－70.

[7] 周灏，唐飞．基于灰色预测模型的万州港口集团物流需求预测［J］．物流技术，2013（11）：165－167.

[8] 四川省人民政府．四川省国民经济和社会发展第十二个五年规划纲要［R］．2011：223－237.

[9] 四川省人民政府．成渝经济区南部城市群发展规划［R］．2014：187－192.

[10] 泸州市人民政府．泸州市国民经济和社会发展第十二个五年规划纲要［R］．2014：198－202.

[11] 重庆市人民政府．重庆市国民经济和社会发展第十二个五年规划纲要［R］．2014：320－325.

[12] 宜宾市人民政府．宜宾市国民经济和社会发展第十二个五年规划纲要［R］．2014：287－291.

[13] 邓玲．长江经济带产业发展与上游地区资源开发［J］．社会科学研究，1998（3）：19－23.

[14] 杨顺湘．川渝合作方向选择：区域经济一体化及其经济联合体［J］．重庆大学学报：社会科学版，2006（2）：67－69.

南通市服务业发展状况调研*

——基于时间序列及截面数据的分析

林小芳　夏慧玲

摘　要：服务业发达程度是衡量一个地区经济发展水平的重要标志。文章根据南通市 1990—2013 年期间服务业发展中的从业人员数、产业增加值等统计数据，主要运用服务业区位熵、空间基尼系数等聚集度测度指标，对南通市服务业发展整体水平进行评价，得出结论：南通市服务业发展整体水平不高，在江苏省排名相对靠后。在此基础上，结合南通市服务业发展实际，给出相关建议。

关键词：服务业　区位熵　空间基尼系数

一、引言

服务业在国民经济发展中扮演着非常重要的角色，其发达程度是衡量一个国家或地区经济发展水平、产业结构协调度的重要标志。南通市作为 14 个沿海开放城市之一，① 近几年经济发展突飞猛进，经济总量快速发展。2013 年 GDP 位居省内第四，为 5038.89 亿元，第三产业产值 2069.98 亿元，占 GDP 比重为 41.08%，略低于省平均水平。研究南通市服务业的发展现状，分析其存在问题及不足，对于政府决策有着重要的理论与实践意义。目前的统计指标中，服务业增加值占 GDP 的比重、服务业从业人员比重等可初步反映服务业发展的整体状况。[1] 本文采用服务业区位熵、空间基尼系数等聚集度测度指标，对南通市服务业发展整体水平进行评价。

二、概念界定

（一）服务业

按照国民经济划分准则，将国民经济划分为第一产业、第二产业与第三产业，在我国国民经济核算工作中，将服务业视同第三产业，即除了农业、工业、建筑业之外所有的产业。现行统计指标将第三产业分为 14 个行业，分别为：①交通运输、仓储和邮政业；②信息传输、软件和信息技术服务业；③批发和零售业；④住宿和餐饮业；

---

* 基金项目：南通市社科联 2015 年度重点热点难点课题《新常态下南通市区新兴服务业发展与空间布局研究》，课题编号：RY1509。

作者简介：林小芳（1980—），女，江苏泰州人，硕士，讲师。研究方向：物流供应链，质量管理。夏慧玲，女，河南洛阳人，硕士，南通理工学院经济管理学院讲师。研究方向：物流与供应链管理。

① 1984 年 2 月，邓小平说：“除现在的特区之外，可以考虑再开放几个港口城市，如大连、青岛等。这些地方不叫特区，但可以实行特区的某些政策。”（《邓小平文选》第 3 卷第 52 页）同年 5 月，中共中央和国务院决定进一步开放天津、上海、大连、秦皇岛、烟台、青岛、连云港、南通、宁波、温州、福州、广州、湛江和北海 14 个沿海港口城市。

⑤金融业；⑥房地产业；⑦租赁和商务服务业；⑧科学研究、技术服务业；⑨水利、环境和公共设施管理业；⑩居民服务、修理和其他服务业；⑪教育；⑫卫生和社会工作；⑬文化、体育和娱乐业；⑭公共管理、社会保障和社会组织。其中，第一产业中的细分行业—农林牧渔服务业，第二产业中的采矿业中的开采辅助活动，制造业中的金属制品、机械和设备修理业，也归属于服务业。[2]

（二）新兴服务业

目前学术界对“新兴服务业”尚无明确的概念界定，现行的统计指标也无法将新兴服务业包含的产业进行准确核算。关于新兴服务业，国内最具代表性的人物及观点如下：

陈宝敏、张蕴如（2001）在研究南京新兴服务业发展时，按照现行统计指标将列入服务业的 11 个行业中的 4 个行业（农林牧渔服务业，地质勘探业、水利管理业，批发和零售业、餐饮业，国家、党政机关和社会团体）列入传统服务业，将另外 8 个行业（交通运输及仓储、邮电通信业，金融保险业，房地产业，社会服务业，卫生、体育和社会福利业，教育，文艺和广播电影电视业，科学研究和综合技术服务业）列入新兴服务业。[3]

黄繁华（2002）认为，新兴服务业即包括新兴生产性服务业（金融保险业、现代物流业、信息服务业、电子商务及企业经营或技术咨询），又包括新兴消费性服务业（旅游、房地产、教育、医疗、社区服务）。[4]

董明月（2011）认为，新兴服务业主要包括信息传输业、计算机服务业、软件服务业、科技交流业与推广服务业、金融业、居民服务业、社会福利业等。[5]

夏杰长（2012）认为，新兴服务业是利用现代理念、网络技术、新型营销方式以及服务创新发展起来的服务业。包括为新的市场需求服务的，在传统服务业基础上利用新资源、新技术或新方法发展起来的以及由新的服务模式所形成的产业。[6]

本文综合学者们的观点，结合现行的统计口径，将第三产业的 14 个行业中的信息传递、软件和信息技术服务业，金融业，房地产业，科学研究、技术服务业，教育，文化、体育和娱乐业划入新兴服务业范畴，其他的为传统服务业。

（三）区位熵 LQ

区位熵又称专门化率，表示为特定地区某一产业总产值占全国该产业总产值比重与该地区国内生产总值占全国国内生产总值比重的比率。除了用产业总产值作为测算指标外，常选择的测算指标还有单位数量、从业人员、产业主营业务收入等。该指标作为衡量产业集聚度的指标之一，可以反映某地区某产业的专业化程度及该地区在研究区域内的地位和作用。区位熵大于 1 表示该产业在该地区专业化水平较高，超过区域水平，在该地区相对集中，具有相对规模优势，发展较快。

（四）空间基尼系数

空间基尼系数 G[7]是比较某地区某产业的就业人数（生产总值）占全国该产业总就业人数（生产总值）的比重以及该地区全部就业人数（生产总值）占全国总就业人数（生产总值）的情况。公式如下：

$$G = \sum_i (s_i - x_i)^2$$

空间基尼系数越高（最大值为1），表明聚集值越大，即产业在地理上愈加集中。但是有经济学家对此提出疑问，认为空间基尼系数并未考虑企业规模的差异对产业集聚度的影响。[8]考虑到南通市服务业企业间并无明显的规模差异，故本文在对南通市服务业集聚度进行测算时不考虑此因素，仍用空间基尼系数进行测算。

三、南通市服务业整体状况

（一）GDP及三产基本情况

统计数据表明[9,10]，2013年江苏省实现GDP总值达59161.75亿元，总量排名第二，仅次于广东；第一、二、三产业占比分别为6.1%、49.2%、44.7%，第三产业在GDP中所占比重比2012年高出1.2个百分点；据南通市国民经济主要指标核算数据来看，2013年第一、二、三产业分别占全省GDP比重的9.5%、9.0%与7.8%，这说明南通市的服务业与第一、二产业相比发展不平衡；另一方面，1990—2013年三大产业占比统计数据（见表1及图1）显示，南通市的产业结构发生着显著的变化，从1990年第三产业占GDP比重23.02%，到2013年的41.08%，呈逐年增长的趋势；而第一产业比重呈持续下降趋势，从1990年的31.94%已降至2013年的6.85%。

表1　　1990—2013年南通市三产比重变化情况

年份	GDP（亿元）	第一产业		第二产业		第三产业	
		增加值（亿元）	占比（%）	增加值（亿元）	占比（%）	增加值（亿元）	占比（%）
1990	134.25	42.88	31.94	60.46	45.04	30.90	23.02
1991	148.92	43.48	29.20	68.92	46.28	36.52	24.52
1992	186.50	48.23	25.86	92.63	49.67	45.64	24.47
1993	240.84	57.10	23.71	127.78	53.06	55.97	23.24
1994	343.04	84.43	24.61	175.65	51.20	82.95	24.18
1995	463.10	108.05	23.33	237.87	51.36	117.19	25.31
1996	524.87	122.01	23.25	251.59	47.93	151.27	28.82
1997	568.99	121.15	21.29	276.20	48.54	171.64	30.17
1998	614.87	123.37	20.06	299.65	48.73	191.85	31.20
1999	657.60	126.80	19.28	321.27	48.85	209.53	31.86
2000	720.59	128.64	17.85	361.03	50.10	230.92	32.05
2001	789.61	135.81	17.20	399.29	50.57	254.51	32.23
2002	865.18	140.80	16.27	446.42	51.60	277.96	32.13
2003	980.18	147.67	15.07	519.28	52.98	313.23	31.96
2004	1195.74	154.52	12.92	669.84	56.02	371.38	31.06

续 表

年份	GDP（亿元）	第一产业		第二产业		第三产业	
		增加值（亿元）	占比（%）	增加值（亿元）	占比（%）	增加值（亿元）	占比（%）
2005	1483.80	163.90	11.05	828.79	55.86	491.10	33.10
2006	1788.39	176.29	9.86	992.11	55.48	620.00	34.67
2007	2163.69	186.80	8.63	1209.96	55.92	766.93	35.45
2008	2593.13	219.30	8.46	1451.63	55.98	922.20	35.56
2009	2872.80	236.47	8.23	1607.50	55.96	1028.84	35.81
2010	3465.67	266.22	7.68	1908.56	55.07	1290.89	37.25
2011	4080.22	287.21	7.04	2221.48	54.45	1571.53	38.52
2012	4558.67	319.09	7.00	2414.11	52.96	1825.47	40.04
2013	5038.89	345.41	6.85	2623.50	52.07	2069.98	41.08

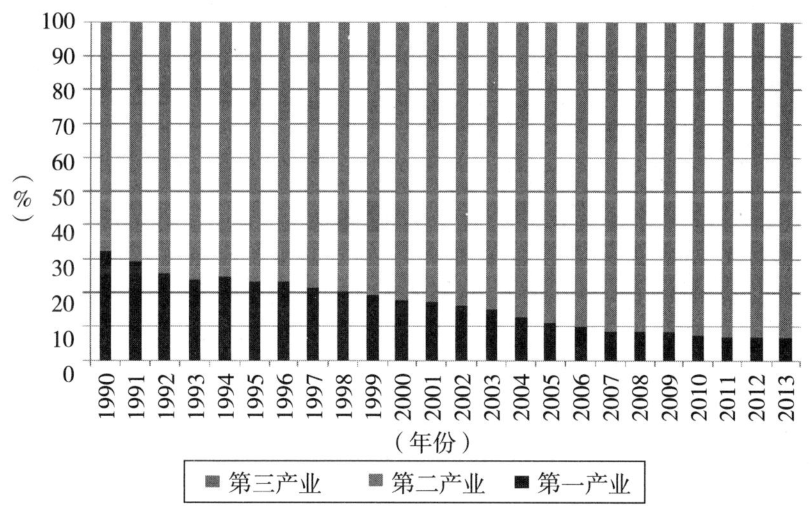

图 1　1990—2013 年南通市三大产业占比

（二）2013 年截面数据

表 1 数据显示，南通市 2013 全年实现服务业增加值 2069.98 亿元，增长 12.9%，占 GDP 比重为 41.08%，比上年提高 1 个百分点。第三产业总值中，南通市区 841.83 亿元（其中通州区 302.19 亿元），海安 220.17 亿元，如东 209.99 亿元，启东 259.70 亿元，如皋 256.64 亿元，海门 281.65 亿元。截至 2013 年年底，南通市第三产业从业人员 143.30 万人，其中南通市区 125.5 万人（崇川区 37.4 万人、港闸区 17.00 万人、通州区 71.10 万人）；服务业各行业 2013 年年末从业人员具体数据如表 2 所示。

表2　南通市服务业各行业法人单位及从业人员数（2013年年末）

行业	法人单位（个）公报一	法人单位从业人员（人）	有证照个体经营户从业人员（人）
批发和零售业	26337	305340	418461
交通运输、仓储和邮政业	1493	50131	63916
住宿和餐饮业	702	17885	58371
信息传输、软件和信息技术服务业	1038	26270	883
金融业	126	40154	0
房地产业	1833	39971	2080
租赁和商务服务业	4683	91782	6797
科学研究和技术服务业	2475	59175	2531
水利、环境和公共设施管理业	466	14646	0
居民服务、修理和其他服务业	903	12544	53704
教育	1698	83790	916
卫生和社会工作	2287	47779	1059
文化、体育和娱乐业	935	11848	5239
公共管理、社会保障和社会组织	5575	91110	0
合计	50551	892425	613957

注：本表中数据来源于南通市第三次全国经济普查数据公报（第一号）。

以上数据可以一定程度上反映南通市服务业各细化行业的区域分布大致状况，但不能反映空间集中程度。下文将利用第一代服务业集聚程度测算指标中的区位熵、空间基尼系数对南通市服务业集聚程度进行测算。[11]

四、南通市服务业集聚度指标测算及评价

单纯地利用三产比重指标来反映城市经济的现代化程度，存在的不足之处主要体现在会在一定程度上形成不良的行政倾向，使政府过分注重服务业指标，造成不良发展。以下利用区位熵LQ及空间基尼系数进一步测算服务业的聚集程度，以反映服务业对经济的影响。

通过对南通市服务业历年来的时间序列数据进行分析，得出历年来服务业区位熵变化情况；与江苏省其他城市服务业区位熵进行对比；选取南通市服务业的14个行业的数据进行分析，对其集聚程度进行测度，以揭示南通服务业聚集变化及空间布局情况。

（一）南通市服务业区位熵LQ测算

1. 南通市服务业区位熵测算（时间序列数据）

考虑到数据的可得性，在测算南通市服务业区位熵时采用服务业增加值及GDP进行测算。研究从中国及南通统计年鉴中查出中国GDP、服务业增加值及南通市GDP、服务业增加值，计算出历年服务业各行业区位熵，结果如表3所示。为更直观地了解南通市服务业区位熵变化情况，将数据制成折线图，并与江苏省服务业区位熵（由于篇幅限制，此处未列出具体数据）进行对比，如图2所示。

表3　　南通市服务业区位熵（以产值测算）

年份	区位熵	年份	区位熵	年份	区位熵	年份	区位熵
1990	0.73	1996	0.88	2002	0.77	2008	0.85
1991	0.73	1997	0.88	2003	0.78	2009	0.82
1992	0.70	1998	0.86	2004	0.77	2010	0.86
1993	0.69	1999	0.84	2005	0.82	2011	0.89
1994	0.72	2000	0.82	2006	0.85	2012	0.90
1995	0.77	2001	0.80	2007	0.85	2013	0.89

资料来源：根据中国、江苏及南通的历年统计年鉴中的国民经济核算数据，经区位熵公式计算获得。

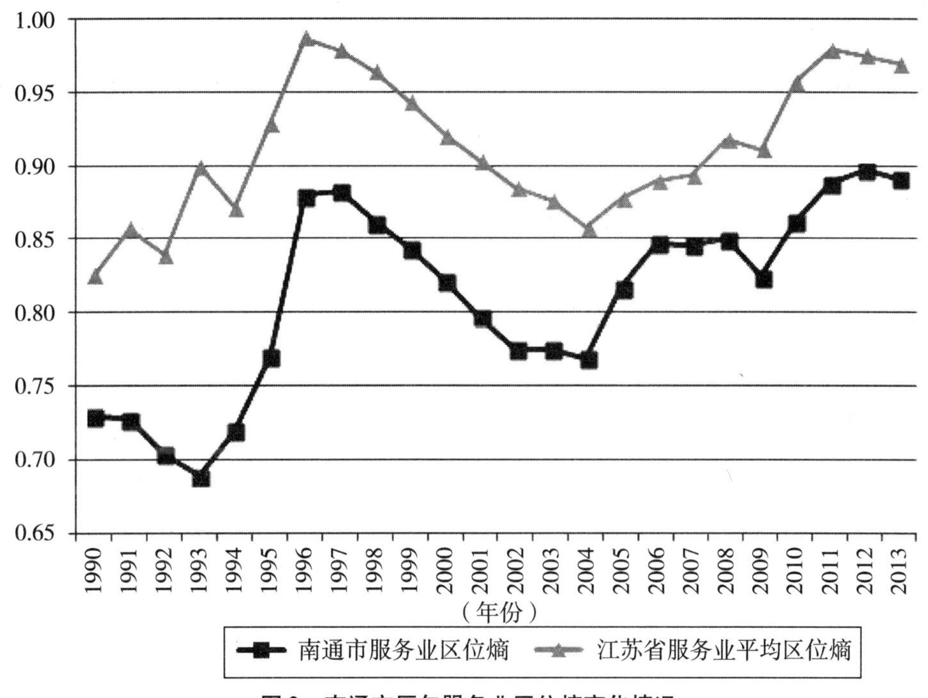

图2　南通市历年服务业区位熵变化情况

由表3及图2数据变化趋势可见，南通市1990年至2013年期间，区位熵一直维持在1以下，且低于江苏省平均水平。在这段时间内，服务业区位熵经历了曲折的变化：2012年达到最大值（0.90），1993年为最低值（0.69），但与江苏省平均水平变化趋势相同的是，1996年至2003年由于工业化发展阶段，服务业区位熵呈逐年下降的趋势；自2004年开始，服务业区位熵呈持续上升的趋势，发展态势良好。

2. 与省内其他城市产值区位熵对比（截面数据）

为进一步揭示南通市服务业发展现状及不足，以下将南通市服务业与省内其他12个城市作了服务业各行业的产值区位熵对比。依据2014江苏统计年鉴中的资料，对南通市及江苏省其他城市经济普查资料进行分析，利用就业资料以揭示南通市服务业产业相对优势与空间集聚状况，表4是利用江苏省13个城市的服务业区位熵测算结果。

表 4　**南通市与江苏省其他各城市服务业各行业产值区位熵对比（2013 年）**

城市 行业	南通（排名）	南京	无锡	徐州	常州	苏州	连云港	淮安	盐城	扬州	镇江	泰州	宿迁
批发和零售业	0.96（6）	0.98	1.48	1.37	1.21	1.32	0.82	0.73	0.91	0.70	0.91	0.68	0.74
交通运输、仓储和邮政业	0.94（6）	1.08	0.55	1.84	0.96	0.75	1.32	0.88	0.94	0.90	1.07	1.27	1.11
住宿和餐饮业	1.14（7）	1.01	1.70	0.87	1.55	1.50	0.76	1.43	0.83	0.91	1.28	1.42	0.89
信息传递、软件和信息技术服务业	0.53（12）	2.06	0.59	0.66	0.59	0.92	0.66	0.51	0.56	0.70	0.61	0.56	0.78
金融业	0.81（5）	1.64	0.87	0.54	0.89	1.15	0.59	0.47	0.57	0.76	0.71	0.69	0.66
房地产业	1.13（6）	1.29	0.85	0.70	0.98	1.08	1.17	1.21	1.03	1.24	0.97	1.13	1.34
租赁和商务服务业	1.37（2）	0.80	1.31	0.50	1.54	1.09	0.62	1.26	0.41	1.26	0.75	0.80	0.53
科学研究、技术服务业	0.62（6）	1.87	0.80	0.45	0.48	0.73	0.46	0.62	0.46	1.06	1.06	0.45	0.21
水利、环境和公共设施管理业	0.84（8）	1.09	0.87	0.46	1.52	0.83	0.82	1.05	0.91	1.15	0.90	0.84	0.61
居民服务、修理和其他服务业	0.06（13）	1.01	0.81	0.89	0.89	0.43	0.27	0.83	1.63	0.66	1.10	1.30	0.60
教育	1.21（4）	1.35	0.69	0.65	0.71	0.56	1.30	1.34	1.01	0.98	1.00	0.83	0.93
卫生和社会工作	0.22（13）	0.98	0.73	1.11	0.72	0.66	0.97	1.29	1.30	1.00	1.09	0.83	0.96
文化、体育和娱乐业	0.25（13）	1.44	1.08	0.54	1.09	0.90	0.38	0.86	0.49	0.67	1.86	0.98	0.57
公共管理、社会保障和社会组织	1.03（9）	0.91	1.11	0.94	0.71	0.74	1.57	1.59	1.32	1.23	1.37	1.52	1.23

注：1. 本表数据选用的是江苏省服务业各行业 2013 年产业增加值及江苏省 GDP，即考虑在江苏省区域范围内南通市服务业各行业与其他城市的对比情况；

2. “南通市”一列数据中，括号内表示该行业在江苏省 13 个城市中的区域熵排名；

3. 本表中的数据是根据 2014 江苏统计年鉴的数据经计算所得。区位熵，又称专门化率，计算采用公式：$LQ = (L_{ij}/L_i)/(L_j/L)$，式中 L_{ij} 表示 i 地区 j 产业就业人数，L_i 表示 i 地区总就业人数，L_j 表示 j 产业就业人数，L 表示所有就业人数。

表4数据显示，南通市服务业各行业区位熵在江苏省范围内整体集聚水平不高；其中较好的有租赁和商务服务业（排名第2），教育（排名第4）；处于中等水平的有批发和零售业（排名第6），交通运输、仓储和邮政业（排名第6），住宿和餐饮业（排名第7），金融业（排名第5），房地产业（排名第6），科学研究、技术服务业（排名第6），水利、环境和公共设施管理业（排名第8）；集聚水平较差的行业有信息传递、软件和信息技术服务业（排名第12），居民服务业、修理和其他服务业（排名第13），卫生和社会工作（排名第13），文化、体育和娱乐业（排名第13），公共管理、社会保障和社会组织（排名第9）。

（二）南通市服务业空间基尼系数 G 测算

在测算南通市服务业的空间基尼系数时，以南通市为特定的研究空间范围，包含南通市区、海安、如东、启东、海门、如皋为下一级区域，得到历年南通市服务业空间基尼系数。截取了南通市 2003—2015 年期间服务业统计数据，并依据公式进行计算，得到如表5所示数据：

表5　　南通市服务业空间基尼系数变化情况（1990—2013年）

年份	1990	1991	1992	1993	1994	1995	1996	1997
G	0.001255	0.001882	0.003469	0.005537	0.003743	0.002622	0.003967	0.002205
年份	1998	1999	2000	2001	2002	2003	2004	2005
G	0.006045	0.006127	0.002855	0.002075	0.001567	0.001241	0.000733	0.000557
年份	2006	2007	2008	2009	2010	2011	2012	2013
G	0.000972	0.001426	0.001995	0.001952	0.004429	0.002782	0.002224	0.000986

注：本表中数据选用的是历年南通市各区县服务业增加值与南通市服务业总增加值，各区县 GDP 与南通市 GDP 比重，利用公式 $G = \sum_i (s_i - x_i)^2$ 计算求得。

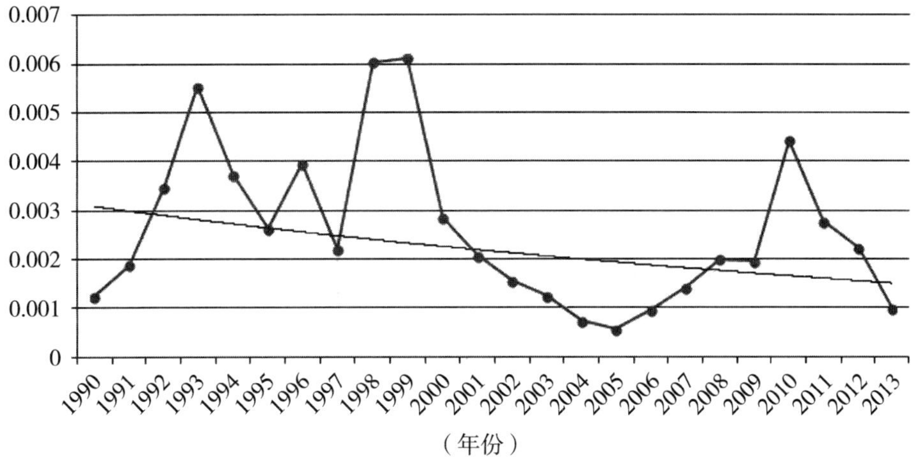

图3　1990—2013年南通市服务业空间基尼系数变化

由表5及图3数据结果可见：1990—2013年期间南通市服务业空间基尼系数均大于0，这表明南通市服务业在南通市范围内具有一定的空间集聚程度，但集聚度较低，且呈震荡变化趋势，整体趋势线显示空间基尼系数递减。

五、南通市服务业内部结构分析

为进一步了解南通市服务业各行业在服务业中的比重，选取2013年南通市服务业各行业产业增加值，以计算各行业对服务业的贡献，并将此数据与江苏省平均水平做一对比，具体数据如表6所示。

表6　　2013年南通市服务业各行业增加值占比

行业	南通市		江苏省		偏差（%）
	产业增加值（亿元）	比重（%）	产业增加值（亿元）	比重（%）	
批发和零售业	509.89	24.63	6223.46	23.55	1.08
交通运输、仓储和邮政业	199.3	9.63	2500.11	9.46	0.17
住宿和餐饮业	102.24	4.94	1052.97	3.99	0.95
信息传递、软件和信息技术服务业	60.82	2.94	1341.62	5.08	-2.14
金融业	263.55	12.73	3808.79	14.42	-1.68
房地产业	317.78	15.35	3308.4	12.52	2.83
租赁和商务服务业	216.71	10.47	1861.56	7.05	3.42
科学研究、技术服务业	36.94	1.78	703.64	2.66	-0.88
水利、环境和公共设施管理业	24.95	1.21	348	1.32	-0.11
居民服务、修理和其他服务业	3.87	0.19	803.2	3.04	-2.85
教育	157.97	7.63	1527.03	5.78	1.85
卫生和社会工作	15.5	0.75	819.03	3.10	-2.35
文化、体育和娱乐业	8.05	0.39	383.38	1.45	-1.06
公共管理、社会保障和社会组织	152.4	7.36	1740.46	6.59	0.78
服务业总计	2069.97	100.00	26421.65	100.00	

由表6数据可见，南通市新兴服务业中的信息传递、软件和信息技术服务业，金融业，文化、体育和娱乐业产业增加值占服务业总产值的百分比明显低于江苏省平均水平，科学研究、技术服务业略低于省平均水平；而教育、房地产业、租赁和商务服务业有较大的优势。传统行业中批发和零售业具有较大的优势，而交通运输、仓储和邮政业，住宿和餐饮业有微弱优势；公共服务业中的传统行业水利、环境和公共设施管理业，居民服务、修理和其他服务业，低于省内平均水平；公共管理、社会保障和

社会组织与省内平均水平相当。

为更进一步了解服务业中各行业发展情况，将南通市服务业各行业占服务业总产值比重与江苏省内较发达城市苏州、无锡、南京等地进行了对比（由于篇幅限制，此处略去了有关具体数据），对比发现：南京、苏州的信息传递、软件和信息技术服务业，金融业两大新兴服务业占比明显高于南通；而从交通运输、仓储和邮政业占比来看，南通明显要高于苏州、南京及无锡三大城市。这些从一定程度上说明了南通市新兴服务业在一定程度上处于相对弱势的地位，服务业中更多地依靠着传统服务业如批发和零售业，租赁和商务服务业等在支撑。

六、主要结论与建议

（一）主要结论

通过南通市服务业数据分析得出如下主要结论：

（1）南通市服务业发展整体水平不高，在江苏省排名相对靠后；其中教育业、租赁和商务服务业有一定的优势，而信息传递、软件和信息技术服务业，居民服务业、修理和其他服务业，卫生和社会工作，公共管理、社会保障和社会组织最为薄弱。

（2）由于南通市服务业集聚程度不高（区位熵测算发现14个行业中有9个行业区位熵小于1且空间基尼系数值普遍偏小，集中在0.0009～0.0062范围之内），导致在分析1990—2013年期间服务业集聚度变化趋势时出现两者变化趋势相悖的结果，这更说明了南通市服务业在南通市范围内呈分散格局，并没有明显的集聚效应。

（3）从南通市服务业各行业增加值等数据分析，南通市服务业内部结构不够均衡、合理，特别是技术含量高、人力资本较密集的新兴服务业比重偏小，发展相对不足。与省内其他较发达城市如南京、苏州、无锡等相比，新兴服务业中的金融业，信息传递、软件和信息服务业在整个服务业中比重偏低，且低于江苏省平均水平。

（二）建议

（1）服务业生产总值对经济增长具有正向促进作用，但城市服务业发展集聚程度一定程度上反而会制约整体经济的发展。随着城市化进程的推进，过分的集聚会引起负面作用，如地租上升、交通堵塞、通勤成本增加、劳动成本上升、竞争多度等。故南通市政府在发展服务业时应权衡利弊，充分发挥中心城市的作用，利用各区县现有的特长，发展服务业的优势行业。

（2）南通市应在保证传统服务业发展的同时，加大对新兴服务业的支持力度。由于新兴服务业对技术、专业知识和人才的需求和对基础设施的依赖等，决定了其处于城市中心区域，应重点在中心城市推进金融业，科学研究、技术服务业等新兴服务业的发展，以进一步提升服务业集聚水平，利用新兴服务业的发展充分带动南通市服务业发展整体水平，以增强城市竞争力，促进城市化水平的发展。

参考文献

［1］雍红月．评价服务业发展状况的几个指标［J］．内蒙古统计，2005，（2）：10－12.

［2］国家统计局. GB/T 4754－2011，国民经济行业分类［S］. 北京：中国标准出版社，2011.

［3］陈宝敏，张蕴如. 南京新兴服务业发展实证分析［J］. 软科学研究，2001，14（5）：17－20.

［4］黄繁华. 经济全球化背景下南京新兴服务业发展研究［J］. 科技与经济，2002，15（1）：18－22.

［5］董明月. 我国新兴服务业发展报告［J］. 调研世界，2011（12）：17－20.

［6］夏长杰. 中国新兴服务业发展的动因与政策建议［J］. 学习与探索，2012（5）：74－78.

［7］PAUL KRUGMAN. 地理和贸易［M］. 张兆杰，译. 北京：北京大学出版社，2000：73.

［8］罗勇，曹丽莉. 中国制造业集聚程度变动趋势实证研究［J］. 经济研究，2005（8）：106－116.

［9］南通市统计局. 2014 南通统计年鉴［J］. 北京：中国统计出版社，2014：2.

［10］江苏省统计局. 2014 江苏统计年鉴［J］. 北京：中国统计出版社，2014：42.

［11］张明倩. 中国产业集聚现象统计模型及应用研究［M］. 北京：中国标准出版社，2007：27－32.

大学生组

碳限额与交易机制下基于成本共担契约的两级供应链协调策略

支帮东

摘　要：本文基于由单供应商和零售商所组成的两级供应链，构建了在碳限额与交易机制下的EOQ模型，分析供应链成员企业的决策。研究表明，联合决策有助于促进碳减排并提升供应链整体绩效，并且成本共担契约可实现供应链的协调。成本共担契约的可操作性受供应商碳减排技术水平以及产品碳属性的影响。碳减排技术水平高的供应商和低碳产品供应商将拥有更多契约执行选择权。

关键词：碳限额与交易机制　两级供应链　成本共担契约　协调策略

一、引言

碳限额与交易机制（Cap - and - Trade mechanism）作为一种配额交易机制，是指政府将碳排放权的总额度分解为一定单位的碳排放权，通过特定方式将排放权分配给二氧化碳排放源企业，并允许其在市场买卖碳排放权。当排放源企业的碳排放量少于初始排放额度时，可通过出售剩余的额度获得经济补偿。当排放源企业超过初始配额时就需要在市场上购买额外配额，以避免政府的罚款和制裁[1]（Cordero）。在碳限额与交易机制下，企业在追求利益最大化目标的同时，还必须满足相应的碳减排要求。由于不同企业的碳排放权边际效用和碳减排边际成本不一样性[2]，在供应链环境下，如何协调供应链成员企业的生产、订货以及碳减排决策，已成为提升供应链整体绩效的一个关键。本文从成本共担契约这一视角对这一问题进行探讨。

二、成本共担契约

Cachon 指出两级供应链策略涉及了大量的契约，这些契约包括回购策略（Buyback Contract）、批发价格折扣契约（Wholesale - Price - discount Contract）、收益共享契约（Revenue - sharing Contract）[3]。通过这些契约可以促使供应链成员企业基于整体供应链作出决策，实现供应链成员企业的协同，最终提升供应链整体绩效。在供应链协调策略的研究过程中，这些契约得到了大量的使用，Zhang 等研究了如何运用回购契约协调模糊需求条件下的两级供应链[4]。Chen 基于批发价格折扣模型研究了回购价格折扣

作者简介：支帮东（1991—），男，江苏盐城人，中央财经大学硕士研究生，研究方向：供应链管理。

模型（Buyback Contract），并探讨了如何通过回购价格折扣模型协调两级供应链[5]。Cachon 和 Lariviere 研究了如何通过收益共享契约协调两级供应链，并在此基础上分析了收益共享契约的优势和局限性[4]。随着供应链契约的深入研究，有学者开始将不同契约引入碳限额与交易机制下的供应链成员企业协调研究中。鲁力，陈旭探讨了不同碳排放政策下基于回购合同的供应链协调策略，认为不同碳排放政策下，回购合同均能实现供应链协调[6]。赵道致，原白云等认为零售商可以通过收益共享契约激励制造商加大碳减排投入[7]。但是，在碳限额与交易背景下，以上学者对于协调策略的研究较为局限，仅将协调策略限于 Cachon 所提到的回购策略、批发价格折扣契约以及收益共享契约。以上几类契约更多的是基于合作后收益变多这一基本假设，而在实际的碳减排投资中，碳减排投资成本巨大且回报具有不确定性，企业在获取收益前就要大量投入减排技术设备。为考虑实际契约的可操作性，企业需要考虑共担碳减排投入成本[8]，因此，供应链成员企业应该考虑如何通过成本的共担来实现供应链的协调。对此，本文认为，在碳限额与交易机制下，有必要研究如何通过成本共担契约实现供应链成员企业之间的协同。成本共担契约是指供应链成员企业如何通过成本的共担来实现供应链协调的一种约定。与其他协调契约不同的是，成本共担契约关注的是供应链成员对回报不确定性以及风险不稳定因素的共同承担。赵正佳认为由于跨国背景下利率以及运输方式充满不确定性，对于跨国供应链的研究有必要采用成本共担契约[9]。何勇等指出供应链数量柔性带来需求精确匹配，但是零售商在提高供应链数量柔性的努力过程中要增加投入成本，此时就需要供应商采用成本共担契约与零售商共担成本实现供应链的协调[10]。

表 1　　不同契约的适用条件比较

契约名称	适用条件
回购契约	投入可预期
批发价格折扣契约	投入可预期
收益共享契约	收入可预期
成本共担契约	投入与收入不可预期

另外，在碳限额与交易机制下，研究供应链成员企业之间协同的重要前提是对碳足迹进行测量。通过文献梳理，本文发现，大量研究从生产角度考虑了碳排放量，但鲜有人从运输角度考虑碳排放量（鲁力，陈旭、Jaber 和赵道致，原白云等）[6,7,11]。付秋芳等虽然从转化和物流环节两个方面测量了供应链碳足迹，但同样没有明确提出测量运输环节的碳足迹[12]。在碳限额与交易制度下，本文认为，在实际生活中因运输而产生的碳排放量同样应该受到关注。国际能源署经实际调研指出，因运输而产生的碳排放量占社会总碳排放量的 18% 以上[13]，对此，Palak 也认为，在低碳政策条件下，有必要考虑因运输所产生的碳排放所带来的成本[14]。

综上所述，在碳限额与交易机制下，本文讨论一类零售商为核心企业、供应商为成员企业构成的两级供应链，从供应商因生产产品而产生碳排放量和下游零售企业因运输而产生的碳排放量两个方面设计了二级供应链碳减排 Stackelberg 博弈模型，并提出企业的最优碳减排策略，以及成本共担契约以实现供应链协调。基于成本共担契约，分析碳减排成本系数、单位碳成本价格以及产品的碳属性对供应链成本、碳减排努力系数以及成本共担契约参数的影响，并探讨了供应链中的供应商提升自身地位的决策策略。

三、模型描述与假定

考虑零售商核心企业、供应商为弱势企业。零售商库存降至零时，向供应商订货量 Q 以满足下游市场需求 D，订单即时到达。单次订货费为 S_r，单位储存费为 H。供应商接受零售商订单进行货物生产时，单次生产费用为 S_m，生产过程及货物运输过程中会产生相应的碳排放，令 aQ^2+c 表示生产 Q 单位产品所产生的碳排放量，其中 $a>0$、$c>0$[11]，单次运输所产生的碳排放量为 e。为减少碳排放成本，供应商可对碳减排技术进行投资，设碳减排投入系数为 r，则碳减排成本为 $\frac{\beta}{2}r^2$，其中 β 为碳减排成本系数（$\beta>0$），β 越高，碳减排成本越高[15]。产品原有碳排放率为 ℓ，则 $\ell(1-r)$ 为减排投入后的碳排放率（$\ell(1-r)\geqslant 0$）。在碳限额与交易机制下，供应商获得政府免费发放的碳排放权为 C_{gm}，零售商获得免费碳排放权为 C_{gr}。如果排放权用尽，企业可到市场上以 w 单位价格购买碳排放权。政府所发放的碳排放额度小于碳排放主体未减排所需碳排放量[7]。

供应商成本函数为：

$$C_m = \frac{D}{Q}S_m + \frac{D}{Q}\cdot\frac{\beta}{2}r^2 + \left[\frac{D}{Q}(aQ^2+c)\ell(1-r) - C_{gm}\right]w \tag{1}$$

（1）式中，$\frac{D}{Q}(aQ^2+c)\ell(1-r)$ 表示供应商生产产品所产生的碳排放量，其中 $\frac{D}{Q}(aQ^2+c+e)\ell(1-r)\geqslant 0$。当 $\frac{D}{Q}(aQ^2+c)\ell(1-r)-C_{gm}>0$ 时，表示碳排放量限额不足，供应商需要到市场上去购买相应的碳排放量，支付费用为 $\left[\frac{D}{Q}(aQ^2+c)\ell(1-r)-C_{gm}\right]w$。当 $\frac{D}{Q}(aQ^2+c)\ell(1-r)-C_{gm}<0$ 时，即供应商用完政府所发放的碳排放限额之后还有剩余，剩余量为 $C_{gm}-\frac{D}{Q}(aQ^2+c)\ell(1-r)$，供应商可以到市场上去售卖剩余的碳排放量，所获收益为 $[C_{gm}-(aQ^2+c)\ell(1-r)]w$。当 $\frac{D}{Q}(aQ^2+c)\ell(1-r)-C_{gm}=0$ 时，表示供应商刚好用完政府所发放的碳排放限额。$\ell(1-r)$ 为供应商经过碳减排努力后的碳排放率，其中 $0<\ell\leqslant 1$，$0\leqslant r<1$，$0\leqslant \ell(1-r)<1$。

下游零售商成本函数为：

$$C_r \frac{D}{Q}S_r + \frac{QH}{2} + \left[\frac{D}{Q}e\ell(1-r) - C_{gr}\right]w \tag{2}$$

在（2）式中，$\frac{D}{Q}$ 表示每次下游零售企业订购 Q 单位产品的订货次数，$\frac{D}{Q}e\ell(1-r)$ 为零售商每次订货时因运输过程所产生的碳排放量，其中$\frac{D}{Q}e\ell(1-r)\geqslant 0$。当$\frac{D}{Q}e\ell(1-r)-C_{gr}>0$时，表示碳排放量限额不足，下游供应商需要到市场上去购买相应的碳排放量，支付费用为$\left[\frac{D}{Q}e\ell(1-r)-C_{gr}\right]w$。当$\frac{D}{Q}e\ell(1-r)-C_{gr}<0$时，即下游供应商用完政府所发放的碳排放限额之后还有剩余，剩余量为$C_{gr}-\frac{D}{Q}e\ell(1-r)$，下游零售商可以到市场上去售卖剩余的碳排放量，所获收益为$\left[C_{gr}-\frac{D}{Q}e\ell(1-r)\right]w$。当$\frac{D}{Q}e\ell(1-r)-C_{gr}=0$时，表示下游零售商刚好用完政府所发放的碳排放限额。

对（1）式进行化简可得：

$$C_m\frac{D}{Q}\left[S_m+\frac{\beta}{2}\cdot r^2+(aQ^2+c)\ell(1-r)w\right]-wC_{gm} \tag{3}$$

对（2）式进行化简：

$$C_r=\frac{D}{Q}[S_r+e\ell(1-r)w]+\frac{QH}{2}-wC_{gr} \tag{4}$$

四、供应链分散决策

考虑零售商与供应商分别决策订货量 Q 和碳减排投入系数为 r，以最小化各自的成本。由(3)式和(4)式易知C_m为关于r的凸函数，C_r为关于Q的凸函数，根据逆向归纳法，可得出零售商的订货数量 Q^* 和供应商最优碳减排系数为 r^*。

结论1：分散决策情况下，零售商的订货数量为：

$$Q^*=\sqrt{\frac{2\beta DS_r+2De\beta\ell w-2cDe\ell^2w^2}{\beta H-2aDe\ell^2w^2}}$$

供应商最优碳减排系数为：

$$r^*=\frac{(aQ^{*2}+C)\ell w}{\beta}$$

零售商成本为：

$$C_r=\frac{D}{Q}^*[S_r+e\ell(1-r_m^*)]+\frac{Q^*H}{2}-wC_{gr}$$

供应商的成本为：

$$C_m=\frac{D}{Q^*}\left[S_m+\frac{\beta}{2}\cdot r^{*2}+(aQ^{*2}+c)\ell(1-r^*)w\right]-wC_{gm}$$

分散决策情况下，供应链总成本为 $TC=C_m(r^*,Q^*)+C_r(r^*,Q^*)$。

证明：根据逆向归纳法首先考虑供应商对于碳减排的投入，根据一阶最优性条件由（3）式可得：

$$\frac{\partial C_m}{\partial r}=\frac{D}{Q}[-(aQ^2+c)\ell w+\beta r]=0 \tag{5}$$

由于 D 和 Q 都是大于零的，对（5）式变换可得：

$$r=\frac{(aQ^2+c)\ \ell w}{\beta} \tag{6}$$

接下来考虑零售商的决策,根据一阶最优性条件由(4)式可得:

$$\frac{\partial C_r}{\partial Q}=\frac{H}{2}-\frac{D}{Q^2}[S_r+e\ell w\ (1-r)]+\frac{D}{Q}\left(-e\ell w\frac{\partial r}{\partial Q}\right) \tag{7}$$

将(6)式带入(7)求解可得:

$$Q^*=\sqrt{\frac{2\beta DS_r+2De\beta\ell w-2cDe\ell^2w^2}{\beta H-2aDe\ell^2w^2}} \tag{8}$$

将(8)式带入(6)式可得供应商的减排努力系数:

$$r^*=\frac{(aQ^{*2}+c)}{\beta}\ell w \tag{9}$$

此时供应商、零售商的成本和供应链总成本分别为:

$$C_m\ (r^*,\ Q^*)\ =\frac{D}{Q^*}\left[S_m+\frac{\beta}{2}\cdot r^{*2}+\ (aQ^{*2}+c)\ \ell\ (1-r^*)\ w\right]-wC_{gm} \tag{10}$$

$$C_m(r^*,Q^*)=\frac{D}{Q^*}[S_r+e\ell(1-r^*)we]+\frac{Q^*H}{2}-w_eC_{gr} \tag{11}$$

$$TC=C_m(r^*,Q^*)+C_r(r^*,Q^*) \tag{12}$$

五、供应链联合决策

考虑零售商与供应商集中决策订货量 Q 和碳减排投入系数 r,以最小化供应链的总成本 $TC=C_m+C_r$,则易知 TC 为关于 r 和 Q 联合凸函数,可得出联合决策下订货数量 Q_T^* 和最优碳减排系数为 r_T^*。

结论 2:联合决策情况下,当供应商减排成本系数满足条件

$\beta\geqslant\frac{[\ (c+e)\ \ell W]^2}{2\ [S_m+S_r+\ (c+e-a)\ \ell W]}$ 时,供应链碳减排系数为 $r_T^*=\frac{B-\sqrt{B^2-4AC}}{2A}$,其中为了表述方便,令 $A=3a\beta Dw\ell$,$B=4aDw^2\ell^2(c+e)+2Da\beta r_0w+H\beta$,$C=4aDw^2\ell^2(c+e)+Hw\ell(c+e)+2aDw\ell(S_m+S_r)$。

订货量满足条件 $Q_T^*=\sqrt{\frac{2D(c+e)(1-r_T^*)\ell w+2D(s_m+S_r)+\beta Dr_T^{*2}}{2Da\ell(1-r_T^*)w+H}}$。

此时供应链总成本为:

$$TC(r_T^*,Q_T^*)=\frac{D}{Q_T^*}\left[S_m+S_r+\frac{\beta}{2}r_T^{*2}+(aQ_T^{*2}+c+e)\ell(1-r_T^*)w\right]+\frac{Q_T^*H}{2}-w(C_{gr}+C_{gm})$$

证明:联合决策情况下供应链的总成本函数为

$$TC=\frac{D}{Q}\left[S_m+S_r+\frac{\beta}{2}r^2+(aQ^2+c+e)\ell(1-r)w\right]+\frac{QH}{2}-w(C_{gr}+C_{gm}) \tag{13}$$

对 TC 求偏导

$$\frac{\partial TC}{\partial Q}=-\frac{D}{Q^2}\left[S_m+S_r+\frac{\beta}{2}r^2+(aQ^2+c+e)\ell(1-r)w\right]+\frac{D}{Q}[2aQ\ell(1-r)w]+\frac{H}{2}=0 \tag{14}$$

$$\frac{\partial TC}{\partial r}=\frac{D}{Q}[\beta r-(aQ^2+c+e)\ell w]=0 \tag{15}$$

当满足条件

$$\begin{cases}\dfrac{\partial^2 TC}{\partial Q^2}>0\\ \begin{vmatrix}\dfrac{\partial^2 TC}{\partial Q^2} & \dfrac{\partial^2 TC}{\partial Q\partial r}\\ \dfrac{\partial^2 TC}{\partial r\partial Q} & \dfrac{\partial^2 TC}{\partial r^2}\end{vmatrix}>0\end{cases} \tag{16}$$

存在极小值。

已知$\dfrac{\partial^2 TC}{\partial Q^2}=\dfrac{2DS_m+2DS_r+\beta Dr^2+2D(c+e)\ell(1-r)w}{Q^3}$，由于 $\ell(1-r)>0$，则 $\dfrac{\partial^2 TC}{\partial Q^2}>0$，化简得：

$$\begin{vmatrix}\dfrac{\partial^2 TC}{\partial Q^2} & \dfrac{\partial^2 TC}{\partial Q\partial r}\\ \dfrac{\partial^2 TC}{\partial r\partial Q} & \dfrac{\partial^2 TC}{\partial r^2}\end{vmatrix}=\frac{D^2}{Q^4}\{2\beta[S_m+S_r+(c+e)\ell w-a\ell wr]-[(c+e)\ell w-a\ell wQ^2]^2\}$$

当$\begin{vmatrix}\dfrac{\partial^2 TC}{\partial Q^2} & \dfrac{\partial^2 TC}{\partial Q\partial r}\\ \dfrac{\partial^2 TC}{\partial r\partial Q} & \dfrac{\partial^2 TC}{\partial r^2}\end{vmatrix}>0$时，$\beta>\dfrac{[(c+e)\ell w-a\ell wQ^2]^2}{2[S_m+S_r+(c+e)\ell w-a\ell wr]}$，已知$0\leqslant r<1$，$0<Q\leqslant D$，所以$\dfrac{[(c+e)\ell w-a\ell wQ^2]^2}{2[S_m+S_r+(c+e)\ell w-a\ell wr]}<\dfrac{[(c+e)\ell w]^2}{2[S_m+S_r+(c+e-a)\ell w]}$，那么，当

$\beta\geqslant\dfrac{[(c+e)\ell w]^2}{2[S_m+S_r+(c+e-a)\ell w]}$时，$\begin{vmatrix}\dfrac{\partial^2 TC}{\partial Q^2} & \dfrac{\partial^2 TC}{\partial Q\partial r}\\ \dfrac{\partial^2 TC}{\partial r\partial Q} & \dfrac{\partial^2 TC}{\partial r^2}\end{vmatrix}>0$恒成立。

此时，对（14）和（15）式联立求解可得：

$$Q_T^*=\sqrt{\frac{2(Dc+De)(1-r_T^*)\ell w+2D(S_m+S_r)+\beta Dr_T^{*2}}{2Da\ell(1-r_T^*)w+H}} \tag{17}$$

$$r_T^*=\frac{B-\sqrt{B^2-4AC}}{2A} \tag{18}$$

总成本为：

$$TC(r_T^*,Q_T^*)=\frac{D}{Q_T^*}\left[S_m+S_r+\frac{\beta}{2}r_T^{*2}+(aQ_T^{*2}+c+e)\ell(1-r_T^*)w\right]+\frac{Q_T^*H}{2}-w(C_{gr}+C_{gm}) \tag{19}$$

六、成本共担契约协调供应链

由结论 1 和结论 2 可知，分散决策下零售商的最优订货量为：

$Q^* = \sqrt{\dfrac{2\beta DS_r + 2De\beta\ell w - 2cDe\ell^2 w^2}{\beta H - 2aDe\ell^2 w^2}}$，供应商的最优碳减排系数为：

$r^* = \dfrac{(aQ^{*2} + c)}{\beta}\ell w$，而在集中决策下零售商的最优订货量为：

$$Q_T^* = \sqrt{\frac{2D[(c+e)(1-r_T^*)\ell w + 2(S_m+S_r) + \beta r_T^{*2}]}{2Da\ell(1-r_T^*)w + H}}$$

供应商的最优碳减排努力系数为 $r_T^* = \dfrac{B - \sqrt{B^2 - 4AC}}{2A}$。

其中为了表述方便，令 $A = 3a\beta Dw\ell$，$B - 4aDw^2\ell^2(c+e) + 2Da\beta r_0 w + H\beta$，$C = 4aDw^2\ell^2(c+e) + Hw\ell(c+e) + 2aDw(S_m + S_r)$。因此，在分散决策下订货量与减排系数与集中决策下的偏移必然导致供应链总成本的增加，从而降低供应链的效率。本节中进一步采用成本共担契约协调零售商与供应商的决策，使其在分散决策下有动机采用集中决策下的最优订货量与最优碳减排系数。

结论 3：零售商提出成本供应链契约，契约参数为 θ，当 θ 取值范围为 $1 - \dfrac{C_r(r^*, Q^*)}{TC(r_T^*, Q_T^*)} \leqslant \theta \leqslant \dfrac{C_m(r^*, Q^*)}{TC(r_T^*, Q_T^*)}$时，供应商会接受成本共担契约。

证明：已知非联合决策情况下的供应商成本为 $C_m(r^*, Q^*)$，下游零售商成本为 $C_r(r^*, Q^*)$。联合决策情况下供应商的总成本为 C_m^T，零售商的总成本为 C_r^T，供应链总成本为 $TC(r_T^*, Q_T^*)$。为了实现契约的执行，这里提出成本共担系数，已知供应商承担联合情况下供应链总成本 θ 比例，即 θ 需要满足条件 $\theta TC(r_T^*, Q_T^*) = C_m^T$，而零售商承担供应链总成本的比例为 $1-\theta$，即满足条件 $(1-\theta)TC(r_T^*, Q_T^*) = C_r^T$。为保证双方接受这个契约，就需要保证成本共担契约条件下，供应商和零售商的成本都是 Pareto 最优的，即联合后供应商的成本需满足 $\theta TC(r_T^*, Q_T^*) = C_m^T \leqslant C_m(r^*, Q^*)$，零售企业联合后的成本需满足条件 $(1-\theta)TC(r_T^*, Q_T^*) = C_r^T \leqslant C_r(r^*, Q^*)$，只有成本共担系数满足以上条件的基础上，供应商才能有动力去执行成本共担契约。综上所述，θ 需满足条件：

$$\begin{cases} \theta TC(r_T^*, Q_T^*) = C_m^T \leqslant C_m(r^*, Q^*) \\ (1-\theta)TC(r_T^*, Q_T^*) = C_r^T \leqslant C_r(r^*, Q^*) \\ TC(r_T^*, Q_T^*) = C_m^T + C_r^T \end{cases} \tag{20}$$

对（20）进行求解，得到 θ 的取值范围为：

$$1 - \frac{C_r(r^*, Q^*)}{TC(r_T^*, Q_T^*)} \leqslant \theta \leqslant \frac{C_m(r^*, Q^*)}{TC(r_T^*, Q_T^*)}$$

当 θ 满足以上条件时，零售商在保证自己利益的同时，让供应商也能够接受该契约。当然，具体取值还要看双方的利益谈判能力。

六、数值分析

为进一步了解联合情况下企业减排的有效性，论证成本共担契约的协调作用，我们通过数值分析来考察。令 $D=100$，$a=0.0003$，$c=1.4$，$\beta=800$，$w=18$，$\ell=0.95$，$S_m=1000$，$S_r=400$，$C_{gm}=50$，$C_{gr}=15$，$H=30$，$e=4$。本文所采用的仿真数据以碳排放量较大的供应商，如排污较为严重的造纸厂，下游为大型零售商，如沃尔玛。基于以上数值计算可知，分散决策情况下的零售商最优订货量为 179.16，生产成本为 5610.30，供应商最优减排努力系数为 0.24，最优成本为 4941.80，此时供应链总成本为 10552.10。当供应商和零售商联合决策时，即零售商向供应商提出成本共担契约时，供应链最优碳减排的努力系数为 0.77，供应链最优订货量为 328.91，供应链总成本为 9193.40。当成本共担系数 θ 在 0.46 ~ 0.61 之间时，供应商会接受成本共担契约。显然，在联合决策情况下，供应商碳减排的努力系数更高，零售商单次订货量也更高，整个供应链的成本也相对较低。

接下来，变化供应商碳减排的成本系数 β、单位碳排放权价格 w 以及产品的高碳程度 a，考查这些参数变化对于相关变量的影响。

首先，分析不同决策条件下，供应商碳减排的成本系数 β 对订货量的影响。当 β 增大时，意味着相同的碳减排水平所耗费的成本越大。由图 1 可知，联合决策情况的最优订货量都要大于非联合决策的订货量，且当碳减排所产生的成本较低时，即 β 系数较低，联合决策情况的最优订货量都要远大于非联合决策的订货量。随着碳减排所需成本的不断增加，联合决策情况的最优订货量会不断接近非联合决策的订货量，主要原因是，如果碳减排成本系数过大，供应商倾向于降低碳减排努力系数，由于供应链无法排除单次生产所产生的碳排放量，因此只能压缩单次生产数量以减少总的碳排放量。

其次，探讨在分散决策和联合决策情况下，产品的高碳程度 a 的变动对订货量的影响，其中 a 表示产品的碳属性，a 越大表示生产同等数量产品所产生的碳排放量越大。由图 2 可知，分散决策情况下，随着 a 不断增加，零售商的订货量是不断增加的，联合决策情况下的订货量却并非如此，当 a 较低时，随着 a 不断增加，联合决策下的订货量不断增加，而当 a 超过特定数值时，随着 a 不断增加，订货量会不断下降，且 a 越大，最优订货量和分散决策下的订货量越接近。显然，当产品的高碳性 a 达到一定程度时，a 系数越大，联合决策情况下的单位订单所生产产品的数量越少。由于 Q 越小，零售商所耗费的订单设立费用就会越多，因此，供应链企业应该努力提升减排技术以减少因订单设立所造成的成本支出。

进一步分析分散决策和联合决策不同情况下，供应商碳减排的技术水平 β 的变化对供应链总成本的影响。从图 3 可以看出，联合决策下供应链成本要远低于非联合决策情况下的供应链总成本，并且，碳减排成本系数越小，联合决策情况下供应链总成本降低的优势越明显。因此，为了尽可能提升供应链总体效益，下游零售商可以在供应商碳减排技术提升上给予帮助，因为，在协助过程中，下游零售商也可以从碳减排技术水平提高中获得更多的成本节约。

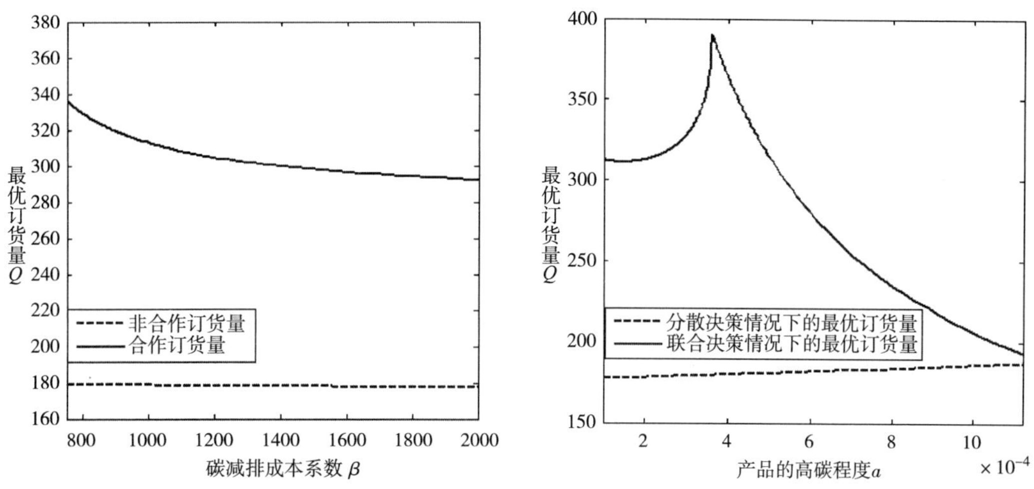

图 1　不同决策条件下供应商碳减排的成本系数的变化对订货量的影响　**图 2　不同决策条件下产品高碳程度的变化对订货量的影响**

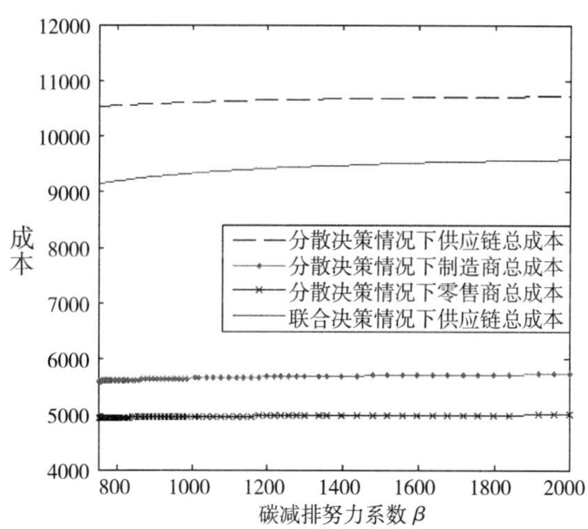

图 3　不同决策条件下供应商碳减排的成本系数 β 的变化对供应链总成本的影响

分析不同决策情况下，供应商碳减排的技术水平 β 的变化对碳减排努力系数的影响。由图 4 可知，联合决策情况下碳减排努力系数是远大于非联合决策情况下的碳减排系数，因此，联合决策在降低供应链总成本的同时还可以促进环境保护。本文还发现，随着碳减排成本的不断增加，联合情况与非联合情况下碳减排努力系数都是不断下降的。当碳减排成本系数比较低时，联合决策情况下的碳减排努力系数远大于非联合决策情况下供应链碳减排系数，但是，随着碳减排成本系数的不断增加，联合决策情况下的减排系数会不断接近非联合决策情况下的碳减排系数，换言之，碳减排成本系数越大，联合决策情况下的碳减排优势越不明显。因此，在联合决策情况下，提高碳减排技术水平更有意义。

由（1）式和（2）式可知，供应链碳排放量为

$$\frac{D}{Q}\ (aQ^2+c+e)\ \ell\ (1-r) \tag{21}$$

在联合决策和分散决策情况下，单位碳排放价格对供应链的碳排放量的影响程度是不一样的。如图5所示，当单位碳排放权价格在5～10之间时，联合决策情况及分散决策情况上下游企业碳减排量存在交叉点。在交叉点左边，联合决策情况下所产生的碳排放量要大于分散决策情况下的碳排放量，交点右边，分散决策情况下的碳排放量大于联合决策情况下的碳排放量。

已知理性的供应链企业会选择联合决策以降低自身成本，此时，政府应该如何调节单位碳排放价格以减少碳排放量？由图5可知，在联合决策情况下，政府将单位碳排放权价格调控至25或26时，供应链可以实现近似0的碳排放量，但考虑到过高碳排放权价格对于经济的负面影响（提高单位产品的生产成本），政府将碳排放权价格调控在20左右就可以实现较好效果。

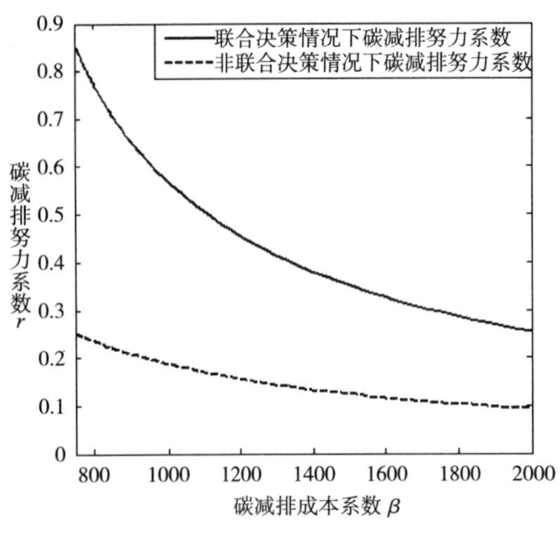

图4　不同决策条件下供应商碳减排成本系数 β 的变化对减排努力系数的影响

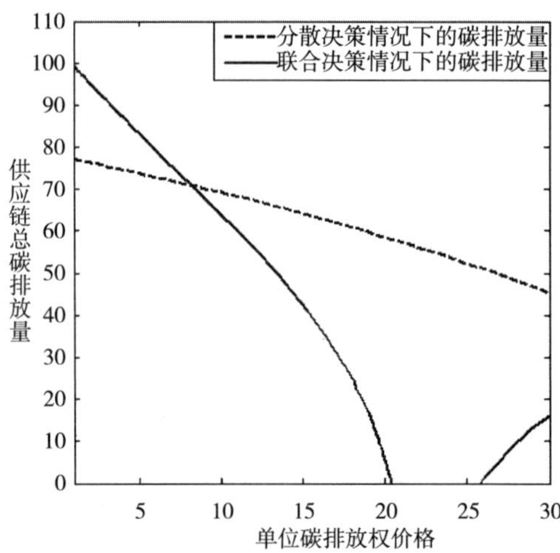

图5　单位碳排放权价格的变化对供应链碳排放量的影响

最后分析供应商碳减排成本系数 β、产品的高碳程度 a 的变化对供应商成本共担契约参数 θ 的影响。契约参数 θ 在供应链渠道协调的基础上可以实现对系统成本的任意分配，这就为供应商处于不同地位时所担成本提供了柔性。从图6可以看出，碳减排成本系数越高，供应商在接受成本供应链契约时的选择机会会更少，这也更加不利于成本共担契约的实施。因此，供应商要想在成本共担契约中获得更多的选择，就要不断提升碳减排的技术水平以降低单位碳减排成本。从图7可以看出，产品高碳程度 a 越高，供应商在接受该契约时的选择会更少，a 越低，供应商在成本共担契约中的选择机会越多，因此，在其他条件不变的情况下，环境友好程度越高的产品越有利于成本共担契约的执行。

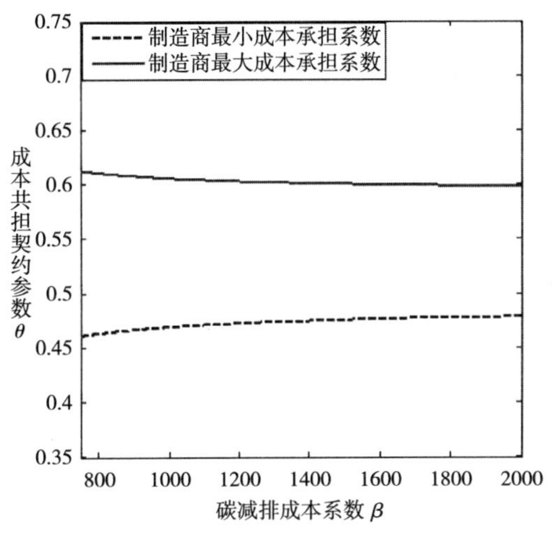

图6 供应商碳减排的成本系数β的变化对于成本共担契约参数的影响

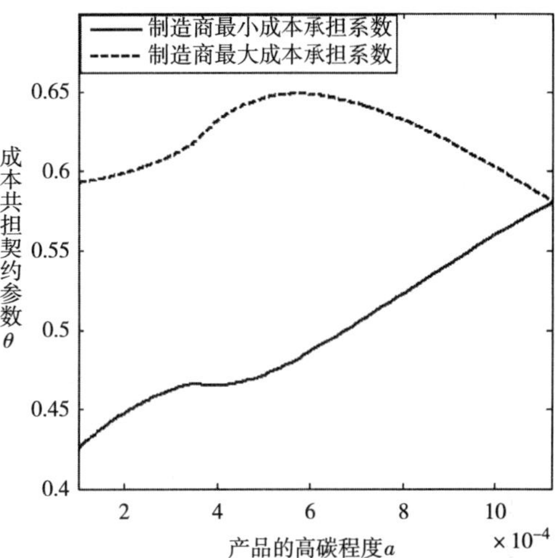

图7 产品高碳性a变化关系对于成本共担契约参数的影响

七、总结

本文考虑了在碳限额与交易机制下，供应商与零售商构成的两级供应链的协同问题。通过研究发现：①联合决策情况下的碳减排系数要远大于非联合决策情况下的碳减排系数，并且，随着碳减排技术水平的提升，联合决策的减排优势会更加明显；②相对于分散决策，联合决策条件下的政府碳价调控会更加有效；③成本共担契约条件下，降低碳减排成本可以增加供应商的契约执行选择权；④相对于分散决策，联合决策有助于提升企业的碳减排积极性，因此，政府可以采取激励措施鼓励供应链企业联合决策；⑤在成本共担契约条件下，低碳产品供应商拥有更多契约执行选择权，因此，低碳产品供应商更容易接受成本共担契约。

本文研究在为碳减排约束下的供应链企业提供决策指导的同时，也可为政府调控单位碳排放权价格提供理论指导意义，但是本文仍有其局限性：①本文只考虑了碳限额与碳交易机制下两级供应链企业的协调问题，因此，在未来研究中，可以考虑多级供应链企业的协调。②碳排放政策有多种，除了碳限额与交易机制还有碳税和碳限额，今后可以将企业碳减排决策和供应链协同的研究置于多种碳排放政策中。

参考文献

[1] CORDERO P. Carbon footprint estimation for a sustainable improvement of supply chains: state of the art [J]. Journal of Industrial Engineering and Management, 2013, 6 (3): 805 -813.

[2] ABDALLAH T, DIABAT A, SIMCHI - LEVI D. A carbon sensitive supply chain network problem with green procurement [J]. Institute of Electrical and Electronics Engineers, 2010 (1): 1 -6.

[3] CACHON G P. Supply chain coordination with contracts [M]. Amsterdam: North Holland, 2003:

227 – 339.

[4] CACHON G P, LARIVIERE M A, Martin A. Supply chain coordination with revenue – sharing contracts: strengths and limitations [J]. Management Science. 2005, 1 (51): 30 – 44.

[5] CHEN J. Returns with wholesale – price – discount contract in a newsvendor problem [J]. International Journal of Production Economics. 2011, 130 (1): 104 – 111.

[6] 鲁力，陈旭．不同碳排放政策下基于回购合同的供应链协调策略 [J]．控制与决策，2014，29 (12)．

[7] 赵道致，原白云，徐春秋．考虑产品碳排放约束的供应链协调机制研究 [J]．预测，2014，33 (5): 76 – 80.

[8] 朱庆华，阎洪．绿色供应链管理：理论与实践 [M]．北京：科学出版社，2013: 66 – 69.

[9] 赵正佳．考虑汇率变化和运输成本分担的跨国供应链数量折扣契约．管理学报．2012 (06): 913 – 919.

[10] 何勇，吴清烈，杨德礼．基于努力成本共担的数量柔性契约模型．东南大学学报：自然科学版，2006 (06): 1045 – 1048.

[11] JABER M Y, GLOCK C H, SAADANY A M A E. Supply chain coordination with emissions reduction incentives [J]. International Journal of Production Research, 2013, 51 (1), 69 – 82.

[12] 付秋芳，忻莉燕，马健瑛．考虑碳排放权的二级供应链碳减排 Stackelberg 模型 [J]．工业工程．2013，16 (2)．

[13] International Energy Agency, 2010. Transport energy efficiency. [EB/OL]. http://www.iea.org/papers/2010/transport_ energy_ efficiency. pdf.

[14] PALAK G, EKŞIOGLU D S, GEUNES G. Analyzing the impacts of carbon regulatory mechanisms on supplier and mode selection decisions: An application to a biofuel supply chain [J]. International Journal of Production Economic, 2014, 154: 198 – 216.

[15] KAYA M, OZER O. Quality risk in outsourcing: no contractible product quality and private quality cost information [J]. Naval Research Logistics, 2009, 56: 672 – 674.

基于系统动力学的农产品冷链物流发展趋势仿真研究*

杨　扬　韩天皞

摘　要：农产品冷链物流的发展受到内外环境多因素的影响，文章基于多因素的分析视角，利用系统动力学逻辑构建农产品冷链物流发展的系统动力学模型。以云南省为实例，系统研究了影响系统发展的主要因素和趋势特征。通过模拟仿真，定量研究了不同政策条件下农产品冷链物流的发展状况，验证了加大对冷链物流基础设施投资力度和实行冷链物流项目政策扶持的有效性。

关键词：冷链物流模式　系统动力学　模拟仿真　发展趋势

一、引言

随着经济的发展和生活水平的提高，人们对物质消费提出了新的标准，尤其对食品安全的要求在不断提高，这也就引导了冷链物流的迅速发展。尽管国家对冷链物流投入了极大的关注，但目前仍无法满足人们的需求。文章的目的是以系统动力学为理论基础，分析这一问题内部复杂关系，通过建模的方法对农产品冷链物流模式进行深入分析，并总结出发展趋势及相关政策的制定。

由于农产品冷链物流系统较为复杂，网络中的各种因素存在着多重反馈。以固定不变的一系列函数关系来表示系统内部各个元素之间的复杂作用关系是不能准确描述一个正在发展着的系统。由于系统存在于一个大环境之中，会随着外部环境的变化而自我更新。综上所述，冷链物流作为一个系统具有复杂性、动态性的特点，而系统动力学的思想方法恰好与冷链物流系统的特点相吻合，是研究冷链物流较为适宜的一种方法。

就目前的研究来看，陈绍慧、张鹏等对冷链物流中的产品附加值、客户满意度等进行综合分析评价[1]；石晓欣提出了6西格玛管理方法在我国农产品冷链物流中的应用方法[2]；任舒等人通过设计一套评价指标体系，构建模糊综合评价模型[3]；李永开、王淑云分析了冷链物流存在的问题，提出了改良的建议[4]；李琰等人以西安现代农业物流为背景，研究了系统动力学在冷链物流上的应用[5]。Hans Rediers 等（2009）研究了葛色的冷链物流管理问题[6]；Ruerd Ruben，Dave Boselie 等（2007）根据超市蔬菜供应中采用的两种物流方式，对中国南京的华晨超市和泰国曼谷的TOP超市进行比较分析[7]；David H. Taylor（2006）主要提出了精益供应链战略[8]；JackGAJ 等（2005）研究了生鲜

* 基金项目：国家自然科学基金项目（批准号：71463035）。

作者简介：杨扬（1974—），男，工学博士，副教授，硕士生导师，主要研究领域为区域与城市物流规划；韩天皞（1990—），男，研究生，交通运输工程专业。

农产品供应链和加工食品供应链的不同之处[9]；Cristina Gimenez（2003）以问卷调查为基础，深入研究了食品业物流流程的整合，以及在食品行业营销与物流的整合问题[10]。总而言之，尽管我国这几年物流发展迅猛，但国内的发展与发达国家还存在很大差距。所以从现实意义上来讲，用系统动力学的理论研究冷链物流的模式问题，从农产品冷链物流模式的内部复杂结构入手，找到整个问题的主要矛盾与次要矛盾，对冷链物流的合理化建设以及制定相关政策均有一定的现实意义。

二、冷链物流系统分析

文章所研究的是农产品冷链物流的模式问题。因而，从一个系统的角度看，对冷链物流模式的研究也就转化为冷链物流下物流集成的分析。

以冷链物流的物流集成问题作为研究对象，可以把整个问题所在的环境分为内部环境和外部环境。内部环境是指供应链内部相互联系的因素，包括物流上的投入，物流集成的程度等。而外部环境是指把整条冷链置于社会大环境中，分析外部环境对整条供应链的影响作用。为使模型简化且具有针对性，故只考虑外部环境中的农业生产总值、农业消费需求和相关政策等因素。

经过分析，可确定出系统边界。内部环境中的基本要素分别为物流集成需求、物流集成供给、物流集成收入、冷链物流阻碍。外部环境中的基本要素分别为，农业产品经济水平，物流需求和冷链物流产业投资。

得到系统边界后即可确定整个系统的研究范围，在这个范围内对系统各个基本要素进行分析，便可得到一个完整的系统动力学模型。

三、冷链物流的系统动力学模型

（一）系统因果关系分析

系统动力学通过因果反馈关系来表达系统中各个要素之间的定性关系。宏观上，外部环境的基本要素作用于系统，其主要通过经济水平对系统内部的影响体现出来。而系统内部通过物流集成需求与物流供给之间的作用与反作用保持系统与外界环境进行信息交换。冷链物流阻碍、物流集成收入、物流集成需求和冷链物流产业投资则是系统要素之间作用的一种媒介。因此通过因果关系分析，得到如图 1a 所示的因果关系图。

整个因果关系图包括三个子系统，分别如图 1b、图 1c、图 1d 所示：

（b）反馈系统是一个负反馈系统，主要反映在经济水平随着物流需求和物流能力变化的影响。此循环体现了农产品经济水平与冷链物流之间的关系。农产品经济水平的提高有助于增加物流需求，但是物流需求的增长同时也会带来冷链物流的各种阻碍，抑制农产品经济水平。

（c）反馈系统是一个正反馈系统，主要反映了外部环境对系统内部的冲击作用。农产品经济水平的提高使得政府在冷链物流上投入增加，推动了物流集成供给能力的提高，然而，由于整个冷链物流系统是庞大复杂的，集成供给不可能满足整个系统要求，因而会造成局部物流的积压和延迟，形成冷链物流阻碍，而这种阻碍又抑制了农产品经济水平的提高。

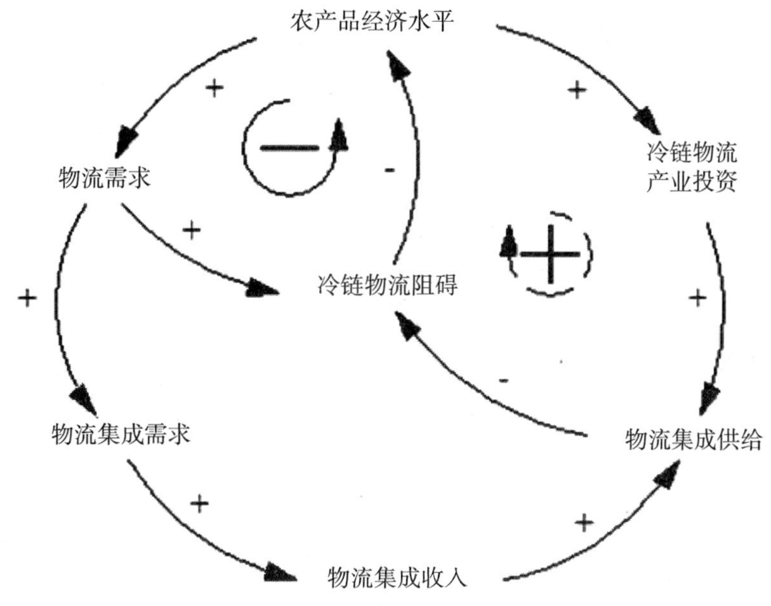

图 1a　农产品冷链系统总因果关系

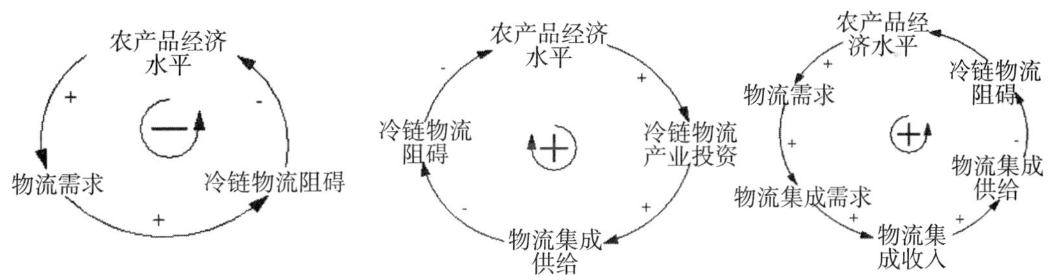

图 1b　外部经济环境子系统　　图 1c　物流集成需求子系统　　图 1d　物流集成供给子系统

（d）反馈系统是一个正反馈系统，主要反映了外部环境对系统内部的影响作用。农产品经济水平的提高能够带动物流需求的增长，而物流需求的增长会诱发物流集成的需求，这种需求可以使得物流集成商的投入增加，从而有能力实现更好的物流集成供应，然而对整个系统而言，这种集成能力的增长是不全面的，势必遭遇冷链物流阻碍，最后又抑制了农产品经济水平的提高。

（二）系统动力学流图构建

综合上述冷链物流的内外部环境因果分析，基于系统动力学软件 Vensim PLE，建立冷链物流相关因素的系统动力学流图，见图 2。应用该系统动力学软件构建模型，实现各个元素之间的数学表达式链接，其中：部分主要变量，重要参数的相关公式分别为：

（1）农业生产总值 = INTEG（总值增长率 - 物流阻碍率），Initia Value = 790.87，亿元；

（2）总值增长率 = 消费需求增长 * 农业生产总值，亿元；

（3）物流阻碍率 = 总值增长率 * （企业内部要求 + 客户外部要求），亿元；

（4）总物流需求量 = 农业生产总值 * 物流需求系数；

（5）理想物流成本 = 理想物流成本系数 * 总物流需求量，亿元；

（6）物流费用因子 = 物流费用因子 * （理想物流成本 * （1 + 物流费用率））；

（7）冷链企业内部要求 = 物流成本因子 * 物流距离因子；

（8）客户外部要求 = 物流费用因子 * 物流距离因子；

（9）冷链物流集成需求 = INTEG（需求增长率 - 需求阻碍率），Initia Value = 1；

（10）需求增长率 = （冷链企业内部要求 + 客户外部要求） * 物流复杂度 * 冷链物流集成需求；

（11）需求阻碍率 = 物流积压 * 需求增长率；

（12）物流集成供给 = INTEG（供给增长率 - 供给阻碍率），Initia Value = 0；

（13）供给增长率 = 投资效果转化率 * 物流产业投资；

（14）供给阻碍率 = 物流集成供给 * 阻碍系数；

（15）物流产业投资 = 农业生产总值 * 投资比 + 集成收入 * 投资转化比，亿元；

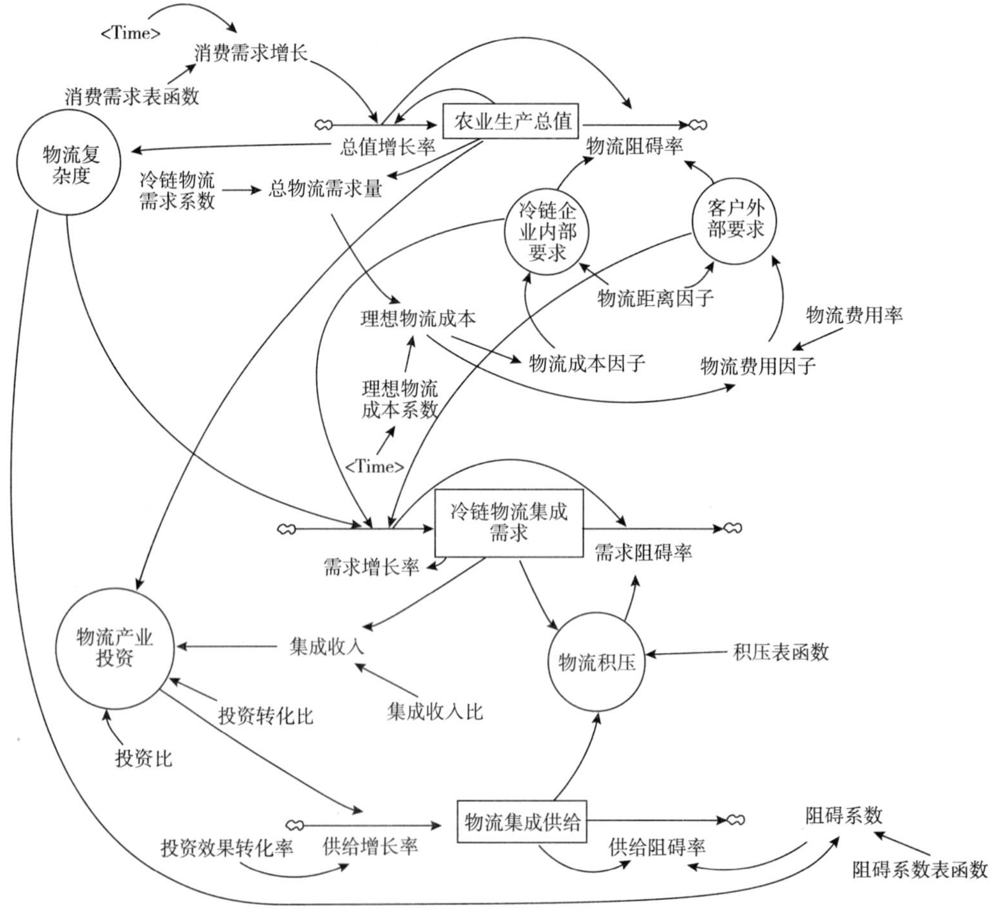

图2　冷链物流相关因素总流图

四、云南省冷链物流实证研究

（一）模型参数的确定

文章根据系统动力学相关理论构建出了冷链物流模式的模型，并且已经简要说明了各个变量的方程表达式，在此以云南省冷链物流模式为研究对象，运用 Vensim PLE 对模型进行求解，并获得相关仿真结果。

在仿真过程中，模型中所用的数据来自于云南省统计年鉴、第三产业统计年鉴和中国物流年鉴。

（二）仿真模拟分析

基于 Vensim PLE 系统动力学软件，设定时间起点为 2008 年，终止时间为 2028 年。时间跨度为 20 年，步长为 1 年，初始时间为 0。将各参数代入仿真模型进行计算，模拟分析冷链物流所构成的系统。

1. 模型可行性分析

模拟从 2008 年起的农业生产总值情况，取前 5 组模拟数据与云南省 2013 年统计年鉴中的农业生产总值进行比较。通过误差分析，可发现除 2011 年误差偏大之外，其余误差均能控制在 10% 以内，说明模型对近期的冷链物流发展状况具有一定的预测能力，能够用以分析冷链物流模式的特点。

2. 参数调整对系统的影响

对模型进行参数调整，然后对调整后的相关变量进行观察、分析，可以发现系统内部结构特点。全文只对模型的冷链物流需求系数、投资比、物流积压函数、相关政策方面进行参数调整，观察前后的变化。

（1）冷链物流需求系数

初始冷链物流系数设定为 0.15，现将其调整为 0.2，观察三个状态变量的变化情况，如图 3 所示。

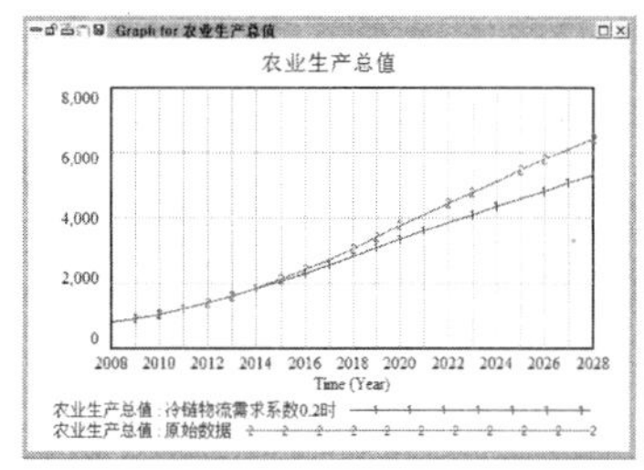

（a）农业生产总值对比仿真曲线

（b）冷链物流集成需求对比仿真曲线

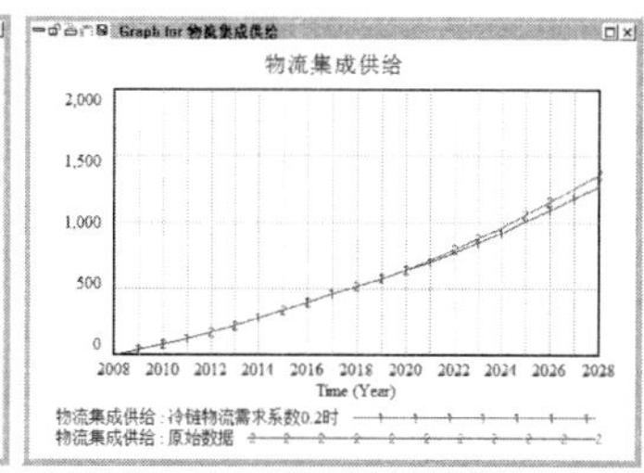

（c）物流集成供给对比仿真曲线

图 3　需求参数调整仿真曲线

从三幅图可以看出，增加冷链物流需求系数可以提高冷链物流集成的需求，但无助于物流集成供给和农业生产总值的加速增长。这是因为这种冷链物流需求系数的增长是一种表象上的增长，它的确可以刺激整个系统的运转，但是无益于改善系统的内部结构。在调整过程中不难发现，单纯刺激冷链物流需求的政策在云南是行不通的。

（2）投资比

初始投资比设定为0.036，现将其调整为0.05，观察三个状态变量的变化情况，如图4所示。

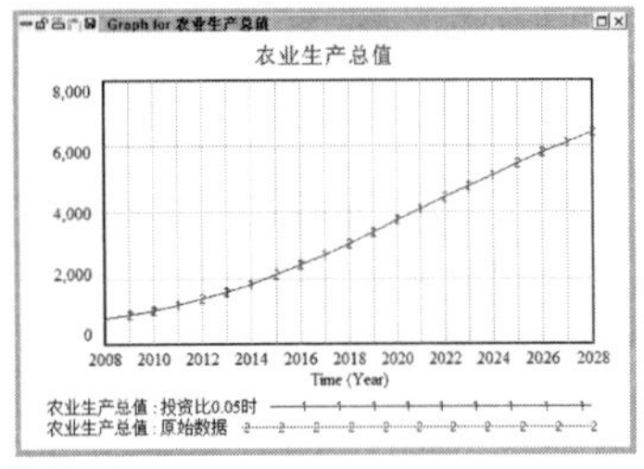

（a）农业生产总值对比仿真曲线

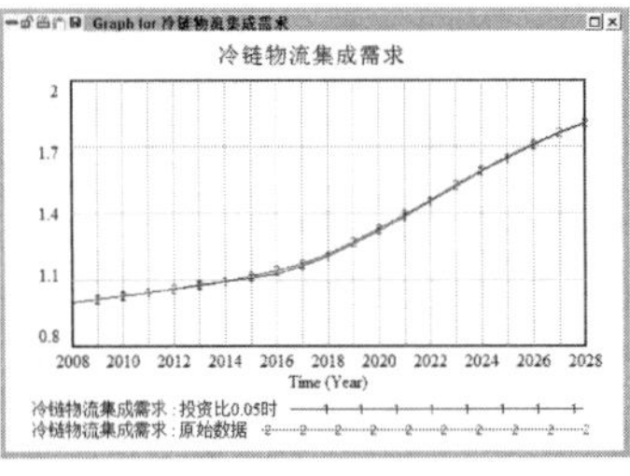

（b）冷链物流集成需求对比仿真曲线

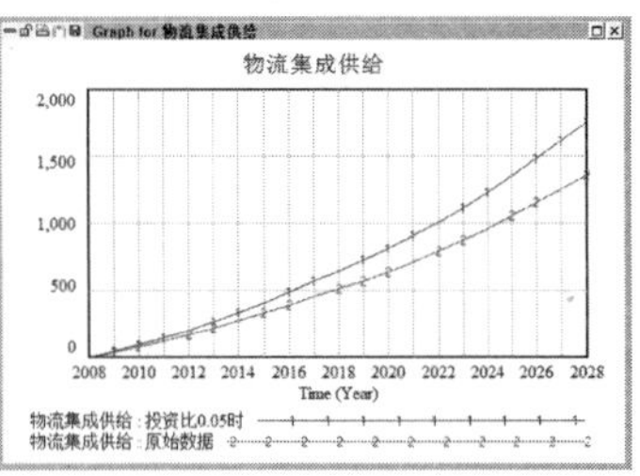

（c）物流集成供给对比仿真曲线

图4　投资比调整仿真曲线

从三个状态变量的变化趋势来看，改变投资比能够优化物流集成供给，但是对农业生产总值和冷链物流集成的需求改变不大。投资比只是系统的外生变量，对系统的作用效果不明显，仅仅体现在物流集成供给的效益上。对投资比的调整是一项国家层面的宏观调控，这种宏观调控与刺激物流集成需求相比要更加理性、更具有针对性。现今冷链物流的问题集中起来就是硬件水平跟不上，最快最有效的方法就是国家投入资金，加速冷链物流基础设施建设。

（3）物流积压

假设原始数据物流积压速率为k_1，经调整后速率为k_2，且$k_1 > k_2$。其调整后的冷链物流集成、物流集成供给和物流积压的变化如图5所示。

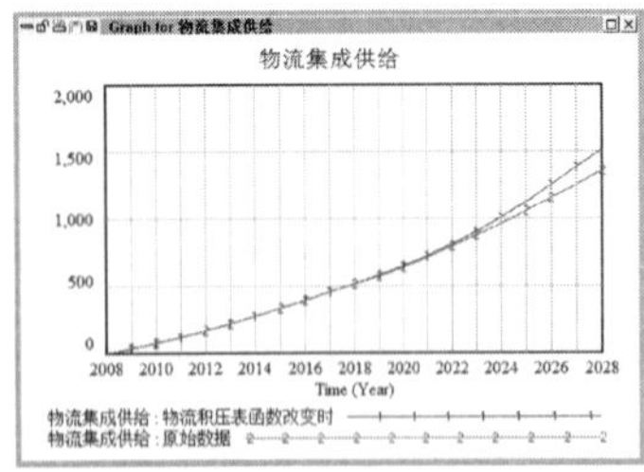

（a）物流集成供给对比仿真曲线

（b）冷链物流集成需求对比仿真曲线

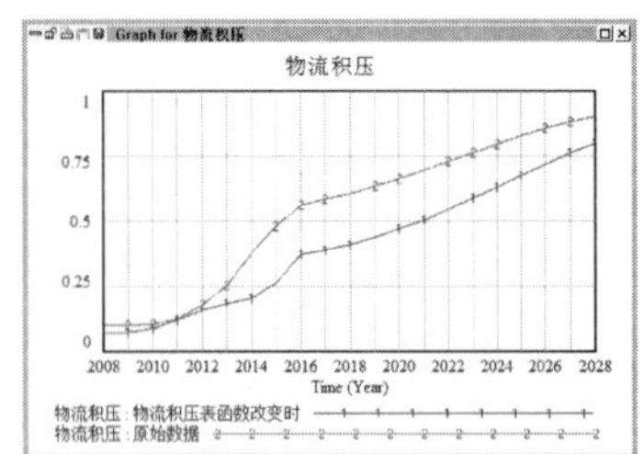

（c）物流积压对比仿真曲线

图5　物流积压调整仿真曲线

从三幅图中，可以看出改变物流积压状况能够直接导致物流集成供给、冷链物流集成需求的增长，其设置的变化对系统内部的作用效果是明显的。但从现实角度看，改变物流积压相当于要求各个冷链物流企业对自己内部的冷链物流业务进行优化，其本质是一种国家层面的宣传，一种督促冷链物流企业进行微观调整的手段，这种手段往往无法达到期望的效果，因为从国家的角度来看，无法强制企业进行冷链物流能力提升，同时也无法改变冷链物流企业多而小的现实。物流积压图像表现出了良好的减缓趋势，但是物流集成供给能力不足，冷链物流集成需求还在泡沫式的膨胀。

（4）物流成本因子

改变物流因子，加大其输入量。其调整后的农业生产总值、冷链物流集成需求和物流集成供给如图 6 所示。

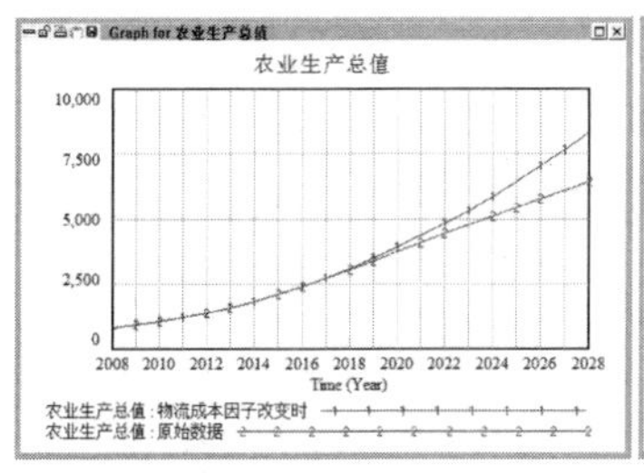

（a）农业生产总值对比仿真曲线

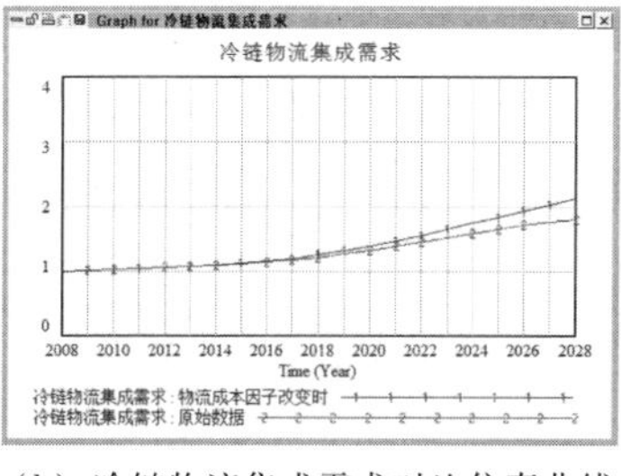

（b）冷链物流集成需求对比仿真曲线

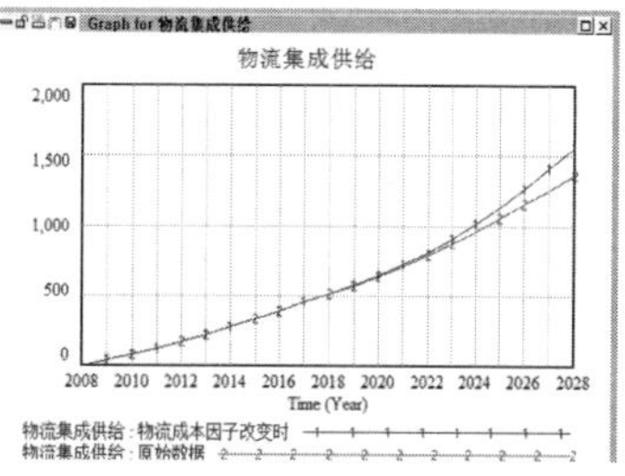

（c）物流集成供给对比仿真曲线

图 6　物流成本因子调整仿真曲线

从三个状态变量变化趋势图可以看出，通过调整物流成本因子能有效地使农业生产总值、冷链物流集成需求和物流集成供给迅速提高。物流成本因子反映的是物流成本因素对企业冷链物流业务开展情况的影响关系，对物流成本因子的调整实际上是一种对冷链物流企业的冷链物流业务的微观调整。与物流积压调整不同的是，这里的国家政府是冷链物流的直接参与者，并且通过财政手段直接影响到物流企业的冷链运营成本，这些财政手段是多种多样的，可以是减税减租也可以是政策扶持。通过这种国家调节能够使物流集成供给能力显著提高，使农业生产总值增速加快，同时由于其作用的对象是冷链物流项目的物流成本，而非冷链物流企业，因此不会造成虚假的冷链物流集成需求。

3. 政策方案模拟分析

通过上一节的参数调整分析可以看出，整个系统的政策调整方案有如下几条：

表 1　　政策方案

政策方案	系统调整方案
刺激冷链物流需求	调整冷链物流需求系数
增加冷链物流基础设施建设投入	调整投资比
推进冷链物流企业内部优化	调整物流积压函数
实行冷链物流项目减税减租和政策扶持	调整物流成本因子

通过分析各种调整的利弊，最后总结得到最佳的政策方案为增加冷链物流基础设施投入和实行冷链物流项目的减税减租和政策扶持。将两条政策方案转化为系统调整方案，其中将投资比从原来的 0.036 调整为 0.05，得到三个状态变量的曲线如图 7 所示。

从三个状态变量的变化情况可以看出，通过实施了两条政策方案后，农业生产总值提高了，物流集成供给能力也提高了，同时过热的冷链物流集成需求也得以冷却，整个冷链物流系统呈现出更加健康的成长态势。

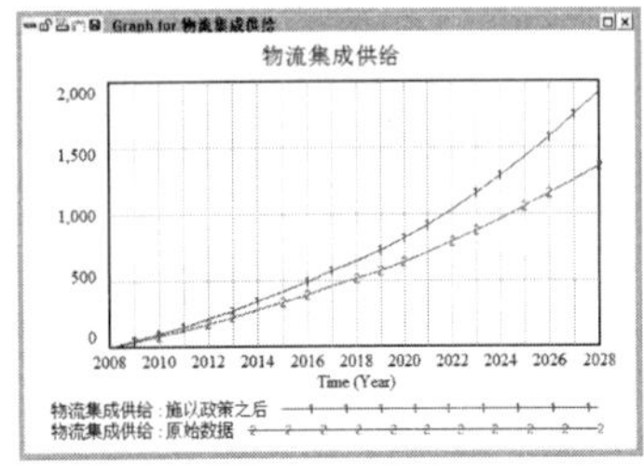

(a) 物流集成供给对比仿真曲线

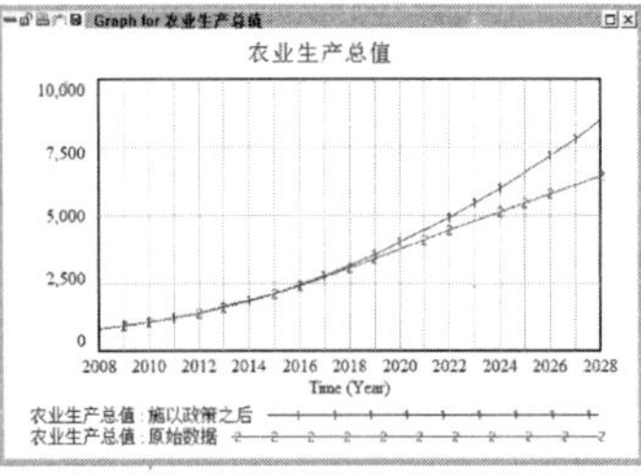

(b) 农业生产总值对比仿真曲线

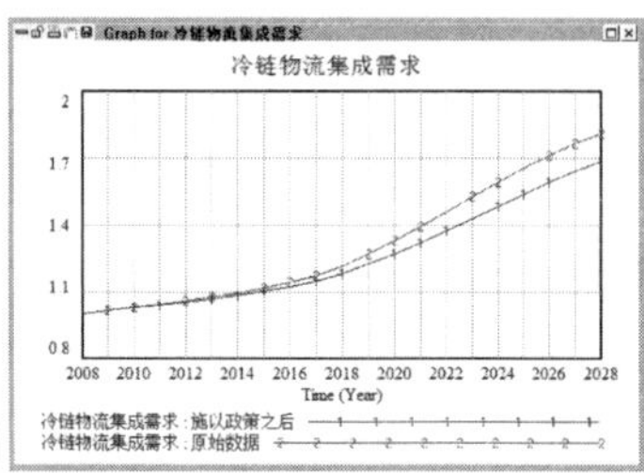

(c) 冷链物流集成需求对比仿真曲线

图 7　政策调整仿真曲线

冷链物流的规模化建设势必需要大量的资金和技术支持。由于自身的特点决定了其投资收回周期较长，维护费用也较多。仅仅依靠企业单方面是很难完成冷链物流硬件设施的建设。要想达到这个既定目标，就应该做到政府与企业联合，共同投资，共同管理。在财政税收方面，政府可以通过财政手段，加大对冷链物流的基础设施投资，并且给予相关物流企业税收优惠政策，充分发挥税收调节作用。在体系建设方面，应该由国家主管部门牵头，自上而下组成相应的管理机构，加强部门间的配合，形成合力，解决冷链物流发展中的突出问题，从而确保目标实现。

五、结束语

该文章以云南省冷链物流为例，构建出了系统动力学模型，用系统动力学的逻辑分析了影响冷链物流发展的主要因素。从仿真结果方面来看，冷链物流集成需求和物流集成供给确实存在矛盾，并非冷链物流集成的需求高了，物流集成的供给就自然而然地增加。因为现阶段集成作用的效果是局部的、片面的，一味刺激物流集成需求会导致物流积压，所以这种方法是不可取的；从政策方案角度来看，国家应当加大投资建设冷链物流基础设施设备的力度，并且应该对冷链物流项目进行减税减租和政策扶持。这样，可以逐步引导冷链物流企业转入正轨，逐步实现过渡，最终过渡到以企业自身为主，政府为辅的良性经营模式。

参考文献

[1] 陈绍慧，张鹏，鲁晓翔，等．蔬菜冷链物流时空运行模式的研究［J］．安徽农业科技，2012，40（14）：8324－8327.

[2] 石晓欣．6 西格玛管理在我国蔬菜冷链物流企业中的应用［J］．商场现代化，2010（10）：34－36.

[3] 仝好林，任舒．冷链环境下生鲜蔬菜第三方物流商评价与选择［J］．物流科技，2013，36（4）：108－110.

[4] 李永开，王淑云．寿光蔬菜的冷链物流研究［J］．安徽农业科学，2011，39（17）：10610－10613.

[5] 李琰，哈奔，李红霞．基于系统动力学的西安现代农业物流发展的对策研究［J］．安徽农业科学，2011，39（24）：15096－15099.

［6］ HANS REDIERS, MARIJKE CLAES, LUC PEETERS KRIS A WILLELNS. Evaluation of the cold chain of fresh - cut endive from farmer to plate ［J］. Postharvest Biology and Technology, 2009, 5 (2): 257 -262.

［7］ RUERD RUBEN, DAVE BOSELIE, HUALIANG LU. Vegetables procurement by Asian supermarkets: A transaction cost approach ［J］. Supply Chain Management, 2007, 12 (1): 60 -68.

［8］ DAVID H TAYLOR. Strategic consideration in the development of lean agri - food supply chain, a case study of the UK pork sector ［J］. Supply Chain Management: An Intemational Journal, 2006, 11 (3): 271 -280.

［9］ JACK CXAJ, VAN DER VORST, SETH TROMP, et al. A simulation environment for the redesign of food supply chain networks: modeling quality controlled logistics M. Proceedings of the 2005 Winter Simulation Conference ［J］. 2005: 1658 -1667.

［10］ VICTORIA SALIN, RODOLFO M NAYGA. A cold chain network for food exports to developing countries ［J］. International Journal of Physical Distribution & Logistics Management, 2003, 33 (10): 918 - 933.

考虑上游企业参与担保的存货融资模式探究

李俊荣　晏妮娜

摘　要：供应链金融对于融资难的中小企业而言意义非凡，在供应链协同发展的大环境下，本文将研究重点放在考虑上游制造商为下游资金不足的零售商提供担保支持的情况。本文研究了由一个制造商和一个资金不足的零售商，以及外部资金提供方银行组成的二级供应链，分析存货融资模式下的三方动态博弈决策。本文考虑零售商进行有风险经营，而制造商可能出于扩大销量、提升供应链整体效率的考量，愿意为零售商提供基于订购量的限额担保，但同时要考虑控制零售商经营风险。博弈顺序为制造商作为领导者首先确定担保率，零售商和银行随后分别做出决策。本文结论是一定情况下该模式可行，制造商有意愿提供担保，其参与担保能够提高银行的质押上限，并且提高零售商在受资金约束时的订货量。最后，本文用算例证实了制造商的最优担保率的存在性。

关键词：存货融资　资金约束　担保　动态博弈

一、研究背景及意义

供应链金融自提出以来就受到社会各界尤其是广大中小企业的广泛关注，正是受制于“中小企业融资难”，使得中小企业在快速发展的良好契机面前却仍然步履维艰。政府方面对于该问题也有着高度的关注，除了对中小企业税费方面的政策支持外，就其融资困难问题也曾多次下达相关政策予以支持鼓励，如银监会《关于支持商业银行进一步改进中小企业金融服务的通知》（2011）、国家发改委《关于加强小微企业融资服务，支持小微企业发展的指导意见》（2013）等。

尽管中小企业融资问题已经受到了社会各方广泛关注，然而现实情况却依然不容乐观，融资渠道受限、借贷困难等问题始终成为其羁绊。造成这种现象并不意外，因为按照企业规模、固定资产价值、财务指标等传统信用标准，中小企业很难迈入银行融资的门槛。但是如果将一个独立的中小企业放在整个它所处的供应链环境中看待，根据其贸易的真实背景和交易的主导企业信用水平来评估中小企业的信贷资格，使得中小企业开始具有借贷的价值——这正是供应链金融的视角。

供应链金融是核心企业与银行间达成的一种面向供应链所有成员企业的系统性安排[1]。从该定义中可以看出，核心企业对于供应链金融体系的搭建至关重要，也是本

作者简介：李俊荣，女，汉族，湖南岳阳人，中央财经大学商学院供应链及运营管理系在读研究生；晏妮娜，女，汉族，湖北宜昌人，博士，中央财经大学商学院供应链及运营管理系，副教授，研究方向：物流管理和供应链管理。

文的关注重点。核心企业的参与提升了银行的借贷意愿，使得银行对于资金需求方的准入评价重点变为了其在供应链中的地位，以及与核心企业的合作关系、交易记录。得益于银行的重新审视，在悬崖边挣扎的中小企业终于迎来了一线曙光。

对银行方面来说，开展供应链金融也并非单方面的“救济”。其实近年来，赊销等商业信用的高度发展也给银行带来了深刻的危机感——全球贸易中大约85%的交易以赊销方式完成结算，导致传统贸易融资市场只剩下15%[2]。为了探寻新的发展空间，各大银行也开始抢占供应链金融的高地，如中国银行“黄金宝”、建行“成长之路”及招商银行“点金成长计划”等，足以说明银行方面对于供应链金融发展前景的高度重视。

基于这样的背景之下，本文研究了考虑制造商参与担保的供应链金融模式，构建了相应的动态博弈模型。本文分别研究了制造商参与下的银行信用存货质押融资，考虑制造商参与对于银行和供应商的影响，并将制造商前后利润进行比较，以判断核心企业的参与意愿。最后本文通过算例分析说明了在一定条件下，制造商有担保的参与意愿，存在最优担保率，能够最大程度提升其自身及整个供应链的利润水平。本文的研究说明了供应链金融的存货融资模式下核心制造商企业参与担保的可行性，并能够为核心企业参与担保做出相应指导。

本文之后部分的安排如下：

在第二部分，我们将对于供应链金融、存货融资贷款模式以及制造商参与担保的相关文献进行综述。

第三部分将进行模型描述、变量和假设说明，并求出制造商参与担保时的均衡情况及相关各方的最优决策。

第四部分将通过算例进行计算，验证第三部分结论的正确性，并说明存在制造商最优担保率。计算结果说明存货融资模式下，适当利用担保能够保障风险同时扩大销量。

第五部分对本文的结论和不足进行了总结，并提出了未来展望。

二、文献综述

根据一般的划分方式，供应链融资模式主要可以分为供应链内部融资和供应链外部融资。内部融资指的是由供应链内部企业以特定形式提供的融资服务等（如商业信用）；外部融资是指由供应链以外的机构提供融资服务（如银行信用）[3]。本文着眼于研究由银行等金融机构提供的外部融资。由银行提供的供应链金融服务可以归为三种模式，分别是应收账款融资模式、保兑仓（预付账款）融资模式以及融通仓（存货质押）融资模式。其中，后两种模式的服务对象特征都是下游中小企业作为资金需求方，而上游制造商作为链上核心企业，也正是本文所关注的供应链类型。

基于资产的借贷（Asset Based Lending，ABL）是一种银行常用于为中小企业提供有风险借贷的手段。在该模式下，企业以现金流资产、库存以及应收账款等作为质押物向金融机构进行融资，金融机构根据市场价格情况及其他相关因素为企业设定一个借贷上限[4]。存货质押模式隶属于ABL其中的一种，这一模式在零售行业有着广泛的运用[5]，本文将主要以存货质押模式为例对 ABL 模式进行研究（之后部分将不对两个概念进行区分）。

Stiglitz 和 Weiss（1981）对于信贷进行了开创性研究，研究认为由于信息不对称下存在逆向选择和道德风险，利率决策可能无法保证银行决策最优，因此银行可以结合担保的方式来实现信贷市场出清[6]。Stulz 和 Johnson（1981）的研究证明了存货担保能够帮助中小企业获取银行贷款，支持其风险经营业务[7]。Klapper（1998）在他的研究中比较分析了担保贷款和一般贷款的风险，认为提供内部担保物可以有效防止借款企业道德风险[8]。

而作为供应链金融研究的重要关注点——信用风险（主要是违约风险和破产风险），在存货融资模式中对其的处理方式主要可以分为外生和内生两种设定方法。比如 Cossin 和 Huang（2003）、李毅学等（2007）、以及于辉和甄学平等（2010）都将企业的违约概率视作外生变量来研究存货融资模式下银行折扣率（或质押率）、利率决策，以及这些决策变量与违约概率间的关系[9-12]。另一种处理方式是将违约概率视作与决策变量相关：Jokivuolle 和 Peura（2003）建立了担保物价值与企业违约率之间具有相关性的模型，从而将质押率决策与企业信用风险联系起来[13]；Buzacott 和 Zhang（2004）也将借款企业的破产风险作为内生变量，考查银行和借款企业双方的最优决策[14]；Dada 和 Hu（2008）的研究与之较为近似，不同之处在于银行决策利率而非贷款上限[15]。Alan 和 Gaur 在研究中对比了有无上限的利率决策以及固定利率下的质押率决策贷款时的道德风险情况，并表明固定利率下质押率决策能够最大程度减少抑制过度订货[4]。

考虑供应链环境下核心企业参与银行信用方面的研究主要是同供应链契约协调相结合，如考虑在传统银行信用中加入回购契约、数量折扣、利润分享和数量变动等契约方式实现供应链协调。对此 Lee 和 Rhee（2010）研究了报童环境下存在资金短缺的供应链在不同契约模式下的供应链协调实现情况[16]。

在笔者的了解范围内，考虑制造商为零售商提供担保的供应链金融相关研究还较为少见，但是在实践中核心制造企业为其下游批发商及零售商提供担保的案例已经开始出现，如民生银行已经开始开展“核心企业担保贷款”业务，帮助链上中小企业获得授信。Wu（2014）研究了核心企业为上游供应商提供担保的情况，并证实了某种特定类型的担保能够提升核心企业的利润[17]。杜航（2011）等研究了资金短缺的零售商的担保对象选择问题，并认为在产品利润较高时可以选用制造商提供担保[18]，然而其研究主要从零售商视角出发，对于制造商的决策没有给予足够的关注。本文在前人研究的基础上，结合现实，考虑制造企业为零售企业向银行提供担保的方式参与到供应链金融下的存货融资模式。

本文丰富了以制造商为视角的供应链金融研究。基于前人的研究，本文将破产概率视为与决策变量相关的非给定参数，研究存货融资模式下核心制造企业对于下游零售商担保融资的参与意愿及最优参与决策，为核心企业参与担保的可行性分析提供参考。在下一部分中，我们将建立动态博弈模型对于各方决策进行分析。

三、制造企业担保下的供应链存货融资模型

（一）模型描述

考虑一个二级供应链，包含一个制造商和一个零售商。其中制造商为供应链上核心企业，资金较为充裕；而零售商由于可能存在自有资金不足，资金缺口需要通过其他渠道来筹集资金完成货款交付，本文假设只考虑向银行进行借款的间接融资渠道。

在传统的融资模式下，零售商只能通过自身信用进行借贷。假设资本市场是非完全竞争市场，银行可以进行利润最大化决策。而制造商则需要考虑是否为零售商提供担保。

对制造企业而言，考虑为零售商提供担保主要是为实现扩大销量。担保不同于直接融资，不占用制造商销售初期现金流，对制造企业筹备生产来说是十分有意义的。但同任何融资行为一样，制造企业担保也存在风险，当下游零售商破产时需要为其支付相关违约金额，但零售商破产行为将发生在款项收回之后，相对而言，此时制造商的资金较为充足。而如果零售商经营状况良好，则制造企业可以在无资金被占用的情况下就实现了扩大销量目的。

考虑到实践中应当先存在上下游交易，之后再由银行决定对现有交易给予融资支持的力度，我们假定博弈的决策顺序如下：

制造商以一定的担保率为下游零售商的借贷提供担保承诺（担保率也可能为零）；零售商考虑自有资金情况确定订货量，并向银行提出存货质押请求；银行根据产品市场价值及企业信用情况确定质押率，为企业贷款额度设定上限。当下游制造商因经营不善而不能完成还款时，制造商将在承诺担保的范围之内向银行支付违约金（见图1）。

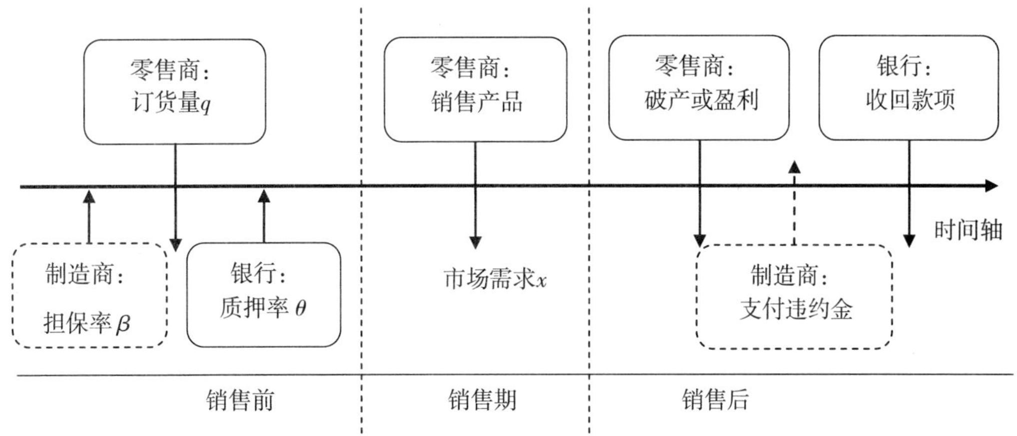

图1　制造企业担保下的供应链运营过程

（二）变量定义

1. 决策变量

q	零售商订货量
β	制造企业担保率
θ	银行存货质押率

2. 其他参数

p	产品零售价
w	产品批发价
c	产品生产成本
v	产品残值
r	贷款利率
K_r	零售商自有资金
B	零售商贷款金额
$\pi_i(\cdot)$	各决策方利润（$i=m, r, b$）
$\Pi_i(\cdot)$	各决策方期望利润（$i=m, r, b$）
x	产品市场需求
$f(x)$	需求的概率密度分布
$F(x)$	需求的累积分布函数

注：$i=m, r, b$ 分别代表制造商，零售商和银行的相关参数。

（三）模型假设

假设零售商面临报童环境下的不确定需求 x，银行、零售企业和制造商都是风险中性的，分别追求实现其期望利润最大化。根据现实情况进行假设，认为银行所确定的质押率 θ 应当是有风险的借贷上限（即在该质押率下存在零售商破产风险）。

为了反映制造企业提供的担保是为了促进销量，本文假设其担保金额和零售商的产品订购量相关，为 βwq。同时应考虑现实情况，企业的担保金额 βwq 不应超过应当偿还银行的本息和 $(1+r)\theta wq$，即应当假设 $\beta \leqslant (1+r)\theta$。

博弈的先后顺序为制造商先确定担保率 β，零售商确定订货量 q，最后银行确定质押率 θ。

1. 零售商

（1）无风险经营

零售商的利润为：$\pi_r = p\min\{x, q\} + v(q-x)^+ - wq - rB$，（其中 B 可以为0）。

（2）有风险经营

销售末期银行收贷之前，零售企业的现金流情况为：$px+v(q-x)$。

当 $x>[B(1+r)-vq/(p-v)]^{+}$ 时，零售商能够偿还贷款，保有非负现金流。

$$\text{令 } d_{B_1}=[B(1+r)-vq/(p-v)]^{+} \tag{1}$$

当 $x \leqslant d_{B_1}$ 时，零售商将因现金流不足以偿还贷款而破产，此时制造企业开始需要偿付保证金，并且零售商的全部现金流将被银行获取。

所以零售商有风险经营的利润分以下两种情况：

当 $x \leqslant d_{B_1}$ 时，$\pi(K_r)=-K_r$，意味着零售商投入的资金全部无法收回，销售及残值所得将被银行收走，等价于现金流为零。

当 $x>d_{B_1}$ 时，$\pi_r(K_r)\ p\ min\{x, q\}+v(q-x)^{+}-wq-rB$。

2. 银行

如前述当 $x>d_{B_1}$ 时，银行能够收回全部款项。而当销售量更低时，制造企业开始需要支付担保金，但银行仍能够收回全部款项。当销售量低于 d_{B_0} 时，零售商利润低于 $(1+r)B-\beta wq$。

$$\text{令 } d_{B_0}=[B(1+r)-\beta wq-vq/(p-v)]^{+} \tag{2}$$

当 $x<d_{B_0}$ 时，制造商将支付的保证金将达到其许诺的上限，同时零售商的全部现金流被银行获取，但仍不足以偿还全部款项。

银行的利润情况如下：

当 $x \leqslant d_{B_0}$ 时，$\pi_b(q, B, x)=pmin\{x, q\}+v(q-x)^{+}\beta wq-B$

当 $x>d_{B_0}$ 时，$\pi_b(q, B, x)=rB$

$$\Pi_b(q,B,x)=rB-(p-v)\int_0^{d_{B_1}}F(x)\mathrm{d}x \tag{3}$$

当零售商的借贷额度没有达到银行设置的上限时，银行的质押率约束对于零售商的决策没有影响。当零售商的借款额度达到银行所设置的贷款上限时，根据前述假设，此时零售商的经营一定存在风险。由于有制造商的担保，所以使得银行承受的风险降低，只有当 $x \leqslant d_{B_0}$ 时才会遭受损失；而 $d_{B_0}<x \leqslant d_{B_1}$ 时的损失将由制造商弥补。

3. 制造商

当 $x \leqslant d_{B_0}$ 时，制造商需要支付全部担保额：$\pi_m=\beta wq$，（其中 β 可以为 0）。

当 $d_{B_0}<x \leqslant d_{B_1}$ 时，制造商需要支付的金额为：$\pi_m=\beta wq-(p-v)(x-d_{B_0})^{+}$。

当 $x>d_{B_1}$ 时，制造商不需要支付额外金额。

（四）模型求解

1. 银行最优决策

如前所述，只有当零售商用完信用上限（即 $B=\theta wq$）时，银行的质押率才会影响零售商的决策；否则零售商的决策不受银行质押率的影响。根据现实情况进行假设，银行设置的质押率上限应为有风险质押率，即应当满足 $\theta \geqslant v/w(1+r)$。

将 $B=\theta wq$ 带入式（2）中，得到：

$$d_{B_0}^{'}=[[w(1+r)\theta-w\beta-v]q/(p-v)]^{+} \tag{4}$$

整理式（3）得到 $B=\theta wq$ 时银行的期望利润：

$$\Pi_b(q,B,x) = r\theta wq - (p-v)\int^{d_{B_0}'} F(x)\mathrm{d}x \tag{5}$$

结论 1：银行面临的违约风险和最优质押率决策分别满足以下条件：

$$d_{B_0}' = \overline{F}^{-1}\left(\frac{1}{1+r}\right) \tag{6}$$

$$\theta^* = \min\left\{\frac{v+w\beta}{w\ (1+r)} + \frac{(p-v)}{wq\ (1+r)} \cdot \overline{F}^{-1}\left(\frac{1}{1+r}\right),\ 1\right\} \tag{7}$$

式（6）表明，当零售商进行有风险借贷时，银行总是会通过调整质押率值来使得将零售商的违约风险的上限控制在一定值，该值只和给定利率 r 有关。证明见附录 1。

不同于没有制造商担保时银行质押率只受商品价值情况及市场利率的影响，当制造商参与担保时，银行的决策也会受到制造商担保的影响。

推论 1 $\frac{\partial\theta^*}{\partial q}\leqslant 0$，说明随着零售商订货量的增加，银行的质押率将逐渐降低。尤其是当 q 充分小时，即使用完银行的资金上限也几乎没有违约风险，此时银行的质押率 $\theta^*=1$。证明见附录 2。

推论 2 $\frac{\partial d_{B_0}'}{\partial B}<0$；$\frac{\partial\theta^*}{\partial\beta}=1/\ (1+r)\ >0$。在其他条件保持不变的情况下，由于有了制造商的担保，银行遭受同等损失的风险 d_{B_0}' 得以降低。根据式（7），银行会将破产风险上限控制在一个固定值，从而较之无担保情况时，银行将提高最优质押率 θ^*。证明见附录 3。

2. 零售商最优决策

根据上述描述可知，在确定了银行的最优质押率 θ^* 相应函数后，零售商可以拥有三种选择：不借款（*NB*）、无风险借款（*BWO*）和有风险借款（*BWR*）。接下来的部分我们将根据零售商的自有资金约束 K_r 确定零售商的最优决策，分别求出不同选择下的最优订货量。结果表明，随着自有资金水平 K_r 的变化，最优订货量决策可能存在五种情况，其中不借款（*NB*）和有风险借款（*BWR*）分别存在两种可能，具体求解过程如下：

①当零售商不进行借款时（记为 *NB*）

$$\pi_r\ (K_r)\ = p\min\ \{x,\ q\}\ + v\ (q-x)^+ - wq$$

$$\Pi_r(K_r) = (p-w)q - (p-v)\int_0^q F(x)\mathrm{d}x$$

$$\text{s. t. } K_r - w\cdot q \geqslant 0 \tag{8}$$

对公式（8）求关于 q 的导数，可求得相应的最优订货量

$$q_{NB}^* = \min\{K_r/w,\ \overline{F}^{-1}\ (w-v/p-v)\} \tag{9}$$

此解要满足约束条件 $K_r - w\cdot q_{NB}^*\geqslant 0$ 时才可取得，即 $K_r\geqslant w\cdot q_{NB}^*$。将此种情况记为 *NB*1。

$$\text{记 } K_{NB1} = w\cdot q_{NB}^* \tag{10}$$

下面讨论 $0\leqslant K_r<K_{NB1}$ 时的情况：

②当零售商进行无风险借款时（记为 *BWO*）$d_{B_1}=0$。借款额一定不超过银行设定的

质押上界，此时 $B=wq-K_r<\theta wq$。

$$\pi_r(K_r)=p\min\{x,q\}+v(q-x)^+-wq-r(wq-K_r)$$

$$\Pi_r(K_r)=[p-w(1+r)]q-(p-v)\int_0^q F(x)\mathrm{d}x+rK_r$$

$$s.t.\ d_{B_1}=0 \tag{11}$$

对公式（11）求关于 q 的导数，可求得无风险借贷下的最优订货量

$$q^*_{BW0}=\overline{F}^{-1}(w(1+r)-v/(p-v)) \tag{12}$$

综合①、②讨论易知，$q^*_{NB}>q^*_{BW0}$。在资金较为充足的情况下（$w\cdot q^*_{BW0}\leqslant K_r<K_{NB1}$），由于借款存在利息，所以对于零售商而言不借款总是更好的选择。将此种情况记为 $NB2$。

$$记\ K_{NB2}=w\cdot q^*_{BWO} \tag{13}$$

根据公式（8）中期望利润函数的单调性可知，此时的最优订货量 $q^*_{NB2}=K_r/w$。

也即当自有资金满足 $NB2$ 时，零售商不会进行借款并且将全部资金投入订货中。

由此说明只有当自有资金在小于 K_{NB2} 的一定区间范围内才会选择以 q^*_{BWO} 进行订货，对此我们将结合后面部分进行讨论。

③当零售商进行有风险借款，但不用完资金上限时（记为 $BRNS$），满足以下两个约束条件 $d_{B_1}>0$ 及 $B=wq-K_r\leqslant\theta wq$，带入式（1）得：

$$d_{B_1}=\left[\frac{[w(1+r)-v]q-(1+r)K_r}{p-v}\right]，将其记为\ d''_{B_1} \tag{14}$$

零售商的利润：

当 $x\leqslant d''_{B_1}$ 时，$\pi_r(K_r)=-K_r$

当 $x>d''_{B_1}$ 时，$\pi_r(K_r)=p\min\{x,q\}+v(q-x)^+-wq-rB$

$$\Pi_r(K_r)=-K_r+(p-v)(q-d_{B_1})-(p-v)\int_{d_{B_1}}^q F(x)\mathrm{d}x \tag{15}$$

$$\text{s.t.}\ d'_{B_1}\geqslant 0\ K_r\geqslant(1-\theta)wq$$

对式（15）求导，得

$$q^*_{BRNS}(K_r)=\overline{F}^{-1}\left(\frac{w(1+r)-v}{p-v}\cdot\overline{F}^{-1}(d'_{B_1})\right) \tag{16}$$

由式（16）可以看出，在 $BRNS$ 条件下的最优订货量 q^*_{BRNS} 与自有资金 K_r 相关，而要满足约束 $d'_{B_1}\geqslant 0$ 的临界条件自有资金值 K_r 记为 K_{BWO}，满足该条件：

$$[w(1+r)-v]\cdot q^*_{BRNS}(K_{BWO})-(1+r)K_{BWO}=0 \tag{17}$$

推论 3　在 $NB1$、$NB2$、BWO 和 $BRNS$ 四种情况下，零售商的决策不受银行质押率决策的影响。

推论 4　$\dfrac{\partial q^*_{BRNS}}{\partial K_r}<0$。在其他条件保持不变的情况下，零售商不使用完资金上限进行有风险借款时，随着自有资金的增加，零售商的订货量减少。也就是说，这其中存在着可能道德风险问题，在一定条件下，当零售商的资金有限时，反而愿意冒更大的风险来获得更高的期望收益。Easterbrook 和 Fischel（1985）的研究结果也与上述推论契合[19]。

④当零售商进行有风险借款，且用完资金上限时（记为 BRS），银行质押率成为借款

上限：

此时 $B = wq - K_r = \theta wq$

$$q_{BRS}^{*}(K_r) = \frac{K_r}{w(1-\theta^{*})} = \frac{p-v}{w(1+r-\beta)-v} \cdot \overline{F}^{-1}\left(\frac{1}{1+r}\right) + \frac{(1+r)K_r}{w(1+r-\beta)-v} \quad (18)$$

推论5 $\frac{\partial q_{BRS}^{*}}{\partial K_r} > 0$。在其他条件保持不变的情况下，零售商受到银行资金上限约束时，随着自有资金的增加，零售商的订货量增加。

若 $q_{BRNS}^{*}(0) \leqslant q_{BRS}^{*}(0)$，说明银行的质押上限不会对零售商的决策形成约束；反之若 $q_{BRNS}^{*}(0) > q_{BRS}^{*}(0)$，根据推论4和推论5可知两者必存在交集 K_{BRNS}，当 $0 < K_r \leqslant K_{BRNS}$ 时零售商的决策受到资金约束；而当 $K_{BRNS} < K_r \leqslant K_{BWO}$ 时，零售商决策不受银行质押率的影响。其中，K_{BRNS} 满足：

$$q_{BRNS}^{*}(K_{RNS}) = q_{BRS}^{*}(K_{BRNS}) \quad (19)$$

推论6 $\frac{\partial q_{BRS}^{*}}{\partial \beta} > 0$，$\frac{\partial K_{BRNS}^{*}}{\partial \beta} \leqslant 0$。在其他条件保持不变的情况下，零售商受到银行资金上限约束时，随着制造商担保率的提升，零售商的订货量将增加。但这种提升的效果是有限度的，不可能使企业的订货量超过 $q_{BRNS}^{*}(K_r)$。而零售商自有资金不受到银行约束的下界点将有所降低。这使得在无制造企业担保质押下受制约的部分区间不再受银行资金上限约束。

Alan 和 Gaur（2012）等学者验证过 *ABL* 模式能够有效抑制过度借贷[4]，在本文中的体现是在 *BRNS* 情况下的有风险经营最优订货量 $q_{BRNS}^{*}(K_r)$ 不受制造商担保率 β 和银行质押率 θ 的影响。

结论2：综上所述，零售商的最优决策如下：

$$q^{*}(K_r) = \begin{cases} q_{BRS_L}^{*}(K_r) & (0 \leqslant K_r \leqslant K_{BRNS}) \\ q_{BRNS}^{*}(K_r) & (K_{BRNS} \leqslant K_r \leqslant K_{BWO}) \\ q_{BWO}^{*} & (K_{BWO} \leqslant K_r \leqslant K_{NB0}) \\ K_r/w & (K_{NB2} \leqslant K_r \leqslant K_{NB1}) \\ q_{NB}^{*} & (K_r \geqslant K_{NB1}) \end{cases} \quad (20)$$

其中临界值 K_{NB1}、K_{NB2}、K_{BWO} 和 K_{BRNS} 分别见式（10）、（13）、（17）、（19）。

3. 制造商决策

β 是制造商的决策变量。根据之前部分的验证，担保能实现扩大销量。对于处于有风险经营的零售商而言，任意一个给定的担保率 β，制造商的利润和市场需求 x 相关：

$$\pi_m(q^{*}, w, \beta, x) = \left\{\begin{array}{ll} (w-c)q^{*} - \beta wq^{*} & \text{if } x \leqslant d_{B_0} \\ (w-c)q^{*} - \beta wq^{*} + (p-v)(x-d_{B_2}) & \text{if } d_{B_0} < x \leqslant d_{B_1} \\ (w-c)q^{*} & \text{if } x > d_{B_1} \end{array}\right\}$$

其中 d_{B_0} 和 d_{B_1} 见式（1）、式（2）：

其中零售商最优订货量 q^{*} 是分段函数，所以要分情况讨论制造商的担保决策：

首先，将使零售商不再受银行资金约束的 β 记为 $\hat{\beta}$：

$$q_{BRS}^{*}(K_r,\ \beta) = q_{BRNS}^{*}(K_r) \tag{21}$$

①若 $0 \leqslant \beta \leqslant \hat{\beta}$

制造商选择的担保率 β 足够小，不能完全消除银行的质押上限对零售商的约束，即使零售商仍处于 *BRS* 状态，带入式（7）θ^* 和 $B = \theta^* wq_{BRS}^*$ 可得相应的 d'_{B_0} 和 d'_{B_1}：

$$d'_{B_0} = \overline{F}^{-1}\left(\frac{1}{1+r}\right) \tag{22}$$

$$d'_{B_1} = \frac{w\beta q_{BRS}^{*}}{(p-v)} + \overline{F}^{-1}\left(\frac{1}{1+r}\right) \tag{23}$$

此时制造商的期望利润表达式为：

$$\Pi_m(q,w,\beta,x) = (w-c)q_{BRS}^{*} - (p-v)\int_{d'_{B_0}}^{d'_{B_1}} F(x)\,\mathrm{d}x \tag{24}$$

求解得到相应的最优担保率：

$$\beta^{*} = \frac{(w-c)}{w \cdot F(d'_{B_1})}\ （记为\ \beta_1^{*}） \tag{25}$$

②若 $\hat{\beta} < \beta \leqslant (1+r)\ \theta$

制造商选择的担保率 β 足够大，能够消除银行的质押上限对零售商的约束，即使零售商的决策满足 *BRNS* 状态时，相应的 d'_{B_0} 和 d'_{B_1} 表达式如下：

$$d''_{B_0} = [\ [w\ (1+r)\ - w\beta - v]\ q_{BRNS}^{*} - (1+r)\ K_r/p - v]^{+} \tag{26}$$

$$d''_{B_1} = [\ [w\ (1+r)\ - v]\ q_{BRNS}^{*} - (1+r)\ K_r/p - v]^{+} \tag{27}$$

制造商的期望利润表达式为：

$$\Pi_m(q,w,\beta,x) = (w-c)q_{BRNS}^{*} - (p-v)\int_{d''_{B_0}}^{d''_{B_1}} F(x)\,\mathrm{d}x \tag{28}$$

在此区间内一阶导数递减，所以最优决策为使 β 刚好消除银行质押上限约束的 β 值，即 $\hat{\beta}$。

结论 3：综上所述，制造商的担保决策可以分为以下三种情况（证明见附录 7）：

（1）若 β_1^* 满足 $0 \leqslant \beta_1^* \leqslant \hat{\beta}$，那么制造商有意愿提供担保，且最优担保率为 β_1^*。

（2）若 β_1^* 满足 $\beta_1^* \geqslant 0$，但不满足 $\beta_1^* \leqslant \hat{\beta}$；那么制造商仍有意愿提供担保，担保率为 $\hat{\beta}$。

（3）若 β_1^* 不满足 $\beta_1^* > 0$，则说明制造商没有意愿提供担保。

四、算例分析

为了对于以上模型进行更为直观的表述及分析，接下来的部分本文将以算例进行说明。由于目前关于有制造商担保的存货融资实例较少，所以在缺乏数据支持的情况下，本文根据某产品的价格以及估算成本价及批发价设置了以下参数。其中关于需求函数分布，为了方便计算，本文参照 Yan 和 Sun（2012）在算例中的做法[20]，将其设置为均匀分布，算例的具体参数情况如下：

表 1　　算例参数值

p	w	c	v	r	K_r	$f(x)$	$F(x)$
2	1	0.6	0.3	0.15	2	1/10	$x/10$

1. 银行决策

根据式（7）可得银行在不同 β 取值条件下的最优质押率水平：

$$\theta^* = \min\left\{\frac{v + w\beta}{w(1+r)} + \frac{\xi(p-v)r}{wq(1+r)^2},\ 1\right\} = \min\left\{0.26 + 0.87\beta + \frac{1.93}{q},\ 1\right\} \tag{29}$$

银行的质押率决策和质押上限决策同零售商订货量 q 和制造商担保率 β 之间的关系如图 2 及图 3 所示：

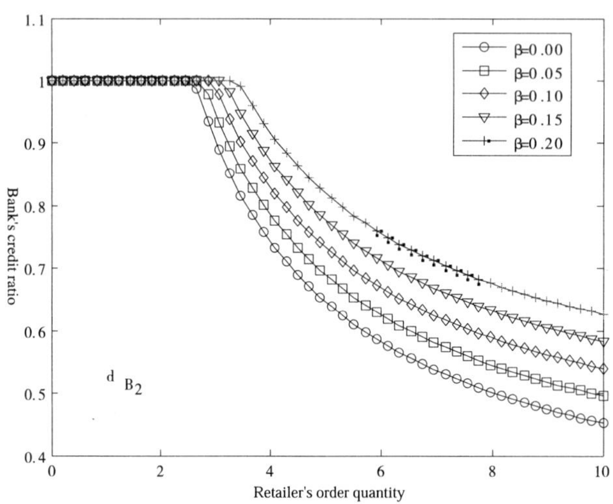

图 2　银行最优质押率决策

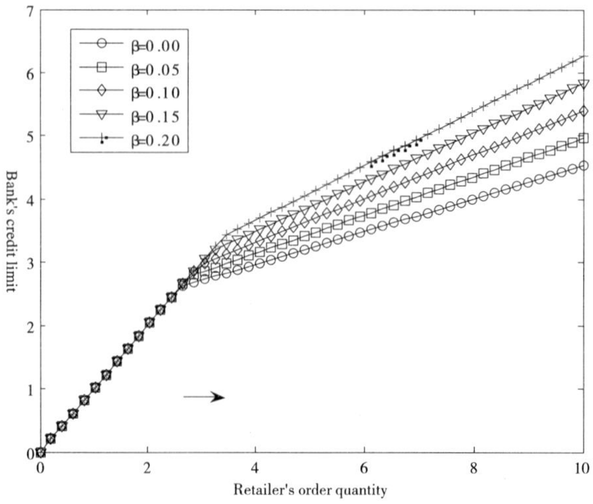

图 3　银行最优质押上限决策

推论 1 $\frac{\partial\theta_L^*}{\partial q}<0$ 在图 2 中表现为随着零售商订货量的增加，银行的质押率随之降低。而根据推论 2，计算得 $F(d_{B_2})=0.13$，$d_{B_2}=1.304$；$\frac{\partial\theta_L^*}{\partial\beta}>0$，随着 β 的增大，银行的质押率也随之上移。β 取值由 0 变动为 0.2 时，在图 2 中银行的质押率决策由蓝色空心圈曲线上移至绿色十字曲线。

而银行的期望利润用图像表示如下，以 $q=5$ 为例：

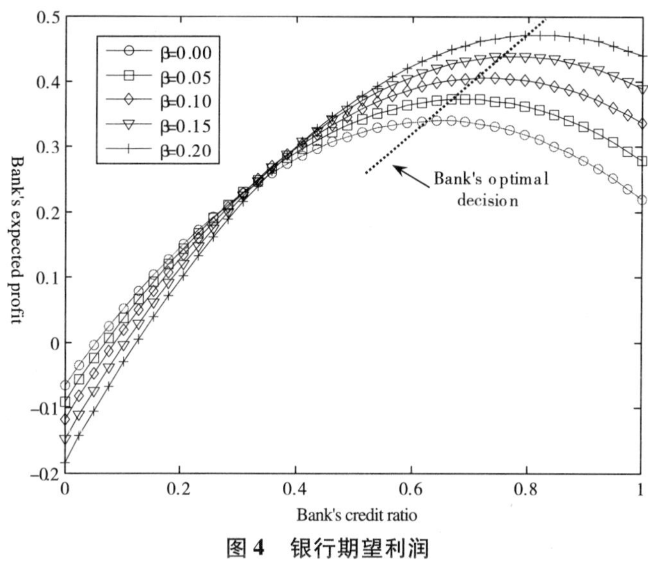

图 4　银行期望利润

图 4 中也可以得到推论 2 的相关结论，随着制造商担保额度的提高，银行的最优质押率也相应提升。同时可以看到，制造企业参与担保能够使得相同条件下银行的期望利润上升，使曲线的顶点向右上方移动（沿图中标注的黑色点状虚线上移，即式(29)。

2. 零售商决策

根据模型中公式进行相应运算，得到零售商的最优决策如下：

$$q^*(K_r)=\begin{cases}(2.21+1.15K_r)/(0.85-\beta) & \left(0\leqslant K_r\leqslant\frac{8.80-17\beta}{3.91-1.15\beta}\right)\\ 6.6667-0.4510K_r) & \left(\frac{8.80-17\beta}{3.91-1.15\beta}\leqslant K_r\leqslant 3.6956\right)\\ 5 & (3.6956\leqslant K_r\leqslant 5)\\ K_r/w & (5\leqslant K_r\leqslant 5.8824)\\ 5.8824 & (K_r\leqslant 5.8824)\end{cases}\tag{30}$$

调整不同的担保率 β 时，$\frac{\partial q_{BRS}^*}{\partial\beta}>0$，零售商有风险经营时的订货量增大；$\frac{\partial K_{BRNS}}{\partial\beta}\leqslant$

0，受资金约束的自有资金临界值降低（在图 5 中表现为 q_{BRS} 和 q_{BRNS} 的交点由蓝色空心圈尖点处向左移动至绿色十字尖点处，已用箭头标出）。

当没有制造商担保时，根据式（19）可得初始的 $K_{BRNS}=2.2495$。也就是说，当零售商的自有资金 $K_r>2.2495$ 时，零售商已经处于 *BRNS* 的情况之下，此时无论制造商是否参与担保都不会对零售商的订货量产生影响，担保率的变化对零售商的最优决策没有影响（在图 5 中表示为第二条虚线的右侧部分）。

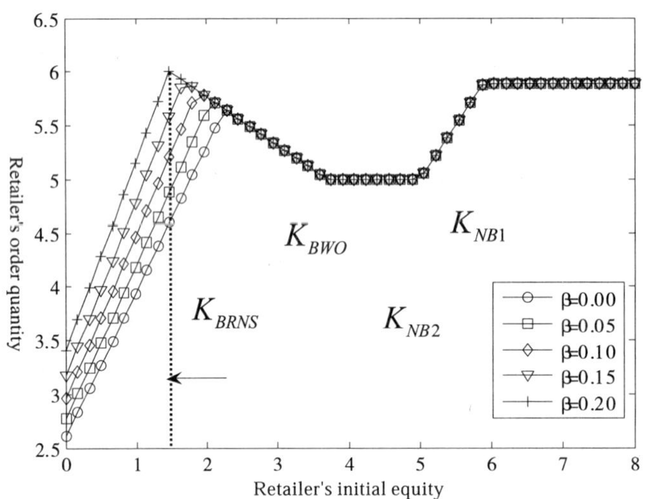

图 5 制造商不同担保率水平下零售商的最优决策

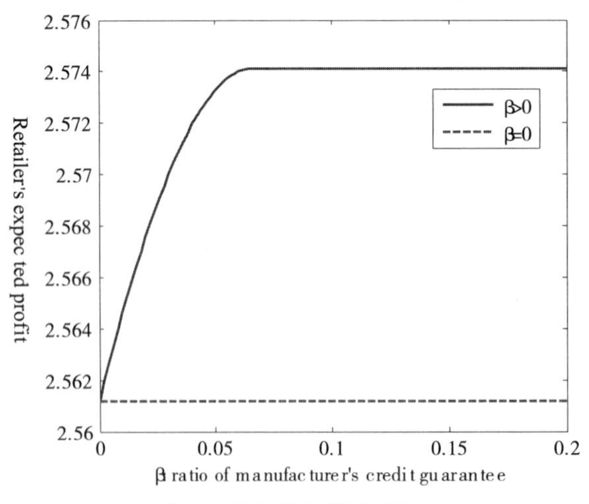

图 6 零售商的期望利润

零售商的初始资金 $K_r=2$ 时，若制造商不提供担保金，那么此时零售商将处于 *BRS* 情况下，相应的最优订货量将为 5.3146。而随着制造商担保率的变化，零售商的期望利润变化将如图 6 所示。图中的红色虚线表示没有制造商提供担保时零售商的期望利润。由图 6 可以看出，随着制造商担保率的提升，原本受制于银行资金上限制约的零售商不再受到约束。此时零售商的最优订货量将达到5.7647，其期望利润也得以增加。

3. 制造商决策

先根据式（21）进行计算，得 $\hat{\beta}=0.0664$。

结论（3）中的情况（1）进行计算，根据式（24）计算得出 $\beta_1^*=0.5212$。此时 $\beta_1^*>\hat{\beta}$，已经使零售商处于 *BRNS* 情况，所以此处所求并非最优解（见图7）。

由于满足 $\beta_1^*=0.5212>0$，说明制造商的决策应属于结论（3）中的情况（2）。此时可求得最大值点为 $\hat{\beta}=0.0664$。综上情况可得相应的利润变化情况见图8。

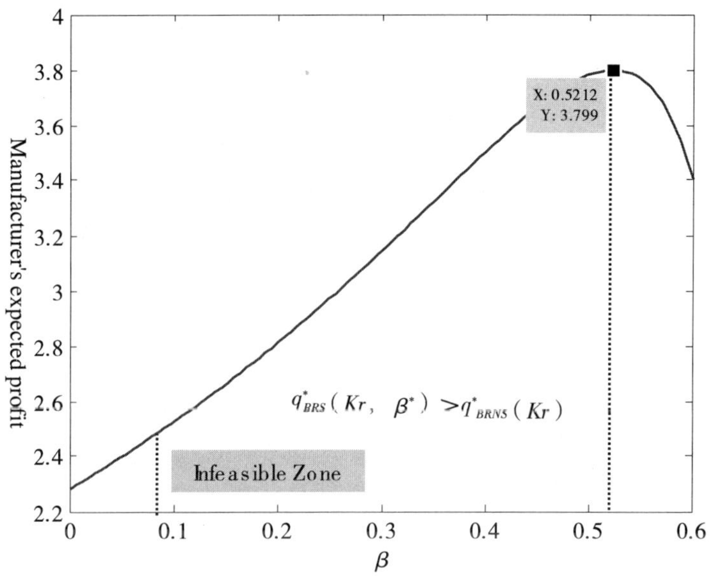

图7　BRS 情况下制造商担保率与期望利润

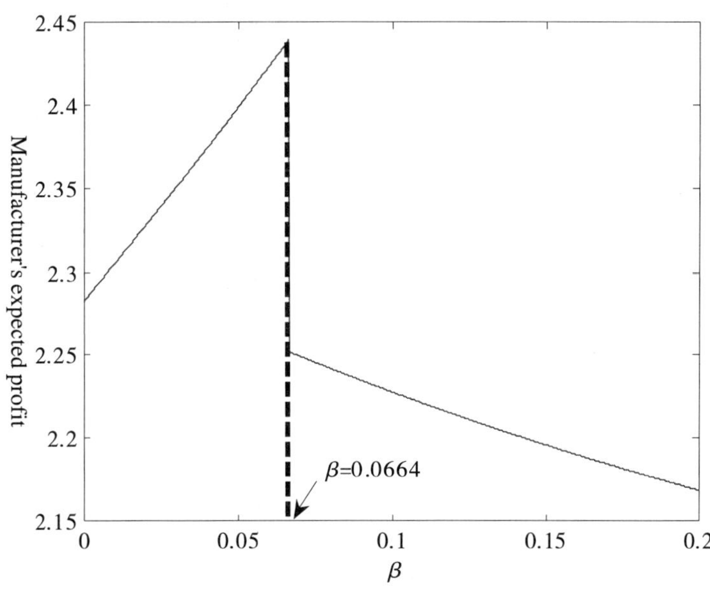

图8　制造商担保率与期望利润关系

由此计算得出最优值β^*，此时$\hat{\beta}=0.0664$，此时$\theta^*=0.6530$，$q^*=5.7647$。

对于制造商来说，选择一个适当的担保率能够扩大下游零售商的订货量，增加利润；同时 ABL 模式也能够保证制造商承担的风险水平在合理范围之内。所以在 ABL 模式下开展制造商为零售商提供担保的贷款模式是可行的。

五、结论

（一）研究的主要贡献

本文的研究对象是由一个制造商和一个资金不足的下游零售商组成的二级供应链，并由银行作为外部的资金提供者。该供应链面临需求不确定的报童环境，如果进行借贷，销售期末零售商存在破产可能。

本文融合供应链金融背景，考虑制造商将扩大销量同时尽可能利润最大化作为目标，决策是否为零售商提供一定限额的借款担保。制造商希望能通过提升银行借款上限来达到扩大零售商购买量的目的。本文考虑制造商参与担保的三方动态博弈得出结论：制造商参与担保的确能够提高银行的最优质押率，从而使得资金约束下的零售商能够扩大销量，同时使得零售商的自有资金约束下限点进一步降低（即资金约束被放宽）。但同时，基于 ABL 模型的结论结合本文分析，担保率/质押率对于订货量的提升效果是有限的。即使能够破产，零售商仍然不会过度订购。

最后通过算例模拟验证了制造商参与担保后利润率实现了增加，存在最优担保率点可以实现利润增值最大，保障制造商有足够意愿参与担保。为吸引制造商参与供应链金融奠定了理论基础，能够为实践提供一定的指导。

（二）研究不足与展望

尽管本文的研究具有一定的现实意义，但也仍然有许多不足之处。

算例证明了特定决策顺序下，制造商的确有意愿为零售商提供担保，但对于模型的适用情况，即何种情况下制造商有或没有意愿为零售商提供担保，本文没有做出深入的分析。

本文假定银行和制造商都对于市场需求有着完全信息，去除这个假设将带来更广阔的研究方向。如存在两个及以上零售商的逆向选择问题及道德风险问题等，对此进行研究可以使经济学和管理学更紧密地结合起来。

此外上游制造企业参与供应链金融的方式存在很多种，在现实中往往商业信用的运用更加广泛，对此不少学者已经研究了单一资金渠道甚至多渠道下零售商的融资决策。同样，在本文的基础上，还可以考虑对比制造商的不同参与方式（提供商业信用或参与银行信用），并进行相应比较，选择更优的模式最大程度激发制造商的参与意愿。

最后，由于本文采用的算例分析，缺乏相应的实证支持，与实践的契合性有待检验。

参考文献

[1] 中欧国际工商学院“供应链金融”课题组．供应链金融：新经济下的新金融［M］．上海：上海远东出版社，2009：3.

[2] CGI GROUP. Supply Chain Finance：A New Way for Trade Banks to Strengthen Customer Relationships. White paper，2007.

[3] 陈祥峰．供应链金融服务创新论［M］．上海：复旦大学出版社，2008：3.

[4] ALAN Y，GAURV. Operational Investment and Capital Structure under Asset Based Lending［J］. Johnson School Research Paper Series，2012：23 –83.

[5] FOLEY C F，RAMAN A，CRAIG N C. Inventory – Based Lending Industry Note［J］. Harvard Business School Case，2012：612 –657.

[6] STIGLITS J E，WEISS A. Credit Rationing in Markets with Imperfect Information［J］. The American Economic Review，1981，71（3）：93 –410.

[7] STULZ R M，JOHNSONH. An Analysis of Secured Debt［J］. Journal of Financial Economics，1981，14：501 –521.

[8] KLAPPERL. Short – term Collateralization：Theory and evidence［J］. Working paper，the World Bank，1998.

[9] COSSIN D，HUANG Z，AUNON – NERIN D. A Framework for Collateral Risk Control Determination［J］. Working Paper，European central bank working paper series，2003，1：1 –47.

[10] 李毅学，徐渝，冯耕中，等．标准存货质押融资业务贷款价值比率研究［J］．运筹与管理，2006，15（2）：78 –99.

[11] 李毅学，徐渝，冯耕中，等．重随机泊松违约概率下库存商品融资业务贷款价值比率研究［J］．中国管理科学，2007，15（1）：21 –26.

[12] 于辉，甄学平．中小企业仓单质押业务的质押率模型［J］．中国管理科学，2010，18（6）：104 –113.

[13] JOKIVOLLE E，PEURA S. Incorporating Collateral Value Uncertainty in Loss Given Default Estimates and Loan – to – value Ratios［J］. European Financial Management，2003，9（3）：299 –314.

[14] BUZACOTT J A，ZHANG R Q. Inventory management with Asset – based Financing［J］. Management Science. 2004，1274 – 1292.

[15] DADA M，HU Q. Financing newsvendor inventory［J］. Operations Reaserch Letters，2008，36（5）：569 –573.

[16] LEE C H，RHEE B D. Coordination contracts in the presence of positive inventory financing costs［J］. International Journal of Production Economics，2010，124：331 –339.

[17] WU A，HUANG B，CHIANG D M H. Support SME Suppliers through Buyer – Backed Purchase Order Financing［J］. Available at SSRN 2462521，2014.

[18] 杜航，李金焰，刘继海．中小企业融资渠道的选择——供应链融资与担保融资［J］．中国商贸，2011（4）：110 –112.

[19] EASTERBROOK F H，D R FISCHEL. Limited Liability and the Corporation［J］. The University of Chicago Law Review，1985，52（1）：89 –117.

[20] YAN N N，B W SUN. Optimal Stackelberg Strategies for Closed – loop Supply Chain with Third – party Reverse Logistics［J］. Asia – Pacific Journal of Operational Research，2012，29（5）：1250026 –1 –21.

附　录

附录1（结论1）

对公式（5）求 θ 的导数

$$\frac{\partial \Pi_b}{\partial \theta}=rwq-w(1+r)\cdot F(d_{B_2}) \tag{A.1}$$

$$\frac{\partial^2 \Pi_b}{\partial \theta^2}=\frac{[w(1+r)]^2}{p-v}\cdot f(d_{B_2}) \tag{A.2}$$

根据前述假设 $f(x)\geqslant 0$ 恒成立，二阶导 $\frac{\partial^2 \Pi_b}{\partial \theta^2}\leqslant 0$ 成立。由一阶条件 $\frac{\partial \Pi_b}{\partial \theta}=0$ 得：

$$\theta=\frac{v+w\beta}{w(1+r)}+\frac{(p-v)}{wq(1+r)}\cdot \bar{F}^{-1}\left(\frac{1}{1+r}\right) \tag{A.3}$$

求得的 θ 为使银行利润最大化的决策。根据假设，应满足 $0\leqslant\theta\leqslant 1$，当 $\theta>1$ 时取1的值，故得相应结论。

而将公式（3）带入公式（4）中，即可得：

$$F(d_{B_2})=\frac{r}{1+r} \tag{A.4}$$

将其进行改写即可得到相应结论。此外，公式（A.4）也可以通过直接对式（5）求关于 d_{B_2} 的导数所得到，这说明当银行将风险控制在该水平下可使得期望利润最大。

附录2（推论1）

对公式（7）求关于 q 的偏导数：

$$\frac{\partial \theta^*}{\partial q}=-\frac{(p-v)}{wq^2(1+r)}\cdot \bar{F}^{-1}\left(\frac{1}{1+r}\right)\leqslant 0 \tag{A.5}$$

说明随着零售商订货量的增加，银行设置的质押率将会下降。

附录3（推论2）

保持其他参数不变，对公式（4）求关于 β 的偏导：

$$\frac{\partial d_{B_2}}{\partial \beta}=-\frac{wq}{(p-v)}>0 \tag{A.6}$$

对公式（7）求关于 β 的偏导：

$$\frac{\partial \theta^*}{\partial \beta}\frac{1}{(1+r)}>0 \tag{A.7}$$

可得相应推论。

附录4（推论4）

结合式（14）对公式（16）求关于 K_r 的导数，

$$\frac{\partial q_{BRNS}^*}{\partial K_r}=-f\left(\frac{w\ (1+r)\ -v}{p-v}\cdot\overline{F}^{-1}\ (d_{B_1}^{'})\right)\cdot\frac{w\ (1+r)\ -v}{p-v}\cdot\left(f\ (d_{B_1}^{'})\cdot\frac{1+r}{p-v}\right)<0 \tag{A.8}$$

附录5（推论5）

对公式（18）求关于K_r的导数，

$$\frac{\partial q_{BRS}^*}{\partial K_r}=\frac{(1+r)}{w\ (1+r-\beta)\ -v}>0 \tag{A.9}$$

附录6（推论6）

（1）证明$\frac{\partial q_{BRS}^*}{\partial \beta}>0$

对公式（19）求关于β的导数，

$$\frac{\partial q_{BRS}^*}{\partial \beta}=\frac{w}{[w\ (1+r-\beta)\ -v]^2}\cdot\left[(p-v)\cdot\overline{F}^{-1}\left(\frac{1}{1+r}\right)+\ (1+r)\ K_r\right]>0 \tag{A.10}$$

而根据公式（16）可知，q_{BRNS}^*与β无关，当β逐渐增加使得零售商摆脱银行质押上限约束后，零售商将根据*BRNS*情况下的最优订货量进行决策。在此情况下，β将不再影响零售商的决策。

（2）证明$\frac{\partial K_{BRNS}}{\partial \beta}\leqslant 0$

由于难以获得关于K_{BRNS}的直接表达式，我们采用反证法来取得结论：

假设有$\frac{\partial K_{BRNS}}{\partial \beta}>0$。那么当$\beta=\beta_0+\Delta\beta=\beta_1>\beta_0$时，有$K_{BRNS1}>K_{BRNS0}$。

其中：

$$q_{BRNS}^*\ (K_{BRNS1})\ =q_{BRS}^*\ (K_{BRNS1}),\ q_{BRNS}^*\ (K_{BRNS2})\ =q_{BRS}^*\ (K_{BRNS2}) \tag{A.11}$$

根据推论4，$K_{BRNS1}>K_{BRNS0}$，有：

$$q_{BRNS}^*\ (K_{BRNS1})\ <q_{BRNS2}^*\ (K_{BRNS2}) \tag{A.12}$$

而根据推论5，则有：

$$q_{BRS}^*\ (K_{BRNS1})\ >q_{BRS}^*\ (K_{BRNS2}) \tag{A.13}$$

根据（A.11）和（A.12）可得$q_{BRNS}^*\ (K_{BRNS1})\ =q_{BRS}^*\ (K_{BRNS1})\ <q_{BRNS}^*\ (K_{BRNS2})$；根据（A.11）和（A.13）可得$q_{BRNS}^*\ (K_{BRNS1})\ =q_{BRS}^*\ (K_{BRNS1})\ >q_{BRNS}^*\ (K_{BRNS2})$。两者相互矛盾，说明该假设不成立。所以有$\frac{\partial K_{BRNS}}{\partial \beta}\leqslant 0$，证毕。

附录7（结论3）

（1）情况① $0\leqslant\beta\leqslant\hat{\beta}$

对式（24）直接求关于β的导数存在困难，于是我们采用间接求导的方法来得到相应表达式。由于β和d'_{B_1}是一一对应的，所以一阶条件$\frac{\partial \Pi_m}{\partial \beta}=\frac{\partial \Pi_m}{\partial d'_{B_1}}\cdot\frac{\partial d'_{B_1}}{\partial \beta}=0$可以转化为$\frac{\partial \Pi_m}{\partial d'_{B_1}}=0$。

所以对式（24）求关于d'_{B_1}的导数：

$$\frac{\partial \Pi_m}{\partial d'_{B_1}}=(w-c)\frac{\partial q}{\partial d'_{B_1}}-(p-v)F(d'_{B_1}) \tag{A.14}$$

对式（23）求关于q的导数：

$$\frac{\partial d'_{B_1}}{\partial q}=\frac{w\beta}{p-v} \tag{A.15}$$

将（16）带入（15）得：

$$\frac{\partial \Pi_m}{\partial d'_{B_1}}=(p-v)\cdot\left[\frac{w-c}{w\beta}-F(d'_{B_1})\right] \tag{A.16}$$

令（17）=0得$\beta^*=\frac{(w-c)}{w\cdot F(d'_{B_1})}$，记$\beta^*$为$\beta_1^*$。

其中二阶导数$\frac{\partial^2 \Pi_m}{\partial {d'_{B_1}}^2}\leqslant 0$，所以取得最大值。

（2）情况② $\hat{\beta}<\beta\leqslant(1+r)\theta$

对式（28）求关于β的导数得：

$$\frac{\partial \Pi_m}{\partial \beta}=-(p-v)\cdot F(d'_{B_0})\cdot\frac{wq^*_{BRNS}(K_r)}{p-v}\leqslant 0 \tag{A.17}$$

在此区间内一阶导数递减，所以最优决策为刚好消除银行质押上限约束的β值，即$\hat{\beta}$。

综上两种情况解的分布可得如下三种情况：

（1）若β_1^*满足$0\leqslant\beta_1^*\leqslant\hat{\beta}$，那么根据情况①可知，当$0\leqslant\beta\leqslant\beta_1^*$时，

$$\frac{\partial \Pi_m}{\partial \beta}=\frac{\partial d'_{B_1}}{\partial \beta}\cdot\frac{\partial \Pi_m}{\partial d'_{B_1}}\geqslant\frac{\partial d'_{B_1}}{\partial \beta}\cdot\left.\frac{\partial \Pi_m}{\partial \beta}\right|_{\beta=\beta_1^*}=0;$$

当$\beta_1^*<\beta<\hat{\beta}$时，

$$\frac{\partial \Pi_m}{\partial \beta}=\frac{\partial d'_{B_1}}{\partial \beta}\cdot\frac{\partial \Pi_m}{\partial d'_{B_1}}\leqslant\frac{\partial d'_{B_1}}{\partial \beta}\cdot\left.\frac{\partial \Pi_m}{\partial \beta}\right|_{\beta=\beta_1^*}=0;$$

当$\hat{\beta}<\beta\leqslant(1+r)\theta^*$时，根据情况②，式（18）可知，$\frac{\partial \Pi_m}{\partial \beta}\leqslant 0$。所以期望利润极大值在$\beta=\beta_1^*$处取得。

（2）若β_1^*满足$\beta_1^*\geqslant 0$，但不满足$\beta_1^*\leqslant\hat{\beta}$，那么根据情况①，当$0\leqslant\beta\leqslant\hat{\beta}$（$\hat{\beta}\leqslant\beta_1^*$）时，$\frac{\partial \Pi_m}{\partial \beta}=\frac{\partial d'_{B_1}}{\partial \beta}\cdot\frac{\partial \Pi_m}{\partial d'_{B_1}}\geqslant\frac{\partial d'_{B_1}}{\partial \beta}\cdot\left.\frac{\partial \Pi_m}{\partial \beta}\right|_{\beta=\beta_1^*}=0$；根据情况②，式（A.17）可知，当$\hat{\beta}<\beta<(1+r)\theta^*$时，$\frac{\partial \Pi_m}{\partial \beta}\leqslant 0$。所以期望利润极大值在$\beta=\hat{\beta}$处取得。

（3）若 $\beta_1^* \leqslant 0$，根据二阶导数情况可知，当 $\beta_1^* > 0$ 时，一阶导数 $\frac{\partial \Pi_m}{\partial \beta}=\frac{\partial d_{B_1}^{'}}{\partial \beta}\cdot\frac{\partial \Pi_m}{\partial d_{B_1}^{'}}\leqslant\frac{\partial d_{B_1}^{'}}{\partial \beta}\cdot\frac{\partial \Pi_m}{\partial d_{B_1}^{'}}\bigg|_{\beta=\beta_1^*}=0$。说明当制造商提供担保时，制造商的期望利润反而下降，由此可知此时制造商没有提供担保的意愿。也即结论 3 中的情况（3）。

附 录

第十四次中国物流学术年会获奖论文名单
（共272篇）

一等奖（8篇）

1. A Vehicle Routing Problem with Multiple Overlapped Batches（时间交叠的多批次车辆路径问题研究）

    余明珠　深圳大学土木工程学院交通工程系

    齐向彤　香港科技大学工业工程与物流管理系

2. Two – Part Tariff Contracting with Competing Unreliable Suppliers in a Supply Chain under Asymmetric Information（非对称信息和相互竞争并存情境下不可靠供应商的两端收费契约设计研究）

    杨瑞娜　西安交通大学管理学院

    马利军　深圳大学管理学院

3. 基于非等覆盖半径的生鲜农产品配送中心选址模型研究

    肖建华　南开大学现代物流研究中心

    王　飞　南开大学现代物流研究中心

    白焕新　中国石油钻井研究院北京石油机械厂

    李永开　南开大学现代物流研究中心

4. 人工与自动化双分拣区系统品项分配优化

    李　明　山东大学控制科学与工程学院

    吴耀华　山东大学控制科学与工程学院

    吴颖颖　山东大学控制科学与工程学院

    陈宁宁　济南大学经济学院

5. 大规模定制化服务模式下基于供需匹配的物流服务新产品设计框架：来自中国的实证研究

    赵　璇　天津大学管理与经济学部

    刘伟华　天津大学管理与经济学部

    武润泽　天津大学管理与经济学部

    王树青　天津大学管理与经济学部

    朱冬蕾　天津大学管理与经济学部

6. 基于补贴及碳税机制的再制造闭环供应链定价策略研究
   王海燕　天津市中天海河职业培训学院、天津市职业技能公共实训中心
   高举红　天津大学管理与经济学部
7. 不确定条件下多周期军队应急物资配送优化研究
   张　立　解放军后勤工程学院
   顾宏波　解放军后勤工程学院
   姜大立　解放军后勤工程学院
8. 自贸试验区框架下制造业与物流业互动融合分析
   王珍珍　福建师范大学经济学院

二等奖（22 篇）

1. Optimal Location and Size of Logistics Parks in a Regional Logistics Network with Economies of Scale and CO2 Emission Taxes
   （考虑规模经济效益和碳税的最优物流园区选址与规模确定研究）
   张得志　中南大学
   李霞莲　中南大学
   李双艳　中南林业科技大学
   钱　奇　中南大学
2. 新型城镇化背景下城乡物流一体化发展研究——以安徽省为例
   王晓艳　合肥学院
   杨学春　合肥学院
3. 大规模定制服务模式下物流服务供应链能力合作决策研究
   王　倩　天津大学管理与经济学部
   刘伟华　天津大学管理与经济学部
   梁志成　天津大学管理与经济学部
4. 供应链环境下的物流金融服务——基于 3PL 的 “Orchestrator” 角色分析
   刘晓红　中央财经大学
   周利国　中央财经大学
5. 基于知识图谱的我国物流学科发展状况分析
   荆林波　中国社会科学院中国社会科学评价中心
   耿海英　中国社会科学院中国社会科学评价中心
6. 基于电子商务的山区绿色低碳小城镇流通一体化构建——旅游业与现代农业线上线下整合的视角
   杨辉鹏　黄冈职业技术学院
   向　明　湖北经济学院
   陈新武　湖北经济学院
7. 在线供应链金融中银行和 B2B 平台的激励契约研究
   史金召　西安交通大学管理学院

郭菊娥　西安交通大学管理学院
晏文隽　西安交通大学管理学院

8. 物流业发展对制造业效率的影响：制度环境的调节作用
梁红艳　福州大学经济与管理学院

9. 碳限额与交易机制下基于成本共担契约的两级供应链协调策略
支帮东　中央财经大学商学院

10. 大规模突发事件应急血液采集动态模型
马祖军　西南交通大学经济管理学院
周愉峰　西南交通大学交通运输与物流学院

11. The Tractor and Semitrailer Routing Problem with Many – to – Many Demand Considering Carbon Dioxide Emissions（考虑碳减排与多对多需求的牵引车半挂车调度问题研究）
李红启　北京航空航天大学交通学院
吕　潭　北京航空航天大学交通学院
李嫣然　北京航空航天大学交通学院

12. 流通产业对区域经济增长作用的经济学分析——基于福建省的实证研究
胡永仕　福建师范大学理论经济学博士后流动站
许明星　福建工程学院

13. 基于系统动力学的农产品冷链物流发展趋势仿真研究
杨　扬　昆明理工大学
韩天皞　昆明理工大学

14. 基于顾客选择行为的O2O实体渠道与网络渠道竞争
刘　畅　广州市广播电视大学、哈尔滨工业大学深圳研究生院
安　实　哈尔滨工业大学
谢秉磊　哈尔滨工业大学深圳研究生院

15. 基于自适应权和小生境遗传算法的BP神经网络优化预测法——以湖北省城镇冷链食品系统需求规模预测为例
毕　娅　湖北经济学院

16. 开放式污染路径问题优化建模与算法研究
葛显龙　重庆交通大学
苗国庆　重庆邮电大学
谭柏川　重庆交通大学

17. 基于时间序列的区域物流网络演化模型分析
陆　华　北京物资学院
刘　凯　北京交通大学

18. 理性预期、信息不对称与物流服务供应链能力采购
白恩泽　天津大学管理与经济学部
赵　璇　天津大学管理与经济学部

19. 物流竞争力对区域经济发展影响机制研究—基于京津冀、长三角、珠三角经济圈实

证研究

张广胜　　嘉兴学院

20. 基于服务驱动假说的消费者自提包裹选择意愿研究

徐俊杰　　安庆师范学院

姜　凌　　安庆师范学院

李亦亮　　安庆师范学院

21. 拣选行走速比相当下的窄通道单件拣选系统拥堵率建模研究

周　丽　　北京物资学院

郭　键　　北京物资学院

朱　杰　　北京物资学院

张　红　　北京物资学院

22. 软饮料供应链网络结构对企业策略的影响

姜彩良　　交通运输部科学研究院

李汉卿　　交通运输部科学研究院

三等奖（116 篇）

1. 基于多源数据的货物空间运输联系特征及形成机制

郝京京　　昆明理工大学交通工程学院

戢晓峰　　昆明理工大学交通工程学院

张　玲　　昆明理工大学交通工程学院

2. 考虑上游企业参与担保的存货融资模式探究

李俊荣　　中央财经大学

晏妮娜　　中央财经大学

3. 长江上游港口群货物吞吐量及货源结构分析

李　平　　四川宜宾学院

4. 物流业集聚、空间外溢效应与工业生产率提升

梁红艳　　福州大学经济与管理学院

5. 考虑提供商公平偏好的物流服务供应链订单分配研究

武润泽　　天津大学经济与管理学部

王树青　　天津大学经济与管理学部

6. 南通市服务业发展状况调研——基于时间序列及截面数据的分析

林小芳　　南通理工学院

夏慧玲　　南通理工学院

7. 基于 RFID 军用物资多目标识别算法的优化

陈清耀　　福建农林大学交通与土木工程学院

陈婧怡　　福建农林大学交通与土木工程学院

林敏敏　　福建农林大学交通与土木工程学院

邱荣祖　　福建农林大学交通与土木工程学院

8. 需求可拆分车辆路径问题的三阶段禁忌算法

熊　浩　　海南大学经济与管理学院
鄢慧丽　　海南大学旅游学院

9. 基于碳排风险管理的闭环供应链网络设计研究

王　瑞　　天津大学
高举红　　天津大学

10. 随机产出随机需求下基于回购契约的供应链协调研究

罗　军　　上海海关学院
张文杰　　上海工会管理职业学院

11. An Optimal Hierarchical Decision Model for a Regional Logistics Network with Environmental Impact Consideration（考虑环境影响的区域物流网络多层决策优化模型）

李双艳　　中南林业科技大学
贺润中　　中南大学
何亦扬　　中南大学
邹方姿　　中南大学

12. 天气影响产出下“公司+农户”模式的风险补偿协调契约

伏红勇　　西南政法大学管理学院

13. 废旧电器电子产品回收管理的企业以旧换新机制研究

刘慧慧　　中国石油大学（北京）
禹春霞　　中国石油大学（北京）
向　宁　　北京大学

14. 考虑产品可拆卸性的再制造决策研究——契约的两级供应链协调策略

刘晓瑜　　天津大学
王　瑞　　天津大学

15. 农产品物流网络配置模型的构建

李家华　　广州科技职业技术学院

16. 广州城市物流体系现状及对策分析

况　漠　　广州大学
缪立新　　清华大学深圳研究生院
张志贤　　广州大学

17. 基于以信息化为主线的高职物流管理专业“1320”人才培养模式探索和实践

孙秋高　　浙江交通职业技术学院
刘欲晓　　浙江交通职业技术学院

18. 新常态下物流服务推动制造业升级的机理与路径选择

张　彤　　北京电子科技职业学院

19. 黑龙江省物流企业创新物流金融业务模式与风险控制分析

黄　巍　　黑龙江财经学院

20. 民爆产品及危险品物流流通体系的构建研究
　　桑　茹　　山西职业技术学院
　　乔志强　　山西省太原市民用爆破有限公司

21. 丝绸之路经济带（中国段）区域物流一体化协调机制模式研究
　　郝渊晓　　西安交通大学经济与金融学院
　　余　啸　　西安交通大学经济与金融学院
　　郝思洁　　西安交通大学经济与金融学院
　　常　亮　　西安交通大学经济与金融学院
　　韩喜梅　　西安交通大学经济与金融学院

22. 中国物流业全要素能源效率动态变动及区域差异分析
　　张立国　　桂林航天工业学院
　　李　东　　南京航空航天大学
　　龚爱清　　桂林电子科技大学

23. 中国物流业碳排放的空间非均衡与极化研究
　　马越越　　东北财经大学管理科学与工程学院
　　王维国　　东北财经大学经济学院

24. 中韩集装箱码头运营效率的比较研究
　　匡海波　　大连海事大学
　　鲁　渤　　大连大学
　　宫之光　　大连物流发展管理中心

25. 中国公路物流效率测度及其影响因素分析
　　王春豪　　对外经济贸易大学
　　张　杰　　对外经济贸易大学
　　丁　阳　　对外经济贸易大学

26. 信息化下我国物流业与信息业耦合关联的时空分异分析——基于我国内地31个省市自治区的面板数据
　　曾倩琳　　福建江夏学院

27. 区域物流发展、经济增长与能源消费
　　曹翠珍　　山西财经大学
　　赵国浩　　山西财经大学

28. The Pricing of Product and Value - Added Service under Information Asymmetry：A Product Lifecycle Perspective（信息不对称下产品与增值性服务的定价：以产品生命周期为视角）
　　张旭梅　　重庆大学经济与工商管理学院
　　韩小鹏　　重庆大学经济与工商管理学院
　　刘翔宇　　重庆大学经济与工商管理学院
　　刘　茹　　重庆大学经济与工商管理学院
　　冷金钟　　重庆大学经济与工商管理学院

29. Evolving Competition between Hong Kong and Shenzhen Ports
（香港与深圳港的竞争演化）

田　歆　　中国科学院虚拟经济与数据科学研究中心

刘黎明　　香港岭南大学商学院、青岛大学管理科学与工程学院

汪寿阳　　中国科学院数学与系统科学研究院

30. 蔬果流通中农户对专业合作社服务满意度的影响因素研究——浙江蔬果主产地实证

万国伟　　浙江树人大学、浙江省现代服务业研究中心

李文杰　　浙江树人大学、浙江省现代服务业研究中心

安部淳　　日本岐阜大学

31. 物流业空间集聚度与产业结构的关联分析——以河南省18地市为例

贾兴洪　　武汉大学、河南科技学院

海　峰　　武汉大学

32. 基于大数据的区域物流管理决策支持研究

戢晓峰　　昆明理工大学交通工程学院

33. Remanufacturing of Electronic Products in Bonded Port Area across Home and Foreign Markets：Approach Based on Closed－Loop Supply Chain Model（基于闭环供应链的涉及国内外市场的保税区内电子产品再制造研究）

陈　红　　浙江大学管理学院

刘　南　　浙江大学管理学院

何雨璇　　浙江大学管理学院

34. 木塑托盘力学性能测试方法研究

魏占国　　中南林业科技大学

王忠伟　　中南林业科技大学

庞　燕　　中南林业科技大学

35. 区域物流发展的差异性分析

鄢　飞　　西安工程大学

36. 泛珠三角地区物流产业水平对制造业产业转移的影响研究：基于空间计量模型的实证分析

付秋芳　　广东外语外贸大学商学院

马健瑛　　广东外语外贸大学商学院

李金龙　　广东外语外贸大学商学院

37. 多目标约束条件下冷藏车隔热厢体优化设计

李　锦　　韶关学院

谢如鹤　　广州大学

38. Risk Mitigation Benefit from Backup Suppliers in the Presence of the Horizontal Fairness Concern（备用供应商横向公平偏好下风险消减效益分析）

陈俊霖　　中央财经大学管理科学与工程学院

赵晓波　　清华大学

申作军　　加州大学伯克利分校

39. 基于碳排放的休闲农庄闭环供应链投入产出分析研究

宋志兰　　云南财经大学

冉文学　　云南财经大学

40. “渝新欧”双向物流的提升研究

龚　英　　重庆工商大学

陈振江　　重庆工商大学

41. 增强生产性服务业对制造业外溢效应的外部因素分析

刘　丹　　福州大学经济与管理学院

陈　冰　　福州大学经济与管理学院

42. Dynamic Pricing Analysis of Closed – loop Supply Chain Based on Consumers' Willingness to Pay（基于消费者意愿的闭环供应链动态定价分析）

李梦梦　　天津大学管理与经济学部

王海燕　　天津市中天海河职业培训学院、天津市职业技能公共实训中心

43. 供应链绿色技术创新合作的演化博弈模型分析

周永圣　　北京工商大学

梁淑慧　　北京工商大学

华国伟　　北京交通大学

44. 基于因子分析的广东省区域物流竞争力实证研究

吴春尚　　河源职业技术学院

45. The Role of Asset Specificity in Cross – Industry Integration Between Retailing and Logistics Industry in China：A Geographical Perspective（论资产专用性在中国电商物流跨行业整合中的作用：地理学的分析视角）

肖作鹏　　香港大学地理学系

王缉宪　　香港大学地理学系

46. 基于不同风险偏好和决策偏好的供应链金融决策研究

刘重庆　　中央财经大学

47. B2C 电商企业物流配送中消费者满意度的影响因素研究

刘天元　　西南大学

贾　煜　　西南大学

48. 战备物资合同储备合谋防范策略研究

王海兰　　解放军军事交通学院

贾巨民　　解放军军事交通学院

刘文开　　解放军军事交通学院

孙爱丽　　解放军军事交通学院

49. 中国物流企业成长的战略思路研究：基于复合基础观的新视角

朱卫平　　上海工程技术大学

高志军　　上海海事大学

刘　伟　　上海海事大学

50. 北部湾经济区区域城市物流竞争力的动态比较研究

李柏敏　　广西民族师范学院

周金玉　　广西民族师范学院

51. 两岸企业农产品冷链物流合作的动态演化博弈研究

林朝朋　　厦门城市职业学院

许晓春　　厦门城市职业学院

黄春松　　厦门城市职业学院

52. A Multi – Agent Architecture for Multi – Product Supplier Selection in Consideration of the Synergy between Products（支持考虑协同效应的多产品供应商选择的多智能体模型）

禹春霞　　中国石油大学（北京）、中国能源战略研究院

王德南　　香港大学工业及制造系统工程系

53. 考虑道路修复的应急资源配送可靠路径选择问题研究

王　晶　　北京工商大学

易显强　　北京工商大学

54. 基于心智模型与扩展合同网机制的应急物流 MAS 半自治任务分配

张　立　　解放军后勤工程学院

王茜竹　　重庆邮电大学

赵春江　　解放军后勤工程学院

汪　霞　　解放军后勤工程学院

姜大立　　解放军后勤工程学院

55. 不同结算方式下农产品供应链保鲜投资决策

陈　军　　重庆交通大学管理学院

曹群辉　　重庆交通大学图书馆

56. 物联网金融在大宗商品电子交易市场中的应用研究

许　良　　大连理工大学城市学院

57. 应急物流路径选择模型研究

陈志新　　北京物资学院物流学院

陈方玉　　北京物资学院物流学院

58. PID 控制框架下的集装箱码头调度算法

李　斌　　福建工程学院交通运输学院

杨家其　　武汉理工大学交通学院

59. 考虑风险和价格竞争的闭环供应链定价与协调研究

杨晓春　　天津大学管理和经济学部

李　倩　　天津大学管理和经济学部

60. 报废汽车逆向物流系统研究

甘俊伟　　四川旅游学院

彭　茂　　四川旅游学院

李进军　　四川旅游学院
杨秋玲　　四川旅游学院
韩　垚　　四川旅游学院

61. Design of Close – Loop Supply Chain Network under Uncertainty Using Hybrid Genetic Algorithm: A Fuzzy and Chance – Constrained Programming Model（不确定条件下运用混合遗传算法的闭环供应链网络设计：一个模糊和机会约束规划模型）

戴　卓　　九江学院电子商务学院
郑孝庭　　九江学院电子商务学院

62. Comparative Analysis of Supply Chain Financing Strategies between Different Financing Modes（基于不同融资模式的供应链金融策略对比分析）

晏妮娜　　中央财经大学
孙宝文　　中央财经大学

63. 林产品物流 RFID 手持机系统的设计

胡连珍　　福建农林大学
林敏敏　　福建农林大学
蒋新华　　福建农林大学
陈清耀　　福建农林大学
邱荣祖　　福建农林大学

64. 基于双质量模型的物流工程专业硕士培养质量研究——以华东交通大学为例

甘卫华　　华东交通大学
王茹红　　华东交通大学
刘　波　　华东交通大学
王松一　　华东交通大学

65. 基于引力模型的区域物流需求预测研究

鲁　渤　　大连大学
匡海波　　大连海事大学
张晓旭　　中国科学院大学

66. 基于分类随机策略的自动化立体库存取优化研究

张涵跃　　天津科技大学
杨　映　　天津科技大学

67. 服务型制造网络模块化质量协同研究

冯良清　　南昌航空大学
黄大莉　　南昌航空大学
夏　超　　南昌航空大学

68. 基于级联失效模型的仓储网络节点重要度分析

冯　波　　解放军后勤工程学院现代物流研究所
肖　骅　　解放军后勤工程学院现代物流研究所

69. 第五方物流理论与区域物流体系关系研究

王术峰　广东白云学院管理学院

70. 以农业综合物流园区为服务平台的农业产业链发展模式研究

海　峰　武汉大学经济与管理学院

高悦凯　武汉大学经济与管理学院

71. 民营物流企业智力资本对企业绩效的影响研究：企业社会责任的调节

贾　煜　西南大学

刘天元　西南大学

高中淋　西南大学

72. 混沌扰动模拟退火蚁群算法低碳物流路径优化

张立毅　天津商业大学

王　迎　天津商业大学

费　腾　天津商业大学

周修飞　天津商业大学

73. 关系机制、市场契约与知识交易：供应链视角下的实证研究

陈　伟　四川外国语大学

74. 随机需求下考虑低碳政策规制的企业生产策略研究

马常松　四川工商学院国际商学院

罗振宇　四川工商学院国际商学院

李　天　四川工商学院国际商学院

75. 不确定条件下闭环军事供应链网络规划建模研究

张　飞　解放军军事经济学院

凌大荣　解放军军事经济学院

马应兴　解放军军事经济学院

76. 考虑供应断裂与产能恢复的多供应商单制造商采购策略研究

戴　宾　武汉大学经济与管理学院

田　颖　武汉大学经济与管理学院

范　雷　武汉大学经济与管理学院

77. 基于混合决策的在线双渠道定价策略研究

杨浩雄　北京工商大学

王　丹　北京工商大学

孙红霞　北京工商大学

78. 网络嵌入与物流企业服务创新绩效的关系研究——基于动态能力的分析

田　雪　北京物资学院

司维鹏　北京物资学院

杨江龙　北京物资学院

79. 物流企业代收货款规制研究

薛　丽　临沂大学

80. 基于物联网采纳的生鲜农产品冷链物流决策研究——成本收益分析视角

汪旭晖　东北财经大学工商管理学院

杜　航　东北财经大学工商管理学院

81. 基于集成场理论的两业联动模式创新机制研究

董千里　长安大学物流与供应链研究所

董　展　长安大学物流与供应链研究所

82. 中国公路运输成本构成及中美运输价格影响主要因素分析

单　栋　上海德利得物流有限公司

恽　绵　天津德利得供应链管理有限公司

83. 福建省物流企业碳足迹测算研究

张兰怡　福建农林大学

邱荣祖　福建农林大学

郭小燕　福建农林大学

84. “十三五”规划期间促进我国现代物流业健康发展的若干要点

宋　则　中国社会科学院财经战略研究院

85. 军事物流信息系统辅助决策功能需求分析

汪贻生　解放军后勤工程学院现代物流研究所

肖　骅　解放军后勤工程学院现代物流研究所

86. 面向网购的低碳供应链激励模型及其应用

吴义生　南京工程学院

刘文杰　南京航空航天大学

窦亚芹　南京工程学院

87. 人道应急物资需求不确定性分析与预测研究

郭朋朋　北京物资学院

沈南冰　中国红十字会备灾救灾中心

水　源　中国红十字会备灾救灾中心

杨　娜　北京物资学院

88. 基于因子分析的农产品供应链绩效评价实证

王　勇　武汉工商学院

邓旭东　武汉科技大学

89. 厦门港集装箱码头整合对策分析

潘福斌　厦门理工学院

许雅丝　厦门理工学院

王新敏　厦门联合国际船舶代理有限公司

90. 低碳经济下物流碳足迹动态预测研究——基于2004－2012年30省市面板数据

张　诚　华东交通大学

周　安　华东交通大学

张志坚　华东交通大学

91. Distribution Mode of Small Items Using Passenger - Transport Expressway Networks（基于高速公路客运网路的小件物品配送模型）

杜启文　北京交通大学
施先亮　北京交通大学
白　兰　北京交通大学

92. 基于 SCOR 模型的食品安全管理对我国民族地区农牧业的启示

张秀萍　中央民族大学
王　婷　北京兆泰集团股份有限公司
柯曼綦　中国铝业公司

93. 快递市场为什么扩大开放

刘建新　中国交通运输协会快运分会

94. 水产品供应链的三方博弈分析

谢如鹤　广州大学
袁淑君　广州大学

95. 四川农产品物流体系发展研究

贺盛瑜　成都信息工程大学
马会杰　成都信息工程大学

96. 基于 SIR 模型的供应链风险传播研究

田红英　成都师范学院
易慧妮　西南交通大学交通运输与物流学院
黄远新　西南交通大学交通运输与物流学院
黄海菲　英国华威大学商学院

97. 新常态下服务业发展机遇与挑战

王军锋　浙江万里学院
江　彦　浙江万里学院

98. 基于供应链视角的高校食堂采购管理研究——以南京高校为例

姜方桃　金陵科技学院
姬晓雯　金陵科技学院
邰　阳　金陵科技学院

99. “双证融通”模式下基于职业能力培养的课程考核评价研究

钱芝网　上海健康医学院
杜小磊　上海健康医学院
施毓凤　上海健康医学院
饶启聪　上海健康医学院

100. 武汉市小微物流货运公司基本运营情况及整改建议

熊文杰　武汉商学院商贸物流学院

101. 物流企业服务创新评价指标体系研究

李红新　上海海事大学经济管理学院

瞿群臻　上海海事大学经济管理学院

102. 港口生态文化评价指标体系研究

瞿群臻　上海海事大学经济管理学院

徐从江　上海海事大学经济管理学院

103. 军民融合应急物流产业园建设探讨

段沛佑　青岛现代物流供应链管理研究发展中心

孙伯辉　中国物流集团

104. 物流园区盈利模式的探讨

李长宏　铁龙物流

105. 电商企业生鲜产品物流模式创新研究

魏国辰　北京物资学院

106. 物流服务与物流成本一体两翼模式的构建与研究

瞿云华　华北理工大学

107. 连锁零售企业实施网络零售物流运作模式研究

李方峻　湖北城市建设职业技术学院

陶君成　湖北经济学院物流与工程管理学院

108. 应急物流基本矛盾及其意义探讨

黄定政　解放军后勤学院

王宗喜　解放军后勤学院

109. 第三方物流在航材配送中的应用研究

周丽华　空军勤务学院

郑金忠　空军勤务学院

110. 现代国防采办发展趋势展望

龚卫锋　解放军后勤学院军事物流仓储教研室

孙　敏　北京市投资促进局

111. 从湖北高职院校物流管理专业现状谈其发展对策

吴林蔓　湖北城市建设职业技术学院

112. 基于电商折扣活动期间物流服务分流体系探析

陈　博　青岛理工大学（临沂）

李　翠　青岛理工大学（临沂）

陈　贞　青岛理工大学（临沂）

113. 城乡物流一体化实现途径和推进建议

王秀荣　聊城职业技术学院

刘照军　聊城职业技术学院

刘承秀　中山大学

114. 物流企业的网络信息安全

赵　斌　中储发展股份有限公司

115. 京津冀协同发展背景下河北省物流业发展对策研究

李彩其　　石家庄职业技术学院

魏　丽　　石家庄市桥西区就业服务局

刘旭升　　河北省卫生厅新型农村合作医疗管理中心

任胜楠　　石家庄职业技术学院

陈　亮　　石家庄职业技术学院

116. 浅析供应链环境下医药商业企业的发展对策

黄丹莉　　武昌职业学院

优秀奖（126 篇）

1. 基于熵权—灰色关联分析法的国际陆港物流绩效评价研究

杨　扬　　昆明理工大学

袁　媛　　昆明理工大学

车　文　　玉溪红塔烟草（集团）有限责任公司

2. 产品低碳责任和再制造竞争的闭环供应链定价决策

滕金辉　　天津大学管理与经济学部

刘晓瑜　　天津大学管理与经济学部

3. 低碳环境下大型煤炭企业内部供应链均衡供给实证研究

莫聪颖　　安徽理工大学

贺容慧　　安徽理工大学

4. 北部湾经济区城市物流效率与经济重心演变分析

罗　瑶　　广西民族师范学院

招炎锋　　广西民族师范学院

5. 基于系统动力学的中欧班列发展仿真分析研究

陈振江　　重庆工商大学

龚　英　　重庆工商大学

6. 中国物流产业集中度研究

张喜才　　北京物资学院

7. 基于 ANP - TOPSIS 模型的 B2C 电子商务物流模式决策

伍星华　　华南师范大学

卜华白　　衡阳师范学院

何　青　　重庆大学

8. 基于 CO2 排放的车辆路径优化模型及其算法研究

詹庆雯　　中南大学

邹方姿　　中南大学

龚浩翔　　中南大学

9. Robust Multiple Depot Multiple Travelling Salesmen Problem with Travel Time Uncertainty（时间不确定环境多车场多旅行商问题鲁棒性优化研究）

齐　为　上海市质量和标准化研究院

10. 基于三阶段 DEA 模型的广东省物流业综合技术效率实证分析

李松庆　广东工业大学

何琴清　广东工业大学

11. 番茄产品供应波动性及其影响因素研究——基于新疆番茄数据

李元辉　新疆大学科学技术学院

林秋平　新疆财经大学

12. 基于插单调度的物流服务供应链 CODP 决策模型

梁志成　天津大学管理与经济学部

王　倩　天津大学管理与经济学部

13. 基于多源数据的区域物流与经济发展关联特性分析——以云南省为例

张　雪　昆明理工大学交通工程学院

阮鸿柱　昆明理工大学交通工程学院

14. O2O 模式下电商物流发展的问题与对策研究

解　琨　云南财经大学物流学院

赵　洁　云南财经大学物流学院

15. 基于大数据背景的农产品质量安全追溯体系模式的构建

张天琪　北京农业职业学院

16. 具有公平偏好成员的供应链定价决策与利润分析

林　强　重庆第二师范学院

覃燕红　重庆理工大学

17. 多式联运成本模型研究——基于澳洲铁矿石出口至中国的案例分析及对舟山港物流发展的启发

李方军　舟山海洋产业集聚区管委会

张　栋　舟山海洋产业集聚区管委会

18. 生鲜乳制品冷链物流模式评价及构建研究

张建军　内蒙古农业大学

19. 基于贝叶斯随机前沿模型的我国上市物流企业生产效率实证研究

曹　国　常州工学院

刘　露　常州工学院

应可福　常州工学院

20. 互联网 + 物流：内涵、模式与趋势探析

周兴建　武汉纺织大学

21. 广州港对广州市经济带动效应的量化分析

潘　凤　深圳大学

闫振坤　深圳大学

22. 孟中印缅经济走廊互联互通建设研究

刘金鑫　昆明泛亚交通物流研究院

23. 成都经济区制造业与物流业协同发展实证研究

周　路　　四川建筑职业技术学院
胥　霁　　四川建筑职业技术学院

24. Supplier - Retailer Inventory Coordination with Credit Term for Inventory - Dependent and Linear - Trend Demand（基于商业信用的需求依赖时间与库存的供应链协调研究）

吴成锋　　青岛科技大学
赵秋红　　北京航空航天大学

25. 基于时变需求的生鲜农产品供销联合生产库存控制机理研究

冉文学　　云南财经大学
陈　凡　　云南财经大学
周新枝　　云南财经大学
黄　欢　　云南财经大学

26. 首都流通业与首都经济协同发展成熟度测评分析

李　丽　　北京工商大学
潘建伟　　北京物资学院

27. 产业结构、消费结构对枢纽城市物流增长的影响

阳明明　　广东财经大学

28. 适应跨境电商多层次需求的物流企业综合服务体系及其实证研究

李旭东　　广东交通职业技术学院
安立仁　　西北大学经济管理学院

29. Pareto Improvement Strategy for Service - Based Free - Riding in a Dual - Channel Supply Chain（存在服务搭便车时的双渠道供应链帕累托改进策略）

但　斌　　重庆大学经济与工商管理学院
刘　灿　　重庆大学经济与工商管理学院
徐广业　　西南政法大学管理学院
张旭梅　　重庆大学经济与工商管理学院

30. 基于 GRA 的江苏制造业与物流业联动发展的实证研究

包耀东　　南通理工学院
陈丽珍　　江苏大学

31. 海峡两岸物流企业发展绿色物流的关键因素——基于 DEMATEL - ANP 及 IPA 方法的实证分析

蒋　鹏　　台湾中原大学
严奇峰　　台湾中原大学
胡宜中　　台湾中原大学
刘佳育　　台湾中原大学

32. A Design Method for Supply Chain Traceability Systems with Aligned Interests（供应链追溯系统的协同设计方法）

代宏砚 中央财经大学
葛 玲 香港城市大学
周伟华 浙江大学

33. 物流政策对区域经济影响的系统动态仿真及对策分析——以中部地区为例

甘筱青 九江学院
高 阔 九江学院

34. 基于两业联动发展的中小物流企业服务创新模式及路径选择

张启慧 浙江经济职业技术学院
孙旭圆 浙江经济职业技术学院

35. 逆向物流背景下情境因素对废弃物回收行为影响的研究现状及关键问题

陈兰芳 西南交通大学

36. 基于异质需求环境的闭环供应链生产与定价决策

唐 飞 泸州职业技术学院
王雅蕾 重庆城市管理职业学院
蒋 桦 重庆财经职业学院

37. Evaluation and Optimization on Logistics Capability of the Postal Agricultural Logistics System（邮政农资物流系统物流能力评价及优化）

李 弘 内蒙古工业大学管理学院
张 波 内蒙古工业大学管理学院
杨 楠 内蒙古工业大学管理学院

38. Iterated Local Search Embedded Adaptive Neighborhood Selection Approach for the Multi－Depot Vehicle Routing Problem with Simultaneous Deliveries and Pickups（多站点同时集散货物路径问题的嵌入适应性邻域选择的迭代局域算法研究）

李 建 南京农业大学工学院
Panos M. Pardalos 佛罗里达大学工业与系统工程系应用优化中心
孙 浩 青岛大学管理科学与工程学院
裴 军 合肥工业大学管理学院
张 永 东南大学交通学院

39. 基于“一带一路”战略的郑州国际陆港发展研究

夏 露 云南财经大学物流学院
于莹雪 云南财经大学物流学院

40. 基于 QFD 的可持续供应链管理的构建：以 C 化工企业为例

洪江涛 上海对外经贸大学
张以彬 上海立信会计学院
施可人 上海对外经贸大学

41. 跨国公司嵌入视角下物流产业集群网络结构演化

刘 荷 福州大学

42. 电商与快递的博弈行为解构及优化策略——基于双重监督的两阶段三方模型的比较

分析

王宝义　　山东交通学院

43. 基于托盘租换的调度优化研究

黄远新　　西南交通大学交通运输与物流学院

李　煜　　西南交通大学交通运输与物流学院

田红英　　成都师范学院

黄海菲　　英国华威大学商学院

44. 基于牵制控制的中国航空物流网络鲁棒性的提升研究

姚红光　　上海工程技术大学航空运输学院

李智忠　　上海工程技术大学航空运输学院

45. Production Planning with Remanufacturing and Back – Ordering in a Cooperative Multi – Factory Environment（考虑再制造和延迟交付的协同式多工厂生产计划研究）

景　熠　　重庆理工大学管理学院

李文川　　南昌航空大学经管学院

46. 服务供应链中客户知识的相互作用关系

喻　立　　清远职业技术学院

47. 考虑消费者效用的生鲜农产品供应链保鲜激励机制研究

王　磊　　西南政法大学管理学院

但　斌　　重庆大学经济与工商管理学院

48. 广东省各地市物流产业集群规模与经济增长的实证分析

付秋芳　　广东外语外贸大学商学院

吕倩君　　香港大学经济与金融学院

49. 废弃物回收行为模型的演变规律、动力及启示

吴　刚　　西南交通大学

50. 考虑公平关切的双渠道供应链决策与协调

陈　宾　　福建江夏学院

安增军　　福建江夏学院

许明星　　福建工程学院

51. 军事物流系统精益动力诊断方法研究

蒋丽华　　海军工程大学勤务学院

52. 基于质量承诺行为的物流服务供应链二次采购模型

王一家　　天津大学管理与经济学部

53. Analysis on the Service Competitive Position in Third – Party Logistics Distribution（基于第三方配送的服务竞争力分析）

蔡　让　　北京交通大学

王耀球　　北京交通大学

54. 基于城市物流竞争力视角的区域物流系统空间结构布局研究——以“一带一路”背景下的云南省为例

司银元　云南财经大学物流学院
李严锋　云南财经大学物流学院
刘　森　云南财经大学物流学院

55. 基于 FlexSim 的军队自动化立体仓库货位优化研究
陈元文　解放军后勤工程学院
周晓龙　中国石油集团测井有限公司吐哈事业部

56. Public Transportation Hub Location with Stochastic Demand：An Improved Approach Based on Multiple Attribute Group Decision－making（基于随机需求与改进多属性群决策方法的公共交通枢纽选址研究）
刘　森　云南财经大学物流学院
余　伟　广州大学工商管理学院
钟淑琪　云南财经大学物流学院

57. 大数据物流在精准化商务中的应用研究
曹　云　新疆教育学院

58. 国际物流从业人员社会网络、知识社会化与知识分享关系研究
王东方　武夷学院商学院

59. Consider a Buyback Contract Model with Marketing Strategy Types of Game Leader（博弈领导者考虑营销策略的回购契约）
何　华　西南交通大学
方　新　四川工商学院国际商学院

60. 基于组合权重的模糊 TOPSIS 法在工程项目评估中的应用
余　伟　广州大学
李严锋　云南财经大学
李　梦　云南财经大学
黄佚文　湖南商学院

61. 寄售模式在战备物资储备中的应用研究
赵振华　解放军 68075 部队

62. 青岛和日照港物流空间相互作用研究
谢京辞　山东大学

63. 海外仓：跨境 电商物流新模式若干问题分析
潘意志　罗定职业技术学院

64. 基于灰色马尔科夫模型的军事物流成本预测
李绍斌　解放军后勤工程学院
杨西龙　解放军后勤工程学院
刘洪娟　解放军后勤工程学院
李耀庭　解放军后勤工程学院

65. Contract Selection between One Supplier and Two Competing Retailers（考虑一个供应商和两个竞争的零售商的契约选择模型）

孙荣庭　　长安大学经管学院
郭轶群　　西安体育学院、西安交通大学经济与金融学院

66. 基于北约编目思想的高校实验仪器设备编目体系设计

甘　明　　解放军后勤工程学院
刘洪娟　　解放军后勤工程学院
王　丰　　解放军后勤工程学院

67. Study on Application of IOT in the Cotton Warehousing Environment（物联网技术在棉花仓储环境中的应用研究）

蒋　佳　　河北科技大学经济管理学院
杨东海　　河北科技大学经济管理学院
高　哲　　河北科技大学经济管理学院

68. 纸媒联姻物流融合发展破局

温　凡　　江西信息日报传媒大拇指配送机构

69. 社区商业业态与终端物流对接分析

王　艳　　北京财贸职业学院

70. 制造业与物流业联动发展的竞合关系研究

江志娟　　长安大学物流与供应链研究所
董千里　　长安大学物流与供应链研究所

71. 国际道路货物运输空间联系特征研究——以云南省为例

普永明　　昆明理工大学交通工程学院
陈　方　　昆明理工大学社会科学学院

72. 军民融合式军队逆向物流信息网络构建

王锐淇　　解放军后勤工程学院军事物流教研室
陈　晓　　解放军总后勤部后勤信息中心
姜玉宏　　解放军后勤工程学院军事物流教研室

73. A Robust Supply Chain Network Design with Capacity and Delivery Distance Consideration under Uncertain Demand（需求不确定条件下考虑能力与运送距离的鲁棒供应链网络设计研究）

陈建岭　　山东交通学院

74. 基于混合粒子群算法的自动化立体仓库堆垛机拣选作业路径优化研究

宗福兴　　解放军后勤工程学院
方海洋　　解放军后勤工程学院

75. 需求更新 损失厌恶与物流服务供应链能力采购决策

朱冬蕾　　天津大学管理与经济学部
白恩泽　　天津大学管理与经济学部

76. 随机产出条件下三级供应链收益分配研究

陈则辉　　南昌工学院经济管理学院
刘　诚　　中南大学

吕　品　　南昌工学院

77. 城市共同配送标准化研究

路欢欢　　上海市质量和标准化研究院

马　娜　　上海市质量和标准化研究院

齐　为　　上海市质量和标准化研究院

78. 京津冀协同背景下北京物流系统重构研究

温卫娟　　北京物资学院

邬　跃　　北京物资学院

李石柱　　北京物资学院

79. 考虑拥塞成本的 B2C 配送网络成长模型

辛　琦　　福建江夏学院经济贸易学院

周　晓　　福建江夏学院工商管理学院

80. 基于 FAHP 的生鲜食品冷链物流服务质量评价模型的构建

陈红丽　　北京物资学院

张利瑶　　北京物资学院

张　欣　　北京物资学院

81. 时间窗约束下带逆向物流的冷链物流车辆路径优化研究

宋志兰　　云南财经大学

黄　欢　　云南财经大学

李泽邦　　云南财经大学

黄章秋　　云南财经大学

王媛媛　　云南财经大学

82. 基于 SLP 的生鲜品配送中心布局规划

姚卓顺　　苏州工业职业技术学院

83. Study on Dynamic Grading of Emergency Material Demands Based on Matter - Element Model（基于可拓物元模型的应急物资需求分级动态评估方法研究）

汪贻生　　解放军后勤工程学院现代物流研究所

赵春江　　解放军后勤工程学院基础部

张英慧　　北京航天航空大学

84. 运输型物流企业生产效率评价

章敏敏　　福州大学

刘　丹　　福州大学

85. 京津冀轴辐式区域物流网络的构建与对策建议

李明芳　　河北科技大学经济管理学院

薛景梅　　河北科技大学经济管理学院

86. 一带一路战略下高品质果蔬跨境供应链构建——以新疆为例

杨凯堂　　九江学院经济与管理学院

刘亚洁　　九江学院经济与管理学院

高　阔　　九江学院经济与管理学院

87. 基于结构方程模型的网购退货服务满意度及顾客忠诚度实证研究

周湘峰　　华东交通大学
戚传芝　　华东交通大学

88. TPL 供应链金融业务的风险评价

梁　雯　　安徽大学
张　伟　　安徽大学
凌　珊　　安徽大学
王媛媛　　安徽大学
秦胜杰　　安徽大学

89. 基于鲍摩瓦尔夫模型的云南省应急物流配送中心选址实证研究

梁　峰　　南开大学
马　珊　　南开大学
王宁博　　南开大学
施呈优　　南开大学
王　谦　　南开大学

90. 城际城市配送标准箱物流平台创新分析与实践

亓传代　　山东高速物流集团
魏现立　　山东高速标准箱物流有限公司
姜　涛　　山东高速标准箱物流有限公司
耿耀华　　山东高速标准箱物流有限公司
宋　瑞　　山东高速标准箱物流有限公司

91. 我国流通企业竞争国际市场的课题和展望

徐　涛　　日本中村学园大学流通科学部

92. 政府行为和市场效率视域下基于灰色模型的区域物流成本对比研究

冯利朋　　重庆文理学院
殷艺姗　　重庆文理学院

93. Performance Evaluation of Automated Warehouse Based on Markov Chain（基于马尔科夫链的自动化立体仓库的绩效评估）

马向国　　北京物资学院
姜　旭　　北京物资学院
蒋荣芬　　北京物资学院
苏辉辉　　北京物资学院
马小霞　　北京物资学院

94. 乘用车装载计划优化研究

方海洋　　解放军后勤工程学院后勤信息与军事物流工程系
宗福兴　　解放军后勤工程学院管理科学与工程系
汪　辉　　徐州工程兵学院

李小蓉　　解放军 78088 部队

95. The Price Game Research under Low – carbon Policies Regulation in Duopoly Market（双寡头垄断市场中考虑低碳政策规制的定价博弈）

刘新霓　　四川工商学院国际商学院

何　旸　　四川工商学院国际商学院

张馨怡　　四川工商学院国际商学院

96. 需求更新与两次分配机会下的物流服务供应链订单分配模型

王一家　　天津大学管理与经济学部

97. An Inventory Routing Problem with Soft Time Windows（带软时间窗约束的库存 – 路径问题研究）

李珍萍　　北京物资学院信息学院

姜崇宇　　北京物资学院信息学院

姜璐璐　　北京物资学院信息学院

98. 资金流的协同因素及协同效应分析

张良卫　　广东外语外贸大学

陈海权　　暨南大学

99. Empirical Research on the Effect of Workplace Learning on Logistics Management Specialty and Its Decision Implication（物流管理专业实习效果的实证研究与决策启示）

卞文良　　北京交通大学经济管理学院

赵启兰　　北京交通大学经济管理学院

张　力　　北京交通大学经济管理学院

丁静之　　北京交通大学经济管理学院

卞　宇　　北京交通大学语言传播学院

100. The Evaluation of Operational Efficiency of the World ' s Leading Container Seaports（世界主要集装箱港口的运营效率评估研究）

朴南奎　　韩国 Tongmung 大学

霍云福　　大连大学

101. 供应链关系质量与镶嵌对厂商绩效影响研究

黄世政　　台湾国立中山大学

王俊贤　　台湾嘉义大学

陈燕燕　　中国人民大学深圳校友会

沈柔莹　　台湾嘉义大学

102. 零售商价格折扣策略下的易腐产品报童模型研究

叶　勇　　安徽农业大学物流工程系

张友华　　安徽农业大学信息与计算机学院

李绍稳　　安徽农业大学信息与计算机学院

103. 考虑逆向物流的 O2O 家具电商发展初期销售终端合作决策研究

余真翰　　成都东软学院

杨浩磊　　成都东软学院

104. 从天津港“8.12”事故看我国港口危险品仓储管理

王　磊　　解放军后勤学院军事物流系

刘　佳　　解放军后勤学院军事物流系

李　汐　　解放军后勤学院军事物流系

杨　蕊　　利胜地中海航运（上海）有限公司天津分公司

马芳春　　解放军66400部队司令部

105. 基于“分仓备货+仓储融资”的电商物流服务模式研究

蒋　佳　　河北科技大学

金益波　　河北科技大学

106. 正确认识“我国物流成本占GDP比重过高”

谢雨蓉　　国家发展和改革委员会综合运输研究所

107. 流通业新常态背景下O2O商务模式研究——基于“周黑鸭食品股份有限公司”的调查研究

李　林　　武昌首义学院

108. Study of Core Competence of Logistics Cluster（物流集群的核心竞争力研究）

王　爽　　天津滨海职业学院

109. A Combinatorial Benders´Cuts Algorithm for the Local Container Drayage Problem（基于组合Benders割算法的局部集装箱运输问题）

薛召杰　　深圳大学土木工程学院交通工程系

张灿荣　　清华大学深圳研究生院现代物流中心

杨　朋　　清华大学深圳研究生院现代物流中心

缪立新　　清华大学深圳研究生院现代物流中心

110. 电子商务环境下生鲜农产品流通模式研究

杨　娟　　西南交通大学经济管理学院

王智超　　四川中智投资咨询有限公司

陈仔东　　新疆新投中智物流产业研究院股份有限公司

解东川　　四川中智盛大供应链管理有限公司

111. 我国大学校园快递末端物流配送模式变迁研究

李爱彬　　中国矿业大学

夏洪旺　　中国矿业大学

112. Critical Success Factors for the Implementation of Enterprise Resource Planning（实施企业资源规划的关键成功因素）

张世龙　　中国海洋大学

113. 创建海上移动浮港 重回国际经贸顶层

席　平　　陕西省物流与采购联合会国际陆港工作专业委员会

贾安民　　陕西省物流与采购联合会国际陆港工作专业委员会

114. 建立区域化战备物资储备体系探讨

王　丰　　解放军后勤工程学院

蒋　宁　　解放军后勤学院军事物流系

朱建成　　解放军 66296 部队

高　超　　解放军 66296 部队

115. 电商购物节环境下供应链融资模式及风险研究

杨　光　　江苏信息职业技术学院

梁　玲　　上海财经大学

刘鲁浩　　上海财经大学

116. Efficiency Analysis of Agricultural Products Wholesale Markets of Beijing – Tianjin – Hebei Region（京津冀农产品批发市场效率分析）

白　兰　　北京交通大学经管学院、河北农业大学商学院

施先亮　　北京交通大学经管学院

刘爱秋　　河北农业大学商学院

117. 基于 SERVQUAL 和 LSQ 模型网购快递服务质量的模糊评价研究

党　玮　　石河子大学商学院

王海瑞　　石河子大学商学院

李国俊　　石河子大学商学院

牛翠萍　　石河子大学商学院

118. 洛贯物流园建设的可行性研究与分析

许　彤　　中山职业技术学院

119. 跨境电子商务物流系统的特点与建设思路

贺兴东　　国家发展和改革委员会综合运输研究所

120. 供应链企业间知识共享研究

金桂根　　云南财经大学

121. 我国物流市场细分的商业逻辑、维度与现状研究

蒋啸冰　　重庆精驿行供应链管理有限公司

122. 中国邮政跨界电商的 SWOT 分析及对策研究

黄友文　　广州科技职业技术学院

123. 多式联运物流园区内涵及类型分析

杨　勇　　交通运输部科学研究院

姜彩良　　交通运输部科学研究院

刘　凌　　交通运输部科学研究院

王　娟　　交通运输部科学研究院

124. 关于建设烟草行业商业大物流的探讨

岳文明　　内蒙古烟草公司呼和浩特公司

王悦东　　内蒙古烟草公司呼和浩特公司

杨小雨　　内蒙古烟草公司呼和浩特公司

白　鸽　　内蒙古烟草公司呼和浩特公司

125. 境外回购合同模式下采购战略协同作用分析

马　瑞　　中国石油物资公司

纪书焱　　中国石油物资公司

126. 管理与技术并重的人力资源优化配置

张兰涛　　邢台钢铁有限责任公司储运中心

白忠玉　　邢台钢铁有限责任公司储运中心

韩富春　　邢台钢铁有限责任公司储运中心

王松贵　　邢台钢铁有限责任公司储运中心